Die professionalisierte Mitgliederpartei

Sebastian Bukow

Die professionalisierte Mitgliederpartei

Politische Parteien zwischen institutionellen Erwartungen und organisationaler Wirklichkeit

Sebastian Bukow
Heinrich-Heine-Universität Düsseldorf
Düsseldorf, Deutschland

Dissertation Humboldt-Universität zu Berlin, 2010

ISBN 978-3-658-00864-2   ISBN 978-3-658-00865-9 (eBook)
DOI 10.1007/978-3-658-00865-9

Die Deutsche Nationalbibliothek verzeichnet diese Publikation in der Deutschen Nationalbibliografie; detaillierte bibliografische Daten sind im Internet über http://dnb.d-nb.de abrufbar.

Springer VS
© Springer Fachmedien Wiesbaden 2013
Das Werk einschließlich aller seiner Teile ist urheberrechtlich geschützt. Jede Verwertung, die nicht ausdrücklich vom Urheberrechtsgesetz zugelassen ist, bedarf der vorherigen Zustimmung des Verlags. Das gilt insbesondere für Vervielfältigungen, Bearbeitungen, Übersetzungen, Mikroverfilmungen und die Einspeicherung und Verarbeitung in elektronischen Systemen.

Die Wiedergabe von Gebrauchsnamen, Handelsnamen, Warenbezeichnungen usw. in diesem Werk berechtigt auch ohne besondere Kennzeichnung nicht zu der Annahme, dass solche Namen im Sinne der Warenzeichen- und Markenschutz-Gesetzgebung als frei zu betrachten wären und daher von jedermann benutzt werden dürften.

Springer VS ist eine Marke von Springer DE.
Springer DE ist Teil der Fachverlagsgruppe Springer Science+Business Media.
www.springer-vs.de

Danksagung

Eine Dissertation ist ein Werk, das durch eigenes Denken, Lesen, Forschen und Schreiben entsteht. Allerdings kann ein solches Vorhaben nicht ohne Unterstützung gelingen, weshalb ich mich bei allen bedanken möchte, die zu dieser Arbeit beigetragen haben.

Mein Dank gilt vor allem den Mitarbeiterinnen und Mitarbeitern in den Parteigeschäftsstellen. Ohne deren Unterstützung, Gesprächsbereitschaft und Teilnahme an meiner Befragung wäre diese Untersuchung nicht möglich gewesen. Gerade die intensiven, offenen Gespräche gewährten mir Einblicke in das parteiliche Binnenleben, die allein durch Parteidokumente und Satzungen kaum erreichbar gewesen wären.

Maßgeblich zu dieser Arbeit beigetragen haben aber auch meine beiden Gutachter: Prof. Dr. Gert-Joachim Glaeßner stand mir als Doktorvater an der Humboldt-Universität zu Berlin beratend zur Seite und gewährte mir zugleich große wissenschaftliche Freiheiten, was mir die Vorzüge der Wissenschaft als Beruf durchaus nahegebracht hat. Weit mehr als für einen Zweitgutachter üblich hat sich Prof. Dr. Uwe Jun um diese Arbeit verdient gemacht. Ihm danke ich für zahlreiche Gespräche, bei denen wir über die Arbeit hinaus viele Themen der Parteienforschung diskutieren konnten.

Auch kleine Pausen, unzählige Becher Kaffee, ein vielfältiger wissenschaftlicher Austausch und regelmäßige Textkritik spielen eine wichtige Rolle im Arbeitsprozess. Diese Pausen und Gespräche waren ebenso anregend wie erfreulich. Sie verhinderten, dass ich am Schreibtisch vereinsamte. Sie brachten mich auf neue Ideen und ließen mich so manche Überlegung wieder verwerfen. Dafür danke ich meinen Freundinnen und Freunden sowie zahlreichen Kolleginnen und Kollegen, an der HU und anderswo. Besonderer Dank gebührt dabei einigen, die alle Phasen dieser Arbeit besonders intensiv erlebt haben. Worte der Aufmunterung und der Mahnung waren dabei für mich ebenso hilfreich wie das ein oder andere gemeinsame Glas guten Rotweines am Abend. Für eine kritisch-konstruktive Durchsicht des Manuskripts danke ich insbesondere Rolf Lange. Er hat mich, ebenso wie Isabel Heimel, maßgeblich unterstützt. Ohne die beiden wäre dieses Buch nicht entstanden. Dank gebührt zudem Anke und Andreas Woll, die mir nicht nur bei methodischen Fragen zur Seite standen. Ein großer Dank für die stete Unterstützung und Ermunterung zum wissenschaftlichen Arbeiten gilt schließlich meinen Eltern, Eva-Regina und Wolf-Dietrich Bukow, denen diese Arbeit gewidmet ist.

Abschließend eine Anmerkung in eigener Sache: Die Studie wurde im Frühjahr 2010 an der Humboldt-Universität zu Berlin als Dissertation eingereicht. Da mich zwischen Disputation und Drucklegung einige wissenschaftliche Projekte von der Fertigstellung der Druckfassung abgehalten haben, sind wichtige neuere Entwicklungen als Fußnoten in den Text eingearbeitet. Dabei haben sich keine inhaltlichen Veränderungen ergeben, vielmehr bestätigen einige Entwicklungen die Befunde meiner Untersuchung.

Berlin/Köln/Düsseldorf, im Sommer 2012　　　　　　　　　　　　　　　　　　Sebastian Bukow

Inhaltsverzeichnis

1 Einleitung 13

2 Aufbau, Methodik und Datengrundlage 17
   2.1 Aufbau und Vorgehen 17
   2.2 Forschungsgegenstand und Ebenenauswahl 18
   2.3 Datengrundlage und Methodik 19
      2.3.1 Rechts-, Satzungs- und Dokumentenanalyse 20
      2.3.2 Leitfadengestützte Interviews 22
      2.3.3 Befragung der Parteimitarbeiter 23

3 Organisationstheoretische Grundlagen 27
   3.1 Organisation, Organisationsgrenzen und Organisationsumwelt 28
   3.2 Die bürokratisch-rationale Perspektive 30
      3.2.1 Organisationsverständnis und die Organisation der Organisation 30
      3.2.2 Organisationaler Wandel 32
   3.3 Die neoinstitutionalistische Perspektive 32
      3.3.1 Organisationsverständnis und die Organisation der Organisation 34
      3.3.2 Organisationaler Wandel 37
   3.4 Zwischenbilanz der organisationstheoretischen Überlegungen 39

4 Parteien in organisationstheoretischer Perspektive 41
   4.1 Vorüberlegung und Ausgangspunkt: Parteien im Stress 42
   4.2 Parteien als Organisationen 45
      4.2.1 Der Parteibegriff 45
      4.2.2 Organisationselemente und Organisationsbedingungen 47
      4.2.3 Organisationale Herausforderungen 49
      4.2.4 Parteien als Organisationen mit spezifischen Herausforderungen 61

4.3 Organisationsleitbilder: Paradigmatische und typologische Grundlagen 62
  4.3.1 Paradigmatische Grundlagen 62
  4.3.2 Typologische Grundlagen 67
 4.4 Grenzen, Wandel und Umwelt von Parteien 70
  4.4.1 Parteiorganisationsgrenzen: Zur Bedeutung formaler Mitgliedschaft 70
  4.4.2 Parteienwandel und Parteiumwelt 72
 4.5 Zusammenführung: Parteien als Organisationen mit konfligierenden Leitbildern 80
  4.5.1 Parteienverständnis und Umwelteinbettung 80
  4.5.2 Parteien zwischen Mitgliederpartizipation und Professionalisierung 82
  4.5.3 Zusammenführung und weiteres Vorgehen 85

5 Parteienrechtliche Vorgaben und organisationsstrukturelle Wirklichkeit 87
 5.1 Das Parteienrecht als institutioneller Handlungsrahmen 88
  5.1.1 Das Parteienprivileg des Grundgesetzes 88
  5.1.2 Das Parteiengesetz in organisationsrechtlicher Perspektive 92
  5.1.3 Die richterliche Rechtsfortbildung durch das Bundesverfassungsgericht ... 101
  5.1.4 Parteienrecht: Institutioneller Rahmen mit partieller organisationaler Wirkung . 111
 5.2 Die formalstrukturelle Umsetzung institutioneller Vorgaben 113
  5.2.1 Satzung und Programm 114
  5.2.2 Parteigliederungen 118
  5.2.3 Gremien und Organe 131
  5.2.4 Mitgliedschaft, Mitgliederrechte und -pflichten 147
 5.3 Bilanz I: Institutionelle Prägung, zwei Leitbilder und organisationale Indifferenz 158

6 Die Party Central Offices 161
 6.1 Der Parteiapparat als Kern der Parteiorganisation 161
 6.2 Die obersten Parteigeschäftsstellen im Überblick 164
  6.2.1 CDU 166
  6.2.2 CSU 170
  6.2.3 SPD 172
  6.2.4 FDP 173
  6.2.5 Grüne 176

	6.2.6 Die Linke	180
	6.2.7 Organisationale Angleichung mit Unterschieden im Detail	182
6.3	Das Selbstverständnis der Bundesgeschäftsstellen	185
	6.3.1 Selbstverständnis I: Professioneller Dienstleister	185
	6.3.2 Selbstverständnis II: Politikzentrale mit Steuerungsanspruch	188
	6.3.3 Geschäftsstellen im Organisationskontext: „Wir und die Anderen"	191
	6.3.4 Die Parteiapparate als Dienstleister mit Steuerungsanspruch	197
6.4	Die Mitarbeiter in den Bundes- und Landesgeschäftsstellen	198
	6.4.1 Vorüberlegungen: Das Berufsfeld Party Central Office	199
	6.4.2 Soziographische Basisbefunde	203
	6.4.3 Leben von der Politik – Leben für die Politik	204
	6.4.4 Rekrutierung, vorherige Parteiarbeit und parteipolitisches Engagement	207
	6.4.5 Bewertung Arbeitsumfeld und Zufriedenheit	208
	6.4.6 Berufsprofessionelle Mitarbeiter mit und ohne Führungsanspruch	210
6.5	Bilanz II: Die Parteigeschäftsstellen als Kern und Fundament der Organisation	211

7 Parteien zwischen Mitglieder- und Professionalitätsorientierung 215

7.1	Generalisierte Parteiziele	215
7.2	Die Mitgliederpartei und ihre Parteimitglieder	219
	7.2.1 Stellung, Bedeutung und Funktion von Mitgliedern und Mitgliedschaft	220
	7.2.2 Erneuerung der Mitgliederpartei: Bezugspunkte und organisationale Wirkung	228
	7.2.3 Parteiorganisationale Öffnung: Abkehr vom Mitgliedschaftsprinzip?	245
	7.2.4 Zwischenbilanz: Die Mythologisierung der Mitgliederpartei	252
7.3	Professionalität, Professionalisierung und Professionalisierungsgrenzen	255
	7.3.1 Professionalisierung und Professionalisierungsgrenze: Die Sicht der Organisationsspitzen	256
	7.3.2 Professionalisierung und kommunikative Veränderungen: Die Sicht der Mitarbeiter	267
7.4	Innerparteiliche Organisationsleitbilder	274
7.5	Bilanz III: Parteien als mitgliedschaftsbasierte und kommunikativ professionalisierte (Leit-)Organisation	277

8 Zusammenführung und Ausblick 281

    8.1 Parteiorganisationen im institutionellen Kontext 282

    8.2 Institutionelle Erwartungen und organisationsstrukturelle Wirklichkeit 284

    8.3 Die Party Central Offices als Kern der Organisation 286

    8.4 Organisationsparadigmen, -erwartungen und innerparteiliche Konfliktlinien 287

    8.5 Schlussbilanz und offene Forschungsfragen 289

9 Literatur- und Quellenverzeichnis 291

Tabellen und Abbildungen

Tabelle 1:	Isomorphie durch Zwang, Nachahmung und normativen Druck	38
Tabelle 2:	Organisationsprobleme, Lösungsstrategien und Konflikte	61
Tabelle 3:	Zentrale Entscheidungen des Bundesverfassungsgerichts zum Parteienrecht	102
Tabelle 4:	Parteieinnahmen nach Herkunftsart in Prozent der jew. Gesamteinnahmen	109
Tabelle 5:	Anteil staatlicher Mittel an Gesamteinnahmen	110
Tabelle 6:	Struktur der obersten Parteisatzungen	117
Tabelle 7:	Vertikale Parteistrukturen und Mitglieder im Vergleich	119
Tabelle 8:	Zentrale Gliederungs- und Strukturelemente	123
Tabelle 9:	Organe der obersten Parteiebene gemäß Satzung im Sinne des § 8 PartG	132
Tabelle 10:	Zusammensetzung und Wahl der Kernvorstände	134
Tabelle 11:	Zusammensetzung und Wahl der Gesamtvorstände	138
Tabelle 12:	Strukturmerkmale der obersten Parteitage	142
Tabelle 13:	Quoten und Machtbegrenzung gemäß oberster Satzung	145
Tabelle 14:	Regelungen zum Parteieintritt gemäß oberster Satzung	148
Tabelle 15:	Mitgliedschaftsverortung und Auslandsmitgliedschaften gemäß oberster Satzung	150
Tabelle 16:	Rechte von Mitgliedern	153
Tabelle 17:	Regelungen zu Gast- und Probemitgliedschaften	157
Tabelle 18:	Anteil durchschnittliche Personalausgaben an Gesamtausgaben	165
Tabelle 19:	Mitarbeiter-Mitglieder-Relation	183
Tabelle 20:	Abteilungen/Arbeitsbereiche in den obersten Geschäftsstellen	183
Tabelle 21:	Wahrgenommene Veränderung: Einfluss der Parteiebenen	194
Tabelle 22:	Wahrgenommene Veränderungen: Einfluss der Akteure	195
Tabelle 23:	Individuelle Links-Rechts-Selbsteinstufung	204
Tabelle 24:	Arbeitsmotive im Vergleich	205
Tabelle 25:	Bewertung Arbeitsumfeld/-atmosphäre	208
Tabelle 26:	Zufriedenheit mit Organisationsaspekten	209
Tabelle 27:	Generalisierte Parteiziele	216
Tabelle 28:	Parteiziele „Mitgliederinteressen" und „Debatten und Partizipation"	218
Tabelle 29:	Parteiziele „Regierungsübernahme" und „Wahlerfolg"	219
Tabelle 30:	Rolle und Funktion von Parteimitgliedern	224
Tabelle 31:	Legitimatorische Bedeutung von Parteimitgliedern	227
Tabelle 32:	Bewertung Parteireformen: Motive und Bezugspunkte	234
Tabelle 33:	Bewertung Parteireformen: Folgen und Wirkung	235
Tabelle 34:	Bewertung Beteiligung aller Mitglieder: Personalentscheidungen	239
Tabelle 35:	Bewertung Beteiligung aller Mitglieder: Außerparteiliche Wahlamtsvorschläge	241
Tabelle 36:	Bewertung Beteiligung aller Mitglieder: Zentrale Sachfragen	242
Tabelle 37:	Allgemeine Einschätzung Mitgliederbeteiligung I	242

Tabelle 38:	Allgemeine Einschätzung Mitgliederbeteiligung II	249
Tabelle 39:	Bewertung offene Vorwahlen bei Personalfragen I	251
Tabelle 40:	Bewertung offene Vorwahlen bei Personalfragen II	251
Tabelle 41:	Einschätzungen zu Parteierfolgsfaktoren und Parteiarbeit	268
Tabelle 42:	Einschätzungen Wandel durch Medien und Professionalität	270
Tabelle 43:	Neue Medien und Mitgliedereinbindung	271
Tabelle 44:	Nutzungsaspekte neuer Kommunikationsmedien/-techniken	272
Tabelle 45:	Gruppenbildung Mitarbeiter: Vertretene Organisationsleitbilder	275
Tabelle 46:	Gruppenzugehörigkeit: Partizipations- und Repräsentationsorientierung	276
Tabelle 47:	Gruppenzugehörigkeit	277

Abbildung 1:	Vereinfachtes Modell von Parteiorganisationen und Systemumwelt	78
Abbildung 2:	Merkmale und Besonderheiten von Parteiorganisationen	81
Abbildung 3:	Parteien im Organisationsentwicklungskonflikt	83
Abbildung 4:	Einnahmequellen der deutschen Parteien	108

1 Einleitung

Die zentralen Akteure im politischen System Deutschlands, die politischen Parteien, werden mit unterschiedlichen institutionellen Erwartungen konfrontiert. Doch wie reagieren Parteiorganisationen auf diese oftmals widersprüchlichen Anforderungen? Wie ist es um die strukturelle und kulturelle Organisationswirklichkeit der professionalisierten Mitgliederparteien bestellt? Welche Rolle haben die Parteimitarbeiter für die Gesamtorganisation, welche Organisationsparadigmen vertritt dieser Kern der Parteiorganisation? Dies zu untersuchen ist das Anliegen der vorliegenden Studie.

Ausgangspunkt ist dabei der Befund, dass Parteien – wie die meisten Organisationen – eigentlich strukturkonservativ sind (Donges 2008: 221). Sie haben organisationsinterne und -externe Gründe, strukturelle Reformen zu vermeiden (Harmel/Janda 1994: 261-262; Harmel 2002: 119). Dennoch haben sie in den letzten Jahren Reformdebatten geführt und unterschiedliche Reformvorhaben umgesetzt (insb. Prozesse der Professionalisierung, Zentralisierung und mitgliederorientierten Partizipationserweiterung; u.a. Grabow 2000; Jun 2004; Wiesendahl 2005, 2006a, b). Dieser partielle Wandel der etablierten Parteien führt dazu, dass die Organisationsfrage in der sozialwissenschaftlichen Parteienforschung an Bedeutung gewinnt. Dazu tragen auch weitere Entwicklungen bei, etwa Veränderungen des Parteiensystems (u.a. Jun et al. 2008; Niedermayer 2008b), eine sich professionalisierende Politikberatungsszene (u.a. Saretzki 1999; Dagger et al. 2004; Thunert 2004; Falk 2006; Buchholz 2008; Kuhne 2008; Kusche 2008), eine breite Verfügbarkeit neuer Kommunikationstechnologien (u.a. Emmer et al. 2011) sowie grundlegende Veränderung der erweiterten Parteiumwelt, vor allem des Partizipations- und Wahlverhaltens (u.a. Gabriel 2004; Hoecker 2006; Roth/Wüst 2007; Bytzek/Roßteutscher 2011; Wiesendahl 2012). Die Veränderungen der Parteiorganisationen sind schon deshalb in einem direkten Zusammenhang mit vielfältigen gesellschaftlichen Entwicklungsprozessen zu sehen,[1] weil gesellschaftliche Prozesse und Veränderungen neue organisationale Herausforderungen für die Parteien mit sich bringen können. Die Organisationsfrage ist jedoch nicht nur in Wahlkampfzeiten, sondern gerade auch mit Blick auf das parteiliche Alltagshandeln von Interesse (Schmid/Zolleis 2005). Die Organisationsforschung steht dabei zumindest hinsichtlich des Forschungsobjektes in der Tradition der organisationssoziologischen Klassiker (etwa Max Weber und Robert Michels), schließlich ist die Parteienforschung von Beginn an „sehr daran interessiert zu erfahren, wie Parteien als Organisationen beschaffen sind und wie sie organisatorisch funktionieren" (Wiesendahl 1998: 20).

---

[1] Zu nennen sind u.a. die deutsche Einheit mit ihren (verzögerten) Folgen für das Parteiensystem (bspw. Glaeßner 1991, 1999) sowie Prozesse der Individualisierung (Beck 1986), Beschleunigung (Rosa 2005), Medialisierung & Online-Kommunikation (bspw. Jarren 2002; Jun 2004; Jarren/Donges 2006; Marcinkowski/Pfetsch 2009; Sarcinelli 2011, 2012), Europäisierung/Globalisierung (bspw. Börzel 2005, 2006; Zürn 2005; Held 2002; Held/McGrew 2003, 2007), Ökonomisierung (Bröckling 2007) sowie die Entwicklung zur Netzwerkgesellschaft (Castells 2002, 2003a, b).

Diese Tradition sowie der aktuelle Stand der Parteien- und Parteienwandelforschung stellen den Ausgangspunkt dieser gleichermaßen politikwissenschaftlich wie organisationssoziologisch angelegten, parteienvergleichenden Studie dar. Sie verortet sich damit in einem der etabliertesten Bereiche der Politikwissenschaft und der Politischen Soziologie.[2] Das zentrale Interesse richtet sich auf die theoretisch adäquate Erfassung politischer Parteien und deren Umwelteinbettung. Es wird untersucht, welche Bedeutung Institutionen, also formale oder informale übergeordnete gesellschaftliche Regelwerke, für die Ausgestaltung der Parteien haben. Wie reagieren Parteien auf gesellschaftliche Erwartungsstrukturen? Wie ist es um die organisationale Wirklichkeit der etablierten deutschen Parteien bestellt, und in welchem Verhältnis stehen die formale Parteistruktur und die tatsächlich gelebte Organisationskultur? Die empirische Basis für diese Untersuchung sind vergleichende Analysen der Organisationsstruktur sowie der im Parteiapparat – dem Kernbereich der nunmehr professionalisierten Mitgliederparteiorganisationen – vertretenen Organisationsleitbilder.

Um diesem Erkenntnisinteresse nachgehen zu können, wird ein theoretischer Ansatz gewählt, der insbesondere an neoinstitutionalistische Überlegungen, Annahmen und Argumente anknüpft und die Organisationsdimension politischer Parteien betont. Diese Perspektive ist in der aktuellen Parteienforschung selten vertreten oder stark auf einzelne Aspekte wie die Medialisierung/Professionalisierung parteilicher Kommunikation fokussiert (bspw. Donges 2008). Dabei bietet gerade der Neoinstitutionalismus die Möglichkeit, die Organisationsperspektive ins Zentrum zu stellen, ohne den Stellenwert einzelner Akteure gänzlich zu vernachlässigen. Vielversprechend ist nicht nur die im Neoinstitutionalismus geführte Auseinandersetzung mit der zu Teilen mikrosoziologischen Perspektive der Weberschen Herrschafts- und Organisationssoziologie (dazu u.a. Senge/Hellmann 2006), sondern auch die Auseinandersetzung mit Rational-Choice-Ansätzen und der Funktion formaler Strukturen. Der Fokus auf das Organisation-Umwelt-Verhältnis und die Bedeutung von Institutionen als Bindeglied zwischen Organisation und Gesellschaft stellt eine Forschungsperspektive dar, die gerade für die Parteienforschung von Belang ist. Die neoinstitutionalistische Arbeit von Meyer und Zucker (1989) zum Überleben einer „permanently failing organization" bietet eine Übertragung der dort ausgearbeiteten Überlegungen auf etablierte politische Parteien als vermeintlich versagende und zugleich sehr dauerhaft überlebende Organisationen geradezu an (vgl. auch Norris/Lovenduski 2004). Der (organisationssoziologische) Neoinstitutionalismus eröffnet gerade in Bezug auf die Parteien und in Abgrenzung zur rational-funktionalen Perspektive vielversprechende Anknüpfungspunkte. So sind neben der durchaus umstrittenen Frage nach der Organisationsqualität, verbunden mit der Steuerungs- und damit Reform- und Strategiefähigkeit politischer Parteien (bspw. Raschke 2002; Bukow/Rammelt 2003; Raschke/Tils 2007), die Bedeutung formaler Strukturen und die Reform selbiger zu thematisieren. Dazu sind die im Neoinstitutionalismus verankerte Infragestellung zweckrationaler Strukturen, die Annahme einer Entkopplung von formalen Strukturen und faktischem Organisationshandeln, die Frage nach der Bedeutung von (Organisations-)Legitimität und den Bedingungen organisationaler Angleichung gut geeignet. Auch ist die dort diskutierte Frage der Einbettung von Organisationen in ihre Umwelt von zentraler Bedeutung, schließlich gilt gerade für Parteien, dass der Schlüssel zum Verständnis

---

[2] Sartori unterscheidet zwischen soziologischer und politikwissenschaftlicher Parteienforschung und sieht die Politische Soziologie als Bindeglied, um die unterschiedlichen Forschungsansätze zu verbinden (Sartori 1969: 69, 92). Zur Stellung der politischen Parteien als Gegenstand der Politischen Soziologie siehe einführend auch Jun (2009b).

von parteilichem Überleben, organisationaler Stabilität und Wahlerfolg in der Analyse der Beziehung von Parteien und ihrer Umwelt liegt (bspw. Streeck 1987: 488; Panebianco 1988: 12; Poguntke 2006: 396). Zudem kann geprüft werden, inwieweit neoinstitutionalistische Überlegungen für die Parteiorganisationsforschung fruchtbar gemacht werden können.

Mit der Analyse der institutionellen Rahmenbedingungen der deutschen Parteien ist die Frage verbunden, wie institutionelle Erwartungen an die Parteien ihren organisationsstrukturellen und -kulturellen Niederschlag in den Parteiorganisationen finden. Neben der strukturellen Organisationswirklichkeit ist zu klären, welche Organisationsvorstellungen in den Parteiapparaten vorzufinden sind – denn die Parteiapparate sind, gerade mit Blick auf das alltägliche Handeln der professionalisierten Mitgliederparteien, als Kern der Parteiorganisation anzusehen (vgl. Abschnitt 6.1). Die dort beschäftigten Mitarbeiter sind es, die das parteiliche Alltagsgeschäft steuern. Dabei ist von einer Bedeutungszunahme der hauptamtlichen Parteimitarbeiter für die Parteiorganisationen und von einer „growing strength of central party organizations" (Farrell/Webb 2000: 115) auszugehen. Deshalb sind gerade die bislang in der Forschung weitgehend vernachlässigten Parteimitarbeiter, konkret: deren Selbstverständnis und deren Organisationsvorstellungen, von größtem Interesse für die Parteienforschung.

Daher ist die nachfolgend im Mittelpunkt stehende Frage nach den institutionellen Rahmenbedingungen und dem organisationalen Kontext von Parteiorganisationen sowie den strukturellen und kulturellen Folgen institutioneller Erwartungen von fundamentaler Bedeutung für die Erforschung politischer Parteien. Konkret heißt dies, dass nach einer organisationstheoretischen und parteiensoziologischen Fundierung eine Analyse des parteienrechtlichen Rahmens und der formalstrukturellen Wirklichkeit der deutschen Parteien erfolgt. Ziel ist es, die zentrale Bedeutung des Parteienrechts als organisationsstrukturellem Handlungsrahmen der Parteiorganisationen herauszuarbeiten. Es wird in Anknüpfung an die theoretischen Überlegungen argumentiert, dass die faktische Bindungswirkung des Parteienrechts bislang hinsichtlich der strukturellen Ausgestaltung der Parteiorganisationen eher überschätzt, die im Parteiengesetz zum Ausdruck kommenden institutionell-normativen Erwartungen und die damit verbundenen organisationsparadigmatischen Wirkungen eher unterschätzt werden. Im Anschluss daran richtet sich der Blick auf organisationskulturelle Aspekte. Es wird herausgearbeitet, welche Organisationsvorstellungen im Kern der Parteiorganisationen vorzufinden sind und wie das Spannungsverhältnis von Mitglieder- und Professionalisierungsinteressen aufgelöst wird.[3]

Dabei wird es nicht möglich sein, mittels einer parteienvergleichenden Studie die „Black Box Parteiorganisation" in allen Facetten und Handlungsmotiven zu durchleuchten. Weder die gewählten theoretischen Ansätze noch das vergleichende Design der Studie zielen darauf ab, eine mikrosoziologische Fundierung des organisationalen Wandels oder eine Prozessanalyse einzelner Reformen vorzunehmen. Vielmehr werden die etablierten deutschen Parteien auf der Meso- und Makroebene betrachtet. Diese Perspektive bietet zahlreiche Anknüpfungspunkte für eine breiter gefasste Parteienforschung, etwa hinsichtlich des Zusammenhangs zwischen der Legitimation politischer Parteien und den stattfindenden Veränderungen, hinsichtlich des Verhältnisses von Parteien zu ihren Mitgliedern oder hinsichtlich der Frage nach der künftigen Entwicklung der professionalisierten Mitgliederparteien.

---

[3] Hier lassen sich Verbindungen zu dem in der Verbändeforschung diskutierten Spannungsverhältnis von Professionalität und Ehrenamt in sich professionalisierenden, auf freiwilliger Mitgliedschaft basierenden Organisationen ziehen (u.a. Rauschenbach et al. 1996; zum Verein in der Organisationsforschung Müller-Jentsch 2008).

2 Aufbau, Methodik und Datengrundlage

2.1 Aufbau und Vorgehen

Zu Beginn sind nach einer kurzen Erläuterung konzeptionell-methodischer Aspekte vor allem organisationstheoretische Grundlagen zu entwickeln und der Stand der Parteienforschung, soweit er für die hier verfolgten Fragen von Bedeutung ist, herauszuarbeiten. Dazu wird zunächst organisationssoziologisch-allgemein (Kapitel 3) und dann speziell auf Parteien fokussiert (Kapitel 4) vorgegangen. In Kapitel 3 wird in allgemeiner Weise auf den Organisationsbegriff, die Organisationsgrenzen und die Organisationsumwelt eingegangen. Daran schließt eine vergleichende Betrachtung bürokratisch-rationaler und neoinstitutionalistischer Organisationstheorien an. Beide Ansätze dienen als theoretische Bezugspunkte, insbesondere zur Interpretation und Diskussion der erarbeiteten empirischen Befunde. Während bürokratisch-rationale Überlegungen vor allem hinsichtlich der Zentralisierung und Professionalisierung von Parteiorganisationen von Bedeutung sind, sind neoinstitutionalistische Ansätze hinsichtlich der normativ geprägten organisationalen Leitbilder, einer möglichen, institutionell bewirkten Isomorphie sowie der Entkopplung von Struktur und Organisationsalltag erklärungsstark. Bei beiden Theoriesträngen werden zunächst die wesentlichen Bestimmungsmerkmale von Organisationen betrachtet, um das der Studie zu Grunde liegende Organisationsverständnis zu verdeutlichen und um die organisationale Qualität politischer Parteien überprüfen und spezifische organisationale Restriktionen aufzuzeigen zu können. Anschließend sind mögliche Organisationsgrenzen, der organisationale Wandel und damit zentral verbunden das Verhältnis von Organisationen zu ihrer Umwelt intensiver zu beleuchten. Denn Organisationen bestehen und agieren nicht im luftleeren Raum, sondern sind in spezifischer Weise in eine Organisationsumwelt eingebettet, so dass gerade dem Verhältnis von Organisation und Umwelt eine zentrale Bedeutung zukommt. Anschließend werden die bürokratisch-rationalen und neoinstitutionalistischen Überlegungen unter Berücksichtigung des bisherigen Forschungsstandes der Parteienforschung auf die politischen Parteien der Gegenwart übertragen (Kapitel 4). Dabei sind zunächst organisationssoziologische Betrachtungen notwendig, die die „Organisation Partei" genauer beleuchten, um zentrale Organisationsherausforderungen zu verdeutlichen und zu prüfen, welche Konsequenzen sich daraus ergeben. Daran anschließend ist zu klären, welche Organisationsparadigmen die Parteien und die Parteienforschung durchziehen, um diese Befunde zu parteitypologischen Überlegungen in Bezug zu setzen. In Verbindung mit den Befunden zum Wandel und zur Umwelt von Parteien lässt sich so in der Zusammenführung klar aufzeigen, wie Parteien zwei möglichen Paradigmen (Mitgliederorganisation und Professionalisierung der Organisation) normativ-institutionell ausgesetzt sind.

Der empirische Teil der Studie gliedert sich in drei zentrale Kapitel und stützt sich auf Rechts- und Satzungsanalysen, leitfadengestützte Experteninterviews sowie eigens erhobene Befragungsdaten (dazu Abschnitt 2.3). Dabei ist zunächst die Bedeutung des Parteienrechts zu klären (Kapitel 5): Welche Organisationsleitbilder sind im Parteienrecht verankert, welche institutionellen Organisationserwartungen werden zum Ausdruck gebracht? Daran schließt eine satzungsbezogene vergleichende Strukturanalyse der deutschen Parteien an. So kann geprüft werden, inwieweit das Parteienrecht den Parteien organisationsstrukturelle Handlungsspielräume bietet oder aber zu zwangsbedingter Isomorphie führt. Ebenfalls unter Bezugnahme auf organisationsstrukturelle Veränderungen wird gezeigt, wie Isomorphie qua Nachahmung wirkt und zu organisationsstrukturverändernden Reformmoden führt. An diesen rechts- und satzungsbasierten Strukturvergleich schließt eine Bestandsaufnahme der Party Central Offices an (Kapitel 6; zum Begriff Party Central Office Abschnitt 4.2.2). Im Fokus stehen die Bundesgeschäftsstellen sowie die Mitarbeiter in Bundes- und Landesgeschäftsstellen. Dabei erfolgt zunächst eine Betrachtung der organisationalen Entwicklung der Parteigeschäftsstellen, um dann in vergleichender Perspektive das Selbstverständnis der Geschäftsstellen und deren Verhältnis zu den anderen Bereichen der Parteiorganisation zu rekonstruieren. Abschließend erfolgt eine analytische Aufarbeitung der Party Central Offices. So wird unter anderem geklärt, inwieweit Parteiangestellte über den Beruf hinaus innerparteilich engagiert sind und Berufspolitik ohne Mandat betreiben. Daran schließen vertiefende Untersuchungen zu den zwei theoretisch erwarteten (und institutionell-normativ im Parteienrecht verankerten) zentralen Organisationsleitbildern „Mitgliederpartei" und „professionalisierte, wahlorientierte Partei" an (Kapitel 7). Diesbezüglich ist zunächst zu klären, welche Parteiziele seitens der Parteiapparate als relevant erachtet werden. Dann werden die Aspekte „Parteien und ihre Mitglieder" und „Parteien als sich professionalisierende Organisationen" genauer untersucht. Es werden dazu vor allem die eigens erhobenen Interview- und Befragungsdaten herangezogen. So werden nicht nur unterschiedliche Perspektiven miteinander verbunden, sondern es kann zudem geprüft werden, ob partei- und ebenenspezifische Unterschiede bestehen. Im letzten Teil dieses Kapitels wird geprüft, inwieweit es sich bei den beiden Organisationsparadigmen um konfligierende oder sich ergänzende Organisationsleitbilder handelt. Auf Grundlage dieser empirischen Basis ist im Ergebnis eine bilanzierende Zusammenführung der untersuchten Aspekte möglich (Kapitel 8). Dabei wird auf die organisationstheoretischen Überlegungen Bezug nehmend bewertet, welche Handlungs- und Gestaltungsspielräume Parteiorganisationen haben und wie diese Spielräume organisationsstrukturell genutzt werden. Darüber hinaus wird diskutiert, welche Handlungsimpulse auf Parteien einwirken und wie sich die Parteiorganisationen als politische Organisationen unter widersprüchlichem Erwartungsdruck positionieren.

2.2 Forschungsgegenstand und Ebenenauswahl

Die Studie stellt die Bundesebene der Parteien in den Mittelpunkt und ergänzt diese Perspektive um die Landesebene (bzw. Bezirksebene). Die lokale Ebene (auf der sich die individuelle politische Partizipation realisiert und die Verbindung zwischen Gesellschaft und Staat konkret greifbar wird) und damit lokal-regionale Parteistrukturen werden nur am Rande berücksichtigt. Für diese Fokussierung spricht, dass das Parteienrecht der Bundesgesetzgebung unterliegt und es, in Verbindung mit dem Grundgesetz und der in diesem Bereich sehr aktiven obersten Rechtsprechung, für alle Parteiebenen Wirkung entfaltet. Vor allem aber ist das Untersuchungsobjekt Party Central Office auf lokaler Ebene kaum vorhanden, teilweise finden sich hier überhaupt keine hauptamtlichen Parteimitarbeiter. Gerade die kleinen Parteien verfügen nur auf Bundesebene über gut ausgestattete Parteigeschäftsstellen mit hauptberuflichen Angestellten, bereits auf der hier ebenfalls berücksichtigten Landesebene ist die Personaldecke häufig dünn. Schon deshalb ist die Bundesebene der Parteiorganisationen – in Verbindung mit landesparteilichen Aspekten – die zentrale Analyseebene. Dazu kommt, dass ein Vergleich der lokalen Parteiebene für die gesamte deutsche Parteienlandschaft nicht repräsentativ zu leisten wäre, zu sehr unterscheiden sich die Strukturen und Beteiligungsoptionen zwischen Stadt und Land, zwischen West und Ost, zwischen Groß- und Kleinpartei.[4] Organisationssoziologisch bedeutsamer ist, dass den Bundesparteien zunehmend eine Leitfunktion für die Organisationsgestaltung zukommt, sie gewinnen an Bedeutung. Mehrere Argumente sind für diese Annahme anzuführen: Wenn, und dies ist unstrittig, in den vergangenen Jahren eine zunehmende Medialisierung des Parteiensystems und der Parteien stattgefunden hat, dann wird vor allem die Bundesebene medial und in der gesellschaftlichen Breite wahrgenommen. Und auch wenn untere Parteiebenen über einen (unterschiedlich) hohen Grad an Selbstständigkeit und Autonomie verfügen,[5] so führt diese Medialisierung im Organisationsalltag zu einer Stärkung der Bundesebene. Nicht im Detail, aber als Leitorganisation prägt die Bundesebene die ihr nachgeordneten Parteiebenen nicht nur politisch-medial, sondern u.a. auch durch die Möglichkeit, (Rahmen-)Strukturen vorzugeben (dazu Bukow 2009a). Die Parteikultur prägt dabei das Selbstverständnis der gesamten Organisation, wobei zugleich ein gewisses Maß an Responsivität anzunehmen ist, da die unteren Organisationsebenen – nicht unbedingt die einfachen Mitglieder – durch die innerparteilichen Entscheidungsprozesse Einfluss auf Struktur und Gestaltung der Bundesebene nehmen können. Durch die Implementierung neuer Kommunikationsmittel (von den Bundesparteien vor allem zur Stärkung des direkten Top-down-Informationsflusses genutzt) werden allerdings die mittlere sowie die untere Ebene geschwächt, die nationale Ebene wird gestärkt. Auch Kampagnen zur Mitgliederwerbung, zur Öffnung von Parteistrukturen und für weitergehende Reformen werden bevorzugt auf oberer Ebene initiiert, Satzungsfragen auf unterer Ebene stehen unter dem Vorbehalt der übergeordneten Satzung. Daher fokussiert die Untersuchung auf die Organisationsstrukturen und -kulturen der Bundesparteien. Flankierend wird gleichwohl die Landesebene berücksichtigt und gerade im organisationskulturellen Bereich geprüft, ob ebenenspezifische Unterschiede empirisch nachweisbar sind.

2.3 Datengrundlage und Methodik

Wie die Parteienforschung verfügt auch die Organisationsforschung „weder über eine allgemein akzeptierte Organisationstheorie noch über eine einheitliche methodische Herangehensweise" (Strodtholz/Kühl 2002: 11). Dabei ist die Auswahl geeigneter Forschungsmethoden von großer Bedeutung, schließlich ist der „Gegenstand Organisation (…) nicht unabhängig vom Betrachter, sondern ergibt sich jeweils aus dessen Betrachtungsperspektive" (Rosenstiel 2000: 230). Die gewählten Forschungsmethoden sind daher näher zu erläutern.

---
[4] Gleichwohl können Regionaluntersuchungen spezifische Erkenntnisse generieren (Walter-Rogg/Gabriel 2004).
[5] Bereits in der Durchführung der vorliegenden Studie zeigt sich, dass Parteien hinsichtlich der Parteiapparate gut vernetzt und bisweilen stark top-down-organisiert sind (insb. CDU, SPD und LINKE). Bei SPD und CDU zeigte sich ein starker Einfluss der Bundesgeschäftsstellen auf die Landes- bzw. Bezirksgeschäftsstellen.

Durch die Komplexität und Vielschichtigkeit des Objekts einerseits und die geringe Anzahl an etablierten, das heißt im Bundestag vertretenen Parteien andererseits bietet es sich an, einen qualitativen Forschungszugang zu wählen. Zugleich bietet eine quantitative Herangehensweise im konkreten Fall Vorteile, insbesondere um vergleichbare, möglichst generalisierbare Befunde zu erarbeiten. Daher werden beide Ansätze verwendet, wobei sie nicht als rivalisierende Konzepte, sondern als sinnvolle Ergänzung verstanden und parallel-gleichrangig verwendet werden (Jick 1983; Kelle/Erzberger 2000; Kelle 2007; Flick 2000, 2008).[6] Die Anwendung unterschiedlicher Methoden zielt dabei darauf ab, differente Aspekte des selben Phänomens zu betrachten und in der Zusammenführung ein umfassenderes Bild zu gewinnen (Flick 2000: 311; Kelle/Erzberger 2000: 303). In diesem Sinne handelt es sich also um eine Methodentriangulation (u.a. Flick 2008) und um die Ergänzung von Perspektiven durch die Verbindung verschiedener Forschungsmethoden (Flick 2008: 75-95; siehe auch Tashakkori/ Teddlie 2003). So kann in der Zusammenführung der Perspektiven und Befunde der komplexen organisationalen Realität entsprochen und die möglicherweise widersprüchliche Mehrdimensionalität von Parteien rekonstruiert werden. Drei Datenarten werden dazu nachfolgend genutzt: Dokumente (insb. Parteienrecht; Parteisatzungen), leitfadengestützte Interviews (Leitungsebene der Bundesgeschäftsstellen) sowie Befragungsdaten (Befragung von Parteigeschäftsstellenmitarbeitern).

2.3.1 Rechts-, Satzungs- und Dokumentenanalyse

Die Parteienrechtsanalyse dieser Studie verfolgt zwei wesentliche Erkenntnisinteressen: Zum einen soll geklärt werden, inwieweit rechtliche Vorgaben die parteilichen Organisationsstrukturen determinieren. Zum anderen soll der normative Gehalt des Parteienrechts herausgearbeitet werden, schließlich stellt verschriftlichtes, formal in Gesetzen verankertes Recht immer auch geronnene Werte dar. Im Recht kommen gesellschaftliche Wertvorstellungen und normative Festlegungen bzw. Erwartungen zum Ausdruck. Daher werden die einschlägigen Rechtsgrundlagen – insbesondere Art. 21 GG, maßgebliche Regelungen des Parteiengesetzes[7] und der richterlichen Rechtsfortbildung – unter Berücksichtigung der aktuellen rechtswissenschaftlichen Kommentierung systematisch auf einzelne Regelungsbereiche fokussiert rechtsanalytisch aufbereitet und hinsichtlich ihres Regelungs- und Bedeutungsgehalts diskutiert. Im Vordergrund stehen dabei diejenigen organisationsrechtlichen (Verfahrens-)Regelungen und Aspekte, die den Kern der Parteiorganisation betreffen.

Folgt man der Annahme, dass das Recht einen institutionell-normativen Rahmen für Parteien bildet, so ist in einem zweiten Schritt auf die parteiorganisationale, strukturelle Umsetzung einzugehen. Dabei bilden Parteisatzungen die zentrale binnenrechtliche Basis. Diese werden parteienvergleichend systematisch-themenfokussiert untersucht. Analog zur Rechtsanalyse

---

[6] Frühere Modelle der Methodenintegration bevorzugen ein Phasenmodell, das qualitative Methoden für die Exploration und Hypothesengenerierung, quantitative Methoden dagegen für die Hypothesenüberprüfung vorsieht (Barton/Lazarsfeld 1984; Kelle/Erzberger 2000).
[7] In der bis zum 27.08.2011 geltenden Fassung. Das Gesetz zur Änderung des Parteiengesetzes und des Abgeordnetengesetzes (PartGuaÄndG vom 3.08.2011, BGBl. I: 1748 Nr. 45 und 3141) hat die §§ 18, 19a und 24 PartG verändert. Darauf wird, soweit relevant, entsprechend hingewiesen.

wird in der Satzungsanalyse herausgearbeitet, welche Aspekte wie statuarisch ausgestaltet sind, in welchem Umfang hierbei von rechtlichen Vorgaben abgewichen wird bzw. Spielräume genutzt werden und ob die Parteien im Ergebnis ähnliche Regelungen treffen. Datengrundlage sind die Parteisatzungen der obersten Parteiebene (CSU: Landesebene; Stand: 2010).[8]

Bei der Analyse formaler, statuarisch verankerter Parteistrukturen muss bedacht werden, dass die hier gewonnenen Erkenntnisse kein vollständiges Bild der Organisationswirklichkeit bieten, sondern lediglich die formalen Organisationsstrukturen und -optionen aufgezeigt werden. Es handelt sich damit um eine spezifische Form der Komplexitätsreduktion: Durch die Satzungs- und Dokumentenanalyse kann geprüft werden, inwieweit die Parteiorganisationen auf dieser Ebene inter- und intraparteilich kongruent sind und institutionelle Erwartungen wirksam sind. Die Satzungs- und Dokumentenanalyse ermöglicht noch weitere Erkenntnisse: So sind Dokumente als „eigenständige methodische und situativ eingebettete Leistungen ihrer Verfasser" (Wolff 2000: 504) zu verstehen. Im Rahmen des Labelling Approach wurde theoretisch fundiert, dass Dokumente als institutionelle Zurschaustellung (Goffman 1972) und als bürokratische Propaganda (Altheide/Johnson 1980) verstanden werden können. Gerade Parteisatzungen sind als „product of legal, economic and political considerations" (Smith/Gauja 2010: 773) zu verstehen, weshalb sie, wie in dieser Studie, stets im institutionellen Gesamtkontext zu verstehen und zu analysieren sind (Smith/Gauja 2010: 773). An diesem Punkt tritt die Verbindung des nachfolgend entwickelten organisationstheoretischen Ansatzes mit diesen methodologischen Überlegungen klar hervor: Dokumente und Statute sind mehr als schlichte Notwendigkeiten. Sie dienen nicht nur der Verfahrensregelung, sondern auch der Herstellung von Legitimität. Offizielle und damit öffentliche Dokumente dienen nicht zuletzt dazu, einen Eindruck von Rationalität, Effizienz oder demokratischer Legitimation zu erwecken (Meyer/Rowan 1977; Bogdan/Ksander 1980; Wolff 2000). Sie stellen eine schriftliche, organisationsspezifisch adaptierte Umsetzung institutioneller Erwartungen dar, sind also als Niederschrift organisationsparadigmatischer Grundlagen zu interpretieren. Sie sind stets das Produkt spezifischer, parteiinterner und parteiorganisationaler Entscheidungen. Aus diesem Grund werden Satzungen und Dokumente als eigenständige Datenebene verstanden, die gleichberechtigt neben den Interview- und Befragungsdaten steht. Die Satzungs- und Dokumentenanalyse ist somit eine weitere, ergänzende Perspektive. Die Analyseergebnisse werden dabei insbesondere mit Befunden aus den Interviews verknüpft. Dabei ist es „problematisch, Aussagen in Dokumenten gegen Analyseergebnisse auszuspielen, die über betreffende Sachverhalte auf anderen Datenebenen (…) gewonnen wurden" (Wolff 2000: 511). Vielmehr ist es sinnvoll, die unterschiedlichen Befunde unter Berücksichtigung ihrer jeweils spezifischen Perspektive, Qualität und Datenebene miteinander in Bezug zu setzen, etwa um Differenzen zwischen der formalen Struktur und der tatsächlich gelebten Kultur in den untersuchten Organisationen herauszuarbeiten.

---

[8] Die analysierten Dokumente sind: Statut CDU, Stand 04.12.2007 (14.11.2011); Satzung CSU, Stand 29.10.2010; Organisationstatut SPD, Stand 14.11.2009 (04.12.2011); Bundessatzung FDP, Stand 23.04.2010 (21.04.2012); Satzung des Bundesverbandes (Grüne), Stand 08.05.2009 (25.-27.11.2001; Redaktion 28.04.2012); Bundessatzung Die Linke, Stand 15.05.2010 (02.-03.06.2012). In Klammern ist der aktuelle Stand bei der Drucklegung dieses Buches angegeben. Änderungen zu den analysierten Dokumenten werden, soweit relevant, in Fußnote angegeben.

2.3.2 Leitfadengestützte Interviews

Ein wesentliches Instrument zur Untersuchung parteikultureller Aspekte und innerparteilicher Prozesse sind für diese Untersuchung Face-to-Face-Interviews auf Bundesebene. Befragt wurden jedoch nicht etwa Parteivorsitzende als gewählte politische Führung der Parteiorganisation, sondern Akteure der Organisationsleitungsebene. Denn während die erstgenannten Akteure häufig auch Regierungsämter (Priess 2006: 241) oder andere zentrale parteiorganisationsexterne Wahlämter innehaben (und damit zeitgleich anderen Funktionslogiken bzw. Rollenerwartungen ausgesetzt sind), sind die hier befragten Akteure vorrangig Vertreter der Parteiorganisation: Sie stellen die Leitungsebene der Parteiapparate dar, wodurch ihnen eine wichtige Rolle bei der Organisationsgestaltung und -entwicklung, der Durchführung von Organisationsreformen und in der Adaption institutioneller Erwartungen zukommt. Insgesamt wurden zwölf in leitender Funktion in den Bundesgeschäftsstellen tätige Akteure befragt.[9] Die Interviews dauerten 45 bis 90 Minuten und werden anonymisiert, um ein möglichst offenes Antwortverhalten zu fördern und dem gewünschten Datenschutz zu entsprechen.

Methodisch bedienen sich die Interviews einer Kombination etablierter Verfahren. Elemente des problemzentrierten Interviews (u.a. Witzel 1982, 2000) und des Experteninterviews (u.a. Meuser/Nagel 1991; Gläser/Laudel 2004) werden miteinander verbunden und um narrative Elemente (u.a. Schütze 1983) ergänzt. In der Durchführung orientieren sich die Interviews an einem Leitfaden, der die zentralen Aspekte der vorliegenden Studie sowie partei- und positionsspezifisch individuelle Probleme und Aspekte beinhaltet. Der entscheidende Vorteil dieser halbstrukturierten Interviewmethode mittels Leitfaden liegt darin, einen Mittelweg zwischen der für den späteren Vergleich notwendigen Strukturierung und der komplexitäts- und personenbedingten Offenheit zu gehen. Indem konkrete Fragen und deren Abfolge im Gegensatz zu den zu besprechenden Themen und Aspekten nur lose vorab im Leitfaden festgelegt werden, bleibt die Gesprächsführung wesentlich flexibler, offener und an den Erfordernissen der konkreten Gesprächssituation orientiert. Die offenen Fragen werden hinsichtlich ihrer Formulierung und Ausführlichkeit den Gesprächspartnern angepasst. Dabei wird im Interview selbst darauf geachtet, dass ein Kernbestand an Fragen und Aspekte in der vorgesehenen Abfolge thematisiert wird, wobei Nachfragen und Vertiefungen möglich sind.

Die Interviews wurden vollständig und weitgehend im Wortlaut transkribiert. Die Auswertung erfolgt computergestützt mittels MAXQDA (Version 2007, zu MAXQDA Kuckartz 2005). Ausschlaggebend für die Verwendung dieser Software ist die Möglichkeit, mittels MAXQDA die genutzten Daten (Interviews) auf Grundlage einer qualitativen Analyse zu codieren. Ein Code ist hierbei ein Hilfsmittel, um Textinhalte zu kennzeichnen, also in gewisser Weise zu klassifizieren. Das Arbeiten mit einem Kategoriensystem und den entsprechend codierten Datensegmenten stellt damit den Kern der computergestützten Textanalyse dar. Die Codierung der Interviews erfolgt nicht automatisch, sondern durch den Forscher, indem Sinn- und Textzusammenhänge herausgearbeitet und gekennzeichnet werden. Dieser Schritt der Datenaufbereitung ist von zentraler Bedeutung, gibt es doch zur Interviewanalyse unterschiedliche Techniken (dazu u.a. Flick 1995). Welche Technik anzuwenden ist, orientiert sich an der Fragestellung, dem Erkenntnisinteresse und der methodischen Einbettung des Vorhabens

---

[9] FDP: 2; Grüne: 3; Linke: 4; SPD: 3; nachfolgend zitiert als „[Partei] [Nummer]" (bspw. FDP 1).

(Schmidt 2000: 447). In der vorliegenden Studie erfolgt die Codierung und Analyse der Interviews entsprechend der Methodik des thematischen Codierens (Kuckartz 2005: 85-94), wodurch einerseits die theoretischen Vorannahmen beachtet werden und andererseits eine ausreichende Flexibilität erhalten bleibt (Schmidt 2000: 448). Im ersten Schritt, und dieser beginnt zeitgleich mit der Entwicklung des Interviewleitfadens, sind die zentralen Auswertungskategorien zu entwickeln. Anhand dieser, in Auseinandersetzung mit dem erhobenen Material überarbeiteten Kategorien (Codes) werden anschließend die Interviews codiert. Damit lassen sich Fallübersichten erstellen und vertiefte Analysen von ausgewählten Aspekten und Fällen durchführen. Bei der vorbereitenden Aufarbeitung des erhobenen Materials erleichtert der Einsatz von MAXQDA die Textanalyse durch das Werkzeug eines hierarchischen Codesystems. Es werden in der vorliegenden Studie fünf Codes generiert, die die Themenfelder Party Central Office, Organisationsreformen, Professionalisierung, Zentralisierung und Parteimitglieder/Mitgliederpartei abdecken. Diese Codes untergliedern sich in insgesamt 36 Subcodes. Insgesamt wurden 746 auswertbare Codings vergeben.

Das Codierungsverfahren zielt darauf ab, die einzelnen Interviews aus ihrem narrativen Zusammenhang herauszulösen und problem- bzw. themenorientiert nutzbar zu machen. Die computergestützte Analyse ermöglicht eine stark formalisierte Codierung und Auswertung, wobei die erhobenen Daten im Forschungsprozess völlig neu strukturiert werden. Erst die Zuordnung von Codes zu einschlägigen Textsegmenten ermöglicht das systematische Wiederfinden sowie das vergleichsorientierte Neugruppieren relevanter Textabschnitte. Dabei bleibt eine Zuordnung zu den einzelnen Gesprächspartnern bestehen; zugleich lassen sich jedoch in der weiteren Analyse die codierten Textpassagen neu gruppieren, was einen systematischen intra- und interparteilichen Vergleich ermöglicht. Hier wird deutlich, dass mit den Interviews mehrere Erkenntnisinteressen verfolgt werden. Neben Expertenwissen und individuellen, subjektiven Einschätzungen der einzelnen Akteure wird geprüft, inwieweit parteispezifische Einschätzungsmuster im Antwortverhalten erkennbar werden. Aus diesem Grunde schaffen die Codes bzw. die derart aufbereiteten Texte Ordnung, ermöglichen eine Neuordnung der gewonnenen Erkenntnisse und bilden so die Voraussetzung für die umfassende Analyse.

2.3.3 *Befragung der Parteimitarbeiter*

Zusätzlich wurde eine standardisierte Online-Befragung durchgeführt, die vor allem der vergleichenden Organisationskulturanalyse dient. Die von Oktober bis November 2007 durchgeführte Befragung stellt die Datengrundlage der quantitativen Untersuchung dar. Im Dezember 2007 wurde zur Erhöhung des Rücklaufs eine Nacherhebung durchgeführt, indem erneut per Rundmail zur Teilnahme aufgefordert wurde. Die Befragung richtete sich an die Geschäftsstellenmitarbeiter (Bund/Land, SPD tlw. Bezirk) der im Bundestag vertretenen Parteien und wurde als Vollerhebung konzipiert, da gerade in den Geschäftsstellen der kleineren Parteien mit oft nur wenigen Mitarbeitern eine Stichprobenziehung nicht möglich ist.[10]

---

[10] Eine valide Stichprobenziehung scheitert zudem daran, dass von den Parteien keine umfassenden Daten über ihre Mitarbeiter zur Verfügung gestellt werden. Insofern ist wie beschrieben ein pragmatischer Weg zu beschreiten, der weitestgehend aussagefähig ist und in einzelnen Aspekten einen explorativen Charakter aufweist.

Der Parteiapparat stellt, dies wurde bei der Durchführung der Befragung deutlich, einen aus Sicht der Parteiführungen sehr sensiblen, eigentlich nichtöffentlichen Bereich der Parteiorganisationen dar. Daher erfolgte die Ansprache der Befragungsteilnehmer stets über die jeweiligen Geschäftsstellen. Auf Bundesebene wurde bei der Linken und den Grünen die gesamte Bundesgeschäftsstelle befragt, bei der FDP faktisch ebenfalls (Abteilung Kampagnen als zentrale Abteilung, siehe Abschnitt 6.2.4). Bei der SPD wurde die Abteilung Parteiorganisation befragt; eine Befragung weiterer Abteilungen war nicht möglich. Auf Landesebene konnten zahlreiche Landesparteiorganisationen zur Teilnahme gewonnen und so deren Parteigeschäftsstellen befragt werden. Im Ergebnis wurden 167 Mitarbeiter befragt (Rücklauf damit 47,7 Prozent).[11] CDU und CSU lehnten eine Befragungsteilnahme ab, so dass für diesen letzten Analyseschritt keine datengestützte Analyse der Unionsparteien möglich ist.[12] Dennoch ist eine (vorsichtige) Übertragung der Befunde auf CDU/CSU vertretbar, da anhand der erhobenen Daten geprüft werden konnte, ob bei den abgefragten Items signifikante Unterschiede in Abhängigkeit zur politischen Selbstverortung der Befragten (Links-Rechts-Skala) feststellbar sind. Soweit dies nicht der Fall ist, ist begründet anzunehmen, dass die individuelle politische Ausrichtung nur eine untergeordnete Rolle spielt, so dass insbesondere dann ähnliche Einstellungsmuster bei den Unionsparteien anzunehmen sind, wenn in den untersuchten Parteien keine signifikanten parteispezifischen Unterschiede nachweisbar sind.

Die Durchführung einer schriftlichen Befragung via Online-Verfahren ist methodisch betrachtet ebenso zielgerichtet wie sinnvoll, diese erzielen meist vergleichbare Rücklaufquoten wie postalisch verschickte Befragungen (Welker et al. 2005: 69). Zwar sind in bestimmten Fällen durchaus Stichprobeneffekte bekannt, allerdings ist im vorliegenden Fall davon auszugehen, dass alle Befragten regelmäßig online und im Umgang mit dem Internet geübt sind, so dass Verzerrungen auszuschließen sind (zum Instrument der Online-Befragung auch Kuckartz et al. 2009). Zudem ist festzustellen, dass die Online-Befragung hinsichtlich ihrer Einsatzmöglichkeiten bei organisationsbezogenen Fragestellungen „auf dem Weg [ist], auch in der sozialwissenschaftlichen (Organisations-) Forschung einen festen Platz zu erobern" (Brake/Weber 2009: 414). Der entscheidende Vorteil des hier gewählten Verfahrens liegt zudem in der Komplexität und vor allem Sensibilität des Befragungsthemas begründet. Gerade die hier abgefragten organisationskulturellen Aspekte sind seitens der Befragten normativ aufgeladen – dadurch wird die soziale Erwünschtheit im Antwortverhalten zu einem nicht zu vernachlässigenden Problem. Jedoch zeigen methodenüberprüfende Arbeiten diesbezüglich mehrheitlich einen Vorteil des Onlineverfahrens gegenüber anderen Verfahren, es bestätigt sich dabei,

---

[11] Die Daten zur Mitarbeiterausstattung wurden telefonisch für alle Landes- und Bundesgeschäftsstellen erhoben (Stand: 31.12.2007). Bei der FDP konnten nur vier Landesparteien zur Teilnahme gewonnen werden, somit ist hier fallzahlbedingt eine Interpretation nur mit Vorsicht möglich. Befragt wurden: SPD Berlin, Brandenburg, Bremen, Hannover, Hessen-Nord, Mecklenburg-Vorpommern, Niedersachsen, Rheinland-Pfalz, Sachsen-Anhalt; FDP Baden-Württemberg, Saar, Sachsen, Sachsen-Anhalt; Grüne Baden-Württemberg, Bayern, Berlin, Brandenburg, Bremen, Hamburg, Hessen, Mecklenburg-Vorpommern, Niedersachsen, Nordrhein-Westfalen, Sachsen, Sachsen-Anhalt, Schleswig-Holstein, Thüringen; Linke Bayern, Brandenburg, Hamburg, Mecklenburg-Vorpommern, Niedersachsen, Nordrhein-Westfalen, Sachsen-Anhalt. Befragte Mitarbeiter SPD=55, FDP=12, Grüne=54, Linke=46. In den Analysen/Tabellen werden Zellen mit weniger als 10 Fällen entsprechend ausgewiesen.

[12] Dies ist kein neues Phänomen (dazu Walter-Rogg/Gabriel 2004; zur Zugangsproblematik bei der CDU siehe auch Köhler 2010: 13). Man teile die Intention des Forschungsprojektes nicht und befürchte negative Forschungsresultate im Umfeld von Wahlen und hinsichtlich der abgefragten Aspekte.

"dass die Effekte der sozialen Erwünschtheit in der Web-Befragung im Vergleich zu Befragungsmethoden, in denen ein Interviewer oder Forscher sozial präsenter ist, geringer ausgeprägt sind. Im Vergleich zur schriftlichen Befragung ist ebenfalls von Unterschieden auszugehen, auch wenn nicht alle Studien diese nachweisen konnten. Allerdings handelt es sich hierbei um geringere Differenzen als beispielsweise zwischen der persönlichen und der Online-Befragung. (…) Die Annahme eines positiven Methodeneffekts der Online-Befragung, hervorgerufen durch eine vergleichsweise geringe soziale Präsenz in Verbindung mit einer relativ hohen subjektiven Anonymität, bestätigt sich also." (Taddicken 2009: 100)

Insofern stellt die gewählte Form der Online-Befragung eine methodisch geeignete Variante dar, die der thematisch bedingten Problematik Rechnung trägt und die positiven Methodeneffekte gezielt nutzt, so dass ein „offeneres und ehrlicheres Antwortverhalten der Probanden" unterstützt wird und sich die Datenqualität verbessert (Taddicken 2009: 102).

Für die Analysen wird als zentrale unabhängige Variable die „arbeitgebende Partei" herangezogen, schließlich steht die Frage nach zwischenparteilicher Differenz im Vordergrund, wobei, wie später theoretisch begründet wird, in den meisten Fällen gerade keine zwischenparteiliche Differenz erwartet wird. Der Test auf parteispezifische Unterschiede („Parteieffekte") erfolgt mittels Varianzanalysen (einfaktorielle ANOVA; multifaktorielle Analysen haben sich fallzahlbedingt als problematisch erwiesen). Begleitend werden weitere Variablen geprüft und soweit relevant thematisiert (u.a. Alter der Befragten, Geschlecht, Dauer der Tätigkeit im entsprechenden Bereich, individuelle Links-Rechts-Selbsteinschätzung). Darüber hinaus werden aus den in der Befragung erhobenen Variablen weitere Daten generiert, geprüft und gegebenenfalls thematisiert. So sind ebenenspezifische Unterschiede (etwa als Folge von Zentralisierungstendenzen) denkbar. Diese wurden geprüft, wobei die geringe Mitarbeiterzahl in vielen Landesgeschäftsstellen aus methodischen und Datenschutzgründen tiefer gehende Einzelländeranalysen mittels quantitativer Verfahren nicht zulässt. Auch wurde geprüft, ob, je nach Themenbereich, spezifische individuelle Erfahrungen der Mitarbeiter eine Rolle spielen. Dazu wurde abgefragt, inwieweit der Befragte bereits aktiv war oder noch aktiv ist (bspw. Mitglied eines Parteivorstands). Diese Daten wurden recodiert, so dass im Ergebnis vor allem eine „Parteierfahrung" und eine „Parlamentserfahrung" erkennbar werden. Unter Parteierfahrung wird verstanden, wenn ein Mitarbeiter gegenwärtig oder früher mindestens ein innerparteiliches Wahlamt (Vorstand) aufweisen kann und/oder für einen Parteitag delegiert war – in diesen Fällen ist davon auszugehen, dass derjenige Mitarbeiter die Partei auch aus der „Parteimitgliederperspektive" kennt und entsprechende Erfahrungen auf ihn wirken. Eine Parlamentserfahrung liegt vor, wenn ein Mitarbeiter gegenwärtig oder früher mindestens ein Mandat für ein öffentliches Wahlamt (i.d.R. Kommunalparlament) aufweist. Über die so generierten Variablen lassen sich die Gruppen mit und ohne Erfahrung klar voneinander abgrenzen und prüfen, ob diese überberuflichen politischen Erfahrungen einen Einfluss auf einzelne parteikulturelle Einstellungen haben.

Im Vordergrund der Untersuchung steht jedoch die Frage, ob sich die Mitarbeiter einzelner Parteien – als Ausdruck einer unterschiedlichen Parteikultur – voneinander unterscheiden. Da die Varianzanalysen zunächst einmal lediglich darüber Auskunft geben, ob sich die (Mitarbeiter-)Gruppen der Parteien unterscheiden („Parteieffekte"), schließen sich in den Fällen, in denen signifikante Parteieffekte auftreten, vertiefende Post-hoc-Analysen an. Der hierzu verwendete Scheffé-Test (Scheffé 1959) ermöglicht eine genauere Bewertung der auftretenden Effekte, indem unter Verwendung der F-Stichprobenverteilung paarweise Vergleiche gleichzeitig für alle möglichen Kombinationen der Mittelwerte durchgeführt werden (dazu Bortz/ Schuster 2010: 232-235). So kann im Detail präzise ermittelt werden, zwischen welchen Mitarbeitergruppen signifikante Unterschiede bestehen. Obwohl andere Post-hoc-Analyseverfahren (etwa Tukey's Honestly Significant Differences) verfahrensbedingt stärkere Effekte aufzeigen, wird aus zwei Gründen der Scheffé-Test bevorzugt: Sein methodisch bedingter Konservativismus verhindert eine Überschätzung von Effekten, und er ist ein sehr robustes Verfahren. Er liefert auch für ungleiche Gruppengrößen exakte Ergebnisse und ist damit für die vorliegenden Daten ideal geeignet, wohingegen Tukey's HSD bei ungleichen Gruppengrößen lediglich einen Näherungswert anbietet (Janssen/Laatz 2007: 368). Allerdings kann dieser Konservatismus dazu führen, dass die mittels ANOVA ermittelten Effekte (Gesamtsignifikanz) nicht in gleicher Weise beim Scheffé-Test auftreten (Bortz/Schuster 2010: 234), was jedoch durch die nachgelagerte Anwendung des Tests unproblematisch ist.

Für die Analyse parteikultureller Einstellungen und der Wahrnehmung des parteilichen Wandels wurden unterschiedliche Aspekte operationalisiert und abgefragt, die sich vereinfacht in die Bereiche Individuelle Aspekte/Arbeitskontext, Mitgliederbeteiligung/Partizipationsreformen, Professionalisierung/Kommunikationsorientierte Aspekte sowie Reformgründe/-folgen/-wahrnehmung unterteilen lassen. In der Mehrzahl der Fälle wurden die Einstellungen und Bewertungen mittels einer 5er-Skala erhoben, in einigen Bereichen wurde einer 4er-Skala der Vorzug gegeben, die zur anschaulicheren Analyse in eine 3er-Skale recodiert wurde (vgl. Fußnote 176). Im letzten Abschnitt (7.4) werden in Anknüpfung an die vorherigen Befunde die Mitarbeiter selbst in den Mittelpunkt gestellt. Es werden Mitarbeitergruppen gebildet, die in spezifischen Items kongruent antworten, so dass sich die jeweils gebildeten Gruppen als Vertreter eines spezifischen Organisationsparadigmas interpretieren lassen. Diese Gruppen sind aus den theoretischen Überlegungen und den Erkenntnissen der zuvor durchgeführten parteienvergleichenden Analysen abgeleitet. Zur Bestimmung der vier relevanten Gruppen werden spezifische, für weitere abgefragte Aspekte exemplarisch herangezogene Einstellungsabfragen recodiert, Summenvariablen gebildet und anschließend recodiert, so dass sich klare Gruppenzugehörigkeiten bestimmen lassen.

3 Organisationstheoretische Grundlagen

Die Organisationsforschung wurde lange Zeit nicht als eigenständiger Bereich der Soziologie wahrgenommen (Türk 1978: 20-22). Insbesondere im europäischen Raum fehlte eine Organisationstheorie bzw. eine „entwickelte, eigenständige Soziologie der Organisation" (Mayntz 1963: 31), die moderne Organisationsforschung hat sich vielmehr zunächst in den USA als spezielle Forschungsrichtung ausdifferenziert. Für die Organisationsforschung spielen dabei insbesondere Max Weber (1980 [1922]), Robert Michels (1989 [1911]), Talcott Parsons (1960a; b [1956; 1958]) und Émile Durkheim (1992 [1893]) eine wichtige Rolle, wobei diese teilweise sehr unterschiedliche Grundideen vertreten. Gleichwohl sind sie alle nicht nur als Vorläufer der modernen Organisationsforschung und teilweise der Parteienforschung zu interpretieren, sondern auch Gegenstand einer kritischen Auseinandersetzung, wobei deren Arbeiten der Abgrenzung und Weiterentwicklung neuerer organisationstheoretischer Ansätze dienten. Mittlerweile hat sich die Organisationsforschung zu einer hochgradig interdisziplinär angelegten Forschungsrichtung entwickelt, die je nach Forschungsinteresse unterschiedlichste Zugangswege anbietet (Preisendörfer 2005: 11). Damit sind nun die organisationstheoretischen/-soziologischen Grundlagen und Grundannahmen der vorliegenden Studie darzulegen.

In Vorbereitung der späteren Fokussierung auf Parteiorganisationen und deren Einbindung in den gesellschaftlichen wie staatlichen Kontext (kurz: Parteiumwelt) ist im Folgenden auf bürokratisch-rationale sowie neoinstitutionalistische theoretische Ansätze[13] näher einzugehen. Die beiden Ansätze weisen eine sehr unterschiedliche Herangehensweise auf und erheben hinsichtlich Reichweite und Erklärungskraft einen unterschiedlichen Anspruch: Bürokratisch-rationale Ansätze konzentrieren sich vor allem auf den innerorganisatorischen Aufbau, während der Neoinstitutionalismus die Zusammenhänge zwischen Organisation und Umwelt in den Mittelpunkt stellt und vor allem auf die Mesoebene (bspw. DiMaggio/Powell 1983) oder Makroebene (bspw. Meyer/Rowan 1977) fokussiert.[14] Dabei bilden die beiden nachfolgend

---

[13] Es finden sich neben der für die Organisationsforschung bedeutsamen soziologischen noch eine politikwissenschaftliche und eine ökonomische Variante neoinstitutionalistischer Ansätze, so dass beim Neoinstitutionalismus eher von einem gemeinsamen Forschungs- und Theorieansatz als von einer zentralen, einheitlichen Theorie gesprochen werden kann (Abell 1995: 3). Der politikwissenschaftliche und wirtschaftswissenschaftliche Neoinstitutionalismus postuliert meist eine eher schwache Form institutioneller Einflussmacht (Akteure bestimmen in dieser Lesart die Interessen von Institutionen, sind diesen vorangestellt), der soziologische Neoinstitutionalismus vertritt dagegen zumeist eine eher stärkere Form. Mayntz/Scharpf (1995: 40-41) betonen, dass bereits der verwendete Institutionenbegriff different ist: Für den politikwissenschaftlichen Neoinstitutionalismus sind Institutionen überwiegend zentrale politische Einrichtungen, während die organisationssoziologische Lesart symbolische und kognitive Elemente betont, womit Institutionen sehr viel vielfältiger sein können. Gewissermaßen eine Zwischenposition nimmt der von March/Olsen (1984) eingenommene Blick auf Rituale und Mythen bei der Frage nach den Institutionen der Politik ein. Mayntz und Scharpf führen aus, dass sich alle drei Ansätze kritisch von bestimmten herkömmlichen Herangehensweisen absetzen, allerdings sei der jeweilige Fokus der Kritik unterschiedlich (Mayntz/Scharpf 1995: 40-41).

[14] Organisationen, so wird kritisch angemerkt (bspw. Senge/Hellmann 2006: 16), werden im Neoinstitutionalismus als korporativer Akteur und damit organisationssoziologisch als Black Box verstanden: „There has been little effort to make neoinstitutionalism's microfoundations explicit (...). Most institutionalists prefer to focus on the structure of

aufgezeigten Theoriestränge zwei der zentralen organisationstheoretischen Paradigmen ab, die Organisationen entweder als rationale oder offene Systeme verstehen.[15] Bevor jedoch auf spezifische Aspekte der beiden Ansätze eingegangen werden kann, sind zunächst noch zentrale, paradigmenunabhängige organisationstheoretische Grundlagen auszuführen.

3.1 Organisation, Organisationsgrenzen und Organisationsumwelt

Zunächst ist eine grundlegende Klärung des Organisationsbegriffs erforderlich, der nach Türk drei zentrale Dimensionen umfasst: „*Organisieren* als Tätigkeit", „*Organisiertheit* als Eigenschaft des Gebildes" sowie „*Organisat* als Produkt des Organisierens" (Türk 1978: 2, Hervorhebungen im Original), wobei vor allem der letztgenannte Aspekt in dieser Studie von Bedeutung ist. Organisationen können folglich „als soziales Subjekt, sozialer Katalysator und sozialer Prozess" (Endruweit 2004: 18) verstanden werden. Dies allein genügt jedoch noch nicht zur begrifflichen Erfassung von „Organisation" und auch nicht zur Abgrenzung des Organisationsbegriffes von häufig alternativ gebrauchten Begriffen wie beispielsweise „Institution".

Deshalb sind die Elemente einer Organisation näher zu bestimmen. Eine Organisation, so wird in der organisationstheoretischen Literatur vielfach argumentiert, besteht aus mehreren konstitutiven Elementen (Endruweit 2004: 19-20). So soll eine Organisation zur Erreichung ausdrücklich benannter Ziele errichtet worden sein, über eine formale Struktur verfügen und auf Dauerhaftigkeit abzielen. Zudem muss sie arbeitsteilig organisiert sein, es muss also eine Machtdifferenzierung bzw. Verantwortungsdelegation etabliert sein. Des Weiteren sind neben der stets gegebenen Einbettung in eine Organisationsumwelt klare Verfahren der Inklusion (bzw. Exklusion) erforderlich, was zu einem bestimmbaren Kreis an Organisationsangehörigen führt und klare Aufnahme- und Ausschlussverfahren erfordert.[16] Gerade auf diesen Aspekt ist

---

environments, macro- to microlevel effects, and the analytic autonomy of macrostructures" (DiMaggio/Powell 1991: 16). Allerdings gilt dies nicht generell. Sowohl Lynne Zucker (1977) als auch jüngere Arbeiten nehmen sich der Mikroperspektive an. Insofern ist der Ansatz hinsichtlich seiner theoretischen Reichweite auch für eine mikroperspektivische Analyse geeignet, wenngleich organisationsinterne „Koordinations-, Abstimmungs- und Entscheidungsprozesse, Koalitionen und mikro-politische Auseinandersetzungen (…) nicht im Zentrum des Interesses der neoinstitutionalistischen Organisationstheorie" (Mense-Petermann 2006: 63) stehen. Dennoch wird der Neoinstitutionalismus insb. durch die Arbeit von Meyer/Rowan (1977) als organisationstheoretischer Ansatz verstanden. Dieses Verständnis des Neoinstitutionalismus als Organisationstheorie zeigt der Band von Powell/DiMaggio (1991) mit dem Ziel der „Kanonisierung des Feldes der neoinstitutionalistischen Organisationsforschung" (Hasse/Krücken 2005a: 191). Dabei ist der Neoinstitutionalismus perspektivisch nicht auf einzelne Organisationen beschränkt, sondern zeigt gerade in der World-Polity-Forschung seine Verknüpfung von empirischer Forschung und Theoriebildung (hier versucht der NI, die „globale Diffusion westlicher Kultur- und Strukturmuster konkret zu analysieren" (Hasse/Krücken 2005b: 42). Es handelt sich hierbei um einen distinkten Ansatz innerhalb der soziologischen Diskussion um Globalisierung und Weltgesellschaft (dazu Hasse/Krücken 2005b: 42-49).

[15] Scott (2003) sieht drittens noch Organisationen als natürliche Systeme vor. Dieser Ansatz ist hier nicht relevant, zumal er (mit dem Fokus auf informellen Strukturen konzeptionell-perspektivisch) nicht mit dem rationalen Organisationsverständnis vereinbar ist, wohingegen rationale und offene Systemansätze durchaus zu verbinden sind. In der deutschsprachigen Theorieentwicklung ist noch das Luhmannsche Verständnis von Organisationen als operativ geschlossenen Systemen von Bedeutung, auf das hier nur kursorisch eingegangen wird, wobei neoinstitutionalistische und systemtheoretische Ansätze in Verbindung gebracht werden können (Hasse/Krücken 2005b).

[16] Auf weitere Wesensmerkmale von Organisationen ist hier nicht vertieft einzugehen (bspw. Kontrollmechanismen mittels spezifischer Machtzentren; Personaloptimierung durch Qualitätsorientierung und ggf. personellen Austausch). Organisationen zeichnen sich schließlich noch durch ein sehr komplexes Interaktions- und Kooperationssystem, eine ebenfalls noch zu bestimmende Zielorientierung und rationale Handlungskoordination aus (Endruweit 2004: 19-20).

noch genauer einzugehen, zudem ist zu klären, welche Bedeutung einzelnen Elementen in den beiden unterschiedlichen Organisationsparadigmen zukommt. Schon an dieser Stelle wird deutlich, dass Organisationen „äußerst vielfältig und in sich meist sehr kompliziert" (Scott 1986: 35) sind. Es ist somit unabdingbar, die genannten Merkmale näher zu betrachten, zunächst in allgemeiner Perspektive und dann mit konkretem Bezug zu Parteiorganisationen, bei denen sich organisationsspezifische Probleme zeigen, etwa bei der Zielorientierung, der Frage von Kontrolle oder Qualitätskriterien der Organisationsmitglieder oder in der Frage von Inklusion und Exklusion zur Benennung eines klaren Kreises von Organisationsangehörigen.

Eine komplexe Frage ist die nach den Organisationsgrenzen und der Organisationszugehörigkeit. Es ist zu klären, welche Akteure einer Organisation angehören und welche Relevanz diese haben. Je nach Situation, Erkenntnisinteresse oder Organisationsverständnis fällt die Antwort darauf unterschiedlich aus, wobei nicht nur die Relevanz des individuellen Mitglieds für die Organisation, sondern auch die Prägung des Einzelnen durch die Organisation unterschiedlich theoretisch konstruiert wird. Vor allem in älteren Organisationsbeschreibungen wird der Befund, dass Organisationen als Zusammenschluss mehrerer Personen zu betrachten sind, betont (Mayntz 1963: 112-135). In systemtheoretischer Perspektive ist von Bedeutung, dass viele soziale Systeme „ihre Grenzen primär über Mitgliedschaftsrollen und Zulassung zur Mitgliedschaft regulieren" (Luhmann 1985: 269).[17] Damit ist ein wichtiger Punkt angesprochen: die Abgrenzung einer Organisation von ihrer Umwelt. Diese Grenzziehung ist ein zentrales Problem der Organisationsforschung. Selbst in vermeintlich klaren Fällen mit stark formalisierter Mitgliedschaft – wie etwa bei den deutschen Parteien – ist diese Grenzziehung nicht immer problemfrei möglich. Problematisch wird es dann, wenn sich Organisationen in den Möglichkeiten der Mitwirkung öffnen und so Organisationsgrenzen verschwimmen bzw. verschwinden, wenn sich also die formalisierten, dauerhaften und funktional integrierten Beziehungen zwischen den Organisationselementen (Endruweit 2004: 20) zunehmend auflösen. Problematisch wird es auch, wenn nicht formal, sondern funktional nach Organisationsmitgliedern gefragt wird. Mit Blick auf Parteien lässt sich dabei bereits an dieser Stelle festhalten, dass die Diskussion um den Stellenwert und die Funktion von Organisationsmitgliedern direkt den Parteibegriff und das Parteiorganisationsverständnis berührt.

Mit der Grenzziehung ist die Problematik der Umwelteinbettung von Organisationen verbunden. Unstrittig ist, dass Organisationen stets in einer „spezifischen physikalischen, technischen, kulturellen und sozialen Umwelt angesiedelt" (Scott 1986: 40) sind. Aber in der Einschätzung, in welcher Intensität und über welche Mechanismen eine Anpassung an die Umwelt erfolgt, sind fundamentale, theoriegeleitete Differenzen erkennbar, von einer hohen Offenheit bis hin zu einer hohen Geschlossenheit. Dabei wird eine Organisation in keiner Theoriefamilie als vollständig autark verstanden. Organisationen sind stets „in ihrem Überleben von den Beziehungen abhängig, die sie zu den größeren Systemen, deren Teil sie sind, herstellen" (Scott 1986: 41). Die Frage nach Organisationsgrenzen und -zugehörigkeit ist gerade im Hinblick auf Organisationsstruktur, -kultur und -wandel bedeutsam und wird daher genauer zu betrachten sein. Damit ist nun auf die beiden eingangs erwähnten Organisationsverständnisse einzugehen.

---

[17] Das Grundproblem der Systemgrenzen wird erstmals von systemtheoretischen Ansätzen umfassend thematisiert (Endruweit: 217). Mittlerweile sind Organisationsuntersuchungen ohne Thematisierung der Organisationsumwelt nicht mehr denkbar. Für Luhmann etwa wird die Differenz von System und Umwelt bei sozialen Systemen ausschließlich durch „Sinngrenzen" (Luhmann 1985: 265) vermittelt, wobei für soziale Systeme nur eben diese Sinngrenzen verbleiben, um „die Elemente (zu ordnen), aus denen das System besteht und die es reproduziert" (Luhmann 1985: 266).

Zunächst wird das spezifische Organisationsverständnis herausgearbeitet, um dann auf das jeweilige Organisation-Umwelt-Verhältnis und die Bedeutung interner sowie externer Reform- und Handlungsimpulse bzw. organisationaler Leitbilder einzugehen.

3.2 Die bürokratisch-rationale Perspektive

„Die Geburtsstunde der Organisationstheorie ist Max Webers Theorie der Bürokratie." (Baecker 2003: 24) Auch wenn zeitgleich voneinander unabhängig weitere Organisationstheorien, ebenfalls mit der Grundannahme rationaler Organisationen, entwickelt wurden[18] – der Webersche Ansatz ist für die entstehende Organisationssoziologie prägend und bis heute relevant. Webers Interesse gilt dabei eigentlich gar nicht der organisationssoziologischen Komponente, sondern er entwickelt eine allgemeine soziologische Herrschaftstheorie und benennt darin „drei reine Typen legitimer Herrschaft" (Weber 1980: 124): rational, traditional oder charismatisch. Die Entwicklung des Rationalismus erlangt für ihn dabei eine zentrale Bedeutung, und in diesem Kontext wird seine Herrschaftstheorie auch organisationssoziologisch relevant. Denn Weber entwickelt eine allgemeine Handlungstheorie, die sich „vom Typus des zweckrationalen Handelns her konzipiert" (Schneider 2005: 77). Dahinter steht die methodologische Begründung zur Konstruktion einer verstehenden Soziologie, die sich zum Ziel setzt, soziales Handeln deutend zu verstehen und dabei auf zweckrationale Idealtypen zurückgreift.

3.2.1 *Organisationsverständnis und die Organisation der Organisation*

Nach Weber hat sich in der modernen Gesellschaft der Typus der rationalen Herrschaft durchgesetzt (ideal-, nicht realtypisch verstanden). Rational-legale Herrschaft wird dabei am besten mittels bürokratischer Verwaltungsstäbe ausgeübt, die ihrerseits im idealtypischen Fall hierarchisch-monokratisch aufgebaut sind (Weber 1980: 126-127). Durch diese technische Überlegenheit erklärt sich für Weber der durchschlagende Erfolg der bürokratischen Organisationsform. Der herrschaftstheoretische Erfolg der Rationalität im Sinne einer effizienten Zielerreichung (also Zweckmäßigkeit) beruht auf einer hohen Legitimität, die eine derart gesicherte und verlässliche formelle Herrschaftsorganisation mit sich bringt (eine Überlegung, die Luhmann (1969) aufgreift). In der Tradition der klassischen Elitentheorien nimmt dann Robert Michels an, dass Organisationen einem eisernen Gesetz der Oligarchie unterliegen (Michels 1989 [1911]). Er untermauert seine viel diskutierte Oligarchieannahme mit organisationstechnischen, theoretischen und psychologischen Argumenten und stellt fest: „Die Bildung von Oligarchien im Schoße der mannigfaltigen Formen der Demokratien ist eine organische, also eine Tendenz, der jede Organisation (…) notwendiger Weise unterliegt" (Michels 1989: 370-371).

Die rationale Organisation der Organisation dient vorrangig einem Zweck: der effizienten Erreichung klar bestimmter Ziele. Auf die Erfüllung dieser Aufgabe wird die Organisation

---

[18] Bspw. der 1911 erstmals veröffentlichte, ökonomisch geprägte organisationstheoretische Ansatz „Wissenschaftliches Management" von Frederick W. Taylor (1913). Taylor kann gleichfalls als einer der Gründungsväter der Organisationssoziologie verstanden werden. Sein Werk prägte jedoch vorrangig die betriebswirtschaftliche Organisationslehre.

ausgerichtet oder optimiert. Damit kommt dem Vorhandensein und der Erfüllung klar benannter Organisationsziele in Verbindung mit einer hochgradigen Formalisierung im rationalen Organisationsparadigma die entscheidende Rolle zu. Organisationen sind „collectivities oriented to the pursuit of relatively specific goals and exhibiting relatively highly formalized social structures" (Scott 2003: 23). Rationalität, also der plan- und steuerbare Einsatz geeigneter Mittel und die Einleitung bestimmter Handlungen zur Erreichung benannter Ziele, ist dabei ein „entscheidendes Merkmal dieser sozialen Gebilde" (Mayntz 1963: 18-19). Die effiziente Umsetzung von Organisationszielen steht im Blickpunkt rationaler Organisationstheorien.

Unter dem Paradigma der Rationalität „besteht das Verhalten von Organisationen in Handlungen, die von zielorientierten und aufeinander bezogenen Akteuren getätigt werden" (Scott 1986: 93). Dies bedeutet jedoch nicht, „daß Organisationen tatsächlich nach ausschließlich rationalen Gesichtspunkten aufgebaut sind und das Handeln in ihnen ausschließlich rational bestimmt ist, sondern nur, daß eine solche Orientierung als Leitbild oder Richtungsweiser gilt." (Mayntz 1963: 19) Organisatorische Rationalität bezieht und beschränkt sich in dieser weniger dogmatischen Interpretation klar auf die Struktur der Organisation, sie wirkt vorrangig bei der Implementierung von Organisationszielen und bei der Frage nach der bestmöglichen Zielerreichung. Rationalität wird schon hier möglicherweise viel stärker als Leitbild wirksam als dass sie zur organisationalen Realität wird. Dazu kommt, dass das „Merkmal der Rationalität (…) sich nur auf die Art, wie eine Organisation ihr Ziel verfolgt, und nicht auf den Inhalt dieser Ziele" (Mayntz 1963: 19) bezieht. Organisationsziele, dies wurde bereits angedeutet, sind darüber hinaus schwer zu erfassen und können sich in Präzision und Spezifizität deutlich unterscheiden. Wie noch gezeigt wird, sind beispielsweise die Ziele einer Partei alles andere als eindeutig und häufig sogar widersprüchlich. Dies wiederum führt zu einem grundlegenden Problem rationaler Organisationsstrukturierung: Wenn spezifische Ziele „maßgeblich die Entscheidung darüber [bestimmen], wie die Organisationsstruktur selbst auszusehen hat", dann ist es bei zu allgemeinen oder gar diffusen Zielen „um so schwieriger (…), eine Struktur zu konzipieren, die ihre Einlösung begünstigt" (Scott 1986: 94). Damit ist Mayntz zuzustimmen, die feststellt (1963: 19): „Eine bürokratische Organisationsform ist nur unter bestimmten Bedingungen möglich und auch keineswegs immer die zweckmäßigste Strukturform". So ist gerade in Parteien, wenngleich nicht vorrangig im Party Central Office, davon auszugehen, dass nicht immer die rationale, sondern auch eine charismatisch begründete Herrschaftslegitimation im Vordergrund stehen kann.[19] Und dennoch kommt in Parteien dem rationalen Organisationsparadigma eine wesentliche Rolle zu, insbesondere hinsichtlich der später noch auszuführenden Professionalisierung von Parteiapparaten und -organisationen. Bis heute hat dabei das Verständnis von Organisationen als rationalen Systemen in der Forschung und der Praxis einen hohen Stellenwert und wird teilweise sogar als das führende Paradigma bewertet (Donges 2008: 57).

---

[19] Legitimation ergibt sich bisweilen – letztlich selbstreferenziell – durch Wahlerfolg oder die Schwäche des Gegners, also im Kern entpersonalisiert. Schon Weber benennt den Dualismus von legaler und charismatischer Herrschaft, wobei er eine Schwächung der Abgeordneten annimmt und den Führern der Parteimaschine eine zentrale Stellung einräumt (Kieser/Ebers 2006: 53). „Im großen Parteiführer der Gegenwart sieht Weber das Charisma, das wir in seiner genuinen Form bereits in der Gestalt des Propheten (…) kennengelernt haben, in institutionalisierter und verfassungsmäßig gebändigter Form wiederaufleben" (Abramowski 1966: 156, nach Kieser/Ebers 2006: 53).

3.2.2 Organisationaler Wandel

Unter der Annahme von Organisationen als rationalen Gebilden ist aufgrund ihrer hierarchischen Struktur anzunehmen, dass es sich bei Organisationsreformen und -wandel um Topdown-Prozesse handelt. Dies gilt selbst unter Verwerfung der Oligarchiethese und bei einer Organisationsperspektive, die gerade nicht den einzelnen Individualakteur in den Vordergrund stellt. Vielmehr ist anzunehmen, dass in Folge des bürokratischen Aufbaus zunächst einmal die formal führenden Positionen ihrer Führungsrolle gerecht werden müssen und Entwicklungsvorgaben in die Organisation einspeisen. Die Veränderung der Organisationsstruktur wird somit von der jeweiligen Leitungsebene diskutiert und entschieden, die Umsetzung vorgegeben und notwendigerweise kontrolliert. Dies schließt zwar nicht aus, dass Anregungen und Vorschläge zur Veränderung der Strukturen aus der Organisation heraus erfolgen, insgesamt sind bürokratische Strukturen jedoch als eher strukturkonservativ anzusehen. Allerdings ist an dieser Stelle zu beachten, dass Organisationen trotz klarer formaler Verfahren und Kompetenzverteilungen stets auch eine informelle Kommunikations- und Machtstruktur haben (zur Bedeutung von Informalität bspw. im Regierungsprozess u.a. Grunden 2011; Pannes 2011), die sich bei rational-bürokratischen Ansätzen zunächst einmal nur schwer implementieren lässt. Diese gilt es gerade bei Parteien zu beachten, wenn es um die Fragen von Entwicklungssteuerung und Durchsetzungsmacht geht. Unabhängig von diesem flankierenden Problem können in rational-bürokratischen Organisationen hinsichtlich der Reorganisationsprozesse vor allem technologische Neuerungen, die die Effizienz der Organisation und der Prozesse erhöhen sollen, als ursächlich vermutet werden. Die Implementierung und Anwendung neuer Kommunikationsmittel dürfte dabei die derzeit entscheidende Triebkraft für mögliche Reformen sein. Dies ist später noch zu verifizieren. Daneben können aber auch veränderte Organisationsziele neue Strukturen erfordern, um neue Ziele in rational bestmöglicher Weise zu verfolgen. Insgesamt ist zu konstatieren, dass diese stark formalistische Organisationsperspektive allein noch nicht ausreicht, um normativ durchwirkte Organisationen wie Parteien zu rekonstruieren, denn diese entziehen sich zumindest partiell einem idealtypischen Rationalitätsmuster.

3.3 Die neoinstitutionalistische Perspektive

In der aktuellen Organisationsforschung gerät das Rationalitätsparadigma zunehmend in die Kritik. Zweifel sind angebracht, ob sich komplexe Organisationen überhaupt nach rationalen Effizienzkriterien organisieren lassen. Matys (2006: 52) sieht die „Überholtheit rationalistischer Konzeptualisierungen" von Organisationskulturen als erwiesen an und verweist darauf, dass ein Blickwinkel, der Organisationen nur als Mittel zur effektiven Leistungserbringung sieht, die organisationale Kultur, also die implizite Dimension einer Organisation, zu Unrecht ausblendet. Man müsse, so führt Baecker aus, den postulierten Determinismus überwinden und „sich von der Vorstellung lösen, die Organisation sei untrennbar mit Hierarchie verbunden und die Bürokratie daher ihr unvermeidbares Schicksal" (Baecker 2003: 26), zumal Hierarchie nicht zwangsläufig als Befehlshierarchie zu interpretieren ist (vgl. Baecker 2003: 26-28).

Gerade die Vertreter eines neoinstitutionalistischen Ansatzes (zum Überblick u.a. Greenwood et al. 2008; Walgenbach/Meyer 2008) widersprechen der ausgeführten Rationalitätsannahme, vermuten Rationalitätsmythen (Meyer/Rowan 1977) und interpretieren die mögliche Dominanz einer ökonomisch orientierten Zweck-Mittel-Rationalität als Legitimationsinszenierung. Sie betonen die legitimatorische Funktion formaler Strukturen (bis hin zur Legitimationsfassade, Kieser/Walgenbach 2010: 45) und erklären darüber hinaus das Phänomen der organisationsstrukturellen Angleichung von im gleichen Feld tätigen Organisationen. Theoriegeschichtlich betrachtet knüpfen die Neoinstitutionalisten zwar an die klassischen Institutionentheoretiker wie Durkheim (1992 [1893]) an, die ersten Arbeiten von Meyer/Rowan (1977) sowie DiMaggio/Powell (1983) klammern Durkheim ebenso wie Parsons weitgehend aus. Im Fokus steht die Auseinandersetzung mit der Weberschen rational-bürokratischen Sichtweise, wie DiMaggio/Powell (1983: 147)[20] betonen: „But while bureaucracy has spread continuously in the eighty years since Weber wrote, we suggest that the engine of organizational rationalization has shifted."

In der neoinstitutionalistischen Organisationsanalyse steht das Verhältnis von Organisation und Umwelt im Fokus, wobei Institutionen die entscheidende Rolle bei der Organisationsausgestaltung zukommt, so die Grundannahme. Was ist jedoch in diesem Zusammenhang unter Institutionen zu verstehen, und welchen Einfluss haben diese auf Organisationen? „*Institution* represents a social order or pattern that has attained a certain state or property" (Jepperson 1991: 145, Hervorhebung im Original). Institutionen sind strukturell oder kulturell wirksame Phänomene (Jepperson 1991: 144; Hasse/Krücken 1996: 97-98), womit sie zwar Organisationen sein können, aber nicht sein müssen. Folglich sind in diesem Verständnis Institution und Organisation begrifflich nicht gleichzusetzen, Institution ist der wesentlich umfassendere Begriff, der auf unterschiedliche gesellschaftliche Phänomene bezogen ist. Institutionen sind im hier zu Grunde liegenden organisationssoziologischen Verständnis übergeordnete gesellschaftliche Regelwerke, die formaler oder informaler Natur sein können. Konkret handelt es sich also je nach Formalisierungsgrad zum Beispiel um rechtliche Normen oder um allgemein-gesellschaftliche, normative Konventionen/Erwartungen, die dabei auch den „Wahrnehmungs- und Deutungsweisen innerhalb von Organisationen zugrunde liegen" können

---

[20] Dies macht schon der Titel „The Iron Cage Revisited" des Aufsatzes von DiMaggio/Powell deutlich. Die Autoren spielen direkt auf die Webersche Formulierung bürokratischer Organisationsstrukturen und Webers Rationalitätslogik an, wenngleich die Formulierung „Iron Cage" auf Parsons' Übersetzung von Webers „Die protestantische Ethik und der Geist des Kapitalismus" (1904/1905) zurückgeht, während Weber im Original die Formulierung „stahlhartes Gehäuse" verwendet (was Parsons teilweise die Kritik einbrachte, eine sinnverzerrende Übersetzung vorgenommen zu haben). In einem späteren Beitrag grenzen sich DiMaggio und Powell klar vom „alten Institutionalismus", wie er unter anderen mit mikropolitischer Perspektive von Philip Selznick (1949, 1957) vertreten wurde, an mehreren Punkten ab (DiMaggio/Powell 1991: 11-15). In seiner Studie zur Tennessee Valley Authority wies Selznick nach, dass die ursprünglich wichtigeren Organisationsziele mit der Zeit an Bedeutung verlieren und für Organisationsmitglieder wie auch Umwelt-Akteure der Eigenwert der Organisation deutlich wichtiger wird. Aus Sicht von Mayntz und Scharpf (1995: 42) grenzen sich die Neoinstitutionalisten jedoch stärker vom soziologischen Konstruktivismus und symbolischen Interaktionismus ab als von den traditionellen Institutionalisten. Eine andere Perspektive nimmt Lynne Zucker (1977) ein. Ihr Beitrag wird häufig als „komplementärer Ansatz" (Hasse/Krücken 2005b: 27) verstanden, berücksichtigt sie doch klar die kognitive Wende der Sozialwissenschaften, d. h. Wahrnehmungs- und Informationsverarbeitungsmuster werden als für die Regulierung sozialen Handelns bedeutsam erachtet. Aber auch DiMaggio/Powell konstatieren später „a shift from Parsonion action theory (…) to the theory of practical action based in ethnomethodology and in psychology's „cognitive revolution"" (DiMaggio/Powell 1991: 15)) und bemängeln die bis dato kaum ausreichende Implementierung dieser Wende in die Organisationstheorie. Zucker betont zudem den „Stellenwert der aktiven Aneignung und Weitergabe sozialer Vorgaben" (Hasse/Krücken 2005b: 28). Dies verdeutlicht, dass es eben gerade keinen einheitlichen (soziologischen) Neoinstitutionalismus gibt, sondern verschiedene neoinstitutionalistische Ansätze. Diese lassen sich aber durchaus als eine Theorie- und Forschungstradition zusammenfassen, welche sich von handlungs- oder akteurstheoretischen Ansätzen abgrenzt (Mense-Petermann 2006: 62).

(Hasse/Krücken 1996: 98). Der Einfluss von Institutionen – gesellschaftlichen Erwartungsstrukturen – auf Organisationen ist dabei nicht deterministisch zu interpretieren. Institutionen werden gerade nicht als eindeutig regulative Instanzen verstanden, sondern „vielmehr geht man davon aus, dass Organisationen selektiv auf diesbezügliche Vorgaben reagieren" (Hasse/Krücken 1996: 98; Parteien können diese zudem tw. gestalten). Die Neoinstitutionalisten grenzen sich hierin von alten Institutionalisten ab und lassen zunächst offen, in welcher Weise und von welchen Akteuren institutionelle Ansprüche in die Organisation hineingetragen oder gar in organisationalen Wandlungsprozessen berücksichtigt werden. Bevor diesen Aspekten nachgegangen werden kann, ist zunächst das neoinstitutionalistische Organisationsverständnis zu skizzieren.

3.3.1 Organisationsverständnis und die Organisation der Organisation

Die nachfolgenden Überlegungen basieren auf einem von Leavitt (1965) eingeführten und von Scott (1986) um die Umwelt als gesonderten Faktor erweiterten Modell der Organisation. Dieses stark komplexitätsreduzierende Modell benennt vier wesentliche organisationsinterne und damit organisationsbestimmende Elemente: Sozialstruktur, Beteiligte, Ziele und Technologie (Scott 1986: 35-42). Dabei gilt, dass „keines der Elemente so bestimmend ist, daß es ohne Schaden isoliert von den anderen gesehen werden kann. Organisationen sind in allererster Linie *Systeme* von Elementen, die wechselseitig aufeinander einwirken" (Scott 1986: 42, Hervorhebung im Original). Entscheidend für die weitere Argumentation ist dabei, dass sich die Sozialstruktur einer Organisation einerseits in die normative Struktur, also die erwartete, von Normen und Werten konstituierte Struktur und andererseits in die faktische, also die real vorgefundene Ordnung unterteilt (Scott unter Bezug auf Davis (1949) 1986: 35-36). Dabei wird von Scott ein „kohärentes und konsistentes System von Überzeugungen und Vorschriften zur Steuerung des Verhaltens aller Beteiligter" (Scott 1986: 36) unterstellt, weshalb in diesem Zusammenhang von einer Struktur gesprochen werden kann – Zufälligkeiten sind nicht vorgesehen. Die faktische Ordnung wird von Scott als Verhaltensstruktur interpretiert, die sich vom normativen Konstrukt unterscheiden kann, wenngleich „die normative Struktur (…) der Verhaltensstruktur eine ganze Reihe massiver Zwänge (…) [auferlegt], die das Verhalten prägen und kanalisieren und zum großen Teil für seine Regelhaftigkeit und Standardisierung verantwortlich sind" (Scott 1986: 37). Scott legt dabei durch sein Erkenntnisinteresse geleitet den Fokus auf regelhafte, also wiederkehrende Interaktionen und Aktivitäten. Die Untersuchung der Sozialstruktur einer Organisation ist dabei von großer Bedeutung, führt diese doch dazu, dass Organisationen ein erstaunliches Maß an Ordnung aufweisen, obwohl täglich „Hunderte und Tausende von Menschen Millionen von Einzelhandlungen" (Scott 1986: 38) vornehmen.

Zentral für das neoinstitutionalistische Organisationsverständnis sind, dies wurde bereits angedeutet, das Verhältnis von Organisation und Gesellschaft bzw. Organisation und Organisationsumwelt sowie die damit verbundene Grenzziehung. Dabei werden Organisationen als offene Systeme verstanden, als ein Komplex " (Scott 2003: 29), wobei Institutionen eine zentrale Bedeutung zukommt. Und wenngleich dem dynamischen Moment der Organisation, dem Sich-Organisieren, das Hauptaugenmerk gilt, so werden in diesem Konzept auch die formalen, quasi statischen Organisationsaspekte nicht vernachlässigt. Im Gegensatz zu bürokratisch-rationalen oder ökonomisch orientierten Organisationskonzeptionen wird allerdings davon ausgegangen, dass formale Organisationen stark umweltgeprägt sind und dabei (oder gerade deswegen) nicht nur nach ihren Struktur- und Organisationsplänen funktionieren. Regeln und Prozeduren haben nicht den vorrangigen Zweck der effizienten Zielerreichung, die formale Organisationsstruktur entsteht nicht aus den Anforderungen der Organisation heraus. Entscheidend ist vielmehr der bereits von Weber thematisierte Aspekt der Legitimitätsfunktion formaler Strukturen: „Strukturelle Elemente werden adoptiert, um der Organisation Legitimität zu verschaffen." (Walgenbach 1999: 319) Gleichwohl wird die Webersche Rationalitätsannahme hinterfragt und der Legitimationsgedanke deutlich stärker betont. Im Ergebnis ist die Formalstruktur einer Organisation als Folge einer Umsetzung von Umwelterwartungen zu deuten (Meyer/Rowan 1977) – die formale Struktur einer Organisation spiegelt Umwelterwartungen, wie eine Organisation organisiert sein soll (etwa rational-bürokratisch oder repräsentativ-demokratisch), wider. Formale Strukturen sind damit nicht vorrangig technisch-rationale Koordinationsinstrumente organisationaler Tätigkeiten, sondern vor allem Ausdruck von institutionellen Regeln und Erwartungen, denen sich Organisationen nicht entziehen können (Meyer/Rowan 1977: 343).

In Abkehr von der tradierten Politischen Soziologie mit ihrem Fokus auf Konflikte und Interessendivergenzen richtet sich das neoinstitutionalistische Forschungsinteresse auf die Homogenität und Angleichung von Organisationen und ihrer Umwelt. Nicht die Erklärung von Differenz, sondern von Kongruenz steht im Vordergrund (Senge/Hellmann 2006: 13). DiMaggio und Powell grenzen sich sehr klar von dem damals auf Differenz und Varianz fokussierten Mainstream der Organisationsforschung ab: „We ask, instead, why there is such startling homogeneity of organizational forms and practices; and we seek to explain homogeneity, not variation." (DiMaggio/Powell 1983: 148) Diese Blickrichtung ist nicht zuletzt der Entstehungsgeschichte des Neoinstitutionalismus geschuldet, konzentrierte er sich doch in der Frühphase auf die Untersuchung von Angleichungsprozessen bei Kultur- und Bildungseinrichtungen (Hasse/Krücken 2005b: 33). Das Kernargument für eine derartige Angleichung ist die Legitimitätsfunktion formaler Strukturen in Verbindung mit institutionellen Erwartungen an Aufbau und Struktur von nicht primär ökonomisch orientierten Organisationen.

Grundlegend vom „alten" Institutionalismus unterscheidet sich im Neoinstitutionalismus die Konzeptualisierung von Umwelt („environment"): Ältere Institutionalisten sehen Organisationen „embedded in local communities, to which they are tied by multiple loyalties of personnel and by interorganizational treaties („co-optation") hammered out in face-to-face interaction" (DiMaggio/Powell 1991: 13). In neoinstitutionalistischer Lesart ist Umwelt gerade nicht als lokale Umwelt zu verstehen:

> „Die Umwelt einer Organisation ist (...) mehr als nur „task environment". Sie besteht aus Kultursystemen, durch die organisationale Strukturen definiert und legitimiert werden. Die kulturelle oder institutionelle Umwelt der Organisation umfasst eine Vielzahl von Bereichen, in denen jeweils spezifische Vorstellungen von „Rationalität" bzw-. „richtiger" Organisationsgestaltung bestehen. Zum Teil sind die Rationalitätsvorstellungen (...) in den unterschiedlichen Umweltbereichen der Organisation auch widersprüchlich." (Kieser/Walgenbach 2010: 43, Hervorhebungen im Original).

Die Einflussnahme wird damit abstrakter und nicht zwingend über persönliche Interaktionen, sondern über wirkmächtige Institutionen konstruiert: „Environments, in this view, are more subtle in their influence; rather than being co-opted by organizations, they penetrate the organization, creating the lenses through which actors view the world and the very categories of structure, action, and thought" (DiMaggio/Powell 1991: 13). Die „grundlegende Annahme einer *Punkt-zu-Punkt-Entsprechung* von Institutionen und Handlung" (Hasse/Krücken 1996: 103, Hervorhebung im Original) wird fallen gelassen, mit der Folge, dass statt sozialer Norm multiple Umwelterwartungen zugelassen werden und damit Normen von den Organisationen nicht einfach „exekutiert" werden. Sie werden vielmehr gedeutet und können praxis-, also handlungswirksam implementiert werden, oder sie werden lediglich symbolisch aufgegriffen und nicht organisational wirksam umgesetzt, was durchaus genügen kann, um Umwelterwartungen zu erfüllen. Gleichwohl wird angenommen, dass institutionelle Erwartungen festlegen, wie Organisationen (formal) gestaltet sein sollen.

Zusammenfassend ist festzuhalten: Organisationen werden neoinstitutionalistisch als weitgehend (umwelt-)offene Systeme verstanden, bei denen das System-Umwelt-Verhältnis ebenso entscheidend wie analytisch problematisch ist, denn gerade die Grenzziehung zwischen Organisation und Umwelt ist nicht ohne weiteres möglich. Dabei spielen Institutionen die zentrale Rolle für die Organisationsgestaltung. Sie stellen primär kulturelle Muster im Sinne normativer Erwartungsstrukturen dar, die (etwa „übersetzt" durch die Organisationsspitzen, siehe Abschnitt 4.4.2.1) auch auf die Organisation wirken, denn Organisationen und deren Akteure bestehen und agieren nicht im luftleeren Raum. Sie sind vielmehr in ihre Umwelt einbezogen und von ihr geprägt, also einem institutionellen Erwartungsdruck ausgesetzt, wobei zwischen Effizienzerfordernissen und institutionellen Erwartungen massive Konflikte entstehen können. Organisationen werden hinsichtlich ihrer formalen Strukturen als Spiegelbild institutionalisierter Überzeugungen und Elemente ihrer gesellschaftlichen Umwelt gedeutet. Sie verfügen dabei strategisch und eigenständig, aber nicht völlig frei[21] (Hasse/Krücken 1996: 98) über diesen „Bausatz" (Mense-Petermann 2006: 66). Kurzum: Institutionen wirken organisationsprägend, nicht aber organisationsdeterminierend. Aus diesem Grund sollte sich zwar eine organisationale Angleichung, jedoch keine vollständige Übereinstimmung zeigen. Dabei ist selbst eine Übertragung institutioneller Muster auf die Organisation nicht gleichzusetzen mit der Durchsetzung selbiger, da in einer symbolischen Übertragung ein Konfliktlösungsmuster für faktische Organisationserfordernisse und Organisationserwartungen angelegt ist. Es ist nicht davon auszugehen, dass formale Struktur und Organisationswirklichkeit identisch sind, wie etwa Meyer/Rowan (1977: 341) betonen: „A sharp distinction should be made between the formal structure of an organization and its actual day-to-day work activities." Im Gegenteil, es ist von einer Parallelität formaler Organisationsstrukturen und faktischer Organisationskultur auszugehen. Denn, so der zentrale Gedankengang, formale Strukturen müssen gerade nicht immer die rationalsten, effizientesten Formen der Aufgabenerfüllung anbieten, wie es die klassischen Organisationstheorien nahe legen. Stattdessen können formale Strukturen auch nur zeremoniell übernommen werden, sie sind dann nichts als Mythos (Meyer/Rowan 1977) und erfüllen gerade dadurch ihren Zweck, indem die Erfüllung institutionell erwarteter Muster inszeniert und damit den Erwartungen vordergründig entsprochen wird. Werden diese Strukturen nur formal und nicht praxiswirksam implementiert, so ergibt sich daraus zwangsläufig eine Diskrepanz zwischen formaler Konzeption und Organisationsrealität.

---

[21] So argumentieren Hasse/Krücken, dass Institutionalisierungsvorgaben zunächst der Aktualisierung (also der „Wahrnehmung, Interpretation und Abarbeitung jeweiliger Vorgaben" (1996: 98)) bedürfen, diese sich jedoch, so die Autoren unter Verweis auf Zucker (1977), der strategischen Gestaltung entzieht.

In Auseinandersetzung mit dem Weberschen Rationalitäts- und Bürokratieansatz ist die Konsequenz dieser Überlegungen für Organisationen und deren Steuerungsmöglichkeiten weitreichend: „Formale Organisationen werden nicht als das Ergebnis von rationalen Strategien und Entscheidungen des Managements mit Bezug auf ein bestimmtes Problem verstanden, sondern als Ergebnis einer Anpassung an institutionalisierte Erwartungen in der Umwelt von Organisationen." (Mense-Petermann 2006: 63) Diese institutionellen Umwelten und nicht das Handeln einzelner Akteure stehen im Vordergrund der Analysen. Damit kommt auch die im Neoinstitutionalismus verankerte Skepsis gegenüber Rational-Choice-Theorien zur Geltung, da Rationalität nach diesem Ansatz gerade kein zentraler Handlungsaspekt organisationalen Handelns ist (zur Problematik des neoinstitutionalistischen Rationalitätsbegriffes vgl. Tacke 2006). Zentrales Ziel von Organisationen ist vielmehr die „Herstellung und Aufrechterhaltung von Legitimität" (Preisendörfer 2005: 146). Legitimität ist – hier kommt der Entstehungshintergrund, die Analyse nicht-ökonomischer Organisationen, zum Tragen – entscheidend für den Fortbestand der Organisation und daher zentral für die Erklärung von Wandel und Entwicklung der Organisationen.

3.3.2 Organisationaler Wandel

Richtet man den Blick auf den Wandel von Organisationen, so wird klar, warum der Neoinstitutionalismus gerade für die Parteienanalyse zu erwägen ist: Politische Parteien sind bei der Gewinnung aller für sie bestandsrelevanten Ressourcen auf Legitimität und Anerkennung angewiesen – genau so, wie es im Neoinstitutionalismus als zentral angenommen wird:

„Um erfolgreich zu sein und überleben zu können, sind Organisationen auf Unterstützung und Anerkennung von außen angewiesen, denn nur so ist ein halbwegs kontinuierlicher Zufluss von Ressourcen (…) gewährleistet. Deshalb tun Organisationen alles, sich so zu positionieren bzw. zu präsentieren, dass sie die angestrebte Legitimität und Wertschätzung erreichen. Die Zielgröße der Legitimität zwingt oft auch zur Übernahme von Praktiken, die dem Effizienzstreben zuwider laufen." (Preisendörfer 2005: 146)

Die bereits angedeuteten Institutionalisierungsprozesse[22] lassen sich in drei Typen unterteilen: organisationsinterne „Routinen und Habitualisierungen" (durch die Verdichtung von Problemlösungsmustern und Weltsichten), „Kooperationen zwischen Organisationen einzelner Felder" (also wie ersterer Prozess, nur mit dem Unterschied interorganisationaler statt intraorganisationaler Interaktionen) sowie „Orientierungs- und Legitimierungsmöglichkeiten durch extraorganisationale Institutionen" (Hasse/Krücken 1996: 98-99). Bedeutsam für interorganisationale Angleichungsprozesse ist der zweite Typ, wobei gilt: „Once a field becomes well established, (…) there is an inexorable push towards homogenization."(DiMaggio/Powell 1983: 148) Dem liegt ein Mechanismus zu Grunde, den Hawley als Isomorphie bezeichnet, wobei er ausführt:

---

[22] In einem dynamischen Verständnis erfasst Institutionalisierung den Prozess, „durch den sich soziale Beziehungen und Handlungen zu nicht mehr zu hinterfragenden entwickeln, d. h. zu einem Bestandteil einer Situation werden, die als „objektiv gegeben" betrachtet wird." Im Gegensatz dazu meint Institutionalisierung als Zustand die „Situationen, in denen die von einer Gesellschaft oder Kultur geteilte gedankliche Struktur der „Wirklichkeit" bestimmt, was Bedeutung besitzt und welche Handlungen möglich sind" (Walgenbach 1999: 320-321, unter Bezugnahme auf Zucker, DiMaggio und Powell).

> „Units subject to the same environmental conditions, or to environmental conditions as mediated trough a given key unit, acquire a similar form of organization. (...) Each unit, then, tends to become a replica of every other unit and of the parent system in which it is a subsystem." (Hawley 1972: 334)

Isomorphie kann dabei im Kern drei Gründe haben: Zwang, Nachahmung oder normativer Druck. Um diese drei Aspekte zu verdeutlichen, wird in Vorgriff auf Kapitel 4 bereits aufgezeigt, welche Aspekte dann im konkreten Fall von Bedeutung sein dürften (Tabelle 1).

Tabelle 1: Isomorphie durch Zwang, Nachahmung und normativen Druck

	Ausformung	Bezugspunkte/Beispiele (politische Parteien)
Zwang	Rechtliche Regelungen als verbindliche organisationsstrukturelle Vorgaben	· Grundgesetz · Parteiengesetz · Wahlgesetze
Nachahmung	Erfolgreiche organisationale Besonderheiten/Innovationen anderer Organisationen	· Organisationsstrukturen/-reformen anderer Parteien führen zu Mitglieder-/Wählerzugewinn und werden kopiert, um den gleichen Erfolg zu erzielen
Normativer Druck	Gesellschaftliche Erwartungen	· Innerparteiliche Demokratie/partizipative Strukturen · Professionalisierung/Geschlossenheit

Eigene Zusammenstellung.

Institutioneller Isomorphismus findet im Wesentlichen innerhalb eines Organisationsfeldes statt, es wird also eine Angleichung von Organisationen im gleichen Betätigungsfeld postuliert. Darauf wird mit Bezug auf die deutschen Parteien noch genauer einzugehen sein, schon hier wird jedoch die theoretische Erklärungskraft neoinstitutionalistischer Überlegungen deutlich, denn in neoinstitutionalistischer Fortführung der Hawleyschen Überlegung lässt sich sagen:

> „What we see in each of these cases is the emergence and structuration of an organizational field as a result of the activities of a diverse set of organizations; and, second, the homogenization of these organizations, and of new entrants as well, once the field is established." (DiMaggio/Powell 1983: 148)

Im Ergebnis führt dies zu einer gewissen Selbstreferenz der Organisationen, oder wie DiMaggio und Powell – auf Schelling (1978: 14) Bezug nehmend – formulieren: „Organizations in a structured field (...) respond to an environment that consists of other organizations responding to an environment of organizations' responses." (DiMaggio/Powell 1983: 149)

Für den Wandel von Organisationsstrukturen ergeben sich damit mehrere Konsequenzen. Es ist zunächst davon auszugehen, dass Organisationen in aller Regel konservativ sind. Kulturelle und strukturelle Revolutionen sind unwahrscheinlich. Dies allerdings nicht (vorrangig) aus ökonomischen Gründen (also etwa den materiellen Kosten einer Organisationsreform), sondern weil Organisationen von institutionalisierten Strukturen und Verhaltensmustern durchwirkt sind, die sich wie alle Institutionen nur langsam verändern. Damit beschränkt die Umweltabhängigkeit[23] die Reformfähigkeit (etablierter) Organisationen, Reformen erfolgen meist eher nachholend (siehe auch Abschnitt 4.4.2). Für den Reform- und Entwicklungsmechanismus, also die Frage, wie und warum sich Organisationen verändern und sich aneinander angleichen, wirkt das Konzept der Isomorphie erklärend. Ein wesentliches Augenmerk liegt dabei

---

[23] Zu der in den frühen neoinstitutionalistischen Arbeiten getroffenen Differenzierung zwischen einer technischen und einer institutionellen Umwelt siehe Walgenbach (1999: 326-330). Mittlerweile wird diese Trennung nicht mehr so strikt verstanden, sondern als unterschiedlich zu gewichtendes zweidimensionales Modell gedeutet, bei dem einerseits eine technisch, andererseits eine institutionell geprägte Umwelt die größere Rolle spielen kann. Insofern könnten auch technologische Innovationen eine Rolle spielen.

auf Aspekten der Organisationsumwelt, die in anderen theoretischen Ansätzen kaum beachtet werden, etwa Regeln, Rollenerwartungen und institutionalisierte Deutungssysteme, die einen Veränderungsdruck erzeugen. Entscheidend ist, dass Organisationen vor allem mit anderen Organisationen interagieren, die ihrerseits mit ihrer Umwelt (also Organisationen) interagieren (Walgenbach 1999: 324-325).

3.4 Zwischenbilanz der organisationstheoretischen Überlegungen

Die beiden dargestellten theoretischen Ansätze gehen von sehr unterschiedlichen Prämissen und Organisationsverständnissen aus. Aus bürokratisch-rationaler Sicht ist für das Organisationsverständnis vor allem die Effizienzorientierung bedeutsam. Und trotz der dargelegten organisationstheoretischen Bedenken ist dieser Ansatz nicht außer Acht zu lassen, ist er doch weiterhin in Organisationsforschung und -praxis ein vorherrschendes Leitbild bzw. häufig angeführtes Argument. Dies zeigt schon die daran anknüpfende, in den vergangenen Jahren erfolgte Ökonomisierung weiterer Bereiche der Gesellschaft (Bröckling 2007). Im Ergebnis kann man hier geradezu von einer Renaissance rational-funktionaler Organisationsvorstellungen sprechen.[24] Allerdings sind berechtigte Zweifel am Rationalitätsparadigma angebracht. Diese Zweifel betont die neoinstitutionalistisch geprägte Organisationsforschung. In ihrer meso- und makrosoziologischen Perspektive steht dabei vor allem das Umwelt-Organisationsverhältnis im Vordergrund, Organisationen werden als weitgehend umweltoffen und institutionell geprägt rekonstruiert, wobei für den organisationalen Wandel Isomorphie entscheidend ist. Neoinstitutionalistische Überlegungen sind gerade dann vielversprechend, wenn die Konvergenz von Organisationen jenseits rational-funktionaler Argumente erklärt werden soll. Daher ist zu prüfen, ob mit diesem Ansatz die häufig postulierte Angleichung von Parteiorganisationen oder die mutmaßlich symbolische Implementierung neuer Organisationsstrukturen erklärt werden kann. Das neoinstitutionalistische Kernargument – dass eine Organisation ihre Legitimität und damit ihre Überlebensfähigkeit erhöhen kann, wenn sie institutionelle Erwartungen ihrer Organisationsumwelt aufnimmt – überzeugt theoretisch zunächst. Gleichwohl wird nachfolgend die neoinstitutionalistische Grundannahme von Organisationen als offenen Systemen modifiziert. Denn dieser Blickwinkel birgt die Gefahr, die Eigendynamik und Selektivität des „organisatorischen Prozessierens von Umwelterwartungen" (Hasse/Krücken 2005a: 196) auszublenden. Für neoinstitutionalistische Überlegungen sind Organisationsgrenzen das zentrale Moment zur Abgrenzung von Organisationen und Organisationsumwelt, die Unterscheidung von System und Umwelt tritt an die Stelle akteurzentrierter Konzeptualisierungen (Hasse/Krücken 2005b: 98). Entscheidend und für die Parteien zu klären ist, ob diese Grenzen offen oder geschlossen verstanden und wo überhaupt die Organisationsgrenzen von den Organisationen selbst verortet werden. Bedeutsam ist zudem die Grundannahme

---

[24] So auch Ende der 1990er-Jahre bei machiavellistisch argumentierenden Parteistrategen und Wahlkampfmanagern, die zumindest vorübergehend an Einfluss gewonnen hatten und Parteiorganisationen im Sinne Michels vor allem top-down-kommunizierend, also stark hierarchisch geprägt, organisieren wollten („demokratische Kampfpartei", Michels 1989: 40). Das Argument, damals wie heute: „Im *Zentralismus* lag die Schnelligkeit der Entscheidung garantiert. Lag und liegt." (Michels 1989: 39, Hervorhebung im Original) Ein gerade unter den Bedingungen der Medialisierung und kommunikativen Beschleunigung nicht unwesentliches Argument, wie u.a. bei der vieldiskutierten KAMPA 1998 deutlich wurde (Bogumil/Schmid 2001: 154-161; Strohmeier 2001: 259-306; Kamps 2002).

einer (zumindest eingeschränkten) Isomorphie durch rechtlichen Zwang, normativen Druck oder die Tatsache, dass sich Organisationen an ihrer direkten Umwelt, also den im gleichen Feld agierenden Organisationen, orientieren und dadurch kulturell wie auch strukturell geprägt werden. Dabei ist eine erhöhte Sensibilität von Organisationen bei Dauerirritationen anzunehmen, zugleich aber sind Reaktionen überwiegend in symbolischer Weise zu erwarten, also ohne nennenswerte operativ-organisationale Folgen. Es ist zu erwarten, dass die Interpretationshoheit über die Relevanz und Konsequenzen derartiger Irritationen in partiell hierarchischen Organisationen überwiegend im Kern der Organisation liegt, also bei den Organisationsspitzen und -apparaten. Damit sind die organisationstheoretischen Grundlagen gelegt, die nun, soweit nicht bereits angedeutet, auf die konkrete Organisationsform „politische Partei" zu übertragen sind.

4 Parteien in organisationstheoretischer Perspektive

Die politikwissenschaftliche Parteienforschung hat sich unterschiedlichsten Aspekten und Dimensionen der Parteien und des Parteienwandels zugewandt. Dies führt zu einer zunehmenden Spezialisierung und Partikularisierung der empirischen Parteienforschung (dazu bereits von Beyme 1983) sowie einer „monographisch-faktenhuberischen „Drauflos"-Forschung" (Wiesendahl 1998: 16), wohingegen die Entwicklung einer konsensfähigen soziologischen Theorie politischer Parteien vernachlässigt wird (so u.a. von Beyme 1983, 1988; Stöss 1983a, b; Greven 1993). Während die Parteienwandelforschung vor allem nach Reformmotiven und -bedingungen fragt und unterschiedliche, sich eher ergänzende denn widersprechende Erklärungsansätze ausmacht (Harmel 2002: 119; Jun 2004: 83-95), diskutiert die Parteiorganisationsforschung vor allem typologische Entwicklungen (Kirchheimer 1965; Panebianco 1988; Mair 1994; Katz/Mair 1995, 1996; Koole 1996; Poguntke 1997, 2000; Wiesendahl 1998; Grabow 2000; Helms 2001; von Beyme 2002; Detterbeck 2002; Carty 2004; Jun 2004). Oftmals ist dies mit der Organisationsdimension und der Professionalisierung[25] von Parteien verbunden. Regelmäßig steht zudem die Zukunft der Mitgliederpartei (insb. für die deutschen Parteien bspw. Detterbeck 2005b; Wiesendahl 2006a, 2009, 2011; Jun et al. 2009; Jun/Höhne 2010) im Mittelpunkt der Debatte, verbunden mit der Frage nach innerparteilicher Partizipation, Grassroots-Demokratie und der Öffnung der Parteien für die Mitwirkung von Nichtmitgliedern (bspw. Niedermayer 1993; Jun 1996; Morlok/Streit 1996; Schieren 1996; Zeschmann 1997; Jung 2000; jüngst u.a. Bäcker 2011; Morlok 2012). Teilweise werden auch die Parteimitglieder selbst umfassend analysiert, etwa im Rahmen des bundesweiten Potsdamer Parteimitgliederprojektes sowie der Deutschen Parteimitgliederstudie (Heinrich et al. 2002; Biehl 2004, 2005, 2006; Klein 2006; Spier et al. 2011) oder in kommunalen Studien (Walter-Rogg/Gabriel 2004). Schließlich finden sich Fallstudien, die sich der Entwicklung einzelner Parteien widmen (u.a. Lösche/Walter 1992; Schmid 1990; Raschke 1993; Lange 1994; Bukow/Rammelt 2003; Klein/Falter 2003; Kießling 2004; Dittberner 2005; Spier et al. 2007; Jesse/Lang 2008; Zolleis 2008; Dittberner 2010; Walter 2011; Reinhardt 2011; Walter et al. 2011; Neumann 2012).

Die vor allem auf den Parteienwandel gerichtete Forschungsperspektive wird dabei von einer seit den 1980er-Jahren andauernden (medialen) Debatte um die Krise der Parteien flankiert, die mittlerweile fester „Bestandteil der Kommunikationszyklen der öffentlichen Meinung und wissenschaftlichen Auseinandersetzung um Parteien" (Deeg/Weibler 2005: 22) ist (bilanzierend Wiesendahl 2006a; zur Frage „Krise oder Wandel" auch Gehne/Spier 2010; von Alemann et al. 2010: 222-250; zum Krisendiskurs u.a. Siri 2011). Der nicht nur bei den Groß-

---

[25] Auf den sehr unterschiedlich verwendeten Begriff „Professionalisierung" wird später umfassend eingegangen. Festzuhalten ist: Mit Blick auf die Parteiorganisationen steht meist die Professionalisierung der Kommunikation im Zentrum der Analysen (so etwa bei Jun 2004; Donges 2008), während im Kontext dieser Arbeit an die schon seit dem Ende des 19. Jahrhunderts in den Parteiapparaten als Strukturphänomen erkennbare Professionalisierung und Ausdifferenzierung des politischen Personals angeknüpft werden wird (dazu Best/Jahr 2006: 65).

parteien im langfristigen Trend erkennbare Mitgliederrückgang (vgl. Tabelle 7 auf S. 119; von den im Bundestag vertretenen Parteien haben im Zeitraum 1990 bis 2010 nur die Grünen Mitglieder hinzugewonnen, wobei auch diese Phasen des Mitgliederrückgangs hatten) und die parteiübergreifend feststellbare Überalterung der Mitgliedschaft (Wiesendahl 2006a: 44-61) werden problematisiert, der starke Mitgliederschwund lässt Parteien als „failing organizations" erscheinen. Dahinter verborgen ist ein (normatives) Verständnis von Mitgliederparteien, das bisweilen als Gegenpol zur Professionalisierung und damit verbundenen Wählerorientierung der Parteiorganisationen gesehen wird, wobei eine derart dualistische Sichtweise durchaus kritisch bewertet wird (Jun 2009a). Gleichwohl dürften beide Organisationsmodelle als Organisationsparadigma in den Parteiapparaten außerordentlich wirksam sein.[26] Das vielfach debattierte Krisenszenario stellt dabei einen gedanklichen Ausgangspunkt der vorliegenden Studie dar, ohne dass es einer abschließenden Klärung der Frage bedarf, ob es sich um eine faktische oder lediglich eine postulierte Krise der Parteien handelt. Vielmehr wird argumentiert, dass bereits die lang anhaltende (medial-öffentliche) Debatte um eine Krise in Verbindung mit weiteren Entwicklungen in der Parteiumwelt einen institutionellen Druck aufbaut, der organisationale Folgen in den Parteien hat. Somit ist nun in Grundzügen auf die Krisendebatte und damit verbundene Entwicklungen einzugehen. Daran schließt sich eine Präzisierung des Erkenntnisinteresses der vorliegenden Studie an, verbunden mit einer Einordnung in den Forschungskontext. Abschließend sind wesentliche Überlegungen und Befunde zum Parteiapparat als Kern der Parteiorganisationen aufzuzeigen.

4.1 Vorüberlegung und Ausgangspunkt: Parteien im Stress

Seit den 1990er-Jahren ist von einer zunehmenden Politikverdrossenheit[27] die Rede, wobei vielmehr eine Parteienverdrossenheit[28] gemeint ist, da zumeist das Verhältnis zwischen Parteien und Bürgern im Mittelpunkt der Debatte steht. Dabei wird unter anderem ein zumindest bei Nebenwahlen klar erkennbares Fernbleiben der Bürger von der Wahlurne als Krisenphänomen gewertet. Dieses birgt langfristig gerade hinsichtlich der Legitimation politischer Entscheidungen Konfliktpotenzial. Doch eine Krisendebatte ist nicht gleichbedeutend mit einer empirisch nachweisbaren Krise. So ist ein von kritischem Misstrauen geprägtes Verhältnis zu Parteien und Parteienvertretern ist nicht immer und von vornherein bedenklich. Erst wenn dieses „hypertrophe Formen" (Kindler 1958: 120) annimmt, droht die Gefahr der Destruktion, wobei zumindest für die 1990er-Jahre eher eine „Eintrübung der politischen Stimmung" (Arzheimer 2002: 277) als Ursache für die hohe Zahl an Verdrossenheitspublikationen ange-

---

[26] So betont etwa Franz Müntefering: „Ich hänge sehr an der Mitgliederpartei und weiß, dass sie etwas Gutes ist" (Seitz/Müntefering 2004). Und auch das Gegenmodell einer zunehmenden Professionalisierung prägt die Organisationen, bspw. die SPD-KAMPA (Bundestagswahlkämpfe 1998/2002). Hier zeigt sich, wie eine moderne, professionalisierte wähler- und medienorientierte Partei arbeiten kann – ohne eine allzu starke partizipative Integration der Mitglieder, gestützt auf professionelle Campaigner, finanzkräftige Spender und Volunteers.
[27] Kritik am Parlamentarismus und an den Parteien ist kein neues Phänomen und – aus unterschiedlichsten Gründen und Perspektiven heraus – schon seit dem Kaiserreich Bestandteil der Parteienforschung. Der Begriff „Politikverdrossenheit" ist allerdings jüngeren Datums (Arzheimer 2002: 32-40). Erste wissenschaftliche Definitionsversuche finden sich etwa bei Küchler (1982), publizistisch und wissenschaftlich erfolgreich wurde der Begriff in den 1990er-Jahren.
[28] Zum Wandel der deutschen Parteienkritik von den 1970er-Jahren bis zu den 1990er-Jahren bspw. Bürklin (1995).

nommen wird. Hinsichtlich der Einstellungen zu Parteien, Institutionen, Politikern sowie der Responsivität des politischen Systems sind demnach keine spezifischen Krisenphänomene in Deutschland auszumachen, im Gegenteil ist bei den (West-) Deutschen zu Beginn der neunziger Jahre „das Bild (…) von der Politik sogar ungewöhnlich positiv" (Arzheimer 2002: 296). Damit spricht sowohl „aus analytischer als auch aus empirischer Perspektive (…) nichts dafür, am Verdrossenheitsbegriff festzuhalten" (Arzheimer 2002: 297). Darüber hinaus ist bei genauer Betrachtung keine allgemeine, indifferente Verdrossenheit festzustellen. Der Unmut der Bürger richtet sich nicht vorrangig gegen die Demokratie oder die demokratischen Institutionen sondern vielmehr relativ konkret gegen Parteien und Politiker. Nicht ganz zufällig spielen in der Politikverdrossenheitsdiskussion „Parteien als Auslöser und Objekt von Verdrossenheitsgefühlen eine wichtige Rolle" (Arzheimer 2002: 58), weshalb das Krisenszenario die Parteien seit den 1990er-Jahren gleichwohl unter Druck setzt.

Zur zunehmenden Verdrossenheit des Citoyen und der damit verbundenen rückläufigen verfassten parteipolitischen Partizipation („Mitgliedermalaise", Wiesendahl 2012: 152) tragen zudem auch die Unübersichtlichkeit politischer Verfahren sowie die rückläufige Steuerungsfähigkeit des Nationalstaates bei. Hinsichtlich der Unübersichtlichkeit politischer Verfahren sind neben der Europäisierung des politischen Entscheidungssystems föderalismusbedingte gegenseitige Abhängigkeitsverhältnisse und Aushandlungsnotwendigkeiten als ursächlich anzusehen. So wird der bundesdeutsche Beteiligungsföderalismus „als die eigentliche Ursache der deutschen Malaise" (Scharpf 2004) herangezogen. Dies führt zumindest auf der Wahrnehmungsebene zu Politikverflechtung und Reformunfähigkeit (Seemann 2005, 2008). Im Ergebnis ist politische Verantwortung einzelnen politischen Akteuren oder Ebenen nicht mehr klar zuzuordnen, Frustration und Resignation sind die Folge. Somit sinkt die Wahlbeteiligung und die Parteien verlieren weiter Mitglieder und Anhängerschaft (Benz 2001: 270). Auch die rückläufige Steuerungsfähigkeit des Nationalstaates wirkt nicht gerade problemreduzierend. Allerdings ist dieser Aspekt hier nicht intensiver zu diskutieren, es sei nur stellvertretend auf Robert Dahl verwiesen, der das Dilemma aufzeigt:

> „The boundaries of a country (…) have become much smaller than the boundaries of the decisions that significantly affect the fundamental interests of its citizens. (…) In very small political systems a citizen may be able to participate extensively in decisions that do not matter much but cannot participate much in decisions that really matter a great deal; whereas very large systems may be able to cope with problems that matter more to a citizen, the opportunities for the citizen to participate in and greatly influence decisions are vastly reduced." (Dahl 1994: 26; 28)

Dahls Plädoyer für eine wie er selbst schreibt schwer mögliche Transnationalisierung der Demokratie bleibt zwar unbefriedigend, entscheidend jedoch ist seine Begründung einer faktischen wie gefühlten Einschränkung der Partizipationsmöglichkeiten für die Bürger in großen, international verschränkten Demokratien. Je größer der Bezugsrahmen ist, desto kleiner ist der tatsächliche und gefühlte Einfluss des Einzelnen. Dies führt zu einer zunehmenden Verdrossenheit, erklärt aber auch warum Engagement zumeist auf lokaler Ebene oder außerhalb tradierter Formen nationalstaatlicher Politik erfolgt.

Der gestiegene Druck auf die Parteien ist überdies eine Folge der Ausdifferenzierung einer Zivilgesellschaft 2.0, also die nach der Mediatisierung politischer Kommunikation erfolgte Individualisierung netzwerkartiger Kommunikationsstrukturen (Social Networks, Kampagnenplattformen u.ä., zu Veränderungen von Medien und Demokratie u.a Marcinkowski/Pfetsch 2009; Sarcinelli 2011, 2012; Emmer et al. 2011). Den neuen technologischen Möglichkeiten folgend hat sich auch die Partizipationskultur gewandelt, vor allem projekt- und netzwerkorientierte Formen liegen im Trend: „Auf der Basis des Internets haben sich neue Öffentlichkeiten gebildet. (…) Dies erfordert neue Kommunikationsstrategien der politischen Organisationen. (…) Dies setzt die über viele Jahrzehnte gewachsenen hierarchischen Strukturen z. B. in den Parteien (…) unter extremen Veränderungsdruck" (Emmer et al. 2011: 314). Die etablierten Parteien haben durch diese neuartige Form der digitalen Zivilgesellschaft auf Grundlage einer politisch-kommunikativen und partizipatorischen Revolution an Attraktivität verloren, zudem entsteht durch neue Parteien (insb. die Piratenpartei, bspw. Bieber 2012) zumindest vorübergehend eine verschärfte Wettbewerbskonkurrenz. Zusammengenommen ist als Problem festzuhalten, dass die „Chancen zur Durchsetzung eines von den Gesellschaftsmitgliedern getragenen Allgemeininteresses" (Bukow 1999: 32) mittels traditioneller politischer Formen abnehmen, gerade bei den Parteien stellt sich die Frage, „ob heute jemand noch auf diese Weise tatsächlich effektiv partizipieren kann" (Bukow 1999: 32).

Weitere Effekte und Entwicklungen erhöhen den Druck auf die politischen Parteien. So bewirkte die deutsche Vereinigung massive Verschiebungen in allen Dimensionen des politischen Systems und veränderte den Parteienwettbewerb nachhaltig. Zwar gilt die Vereinigung insgesamt und vor allem politisch-institutionell im Kern lediglich als eine Expansion des bundesrepublikanischen politischen Systems auf das Gebiet der vormaligen DDR. Doch tatsächlich gilt: „unification brought together two electorates with very different experiences, needs and expectations"(Chandler 1993: 137). Die Annahme, dass die Vereinigung „relativ wenige Auswirkungen auf die Parteienlandschaft der alten Bundesrepublik" (von Beyme 2004: 174-175) hatte, ist überdies seit der Bundestagswahl 2005 und der (zeitweisen) parlamentarischen Westexpansion der Partei Die Linke zu hinterfragen (Niedermayer 2008a; Bukow/Seemann 2010).[29] Dazu kommt, dass sozialstrukturelle Bindungen und Konfliktstrukturen einheitsbedingt und durch Prozesse der Postmodernisierung massiv an Bedeutung verloren haben, was den interparteilichen Wettbewerb um externe Unterstützung verschärft und die Fluidität des Parteiensystems erhöht hat.

Im Alltagshandeln wird es für Parteien so aus vielen Gründen schwieriger, Mitglieder zu halten oder neu zu gewinnen. Damit ist festzuhalten, dass sich die politischen und gesellschaftlichen Rahmenbedingungen für politische Parteien in Deutschland verändert haben. Dabei ist es zwar kein neues Phänomen, dass die Parteien unter Stress stehen (Plasser 1987), „dramatisch in Verruf" geraten sind und die „Zeichen (…) auf Sturm" (Beck 1993: 219) stehen. Es ist jedoch erkennbar, dass – bedingt durch Veränderungen auf Parteien- und Parteiensystemebene (u.a. eine Regionalisierung des Parteiensystems (Sturm 1999: 213) sowie fluider gewordene Unterstützungsstrukturen (Jun et al. 2008: 10)) – der Stress für die Parteiorganisationen zugenommen hat. Die Parteien haben ihren komfortablen Status als privilegierte, staatsnahe Orga-

---

[29] Verzögert hat sich damit auch das Parteiensystem insgesamt gewandelt, was wiederum Rückwirkungen auf die Parteien hat. Dabei ist der Wandel von Parteien vom Wandel des Parteiensystems klar zu trennen, denn es ist durchaus mit dem hier zu Grunde liegenden Parteienverständnis konform, dass sich die Parteien ändern, das Parteiensystem aber konstant bleibt. „Parteienwandel und der Wandel von Parteiensystemen sind also zwei verschiedene Dinge, die unter Umständen gegeneinander wirken: Je schneller und nachhaltiger sich die Parteien verändern, umso „stabiler" bleibt womöglich das Parteiensystem (und umgekehrt)." (Decker 1999: 349) Denn gerade stabile Parteiensysteme setzen unter Umständen sich wandelnde Parteien voraus, wenn sich nämlich die Rahmenbedingungen ändern und neue Antworten notwendig sind. Bleibt eine Reaktion der bestehenden, etablierten Parteien aus, kann es zu einer Krise des Parteiensystems kommen oder aber – wie in den späten 1970er-Jahren – zur Neugründung einer Partei, die die nicht aufgenommenen Anliegen relevanter Bevölkerungsteile nun im politischen System vertritt.

nisationen zwar nicht verloren, dennoch hat sich ihre Stellung und Funktion in gesamtgesellschaftlicher Perspektive gewandelt. Daher wundert es nicht, dass ob derartiger Entwicklungen „gerade die erfahrenen Parteimanager (...) doch ziemlich nervös" (Walter 2001: 3) sind, zumal – nicht zuletzt durch Fehlverhalten aus den Organisationen selbst heraus (etwa Macht- und Geldmissbrauch, Missmanagement und Intransparenz) – die Unzufriedenheit deutlicher zu Tage tritt und (neue) Mitbewerber davon profitieren.

4.2 Parteien als Organisationen

Bevor auf den Umgang der Parteien mit dieser Stresssituation einzugehen ist, ist zunächst ein Schritt zurück notwendig, um das zu untersuchende Objekt begrifflich klarer zu fassen. Die Herausarbeitung des in der Forschung genutzten Parteibegriffs ist dabei nicht trivial. Angesichts der Vielzahl unterschiedlichster Parteibegriffe ist es weder möglich noch sinnvoll, diese umfassend darzustellen. Vielmehr gilt es, wesentliche Überlegungen zusammenzuführen und die etablierten deutschen Parteien in einer Weise begrifflich zu fassen, die eine Rekonstruktion und Analyse der Parteiorganisationen ermöglicht, deren Umwelteinbettung und damit verbunden den organisationalen Wandel thematisiert sowie eine Einbeziehung des subjektiven, von den Party Central Offices vertretenen Parteienorganisationsverständnisses erlaubt. Aus dieser Überlegung heraus ergibt sich die Struktur des nachfolgenden Kapitels. Zunächst werden Parteien in organisationstheoretischer Perspektive betrachtet, vor allem organisationale Besonderheiten und Herausforderungen sind von Interesse. Anschließend werden konzeptionelle und paradigmatische Überlegungen der Parteienforschung dargelegt und mit zentralen Parteiorganisationstypen in Bezug gesetzt, insbesondere um die dahinter liegenden Organisationsleitbilder herauszuarbeiten. Daran knüpft die Frage nach Parteiorganisationsgrenzen, der Umwelt und dem Wandel von Parteien an. Abschließend wird in der Zusammenführung auf die Bedeutung von Umwelteinflüssen und normativ-institutionellen Aspekte auf die Organisation von Parteien und deren Wandel eingegangen. Es werden zwei zentrale, in den Parteien potenziell vorfindbare Leitbilder skizziert, die im empirischen Teil der Studie zu untersuchen sind.

4.2.1 Der Parteibegriff

Bis heute gibt es keine einheitliche oder gar abschließende Definition des Begriffs „politische Partei" (zur frühen Forderung einer solchen Duverger 1951, 1959). Dies liegt an unterschiedlichen normativen Überlegungen und am Fehlen einer generellen Parteientheorie. Parteien waren aus vielen Gründen ein lange „relativ untheoretisch behandelter Teil des politischen Systems" (von Beyme 2001: 315; vgl. auch von Beyme 1988: 199-213). Ein weiterer Grund für das Fehlen eines generellen Parteibegriffs sind die vielfältigen Perspektiven der Parteienforschung (vgl. Kapitel 1). Diese führen dazu, dass der Forschungsgegenstand begrifflich sehr unterschiedlich eingegrenzt wird und so das jeweilige Parteiverständnis geprägt oder sogar determiniert wird. Zudem haben sich die Parteien seit ihrer Gründung organisatorisch und hinsichtlich ihrer Einbindung in das politische System gewandelt. Unterschiedliche Parteienverständnisse und -begriffe sind damit nicht nur als Resultat divergierender normativ-theoretischer Annahmen zu bewerten, sondern spiegeln auch unterschiedliche Forschungsinteressen sowie den Wandel der Parteien und der institutionellen Parteiorganisationsumwelt wider.

Sinnvoller als auf die Vielzahl der in der Literatur vorfindbaren Parteibegriffe an dieser Stelle einzugehen (einen Überblick bietet u.a. Niclauß 2002: 10-24) ist es, anhand paradigmatischer, typologischer und organisationssoziologischer Aspekte der Parteienforschung sukzessive auf einzelne Parteibegriffe bzw. Parteiverständnisse zu verweisen. Damit bietet sich als Ausgangspunkt und Arbeitsgrundlage für die nachfolgenden Überlegungen ein von Wiesendahl formuliertes Parteienverständnis an:

> „Parteien in modernen Massendemokratien sind hochkomplexe, ressourcenungewisse, organisations- und handlungsbeschränkte, funktional notwendige und vielseitig brauchbare normative und operative Mehrzweckagenturen politischen Machterwerbs, die wandelnden, multifaktoriellen Umweltbedingungen unterworfen sind, auf die sie selbst flexibel einzuwirken bemüht sind." (Wiesendahl 1980: 25)

Vor allem eine mögliche Unterwerfung der Parteien unter sich wandelnde, multifaktorielle Umweltbedingungen ist im Kontext der Parteiorganisationsanalyse zu hinterfragen bzw. zu analysieren. Denn wenn auf der Staatsebene die Erlangung von Macht durch Wahlen und auf gesellschaftlicher Ebene die Bündelung und Vernetzung von Interessen zentrale Aufgaben von Parteien sind, dann basiert die Legitimation von Parteien auf dem Rückhalt im Elektorat und/oder in der Gesellschaft.[30] Dieser Rückhalt wiederum lässt sich etwa anhand der Kriterien Wahlerfolg und Organisationsgröße, beispielsweise der Mitgliederzahl,[31] festmachen. Damit sind die Parteien jedoch auf externe Faktoren angewiesen, denn beides lässt sich nur bedingt steuern. Selbstverständlich versuchen die Parteien dabei, durch ihre parlamentarisch-gesetzgeberische Tätigkeit die rechtlich-institutionellen Rahmenbedingungen ihres Handelns zu beeinflussen. Zugleich sind sie aber darauf angewiesen, sich beständig wandelnden Umweltbedingungen anzupassen. Der Vorteil eines derartigen Parteiverständnisses liegt nun zum einen in der Fokussierung auf Organisationsbesonderheiten von Parteien und zum anderen in der dennoch vorhandenen Berücksichtigung der Systemumwelt. Bedingt durch ihre besondere, intermediäre Stellung im politischen System ist diese Umwelteinbettung und systembezogene Reflexivität speziell für den Erfolg und die Überlebensfähigkeit von Parteien außerordentlich bedeutend. Zudem ist hier schon eine Unterscheidung von nach außen bzw. nach innen gerichtetem Parteiorganisationshandeln angelegt, wobei das nach außen gerichtete Handeln stärker umweltbezogen sein dürfte als das nach innen gerichtete Vereinsverhalten.

Auch wenn sich im Schrifttum kein einheitlicher Parteibegriff vorfinden lässt, so hat sich zumindest ein Minimalkonsens hinsichtlich der zentralen Parteifunktionen herauskristallisiert, worüber aus forschungspraktischer Sicht eine Annäherung an einen tauglichen Parteibegriff

---

[30] Für die Parteien wäre damit davon auszugehen, dass sich eine größere Legitimation durch Wahlerfolg und/oder intermediären Erfolg messen lassen müsste, womit die Frage gesellschaftlichen Rückhalts nicht mehr normativ, sondern funktional operationalisier- und bewertbar wird.

[31] Während der Wahlerfolg als Indiz für den gesellschaftlichen Rückhalt einer Partei aus pragmatischen, funktionalen und wettbewerbstheoretischen Gründen wissenschaftlich wie parteienrechtlich faktisch unstrittig ist, ist die Bewertung der Mitgliederstärke heikel, normativ geprägt und extrem pfadabhängig. Es muss an dieser Stelle offen bleiben, ob Mitgliederstärke ein taugliches Kriterium darstellt, allerdings nehmen alle etablierten Parteien in Deutschland für sich in Anspruch, „Mitgliederpartei" zu sein. Fraglich ist zudem, ob eine mitgliederstarke Organisation gesellschaftlich tatsächlich besser verankert ist als eine mitgliederschwache Organisation mit zahlreichen informalen Unterstützern.

möglich wird. Genannt werden in unterschiedlicher Gewichtung und Systematisierung (zu Parteifunktionen bspw. von Alemann et al. 2010: 213-221):[32]

- Zielfindung;
- Artikulation und Aggregation gesellschaftlicher Interessen;
- Mobilisierung und Sozialisierung;
- (Eliten-)Rekrutierung und Regierungsbildung (von Beyme 2001: 317);
- Systemreform/-innovationsfunktion (Wiesendahl 1980; Helms 1995).

Einen theoretisch breiteren Weg der Parteienanalyse schlägt dagegen Steffani (1997: 189-197) vor, der vier elementare Sektoren einer politologischen Parteienanalyse benennt und Parteien in einer umfassenden Einbettung als soziale Organisation, zugleich zu deuten als „Ausdruck sozialer Kräfte sowie ideologischer und/oder programmatischer Ziele und Forderungen", sieht. Zudem versteht er Parteien als „Herrschaftsinstrumente", „Vermittler demokratischer Legitimation für verbindliche Entscheidungen" sowie als „Interessengruppen in eigener Sache und als Vermittler politischen Führungspersonals". Steffani betont darüber hinaus, dass bei der Parteienanalyse zwischen formalen und normativen Funktionen zu unterscheiden ist, ein Hinweis, der häufig vernachlässigt wird. Beiden Aspekten ist nachfolgend in abgewandelter Form mittels einer Analyse formal-organisationstypologischer sowie normativ-paradigmatischer Parteiaspekte nachzugehen. Zuvor allerdings ist der Perspektive „Parteien als soziale Organisationen" nachzugehen, d. h. es sind die wesentlichen Organisationsmerkmale und -herausforderungen aufzuzeigen.

4.2.2 Organisationselemente und Organisationsbedingungen

> „Von alledem, was gemeinhin Organisieren ausmacht, kann bei Parteien auch nicht einmal annäherungsweise die Rede sein. Denn sie sind mit Organisationen im hergebrachten Sinne nicht vergleichbar. (…) [Parteien] schlagen sich (…) mit so zahlreichen und nicht lösbaren Organisationsproblemen herum, daß sie nur höchst notdürftig in ihrer Organisationsbeschaffenheit an das Leitmodell einer zielgerichteten und zweckdienlich durchrationalisierten Organisation heranreichen." (Wiesendahl 1998: 190)

Während dem hier von Wiesendahl formulierten Befund einer bedingten Rationalität von Parteien naheliegender Weise und mit Verweis auf die neoinstitutionalistischen Argumente zugestimmt wird, ist der ersten Annahme Wiesendahls zumindest partiell zu widersprechen. Parteien werden nachfolgend vielmehr organisationssoziologisch als normale, vollwertige Organisationen rekonstruiert. Denn auch wenn Parteien nur sehr eingeschränkt mit ökonomisch orientierten Organisationen vergleichbar sind, heißt das nicht, dass sie keine organisationssoziologisch fassbaren Systeme sind. Sie verfügen über alle oben benannten konstitutiven Merkmale (Kapitel 3). Damit wird in gewisser Weise an Stammer angeknüpft, der Parteien als gesellschaftliche Willensverbände im Wirkungsfeld des Staates deutet und argumentiert, dass die

---

[32] Wiesendahl (1980: 188) zeigt in der Parteienliteratur der 1960er-/1970er-Jahre 18 vorfindbare Parteifunktionen auf. Inwieweit die Sozialisierungsfunktion noch zeitgemäß ist, ist umstritten, sie wird teilweise auch den Medien zugeschrieben. Von Beyme sieht diese „Lehrfunktion" in früheren Schriften bei den Medien (1983), in späteren Beiträgen (2001) verortet er sie bei den Parteien. Die Systemreform/-innovationsfunktion ist für von Beyme lediglich eine Folge der Regierungsbildungsfunktion und der damit verbundenen Verantwortung für den Systemerhalt – und damit keine eigenständige Parteifunktion.

„moderne Partei (…) ein mehr oder weniger straff organisierter Verband" ist (Stammer 1969: 812). Parteien sind also, so die zentrale Annahme, formale Organisationen, wenngleich sie sich – hier ist Wiesendahl u.a. klar zuzustimmen – durch einige Besonderheiten auszeichnen, aus denen spezifische Organisationserfordernisse und -probleme resultieren. Doch selbst dabei sind sie in vielen Punkten mit anderen Freiwilligenorganisationen vergleichbar, wobei einzelne Aspekte bei Parteien – bedingt durch ihre Doppelrolle als Organisationen im gesellschaftlichen und staatlichen Bereich – problemverstärkend wirken und überdies die Grenzen der Organisierbarkeit aufzeigen. Damit ist nicht in vollem Umfang der Konzeption von Parteien als lediglich mehr oder minder organisierten, lose verkoppelten Anarchien zu folgen (Lösche 1993; Wiesendahl 2002a: 190, 220). Es wird vielmehr davon ausgegangen, dass stratarchische Strukturelemente zwar vorhanden sind (Jun 2004: 125-126), diese jedoch vor allem bei Policy-Entscheidungen koordiniertes Organisationshandeln erschweren. In organisationsstruktureller Hinsicht stehen dagegen zentralistische Elemente (in jüngster Zeit zunehmend) im Vordergrund, so dass – ohne an dieser Stelle eine Festlegung auf die spezifische Organisationsqualität vorzunehmen – zu argumentieren ist, dass es sinnvoll und legitim ist, Parteien als (steuerungsfähige) Organisationen zu verstehen. Die Organisationsprobleme werden also durchaus gesehen, gleichwohl als (mittlerweile) ausreichend handhabbar verstanden.

In der Literatur werden üblicherweise drei Bereiche („Gesichter") der Parteiorganisation unterschieden: „Party Central Office", „Party on the Ground" und „Party Public Office" (Katz/Mair 1993). Eine solche organisationssoziologische dreifache Differenzierung wurde erstmals von Frank Sorauf (anknüpfend an Key 1964) eingeführt und hat sich in der amerikanischen Parteienlehre durchgesetzt. Sorauf unterscheidet die „Party Organization" von der „Party in Government" und der „Party in the Electorate" (Sorauf 1967). Diese Dreiköpfigkeit lässt sich jedoch nur bedingt auf westeuropäische Parteien übertragen. Katz/Mair haben das Konzept daher für europäische Parteien, die über formale Mitglieder verfügen und damit nicht auf freiwillige Unterstützer setzen, adaptiert und weiterentwickelt. Einen ähnlichen Ansatz wählt Richard Stöss (1983a: 27-40), der „Partei und Volk", „Partei und Staat" und „Partei als Organisation" als die drei Ebenen der Parteiorganisationsforschung benennt. Die Parteiensystemforschung reduziert sich dagegen zumeist auf den „Doppelcharakter" (Immerfall 1994: 99) bzw. das „Doppelleben" (Poguntke 2000: 17) der Parteien als gesellschaftliche und staatliche Akteure, deren spezifische Rolle als intermediäre Organisationen in der Linkage-Funktion gesehen werden kann: „Parties link people to a government" (Sartori 1976: 25). Für diese Studie sind die – nach der Terminologie von Katz/Mair – Party on the Ground und die Party in Public Office nur bedingt der Parteiorganisation zuzurechnen (vgl. Abschnitt 6.1).

In jedem Fall sind „gerade Parteien sehr komplexe Organisationen" (Donges 2008: 218), die unterschiedlichste Handlungslogiken zusammenbringen müssen, sie sind „a number of elements that interact with one another in various ways to form the party as a whole" (Katz 2002: 92). Die unterschiedlichen Logiken hängen mit unterschiedlichen Parteizielen, strukturellen Rahmenbedingungen und zentralen Organisationsherausforderungen zusammen.

Aus dieser Gesamtsituation heraus ergeben sich zentrale, organisational zu bewältigende Merkmale von Parteien. Diese sind:

- das Vorhandensein von sehr differenten Organisationsangehörigen: Freiwillige und Parteimitglieder (mit Einschränkungen; in unterschiedlichen Rollen bis hin zur (politischen) Organisationsführung) sowie angestelltes Personal im Party Central Office (und je nach Organisationsverständnis noch Berufspolitiker im Public Office sowie deren Mitarbeiter);
- eine formale, satzungsrechtlich dauerhaft verankerte, hierarchische und dabei repräsentativ-demokratische Organisationsstruktur sowie eine davon zu Teilen losgelöste informale Organisationskultur;
- eine komplexe Multi-Ebenen-Struktur;
- eine multidimensionale, arbeitsteilige Aufgabendifferenzierung;
- Zielorientiertheit und eingeschränkt rationale Zielverfolgung.

Kurz gesagt sind Parteien Organisationen, die unter schwierigen Organisationsbedingungen organisiert werden müssen – was spezifische Herausforderungen mit sich bringt.

4.2.3 Organisationale Herausforderungen

Parteien sind als Organisationen mit mehreren, sehr unterschiedlich gelagerten organisationalen Herausforderungen und Dilemmata konfrontiert (u.a. Wiesendahl 1998: 189-218). Nachfolgend sind die spezifischen Organisationsbedingungen, -herausforderungen und -probleme sowie die Grenzen der Organisierbarkeit politischer Parteien genauer zu betrachten.

4.2.3.1   Zieldiversität

Die Frage nach Parteizielen verweist bereits auf ein zentrales organisationales Problem. So lassen sich Parteien zwar zunächst nach drei Zielkategorien einordnen, die zugleich in Verbindung mit den zuvor genannten Organisationsparadigmen stehen. Dabei ist aber zugleich anzumerken, dass bei Parteien eher von Primärzielen als von dominierenden Zielen zu sprechen ist, da sie in aller Regel unterschiedliche Ziele verfolgen, da es sich bei Parteien „nicht ausschließlich um einheitliche Akteure handelt, (…) sondern sie aus unterschiedlichsten Gruppierungen, Organisationseinheiten und Gliederungen bestehen, die jeweils völlig unterschiedliche Interessen vertreten können" (Haas et al. 2008: 14). Mit dieser Einschränkung lassen sich drei bis vier mögliche Hauptziele benennen (Budge/Keman 1990; Laver/Schofield 1990; Strøm 1990; Lösche/Walter 1992; Harmel/Janda 1994; Strøm/Müller 1999; Wolinetz 2002):

- Vote-Seeking, also die Maximierung von Wählerstimmen;
- Office-Seeking, also die Übernahme öffentlicher Ämter;
- Policy-Seeking, also die Durchsetzung von Politikinhalten/politischen Zielen;
- Repräsentation/Partizipation von Mitgliedern.

Parteien sind hinsichtlich der Zielerreichung funktionsspezialisierte und in gewissem Umfang durchrationalisierte Systeme, leiden aber besonders unter einer indifferenten Zielsetzung. Zielkonflikte, beispielsweise zwischen partizipations- und wahleffizienzorientierten Parteiorganisationsleitbildern und dementsprechend handelnden Akteuren, sind vorprogrammiert (Jun 2004: 73-74).[33] Dabei sind die Organisationsziele einer Partei zumindest in ihrer jeweiligen Gewichtung nicht zwangsläufig determiniert, neben einem vorrangigen Ziel sind weitere, teilweise damit verbundene Ziele nicht auszuschließen. Zahlreiche Beispiele zeigen, dass diese Ziele in unterschiedlichster Weise gewichtet und dementsprechend unterschiedliche Strategien entwickelt werden,[34] wobei für alle etablierten Parteien in Deutschland eine klare elektorale Fixierung als sicher gilt (von Beyme 2002): Stimmenmaximierung am Wahltag hat immer oberste Priorität, nicht zuletzt aus Gründen des organisationalen Selbsterhalts (Jun 2004: 125). Ideologische Positionierungen, innerparteiliche Demokratie und Mitglieder (-interessen) haben dagegen nach häufig vertretener Meinung an Bedeutung verloren und werden geradezu als störend empfunden, weil sie funktional nicht mehr notwendig sind, da „Parteien nur noch einen geringen Bedarf an den Leistungen haben, die von den Mitgliedern erbracht werden könnten" (Detterbeck 2005b: 65). Ob die postulierte Zielverschiebung von den Mitarbeitern geteilt wird, ist bislang nicht geklärt. Dabei ist diese Frage hinsichtlich der normativ durchwirkten Debatte um die Zukunft der Mitgliederpartei von größter Relevanz.

Die Priorisierung von Parteizielen kann durchaus mit normativen Paradigmen (vgl. Abschnitt 4.3.1) oder mit den unterschiedlichen Parteitypen in Bezug gesetzt werden. Diesen Ansatz der Verbindung von parteitypologischen Aspekten und Parteizielen erörtert beispielsweise Wolinetz (2002: 161). Demnach verfolgen Catch-All-Parteien oder auch wahlprofessionelle Parteien vor allem das Ziel Vote-Seeking, während etwa Kartellparteien vor allem auf die Übernahme bzw. kartellimmanente Verteilung öffentlicher Ämter abzielen. Dagegen sind Parteien, die aus sozialen Bewegungen entstanden sind, zumindest anfänglich darauf ausgerichtet, vor allem Repräsentation und Partizipation zu ermöglichen, sie betreiben also primär Democracy-Seeking (Harmel/Janda 1994: 273). Hier könnte auch die Dominanz von Policy-Seeking vermutet werden, diese wird von Wolinetz jedoch vor allem bei Massenparteien angenommen. Es ist allerdings wenig überzeugend, eine derart eindimensionale Verbindung anzunehmen, vielmehr ist mit Blick auf die Zielpluralität von Parteien lediglich von möglichen Hauptzielen in Verbindung mit spezifischen Parteitypen zu sprechen, wobei zu klären ist, wodurch die jeweilige Zielgewichtung beeinflusst wird. Das erkennbare zieldiversitätsbedingte Indifferenzproblem verschärft sich jedoch noch durch weitere Faktoren: eine doppelte Heterogenität der Organisationsinteressen, besondere Schwierigkeiten in der Kollektivwillensbildung, Probleme aus der Logik kollektiven Handelns, ein doppeltes Freiwilligkeitsproblem und damit verbunden eine mangelnde Bindungskraft, ein Konflikt zwischen Repräsentation, Partizipation und Effektivität sowie eine eingeschränkte Strategiefähigkeit.

---

[33] Diese dualistische Unterscheidung des Struktur- bzw. Handlungsmusters von Parteien ist weit verbreitet, so unterscheidet beispielsweise Wright zwischen eine *Rational Efficient Model* mit dem obersten Ziel des Wahlerfolgs und einem vorrangig Ideologie- und Policy-orientiertem *Party Democracy Model* einer Partei (Wright 1971). Diese Überlegung greifen später Strøm und Müller auf, die zwischen einer Dominanz der Policy-Orientierung und dem Streben nach öffentlichen Ämtern unterscheiden (Strøm/Müller 1999).

[34] Zwar ist dieses Problem auch bei anderen Organisationen bekannt, dort aber sind die vorrangigen Ziele häufig stärker determiniert. So muss ein Wirtschaftsunternehmen zumindest eine Kostendeckung erreichen, um dauerhaft bestehen zu können, auch wenn eigentlich andere Ziele (etwa faires/umweltnahes Produzieren) erreicht werden sollen.

4.2.3.2 Wählerabhängige Mitgliederverbände

Wie eigentlich alle Organisationen im gesellschaftlich-intermediären Bereich sind auch Parteien Freiwilligenorganisationen. Sie stehen damit zueinander in Konkurrenz stehen, da das Unterstützungspotenzial einer Gesellschaft begrenzt ist (wobei bei der Aktivbürgerschaft häufig Mehrfachmitgliedschaften und -aktivitäten zu verzeichnen sind). Nach Horch „sollen jene zielgerichteten sozialen Systeme mit geregelter Mitgliedschaft als „freiwillig" bezeichnet werden, die formell als Anreizmittel für den Verbleib weder rechtliche Verpflichtung noch physische Gewalt anwenden und bei denen als objektive Alternative zur Mitgliedschaft die Möglichkeit der Nichtmitgliedschaft offen steht" (Horch 1985: 260). Wenngleich der letztgenannte Aspekt bei den Parteien der Gegenwart unter den Bedingungen von Parteienprivileg und -monopol zumindest dann als kritisch einzuschätzen ist, wenn es um die individuelle Realisierung politisch-parlamentarischer Mitwirkung mittels Parlamentsmandat geht, so sind Parteien doch organisationsstrukturell als auf freiwilliger Mitgliedschaft basierende Organisationen zu bewerten.

Dass moderne Parteien sich als Mitgliederparteien verstehen und folglich – in unterschiedlichem, aber stets relevantem Umfang – auf freiwillige Unterstützung setzen, hat mehrere organisationale Folgen. So ist das Prinzip freiwilliger, formaler Mitgliedschaft für die Abgrenzung von Organisation und Umwelt elementar (vgl. zur Bedeutung der Mitgliedschaft für die Parteiorganisation Abschnitt 4.4.1) und bringt organisationsinterne Herausforderungen mit sich, die schon Weber benannt hat (1980: 562):

> „Sofern es sich um komplizierte Aufgaben handelt, ist bezahlte bürokratische Arbeit nicht nur präziser, sondern im Ergebnis oft sogar billiger als die formell unentgeltliche ehrenamtliche. Ehrenamtliche Tätigkeit ist Tätigkeit im Nebenberuf, funktioniert schon deshalb normalerweise langsamer, [ist] weniger an Schemata gebunden und formloser, daher unpräziser, uneinheitlicher, weil nach oben unabhängiger, diskontinuierlicher und (…) oft faktisch sehr kostspielig."

Hier wird das Problem der personalen und organisationalen Diskontinuität angesprochen, das darin liegt, dass alle bestands- und funktionsrelevanten Merkmale, also Eintritt und Verbleib von Mitgliedern, deren Organisationsunterstützung mittels Arbeitskraft und Geld sowie sonstige Unterstützungsleistungen auf Freiwilligkeit basieren:

> „Nicht die Parteien, sondern ihre Mitglieder, Anhänger, Wähler und Gefolgsleute kontrollieren den Zufluß an Ressourcen, der jederzeit, ohne daß die Akteure sich gegenüber den Parteien rechtfertigen müßten, erhöht, vermindert, kurzzeitig oder dauerhaft eingestellt oder auf konkurrierende Parteien umgelenkt werden kann." (Wiesendahl 1998: 191)

Das heißt jedoch nicht nur, dass eine hohe Abhängigkeit der Parteiorganisationen von freiwilligen Leistungen besteht, sondern es erklärt auch, warum in deutschen Parteien Mitgliedern[35]

---

[35] In der Organisationsforschung ist die Unterscheidung von Organisationszugehörigkeit bzw. -nichtzugehörigkeit von zentraler Bedeutung. Dazu wird häufig das Merkmal „formale Mitgliedschaft" herangezogen (vgl. Luhmann 1985), welches sich auf die Parteien jedoch nur bedingt übertragen lässt – selbst bei den deutschen Parteien mit einem relativ hohen Stellenwert einer formal geregelten, dauerhaften Parteimitgliedschaften (siehe von Beyme 2002: 105). International vergleichend betrachtet ist diese deutsche Eigenart eher eine Ausnahme, was Parteiorganisationsforschung schon in der Frage, wer bzw. was Teil der Organisation ist, in internationaler Perspektive drastisch erschwert. Aus diesem Grund ist es sinnvoll, Parteimitglieder nicht per se als Teil der Parteiorganisation vorauszusetzen. Hier wird deutlich, dass dieses Merkmal bei genauer Betrachtung mehrfach problembehaftet ist. Selbst wenn man die theoretischen Probleme hinsichtlich der Verkopplung formaler Mitgliedschaft und Systemzugehörigkeit außer Acht lässt, ergeben sich forschungstechnische Schwierigkeiten. Nicht immer arbeiten in Parteien Parteimitglieder mit, sind diese doch zumindest partiell für Nichtmitglieder offen. Selbst in Regierungsfunktion, beispielsweise als Minister, finden sich gelegent-

ein hoher Stellenwert eingeräumt wird – diese sind für den Fortbestand der Organisation zentral, ein Mitgliederrückgang führt zu Unsicherheit und muss folglich als Krise gedeutet werden.

Die Gründe für die Mitgliedschaft oder Mitarbeit in Parteien sind vielfältig und erklären sich theoretisch in ähnlicher Weise wie politische Beteiligung und Partizipation insgesamt. Es finden sich instrumentelle und nicht-instrumentelle Anreize, die den Nutzen einer Mitgliedschaft begründen (Seyd/Whiteley 1992: 56; Whiteley et al. 1994: 72-99). Instrumentelle Anreize diversifizieren sich in kollektive (politische Ziele) und selektive Anreize (ergebnis- und prozessorientiert), nicht-instrumentelle in normative (soziale, institutionelle Erwartungen), altruistische (Weltanschauung) und expressive (Spaß, Sympathien) Anreize. Letztlich sind die Motive für die individuelle Mitgliedschaftsentscheidung ebenso vielfältig wie für die Fortführung einer Mitgliedschaft. In beiden Fällen sind Parteien nur bedingt in der Lage, entsprechende Anreize zu schaffen und dadurch zur Mitgliedschaft zu bewegen. Somit bleibt die Entwicklung des Mitgliederbestandes zwangsläufig ein Stück weit außerhalb des Zugriffs der Parteiorganisationen, wobei diese aber durchaus versuchen können, darauf Einfluss zu nehmen, zumal parteispezifische Unterschiede in der Mitgliedschaftsmotivation bestehen (Heinrich et al. 2002: 1-8) und so eine strategische Anreizsteuerung möglich wäre.

Parteien versuchen aber durchaus, durch strukturelle Veränderungen die Abhängigkeit von freiwilligen Leistungen ihrer Mitglieder zu reduzieren. Sie haben zahlreiche Strategien entwickelt, um diese Abhängigkeit und die daraus resultierende Unsicherheit zu reduzieren, so dass sich aus heutiger Sicht die Abhängigkeit von Mitgliedern nicht mehr ganz so dramatisch darstellt. Betriebene Reformen und fortlaufende Organisationsentwicklung dienen in diesen Fällen nicht zuletzt der Unsicherheitsreduktion, um organisationales Handeln planbarer und den Fortbestand der Organisation sicherer zu machen. Zwar sind Parteien weiterhin von freiwilligen Unterstützungsleistungen massiv abhängig, aber mit Blick auf die Organisationswirklichkeit der deutschen Parteien, deren vorerst erfolgreicher Strategie einer fortschreitenden Professionalisierung (Panebianco 1988; Jun 2002a, 2004) und Zentralisierung (Mair et al. 1999; Farrell/Webb 2000), abgesichert durch eine verlässliche Staatsfinanzierung (Adams 2005; Koß 2008) in Verbindung mit einer graduellen Kartellbildung (Detterbeck 2008), ist doch festzustellen, dass der Ressourcenungewissheit zumindest partiell entgegengewirkt wurde. So zielt die Professionalisierung der Organisationsstrukturen darauf ab, einen auf bezahlte Kräfte setzenden Dienstleistungsbetrieb zu schaffen, „der erfolgreich Interessen- und Wählerkoalitionen schmiedet, Kampagnen organisiert und Wahlen gewinnt" (Jun 2002a: 777). Diese Professionalisierung erfolgt dabei sowohl durch Externalisierung wie auch durch organisationsinterne Entwicklungen wie beispielsweise den Aufbau eines umfassenden Parteiapparates bei der CDU in den 1970er-Jahren (Haas et al. 2008: 13).

---

lich Akteure, die explizit „von außen" kommen. Auch in den unteren Parteiebenen finden sich neben Mitgliedern aktive Sympathisanten, die teilweise über Jahre hinweg für eine Partei tätig sind, dabei aber bewusst auf eine formale Mitgliedschaft verzichten. Oder sie sind zwar in einer Jugendorganisation der Partei Mitglied, nicht aber in der „Mutterpartei". Doch selbst wenn man – aus pragmatischen Gründen forschungstechnisch sicherlich vertretbar, wenn dies klar benannt wird – derartige Feinheiten ignoriert, wird man feststellen, dass selbst die von den Parteien gemachten Angaben zum Mitgliederstand (entsprechend § 24 Abs. 10 PartG) nicht unbedingt verlässlich sind: So gehen in regelmäßigen Abständen durch Karteibereinigungen Mitglieder verloren, eine zentrale Mitgliedererfassung ist erst seit kurzem in allen Parteien Standard (wobei die Dateneingabe teilweise dezentral erfolgt und somit keine Datenprüfung möglich ist). Daher sind Berechnungen des Organisationsgrades oder des durchschnittlichen Beitrags nur mit Vorsicht zu betrachten, zumal derzeit keine verlässlichen Daten zum Bevölkerungsstand in der Bundesrepublik vorliegen (siehe Preuß/Osel 2009).

Doch auch die faktische und institutionell abgesicherte Beschränkung des Parteienwettbewerbs auf wenige Parteien[36] „treibt" die potenziellen Unterstützer zu den etablierten Parteien: Auf eine direkte politische Mitwirkung und auf parlamentarische Karrieren halten Parteien ein rechtlich abgesichertes Monopol, somit führt an ihnen kein Weg vorbei,[37] erfolgreiche Neugründungen sind schwer und selten dauerhaft erfolgreich. Auch können rückläufige Einnahmen aus Mitgliedsbeiträgen nicht nur durch staatliche Mittel, sondern durch ein zunehmend professionalisiertes Fundraising und gestiegene Mandatsträgersonderabgaben ausgeglichen werden, so dass fehlende Mitglieder durch befristet freiwillig Engagierte (im Rahmen von Wahlkämpfen, Kampagnen etc.), einen professionalisierten Parteiapparat sowie externes Personal kompensiert werden können. Dass dennoch gerade auf der lokalen, zumeist von geringerer Professionalisierung (im Sinne einer geringen Verberuflichung) gekennzeichneten Ebene das Freiwilligkeitsproblem massiv durchschlägt, ist nicht zu leugnen.

Welche Folgen hat nun die skizzierte Problematik für die Parteien? Eine Partei zeichnet sich als Organisation zunächst einmal dadurch aus, dass sie keinerlei Druckmittel hat, Zugehörigkeit zu ihrer Organisation zu erwirken oder, noch bedeutsamer, zu verstetigen. Ein Austritt von Mitgliedern ist ebenso wie der Ausstieg ehrenamtlicher Mitarbeiter jederzeit möglich, selbst Parlamentarier können ohne direkten Mandatsverlust die Fraktion verlassen oder wechseln. Parteien sind darauf angewiesen, stets erneut für sich zu werben und freiwillig engagierte Individuen zu gewinnen und zu halten – gerade dann, wenn dies als zentrales Wesensmerkmal der Partei verstanden wird. Dies bedeutet zunächst einmal, dass Parteien auf diese Ressourcenunsicherheit, insbesondere die Gefahr, dass individuelles Engagement jederzeit und ohne Möglichkeit der Sanktionierung beendet werden kann, reagieren müssen. Daher haben sie als Organisationsgrundlage und -voraussetzung Strukturen und ein Mindestmaß formeller Regelungen etabliert, um den Organisationsbestand vom Engagement Einzelner zu lösen und die Interaktionen der Beteiligten zumindest in Grundzügen zu strukturieren und zu beeinflussen. So nehmen Parteien durch ihre Organisationsstruktur „die ihnen zugedachten Aufgaben wie Zielfindung, Interessenartikulation und -aggregation, Legitimationsbeschaffung, Regierungsbildung und Rekrutierung von politischen Eliten wahr, versuchen die Ansprüche ihrer Sympathisanten zu befriedigen, diese zu integrieren und für jeweils zu bestimmende Zwecke zu mobilisieren" (Jun 2004: 61), was durch Aufgabendifferenzierung und Motivationsgeneralisierung von der Individualebene gelöst und damit strukturell, also entpersonalisiert sichergestellt wird. Eine bürokratisch-formale Organisationsstruktur ist hierbei elementar für den überpersonalen Organisations- und Organisationswissenserhalt, nur so kann der – unter Umständen unerwartete – Rückzug einzelner Akteure organisatorisch verkraftet werden. Allerdings gibt es zwei wesentliche Restriktionen einer derartigen organisationalen Absicherung: Zum einen kann bei Führungspersonen auf höheren Organisationsebenen ein Wechsel kein rein formaler Vorgang sein, da nicht nur spezifisches Organisationswissen nicht vollständig strukturell gesichert wer-

---

[36] Es finden sich verschiedene Merkmale der Bevorzugung bestehender Parteien, bspw. Zugangshürden zur Parteienfinanzierung und zu den Parlamenten auf Landes- und Bundesebene sowie eine wahlnachlaufende Parteienfinanzierung (Detterbeck 2005a, 2008).

[37] Bemerkenswert ist in diesem Zusammenhang, dass der relative Anteil der engagementbereiten Parteimitglieder größer wird (vgl. Fußnote 154), wenngleich ein direkter Nutzen etwa durch Parteiämter oder Mandate nur selten der Hauptgrund für parteiliches Engagement ist und gerade in Rational-Choice-Ansätzen (dazu Olson 1998) oder Anreiz-Beitrags-Theorien (March/Simon 1976), die auch zur Erklärung von Parteimitgliedschaften herangezogen werden können, materielle, selektive oder egoistische Anreize überschätzt werden.

den kann, sondern gerade im politischen Bereich auch Elemente charismatischer Herrschaft die rationale Organisationskultur durchwirken. Zum anderen wirkt dieser Sicherungsmechanismus nur solange, wie eine Grundversorgung an Unterstützung bereitsteht, denn keine Partei wäre nur und mittels ihrer entgeltlich beschäftigten Mitarbeiter überlebensfähig, die Kosten einer derartigen Vollprofessionalisierung wären zu hoch und die institutionellen Erwartungen an „demokratische Parteien" damit nicht zu erfüllen.

Die unbeschränkte Freiwilligkeit[38] der Mitarbeit oder Unterstützung ist die zentrale Einschränkung der Organisationsfreiheit und Organisierbarkeit von Parteien sowie eine stete Handlungsherausforderung. Unter dem normativen Diktum der Mitgliederpartei, aber auch aus rein funktionalen wie ökonomischen Gründen kann keine Partei auf ehrenamtliche Mitglieder vollständig verzichten. Dadurch ist es für Parteien zentral, Anreize zu schaffen, Engagement und Unterstützung zu mobilisieren, im Wahlkampf ebenso wie in der alltäglichen Organisationsarbeit. Dabei dürfte eine Partei kaum in der Lage sein, nur über Anreize Mitglieder zu motivieren oder gar dauerhaft zu binden, dies ist aber immer ein Grundelement. Ziel ist es, die Motivation und Unterstützungsbereitschaft der Engagierten zu erhalten. Die Organisationszugehörigkeit muss attraktiver sein als die Nichtzugehörigkeit (vgl. auch den Luhmannschen Aspekt einer Motivationsgeneralisierung, dazu Abschnitt 4.4.1), wobei das Abstellen auf die Akzeptanz von Verhaltenserwartungen und nicht das konkret-individuelle Verhalten als Mitgliedschaftsbedingung durchaus auch für Parteien von zentraler Bedeutung ist, um verschiedene Formen der Mitgliedschaft als gleichwertig anzuerkennen oder auch temporäre Inaktivität als legitimes Muster der Parteimitgliedschaft zu etablieren.[39] An dieser Stelle ist zu betonen, dass in partiellem Widerspruch zur Einschätzung Wiesendahls (1998: 101) das von Luhmann herausgearbeitete Konstrukt einer Trennung von individuellem Handlungsmotiv und Organisationszweck durchaus überzeugen kann, ja sogar nur über eine derartige Generalisierung eine dauerhafte Individual-Kollektiv-Zielübereinstimmung gelingen kann. Denn aufgrund der skizzierten Zielheterogenität einer Partei muss gelten, dass Individualziel und Organisationsziel nur partiell deckungsgleich sein können. Kein Mitglied einer Partei vertritt alle Organisationsziele gleichermaßen, da sich diese ja häufig sogar widersprechen. Allein die faktisch eingeschränkte Auswahl an etablierten Parteien führt zu einer Best-Fit-, bzw. Lowest-Misfit-Entscheidung für die individuelle Parteimitgliedschaft. Auch spricht ein hoher Anteil von Organisationsmitgliedern „aus Tradition" dafür, dass Parteiorganisationszugehörigkeit oftmals auf einer diffusen Organisationsziel-Zustimmungseinschätzung basiert. Somit hat Wiesendahl zwar einerseits recht, wenn er vermutet, dass „es für Parteien auf Dauer existenzgefährdend [ist], wenn sie von ihren Freiwilligen auf Dauer Leistungen erwarten würden, die deren persönlichen Antriebsmotiven entgegenstünden" (Wiesendahl 1998: 192), andererseits ist aber entgegenzuhalten, dass es

---

[38] Zwar besteht über die Parteigerichtsbarkeit die Möglichkeit, Mitglieder zur Räson zu rufen, dies ist aber nur dann ein wirksames Druckmittel, wenn diese in der Partei verbleiben möchten und sich nicht durch Austritt der Parteigerichtsbarkeit entziehen. Auch kann der öffentliche Schaden eines Schiedsverfahren den Nutzen überwiegen. Die staatliche Gerichtsbarkeit bietet kaum einen Ansatzpunkt für eine Individualkontrolle (nur bei rechtswidrigen Verhalten).
[39] So macht es auf theoretischer Ebene zunächst keinen Unterschied, ob ein Mitglied eine inaktive oder eine aktive Rolle in der Partei einnimmt. Doch mit Blick auf die viel zitierte „Ochsentour" als traditionellem innerparteilichen Karriereweg wird klar, dass eine für Neu-/Wiedereinsteiger offene Partizipationsstruktur eher eine theoretische Annahme denn eine reale Situation erfasst. Allerdings kann jede Partei durch gezielte Maßnahmen die eine oder andere Rolle stärken und diese Rekrutierungsmuster durchbrechen, etwa durch mehr Beteiligungsrechte qua Mitgliedschaft oder qua Parteiamtsausübung oder durch offenere Wege der Ämter- und Mandatsvergabe, was allerdings diverse Folgeprobleme (etwa Motivations- und Anreizverluste für „Parteisoldaten") haben kann.

partiell durchaus zu einer Abkopplung von Organisations- und Individualzielen in Verbindung mit einer Generalisierung kommen kann, ja geradezu kommen muss, so dass in diesem Fallen nicht unbedingt stimmt, dass, wer „sich für die Verwirklichung der Parteiziele einsetzt, also Organisationsaufgaben freiwillig und entgeltlos übernimmt, (…) dies mit dem Bewußtsein [tut], nicht fremdbestimmte oder von oben diktierte Aufgaben zu erledigen, sondern seine mit den Organisationszielen deckungsgleichen Individualziele und Wunschvorstellungen zu verwirklichen" (Wiesendahl 1998: 192-193). Es kommt gerade bei Inhabern von Parteiämtern (unter der Annahme einer zumindest bedingt rationalen Handlungs- und Entscheidungsgrundlage) auch auf die Gesamtbilanz an, so dass nur eine generelle, aber keine konkrete Zielübereinstimmung gegeben sein muss.

Parteien sind aber nicht nur von organisationsinterner freiwilliger Unterstützung abhängig, sondern auch von organisationsexterner Zustimmung, insbesondere bei Wahlen. Diese damit doppelte Abhängigkeit ist durch die staatlich-gesellschaftliche Dualität von Parteien bedingt und eine in dieser Form besondere organisationsspezifische Verschärfung (durch ihre elektorale Fixierung und den daraus resultierenden zahlreichen organisationsinternen Folgen eines Wahlversagens). Parteien sind in doppelter Weise der Freiwilligkeit und einer besonders ausgeprägten Ressourcenungewissheit unterworfen. Sie sind sowohl für ihre interne Organisationsarbeit auf die Unterstützung Freiwilliger durch persönliches Engagement, ökonomische sowie ideelle Ressourcen angewiesen als auch organisationsextern auf Wählerstimmen. Letztgenannte sind nicht nur für die allgemeine Legitimation und den konkreten parlamentarischen Machterwerb von Bedeutung, sondern auch für die Zuweisung staatlicher Mittel, deren Höhe in Deutschland zumindest teilweise auf der Anzahl erhaltener Wählerstimmen basiert, so dass jede Stimme einen direkten ökonomischen Wert besitzt (u.a. Deutscher Bundestag (Referat PM 3) 2011). Damit ergibt sich eine direkte Abhängigkeit der organisatorischen Bestandssicherung; dauerhaftes Wahlversagen kann über diese ökonomische Kopplung die gesamte Parteiorganisation langfristig schwächen.

Im Ergebnis sind Parteien organisatorisch einer doppelten Unsicherheit unterworfen, bedingt durch die absolute Freiwilligkeit der Mitgliedschaft, Mitarbeit und der Unterstützung bei Wahlen. Dabei haben sie durch eine bürokratisch-operative Professionalisierungsstrategie, durch eine organisationsstrukturelle Formalisierung und die Erschließung neuer Einnahmequellen ihre organisatorische Grundlage bereits diversifiziert und damit organisationale Unsicherheit reduziert. Dadurch musste aber zugleich zwingend die Rolle und Bedeutung der Mitglieder verändert sowie deren operativer und tagespolitischer Einfluss reduziert werden, sonst ließe sich durch derartige Reformen die Abhängigkeit der Parteien von einer unzuverlässigen Mitgliederbasis nicht abbauen: Operative wie strukturelle Unsicherheitsreduktion ist nur durch Professionalisierung und damit durch eine Neubewertung der funktionalen Relevanz der Freiwilligenbasis möglich. Insofern ist ein besonderes Augenmerk auf eine Strategie zu richten, die die operative Abhängigkeit reduziert, ohne die legitimatorische Bedeutung von Mitgliedern zu reduzieren, um so Mitgliedschaftsanreize zu erhalten und zugleich Unsicherheitsreduktion zu erreichen. Dabei dürften bislang nicht alle Möglichkeiten – insbesondere die, die sich durch neue Technologien anbieten – genutzt worden sein, im Gegenteil ist zu vermuten, dass auf einige Ansätze einer tradierten Organisationskultur zuliebe und aus normativen oder institutionellen Gründen heraus verzichtet wurde. Allein durch mangelnde Alternativen ist dabei den Parteien ein steter Zufluss neuer Mitglieder sicher, bleibt doch zumindest für Engagementwillige im direkten politischen Betrieb keine andere Option. Damit ergibt sich aber eine aus Organisationssicht bedeutsame Veränderung in der Mitgliedermotivationsstruktur (Heinrich et al. 2002; Biehl 2004, 2005, 2006; Klein 2006; Hoffmann 2011; Laux 2011). Auch bleibt Parteiorganisationen nichts anderes übrig, als Organisationsentwicklung und -wandel unter den Bedingungen andauernder Unsicherheit zu betreiben. Hier lässt sich eine Verbindung zur neoinstitutionalistischen Argumentation anführen, dass nämlich eine organisationsstrukturelle Angleichung an die anderen, unter gleichen Bedingungen operierenden Parteien auch als Strategie der Unsicherheitsreduktion verstanden werden kann, da so Fehleinschätzungen und Fehlentwicklungen zumindest mit den anderen Parteien geteilt würden, denn wenn alle auf ähnliche Instrumente setzen, die sich als dysfunktional herausstellen, so hält sich das Risiko dennoch in Grenzen (vgl. Abschnitt 4.4.2.3) und befördert zudem eine selbstreferenzielle Überzeugungsarbeit (Schimank 2007: 165). Radikale Reformen dagegen würden das Risiko erhöhen und im Falle einer Fehleinschätzung möglicherweise dramatische Folgen haben. Auch sind symbolische Reformen möglich und notwendig, um institutionellen Erwartungen gerecht zu werden und so die Legitimation der Organisation zu erhalten oder zu stärken – gerade für Parteien in ihrer doppelten Abhängigkeit ein zentraler Handlungsantrieb.

4.2.3.3 Doppelte Heterogenität

Die etablierten Parteien sind innerparteilich einer doppelten, miteinander verschränkten Spannung unterworfen, die sich als inhaltliche und strukturelle Heterogenität fassen lässt. Denn selbst wenn Parteimitglieder im hier vorausgesetzten Parteienverständnis nur bedingt als Teil der Parteiorganisation (im engeren Sinn) verstanden werden (vgl. Abschnitt 4.4.1): Parteien sind stets durch „Akteursvielfalt" (Raschke 1993: 140) bestimmt. Parteien sind dabei zuvorderst Interessenvereinigungen, worin sie sich grundlegend etwa von ökonomischen Organisationen unterscheiden. Nicht Tauschverträge bringen die Mitglieder zusammen, sondern gemeinsame Interessen. Um diese zu erreichen werden Ressourcen zusammengelegt und es wird kooperiert (Coleman 1979). Die einzelnen Akteure in einer Partei haben allerdings unterschiedliche Interessen („inhaltliche Heterogenität"), nehmen durch eine arbeitsteilige Organisationsstruktur unterschiedliche Rollen ein und verfolgen differente Handlungslogiken („rollenbedingte strukturelle Heterogenität"). Diese doppelte Heterogenität ist kein parteienspezifisches Problem, sondern in professionalisierten Mitgliederorganisationen zwangsläufig gegeben und eine andauernde Organisationsherausforderung. Es ist damit ebenfalls ein Grundproblem von intermediären Mitgliederverbänden und wurde etwa in der Verbändeforschung mit Blick auf das Konfliktverhältnis von Mitgliedschafts- und Einflusslogik untersucht (Rauschenbach et al. 1996). In sich professionalisierenden Verbänden kommt noch das Problem unterschiedlicher Professions- und Professionalitätsvorstellungen dazu, etwa zwischen ehrenamtlichen Mitgliedern, Parteimitarbeitern im Verwaltungsapparat und gewählten Parteipolitikern.[40] Erst durch eine hohe Organisationskomplexität und den Mangel eines übergeordneten und damit für alle Akteure verbindlichen Ziels wird diese Herausforderung organisationsrelevant und zugleich zu

---

[40] Ein weiteres Problem trifft auch die Parteien, nämlich die ehrenamtliche Kontrolle der professionellen Parteimitarbeiter. Insgesamt sind bei freiwilligen Mitgliedervereinigungen ökonomische, soziale und organisationale Dysfunktionen als Folge von Wachstum, Bürokratisierung und Professionalisierung zu erwarten (Horch 1996).

einem gerade für Parteien problematischen Faktor, da sich in Parteien die rollenbedingte strukturelle Heterogenität systemimmanent verschärft, indem Organisationsmitglieder nicht nur verschiedene parteiorganisationsinterne Rollen, sondern auch als Organisationsmitglied organisationsexterne Rollen übernehmen.

Eine inhaltliche Heterogenität ist zunächst einmal ein typisches Organisationsmerkmal und keine Parteibesonderheit. Sie wird aber in Parteien in besonderem Maße problemgenerierend, da Parteien als weltliche Tendenzbetriebe verstanden werden können, die (in unterschiedlicher Intensität) auf die Durchsetzung normativer – eben politischer – Anliegen hinarbeiten. Somit kommt der Diskussion und vor allem der Hierarchisierung verschiedener, möglicherweise gegenläufiger Positionen – meist verknüpft mit Personen – eine zentrale Stellung zu. Durch die schiere Größe etablierter Parteien und durch die begrenzte Zahl an faktisch relevanten Parteialternativen ist diese breite inhaltliche Heterogenität als dauerhaft gegeben anzunehmen und kaum auflösbar, sie ist allenfalls temporär durch Mehrheitsentscheidungen und interne Aushandlungsprozesse zwischen Akteursgruppen oder Faktionen handhabbar.

Zu dieser inhaltlichen kommt eine dauerhafte und unauflösbare strukturelle Heterogenität: Wenn man die aus den Parteien hervorgehenden Parlamentarier, Fraktionen und Regierungsakteure in ihrer parteiorganisationsinternen Bedeutung berücksichtigt (vor allem hinsichtlich der Rückwirkung der organisationsexternen Tätigkeiten auf die innerparteilichen Zusammenhänge), so zeigt sich, dass die beschriebene Interessenheterogenität hierdurch nochmals verschärft wird. Durch das doppelte Handlungsfeld in Staat und Gesellschaft ergibt sich für Parteien im weiteren Sinn ein nicht auflösbares Spannungsfeld heterogener Rollenerwartungen, nämlich der dauerhafte Konflikt von Parteiorganisation und Parteien im Parlament, also zwischen Partei und Fraktion.[41] Dieser Dauerkonflikt wird dann noch verschärft, wenn eine Partei sich nicht nur als Parlamentspartei, sondern zugleich als Programmpartei oder als primär gesellschaftlich-politische Vereinigung versteht. Dabei ist auch hier noch eine Problemverschärfung möglich: Die Steigerung einer Partei ist Regierungspartei (dazu Raschke 2001a: 15; Bukow/Rammelt 2003: 27-29), da sich die bereits bestehende Rollenkomplexität weiter diversifiziert und weitere Handlungslogiken zu integrieren sind. So wird die Übernahme von Regierungsverantwortung das Konfliktpotenzial erhöhen, zumal durch das politische System Deutschlands eine Regierungsübernahme zumeist nur durch Koalitionsbildung erreicht werden kann, was inhaltlich die grundsätzlich bestehenden Unterschiede zwischen Partei- und Parlaments-/Regierungsfunktion noch weiter potenziert: Unter Koalitionsbedingungen differieren Parteierwartungen und Regierungshandeln noch stärker als es sowieso schon zwischen Partei und Fraktion der Fall ist. Eine mögliche Strategie der Konfliktreduktion ist hierbei die Reduktion des Parteianspruchs und eine Verlagerung der Policy-Dominanz in Fraktion und Regierung hinein. Dafür sprechen die ungleiche Ressourcenausstattung, die immanente Logik des politischen Systems und die Einschätzung zentraler Akteure: „Eine Partei gibt die Linie vor, beschreibt die Himmelsrichtung, aber die praktische Gestaltung, die konkrete, operative Politik muss in der Regierung und im Parlament stattfinden." (Müntefering, zitiert nach Der Spiegel 2007) Für die Parteiapparate hieße das dann ein Rückzug auf die Rolle der Leitorganisation.

---

[41] Dieser Konflikt kann in Parteien und im Zeitverlauf in sehr unterschiedlicher Stärke auftreten, die hängt zum einen vom Selbstverständnis der Parteiorganisation und zum anderen vom Selbstverständnis und der Funktion der Parlamentsfraktion ab. Es ist aber faktisch keine Situation anzunehmen, in der dieser Konflikt bei einer etablierten bundesdeutschen Partei als nicht existent angenommen werden kann.

Letztlich ist es für Parteien entscheidend, Organisationsstrukturen zu entwickeln, die dieser doppelten Heterogenität Rechnung tragen. Gelingt es nicht, Wege und Formen des Heterogenitätsausgleichs formal, fest und wirksam zu verankern, können Parteien in schwere Krisen geraten. Es ist daher davon auszugehen, dass Parteien auf spezifische Heterogenitätsmuster entsprechende innerparteiliche Ausgleichsstrukturen institutionalisiert haben; so können formale Quoten oder Wahlverfahren etwa einen entsprechenden Minderheitenschutz[42] oder einen innerparteilich möglicherweise als wichtig erachteten Regionalproporz in der (formalen) Macht- und Ämterverteilung gewährleisten.

Als weiterer, hier weitgehend ausgeblendeter Lösungsansatz ist ein typisches Kommunikations- und Entscheidungsverhalten von Parteien und anderen politischen Organisationen zu nennen, das diese multiple Heterogenität ebenfalls kaschieren kann, um den vielfältigen Erwartungen gerecht zu werden: Indifferenz, Inkonsistenz bzw. negativ konnotiert Scheinheiligkeit:

> „Talk, decisions and products are mutually independent instruments used by the political organization in winning legitimacy and support from the environment. In the action organization talk and decisions are instruments for coordinating action which leads to products. Thus talk, decisions and products tend to be consistent. In the political organization the talk, decisions and actions do not have to be connected in this way. On the contrary we can expect to find some inconsistencies between them (...) hypocrisy is a fundamental type of behaviour in the political organization: to talk in a way that satisfies one demand, to decide in a way that satisfies another, and to supply products in a way that satisfies a third" (Brunsson 1994: 27).

Diese Kommunikations- und Entscheidungsunstimmigkeit dient dabei nicht nur der internen Heterogenitätsverarbeitung, sondern trägt auch der Tatsache Rechnung, dass externe Organisationsbeschlüsse nur in Zusammenarbeit mit anderen Akteuren – beispielsweise Koalitionspartnern – getroffen werden können. Dennoch ergeben sich daraus organisationsinterne Rückwirkungen, etwa in Form einer schwierigen Entscheidungsvermittlung mit internen Akzeptanzproblemen, Zustimmungsdissonanzen und Konflikten.

4.2.3.4   Partizipation, Repräsentation und Effizienz im Konflikt

Parteien sind aus mehreren Gründen innerparteilich demokratisch aufgebaut. Zentral ist ihre schon diskutierte Eigenart einer Freiwilligenvereinigung, „die demokratische Entscheidungsstruktur (...) ist ein Charakteristikum der meisten freiwilligen Vereinigungen und hat wichtige Konsequenzen für die Struktur" (Horch 1985: 261). Dies ist schon der freiwilligen Zugehörigkeit zu derartigen Organisationen geschuldet, da die (möglicherweise geringe Chance auf) Teilhabe an der Entscheidungsfindung ein wichtiges Argument für die (formale) Mitgliedschaft darstellen kann. Damit ist aber noch unklar, wie demokratische Entscheidungsstrukturen zu

---

[42] Mit Hilfe entsprechender Abstimmungs- und Wahlmodalitäten soll dabei verhindert werden, dass sich die herrschende Meinung, die dominierende Gruppe oder Faktion innerhalb einer Parteigliederung ohne Rücksichtnahme auf eventuelle Minderheitspositionen durchsetzt, was sowohl bei inhaltlichen Beschlüssen als auch bei der Besetzung von Ämtern und der Wahl potenzieller Mandatsträger problematisch werden und bis zur Abspaltung einzelner Gruppierungen führen kann. Dies wäre nicht nur demokratietheoretisch-normativ von Bedeutung, sondern vor allem auch funktional für eine Partei möglicherweise von Nachteil, da zwar parteiinterne Konflikte reduziert würden, zugleich aber die Breite der Partei und damit eine wahlrelevante Interessenpluralität verloren gehen könnte. Allerdings können nicht alle Konflikte dauerhaft institutionell beschränkt werden, wie ein Blick auf die Entwicklung der grünen Parteiflügel und deren Versuche, mittels eines „Burgfriedens" alle Interessen einzubinden, zeigt. Insofern sind Parteiabspaltungen (und Neugründungen) nichts Ungewöhnliches, bedeuten aber aus Sicht der etablierten Parteien eine zumindest temporäre Schwächung und damit eine ernste Gefahr für die Organisationsexistenz, die es zu verhindern gilt.

verstehen sind. Diese Unklarheit beseitigt partiell die zweite Begründung für innerparteiliche Demokratie in Deutschland, die grund- und parteiengesetzliche Forderung nach eben diesem Strukturmerkmal (insb. Art. 21 Abs. 1 S. 2 GG). So wird etwa in Verbindung mit Art. 20 GG und aus funktional-arbeitsteiligen Gründen klar, dass ein repräsentatives Demokratieverständnis zu Grunde liegen muss. Als drittes Argument lassen sich demokratietheoretische Überlegungen anführen (bspw. das Transmissionsparadigma, vgl. Abschnitt 4.3.1.2). Denn in modernen (parteienstaatlichen) Demokratien wirken die etablierten Parteien in fast alle gesellschaftlichen, politischen oder staatlichen Bereiche hinein, teilweise lässt sich von „filzomorphen Strukturen" (Bukow 1996) sprechen. Dabei üben Parteien einen indirekten Einfluss oder sogar direkte Macht aus. Schon deshalb muss nicht nur der Zugang zu Parteien leicht möglich sein, sondern auch die Chance auf Mitwirkung und Mitbestimmung an parteilichen Entscheidungen gesichert sein. Das heißt, Parteien kommt ein weitaus größerer Einfluss zu, als es ihre Kernorganisation vorsieht, und daher ist eine innerorganisatorisch (formal-)demokratische Legitimationskette unabdingbar.

Mit einer demokratischen Organisationsstruktur ist ein Grunddilemma systemimmanent verankert, das in anderen strategisch ambitionierten Mitgliederverbänden ebenfalls auftritt: ein Konflikt zwischen den Prinzipien demokratischer Teilhabe und organisatorischer Effizienz. Was etwa für Gewerkschaften vielfach analysiert wurde (etwa Streeck 1972; Weitbrecht 1969; Wiesenthal 1993), gilt in verschärfter Weise auch für Parteien, nämlich dass sich diese in einer Wettbewerbssituation befinden, in der Geschlossenheit und eine schnelle Reaktionsfähigkeit dem langsamen innerparteilichen Meinungsfindungs- und Entscheidungsprozess gegenüberstehen. Dieser Gegensatz hat durch die allgegenwärtige Beschleunigung in der Postmoderne an Bedeutung gewonnen. Und während sich administrative und repräsentative Rationalitätslogik funktional „im Hinblick auf den Organisationszweck komplementär" verhält, begründet sie zugleich „einen Dauerkonflikt über die Frage, wo Macht und Autorität der Organisation ihren legitimen Ort haben: an der administrativen Spitze oder in den Gremien der kollektiven Willensbildung der Mitglieder" (Wiesenthal 1993: 6), also in Parteigremien wie Vorstand, Präsidium oder Parteitag. Ähnlich gelagert und damit verbunden ist das Problem der unterschiedlichen Handlungslogiken, insbesondere zwischen Wähler- und Mitgliederlogik. Dieser Konflikt stellt sich für jede Partei unterschiedlich dar (Wiesendahl 1998: 217-218), ist aber immer auf den Doppelcharakter „demokratische Organisation" und „wählerorientierte Partei" zu verdichten. Hier zeigt sich sehr deutlich der organisationsstrukturelle und -kulturelle Gegensatz, der auch aus den unterschiedlichen Logiken bzw. Paradigmen erwächst. Zwar hat sich in Parteien notgedrungen eine Arbeitsteilung zwischen alltagspolitischen/organisationsprofessionellen Entscheidungen (durch die gewählten Gremien) auf der einen und eher grundsätzlichen, programmatischen Beschlüssen sowie der Wahl von Repräsentanten auf der anderen Seite durch die Mitglieder (auf höherer Ebene zumeist: Delegierte) eingestellt, damit ist dieses strukturelle Problem aber nur notdürftig gelöst, immer wieder treten Konflikte auf. Es müssen also Verfahren demokratischer Partizipation entwickelt werden, die nicht nur kurzfristig Konflikte entschärfen, sondern eine größtmögliche Legitimation der gewählten Parteirepräsentanten sicherstellen und zwischen den organisationsinternen Wahlen ein hohes Maß an Responsivität ermöglichen.

4.2.3.5 Mehrebenenarchitektur, Strategie- und Führungsschwäche

Komplexitätserweiternd kommt bei Parteien hinzu, dass sie formal und faktisch stark fragmentiert sind: Vergegenwärtigt man sich die formale Organisationsstruktur von Parteien, so tritt zunächst ein reduktionistisches Mehrebenenmodell in den Vordergrund, in dem vier Ebenen entscheidend sind: die beiden lokalen Ebenen (Orts- sowie Kreis-/Gebiets-/(Unter-)Bezirksebene), die Landes- und die Bundesebene (Rudzio 2006: 139). Die europäische Ebene (Europarteien) als mögliche weitere Ebene spielt bei den deutschen Parteien bislang nur eine untergeordnete Rolle. Parteien sind in Deutschland überwiegend in Anlehnung an die jeweilige politisch-administrative Gebietskörperstruktur regional gegliederte Organisationen.

Für eine Organisationsanalyse ist diese formale Organisationsstruktur zwar von hoher Relevanz, zugleich muss aber eine Überbewertung dieser Formalstruktur (wie etwa bei Duverger 1959) vermieden werden, da Parteiorganisationen als soziale Systeme immer auch in ihrer Gesamtheit zu betrachten sind. Doch aus „Handlungsperspektive ist die Formalstruktur insoweit gleichwohl durchaus von Belang, als formale Gliederungsgrenzen faktische Barrieren des sozialen Handelns und Interagierens erzeugen" (Wiesendahl 1998: 223). Insofern ist eine differenzierte Betrachtung der Ebenen und der eingeschränkten Reichweite von Organisationsstrukturen zwingend notwendig, da die unteren Ebenen teilweise durchaus eigene Organisationsstrukturen wählen können. Gleichwohl ist ein Verständnis von Parteien als allzu lose verkoppelte autonome Organisationseinheiten ebenso zu hinterfragen wie die nunmehr widerlegte Annahme von Parteien als „durchrationalisierten und organisatorisch vollendeten" Organisationen (dazu Wiesendahl 1998: 50). Ein Mittelweg dürfte der Organisationswirklichkeit von Parteien am ehesten entsprechen, wobei jüngere Professionalisierungsbemühungen der Parteien ein überzeugendes Argument dafür sind, den prägenden Charakter und die Bedeutung der Bundesparteiorganisation nicht zu gering einzuschätzen, ohne jedoch die Möglichkeit der organisatorischen Abweichung auf unteren Gliederungsebenen aus dem Blick geraten zu lassen (vgl. dazu die späteren Analysen).

Parteien sind tatsächlich primär mit der Zusammenführung und dem Ausgleich von Widersprüchen beschäftigt. Akteursvielfalt, Widersprüche und Unsicherheiten stehen einer stringenten Führung im Weg, doch auch in diesem Bereich zeichnen sich Veränderungen ab. Durchaus mit Erfolg versuchen die Parteien, durch eine zunehmende Zentralisierung sowie eine Stärkung von Parteizentralen und -spitzen die verlorene Steuerungsfähigkeit zurückzuerlangen. Denn mittlerweile hat sich gezeigt, dass die Fähigkeit einer Partei, strategische Politik- und Erwartungssteuerung zu organisieren und durchzusetzen, für den Organisationserfolg entscheidend ist (u.a. Bukow/Rammelt 2003). So haben Parteien in Wahlkampfzeiten sowie in der Alltagskommunikation und -entscheidungsfindung insbesondere unter Rückgriff auf neue Informations- und Kommunikationstechniken ihre Fähigkeiten zur Top-down-Entscheidungsvermittlung ausgeweitet. Aus diesem Grunde ist anzunehmen, dass Parteien nicht reaktionsunfähig dem skizzierten Organisations- und Führungsdilemma ausgeliefert sind, sondern dass durchaus Wege und Verfahren implementiert werden, die zumindest problemreduzierend wirken.

4.2.4 Parteien als Organisationen mit spezifischen Herausforderungen

In organisationstheoretischer Perspektive sind Parteien als Organisationen zu betrachten, die keinesfalls vollständig durchorganisiert und rein zielorientiert strukturiert sind, wie es ein bürokratisch-rationales Organisationsverständnis erfordern würde. Auch sind sie nicht mehr als hierarchische „Kampfesorganisationen" (Michels 1989) zu deuten, schon gar nicht, wenn der Fokus auf dem Alltagshandeln der Organisation liegt. Zugleich wäre es zu weitgehend, sie nur als losen Zusammenschluss mehr oder minder unkoordinierter Suborganisationen zu deuten. Sie sind im Organisationshandeln stärker steuerbar und tatsächlich gesteuert als es etwa Stratarchie-Modelle vermuten lassen. Parteien sind in theoretischer Perspektive als gut organisierte und zugleich eingeschränkt organisationsfähige Organisationen zu verstehen, bei denen der „Organisation der Parteiorganisation" große Aufmerksamkeit zukommt. Einschränkungen ergeben sich vor allem durch die doppelte Abhängigkeit von freiwilliger Unterstützung, die inhaltliche und strukturelle Heterogenität, die Zwitterstellung zwischen Staat und Gesellschaft (und den damit verbundenen differenten Handlungslogiken) sowie der komplexe Mehrebenenstrukturierung. Parteien haben jedoch mehrere Handlungsmöglichkeiten und Reaktionsstrategien, um diesen organisatorischen Problemen entgegenwirken (Tabelle 2).

Tabelle 2: Organisationsprobleme, Lösungsstrategien und Konflikte

Problem	Lösungsstrategien	Konflikte
Zieldiversität	· Klare Primärzielbenennung vs. Indifferenz	· Legitimations-/Unterstützungsverlust · Normative & organisationale Konflikte
Doppelte Freiwilligkeit	· Mitgliedschaftsanreize durch Beteiligungs- und Karriereoptionen oder zielfremde Anreize · Generalisierung von Organisationszielen · Unsicherheitsreduktion durch Professionalisierung, Verstaatlichung, Isomorphismus · Verstetigung und Entpersonalisierung durch formal-bürokratische, fest verankerte Organisationsstruktur	· Systemimmanenter Konflikt zw. Mitgliedschaftsanreizen und Unsicherheitsreduktion · „Parteiprominenz" durch charismatische Elemente und Medienpräsenz
Doppelte Heterogenität	· Formale Befriedungs-/Ausgleichsstrukturen · Kooperativ-kommunikative Organisationskultur · Transparenz der Entscheidungsfindung · Parteiorganisation als Leitorganisation · Indifferenz/Inkonsistenz (Hypocrisy)	· Ineffizienz, Bürokratisierung · Legitimations- und Vertrauensverlust · Aufgabe des Policy-Anspruchs
Partizipation vs. Effizienz	· Aufgabendifferenzierung · Operative und partizipative Professionalisierung · Transparente Entscheidungskommunikation · Erhöhung der Responsivität	· Systemimmanentes, letztlich nicht lösbares Dilemma
Mehrebenenstruktur	· Arbeitsteilung, Entflechtung · Bundespartei als Leitorganisation · Erhöhung der Responsivität	· Zunehmende Zentralisierung · Umwelterfordernisse
Strategie/Führung	· Strategische Führung durch vernetzende Gremien institutionell ermöglichen · Verknüpfung organisationsinterner/-externer Rollen/Positionen (Ex-officio-Mitgliedschaften)	· Ausweitung informaler Strukturen · Hohes Konfliktpotenzial · Beschränkte Strategiefähigkeit

Eigene Zusammenstellung.

Bevor nun abschließend geklärt werden kann, wie Parteiorganisationen theoretisch zu erfassen sind, ist neben der Verknüpfung der organisationstheoretischen Annahmen mit den Besonderheiten von Parteien als politischen Organisationen auf die Rahmenbedingungen einzugehen, die die Organisation Partei beeinflussen. Hierbei ist zunächst nur graduell bedeutsam, ob diese deterministisch wirken oder nicht eher normativ-institutionelle Kraft entfalten. Entscheidend ist, dass das am Ende zu entwickelnde Organisationsverständnis die möglichen Organisationshindernisse berücksichtigt und normativ-paradigmatische Organisationsoptionen adäquat implementiert, ohne dabei selbst normativ durchwirkt zu sein. Es kann also nicht darum gehen, ein Organisationsmodell zu formulieren, das eine „gute" Partei skizziert, sondern das eine präzise Vorstellung einer organisationstheoretisch wahrscheinlichen Parteiorganisation anbietet und zudem mögliche Organisationsleitbilder aufzeigt.

4.3 Organisationsleitbilder: Paradigmatische und typologische Grundlagen

4.3.1 Paradigmatische Grundlagen

Die Schwierigkeit, ein einheitliches Parteienverständnis zu entwickeln, hängt stark damit zusammen, dass hinsichtlich der Funktion und des Aufbaus von Parteien normative Vorstellungen die Parteienforschung durchwirken. Den engen Zusammenhang zwischen den unterschiedlichen normativ geprägten Demokratiemodellen, der Stellung und Funktion der Parteien sowie innerparteilichen Demokratieerfordernissen führt Wiesendahl bereits 1980 in seiner soziologischen Analyse paradigmatischer Ansätze der Parteienforschung aus. Die Gefahr einer normativen Durchwirkung der Parteienforschung und die skizzierte Wechselwirkung werden jedoch weiterhin nur selten adäquat beachtet, wie Kähler auch mit Blick auf die (in diesem Fall rechtswissenschaftliche) Debatte um die innerparteiliche Demokratie befindet:

> „Je nachdem, welcher normative Ansatz bei der Bestimmung der Demokratie gewählt wird, führt dieses zu anderen Ergebnissen in Bezug auf die Stellung der Parteien im Staat und den Anforderungen an die innerparteiliche Demokratie. Diese Abhängigkeit zwischen dem normativen Demokratiemodell, der Funktion von Parteien und der innerparteilichen Demokratie wird in der rechtswissenschaftlichen Diskussion der Anforderungen an die innerparteiliche Demokratie nicht erkannt." (Kähler 2000: 51)

Doch gerade Fragen nach innerparteilichen Organisationsleitbildern, nach institutionellen Erwartungen und der Bedeutung innerparteilicher Partizipation basieren auf der Frage nach der Funktion und der normativen Umwelteinbettung von Parteien, wobei diese Aspekte wiederum klar vom zu Grunde liegenden Demokratiemodell abhängen. Während in Deutschland lange Zeit funktionalistische Integrationstheorien dominierten (in der Ära der Volksparteien auch ohne funktionalistische Terminologie, von Beyme 2001: 311), setzten sich im US-amerikanischen Diskurs vor allem auf dem Konkurrenz-/Wettbewerbsgedanken beruhende Theorien durch, welche vor allem auf Schumpeter (1993) und Downs (1968) aufbauen. Der wettbewerbstheoretische Gedanke findet seit den 1990er-Jahren auch in der deutschen Debatte verstärkt Unterstützung, was sicherlich in Zusammenhang mit der Pluralisierung des Parteiensystems und damit einhergehend einem zunehmenden Parteienwettbewerb stehen dürfte.

Wiesendahl (1980) unterscheidet drei grundlegende „paradigmatische Strukturformen der Parteienforschung", das Integrations-, Transmissions- und Konkurrenzparadigma. Während Integrations- und Konkurrenzparadigma von den „Funktionsbedingungen des politischen Systems in seiner bestehenden Form" (von Beyme 1983: 246) ausgehen, teilen nach von Beyme das Konkurrenz- und Transmissionsmodell den Anspruch einer Gesamtsystemperspektive (ausführlich auch Wiesendahl 1980). Im Folgenden werden nun die Kerngedanken der drei Denkansätze skizziert, um davon ausgehend normativ-institutionelle Vorgaben an die Parteiorganisationen zu rekonstruieren.

4.3.1.1 Das Integrationsparadigma

Ziel des integrationstheoretischen Modells ist es, Bestimmungselemente für eine funktionierende, stabile Demokratie zu benennen. Dabei geht das Integrationsparadigma über einen konstruktiven Ansatz zum „Beitrag von Parteien zur Funktionsfähigkeit und Persistenzsicherung der Demokratie" (Wiesendahl 1980: 109) hinaus, da es zugleich die Gefahren berücksichtigt, die von einer Loslösung der Parteien von der Gesellschaft für die Demokratie ausgehen können. Dominierend bleibt jedoch die Integrationsfunktion, da nur so eine stabile Regierung und somit eine stabile Demokratie gewährleistet wird. Mit Blick auf die Parteisystemperspektive ergibt sich für das Integrationsparadigma eine Präferenz für ein dualistisches Wettbewerbssystem zweier annähernd gleich starker Parteien, die sich in der Regierungs- und Oppositionsrolle abwechseln, das heißt eine bipolare Balance zweier Großparteien. Folge eines derartigen Systems ist eine Entideologisierung, die Parteien entwickeln sich zu gemäßigten Volksparteien, die vor allem auf eine breite Integration der Wähler und damit eine stabile Legitimation des politischen Systems abzielen. Dies erklärt, warum das Integrationsparadigma in Deutschland lange Zeit eine hohe Bedeutung hatte und mit seiner normativen Prägung immer noch hat – obwohl in Deutschland kein Zweiparteiensystem entstanden ist. Die Großparteien CDU, CSU und SPD entsprechen dabei dem geforderten Parteienverständnis: ideologisch wenig radikal, intern pluralistisch und zugleich auf Integration bedacht, gestützt auf breite Zustimmung beim Wähler und eine große Mitgliederzahl. Unter dem Integrationsparadigma wird die Integrationsleistung der Parteien in klarem Zusammenhang mit dem Postulat der Mitgliederpartei bewertet, ein möglichst hoher Mitgliederbestand wird als unbedingt erstrebenswertes Ziel aller Parteien anerkannt.[43] Als Konsequenz muss die gegenwärtige Entwicklung rückläufiger Mitgliederzahlen in Verbindung mit der Verfestigung einer gemäßigten Fragmentierung des Parteiensystems und einer rückläufigen Bindungsfähigkeit der Volksparteien zwangsläufig und ohne Rücksicht auf funktional äquivalente, neue Organisationsansätze (wie beispielsweise der Einsatz freiwilliger Unterstützer ohne Parteimitgliedschaft oder bezahlter Parteiangestellter) als Krise bewertet werden – dies zeigt, wie problematisch eine derartige normative Aufladung ist. Kritiker sehen zudem im integrationsparadigmatischen Modell ein „Schokoladenseitenkonzept", das „die negativen Eigenschaften der Partei, die dem Stabilisierungs-, Konfliktvermeidungs- und Konkordanzbestrebungen seiner Proponenten im Wege stehen, normativ ächtet und aus den Modellbildungsüberlegungen zu eliminieren versucht" (Wiesendahl 1980: 117).

---

[43] Dieses Mitgliederparteikonzept war, so die Kritiker, nicht nur „von Anfang an eine Fiktion", sondern auch mitverantwortlich „für die Erschöpfung des Parlamentarismus und der Demokratie insgesamt" (Nickig 1999: 383).

4.3.1.2 Das Transmissionsparadigma

Der Transmissionsansatz „konzeptualisiert auf seiner normativen Orientierungsebene ein basisdemokratisches Leitbild politischer Willensbildung, das für den politischen Prozeß insgesamt sowie für die Rolle und die interne Struktur von Parteien in der Demokratie normativ verbindliche Imperative und Bewertungsmaßstäbe liefert" (Wiesendahl 1980: 128). Dabei finden sich sowohl bürgerliche wie auch sozialistische Denktraditionen wieder, die hierbei „in funktionaler Hinsicht zu einem äquivalenten identitätsdemokratischen Willensbildungsmodell der Partei verbunden werden können" (Wiesendahl 1980: 129). Da der Transmissionsansatz auf einem basisdemokratischen Identitätsansatz basiert – demokratisch legitim sind nur vom Wahlvolk selbst artikulierte Mehrheitswünsche – steht er in diesem Punkt zum arbeitsteilig ausgerichteten Integrationsansatz im Widerspruch, beiden gemeinsam ist jedoch Betonung der Notwendigkeit innerparteilich pluraler Interessenartikulationsoptionen. Für die moderne Massendemokratie erfordert ein derartiger Anspruch Verfahren und Strukturen, die den Spagat zwischen Masse und Identitätserfordernis meistern: „Die Lösung findet das Transmissionsparadigma im Parteienstaatskonzept, das die logische Klammer zwischen dem Ideal der Volkssouveränität und den faktischen Widrigkeiten der Interessenartikulation amorpher und für sich genommen handlungsunfähiger Volksmassen bildet." (Wiesendahl 1980: 130) Parteien sind dabei unentbehrlich, verfügen über einen Alleinvertretungsanspruch und über eine zentrale dominante Rolle im politischen Prozess, wie Leibholz (1967) mit einem Schwerpunkt auf der funktional-organisatorischen Notwendigkeit von Parteien ausführt, während Trautmann (1975: 154) mit Bezug auf das Grundgesetz betont, dass die „effektivste Partizipation der Bürger (...) in der Parteiendemokratie in den und über die politischen Parteien" erfolgt, wobei es nicht notwendig ist, dass „die innerparteilichen Entscheidungen selbst bereits unmittelbar verbindliche Wirkungen entfalten". Dass in Parteien nicht alle Bürger vertreten sind, ist für Trautmann nicht von Nachteil, denn kleinere Organisationseinheiten, wie die Parteien sie darstellen, bieten die Möglichkeit, politische Probleme unter verschiedenen Interessenlagen und in unterschiedlicher Perspektive zu diskutieren, um zu Kompromisslösungen zu gelangen – schließlich findet das „utopische Modell einer „Partizipation aller Bürger am diskutant aufzuhellenden politischen Entscheidungsprozess" (...) in der modernen Massendemokratie seine Grenzen angesichts der Ausdehnung und Komplexität des politischen Bereichs" (Trautmann 1975: 155).

Für das transmissionsparadigmatische Parteienverständnis bedeutet dies stärker noch als beim ebenfalls auf die Mitgliederpartei bezogenen Integrationsansatz eine Dominanz der Parteiorganisation als partizipationsorientierte Mitgliedervereinigung, wobei normativ die Möglichkeit der umfassenden Mitgliederbeteiligung am politischen Prozess erwartet wird. Die Mitgliederpartei muss über Entscheidungs-, Lenkungs- und Kontrollkompetenzen verfügen, die Fraktionen als parlamentarische Repräsentanz und Vertretung dem Parteiwillen unterworfen sein – eine Vorstellung, wie sie etwa in der frühen Phase der Parteigeschichte der Grünen mit den Debatten um das imperative Mandat[44] ihren Widerklang fand, aber auch in allen etablierten Parteien bei zentralen Entscheidungen thematisiert und problematisiert wird. Da unter diesem partizipatorischen Blickwinkel Parteiensysteme letztlich ein Spiegelbild gesellschaftli-

---

[44] Das imperative Mandat als Gegenmodell zum freien Mandat ist rechtlich äußerst kritisch zu sehen (§§ 8, 15 PartG, dazu auch Ipsen 2008: 8 Rdnr. 15 sowie 15 Rdnr. 23).

cher Konfliktlinien sind, kommt der Organisationsanalyse von Parteien eine wichtige Bedeutung zu. Es besteht ein „Erklärungszusammenhang, bei dem innerparteiliche Strukturen/Prozesse wesentlich durch die gesellschaftlichen Voraussetzungen und Wirkungsweisen der Parteien (…) zu erklären sind" (Raschke 1977: 20).[45]

4.3.1.3 Das Konkurrenzparadigma

Eine konträre Position nimmt das Konkurrenzparadigma ein, mit seinem Fokus auf das Verhältnis von Parteien und Demokratie. Damit in Zusammenhang stehen frühe parteisoziologische Überlegungen, die sich auf Webers Parteiverständnis beziehen:

> „Parteien sollen heißen auf (formal) freier Werbung beruhende Vergesellschaftungen mit dem Zweck, ihren Leitern innerhalb eines Verbandes Macht und ihren aktiven Teilnehmern dadurch (ideelle oder materielle) Chancen (der Durchsetzung von sachlichen Zielen oder der Erlangung von persönlichen Vorteilen oder beides) zuzuwenden." (Weber 1980: 167)

Diese frühe Definition Webers mit der Betonung des Aspekts „Machterwerb und -erhalt" ist bis heute prägend. Unter der Voraussetzung einer durch freie Wahlen erfolgenden Leitungsbestimmung sind für Weber Parteien „primär Organisationen für die Werbung von Wahlstimmen" (1980: 167). Neben diesen konkurrenzparadigmatischen Gedanken stehen für Weber vor allem die Aspekte vom Erwerb legitimer Macht bzw. Herrschaft im Vordergrund, um deren Erreichung Parteien als rational-bürokratische Organisationen streben, wobei er offen lässt, „ob Parteien politische Macht für die Durchsetzung ihrer Programmatik erwerben wollen, oder ob ihre Parteiprogramme nur Mittel zum Zweck des Machterwerbs sind" (Immerfall 1994: 99). Durch die Einbettung von Parteien in demokratische Wahlen, die auf einem sich verstärkenden Parteienwettbewerb basieren, betonen viele Autoren ähnlich wie Weber vor allem den Aspekt der Wahlbeteiligung und damit des Wettbewerbs, so etwa Bergsträsser (1960), Downs (1968)[46] oder Sartori (1976). Der Wettbewerbsaspekt wird auch in der Legaldefinition des Parteiengesetzes von 1967 (PartG) von den damals bereits etablierten Parteien selbstreferenziell bestätigt (§ 1 Abs. 2 PartG), so dass Parteienrecht auch als Wettbewerbsrecht zu deuten ist. Damit unterscheiden sich nach diesem Verständnis Parteien von anderen politischen Organisationen wie Verbänden zuvorderst durch ihr Bestreben, direkt politische Macht mittels parlamentarischer Präsenz zu erlangen (Rucht 1993). Ähnlich argumentiert bereits Sorauf, allerdings mit Blick auf die US-amerikanischen Parteien, die über keine so festen Organisationsstrukturen verfügen und bei denen Kandidaten (teilweise) nicht nur von Parteimitgliedern (aus-)gewählt werden:

> „The only major characteristic which consistently separates the political party from other political organizations is its conventional inclination to offer its name and collectivity to candidates for their public identification. Especially where political parties have lost control of nominations they are marked chiefly by their specific electoral role." (Sorauf 1967: 35).[47]

---

[45] Vgl. zum Zusammenhang von Parteien und gesellschaftlichen Konfliktlinien v.a. auch Lipset/Rokkan (1967), wobei der Cleavage-Ansatz nur auf den ersten Blick mit dem Integrationsparadigma verwandt ist (dazu Wiesendahl 1980: 35).
[46] Im Gegensatz zu Weber zielt Downs nicht darauf ab, eine Parteientheorie zu entwickeln (Steininger 1984: 29).
[47] Ein derartiger Kontrollverlust lässt sich bei den deutschen Parteien nur für wenige herausgehobene Positionen erkennen, bei denen die innerparteiliche Nominierung beispielsweise durch die Medien überlagert wird. Dennoch kann das Abgrenzungsmerkmal „Wahlbeteiligung" auch für die deutschen Parteien herangezogen werden.

Das Konkurrenzparadigma setzt an diesem Machterwerbs- und Parteienwettbewerbsgedanken an und bildet eine Analogie zum ökonomischen Marktmodell. Demokratie wird als Wettbewerbssystem verstanden, in dem Parteien unterschiedlicher Ausrichtung miteinander marktförmig konkurrieren (Downs 1968). Dadurch lassen sich rational-choice-theoretische Überlegungen aus der Ökonomie auf die Politik übertragen. Politik wird als Gütermarkt konzeptualisiert, auf dem „unter Rationalitäts- und Nutzenmaximierungsprämissen Anbieter und Nachfrager von politischen Gütern Tauschhandlungen vollziehen" (Wiesendahl 1980: 120). Instrument zum Machterwerb sind dabei die Parteien, mit denen im Wahlkampf Wählerstimmen erlangt werden. Das Hauptziel der Politiker ist dabei der Wahlerfolg. Dies bleibt nicht folgenlos: „Die Partei, die an der Regierung ist, manipuliert die politischen Konzepte und Aktionen des Staates immer so, wie es in ihren Augen notwendig ist, um die Mehrheit der Stimmen zu gewinnen, ohne die Normen der Verfassung zu verletzen." (Downs 1968: 30)[48]

Für das Parteienverständnis bedeutet ein derartiger konkurrenzparadigmatischer Ansatz: „Eine politische Partei ist eine Gruppe von Personen, die die Kontrolle über den Regierungsapparat dadurch in ihre Hand zu bekommen sucht, daß sie in einer ordnungsgemäß abgehaltenen Wahl ein Amt erhalten." (Downs 1968: 25) Dabei ist anzumerken, dass trotz einer grundlegenden Ähnlichkeit in der Dimension des Wettbewerbsgedankens von Weber und Downs mit Blick auf das Parteienverständnis der „Kontrast zu Webers umfassendem Parteienbegriff (…) nicht größer sein" (Steininger 1984: 29) könnte. Denn während Weber sich mit einzelnen Parteien befasst, betont Downs das Wettbewerbssystem, in dem die „demokratischen Parteien dem Unternehmer in einer auf Gewinn abgestellten Wirtschaft ähnlich sind" (Downs 1968: 289). Dabei geht Downs „unübersehbar von einem Parteienbegriff aus, der nicht einmal die realen, sondern nur die idealen politischen Parteien beschreibt" (Steininger 1984: 29) – umso bedeutsamer ist Downs' Vorstellung der rationalen Parteiorganisation in Verbindung mit der Annahme des rationalen Wählers als mögliches Organisationsleitbild. Aufgrund der Rationalität der Gruppenmitglieder und der Verständigung auf „genau die gleichen Ziele" kann jede Partei so verstanden werden, „als ob sie eine Einzelperson wäre" (Downs 1968: 25). Für die Parteiorganisationsforschung wiegt diese übervereinfachende Sichtweise von „Partei" schwer, reduziert sich doch die Parteienforschung unter dem Konkurrenzparadigma leicht und vorschnell auf den zwischenparteilichen Wettbewerb, selbst wenn Downs einräumt, dass „innerparteiliche Machtkämpfe vorkommen" (Downs 1968: 26). Der Fokus liegt dennoch auf dem zwischenparteilichen Wahlkampf und den damit zusammenhängenden Wechselwirkungen, die Parteiorganisation tritt in den Hintergrund.[49] Denn wenn Demokratie vor allem in und durch

---

[48] Parteien benötigen nach Downs durchaus politische Konzepte, um Wahlen zu gewinnen. Im Gegensatz zu Weber legt sich Downs jedoch fest und betont: Parteien „gewinnen nicht die Wahlen, um mit politischen Konzepten hervortreten zu können" (Downs 1968: 28). Dies bedeutet nicht, dass Parteien versuchen, sobald sie regieren, im Rahmen der Arbeitsteilung, die politischen Konzepte des Staates zu formulieren und durchzuführen" (Downs 1968: 34). Entscheidender Antrieb für die Beteiligung an Wahlen ist aber das eigennützige Streben Einzelner: „Das Motiv ihrer Mitglieder ist jedoch ihr persönliches Verlangen nach Einkünften, Prestige und Macht, die mit staatlichen Ämtern verbunden sind. (…) Da keiner der Vorteile eines staatlichen Amtes erreichbar ist, ohne daß man gewählt wird, ist das Hauptziel jeder Partei der Wahlsieg. Daher zielt alles, was sie tut, darauf ab, die Zahl der für sie abgegebenen Stimmen zu maximieren, und sie behandelt ihr politisches Programm lediglich als Mittel zu diesem Zweck" (Downs 1968: 34).

[49] Damit verliert dieser Ansatz zwar für politische Systeme mit formal-organisatorisch schwachen Parteiorganisationen wie den USA nicht an Qualität. Für das deutsche Parteiensystem mit traditionell bedeutsamen Parteiorganisationen ist er jedoch nur eingeschränkt zu verwenden. Parteien verfügen durchaus über ein teilweise ausgeprägtes eigenes Organisationsleben, zudem sind Parteiorganisation und -führung zu unterscheiden, wobei „ein eindeutiges Abhängigkeitsverhältnis der Organisation gegenüber ihrer Führung" (Wiesendahl 1980: 122) besteht.

Parteienkonkurrenz bei Wahlen ausgeübt wird, verliert die innerparteiliche Beteiligung an Bedeutung, während die Orientierung am Wähler zunimmt. Daran ist nicht zuletzt das für die deutschen Parteien wenig überzeugende Parteibild Downs' verantwortlich, der in Parteien weder soziale Systeme noch Freiwilligenorganisationen sieht, in denen eine Vielfalt an Gründen zur Mitarbeit besteht, die häufig nicht im eigenen Erstreben von Ämtern gründen. Probleme der Konsensfindung, der Zielformulierung und die Partizipation der Mitglieder kommen bei Downs Ansatz zu kurz. Unter dem Konkurrenzparadigma kommt somit den Parteimitgliedern ein geringer Stellenwert zu, für die Wettbewerbsfähigkeit setzen die Parteien auf eine wahl- und organisationsbezogene Professionalisierung, mit der Folge, dass „Mitglieder (...) bestenfalls unwichtig, schlimmstenfalls störend" (Detterbeck 2005b: 65) sind.

4.3.2 Typologische Grundlagen

Neben diesen normativ-paradigmatischen Überlegungen finden sich in der Parteiorganisationsforschung vor allem typologische Strukturierungsvorschläge. Ziel typologischer Ansätze ist es, vereinfachte „deskriptive Ordnungsschemata zur Erfassung und Systematisierung der Artenvielfalt von Parteien" (Wiesendahl 1989: 675) zu erarbeiten bzw. „einen besonderen Aspekt bei der Betrachtung der Parteien in den Mittelpunkt [zu] stellen und dabei andere, gleichermaßen mögliche Gesichtspunkte mehr oder minder bewusst [zu] vernachlässigen, um so eine prägnante Charakterisierung der Parteien zu gewinnen" (Schlangen 1979: 17-18). Typologien sind oftmals vorrangig deskriptiver Natur, wenngleich bisweilen normativ-paradigmatische Aspekte implementiert werden. Sie sind allerdings insofern problematisch, als dass organisationale Veränderungen von Parteien in Folge der mangelhaften Trennschärfe der gängigen typologischen Begriffe und der gleichzeitigen Existenz unterschiedlicher Typen in verschiedenen Parteisystemen einerseits verspätet rezipiert und andererseits zugleich „oft vorschnell (...) zu dauerhaften Veränderungen hoch stilisiert" (von Beyme 2002: 204) wurden: Typologien neigen zur Übertreibung und zur Dramatisierung. Darüber hinaus ist die oftmals angenommene entwicklungstypologische Interpretation auch deshalb zu hinterfragen, weil ebenfalls parteiensystemintern in aller Regel eher von einem Neben- als einem Nacheinander der verschiedenen Parteitypen auszugehen ist (Poguntke 2000: 268).

Typologien sind dennoch nicht nur in der vergleichenden Parteienforschung, sondern auch im parteiorganisationalen Forschungskontext gebräuchlich. An dieser Stelle ist eine vollumfängliche Darstellung der vielfach diskutierten Typologisierungsvorschläge allerdings entbehrlich: Die für diese Studie relevanten Forschungsergebnisse wurden und werden jeweils kontextorientiert berücksichtigt und aufgezeigt, und eine umfassendere Darstellung zentraler Organisationstypen im Sinne einer umfassenden, historisch-chronologischen Parteientypologiedarstellung findet sich an anderer Stelle (siehe etwa Grabow 2000: 11-32; von Beyme 2002: 24-42; Katz/Mair 1995). Ebenfalls nur zu verweisen ist auf einzelne, zu Teilen bereits angesprochene Parteitypen und deren Diskussion (siehe insb. Michels 1989; Duverger 1951; Kirchheimer 1965; Downs 1968; Panebianco 1988; Katz/Mair 1995; von Beyme 2002; sowie zur Diskussion bspw. Steininger 1984; Koole 1996; Katz/Mair 1996; Helms 2001; Jun 2002b; Hofmann 2004).

Einige jüngere organisationstypologische Überlegungen sind gleichwohl nachfolgend darzustellen: Überlegungen zum neuerlichen Auftreten der Rahmenpartei (Grabow 2000), zur Modellierung von Parteien als Franchise-Systemen (Carty 2004) sowie zur Entwicklung einer professionalisierten Medienkommunikationspartei (Jun 2004, 2009a). Dabei ist hier nicht zu diskutieren, ob es sich tatsächlich um neue Typen oder nicht vielmehr um kontinuierliche Entwicklungen handelt. Entscheidend sind vielmehr die jeweils zentralen organisationalen Überlegungen und die in den Studien herausgearbeiteten Konsequenzen für die parteiorganisationale Realität. Zudem enthalten die Arbeiten für die hier entwickelte Parteiorganisationsmodellierung bedeutsame Überlegungen. Schließlich ist zu betonen, dass sie den Stand der Parteienforschung insbesondere hinsichtlich der hier im Vordergrund stehenden organisationsstrukturellen Perspektive sehr gut abbilden, denn sie knüpfen an vorherige Modelle und Typologisierungsvorschläge an, so dass diese mittelbar ebenfalls berücksichtigt werden.

Grabow bezieht sich in seinen Überlegungen zur „Rahmenpartei" stark auf das Modell der Honoratioren- bzw. Elitenpartei, einer vor allem bis zum Ende des Ersten Weltkriegs relevanten Parteiform (von Beyme 2002: 41), die sich unter anderem durch einen schwachen Organisationsgrad auszeichnet. Grabow zeigt in seiner Untersuchung, dass die ostdeutschen Parteiorganisationen von CDU und SPD – mit Einschränkungen – am ehesten eben diesem Typ entsprechen (Grabow 2000: 296), und er weist nach, dass hier ein Konflikt anhand der Linie „Volks- vs. Rahmenpartei" erkennbar wird. Dabei betont Grabow zu Recht: „(...) empirisch gesehen ist keine zeitgenössische Partei nur ideale Rahmenorganisation, Massenintegrations-, Allerwelts- oder wahl-professionelle Partei" (Grabow 2000: 31). Bedeutsam ist für die vorliegende Studie der Befund, dass sich in allen Fällen „klare Tendenzen der Wahlprofessionalisierung" zeigen (Grabow 2000: 296) und dass sich Parteien in eine modernisierte Form einer rahmengebenden Partei entwickeln können.

Weitere Überlegungen zum Wandel der Parteiorganisationen finden sich bei Carty (2004), der Parteien als Franchise-System modelliert. Carty sieht seinen Vorschlag vorrangig als „framework for analysing and interpreting the organization and operation of stratarchical parties" und fokussiert dabei auf die Verknüpfung von Parteiapparat/-führung und lokaler Basis:

> „The power of the franchise model is that it focuses on the contract that defines and incorporates the stratarchical bargain between the key elements in a party's organization, addressing the central questions as to what extent this imperative structures its organization (the more or less question), and just how it is expressed and organized. (...) For the most part, decision-making on policy and programmatic issues is a matter for central party organizations to ensure that the party is providing a consistent message to its supporters and the electorate." (Carty 2004: 13)

Nach Carty fungiert die zentrale Parteiorganisation als Markengeber, als „a brand that defines its place in the political spectrum and is the focus for supporters' generalized loyalties." (Carty 2004: 11) Damit wird auch die Aufgabenverteilung klar, denn die zentrale Organisation übernimmt die Markenpflege und das Marketing:

> „Typically, parties' central organizations are responsible for providing the basic product line (policy and leadership), for devising and directing the major communication line (the national campaign) and for establishing standard organizational management, training and financing functions." (Carty 2004: 11)

Soweit ist Carty zuzustimmen, seinen weiteren Überlegungen, dass nämlich mit der Franchise-Struktur eine Stärkung der Mitglieder insbesondere bei Personalentscheidungen einhergeht, ist jedoch mit Blick auf die deutschen Parteien zu widersprechen: Es ist vielmehr davon auszugehen, dass gerade kein Bedeutungsgewinn der Mitglieder eintritt, sondern eine erweiterte Beteiligung der Mitglieder nur vordergründig – also auf symbolischer Ebene oder bei organisationalen (Steuerungs-)Krisen – erfolgt, da sonst dem mit dem Professionalisierungsparadigma verbundenen Steuerungswunsch nicht entsprochen werden könnte.

Auf eine zunehmend berufs- und wahlprofessionelle Entwicklung bzw. Ausrichtung von Parteien weisen mehrere neuere parteitypologische Untersuchungen hin (insbesondere Panebianco 1988; von Beyme 2002). In diesem Kontext ist auch das auf die medialisierungsbedingte Reformnotwendigkeit und organisationale Anpassung politischer Parteien gerichtete Modell der professionalisierten Medienkommunikationspartei zu verorten. Der von Jun vorgeschlagene Typ wurde nachfolgend rege diskutiert (siehe etwa Rüb 2005; Wiesendahl 2006a) und, wie Jun selbst konstatiert, „häufig missverständlich und verkürzt als Medienpartei bezeichnet sowie als Abkehr von der Mitgliederpartei dargestellt" (Jun 2009a: 270). Tatsächlich würdigt Jun die veränderte und mutmaßlich gestiegene Bedeutung der Medien (Jun 2009a: 271-276; zur Medialisierung politischer Parteien siehe auch Donges 2008) sowie die zunehmende Professionalisierung der Politik (Jun 2009a: 276-279) und leitet daraus fünf zentrale Reaktionsmuster mit entsprechenden organisationalen Wirkungen für die Parteien ab (Jun 2009a: 280-288): Das Erfordernis eines professionellen Kommunikationsmanagements, die Anpassung von Themen und Personal an die vorherrschende Medienlogik, eine zunehmende eklektische Issue-Orientierung, einen Bedeutungszuwachs eines strategischen Zentrums sowie einen Bedeutungsrückgang der aktiven Mitgliedschaft als Ressource, ohne Abkehr vom Modell der Mitgliederpartei (Jun 2009a: 280).

Zentral für die nachfolgenden Überlegungen sind zwei Punkte. Zunächst ist der Notwendigkeit einer Steuerung für moderne Parteien zuzustimmen; eine strategische Führung ist erforderlich (dazu insb. Raschke/Tils 2007; vgl. auch Raschke 1993; Raschke 2002; Bukow/Rammelt 2003). Diese lässt Parteien „handlungs- und kampagnenfähiger" werden als es „pluralistisch-basisdemokratisch organisierte Parteien" (Jun 2009a: 285) sein können, und zudem ist die Fähigkeit, Strategien zu entwickeln und zu implementieren, eine Grundvoraussetzung für die Vorbereitung und Durchführung intentionaler Wandlungs- und Reformprozesse (Jun 2009b: 252). Organisational sind in diesem Zusammenhang die Überlegungen zur Weiterentwicklung der Parteiorganisation als durchaus steuernder Rahmenorganisation, als eine Art Franchise-Leitorganisation, von Belang. Aus diesem Grund ist auch die Rekonstruktion von Parteien als lose verkoppelten Anarchien (Lösche/Walter 1992: 173-227; Lösche 1993; Wiesendahl 1998) zwar nicht zu verwerfen, aber hinsichtlich der Steuerungsfähigkeit kritisch zu überprüfen, da gerade die zunehmende strategische Steuerung in Verbindung mit einer partiellen organisationalen Zentralisierung der Anarchie entgegenwirkt (siehe Abschnitte 4.2.2 und 4.5).

Der zweite zentrale Aspekt ist die Bedeutung der Mitglieder. Es wird argumentiert, dass die Partei als Massenorganisation an Bedeutung verliert (Pollach et al. 2000: 417), wohingegen die zentrale Führung an Bedeutung gewinnt und eine stringent eingehaltene Kommunikationsdisziplin unverzichtbar wird (Raschke/Tils 2007: 416ff.). So betont Jun, dass Mitglieder insbesondere in kommunikativer Hinsicht und für die Außendarstellung der Partei an Bedeutung verlieren (Jun 2009a: 287). Dieser Überlegung ist zuzustimmen, wenngleich in der vorliegenden Studie klar argumentiert wird, dass die Mitglieder nicht an Bedeutung verloren haben, sondern sich vielmehr die Bedeutung der Mitglieder und der Parteimitgliedschaft gewandelt hat und der legitimatorische Aspekt von Mitgliedern, die Mitgliedschaftsorientierung und die symbolische

Mitgliederbeteiligung in den Vordergrund gerückt ist, was unter Einbeziehung der weiter oben ausgeführten neoinstitutionalistischen Argumente ein durchaus nachvollziehbares Handlungsmuster darstellt. Diesen Überlegungen und den daraus abzuleitenden Konsequenzen für die organisationale, aber auch paradigmatische Entwicklung der Parteien wird nachzugehen sein (Abschnitt 4.5). Doch zuvor ist auf die Kontextualisierung der Parteien näher einzugehen, das heißt auf die Frage nach Grenzen, Wandel und Umwelt von Parteiorganisationen, um damit die organisationstheoretische Erschließung der Parteiorganisationen zu vervollständigen.

4.4 Grenzen, Wandel und Umwelt von Parteien

Nachdem bislang die begrifflichen, paradigmatischen sowie typologischen Grundlagen der Parteienforschung aufgezeigt wurden, die in der Parteienforschung viel diskutierten Organisationsleitbilder herausgestellt und die Organisation der Organisation insgesamt thematisiert wurde, ist nun die Frage nach der Organisationsumwelt zu stellen. Zunächst ist auf die Konzeptionalisierung von Organisationsgrenzen, dann die Diskussionsstränge der Party-Change-Forschung und letztlich auf die Umwelteinbettung von Parteien einzugehen.

4.4.1 Parteiorganisationsgrenzen: Zur Bedeutung formaler Mitgliedschaft

Um die Bedeutung der formalen Mitgliedschaft für die deutschen Parteiorganisationen und für die Parteiorganisationsgrenzen zu würdigen, ist an dieser Stelle ein Rückgriff auf systemtheoretische Überlegungen[50] hilfreich, da diese die zentrale Bedeutung formaler Mitgliedschaft[51] als Element der Organisationsgrenzenbestimmung hervorheben und die Bedeutung von Systemgrenzen im Gegensatz zum Neoinstitutionalismus betont: „Systeme sind nicht nur gelegentlich und nicht nur adaptiv, sie sind strukturell an ihrer Umwelt orientiert und können ohne Umwelt nicht bestehen. Sie konstruieren und sie erhalten sich durch Erzeugung und Erhaltung einer Differenz zur Umwelt, und sie benutzen ihre Grenzen zur Regulierung dieser Differenz" (Luhmann 1985: 35). Soziale Systeme konstruieren ihre Identität vor allem durch die Abgrenzung gegenüber ihrer Umwelt – ohne Grenzziehung ist die Existenz eines Systems nicht möglich, durch Inklusion und Exklusion, durch Selbst- oder Fremdreferenz wird Systemzugehörigkeit hergestellt oder negiert (siehe auch Abschnitt 3.1). Pointiert lässt sich mit Baecker (1999) feststellen: „Die Organisation einer Organisation ist die Organisation einer Differenz." Systemtheoretisch verstanden erzeugen Systeme ihre Grenzen zur Umwelt dabei selbst, diese sind nicht natürlich oder feststehend.[52]

---

[50] Dabei ist zu bedenken, dass systemtheoretische und die hier zu Grunde liegenden rationalen bzw. neoinstitutionalistischen Ansätze im zentralen Duktus grundsätzlich different sind. Dennoch überzeugt gerade mit Blick auf die deutschen Parteien an dieser Stelle ein Blick auf die Systemtheorie mit ihrem Modell formaler Organisationen. Zudem lassen sich Neoinstitutionalismus und Systemtheorie in Verbindung bringen (Hasse/Krücken 2005b).
[51] Für die deutschen Parteien ist vor allem die formale, direkte Mitgliedschaft von Relevanz. Andere Mitgliedschaftsformen (korporative Mitgliedschaft, affiliierte Mitgliedschaft oder Mitgliedschaft mittels Unterorganisation (ohne direkte Mitgliedschaft)) sind zwar zu Teilen ebenfalls möglich, aber nur von geringer Bedeutung (Jun 2004: 69-71).
[52] Systemtheoretisch argumentiert ist die System-Umwelt-Differenz und in der Konsequenz eine Abkopplung nicht nur zur Komplexitätsreduktion zwingend notwendig, sondern ermöglicht auch organisationales Handeln: „Durch

Greift man diese Überlegung neoinstitutionalistisch auf, so wird deutlich, dass Parteien möglicherweise nicht ganz so umweltoffen sind, wie in der Literatur häufig angenommen wird. Dazu kommt, und dies ist hier entscheidend, dass die Betonung formaler Mitgliedschaft als zentrales Zugehörigkeitsmerkmal zu Parteien eine durchaus eigenständig bestimmte Grenzziehung ist, die nicht unbedingt in dieser Art bestehen muss. Vielmehr ist anzunehmen, dass normative Erwartungen an eine Partei auf die Existenz formaler Parteimitglieder hinwirken. Diese normativ-institutionelle, nicht jedoch funktionale Begründung formaler Parteimitgliedschaften bestätigt sich im internationalen Vergleich: Das Beispiel USA zeigt, dass Parteien auch ohne eine derart formale Mitgliedschaft durchaus, wenngleich in sehr differenter Weise, organisationsfähig sind; das Beispiel Frankreich zeigt, dass für Nichtmitglieder offene Party Primaries einer Partei nicht per se schaden oder gar dem Wahlerfolg abträglich sind.

Eine derart offene Interpretation der selbstbestimmten Grenzziehung sieht die Luhmannsche Interpretation allerdings nicht vor. Luhmann betont, dass formale Organisationen „ihre Grenzen primär über Mitgliedschaftsrollen und Zulassung zur Mitgliedschaft regulieren und Themen als etwas behandeln, was den Mitgliedern des Systems aufgrund der Mitgliedschaft zugemutet werden kann" (Luhmann 1985: 268). Von zentraler Bedeutung ist die Zugehörigkeit/Nichtzugehörigkeit, die an formalen Aspekten festgemacht wird: „Die Entscheidung über Mitgliedschaft ist ihre basale Selbstreferenz. Dadurch versetzen sich soziale Systeme in den Zustand selbsterzeugter Unbestimmtheit." (Preyer 2006: 261) Die Entscheidung sozialer Systeme über Mitgliedschaft oder Nicht-Mitgliedschaft ist Grundlage der Abgrenzung und organisationalen Selbstkonstituierung, die Entscheidung ein Systemereignis eines Systems, das sich gerade über derartige Ereignisse der Inklusion oder Exklusion selbst konstituiert. „Die Festlegung der Mitgliedschaftsbedingungen und ihre Codierung/Programmierung wird durch die (Teil-) Funktionssysteme sowie durch die formalen Organisationen vorgenommen und bleibt ihnen überlassen." (Preyer 2006: 262-263) Aus diesem Grund ist in mitgliedschaftstheoretischer Sicht die Entscheidung über die Mitgliedschaft für soziale Systeme so bedeutsam, ist doch jede einzelne Entscheidung über Mitgliedschaft immer auch eine Frage von Inklusion oder Exklusion.[53] Eine Entscheidung, die in den deutschen Parteien allein den Parteien selbst überlassen bleibt: Die Verweigerung der Mitgliedschaft muss nicht begründet werden

---

Abkopplung des Systems von dem, was dann als Umwelt übrig bleibt, entstehen intern Freiheitsspielräume, die Determination des Systems durch seine Umwelt entfällt. Autopoiesis ist also, recht verstanden, zunächst Erzeugung einer *systeminternen Unbestimmtheit*, die nur durch systemeigene Strukturbildungen reduziert werden kann." (Luhmann 1997: 66-67). Zugleich sind Systeme gerade aufgrund ihrer autopoietischen Struktur auf ihre Umwelt, genauer: auf die anderen Systeme, angewiesen – operative Schließung kann nicht „Unabhängigkeit von der Umwelt" (Luhmann 2000: 111) meinen, dies würde dem Prinzip der funktionalen Differenzierung widersprechen. Dabei weist Luhmann selbst auf ein theorieimmanentes Problem hin: Die „strukturelle Kopplung steht orthogonal zur Selbstdetermination des Systems." (Luhmann 1997: 100-101). Das heißt, sie „bestimmt nicht, was im System geschieht, sie muß aber vorausgesetzt werden, weil andernfalls zum Erliegen käme und das System aufhören würde zu existieren. Insofern ist jedes System immer schon angepaßt an seine Umwelt (oder es existiert nicht), hat aber innerhalb des damit gegebenen Spielraums alle Möglichkeiten, sich unangepasst zu verhalten" (Luhmann 1997: 100-101). Systeme sind in systemtheoretischer Perspektive also geschlossen und umweltabhängig zugleich.

[53] Der Vorteil formaler Organisationen ist die strukturelle Festlegung von Programmen/Aufgaben, Stellen sowie hierarchischen Positionen, woraus sich eine relative Unempfindlichkeit gegenüber personellen Wechseln ergibt – Personen werden austauschbar (Kiss 1990: 36), was mit Blick auf die oben bereits angesprochene Unsicherheit von Parteien bedeutsam ist. Luhmann baut in seiner Analyse des Individuum-Organisation-Verhältnisses auf Weber auf und erweitert den Blick (Kieser/Ebers 2006), wobei die Entkopplung von Individuum und Organisationen im Zeitverlauf wesentlich ist. Er argumentiert, dass Organisationen infolgedessen auch nicht mehr darauf angewiesen sind, dass sich ihre Mitglieder vollumfänglich mit den Organisationszielen identifizieren.

(§ 10 Abs. 1 S. 2 PartG). Und dies, obwohl die Parteien in aller Regel „formell eingeschriebenen Mitgliedern ein größeres Betätigungsfeld bieten als ihren Wählern" (Jun 2004: 70) oder anderen freiwillig engagierten Mitarbeitern. Dies führt dazu, dass die Zugehörigkeit attraktiver ist als die Nichtzugehörigkeit. Zudem gelingt es der Organisation, sich von der konkreten Mitgliedschaftsmotivation der Mitglieder zu lösen, die Motivlage kann somit generalisiert werden (Luhmann 1999: 89-108). Daraus ergeben sich zwei Vorteile: eine höhere Dauerhaftigkeit und eine größere Unabhängigkeit von individualisierten Vorlieben.[54]

Die Einbindung von Individuen erfolgt in funktional differenzierten Systemen dabei nur noch in Teilbereichen, die Anreize zur Mitgliedschaft verdeutlichen dies: Geld, Aufstiegschancen, professionelle Anerkennung von Leistung sind Anreiz genug; zudem sind Individuen meist in mehreren oder gar vielen Organisationen Mitglied. Anders formuliert: „Die Mitgliedschaft als wichtiges Merkmal der Organisation betrifft nicht die gesamte Person, sondern nur Ausschnitte ihres Verhaltens. Mitgliedschaften werden durch Entscheidungen begründet." (Dieckmann 2006: 213) Damit gehören „die Mitglieder eines sozialen Systems als Personen zur Umwelt dieses Systems (...); denn sie gehören nie „mit Haut und Haaren", sondern nur in bestimmten Hinsichten, mit bestimmten Rollen, Motiven und Aufmerksamkeiten dem System zu." (Willke 1991: 39). Es ist damit institutionalistisch von einer „segmental participation" (dazu ausführlich Selznick 1994: 184-193) zu sprechen. Verbindet man diese Überlegungen mit den Befunden zur zentralen Stellung der Parteiapparate, wird deutlich, warum hinsichtlich alltagsorganisationaler Aspekte vor allem die Geschäftsstellen, nicht jedoch die Gesamtheit der Parteimitglieder als Kern der Organisation verstanden werden sollen. Damit ist nun auf den Zusammenhang von Parteienwandel, Parteiumwelt und Umwelterwartungen einzugehen.

4.4.2 Parteienwandel und Parteiumwelt

Parteienwandel wird hier als Veränderung bereits bestehender Parteien verstanden.[55] Der Wandel kann dabei nicht nur die Organisation und ihre Struktur, sondern auch Programmatik, Zielsetzung, Kommunikationsstrategien und zwischenparteiliche Beziehungen betreffen. Veränderungen in diesen Bereichen, insbesondere der inhaltlichen Positionen und Ideologien, werden jedoch hier nicht weiter betrachtet, denn sie sind, was in der Literatur lange vernachlässigt wurde, nicht zuletzt aus theoretischen Gründen vom organisationsstrukturellen und -kulturellen Bereich zu unterscheiden, da sie einer anderen Logik unterliegen und einer anderen Erklärung bedürfen:

---

[54] Diese Überlegung ist wichtig, wenn Organisationen Mitgliedschaftsmotiv und Organisationszweck trennen können, beispielsweise durch Vergütung (Lohn) als Motiv der Organisationszugehörigkeit. Bei Parteien oder Vereinen, bei denen die Mitgliedschaftsmotivation eng an den Organisationszweck gebunden ist, ist diese Generalisierung schwierig. „Systeme mit motivierenden Zwecken überleben es zumeist nicht, wenn ihr Zweck erfüllt wird, obsolet wird oder in Mißkredit gerät", denn nur „Organisationen, deren Zweck den Mitgliedern nichts bedeutet, können ihn anpassen" (Luhmann 1964: 102-103; zu einer medientheoretischen Reformulierung Drepper 2003: 109-111).
[55] Wilson sieht in einem etwas umfassenderen Verständnis drei Möglichkeiten des Parteienwandels, wobei auch er Parteienwandel im engeren Sinn untersucht: „Three types of party change have received attention: (1) the development of modern parties in countries which previously lack them; (2) the evolution of coalitions of voters supporting the various parties; and (3) the transformation of the nature of already exisiting parties." (Wilson 1980: 526)

> „Though the distinction between these two categories of change [organizational change; change in parties' ideological and issue positions] is often simply blurred in the party change literature, the two categories are indeed different and may in fact require somewhat different explanations." (Harmel 2002: 120).

Mit Blick auf den parteiorganisationalen Wandel finden sich in der Literatur zahlreiche Ansätze und Überlegungen (eine Bilanz der Party-Change-Forschung liefert bspw. Wiesendahl 2010), die sich nach Jun auf zwei sich eher ergänzende denn gegenüberstehende Ansätze verdichten lassen (entwicklungstheoretisch-parteiensystematische und individuell-konzeptionelle Ansätze; Jun 2004: 83; es finden sich weitere Gruppierungen, u.a. Harmel/Janda 1994). Auch Harmel und Janda sehen unter Bezugnahme auf Panebianco (1988) eine wichtige Frage darin, ob Parteienwandel eher ein evolutionärer Prozess oder eine Folge von organisationseigenen Entwicklungsentscheidungen ist (Harmel/Janda 1994: 262-262). Der evolutionäre Ansatz, gedanklich angelehnt an ein Lebenszyklusmodell, sieht „party change being determined by natural tendencies as the organization passes from one stage to another, with the stages common to all political organizations." (Harmel/Janda 1994: 262) Ein derartiges Deutungsmuster, das Parteienwandel als natürlich-unvermeidlichen Prozess bewertet, findet sich etwa bei Michels (1989), Duverger (1959), Kirchheimer (1965) oder Katz/Mair (1995). Panebianco selbst hingegen stellt heraus, dass für die Erklärung parteilichen Wandels die Relevanz interner Akteure mitbedacht werden muss, weshalb Veränderungen interner Akteursallianzen von zentraler Bedeutung sind. Parteienwandel ist nach dieser Lesart „the effect of changes in alliances among organizational actors, not as stemming from an organization's necessary development. There is no obligatory path to organizational change in this perspective." Hier wird deutlich, dass in dieser organisationstheoretischen den Parteiorganisationen ein deutlicher Handlungs- und Entscheidungsspielraum eingeräumt wird (für eine organisationstheoretische Argumentation siehe u.a. auch Kitschelt (1994), Harmel,/Janda (1994), Harmel et al. (1995) und Harmel (2002)).

Dazu kommt neben der Frage, ob Parteienwandel ein intentionaler oder nichtintentionaler Prozess ist (dazu Abschnitt 4.5.1), die Unklarheit, ob Parteiorganisationswandel vorrangig exogene oder endogene Ursachen hat. Auf der Suche nach Erklärungen für den Parteienwandel zeigen sich auch hier zwei Hauptströmungen. Sie unterscheiden sich in der Primärfaktorvermutung, indem sie entweder umweltbezogene/-bestimmte oder zielgerichtete Handlungshintergründe (etwa eine tragende Rolle der Parteiführung, Wilson 1980) priorisieren. Es kann danach unterschieden werden, ob mit Reformen spezifische, möglicherweise rational-funktional bedingte Ziele erreicht werden sollen oder ob auf Umwelterfordernisse reagiert werden soll bzw. sogar reagiert werden muss. Allerdings ist zu betonen, dass eine derart dichotome Gegenüberstellung interner und externer Wandlungsgründe einen stark analytischen Charakter aufweist. In der Praxis ist Parteienwandel meist einem Ursachenbündel geschuldet, „there is no single source of party transformation but rather several sources which have some direct or indirect effect on party transformation" (Wilson 1980: 527). Somit ist auf Harmel und Janda zu verweisen, die hinsichtlich des Wandels politischer Parteien in der Zusammenführung früherer Forschungsarbeiten argumentieren: „party change is normally a result of leadership exchange, a change of dominant factions within the party and/or an external stimulus for change" (1994: 262).

Parteienwandel ist weder ein zufälliger noch freiwilliger Prozess, dafür sind (nicht nur die ökonomischen) Kosten des Wandels viel zu hoch. Gerade organisationaler Wandel geschieht nicht einfach. Ohne Not besteht kein Handlungsbedarf, Parteien sind wie alle großen Organisationen strukturkonservativ. Sie sind Strukturveränderungen eher abgeneigt, weshalb Parteireformen zumeist nur in einer bzw. als Reaktion auf eine Krise stattfinden. Dabei ist zu betonen, dass „Krise" nicht mit einer objektiv feststellbaren Krise gleichzusetzen ist, sondern es sich vielmehr um eine als Krise wahrgenommene Situation handelt. Dieser Krisenwahrnehmung kommt eine entscheidende Rolle zu: „'Perception' is the intermediate variable that has to be placed between objective facts and the reactions of the parties. Not the objective measurements, but the meaning they get within the party can be (...) the starting point for change or adaption." (Deschouwer 1992: 17). Die wahrgenommene Krisensituation ist, gerade wenn diese die primären Parteiziele betrifft (vgl. Abschnitt 4.2.3.1), der akute Reformimpuls (Harmel/Janda 1994: 268-271). Nur dann ist der Druck auf eine Partei so hoch, dass sich innerparteiliche Reformen diskutieren und durchsetzen lassen. Erfolgreiche Parteien sehen zumeist keinen Veränderungsbedarf.[56] Darüber hinaus bedürfen Reformvorhaben und -prozesse einer durchsetzungsfähigen Unterstützergruppe innerhalb der Partei. Diese „Change-Agents" sind die treibende Kraft für die innerparteiliche Vorbereitung, Durchsetzung und Durchführung des Organisationswandels. Eine reformfreundliche Situation im Sinne eines Gelegenheitsfensters entsteht dabei insbesondere bei innerparteilichen Machtverschiebungen (zwischen Faktionen, u.a. auch Harmel/Tan 2003)) oder Führungswechseln (Harmel/Janda 1994: 262-263), da die neu in die Spitze aufgerückten Akteure Reformen zur Legitimation des Wechsels, zur Machtabsicherung oder als proklamiertes Ziel der neuen innerparteilichen Machtausübung heranziehen können (Bukow 2012). Für die konkrete Reform- bzw. Organisationsgestaltung sind dann, so der letzte Argumentationsschritt unter Bezugnahme auf neoinstitutionalistische Überlegungen und Befunde, institutionelle Erwartungen der Parteiumwelt von maßgeblicher Bedeutung (Bukow 2009a, b), hier besteht ein enges wechselseitiges Verhältnis. Für den Wandel von Parteien bzw. die hier angestrebte vergleichende Betrachtung des parteilichen Status quo sind damit drei Aspekte zu betrachten und zu verbinden: innerparteiliche Aspekte, außerparteiliche Reformgründe sowie der Einfluss der Umwelt auf die Organisationsgestaltung.

4.4.2.1   Interne Einflussfaktoren

Parteiinterne Konflikte, insbesondere organisationsstrukturelle Fragen, sind häufig Auseinandersetzungen um Macht, und zwar auf allen denkbaren Ebenen. Ursächlich dafür können Veränderungen in der Parteibasis, ein Wechsel in der Führungsebene oder die Ablösung dominierender innerparteilicher Koalitionen oder Gruppen[57] sein (u.a. Wilson 1980; Harmel/Janda 1994; Wiesendahl 1998; Panebianco 1988). Dabei sind Auseinandersetzungen zwischen verschiedenen inhaltlichen Strömungen und Gruppierungen ebenso relevant wie Konflikte um die innerparteiliche Machtverteilung zwischen den Ebenen oder zwischen einfachen Parteimitgliedern und -funktionären. Gerade Organisationsfragen sind in erster Linie strukturelle Machtverteilungsfragen, lassen sich doch über formale Strukturen auch Machtverhältnisse und Ein-

---

[56] Als erfolgreich gelten Parteien meist, wenn sie gute Wahlergebnisse erreichen und Regierungsverantwortung übernehmen. Allerdings ist es sinnvoll, den „Erfolg" an den jeweiligen Primärzielen zu messen (Deschouwer 1992: 16-17).
[57] Dominierend sind diese Akteursgruppen, wenn sie in der Lage sind, innerparteilich Macht zu erlangen um damit den größten Teil der Machtressourcen unter sich zu verteilen. Machtressourcen sind bspw. die Kontrolle über die Kommunikation, die Besetzung von Führungspositionen/Mandaten, das Budget bzw. die innerparteiliche Finanzverteilung sowie eine Organisations-, Agenda-Setting- oder Programmdominanz.

flusswege relativ dauerhaft und situationsübergreifend verankern. Organisatorischer Wandel wird dabei immer auch als „Ausdruck veränderter Machtkonstellationen" (Detterbeck 2002: 21; siehe auch Panebianco 1988) verstanden. Generell kann bei den innerparteilichen Faktoren davon ausgegangen werden, dass Macht- und Machtverteilungsaspekten eine zentrale Bedeutung zukommt. Jun bilanziert, dass die „Machtverteilung innerhalb von Organisationen (...) zum Schlüsselfaktor der Erklärung von Wandlungsprozessen" (Jun 2004: 91) wird. Hierfür liegen Gründe in der Heterogenität von Parteien und deren Zielindifferenz, da sich bei steten Zielkonflikten eine allgemein akzeptierte Zielorientierung als Wandlungsmotiv nicht annehmen lässt. Zusammenfassend sind als mögliche interne und teilweise in einem Wechselverhältnis zueinander stehende Gründe für einen Wandel parteilicher Organisationsstrukturen zu nennen:

- Macht- und Machtverteilungskonflikte;
- Veränderungen in den Machtbeziehungen zwischen innerparteilichen Akteuren, Akteursgruppen oder Faktionen;
- Austausch großer Teile der Mitgliedschaft;
- Wechsel der Führungsspitze (evtl. extern stimuliert);
- Normative/ideologische (also inhaltliche) Diskurse;
- Mitgliederschwund (funktional oder normativ bedingt als Krise wahrgenommen);
- Versuche, auf organisationale Schwächen zu reagieren.

Bei der Durchsetzung von Veränderungen spielen innerparteiliche Akteure, vor allem die Parteieliten und deren Interessen, eine wesentliche Rolle, wie bereits Wilson herausarbeitet: „The key role in the process of party transformation is played by party leaders. Parties do not make the transformations associated with party modernization unless their leaders will them." (Wilson 1980: 542; ergänzend 1994). Allerdings darf man an dieser Stelle nicht zu stark auf innerparteiliche Erklärungsfaktoren fokussieren, da dann die Gefahr besteht, den Handlungsspielraum der Akteure zu hoch zu bewerten und externe Aspekte (ggf. Restriktionen), insbesondere institutionelle Erwartungen, zu vernachlässigen. Die Einbindung der Partei in den Parteienwettbewerb erzwingt eine hohe Akzeptanz von Responsivität und bedingter Fremdbestimmtheit, da sonst Wettbewerbsnachteile wahrscheinlich sind.

So erhöht im Ergebnis eine besondere Berücksichtigung der internen Aspekte zwar einerseits die „Tiefenschärfe" (Detterbeck 2002: 21) der Analyse, andererseits ist jedoch stets zu bedenken, dass interne Gründe und Aspekte eng mit externen Erwartungen und Bedingungen in Bezug zu setzen sind, indem die Aufnahme externer Impulse und Erwartungen durch die Organisation bzw. die interne Organisationsführung betrachtet wird. Die Parteispitzen haben somit eine wichtige Rolle, da sie die innerparteiliche Macht zur Reformdurchsetzung und Organisationsgestaltung haben. Zudem sind sie diejenigen, die (externe) Veränderungen, Erwartungen oder Krisen als relevant erkennen, interpretieren und in Reformvorhaben übersetzen müssen. Die Aufgabe der Perzeption, die Auswahl aus dem skizzierten institutionellen Bausatz sowie die organisationsadäquate Übersetzung, obliegt vor allem der Parteiführung, wobei gilt: „organization's leadership still has the freedom of choice" (Harmel/Janda 1994: 263). Den „Party Professionals"[58] kommt im Reformprozess und in der Übersetzung bzw. Anpassung

---

[58] An dieser Stelle ist zu betonen, dass nicht nur dem Party Central Office/der Parteiführung (insb. im engen Sinne eines gewählten Parteivorstands), sondern der gesamten Parteielite (in einem weiteren Organisationsverständnis, d. h. ggf. auch Parlamentarier oder Regierungsmitglieder) diese besondere Stellung zukommt.

von Umwelterwartungen eine besondere Rolle zu, weil diese häufig über eine höhere Legitimität und Akzeptanz (teilweise selbstreferenziell zugeschrieben), eine „angenommene höhere Responsivität im Hinblick auf Veränderungen der Umwelten aufgrund wahlpolitischer und machtstrategischer Imperative", überlegene „Möglichkeiten der Wahl von Taktiken und Strategie" (Jun 2004: 90) und die bessere Möglichkeit der organisationsinternen wie -externen Kommunikation verfügen. Sie haben im innerparteilichen Reformprozess einen strategischen Deutungs-, Macht-, Themen- und Durchsetzungsvorteil. Dennoch können sie nicht völlig frei gestalten, sie sind insbesondere durch den institutionellen Rahmen, in dem Parteien agieren, beschränkt. Parteienwandel und Parteistrukturen sind gerade nicht nur aus den Parteien selbst heraus zu erklären.

4.4.2.2 Parteiexterne Reformgründe

Parteiorganisationen sind stets in Wechselwirkung und enger Verbindung mit ihrer Umwelt zu betrachten. Der Umwelt kommt eine entscheidende Rolle für Parteireformen zu: „The immediate source is the internal politics of political parties; changes in the party environment (which in turn might be influenced by the parties themselves) is the ultimate source" (Müller 1997: 294). Dabei spielt die Umwelt in neoinstitutionalistischer Lesart nicht vorrangig für die Frage des Reformzeitpunktes eine entscheidende Rolle, sondern vor allem für die Frage der Reform- und Organisationsgestaltung, für Parteistrukturen und Organisationsleitbilder.

Das Verhältnis von Parteien und ihrer Umwelt ist dabei komplex, wobei Parteien nicht als völlig umweltoffen anzusehen sind – die Parteiumwelt wirkt gerade nicht deterministisch (siehe Abschnitt 3.3). Parteien brauchen eine gewissen Organisationsfreiraum, denn nur so entstehen organisationale Handlungsspielräume und die Möglichkeit zur organisationalen Individualität (Luhmann 1997: 68-101). Nur dann haben (Partei-) Organisationen im Rahmen des „gegebenen Spielraums alle Möglichkeiten, sich unangepasst zu verhalten" (Luhmann 1997: 101), was diese zu nutzen wissen und was der auf Konvergenz fokussierte Neoinstitutionalismus nicht immer ausreichend beachtet. Damit wird einem häufig postulierten Determinismus, der Parteien nur als Getriebene, als Anpassungsopfer einer sich ändernden Umwelt ansieht, argumentativ entgegengetreten. Insbesondere kontingenztheoretische und vor allem funktionalistische Ansätze sehen ein solches „Primat der Umwelt über die Partei" (Wiesendahl 1998: 69), da Parteien über ihre Funktionen definiert und nach dem Grad der Funktionserfüllung bewertet werden. In diesem radikalen Verständnis sind Parteien „dependent object or result of external, independent forces" (Sorauf/Beck 1988: 498). Diese deterministische Sicht ist kritisch zu bewerten, da sie der Steuerungsfähigkeit der Parteien nicht gerecht wird und zudem nicht nur übersieht, dass Parteien über einen eigenen Gestaltungsspielraum verfügen, sondern auch nicht ausreichend beachtet, dass gerade Parteien auf ihre Umwelt einwirken: „Parties belong to a sort of organizations that can to a fairly large extent produce their own environment." (Deschouwer 1992: 18). Dafür entscheidend ist die den Parteien vorbehaltene Möglichkeit, im Rahmen der parlamentarischen Gesetzgebung Norm- und Wertvorstellungen zu kodifizieren. Es darf also nicht vergessen werden, dass Parteien besonders eng mit Parlamenten, Regierungen und anderen Parteien verbunden sind und so neben dem generell gegebenen Organisationsgestaltungsfreiräumen auch ihre Umweltbedingungen (teilweise) gestalten können.[59]

4.4.2.3   Parteienwandel als Reaktion eingeschränkt umweltoffener Organisationen

Offen ist, welche Umwelterwartungen in der Organisation wirkmächtig werden. Wie bereits bei den internen Faktoren gilt hier, allerdings noch verschärft, dass die Wahrnehmung, Deutung und Adaption der durch Umweltsysteme verursachten Stressfaktoren/Erwartungen diesen überhaupt erst Relevanz verschaffen. Ignoriert eine Partei relevante Umweltänderungen bewusst oder erkennt sie diese schlicht nicht, kann dies existenzielle Folgen haben. Zugleich wird hier deutlich, warum Reformen sehr häufig der Legitimation und nicht der rational-bürokratischen Zielerreichung dienen. In der Legitimationsfunktion und der dahinter liegenden externen Ressourcenabhängigkeit der Parteiorganisationen liegt das zentrale Argument für die grundsätzliche Notwendigkeit, auf Veränderungen der Rahmenbedingungen und dadurch verursachte Dauerirritationen zu reagieren. Insbesondere unter konkurrenzparadigmatischen Gesichtspunkten gilt es Wählerstimmen als zentrale Ressource politischer Parteien (Rucht 1993: 268) und elementare Machtquelle (sowie durch die Parteienfinanzierungsausgestaltung auch als Bezugsgröße für die Zuweisung staatlicher Mittel) nicht zu verlieren.

Zugleich sind die internen Gründe für den Parteienwandel nicht auszuklammern. Parteiwandel ist stets als Zusammen- und Wechselspiel interner und externer Faktoren zu sehen. Nur wenn der Druck auf eine Partei durch das Zusammentreffen interner Faktoren und der internen Wahrnehmung externer Faktoren hoch genug wird, sind organisatorische Anpassungsleistungen zu erwarten. Es ist erforderlich, dass externe Stimuli intern als Problem realisiert und akzeptiert werden – was aber nur bei massiven, dauerhaften Störungen der Fall sein kann, da durch die Organisationsgrenzen eine starke kommunikative Barriere zwischen Parteiorganisation und Umwelt besteht. Diese Grenze ist dabei zwingend erforderlich, nur durch diese kann die Partei überhaupt erst Handlungsspielräume erlangen und tatsächlich organisationspolitische Entscheidungen treffen. So ist davon auszugehen, dass der normative Rahmen einer Partei eine wesentliche Rolle bei der Übersetzung der letztlich wahrgenommenen Probleme (Stressfaktoren/Dauerirritationen) und Erwartungen in Reformmaßnahmen spielt. Die Richtung der Wandlung wird durch das normative Fundament der Partei im Sinne einer Pfadabhängigkeit geprägt, ohne dass der institutionelle Rahmen ausgeklammert würde. Damit kann kein einfacher Determinismus zwischen externen Ereignissen und organisationalem Wandel bestehen.

Welche Erwartungen und Impulse aufgegriffen werden hängt davon ab, wie sich die Organisationsumwelt der Parteien darstellt. Je nach Untersuchungs- und Handlungsbereich finden sich unterschiedliche Vorschläge, welche Umwelten als zentral zu erachten sind. Donges etwa versteht – mit Fokus auf die Medialisierung der Parteien – vor allem die „Medien als institutionelle Umwelt von Parteiorganisationen" (Donges 2008: 219). Mit Blick auf Organisations-

---

[59] Parteien sind aber gerade nicht als Parteiorganisation (und damit mit den spezifischen Organisationsinteressen) in Parlamenten und Regierungen vertreten – dort sind zwar Parteipolitiker tätig, die jedoch in ihrer spezifischen Rolle als Parlamentarier oder Regierungsmitglied andere Interessenschwerpunkte und Zielsetzungen haben können oder gar haben müssen (Katz/Mair 1993, 1995), was regelmäßig zu Konflikten (etwa zwischen Partei und Fraktion) führt.

reformen und die formale Ausgestaltung sowie das organisationskulturelle Selbstverständnis der einzelnen Parteien erscheinen jedoch vor allem die anderen Parteien bedeutsam. Dies liegt darin begründet, dass der Markt, in dem der bundesdeutsche Parteienwettbewerb stattfindet, gerade auf der politisch entscheidenden Landes- und Bundesebene nur bedingt zugangsoffen für neue Parteien ist. Man kann pointiert von einem „Parteienkartell ohne Kartellparteien" sprechen (Detterbeck 2008), mit den entsprechenden Folgen auch etwa für das Selbstverständnis der politischen Klasse (Edinger/Patzelt 2010). Vereinfacht dargestellt agieren Parteien in einer Umwelt, die in erster Linie aus den anderen Parteien, ihren Mitbewerbern, besteht, wobei diese von außen institutionell beeinflusst werden (Abbildung 1).

Abbildung 1: Vereinfachtes Modell von Parteiorganisationen und Systemumwelt

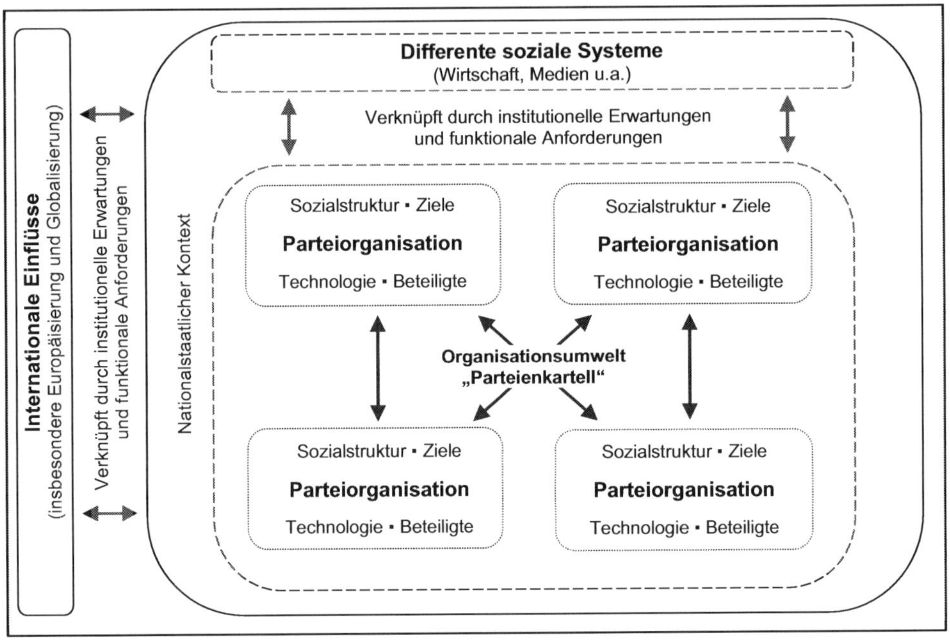

Eigene Darstellung.

Diese spezifische Umwelteinbettung führt, so das zentrale neoinstitutionalistische Argument, zu einer organisationsstrukturellen Angleichung. Die Parteien richten ihr Handeln primär am Handeln der anderen Parteien aus, wobei gesamtgesellschaftliche Veränderungen einen verschärften Ressourcenwettbewerb der Parteien untereinander erzeugen[60] und es daher zu einer Strategie der Risikominimierung durch symbolische Reformen einerseits und durch Isomorphie andererseits kommt. Die Folge sind Organisationsentwicklungsmaßnahmen und -reformen, da der dauerhafte Anpassungsstress von den etablierten Kräften nicht dauer-

---

[60] Genau genommen besteht ein mehrfacher Wettbewerb: Mit den anderen etablierten Parteien um die verbleibenden Wähler, um die zunehmenden Nichtwähler und den Versuch, diese doch wieder zu mobilisieren und um die frustrierten Wähler, die neue oder kleinere, nicht etablierte Parteien wählen und diesen so zu Parlamentsmandaten verhelfen.

haft ignoriert werden kann. Zwar finden sich auch bei Parteien „Strategien des muddling through, die sich an den Vordringlichkeiten des Befristeten orientieren" (Rosa 2005: 417), diese schaffen jedoch lediglich kurzfristig Abhilfe: „Je deutlicher dieser Stil des pragmatischen „Sich-Durchwurstelns" sich ausprägt, umso mehr wird eine Politikform verdrängt, die eine wichtige Motivationsressource für politische Gestaltung sein könnte" (Giegel 1999: 109, Hervorhebung im Original). Mit Blick auf Policy-Debatten wird aus einen kontroversen „entweder – oder" ein „und" (Beck 1993: 221), was bedeutet, dass eine Partei Wahlen nicht mehr dadurch gewinnt, dass sie „die besseren Kandidaten und Programme vorstellt, sondern dadurch, daß sie das Nichtwähler-Potenzial durch das Ausmaß ihrer Skandale und ihres Versagens weniger erhöht als die Konkurrenzpartei" (Beck 1993: 220). Dieser Befund lässt sich auf Parteiorganisationsstrukturen und die Wirksamkeit von Organisationsreformen übertragen.

Im Rahmen derartiger Anpassungsprozesse müssen Parteien jedoch stets auch organisationsspezifische Eigenlogiken, also kulturelle, parteispezifische Besonderheiten, berücksichtigen. Dennoch ist für die einzelne Partei vor allem das Verhalten der Mitbewerber entscheidend. Somit ist davon auszugehen, dass eine Beobachtung der Mitbewerber und die Übernahme von deren Reformdebatten und -leistungen empirisch nachweisbar sein sollten. Denn durch ein solches Verhalten lässt sich das Risiko organisationsstruktureller Veränderungen für eine Partei effektiv reduzieren: Was alle einführen, wird schon notwendig sein. Und wenn es sich als dysfunktional herausstellt, dann tragen zumindest alle Mitbewerber das gleiche Risiko. Denn das Bewusstsein, dass viele andere das Gleiche tun, leistet eine wechselseitige Überzeugungsarbeit (Schimank 2007: 165). Problematisch wird es nur, wenn ein Mitbewerber (radikale) Innovationen wagt (die jedoch im Erfolgsfall rasch und auf die eigene Partei angepasst übernommen werden) oder wenn neue Mitbewerber auf den Markt drängen (was die etablierten Parteien vor die Herausforderung stellt, einen geeigneten Umgang mit diesen Mitbewerbern bzw. deren neuen Organisationsformen zu finden)[61]. Solange dies nicht umfassend erfolgt, ist jedoch davon auszugehen, dass sich durch die Orientierung an der unmittelbaren Parteiorganisationsumwelt den Parteien die Möglichkeit der Unsicherheitsreduktion bietet, wodurch jedoch eine unterschiedlich stark ausgeprägte Selbstreferenz entstehen kann. Parteiorganisationen verändern sich dabei, indem sie Strukturen, Entscheidungsmechanismen und nach außen wirksame Reformen adaptieren und bei sich – gegebenenfalls nur symbolisch, d. h. lediglich formalstrukturell – implementieren. Hierbei kommt der Bundesebene als oberster Parteiorganisationseinheit eine Leitfunktion zu, nicht zuletzt weil diese nach außen markenbildend und nach innen formalstrukturell prägend wirkt. Debatten und Reformen können in die unteren Parteiorganisationsebenen diffundieren, wobei dort auch neue Verfahren zuerst erprobt oder Reformimpulse von dort ausgehend in die Bundespartei getragen werden können.

Als Zwischenbilanz ist festzuhalten, dass Parteien aus unterschiedlichen Gründen Reformen initiieren. Dabei ist in Folge eines begrenzten Wettbewerbsfeldes eine ausgeprägte interparteiliche Selbstreferenz in Form von Reformmoden anzunehmen. Gerade bei formal-

---

[61] So wird es (an anderer Stelle) bspw. spannend sein zu untersuchen, wie die etablierten Parteien organisational auf den Erfolg der Piratenpartei reagieren (Stichwort: Transparenzgebot) und wie im Gegenzug die Piraten im parteilich-parlamentarischen Arbeiten Praktiken der traditierten Parteien übernehmen (etwa Ausschluss der Öffentlichkeit bei Vorstands- und Fraktionsberatungen und damit eine Abkehr vom Gebot der allzeitigen Transparenz im politischen Prozess, siehe u.a. Bauer (2012), oder Einführung von Mandatsträgersonderabgaben, siehe Beitzer/Denkler (2012)). Erste Beobachtungen des parteilichen Handelns lassen eine sehr intensive gegenseitige Beobachtung und eine rasche Übernahme der jeweils „fremden" Praktiken in zumindest begrenztem Umfang erkennen.

organisatorischen Reformen spielen zudem institutionelle Erwartungen eine zentrale Rolle, denn formale Strukturen basieren nicht unbedingt auf funktionalen Notwendigkeiten, im Gegenteil können sogar dysfunktionale Strukturen eingeführt werden, wenn institutionelle Erwartungen dies erfordern. Zielgröße ist dabei häufig die Herstellung von Legitimität und nicht unbedingt eine neue formal-rationale Funktionalität. Als vorrangige, direkte Parteiumwelt sind die relevanten Mitbewerber zu sehen. Innovationen ausländischer Parteien werden dabei zwar ebenfalls beobachtet, sind aber oft schon aufgrund sehr differenter politischer Systemmerkmale und vor allem in Folge unterschiedlicher institutionell-normativer Gesamtkontexte nur schwer zu übernehmen.[62] Unter dieser Bedingung reagieren Parteien also primär und in erster Linie auf ihre Mitbewerber, so dass sich hierdurch kulturelle und strukturelle Ähnlichkeiten in den Parteien zeigen dürften, wobei zugleich parteispezifische Handlungskorridore und Entwicklungsrichtungen bestehen bleiben, sind diese doch für das Selbstbild der Parteien von maßgeblicher Bedeutung.

4.5 Zusammenführung: Parteien als Organisationen mit konfligierenden Leitbildern

4.5.1 Parteienverständnis und Umwelteinbettung

Das hier entwickelte Parteiorganisationsverständnis verbindet rational-bürokratische und neo-institutionalistische Überlegungen. Es erfasst zudem die unterschiedlichen Dimensionen der „Organisation Partei". Dies ist in Abbildung 2 vereinfacht dargestellt. Diesem organisationstheoretisch geprägten Parteienverständnis folgend gilt: Eine politische Partei ist ein umweltoffenes, gleichwohl nicht umweltdeterminiertes, hochkomplexes und normativ-institutionell durchwirktes soziales System. Parteien sind darüber hinaus strukturell eng mit einer durch einen kartellartigen, jedoch nicht gänzlich geschlossenen, Parteienwettbewerb geprägten Organisationsumwelt verwoben und gleichwohl einer hohen organisationsexternen Ressourcenunsicherheit unterworfen. Neben der organisationalen Herausforderung, diese Unsicherheit möglichst weitgehend zu reduzieren, müssen Parteien ein unvermeidliches Multiebenenproblem organisational handhabbar machen. Dieses Strukturproblem versuchen Parteien durch Differenzierung zu lösen. In Anlehnung an Carty könnte so von Parteien als „Franchise System" (Carty 2004) gesprochen werden, dies trifft jedoch die Organisationswirklichkeit der deutschen Parteien nur teilweise. Vielmehr ist anzunehmen, dass die Organisationsebene „Bundespartei" und hier insbesondere die Party Central Offices zu innerparteilichen Leitorganisationen werden. So kann der Dualismus „Steuerungsfähigkeit/Hierarchie oder Stratarchie" zusammengeführt werden. Im Ergebnis ist gerade nicht von einem Bedeutungsrückgang der oberen Parteiorganisationen und -zentralen auszugehen, vielmehr ist ein Wandel der Aufgaben in Verbindung mit einem Bedeutungszuwachs in den neu erschlossenen Organisationsfeldern bei gleichzeitigem Machtverlust in anderen Feldern, etwa der Policy-Formulierung, anzunehmen.

---

[62] Zudem ist Deutschland bzw. sind die deutschen Parteien mittlerweile in vielfacher Weiser mehr Rechts-/ Parteienexporteur als Importeur. Zu denken ist etwa an die Arbeit der deutschen parteinahen Stiftungen im Bereich Demokratie- und Parteientwicklung (Weissenbach 2010, 2012) oder an die Rolle der Grünen beim Aufbau der Europäischen Grünen Partei (bspw. Bukow/Switek 2012).

Abbildung 2: Merkmale und Besonderheiten von Parteiorganisationen

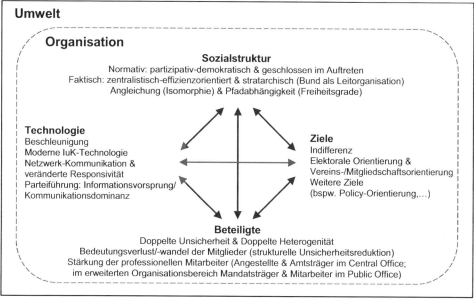

Eigene Darstellung.

Nach diesem Verständnis agieren die Party Central Offices in ihrer neuen Rolle zugleich als steuerungswillige Leitagentur und als Dienstleister. Gleichwohl sind Parteien in ihrem Binnenleben weiterhin fragmentiert, widersprüchlich und nicht in allen organisationalen Aspekten gleichförmig (Grabow 2000: 293). Doch selbst wenn Parteien in ihrer Rationalität und Effizienz beschränkt sein sollten (Lösche/Walter 1992: 192-200), so sind sie aufbauend auf den entwickelten Parteienbegriff in organisationstheoretischer Weise als Organisationen zu verstehen, die an eben diesen Organisationsherausforderungen intensiv arbeiten und sich, so die Annahme, selektiv zentralisieren. Dies meint nicht nur und nicht unbedingt zuvorderst eine formal-statuarische Zentralisierung, sondern eine in gewisser Weise partielle, intelligente Zentralisierung, die der Parteizentrale neue Steuerungs- und Kommunikationsoptionen einräumt, ohne dass diese vollumfänglich in alle Parteigliederungen durchgreifen kann. Es handelt sich um eine Zentralisierung mit nur eingeschränkten Möglichkeiten des Durchsteuerns, wobei diese sanfte und (organisations-)intelligente Zentralisierung durchaus wirksam sein dürfte.

Folglich bietet sich eine Synthese der verschiedenen gebräuchlichen Organisationsverständnisse an, um dem Status quo der Parteiorganisationen gerecht zu werden. So ist weder das klassische bürokratisch-hierarchische Top-down-Modell noch eine Reduktion von Parteien als Verbund lose verkoppelter, autonomer Subeinheiten als singuläres Modell dazu geeignet, den Besonderheiten der modernen Parteiorganisationen, den jüngeren Entwicklungen und den dahinter liegenden Leitbildern gerecht zu werden. Vielmehr kommt den Bundesparteien als Leitorganisationen eine zentrale Funktion für die Gesamtparteiorganisation zu. Es ist anzunehmen, dass gerade formale Organisationsstrukturen von der oberen Parteiebene vorgegeben werden und nur ein eingeschränkter Spielraum für lokale Abweichungen gegeben sein dürfte, wenngleich parteispezifische Unterschiede bestehen bleiben. Damit geben die Bundesparteiorganisationen die Rahmenbedingungen vor, stellen etwa Organisationsnamen, Corporate Designs, Parteiimages, personelle Prominenz und administrative wie auch inhaltlich-politische Organisationsleistungen bereit, die die lokalen Parteigliederungen gegebenenfalls abrufen und durch eigene Schwerpunkte und Partizipationsoptionen ergänzen können oder müssen. Die Entwicklung hin zur Leitorganisation ist folglich gerade keine Wiederkehr des Michelsschen Oligarchiemodells, vielmehr verstehen sich die Parteizentralen und -führung als strategisch-organisationales Zentrum (vgl. auch Raschke 2001b: 21; Bukow/Rammelt 2003; Jun 2004: 131) mit Steuerungswillen in allen relevanten Bereichen und operativen Kompetenzen in allen internen Belangen, weshalb aus diesem Grund eine Zentralisierung der Organisation mit einer veränderten Responsivitätsstruktur einhergehen dürfte.

4.5.2 Parteien zwischen Mitgliederpartizipation und Professionalisierung

Von besonderer Bedeutung für die Organisationsstruktur und -kultur einer Partei sind ihre normative Durchwirkung, ihre Abhängigkeit von externen Ressourcen und ihre spezifische Umwelteinbettung. Diese Einbettung in eine institutionelle Umwelt führt dazu, dass der primäre organisationale Bezugspunkt einer Partei vorrangig die anderen etablierten bzw. erfolgreichen Parteien – also die relevanten Mitbewerber – sind. Zugleich wirken auf Parteien unterschiedliche, partiell widersprüchliche institutionelle Erwartungen. Wirkmächtig werden diese Erwartungen vor allem dadurch, dass Parteien in Folge ihrer Umweltabhängigkeit auf institutionellen Druck (organisationsspezifisch) reagieren müssen. Neben den noch näher zu untersuchenden Folgen dieser institutionellen Erwartungen, die im strukturellen Bereich vor allem, aber nicht nur in parteienrechtlichen Vorgaben zu erkennen sind, prägen, so die Annahme, zwei Organisationsparadigmen die organisationskulturelle Identität der Parteien: Das (berufs-) professionelle, wählerorientierte Parteienmodell, basierend auf Berufspolitikern mit und ohne Mandat, sowie das Modell einer partizipatorisch ausgerichteten, vereinsartigen Mitgliederpartei. Die beiden Varianten sind nur idealtypisch dualistisch zu verstehen. Es wird für die Organisationspraxis zu prüfen sein, ob und inwieweit eine Synthese beider Entwicklungen parteilich praktiziert wird. Es ist anzunehmen, dass Parteien, um beiden Organisationserwartungen gerecht zu werden, sich sowohl als elektoral ausgerichtete (Kampagnen-)Leitorganisationen als auch als mitgliederbasierte Organisationen verstehen (Abbildung 3).

Es wird damit vorgeschlagen, moderne Parteien als teilpartizipative, responsivitätsorientierte Kampagnen- bzw. Politikagenturen zu rekonstruieren, die diverse strukturelle Leistungen erbringen müssen, um Organisationsbesonderheiten und -erwartungen in eine alltagstaugliche Parteiorganisationsstruktur zu übersetzen. Dabei stehen Parteien nicht nur normativ-institutionell bedingt unter Druck, auch organisationsexterne Entwicklungen wirken auf die Parteien ein. In jüngster Zeit sind dies vor allem technologische Entwicklungen, die vielfältige neue Kommunikations- und Interaktionsstrukturen mit sich bringen. Doch auch hier sind vor allem daraus resultierende institutionelle Erwartungen von größter Bedeutung: Die politisch-partizipative Nutzung neuer Kommunikationsstrukturen außerhalb der Parteien generiert eine Nachfrage nach derartigen Beteiligungsangeboten auch innerhalb der Parteiorganisationen, wobei weniger die konkrete Nutzung als vorrangig die Bereitstellung und Verfügbarhaltung derartiger Techniken, Instrumente und Verfahren erwartet wird (vgl. Fußnote 61).

Abbildung 3: Parteien im Organisationsentwicklungskonflikt

Eigene Darstellung.

Die Forderung nach derartigen Beteiligungsoptionen entsteht dabei nicht nur auf Seiten der Parteimitglieder – auch Nichtmitglieder möchten in den Parteien Gehör finden. Damit kollidiert die Forderung nach neuer Beteiligung jedoch in mehrfacher Weise mit dem ebenso tradierten wie institutionell manifestierten Verständnis formaler Organisationen, die aus funktionalen und normativen Gründen auf dauerhafte („Mitgliedschaftsprinzip") und lokale Mitarbeit („Vor-Ort-Prinzip") in den formalen Gremien setzen. Die Parteien halten am Paradigma der regional untergliederten und lokal präsenten Mitgliederpartei fest; lokale Mitwirkungsmöglichkeiten werden sogar ausgeweitet. Schließlich steht aus Gründen der Legitimation eine lokale, repräsentativ ausgerichtete Partizipation durch Parteimitglieder weiterhin im Vordergrund. Zugleich werden die Strukturen jedoch gestrafft und sind somit besser top-down zu handhaben. Damit verbunden ist häufig eine eher theoretisch (bzw. formalstatuarisch) ausgeweitete Mitwirkungsoption auf oberer Ebene für die allermeisten Parteimitglieder, soweit sie nicht zum engen Kreis der hochgradig involvierten Funktionäre gehören. Daraus ergibt sich eine in gewisser Weise paradoxe Situation (Mair 1997), da zeitgleich das einfache, nicht engagierte Mitglied wie auch wie die Parteizentrale bzw. Parteiführung gestärkt werden (Donges 2008: 96-97). Die Verlierer sind die mittleren Funktionäre und Ebenen. Diese partizipatorische, vorrangig kommunikationsorientierte Öffnung der Strukturen zielt dabei normativ bedingt immer auf die Gewinnung neuer Mitglieder, vor allem aber erhöht sie die Responsivitätsoptionen. Dies hat den Nebeneffekt, dass sich die Parteispitze und der Parteiapparat von den der Responsivität kaum mehr dienlichen mittleren Funktionärskreisen lösen können und zugleich die Entscheidungs- und Deutungshoheit über die so gewonnenen Einsichten verstärkt bei den zentralen Parteiakteuren liegt.

Eine wirksame partizipative Öffnung der Parteistrukturen steht dabei in klarem Widerspruch zum Organisationsinteresse, sobald die Öffnung nicht mehr dem primären Ziel der Mitgliedergewinnung oder der Elitenrekrutierung dient und sich nicht auf die lokale Ebene beschränkt, in anderen Worten: wenn die Öffnung über das institutionell geforderte Maß hinausgeht und das primäre Organisationsziel Wahlerfolg dadurch in Gefahr geraten könnte. Schließlich wird institutionell eine breite Mitgliederbasis erwartet – eine starke, dauerhafte Unterstützung durch Freiwillige hat sich im deutschen Parteiverständnis nicht etabliert. Aus diesem Grund wird der Verlust von Mitgliedern selbst dann als Krise interpretiert, wenn zugleich eine freiwillige Unterstützerallianz[63] aufgebaut wird. Ein weiterer Aspekt ist die gestiegene Notwendigkeit der Unsicherheitsreduktion. Entscheidend ist, dass die Parteien die zunehmenden Unsicherheiten einer radikal veränderten Umwelt organisationsstrukturell reduzieren, was eine Abkehr von zunehmend weniger verlässlichen Mitgliederstrukturen und eine Hinwendung zu einer strategisch-organisatorischen Zentralisierung und Professionalisierung bedeutet, in dieser Weise jedoch nicht artikuliert werden kann.[64]

Die Organisationsmodernisierung steht somit unter einem gegenläufigen institutionellen Erwartungsdruck. Durch die Debatten der 1980er- und 1990er-Jahre wurde ein Druck zur partizipativen Öffnung der Mitgliederorganisationen aufgebaut, der durch die neuen technologischen Optionen der 2000er-Jahre noch verschärft wurde. Um im Ergebnis weder ihre Wettbewerbschancen noch den Organisationsfortbestand zu gefährden, sehen sich die Parteien zu Reformen gezwungen. Die vor allem auf organisationsexterne Prozesse bezogenen Modernisierungs- und Professionalisierungsvorhaben werden nun auch auf organisationsintern relevante Handlungsbereiche angewendet, nach einer weiter fortschreitenden Professionalisierung der Wahlkämpfe steht eine Professionalisierung des parteilichen Alltagshandelns an. Eine derartige innerorganisatorische Professionalisierung der oberen Parteiebene als Leitorganisation hat dabei mit einem bürokratisch-rationalen Parteiverständnis wenig gemeinsam. Zugleich wird unterstellt, dass in Folge institutioneller Erwartungen einer überbordenden Stratarchie der Organisation entgegengewirkt werden soll. Das Paradigma einer Mitgliederpartei/-organisation bereitet dabei Probleme, als Ausweg bieten sich ein mystifizierender Umgang mit der Bedeutung von Parteimitgliedern an, deren Bedeutung übermäßig betont wird und denen mit oft eher symbolischen Partizipationsreformen (bzw. Instrumenten, die nur in Organisationskrisen zur Anwendung kommen) neue Mitgliedschaftsanreize gesetzt werden. Damit geht eine funktionale Neubewertung von Parteimitgliedern einher. Diese gewinnen an legitimatorischer Bedeutung, etwa im repräsentativdemokratischen innerparteilichen Verfahren und damit für die organisationsexterne Legitimation im Kontext des politischen Systems. Zugleich wird vorsichtig versucht, die (meist) schrumpfende Organisationsbasis (zur Mitgliederentwicklung Niedermayer 2011; zur Engagementbereitschaft u.a. Wiesendahl 2012) aus Gründen der Handlungsfähigkeit um Freiwillige ohne formale Mitgliedschaft (oder mit einer eingeschränkten Teilmitgliedschaft) zu erweitern, die insbesondere in Wahlkampfzeiten vom professionell organisierten Parteiapparat angesprochen und zu Aktionen „verpflichtet" werden sollen. Innerparteiliche Diskurse, einst ein zentrales Moment der Mitgliederpartei, verlieren im Organisationsalltag an Bedeutung.

---

[63] Mitbestimmungsrechte für Nichtmitglieder sind kaum im Sinne der Mitgliederorganisationen: Wenn Mitbestimmung ohne Mitgliedschaft möglich wird, erhält die Mitgliedschaft ihren Reiz nur noch durch Karriereoptionen oder durch ideologisch-normative Gründe (vgl. die Kontroverse um die SPD-Organisationsreform 2011, Bukow 2012). Dennoch spricht, so ein gängiges Argument, einiges für eine Öffnung der Strukturen, könnte diese doch die Parteien zurück in die Gesellschaft führen, was wiederum einen Wettbewerbsvorteil darstellen könnte – denn noch sind Mitglieder ein wichtiges Mobilisierungsinstrument im Wahlkampf, und parteinahe Nichtmitglieder könnten ähnlich wirken. Eine ähnliche Entwicklung findet man derzeit im Teilsystem Wirtschaft, wenn Unternehmen die neuen partizipativen Netzwerke nutzen, um ihren Kunden bspw. die Gestaltung von Werbemitteln und -filmen zu überlassen. So werden die „Unterstützer" zu kostenfreien „Firmenmitgliedern", und zudem profitiert das Unternehmen von der Glaubwürdigkeit der Verbraucher, die sich freiwillig für die Firma und die entsprechende Marke einsetzen.
[64] Dabei ist die Tendenz zur Zentralisierung weder neu noch auf Parteien beschränkt, sie ist vielmehr ein Phänomen, das in Vereinen – der wohl verbreitetsten Organisationsform in modernen Zivilgesellschaften – generell seit der Mitte des 19. Jahrhunderts festzustellen ist (Müller-Jentsch 2008: 484).

4.5.3 Zusammenführung und weiteres Vorgehen

Damit sind die zentralen Überlegungen und Prämissen zusammengeführt, auf denen die empirische Untersuchung aufbaut. Davon ausgehend wird angenommen, dass Parteiorganisationen zunächst einmal mit widersprüchlichen Organisationserwartungen konfrontiert sind, es ihnen jedoch gelingt, dieses Problem zumindest handhabbar zu machen, indem sie eher symbolische Partizipationselemente und eine wahlorientierte Professionalisierung in Verbindung mit einer selektiven Zentralisierung zusammenführen (vgl. Abbildung 3). In diesem Fall sind sie als mitgliedschaftsorientierte Leitorganisationen zu verstehen, die sowohl am Modell der Mitgliederpartei festhalten als auch als professionalisierte, wahlkampf- und kommunikationsorientierte Organisationen eine Zentralisierung ihrer Strukturen vorantreiben. Leitendes Erkenntnisinteresse im sich nun anschließenden empirischen Teil ist die Frage, inwieweit sich diese Annahmen organisationskulturell und -strukturell bestätigen, das heißt, ob sich die erwarteten isomorphiebedingten Konvergenzphänomene[65] zeigen und welchen organisationsstrukturellen und -paradigmatischen Niederschlag die institutionellen Erwartungen finden. Diesem Erkenntnisinteresse folgend werden zunächst strukturelle, anschließend kulturell-paradigmatische Parteiorganisationsaspekte analysiert und abschließend zusammengeführt.

Erstens ist somit zu prüfen, inwieweit in organisationsstruktureller Hinsicht eine Kongruenz als Ergebnis einer Isomorphie qua Zwang oder Nachahmung erkennbar ist. Dahinter liegt die zentrale Annahme, dass das Parteienrecht zwar einerseits durch institutionellen Zwang zur organisationsstrukturellen Angleichung führt, andererseits jedoch den Parteien genügend Spielraum zur individuellen Ausgestaltung und damit zu organisationsstrukturellen Besonderheiten belässt. Das heißt, es besteht ein rechtlich-institutioneller Druck, der jedoch nur in wenigen Punkten als deterministischer Zwang wirkt. Dies zu zeigen ist das Anliegen der nachfolgenden Rechtsanalyse, wobei zu untersuchen ist, inwieweit das Parteienrecht, das wie jedes andere Recht normative Vorgaben institutionalisiert, zentrale Organisationsparadigmen manifestiert. Im Anschluss an die Rechtsanalyse werden in einem zweiten Schritt die gegenwärtigen formalen Organisationsstrukturen anhand der Parteisatzungen untersucht. Diese Daten erlauben es zu prüfen, inwieweit rechtliche Spielräume bei der Regelung parteiinternen Rechts genutzt werden. Im letzten Schritt wird überprüft, ob Parteien als Organisationen im gleichen Handlungsfeld für Organisations- und Reformmoden empfänglich sind, und zwar unabhängig von funktionalen oder rechtlichen Notwendigkeiten. Dazu dient vorrangig das Beispiel organisationsstruktureller Ausweitungen mittels virtueller Parteigliederungen (Web 1.0), wobei ergänzend an späterer Stelle neuere Aktivitäten (Web 2.0) partiell berücksichtigt werden.

Zweitens ist nach diesen vorrangig formal-strukturellen, parteienrechtlichen Analysen der Blick auf den Parteiapparat und die Parteikultur zu richten. Dies erfolgt in mehreren Schritten (Kapitel 6 und 7). Zunächst sind grundlegende Erkenntnisse über die organisationale Entwicklung und gegenwärtige Bedeutung der Party Central Offices und damit der Mitarbeiter in den Bundes- und Landesgeschäftsstellen zu gewinnen (Kapitel 6). Anschließend ist zu prüfen, welche Parteiziele von Relevanz sind und wie es um mitglieder-, partizipations- und professionalisierungsbedingte Reformen und Einstellungsmerkmale bestellt ist (Kapitel 7). Dabei zielt diese

---

[65] Genau genommen ist in der hier empirisch überwiegend verfolgten Outcome-Perspektive vielmehr von Kongruenz als Ergebnis eines Konvergenzprozesses zu sprechen, wenngleich nachfolgend zwischen Prozess und Ergebnis nicht immer klar unterschieden werden kann.

Untersuchung vor allem auf die Wahrnehmungsebene seitens der Party Central Offices ab und bereitet den letzten Schritt der Untersuchung vor, die Beantwortung der Frage nach Organisationsvorstellungen und -leitbildern. Es wird geprüft, ob die hier entwickelten Modelle dualistisch gesehen werden oder nicht vielmehr als Verbund zu sehen sind. Auch hier steht die Frage nach der zwischenparteilichen Kongruenz dieser Einstellungsmerkmale in Folge des weitgehend geschlossenen Wettbewerbsfeldes als primärer Organisationsumwelt im Vordergrund.

5 Parteienrechtliche Vorgaben und organisationsstrukturelle Wirklichkeit

Auf die Bedeutung des Rechts als potenziell strukturierender Rahmenbedingung und als Manifestierung institutioneller Organisationserwartungen wurde in theoretischer Perspektive bereits hingewiesen. Darüber hinaus kommt dem Parteienrecht die Funktion eines Wettbewerbsrechts zu, und tatsächlich ist das Parteienrecht durchaus wettbewerbsrechtlich geprägt (Morlok 2003; Köhler 2005, 2006). Man kann von einer Konkurrenzdemokratie sprechen, in der „die Maßgeblichkeit des Wettbewerbscharakters des Parteihandelns (…) in sämtlichen vier Regelungsmechanismen (…) des Parteienrechts" (Morlok 2003: 410) zur Geltung kommt: hinsichtlich des Verhältnisses der Parteien untereinander, zu den Mitgliedern, zur Gesellschaft und zum Staat (Morlok 2003: 411). Eine rechtliche Regelung des Parteienwettbewerbs ist notwendig, weil sich ein funktionierender Wettbewerb weder von alleine einstellt noch auf Dauer stabil hält, sondern – dies thematisiert nicht zuletzt die Kartellparteiendebatte – eine Tendenz zur Monopolbildung besteht. „Angesichts dessen ist es eine staatliche Aufgabe, einen Wettbewerb, der gemeinwohl-funktionale Ergebnisse zeitigt, zwischen den Parteien zu fördern und mit den Mitteln des Rechts und ggf. der staatlichen Finanzierung zu sichern." (Morlok 2003: 416) Aus diesem Grund kommt dem Parteienrecht eine zentrale Bedeutung zu. Für organisationsrechtliche Fragen sind in diesem Zusammenhang zwei Rechtsmaterien von Relevanz, das kodifizierte Recht (Gesetzesrecht) und die richterliche Rechtsfortbildung (Richterrecht; mit Blick auf institutionelle Erwartungen/Parteienrecht insb. durch das Bundesverfassungsgericht). Neben dem Grundgesetz wirken insbesondere das Parteiengesetz (PartG; in der staatlichen Sphäre des Parteienwettbewerbs zudem die Wahlgesetzgebung) und die Rechtsprechung des Bundesverfassungsgerichts maßgeblich darauf ein, wie Parteien zu verstehen sind und wie sie sich zu organisieren haben. Dadurch soll eine Monopolbildung verhindert und ein Chancenausgleich bzw. eine Chancengleichheit der Wettbewerber erzielt werden.

Mit Blick auf die Parteiorganisationen ist nachfolgend vorrangig auf diejenigen Bereiche des Parteienrechts einzugehen, welche organisationsstrukturelle Vorgaben enthalten und dadurch institutionelle Erwartungen an die Parteiorganisation zum Ausdruck bringen. Es ist zu prüfen, inwieweit das Parteienrecht, insbesondere das Grund- und Parteiengesetz sowie die höchstrichterliche Rechtsprechung, den Handlungs- und Organisationsspielraum der Parteien hinsichtlich innerparteilicher Organisations- und Strukturentscheidungen determiniert und welche Organisationsparadigmen erkennbar werden. Auf diese Aufarbeitung der relevanten Teile des Parteienrechts aufbauend kann dann vergleichend die formalstrukturelle Organisationsrealität der Parteien auf Bundesebene analysiert werden. So wird erkennbar, in welchen Punkten Isomorphie qua (Rechts-) Zwang die Parteistrukturen bestimmt und in welchen Bereichen Abweichungsspielräume genutzt oder auch nicht genutzt werden. Zugleich kann ebenfalls am Beispiel organisationsstruktureller Aspekte aufgezeigt werden, wie Parteien zu Isomorphie qua Nachahmung neigen, also Organisationsreformmoden aufgreifen.

5.1 Das Parteienrecht als institutioneller Handlungsrahmen

Über die Funktion und Stellung politischer Parteien wird in den Rechts-, Staats- und Politikwissenschaften schon lange intensiv debattiert (vgl. beispielsweise Forsthoff (u.a. 1950) und Leibholz (u.a. 1950) sowie die von Hennis 1969 gestellte Frage nach Funktion, (Selbst-) Verständnis und Grenzen parteilichen Handelns und politischer Parteien im „Parteienstaat" (Hennis 1998)). In diesem Diskurs ist der Begriff „Parteienstaat" zu dem zentralen Terminus aufgestiegen (u.a. Lösche 2000). Er ist „aus der politischen, politikwissenschaftlichen und publizistischen Diskussion der innenpolitischen Strukturen in der Bundesrepublik nicht wegzudenken" (Helms 1999: 436). Problematisch ist, dass „Parteienstaat" sowohl als Synonym zur „Parteiendemokratie" als auch als normativ aufgeladener, kritisch konnotierter Gegenbegriff Verwendung findet („Parteienstaat" wurde bereits in der Weimarer Republik negativ konnotiert verwendet). Dabei bewegt sich der bundesrepublikanische Diskurs zwischen den Polen Parteiendemokratie und Parteienstaat (und nur selten bis hin zur „Parteiendiktatur", so etwa Stubbe-da Luz 1994). So spricht etwa Oberreuter zwar in seiner kritischen Auseinandersetzung mit der Leibholzschen Parteienstaatslehre vom Staat als „Beute der Parteien" (Oberreuter 1992: 26), er widerspricht aber zugleich der von Leibholz skizzierten (zumindest temporären) Gleichsetzung von (Mehrheits-) Partei und Staat. Während Leibholz davon ausgeht, dass „der moderne Parteienstaat seinem Wesen wie seiner Form nach nichts anderes wie eine rationalisierte Erscheinungsform der plebiszitären Demokratie oder – wenn man will – ein Surrogat der direkten Demokratie im modernen Flächenstaat ist" (Leibholz 1967: 93-94), unterscheiden andere Autoren nunmehr zwischen Parteienstaat und Parteiendemokratie als Sollzustand und Verfassungsrealität. Zudem wird diese Unterscheidung mit der Kritik an einer „Inbesitznahme des Staates durch die Parteien" (Vierhaus 1991: 468) verbunden, also dem Vorwurf, dass Macht und Einfluss der Parteien weit über den grundgesetzlich geregelten Bereich hinaus reichen. Diese Inbesitznahme basiere dabei auf einer parteienfreundlichen, von Leibholz geprägten Rechtsprechung des Bundesverfassungsgerichts, das eine „Legalisierung des Parteienstaates" (BVerfGE 1, 226) zugelassen habe.

5.1.1 Das Parteienprivileg des Grundgesetzes

Ausgangspunkt der Debatten um den Parteienstaat ist die verfassungsrechtliche Sonderstellung der Parteien, die „ohne Beispiel in der deutschen Verfassungsgeschichte" (Ipsen 2009: 857 Rdnr. 851) ist. Unstrittig ist, dass sich die Parteien nur durch eben diesen Sprung hin zur verfassungsrechtlichen Privilegierung so schnell und nachhaltig etablieren konnten.[66] Die Erfolgsgeschichte der Parteien beginnt damit in formalrechtlicher Hinsicht am 23.05.1949 (Verabschiedung des Grundgesetzes, BGBl. I 1949: 1).[67]

---

[66] Dabei wurden die Parteien schon vor der Verabschiedung des Grundgesetzes auf Länderebene (Art. 118-121 Verfassung des Landes Baden v. 22.5.1947, Reg. Bl. 129ff.) verfassungsrechtlich positiv erwähnt und auf die demokratischen Grundsätze des Staates verpflichtet, ohne dass sich hier Vorschriften zum inneren Aufbau der Parteien finden (Azzola et al. 1989: Art. 21 I 23 Rdnr. 29).
[67] Zur Entstehungs- und Entwicklungsgeschichte der deutschen Parteien, insb. zur (Wieder-) Gründung 1945-1949, u.a. Fenske (1994), Lösche (1994), Glaeßner (1999) und von Alemann (2010). Für eine umfassende juristische Betrach-

Für das Verständnis des Art. 21 GG ist Art. 20 Abs. 1-2 GG (i.V.m. Art. 79 Abs. 3 GG) von Bedeutung: „Alle Staatsgewalt geht vom Volke aus. Sie wird vom Volke in Wahlen und Abstimmungen und durch besondere Organe der Gesetzgebung, der vollziehenden Gewalt und der Rechtsprechung ausgeübt." (Art. 20 Abs. 2 GG) Mit diesem Demokratieprinzip steht Art. 21 GG ebenso in Verbindung wie mit dem Prinzip des parlamentarischen Regierungssystems (Art. 68 GG, auch Art. 38 GG). Als Konsequenz dieser repräsentativ strukturierten Demokratie [68] folgt direkt die privilegierte Verankerung der Parteien in Art. 21 GG:[69]

> (1) Die Parteien wirken bei der politischen Willensbildung des Volkes mit. Ihre Gründung ist frei. Ihre innere Ordnung muss demokratischen Grundsätzen entsprechen. Sie müssen über die Herkunft und Verwendung ihrer Mittel sowie über ihr Vermögen öffentlich Rechenschaft geben.
>
> (2) Parteien, die nach ihren Zielen oder nach dem Verhalten ihrer Anhänger darauf ausgehen, die freiheitliche demokratische Grundordnung zu beeinträchtigen oder zu beseitigen oder den Bestand der Bundesrepublik Deutschland zu gefährden, sind verfassungswidrig. Über die Frage der Verfassungswidrigkeit entscheidet das Bundesverfassungsgericht.
>
> (3) Das Nähere regeln Bundesgesetze.

Damit werden die Parteien in exponierter Stellung verfassungsrechtlich abgesichert.[70] Dass hierbei trotz häufiger Kritik bis heute ein verfassungsrechtlich ausgeführter Parteibegriff – eine Legaldefinition – fehlt (Azzola et al. 1989: Art. 21 Rdnr. 23) und lediglich einige Wesensmerkmale politischer Parteien benannt werden ist zwar problematisch (Wißmann 2009a: 88ff. Rdnr. 84, 34ff., 45; siehe aber zu den Vorzügen dieser lediglich funktionalen Beschreibung Morlok/Merten 2011), wirkt sich aber auf die Bedeutung des Art. 21 GG nicht negativ aus (Ipsen 2009: 860 Rdnr. 815). Im Ergebnis werden Parteien, so die Interpretation des Bundesverfassungsgerichtes, durch Art. 21 GG „aus dem Bereich des Politisch-Soziologischen in den Rang einer verfassungsrechtlichen Institution" (BVerfGE 2, 1(73)) erhoben und sind nunmehr „in einem Übergangsbereich zwischen Staat und Gesellschaft angesiedelt" (Jarass/Pieroth 1989: Art. 21 Rdnr. 21). Damit wird eine „rechtliche „Beförderung" der Partei zur Institution der Verfassung" (Tsatsos/Morlok 1982: V, Hervorhebung im Original) vollzogen, die als „Korrelat ihrer Bedeutungszunahme in der politischen Praxis des Verfassungslebens" (Tsatsos/Morlok 1982: V) verstanden werden kann, wobei die von Leibholz „beschworenen Konsequenzen des „Parteienstaates" (…) durch das Grundgesetz ersichtlich nicht gezogen

---

tung der grundgesetzlichen Normen insb. Maunz/Dürig (1958ff.), Azzola et al. (1989), Schmidt-Bleibtreu et al. (2004), Starck (2005) oder Jarass/Pieroth (2006). Zum Parteienrecht insb. Ipsen (2008), Kersten/Rixen (2009) und Lenski (2011).

[68] Das Grundgesetz ist jedoch zumindest im Prinzip für direktdemokratische Elemente offen („Abstimmungen", Art. 20 Abs. 2 GG).

[69] Art. 21 Abs. 1 S. 4 GG wurde am 21.12.1983 in die hier zitierte Form geändert (BGBl. I 1983: 1481). Die 1949 verabschiedete Fassung lautete: „Sie müssen über die Herkunft ihrer Mittel öffentlich Rechenschaft geben." (Art. 21 Abs. 1 S. 4 GG)

[70] Diese exponierte Stellung war während der Verhandlungen über das Grundgesetz in dieser Form allerdings nicht klar vorhersehbar. Erst auf die Initiative des Allgemeinen Redaktionsausschusses in diesen Abschnitt vorgezogen, war die systematisch Verortung zuvor im Abschnitt über den Bundestag vorgesehen. Durch diese systematische Neuorientierung erhält Art. 21 GG jedoch einen höheren Stellenwert, während der zuvor im Vordergrund stehende freie Abgeordnete in Art. 38 Abs. 1 S. 2 GG im Abschnitt über den Bundestag verbleibt. Hintergedanke der Beratungen des Parlamentarischen Rates waren dabei weniger eine radikale Stärkung der Parteien als die Verhinderung der Zersplitterung der Parteien, wie sie aus der Weimarer Republik noch wohl vertraut und gefürchtet war (Azzola et al. 1989: Art. 21 Abs. 21 S. 23 Rdnr. 10). Im Ergebnis bleibt jedoch eine starke Stellung der Parteien mit einem Quasi-Monopol bei der Aufstellung der Wahlbewerber und daraus resultierend eine zumindest graduelle Schwächung des einzelnen freien, unabhängigen Parlamentariers erkennbar.

worden" (Ipsen 2009: 859 Rdnr. 812) sind. Somit sind die Parteien durch das Grundgesetz dazu berufen, „in den Bereich der institutionalisierten Staatlichkeit hineinzuwirken" (Ipsen 2009: 858 Rdnr. 859), ohne ihm dabei anzugehören. Das in Art. 21 Abs. 2 S. 2 GG verankerte „Parteienprivileg" führt dazu, dass „die Entscheidung über die Verfassungswidrigkeit einer Partei dem Bundesverfassungsgericht vorbehalten und damit der administrativen vereinsrechtlichen Entscheidung der Exekutive entzogen ist" (Badura 1986: D 20). Darüber hinaus sind Parteien als inländische juristische Personen Träger aller Grundrechte, „soweit sie ihrem Wesen nach auf diese anwendbar sind" (Art. 19 Absatz 3 GG; dazu Ipsen 2009: 866 Rdnr. 845).

Die in Art. 21 GG verankerten besonderen Rechte gehen verfassungsrechtlich normiert mit institutionellen Erwartungen an die Parteien einher, etwa dem Handlungsauftrag, dass Parteien bei der politischen Willensbildung des Volkes mitwirken (Art. 21 Abs. 1 S. 1 GG). Die Parteien erhalten hierbei keineswegs ein Monopol im politischen Willensbildungsprozess; Art. 21 Abs. 1 GG begründet zunächst einmal nur ein subjektives Recht zur Beteiligung am Willensbildungsprozess. So enthält Art. 21 Abs. 1 S. 1 GG eine Funktionszuweisung, die mit der Wiederholung des aus Art. 9 Abs. 1 GG für Vereine und Gesellschaften garantierten Grundrechts auf Vereinigungsfreiheit in Art. 21 Abs. 1 S. 2 GG für Parteien separat grundrechtlich abgesichert wird. Das Grundgesetz spezifiziert folglich: Parteien sind zunächst einmal gesellschaftliche Vereine, die am staatlichen Willensbildungsprozess teilnehmen sollen/müssen (§ 2 Abs. 1 PartG, vgl. auch Wißmann (2009a: 99-100, Rdnr. 128-134)). Diese Funktionszuweisung ist zwar keine Verfassungspflicht, dennoch führt die Nichterfüllung zum Verlust der Parteieigenschaft, zumindest „wenn sie sechs Jahre lang weder an einer Bundestagswahl noch an einer Landtagswahl mit eigenen Wahlvorschlägen teilgenommen hat" (§ 2 Abs. 2 PartG).[71] Die Geltung des Vereinsrechts wird dabei für Parteien so weit verdrängt, wie ihr verfassungsrechtlicher Status reicht und Sonderregelungen des Parteienrechts bestehen (§ 37 PartG). „Parteien sind und bleiben aber privatrechtliche Vereine" (Schmidt-Bleibtreu/Klein 1999: Art. 21, Rdnr. 21), wenngleich Art. 21 Abs. 2 GG für politische Parteien uneingeschränkt als Lex Specialis gegenüber Art. 9 Abs. 2 GG zu verstehen ist (BVerfGE 2, 1 (13); 12, 296 (304); 13, 174 (11); 17, 155 (35)). Gleichwohl sind Parteien im Kern als Vereine zu verstehen, und Vereine haben Vereinsmitglieder. Parteien werden (parteien-)gesetzlich klar als „Vereinigungen von Bürgern" verstanden (§ 2 Abs. 1 S. 1 PartG, kommentierend Wißmann (2009a: 94, Rdnr. 18)) – das Wesensmerkmal „Mitgliederpartei" ist offensichtlich, die institutionelle Erwartung an Parteien, vereinsartige Strukturen mit Vereinsmitgliedern (und nicht bloß Aktivisten) zu haben, wird deutlich zum Ausdruck gebracht.

Mit der Verknüpfung differenter Aspekte (Funktionszuweisung und Statusrecht in Satz 1, Grundrechtsschutz in Satz 2) ergibt sich eine strukturelle Besonderheit des Art. 21 Abs. 1 GG, die in Verbindung mit der auslegungsbedürftigen Formulierung für einen hinreichenden Spielraum hinsichtlich Funktion, Aufgaben und Tätigkeiten von Parteien im Sinne des Grundgesetzes sorgt (Azzola et al. 1989: Art. 21 I 23 Rdnr. 11). Das Verfassungsrecht gibt hier lediglich einen Rahmen vor, ohne die Tätigkeiten der Parteien zu determinieren. Allerdings liegt trotz des Erfordernisses einer gesetzgeberischen Präzisierung dieser Norm (Art. 21 Abs. 3 GG) die we-

---

[71] Die Wahlteilnahme (auf Bundes-/Landesebene) dient gemeinhin als zentrales Merkmal zur Unterscheidung von Vereinen und Parteien, nur letztere dürfen in Deutschland direkt am politischen Willensbildungsprozess teilnehmen (sieht man von Einzelbewerbern ab; vgl. Abschnitt 5.1.2.1). Auf kommunaler Ebene treten auch Wählergemeinschaften zu Wahlen an („Rathausparteien", insb. Freie Wähler; dazu Morlok et al. 2011; Walther 2012).

sentliche Interpretationshoheit über den Umfang und die Art der parteilichen Aufgaben sowie der Stellung der Parteien insgesamt beim Bundesverfassungsgericht (§ 32 Abs. 1 BVerfGG), weshalb noch auf die Parteienrechtsprechung einzugehen sein wird (dazu Abschnitt 5.1.3.1).

Von zentraler Bedeutung ist auch das (der verfassungsrechtlichen Sonderstellung geschuldete) Erfordernis der innerparteilichen Demokratie (Art. 21 Abs. 1 S. 3 GG), eine Formulierung, die erst auf Vorschlag des Allgemeinen Redaktionsausschusses Eingang ins Grundgesetz gefunden hat, worin sich die hohe normative Bedeutung dieser Formulierung zeigt.[72] Der verwendete Demokratiebegriff des Art. 21 Abs. 1 S. 3 GG ist dabei allerdings ebenso komplex wie unklar (Tsatsos/Morlok 1982: 36-43). So verweist er zwar auf Art. 20 Abs. 1 GG, kann aber dennoch nicht gleichbedeutend sein und bleibt letztlich unbestimmt. Zudem ergibt sich die Frage, ob das Prinzip innerparteilicher Demokratie durch eine Verfassungsänderung modifiziert oder gar abgeschafft werden könnte – das Bundesverfassungsgericht verneint diese Möglichkeit und sieht eine Verwurzelung des innerparteilichen Demokratiegebotes auch in Art. 20 Abs. 1 GG (BVerfGE 20, 56), welcher wiederum durch Art. 79 Abs. 3 GG dauerhaft geschützt ist.[73] Nach herrschender Meinung ist das Demokratieverständnis der Artt. 20, 21 GG im Wesentlichen identisch. Dennoch ergeben sich aus dem Begriff „Partei" leichte Veränderungen im spezifischen Bedeutungsgehalt (Tsatsos/Morlok 1982: 36-42), etwa dass bei innerparteilichen Wahlen nur Parteimitglieder, also die „Vereinsmitglieder", nicht jedoch alle Staatsbürger als Wahlberechtigte vorgesehen sind – eine organisationale Einschränkung, die noch genauer zu thematisieren ist.[74] Innerparteilich demokratisch meint damit im Sinne des Grundgesetzes, dass die Willensbildung von unten nach oben legitimiert sein muss. Hier findet sich somit eine organisationsstrukturelle Vorgabe, die die Parteistrukturen jedoch nur insoweit beeinträchtigt, als dass die direkte Mitwirkung auf unterster Ebene möglich sein muss. Innerparteiliche Demokratie unterscheidet sich damit insbesondere durch das Erfordernis unmittelbarer Beteiligungsmöglichkeiten (konkretisiert in § 7 Abs. 1 S. 3 PartG) von der ganz überwiegend mittelbar-repräsentativ verstandenen und umgesetzten staatlichen Demokratie.

Als Zwischenbilanz ist festzuhalten, dass die weit gefasste Norm des Art. 21 GG einen umfassenden Machtanspruch der Parteien begründet. Dabei beinhaltet das Grundgesetz nur vage, allgemein gehaltene Mindestanforderungen an bzw. Organisationsvorstellungen von Parteien und fordert eine einfachgesetzliche Ausgestaltung durch den Gesetzgeber. Erkennbar wird die Bedeutung formaler Mitgliedschaft in Verbindung mit dem Prinzip innerparteilicher Demokratie und Teilhabe. Auch das Prinzip der Wettbewerbsorientierung ist klar erkennbar: Die Teilnahme an Wahlen gilt als wesentliches Element der gesellschaftlich-politischen Willensbildung im Übergang von Gesellschaft zu Staat. Am raschen Vollzug des Gesetzgebungsauftrags des Art. 21 Abs. 3 GG hatte der Gesetzgeber allerdings kein vorrangiges Interesse, schließlich hatten die Parteien bereits vor der Verabschiedung des Grundgesetzes ihre Arbeit aufgenommen. So gab es zwar bereits ab 1950 unter anderem im Bundesinnenministerium

---

[72] Ursprünglich sollte es heißen: „die innere Ordnung der politischen Parteien [… ist] durch Gesetz zu regeln" (nach Tsatsos/Morlok 1982: 35)
[73] Hinsichtlich des Demokratiegebotes ist zudem zu prüfen, ob und ggf. welche Sanktionsmöglichkeiten bei Nichteinhaltung dieses Gebots bestehen. Das Bundesverfassungsgericht führt aus, dass das Demokratiegebot nicht bloß Programmsatz, sondern unmittelbar geltendes Recht darstellt. Damit verbietet das Grundgesetz unmittelbar, dass eine Partei sich in grundsätzlicher Abweichung von demokratischen Prinzipien organisiert (BVerfGE 2, 1 (13)).
[74] Weitere Einschränkungen des grundgesetzlichen Demokratieverständnisses sind u.a., dass nicht von einer parteiinternen Geltung des Mehrparteienprinzips auszugehen ist und eine besondere Problematik hinsichtlich der Stellung von Parteimitgliedern besteht (insb. bzgl. Aufnahme/Ausschluss und der Notwendigkeit innerparteilicher Opposition).

mehrere Anläufe zu einem Parteiengesetz, die Entwicklung und Ausarbeitung einer gesetzestauglichen Gesamtfassung wurde jedoch mehrfach gebremst. Für diesen Verzug waren unterschiedliche Gründe maßgeblich, nicht zuletzt fehlte schlicht die Notwendigkeit einer Einigung, so dass eine Gesetzgebung zunächst unterblieb (zur Vorgeschichte und späteren Entwicklung des Parteiengesetzes Lehmann o.J.).

5.1.2 Das Parteiengesetz in organisationsrechtlicher Perspektive

Die grundgesetzlich vorgesehene Parteiengesetzgebung findet erst 1967 vor dem Hintergrund einer staatlichen Parteienfinanzierung und auf Druck des Bundesverfassungsgerichts statt. Nicht die Legislative, und damit die Parteien im weiteren Sinn, sondern vielmehr die Judikative ist ganz im Sinne eines „judicial activism" zentraler Akteur und treibende Kraft in der Parteienrechtsetzung.[75] Die Legislative hat im Gesetzgebungsprozess – erzwungener Maßen – vor allem die Verfassungsrechtsprechung aufgegriffen und zugleich die reale Entwicklung der Parteiorganisationen gesetzlich nachgezeichnet. Das Parteiengesetz[76] stellt aus diesem Grunde zuvorderst eine Festschreibung des Status quo für den bundesdeutschen Raum dar, niedergeschrieben von den damals im Bundestag bereits fest etablierten Parteien CDU, CSU, SPD und FDP. Obgleich primär als Rechtsgrundlage einer staatlichen Parteienfinanzierung gedacht, enthält das Parteiengesetz in § 2 Abs. 1 eine Legaldefinition des gemeinsamen Parteienverständnisses.[77] Darüber hinaus enthält das Parteiengesetz vor allem Regelungen zur inneren Ordnung bei innerparteilichen Angelegenheiten (§§ 6 bis 16 PartG), wohingegen es zur Regelung innerparteilicher Wahlen bei der Aufstellung von Wahlbewerbern (§ 17 PartG), also dem staatsnahen Bereich parteilichen Wirkens, nur die Notwendigkeit geheimer Wahlen festschreibt und ansonsten auf die Wahlgesetzgebung verweist, verbunden mit dem Erfordernis einer parteiinternen Verankerung der Wahlverfahren in den entsprechenden Satzungen.[78] Den größten Teil des Gesetzes, dies hängt unmittelbar mit seinem Entstehungshintergrund sowie Art. 21 Abs. 1 S. 4 GG[79] zusammen, machen Vorschriften zur staatlichen Finanzierung und zur Rechenschaftslegung aus (§§ 18 bis 31 PartG).

---

[75] Die Judikative bleibt bedeutend; gegenwärtig steht insb. eine Entscheidung zur Parteienfinanzierung (zur absoluten Obergrenze) aus. Für einen Gesamtüberblick über jüngere Entwicklungen des Parteienrechts im Spiegel der Rechtsprechung vgl. Bäcker et al. (2012), Sadowski et al. (2010); Sadowski et al. (2011).

[76] Das Parteiengesetz ist in acht Abschnitte untergliedert: Allgemeine Bestimmungen, Innere Ordnung, Aufstellung von Wahlbewerbern, Staatliche Finanzierung, Rechenschaftslegung, Verfahren bei unrichtigen Rechenschaftsberichten sowie Strafvorschriften, Vollzug des Verbots verfassungswidriger Parteien, Schlussbestimmungen. Organisationsstrukturelle Regelungen enthalten insb. die §§ 6 bis 16 (Innere Ordnung) und § 17 (Aufstellung von Wahlbewerbern). In den §§ 1, 2 (Allgemeiner Teil, §§ 1 bis 5) finden sich weitere Mindestanforderungen (u.a. Dauerhaftigkeit, Ernsthaftigkeit, Wahlteilnahme, Mitgliedschaft nur für natürliche Personen und mehrheitlich Deutsche).

[77] Der Parteibegriff des Parteiengesetzes eignet sich folglich nicht als allgemeine Parteidefinition, da er zum einen den Parteibegriff (zu) eng mit dem Rechtsstatus verknüpft und zum anderen die „parteiliche Organisation von Ausländerinteressen in einer von Ausländern dominierten Partei untersagt", wie Gellner (2004: 285-286) ausführt. Auch der Entstehungshintergrund des PartG verbietet eine solche Nutzung des angebotenen Parteibegriffes.

[78] Wobei Kähler (2000: 19) feststellt: „Einzelheiten wie etwa eine Vorschrift über das Wahlvorschlagsrecht oder das Wahlverfahren bleiben entgegen der Aufforderung des Bundesverfassungsgerichtes der Regelung durch die Wahlgesetze bzw. durch die Parteisatzungen vorbehalten."

[79] „Sie müssen über die Herkunft *und Verwendung* ihrer Mittel *sowie über ihr Vermögen* öffentlich Rechenschaft geben." (Art. 21 Abs. 1 S. 4 GG; die kursiv hervorgehobenen Aspekte wurden mit Wirkung zum 1. Januar 1984 eingefügt, vgl. BT-Drs. 10/183 sowie BGBl. I 1481).

Somit stellt das Parteiengesetz den institutionellen Rahmen dar und manifestiert zugleich normative Organisationserwartungen. Vor allem die einfachgesetzlich fixierten Regelungen zur inneren Ordnung sind im Kontext der vorliegenden Studie von Relevanz und nun näher zu betrachten. Vier Regelungsbereiche sind dabei genauer zu untersuchen: die Legaldefinition und das damit verbundene Parteienverständnis, die Regelungen zu Parteigliederungen, die Vorgaben für Gremien und Organe sowie die Rechte und Pflichten von Parteimitgliedern. Dabei ist jedoch zu betonen, dass auch die damit verbundene staatliche Parteienfinanzierung in mehrfacher Weise einen wesentlichen Einfluss auf die Parteiorganisationsentwicklung hatte. Neben der direkten Mittelzuweisung, von der vor allem die obere Parteiebene profitiert, wurden beispielsweise im Rahmen der notwendigen Mittelerfassung zentrale Mitgliederdateien notwendig, wodurch die durchaus gewünschte Zentralisierung der Parteistrukturen ökonomisch und argumentativ unterstützt wurde.

5.1.2.1 Regelungsbereich I: Parteienverständnis und Legaldefinition

Das Parteiengesetz erfüllt eine Konkretisierungsfunktion zu Art. 21 GG und enthält eine inhaltlich an das Grundgesetz angelehnte Funktionsbestimmung politischer Parteien. Es betont dabei deren herausgehobene Stellung ebenso wie die berechtigte Mitwirkung anderer Akteure im staatlichen Willensbildungsprozess. § 1 Abs. 2 PartG verweist auf die spezifische, nicht jedoch exklusive, intermediäre Rolle politischer Parteien. Erst in § 2 PartG ist eine Legaldefinition enthalten. Damit wird die definitorische Lücke des Grundgesetzes einfachgesetzlich geschlossen. Die im Parteiengesetz formulierte Legaldefinition wurde vom Bundesverfassungsgericht zwischenzeitlich akzeptiert und als grundgesetzkonforme, also angemessene Interpretation im Sinne des Verfassungsgebers bewertet. So bestimmt das Parteiengesetz:

> „Parteien sind Vereinigungen von Bürgern, die dauernd oder für längere Zeit für den Bereich des Bundes oder eines Landes auf die politische Willensbildung Einfluss nehmen und an der Vertretung des Volkes im Deutschen Bundestag oder einem Landtag mitwirken wollen, wenn sie nach dem Gesamtbild der tatsächlichen Verhältnisse, insbesondere nach Umfang und Festigkeit ihrer Organisation, nach der Zahl ihrer Mitglieder und nach ihrem Hervortreten in der Öffentlichkeit eine ausreichende Gewähr für die Ernsthaftigkeit dieser Zielsetzung bieten. Mitglieder einer Partei können nur natürliche Personen sein." (§ 2 Abs. 1 PartG)

Kernmerkmal von Parteien ist das Streben nach Parlamentsmandaten: „Eine Vereinigung verliert ihre Rechtsstellung als Partei, wenn sie sechs Jahre lang weder an einer Bundestagswahl noch an einer Landtagswahl mit eigenen Wahlvorschlägen teilgenommen hat." (§ 2 Abs. 2 PartG) Gerade diese Wahlteilnahmeverpflichtung war verfassungsrechtlich zunächst stark umstritten (BVerfGE 24, 300 (361); auch BVerfGE 1, 208 (228); 3, 383 (403); 24, 300 (361)) und stellt eine zentrale paradigmatische Festlegung dar. Mit diesem Definitionsmerkmal grenzt der Gesetzgeber Parteien von anderen Vereinigungen ab und verkleinert effektiv die Zahl von Parteien im Sinne des Parteiengesetzes, was hinsichtlich der absoluten Obergrenze der staatlichen Mittel bedeutsam ist. Dadurch sind die vor allem im süddeutschen Raum erfolgreichen Wählervereinigungen (Morlok et al. 2011; Walther 2012) nicht als Partei im Gesetzessinne anzuerkennen, solange sie nur auf lokaler Ebene an Wahlen teilnehmen (zur Problematik Morlok/Merten 2011). Bedeutend ist, dass sie als rein lokale/regionale Wählervereinigungen von der staatlichen Parteienfinanzierung ausgeschlossen sind, weshalb das Bundesverfassungsgericht häufiger mit Wählervereinigungen befasst ist (u.a. BVerfGE 6, 372; 24, 260; 69, 104; 78,

350; 85, 264; 99, 69; 121, 108; vgl. Fußnote 71) und was in der Literatur durchaus kritisch kommentiert wird (von Arnim 1997).

Politische Vereinigungen sind auch dann keine Parteien, wenn „ihre Mitglieder oder die Mitglieder ihres Vorstandes in der Mehrheit Ausländer sind oder (…) ihr Sitz oder ihre Geschäftsleitung sich außerhalb des Geltungsbereichs dieses Gesetzes befindet" (§ 2 Abs. 3 PartG; zu Merkmalen des Parteienbegriffs insg. Azzola et al. (1989: Art. 21, Rdnr. 29-34), Schmidt-Bleibtreu/Klein (2004: Art. 21), Stern (1984: 440-443)). Diese nationale Rückbindung ist für die etablierten deutschen Parteien kein akutes Problem,[80] allerdings ist anzunehmen, dass diese normativ-institutionelle Vorgabe seitens der Parteien unterschiedlich gedeutet und in unterschiedliche Regelungen zur Mitgliedschaftsberechtigung Nichtdeutscher übersetzt wird.

Die Auslegung des Gesetzgebers hinsichtlich der Frage, welche Vereinigungen als Parteien anzuerkennen sind, ist insgesamt restriktiver als es die allgemeinen Kriterien für Vereinigungen i.S.d. Art. 9 GG vorsehen. Die Fixierung auf die Wahlteilnahme wird vor allem verfassungsrechtlich begründet: An dieser Stelle wird erkennbar, dass die deutschen Parteien wie oben skizziert in einem zugangsbeschränkten Markt agieren, was als wesentliche Rahmenbedingung das Handeln der Parteiorganisationen anzusehen ist, die theoretisch entwickelte Annahme der Konvergenz und der primären Organisationsumwelt „Parteienkartell" bekräftigt und darüber hinaus in ökonomischer Sicht für die etablierten Parteien von Bedeutung ist. Festzuhalten ist, dass in der Legaldefinition des Parteiengesetzes die beiden im Grundgesetz bereits angelegten Paradigmen „vereinsähnliche, mitgliederorientierte Organisation" und „elektoral-wählerorientierte Organisation" klar erkennbar werden, wenngleich beide Aspekte strukturell-inhaltlich noch nicht gefüllt sind und es nicht zuletzt die Parteien selbst sind, die darüber entscheiden, welches Paradigma im Vordergrund stehen soll.

5.1.2.2 Regelungsbereich II: Parteigliederungen

Parteien sind durch das Gebot der Gründungsfreiheit in der Wahl ihrer Organisationsstruktur weitgehend frei und verfügen über eine stark ausgeprägte Organisationsautonomie (Augsberg 2009b: 197, Rdnr. 114). Art. 21 Abs. 1 S. 2 GG schließt das Recht mit ein, dass sich Parteien eine aus ihrer Sicht zweckmäßige Organisationsform geben dürfen. Das Parteiengesetz regelt daher nur, dass eine vertikal-territorial differenzierte Parteistruktur im Grundsatz notwendig ist: „Die Parteien gliedern sich in Gebietsverbände" (§ 7 Abs. 1 S. 1 PartG), wobei es sich in der Forderung des Abs. 1 S. 1 nicht um eine „bloße Feststellung, sondern ein verbindliches objektives Organisationsprinzip" handelt (Augsberg 2009b: 194, Rdnr. 198). Die konkrete Entscheidung über „Größe und Umfang der Gebietsverbände" (§ 7 Abs. 1 S. 2 PartG in Konkretisierung von § 6 Abs. 2 S. 6 PartG) obliegt dabei jeder Partei selbst. Eine satzungsrechtliche Klarstellung im Sinne einer Fest- und Offenlegung ist erforderlich, eine Untergliederung in Gebietsverbände ist verlangt, Zusammenschlüsse von Gebietsverbänden sind zulässig. Geregelt werden muss die Zahl und Art der Organisationsstufen, nicht jedoch die konkrete Größe. Landesverbände sind damit beispielsweise nicht gesetzlich erforderlich (was sich auch im

---

[80] Dies könnte für Europarteien künftig relevant werden (u.a. Jun/Höhne 2012; Mittag/Steuwer 2010; Poguntke/Pütz 2006), gegenwärtig sind diese allerdings keine Parteien im Sinne des Parteiengesetzes (Wißmann 2009a: Rdnr. 19).

Umkehrschluss aus § 7 Abs. 2 PartG ergibt, dazu Augsberg 2009b: 201, Rdnr. 227), wenngleich sie vom Gesetz als Regelfall unterstellt werden. Es können aber alternativ dazu durchaus niederstufigere Gebietsverbände gegründet werden (bspw. Bezirke). Im Einzelfall sind sogar Gebietsverbände entbehrlich: „Beschränkt sich die Organisation einer Partei auf das Gebiet eines Stadtstaates, braucht sie keine Gebietsverbände zu bilden" (§ 7 Abs. 1 S. 4 PartG).[81]

Entscheidend ist nicht eine abstrakte Größe, sondern, und dies ist das zentrale gesetzgeberische Anliegen, dass den Mitgliedern eine innerparteiliche Partizipation ermöglicht wird: „Die gebietliche Gliederung muß so weit ausgebaut sein, daß den einzelnen Mitgliedern eine angemessene Mitwirkung an der Willensbildung der Partei möglich ist" (§ 7 Abs. 1 S. 3 PartG). Was der zentrale Aspekt „angemessen" bedeutet ist offen, in jedem Fall aber ist er sowohl vertikal als auch horizontal zu verstehen. Letztlich kann die Angemessenheit nur im Einzelfall bestimmt werden, da starre Parameter fehlen: „Grundsätzlich kann es bei der Konkretisierung des Angemessenheitskriteriums vielmehr nur darum gehen, die zunächst abstrakte Forderung in eine vernünftige Relation zu den bei den Parteien existierenden Verhältnissen zu setzen." (Augsberg 2009b: 198, Rdnr. 118) Dies ist nicht unproblematisch, schließlich bleibt die Übersetzung der normativen Vorgabe in die organisationale Praxis unbestimmt und in der Hand der so in ihrer Organisationsautonomie gestärkten Parteien. Konkreter kann diese Voraussetzung nicht verstanden werden. Hilfreich und zulässig ist die Orientierung an einer Je-Desto-Formel: „Je größer die Zahl der Parteimitglieder ist, desto stärker muss die gebietliche Gliederung einer Partei horizontal und vertikal ausgebaut sein." (Ipsen 2008: 65, Rdnr. 68).

Der Terminus Gebietsverband meint zuvorderst eine Untergliederung für ein bestimmtes räumliches Gebiet (Ipsen 2008: 63, Rdnr. 65). Eine innerparteiliche Organisation ausschließlich nach Gruppen- und Interessenverbänden ist nach herrschender Meinung – mit dem Argument der Demokratiefeindlichkeit – ausgeschlossen (Augsberg 2009b: 197, Rdnr. 113), die Gründung ergänzender, sachlich-funktionaler Untergliederungen als Sonder- oder Nebenorganisationen allerdings zulässig. Parteiengesetzlich sind diese jedoch nicht vorgesehen und damit keinesfalls als Ersatz räumlicher Gebietsverbände zu verstehen (Ipsen 2008: 63, Rdnr. 64; Augsberg 2009b: 197-201, Rdnr. 113-126). Ähnlich verhält es sich mit „virtuellen", also lediglich online agierenden Parteigliederungen, die nach herrschender Meinung nicht als Gebietsverbände im Sinne von § 7 Abs. 1 S. 1 PartG zu verstehen sind und den dort formulierten Regelungsauftrag nicht erfüllen (Ipsen 2008: 63, Rdnr. 62). Auf diese Problematik ist an späterer Stelle noch einzugehen, wobei zu betonen ist, dass „das Vorhandensein von Gebietsverbänden (…) kein Definitionsmerkmal politischer Parteien [ist]. Vielmehr handelt es sich (…) bei der Pflicht zur Bildung von Gebietsverbänden um eine Vorgabe, die an den Status als politische Partei anknüpft", wie Ipsen (2008: 62-63, Rdnr. 61) betont. Festzuhalten ist, dass sich aus dieser parteiengesetzlichen Norm zwar keine konkrete Regelungsvorgabe ergibt, gleichwohl aber sichergestellt sein muss, dass Parteien realweltlich-territorial und nicht bloß virtuell untergliedert sind. Dies ist aus funktionalen und im Sinne des Gesetzgebers insbesondere aus normativ-demokratietheoretischen Gründen notwendig. Die regionale Präsenz soll sicherstellen, dass das Demokratiegebot des Grundgesetzes in der Organisationspraxis seinen Niederschlag findet und Parteimitglieder ohne großen Aufwand am Parteileben teilhaben können. Gerade für die kleinen Parteien kann aus dieser Forderung ein Handlungsauftrag, sich um

---

[81] Aus Gründen der Gleichbehandlung aller Parteien ist anzunehmen, dass dies entsprechend für stadtstaatliche Untergliederungen von Parteien, die in mehr als einem Bundesland organisiert sind, gilt (Augsberg 2009b: 199, Rdnr. 120).

schlecht erschlossene Gebiete organisatorisch zu bemühen, herausgelesen werden. Da jedoch das Parteiengesetz keine Sanktionsmöglichkeiten kennt, gründet der Wunsch nach flächendeckender Präsenz letztlich eher im Eigeninteresse der Parteien, das wiederum durch funktionale, normative oder institutionelle Gründe bestimmt werden könnte. Mit Blick auf die organisationsstrukturelle Dimension ist festzuhalten, dass die Notwendigkeit einer regional-räumlichen Untergliederung gesetzlich kodifiziert ist, konkrete Vorgaben über die Binnenstruktur einer Partei jedoch nicht gegeben sind. Normativ-institutionell ist bedeutsam, dass diese Regelung auf die Sicherstellung einer „angemessenen Mitwirkung an der Willensbildung der Partei" abzielt, was allerdings lediglich auf Parteimitglieder fokussiert (vgl. Abschnitt 5.1.2.4). In dieser Regelung wird das Paradigma einer partizipativen Mitgliederpartei deutlich.

5.1.2.3 Regelungsbereich III: Gremien und Organe

Die Regelung des § 7 PartG soll sicherstellen, dass die innerparteiliche Mitwirkung für jedes Mitglied leicht möglich ist. Parteien bedürfen zugleich einer arbeitsteiligen Binnenstruktur, weshalb nun im Sinne einer strukturellen Mitwirkungsermöglichung auf die Vorgaben des Parteiengesetzes zu Organen, Gremien und Versammlungen einzugehen ist (§§ 8, 9, 11 bis 14 PartG). Diese sind für die Arbeit von repräsentativdemokratisch aufgebauten Parteiorganisationen und für die Möglichkeiten einer partizipativen Mitwirkung entscheidend.

Es zeigt sich hier noch klarer als in der parteiengesetzlichen Legaldefinition, dass der Gesetzgeber Parteien als vereinsähnliche, mitgliederbasierte Organisationen versteht. Die gesetzliche Gesamtkonstruktion der Parteiorgane verdeutlicht, dass den Organisationsprinzipien privater Vereine und nicht denen staatlicher Strukturen gefolgt wird. Das politische Tagesgeschäft liegt beim Vorstand, grundlegende Angelegenheiten und Entscheidungen dagegen bei den Mitglieder- und Vertreterversammlungen. Es besteht keine ausdifferenzierte Gewalten- oder Funktionsteilung, sieht man einmal von der Schiedsgerichtsbarkeit ab. Den Mitglieder- oder Vertreterversammlungen ist alles untergeordnet (Seifert 1975: 229-230). So werden, den vereinsrechtlichen Vorgaben des BGB (§§ 21ff. BGB) nicht unähnlich, Mitgliederversammlung und Vorstand als notwendige Organe[82] vorgeschrieben (§ 8 Abs. 1 PartG). Auf örtlicher Ebene ist, dem Partizipationsprimat folgend, eine Mitgliedervollversammlung für Ortsverbände bis 250 Mitglieder zwingend vorgeschrieben (§ 8 Abs. 1 PartG), darüber hinaus oder bei großer räumlicher Ausdehnung sowie auf überörtlicher Gliederungsebene sind Vertreterversammlungen möglich, (insb. bei den Großparteien) üblich und zulässig, aber nicht notwendig. In diesem Falle besteht Regelungsfreiheit, wobei eine satzungsrechtliche Regelung erforderlich ist (auch Abweichungen sind satzungsrechtlich zu verankern, was die hohe Bedeutung formaler Statute bekräftigt). Es gilt dabei die bei fast allen innerparteilichen Ämtern rechtlich verankerte Befristung der Wahlperiode von Vertretern auf höchstens zwei Jahre (§ 8 Abs. 1 PartG). Debatten

---

[82] „Organe einer Körperschaft sind an sich alle Personen oder Personengesamtheiten, deren Handeln der Körperschaft rechtlich unmittelbar zuzurechnen ist und als Handeln der Körperschaft gilt." (Seifert 1975: 229) Der Organbegriff des Parteiengesetzes ist jedoch enger gefasst, Organe sind dem griechischen Wortsinn folgend Werkzeuge: Sie sind „der Willensbildung des jeweiligen Gebietsverbandes dienende Einrichtungen" (§ 8 Abs. 2 PartG), treffen also verbindlich für die jew. Gliederung die „maßgeblichen Entscheidungen über Bestand, Organisation, Ziele und Tätigkeit des Verbandes" (Regierungsentwurf 1959, Begründung zu § 11 Abs. 2 PartG, zitiert nach Seifert 1975: 229).

um eine Verlängerung der innerparteilichen Wahlperioden wurden bislang vom Gesetzgeber nicht weiter verfolgt.

Freiheiten bestehen hinsichtlich der Ausgestaltung der Vorstände. So muss der Vorstand „mindestens in jedem zweiten Kalenderjahr gewählt" und aus „mindestens drei Mitgliedern bestehen" (§ 11 Abs. 1 PartG), er kann jedoch häufiger, etwa jährlich, neu gewählt werden und größer sein. Zudem ist es möglich, dass dem Vorstand „Abgeordnete und andere Persönlichkeiten aus der Partei qua Satzung angehören" können, „wenn sie ihr Amt oder Mandat aus einer Wahl erhalten haben" (§ 11 Abs. 2 S. 1 PartG). Zur Absicherung der innerparteilich-demokratischen Grundprinzipien dürfen in diesem Fall nicht mehr als ein Fünftel der Vorstandsmitglieder qua Amt benannt werden. Derartige Abweichungsmöglichkeiten stellen eine wichtige Variationsmöglichkeit dar. So ist es durchaus bedeutsam, ob die Amtszeit ein Jahr oder zwei Jahre beträgt, und zwar hinsichtlich der Mitgliedermitwirkung, der innerparteilichen Elitenresponsivität sowie der Stellung der Parteieliten im Verhältnis zu meist auf längere Zeit organisationsextern gewählten Akteuren (insb. Parlamentarier, Regierungsmitglieder).

Nicht gesetzlich geregelt ist die Abwahl des Vorstands oder einzelner Vorstandsmitglieder. Damit gelten die Vorschriften des allgemeinen Vereinsrechts, das einen jederzeitigen Widerruf vorsieht, aber auch Einschränkungen zulässt: „Die Widerruflichkeit kann durch die Satzung auf den Fall beschränkt werden, dass ein wichtiger Grund für den Widerruf vorliegt; ein solcher Grund ist insbesondere grobe Pflichtverletzung oder Unfähigkeit zur ordnungsmäßigen Geschäftsführung." (§ 27 Abs. 2 BGB). Ob in Parteien die Widerruflichkeit tatsächlich eingeschränkt sein kann ist jedoch fraglich, schließlich ist anzunehmen, dass „die Bestellung des Vorstandes *uneingeschränkt* widerruflich ist, da der Vorstand einer wirklich demokratischen Organisation des jederzeitigen Vertrauens der HV bedarf" (Seifert 1975: 242, Hervorhebung im Original, HV: Hauptversammlung). Politisches Vertrauen ist ein sehr sensibles Gut und wird im Zweifel schon in Folge öffentlich-medialen Erwartungsdrucks sehr schnell entzogen.

Verfahrenstechnisch wenig flexibel gestaltet sich auf den ersten Blick die Wahl des Parteivorsitzenden (§ 9 Abs. 4 PartG): „Der Parteitag wählt den Vorsitzenden des Gebietsverbandes, seine Stellvertreter und die übrigen Mitglieder des Vorstandes, die Mitglieder etwaiger anderer Organe und die Vertreter in den Organen höherer Gebietsverbände, soweit in diesem Gesetz nichts anderes zugelassen ist." Damit wird die Wahl des Parteivorstands durch einen Parteitag zwingend vorgeschrieben. Offen ist die personelle Zusammensetzung des Parteitags, es kann sich sowohl um eine Mitglieder- oder Vertreterversammlung handeln. Eine verbindliche direktdemokratische Vorstandswahl durch Mitgliederentscheid/Urwahl ist jedoch ausgeschlossen (aber teilweise in der innerparteilichen Diskussion, Bukow 2012). Dies ist primär ein Relikt der damaligen Zeit, in der an derart partizipative Formen der Elitenauswahl nicht gedacht wurde. Eine umfassende Mitgliederbeteiligung wird damit ohne Gesetzesänderung dauerhaft erschwert, zumal Parteitage der oberen Ebenen fast immer Delegiertenversammlungen sind,[83] die in der Regel von Funktionären der mittleren Ebene dominiert werden und damit die organisationale Reformfähigkeit limitieren. Dass eine Änderung dieser Verfahrensbeschränkungen durch den Gesetzgeber möglich wäre steht außer Frage, wahrscheinlich ist es indes nicht, wie in den Parteien selbst vereinzelt betont wird (FDP 1). Allerdings ist eine breite Mitgliederbeteiligung selbst bei derart zentralen Personalfragen nicht zwingend ausgeschlossen, wie ein Blick

---

[83] Sieht man von wenigen Ausnahmen ab, in denen das Prinzip oder die Möglichkeit der Mitgliedervollversammlung in der Satzung verankert ist (beispielsweise Grüne Berlin, Hamburg, Hessen).

in die Praxis zeigt. Behelfskonstrukte wie eine konsultative Mitgliederbefragung zur Bestimmung des Parteivorsitzenden mit einer nachfolgenden formalen Wahl auf dem Parteitag zeigen,[84] dass die formalen Verfahren im Sinne einer partizipativen Öffnung zu umgehen sind (SPD 1), wenn dies – etwa bei Führungsversagen – gewollt oder erforderlich ist:

> „Interessant ist ja, dass es dann genutzt wird, wenn die gewählten Gremien sich nicht einigen können, versagen, sich nicht einigen wollen. (…) Nach dem Rücktritt Engholms auf Bundesebene, da gab es das ja satzungsmäßig noch nicht, deswegen musste man so mit der konsultativen Mitgliederbefragung, (…) das musste dann ja vom Parteitag wiederholt werden. Aber es gab eine. Aber es war da das, dass sich der Parteivorstand nicht auf einen Kandidaten einigen konnte, wollte oder so, und deswegen kam er auf das Mittel „fragen wir mal die Mitglieder"." (SPD 1)

Die formalen Vorgaben geben offensichtlich einen Rahmen vor, wobei zugleich Abweichungsspielräume für organisationsindividuelle Lösungen verbleiben, die dann in einzelnen Fällen zur Anwendung kommen. Regelungsfreiheiten bestehen zudem bei Aspekten wie der Unvereinbarkeit von Parlamentsmandat und Parteiamt, der Zulässigkeit von Ex-officio-Mitgliedschaften in Gremien und Organen, der Zusammensetzung von Vertreterversammlungen, der Festlegung einer verbindlichen oder fakultativen Frauenquote für Ämter und Mandate sowie der Möglichkeit, Mitgliedern über die Vorstandswahlen hinaus Mitwirkungsrechte einzuräumen. Es ist so durch den Gesetzgeber sichergestellt worden, dass sich das ideologisch-demokratische Selbstverständnis einer Partei auf die Binnenstruktur auswirken kann. Im Ergebnis ist festzuhalten, dass das Parteiengesetz explizit pfadabhängige, parteispezifische Organisationsbesonderheiten zulässt (Morlok 1991: 92; Kähler 2000: 12-13). Die Freiheit der Selbstorganisation wird nur insoweit eingeschränkt, als dass der innerparteiliche Willensbildungsprozess formaldemokratisch aufgebaut sein muss. Darüber hinaus bestehen vielfältige Gestaltungsspielräume.

5.1.2.4 Regelungsbereich IV: Mitgliedschaft, Mitglieder, -rechte und -pflichten

Mitgliedern kommt aus normativen Gesichtspunkten eine zentrale Bedeutung zu (siehe Abschnitt 4.2.3.2). Parteienrechtlich betrachtet wirken dabei, so etwa Wietschel (1996: 63), für Parteimitglieder durch die beschriebene grundgesetzliche Sonderstellung der Parteien einige Grundrechte direkt und nicht, wie bei übrigen politischen Vereinigungen, nur indirekt über die Lehre der mittelbaren Drittwirkung von Grundrechten. Diese Auffassung ist jedoch im Schrifttum streitig (Ipsen 2008: 87-89, Rdnr. 14-17, 2009: 872-874 Rdnr. 875-882), wenngleich sich die Debatte um die „viel diskutierte innerparteiliche Grundrechtsgeltung bei näherem Hinsehen als Scheinproblem erweist", wie Ipsen konstatiert (2008: 88-89, Rdnr. 15). Nach Ipsen ist „das Mitgliedschaftsverhältnis (…) unbeschadet verfassungsrechtlicher Überlagerungen, die sich aus Art. 21 GG ergeben können, dem Zivilrecht zuzuordnen" (Ipsen 2008: 83 Rdnr. 82). Streitigkeiten zwischen Parteien und ihren Mitgliedern sind somit bürgerliche Rechtsstreitigkeiten, die vor ordentlichen Gerichten ausgetragen werden können (§ 13 GVG). Insofern regelt das Parteiengesetz das Verhältnis zwischen (potenziellem) Mitglied und Partei, wobei dieses Verhältnis zudem durch Regelungen des BGB und die jeweilige Parteisatzung bestimmt wird.

---

[84] In ähnlicher Weise werden so teilweise auch Nichtmitglieder oder nicht wahlberechtigte Mitglieder in die Aufstellung von kommunalen Wahllisten oder Wahlkreiskandidaten für den Bundestag mit einbezogen (etwa Bündnis 90/Die Grünen Kreisverband Pankow 2008; zur Diskussion Bukow et al. 2009).

Zwei Dimensionen der formalen Parteimitgliedschaft sind besonders regelungsbedürftig: Der Ein- und Austritt (damit verbunden die Frage des Ausschlusses) sowie die Rechte und Pflichten, die sich aus der Mitgliedschaft ergeben. Dahinter steht ein als grundsätzlich anzunehmender Konflikt zwischen den Interessen des einzelnen Mitglieds und der Partei. In diesem Sinne regelt das Parteiengesetz die Aufnahmefreiheit der Parteien und im Gegenzug Einschränkungen der Rechtsstellung der aufgenommenen Mitglieder (Ipsen 2008: 82 Rdnr. 81). Wesentlich sind die in § 10 PartG verankerten Regelungen zum Ein- und Austritt, die nach § 6 Abs. 2 S. 2 PartG in jeder Parteisatzung ausgestaltet und verankert sein müssen. Da Parteien als weltliche Tendenzbetriebe zu interpretieren sind, muss ihnen das Recht eingeräumt werden, Beitrittswilligen die Aufnahme zu verweigern: „Die zuständigen Organe der Partei entscheiden nach näherer Bestimmung der Satzung frei über die Aufnahme von Mitgliedern. Die Ablehnung eines Aufnahmeantrages braucht nicht begründet zu werden. Allgemeine, auch befristete Aufnahmesperren sind nicht zulässig." (§ 10 Abs. 1 S. 1-2 PartG) Damit wird im Parteienrecht das Leitbild der Partei als Mitgliederorganisation – als Verein – bestärkt, schließlich bildet die „Aufnahmefreiheit (…) ein allgemeines vereinsrechtliches Prinzip, das grundsätzlich auch unabhängig von einer ausdrücklichen Normierung im Parteiengesetz gelten würde" (Ipsen 2008: 83 Rdnr. 83). Ein Aufnahmeanspruch ist nach § 10 Abs. 1 PartG somit ausgeschlossen, wobei ein solcher Anspruch durchaus kontrovers diskutiert wird (Wißmann 2009b: 227-228, Rdnr. 225-228; Wietschel 1996: 69-70). Nach herrschender Meinung ist Selektion durchaus zulässig, da ein individueller Aufnahmeanspruch auch aus Art. 21 Abs. 1 S. 3 GG nicht abgeleitet werden kann (Ipsen 2009: 874 Rdnr. 884), wie der Bundesgerichtshof bestätigt hat (BGHZ 101, 193). Es genügt, dass Parteien grundsätzlich für die Aufnahme neuer Mitglieder offen sind, darüber hinaus muss es den Parteien durchaus möglich sein, „ihr politisches Profil auch durch die Aufnahme bzw. Nichtaufnahme von Mitgliedern zu verdeutlichen" (Ipsen 2009: 875 Rdnr. 885). Problematisch ist dabei nicht das Recht der Ablehnung von potenziellen Mitgliedern, sondern dass die Ablehnung nicht begründet werden muss (es sei denn, die Partei entscheidet sich für eine Begründungspflicht und legt diese in der Satzung fest, bspw. § 4 Abs. 2 Satzung Grüne). Dies bedeutet, dass das Gesetz „für die bedeutendste Form politischer Organisation also nur die Willkür der jeweiligen Mitglieder bei der Entscheidung über die Aufnahme weiterer Bürger" (Morlok 1996: 232) kennt. Hier wird deutlich, dass die formale Hürde darin liegt, als Mitglied aufgenommen zu werden. Unabhängig davon, dass eine Mitgliedschaft in der Praxis nur selten verweigert wird, ist die parteiengesetzlich zugesicherte Begründungsfreiheit und die mangelnde gerichtliche Einklagbarkeit möglicherweise verfassungswidrig (Morlok 1996).[85] Für die gesetzliche Regelungstiefe der Aufnahme in eine Partei ist festzustellen, dass die diesbezüglichen Vorgaben „eher dürftig" (Wietschel 1996: 68) sind. Festgelegt wird jedoch, dass nur natürliche Personen Mitglied werden können; dass Personen, denen per Richterspruch das Wahlrecht oder die Wählbarkeit entzogen wurde, nicht aufgenommen werden dürfen; dass es keine gesetzliche Altersgrenze gibt und dass Ausländern nicht grundsätzlich die Mitgliedschaft verwehrt ist. Parteien verfügen hier über einen großen Gestaltungsspielraum, wenngleich dies von den Parteior-

---

[85] Zur Zahl verweigerter Mitgliedschaften liegen keine Daten vor. Die Regelung wurde bislang nicht verfassungsgerichtlich überprüft. Dass eine Verfassungswidrigkeit anzunehmen ist wird deutlich, wenn man sich den (theoretischen) Fall eines Bürgers vorstellt, dem ohne Begründung die Mitgliedschaft in sämtlichen (relevanten) deutschen Parteien verwehrt wird – was eine unbegründete, aber weitreichende Exklusion vom aktiven politischen Leben zur Folge hätte.

ganisationen so nicht unbedingt gesehen wird und sich diese durch das Prinzip der formalen Mitgliedschaft eingeengt fühlen (FDP 1, FDP 2).

Ist die Hürde des Parteibeitritts erst einmal genommen, genießt das Parteimitglied einen deutlich höheren Schutz durch das Parteienrecht. So sind etwa klare Regelungen über zulässige Ordnungsmaßnahmen, über Gründe, die zu Ordnungsmaßnahmen berechtigen und zur Frage, welche Parteiorgane Ordnungsmaßnahmen anordnen können, zwingend in der jeweiligen Satzung zu verankern (§ 10 Abs. 3 PartG). Damit eng verbunden sind jene Regelungen, die die Möglichkeit des Parteiausschlusses betreffen und so die Möglichkeit der innerparteilichen Opposition zusichern. Die zwingende Zulässigkeit einer innerparteilichen Opposition und innerparteilicher Faktionen ergibt sich in gewissem Umfang aus Art. 9 GG (Tsatsos/Morlok 1982: 63; zur Zulässigkeit weiterer Mitgliedschaften in Vereinigungen neben der Parteimitgliedschaft siehe Wietschel 1996: 63).

Im Untersuchungskontext ist bedeutsam, ob neben Mitgliederrechten auch -pflichten entstehen. Diese sind parteienrechtlich nur ex negativo und damit nur vage formuliert: Ein Parteiausschluss ist nur dann zulässig, wenn „vorsätzlich gegen die Satzung oder erheblich gegen die Grundsätze oder Ordnung der Partei" (§ 10 Abs. 4 PartG) verstoßen wurde. Das Streben nach Geschlossenheit darf und kann sich dabei allerdings „nicht auf den Willensbildungsprozeß, sondern allein auf die Einhaltung einer demokratisch erzielten Entscheidung beziehen" (Tsatsos/Morlok 1982). Kurzum: Das Parteiengesetz lässt weitgehende Freiheiten in der Entscheidung über die Aufnahme potenzieller Mitglieder, schützt jedoch diese vor einem voreiligen Parteiausschluss. Ein mitgliederseitig angestrebter Parteiaustritt muss dagegen jederzeit sofort möglich sein (§ 10 Abs. 2 S. 3 PartG).

Des Weiteren schreibt § 10 Abs. 2 S. 1 PartG vor, dass Mitglieder und Vertreter in den Parteiorganen über das gleiche Stimmrecht verfügen. Die Gleichheit aller Parteimitglieder ergibt sich hierbei grundrechtlich bedingt durch die Notwendigkeit einer strengeren und formaleren Anwendung des allgemeinen Gleichheitsgrundsatzes über das Verbot willkürlicher Ungleichbehandlung hinaus (Wietschel 1996: 64), wie es das allgemeine Vereinsrecht kennt (Seifert 1975: 219-220). Sonderrechte sind nur in sehr engem Umfang zulässig, alle Mitglieder sollen die grundsätzlich gleiche Chance der Mitwirkung haben. Weitere Mitwirkungsrechte und -pflichten ergeben sich aus § 10 PartG nicht direkt, werden jedoch indirekt durch die Regelungen zu anderen Bereichen (etwa Gliederung, Vorstands- und Ausschuss-Zusammensetzung) mit verankert: Da entsprechende Organe und Gremien teilweise implizit verankert sind, ergibt sich aus dem Gebot der innerparteilichen Demokratie die Verpflichtung, die Mitwirkung der Mitglieder zumindest mittelbar sicherzustellen. Bilanzierend ist festzuhalten, dass der Mitgliedschaft rechtlich ein hoher Stellenwert eingeräumt und das Mitglied zur Absicherung der innerparteilichen Meinungsfreiheit gut geschützt wird.[86] Eine klare Regelung über Partizipationsoptionen ist dagegen nicht vorgesehen, sieht man von der Pflicht zur Sicherstellung der Mitwirkungsmöglichkeit auf unterster Ebene ab. Somit ist kein umfassender rechtlicher Zwang (im Sinne einer Isomorphie-Wirkung hinsichtlich spezifischer Beteiligungsstrukturen) zu erkennen. Im Gegenteil, den Parteien verbleiben durch das von Verfassung-

---

[86] In jüngeren, formal nicht erfolgreichen Versuchen von Parteiausschlussverfahren (etwa gegen SPD-Landtagsabgeordnete (Hessen 2008/2009 oder ehemalige Spitzenpolitiker (Clement, 2008; Sarrazin, 2011) zeigt sich, dass dieser Schutz durchaus greift. Dazu kommt, dass Parteiausschlussverfahren als Angriff auf die innerparteiliche Demokratie verstanden und in der medial-gesellschaftlichen Debatte kritisch gesehen werden können.

und Gesetzgeber kodifizierte Recht in diesem Kontext weite organisationsstrukturelle Spielräume.

5.1.3 Die richterliche Rechtsfortbildung durch das Bundesverfassungsgericht

Die richterliche Rechtsfortbildung („Richterrecht") ist in erster Linie als subsidiäre Rechtsquelle zu verstehen. Dies bedeutet jedoch nicht, dass die höchstrichterliche Rechtsprechung keine Bedeutung für die Entwicklung der deutschen Parteien bzw. das staatlich-institutionelle Parteien- und Parteiorganisationsverständnis hat. Im Gegenteil, die Verfassungsrechtsprechung hat wesentlich zur Stärkung der Parteien beigetragen, auch wenn das Gericht einige argumentative Kehrtwendungen und paradigmatische Neuorientierungen hinsichtlich seines Parteienverständnisses vollzogen hat. Erst seit dem umfassenden Urteil zur Parteienfinanzierung 1992 scheint eine dauerhaft tragfähige Entscheidung getroffen worden zu sein. Seit diesem Urteil sind keine grundlegend-paradigmatischen Änderungen mehr vorgenommen worden, wenngleich die „Evolution" des Parteienrechts weiterging.

Das Bundesverfassungsgericht wurde häufig zur Entscheidungsfindung angerufen, sowohl im Streit zwischen den etablierten Parteien als auch in der Auseinandersetzung nicht etablierter Parteien mit den Etablierten. Es standen Entscheidungen zum Parteienverbot (SRP, KPD), zur staatlichen bzw. staatlich unterstützten Parteienfinanzierung sowie zu Wahlrechtsregelungen im Vordergrund (vgl. Tabelle 3). Selten hat sich die Rechtsprechung mit den Anforderungen an die Ausgestaltung der innerparteilichen Demokratie bzw. der demokratischen Grundsätze beschäftigt, dies ist vielmehr die Domäne juristischer, soziologischer und politikwissenschaftlicher Literatur (Kähler 2000: 10).[87] Im Ergebnis kommt der höchstrichterlichen Rechtsprechung eine zentrale Bedeutung für das bundesdeutsche Parteienverständnis zu. Dies liegt nicht nur an der Relevanz der Entscheidungen, sondern auch an der Besonderheit von Parteienrechtsetzung und -finanzierungsgesetzen: In beiden Fällen entscheiden die erfolgreichen, das heißt die im Parlament vertretenen Parteien, quasi als „Gesetzgeber in eigener Sache". Allerdings ist anzumerken, dass – gerade dem hier entwickelten Parteienverständnis folgend – die parlamentarischen Akteure nicht mit den Parteiorganisationen gleichzusetzen sind, so dass vielmehr ein „strukturelles Kontrolldefizit" anzunehmen ist (zur Unterscheidung und Diskussion Streit 2006). Aus diesem Defizit ergeben sich entsprechende Gefahren, etwa der Versuch einer Abschottung des Zugangs zur staatlichen Parteienfinanzierung. Das Bundesverfassungsgericht ist somit besonders stark als Kontrollinstanz gefordert und im Rahmen seiner Möglichkeiten zu „judicial activism" verpflichtet (Morlok 2003: 446).

---

[87] Eine Ausnahme auf Landesebene stellt etwa die Ungültigerklärung der Wahl zur Hamburgischen Bürgerschaft durch das Hamburger Verfassungsgericht vom 2. 6. 1991 dar (HbgVerfG 04.05.1993 Az: 3/92, HmbJVBl 1993, 56-78), siehe Arndt (1993) und Karg (2003).

Tabelle 3: Zentrale Entscheidungen des Bundesverfassungsgerichts zum Parteienrecht

Datum	Kurztitel/Verfahren	BVerfGE	Aktenzeichen
05.04.1952	Sperrklausel (WahlG SH 1950 § 3 Abs. 1)	1, 208-261	2 BvH 1/52
23.10.1952	SRP-Verbot	2, 1-79	1 BvB 1/51
17.08.1956	KPD-Verbot	5, 85-393	1 BvB 2/51
21.02.1957	Verstoß gg. Chancengleichheit durch EStDV 1955 § 49 Nr. 1a	6, 273-282	1 BvR 241/56
24.06.1958	1. Parteispenden-Urteil	8, 51	2 BvF 1/57
02.11.1960	Gleichstellung von „Rathausparteien" auf kommunaler Ebene	11, 351-366	2 BvR 504/60
19.07.1966	Parteienfinanzierung I	20, 56-119	2 BvF 1/65
		20, 119-134	2 BvE 1/62; 2 BvE 2/64
		20, 134-144	2 BvE 2/65
17.10.1968	Parteibegriff I	24, 260	2 BvE 4/67
03.12.1968	Wahlkampfkostenpauschale	24, 300	2 BvE 1/67; 2 BvE 3/67; 2 BvE 5/67
29.10.1975	Verfassungsschutz/NPD/Parteienprivileg	40, 287-294	2 BvE 1/75
09.03.1976	Wahlkampfkostenpauschale	41, 399-426	2 BvR 89/74
24.07.1979	2. Parteispenden-Urteil	52, 63-94	2 BvF 1/78
24.01.1984	Unmittelbare Geltung Art. 21 GG in den Bundesländern	66, 107-116	2 BvH 3/83
14.07.1986	Verdeckte Parteienfinanzierung durch parteinahe Stiftungen	73, 1-39	2 BvE 5/83
14.07.1986	3. Parteispendenurteil, Wahlkampfkosten, Parteienfinanzierung[88]	73, 40-117	2 BvE 2/84; 2 BvR 442/84
29.09.1990	Gesamtdeutsche Wahl, 5%-Sperrklausel	82, 322-352	2 BvE 1/90; 2 BvE 3/90; 2 BvE 4/90; 2 BvR 1247/90
16.07.1991	Fraktionsstatus PDS	84, 304-341	2 BvE 1/91
09.04.1992	Parteienfinanzierung II	85, 264-328	2 BvE 2/89
20.10.1993	Kandidatenaufstellung	89, 243-265	2 BvC 2/91
17.11.1994	Parteibegriff II	91, 276-294	2 BvB 2/93; 2 BvB 3/93
10.04.1997	Überhangmandate[89]	95, 335-407	2 BvF 1/95
10.04.1997	Grundmandatsklausel	95, 408-425	2 BvC 3/96
06.12.2001	Parteienfinanzierung (ehrenamtliche Leistungen)	104, 287-305	2 BvE 3/94
18.03.2003	Parteiverbotsverfahren NPD (Verfahrenseinstellung)	107, 339-395	2 BvB 1/01; 2 BvB 2/01; 2 BvB 3/01
26.10.2004	Drei-Länder-Quorum	111, 382-412	2 BvE 1/02; 2 BvE 2/02

Eigene Zusammenstellung.

Für die Rechtsprechung ist zunächst die Frage nach der Stellung der Parteien der Ausgangspunkt. Von deren Stellung im Verfassungsgefüge bzw. dem Verständnis ihrer Stellung hängt es ab, ob sich aus Art. 21 GG hinsichtlich der staatlichen Unterstützungen ein Verbot, ein Neutralitätsgebot oder gar eine Unterstützungspflicht ergibt, mit den jeweiligen Implikationen für Parteien, Parteiensystem und Parteienwettbewerb. In der Konsolidierungsphase des Parteiensystems waren vor allem die beiden Verbotsverfahren von zentraler Bedeutung, flankierend

---

[88] Diese Entscheidung nimmt keinen direkten Bezug auf Art. 21 GG, sondern auf das PartG und das EStG, ist aber von entscheidender Bedeutung für das Parteienverständnis des Bundesverfassungsgerichts.
[89] Zum „negativen Stimmgewicht" im Zusammenhang mit Überhangmandaten siehe auch BVerfG, 2 BvC 1/07 vom 3.7.2008; zum Problem bei der Bundestagswahl 2005 bspw. Niedermayer (2008a); zur verspäteten, höchst kontrovers diskutierten Neufassung des Wahlrechts durch die CDU/CSU/FDP-Koalition BT-Drs. 17/6290, 17/7069 sowie Deutscher Bundestag (2010). Ein Klageverfahren ist anhängig (2 BvR 2670/11; 2 BvF 3/11 bzw. 2 BvE 9/11) und wird im Juli 2012 entschieden.

dazu Verfahren zu Sperrklauseln in der Wahlgesetzgebung. In diesen frühen Urteilen bekräftigt das Gericht die zentrale Bedeutung politischer Parteien und legt die Grundlagen für die späteren Parteienfinanzierungsurteile, die besonders deutlich die Schwierigkeiten des Gerichts widerspiegeln, die Stellung der Parteien zwischen Gesellschaft und Staat präzise zu bestimmen. Gerade in den Urteilen zur Parteienfinanzierung verändert sich die Einschätzung des Gerichts. Zugleich wird gerade in diesen Urteilen der enge Zusammenhang zwischen Parteienverständnis, Parteienfinanzierung, Parteiorganisationserwartungen und der Bedeutung von Parteimitgliedern deutlich.

5.1.3.1 Parteienverständnis I: Parteien im Parteienstaat

Vor der Anerkennung der staatlichen Parteienfinanzierung steht die frühe verfassungsgerichtliche Anerkennung des modernen Parteienstaates. So hält das Bundesverfassungsgericht im „Sperrklausel-Verfahren" in seiner Urteilsbegründung fest, dass Art. 21 Abs. 1 GG den modernen demokratischen Parteienstaat verfassungsrechtlich legalisiert:

> „Ein solcher Einbau enthält die Anerkennung, dass Parteien nicht nur politisch und soziologisch, sondern auch rechtlich relevante Organisationen sind. Sie sind zu integrierenden Bestandteilen des Verfassungsaufbaus und des verfassungsrechtlich geordneten politischen Lebens geworden." (BVerfGE 1, 208 (225))

Damit sind Parteien nunmehr verfassungsrechtlich fest verankert. Der Gesetzgeber hat, so das Bundesverfassungsgericht, die in der Weimarer Reichsverfassung noch gegebene Diskrepanz zwischen geschriebenem Verfassungsrecht und politischer Realität behoben. Das Gericht kommt des Weiteren zu dem Schluss, dass nach dem Grundgesetz bzw. den Verfassungen der Länder Parlamentswahlen faktisch Parteiwahlen sind – anders sei Demokratie nicht realisierbar, nur Parteien könnten die Interessen des Volkes in die Staatsorganisation transportieren (Azzola et al.: Art. 21 I 23 Rdnr. 14):

> „In der Demokratie von heute haben die Parteien allein die Möglichkeit, die Wähler zu politisch aktionsfähigen Gruppen zusammenzuschließen. Sie erscheinen geradezu als das Sprachrohr, dessen sich das mündig gewordene Volk bedient, um sich artikuliert äußern und politische Entscheidungen fällen zu können." (BVerfGE 1, 208 (225))

Die hier vertretene Leibholzsche Parteienstaatslehre hält gleichwohl an einer klaren Trennung von Volks- und Staatswillensbildung fest, Parteien werden als zentrale Verknüpfung verstanden. Die Verfassungsrichter benennen mit Verweis auf Radbruch und in Anlehnung an Jellinek die Parteien als Kreationsorgane, „ohne deren Zwischenschaltung die amorphe Volksmasse gar nicht imstande wäre, die Organe der Staatsgewalt aus sich zu entlassen" (Radbruch in Anschütz/Thoma 1930, zitiert nach BVerfGE 1, 208 (225)). Damit ist schon aus funktionalen Gründen jede Demokratie ein Parteienstaat. Die Staatsorgane leben nicht aus sich, sondern nur aus der Gesellschaft heraus. Das notwendige Bindeglied sind die Parteien, die so zu „Elementen des staatlichen Bereichs und der staatlichen Willensbildung gemacht" werden. Parteien üben damit Funktionen eines Verfassungsorgans aus (BVerfGE 1, 208 (225, 227); 2, 1 (73); 5, 85 (133 bis 134)), womit das Gericht zugleich die Idee eines repräsentativen Parlamentarismus im liberalen Sinne ablehnt (Glaeßner 1999: 326). Parteien werden nach dieser frühen Einschätzung klar im staatsnahen Bereich verortet – eine Position, von der das Verfassungsgericht in späteren Urteilen abrückt, wie im Parteienfinanzierungsurteil I (1966) deutlich wird:

„Das Verfassungsgebot der grundsätzlich staatsfreien und offenen Meinungs- und Willensbildung vom Volk zu den Staatsorganen wehrt eben wegen dieser Tätigkeit der politischen Parteien jede staatlich-institutionelle Verfestigung der Parteien ab und verbietet ihre Einfügung in den Bereich der organisierten Staatlichkeit." (BVerfGE 20, 56 (133))

Diese privilegierte Stellung der Parteien als Institution von Verfassungsrang erfordert und legitimiert die bereits diskutierten organisationsstrukturellen Vorgaben des Art. 21 GG, insbesondere die Notwendigkeit innerparteilicher Demokratie. Im SRP-Urteil (1952, BVerfGE 2, 1) kommen diese Überlegungen zum Tragen, das Gericht urteilt unter Bezug auf die formal weitgehend demokratisch strukturierte, faktisch jedoch dem Führerprinzip folgende SRP (zur SRP Lösche 1994: 160-162; zur Bedeutung des Urteils Glaeßner 1999: 323):

„Demokratische Grundsätze für die innere Ordnung einer politischen Partei sind: der Aufbau der Partei muß von unten nach oben erfolgen, die Mitglieder dürfen nicht von der Willensbildung ausgeschlossen sein, die grundsätzliche Gleichwertigkeit der Mitglieder sowie die Freiheit zu Eintritt und Ausscheiden muß gewährleistet sein." (BVerfGE 2, 1)

Der zweite wichtige Aspekt im SRP-Urteil ist die Betonung einer Inkorporierung der Parteien in den Staat. Diese inkorporierte Sonderstellung ist allerdings nur dann im Sinne des Verfassungsgebers, wenn die Parteien die freiheitlich-demokratische Grundordnung als Grundlage respektieren.[90] Diese beiden Aspekte machen das SRP-Urteil zu einem prägenden Urteil für das Parteienverständnis des obersten Gerichts. Im KPD-Urteil (1956, BVerfGE 5, 85) leitet das Bundesverfassungsgericht aus der besonderen Bedeutung der Parteien für das demokratische System ab, dass die Freiheit der Parteien möglichst weit auszulegen ist und ein Parteiverbot an besonders harte Bedingungen geknüpft sein muss: „Eine Partei ist nicht schon dann verfassungswidrig, wenn sie die obersten Prinzipien einer freiheitlichen demokratischen Grundordnung (…) nicht anerkennt; es muß vielmehr eine aktiv kämpferische, aggressive Haltung gegenüber der bestehenden Ordnung hinzukommen." (BVerfGE 5, 85 (Leitsatz 5)) Allerdings, so wird gleich im Anschluss einschränkend argumentiert, verlange Art. 21 Abs. 2 GG nicht „wie § 81 StGB ein konkretes Unternehmen; es genügt, wenn der politische Kurs der Partei durch eine Absicht bestimmt ist, die grundsätzlich und dauernd tendenziell auf die Bekämpfung der freiheitlichen demokratischen Grundordnung gerichtet ist" (BVerfGE 5, 85 (Leitsatz 5)). Deutlich wird in diesen Urteilen und in dem darin erkennbaren Parteienverständnis des Gerichts, dass wie schon das kodifizierte Parteienrecht auch das Richterrecht den Parteien als Ausdruck ihrer verfassungsrechtlichen Sonderstellung große inhaltliche und organisatorische Freiheiten einräumt, zugleich aber Mindestansprüche im Sinne institutionell-normativer Erwartungen formuliert. Diese organisationsstrukturellen Erwartungen werden in der staatlichen Parteienfinanzierung ebenfalls deutlich, die zur Vervollständigung der Analyse des parteienrechtlichen Handlungsrahmens nun zu betrachten ist.

---

[90] Diese Grundordnung ist an acht Merkmalen festzumachen: „So lässt sich die freiheitliche demokratische Grundordnung als eine Ordnung bestimmen, die unter Ausschluss jeglicher Gewalt- und Willkürherrschaft eine rechtsstaatliche Herrschaftsordnung auf der Grundlage der Selbstbestimmung des Volkes nach dem Willen der jeweiligen Mehrheit und der Freiheit und Gleichheit darstellt. Zu den grundlegenden Prinzipien dieser Ordnung sind mindestens zu rechnen: die Achtung vor den im Grundgesetz konkretisierten Menschenrechten, vor allem vor dem Recht der Persönlichkeit auf Leben und freie Entfaltung, die Volkssouveränität, die Gewaltenteilung, die Verantwortlichkeit der Regierung, die Gesetzmäßigkeit der Verwaltung, die Unabhängigkeit der Gerichte, das Mehrparteienprinzip und die Chancengleichheit für alle politischen Parteien mit dem Recht auf verfassungsmäßige Bildung und Ausübung einer Opposition." (BVerfGE 2, 1 Abs. 2)

5.1.3.2 Parteienverständnis II: Die staatliche Parteienfinanzierung und deren ökonomische sowie paradigmatische Implikationen

Eine staatliche Parteienfinanzierung hat direkte ökonomische Auswirkungen auf die Parteien und deren Organisation bzw. deren Organisationsentwicklung, etwa durch die bereitgestellten Mittel selbst oder durch Vorgaben zur Buchhaltung und Rechnungslegung. Im Zuge der Parteiengesetzgebung von 1967 wurde etwa bei den Unionsparteien die Zentralisierung der Mitgliederverwaltung innerparteilich durchsetzbar. Darüber hinaus sorgte die staatliche Mittelzuweisung für neue Möglichkeiten der zentralen Organisationsgestaltung:

> „Es dürfte zunächst kaum zweifelhaft sein, daß eine staatliche Parteienfinanzierung den Umfang des „Apparates" nicht unerheblich anschwellen lassen und seine Position innerhalb der Parteien beträchtlich steigern würde. Die heute in der Mehrzahl der Parteien noch bestehende Unsicherheit hinsichtlich ihres finanziellen Rückhalts würde zudem der Gewissheit eines nur durch das Wahlergebnis alle vier Jahre einer möglichen Schwankung unterworfenen Staatseinkommens Platz machen. Das wiederum würde die Stellung der Parteifunktionäre ihrer Besoldung und Sicherheit nach der eines Landes- oder Bundesbeamten vergleichbar erscheinen lassen. Ganz allgemein würde der Parteiapparat als solcher gefestigter, das hierarchische Denken noch ausgeprägter und die Bedeutung der Funktionäre innerhalb der Partei insgesamt noch gewichtiger werden." (Kewenig 1964: 839)

Die Regularien der staatlichen Parteienfinanzierung sind nicht nur hinsichtlich der organisationspraktischen Parteienfinanzierung relevant. Neben dem durch das Bundesverfassungsgericht erzwungenen Parteiengesetz verankert die parteienfinanzierungsbezogene Rechtsprechung des Gerichtes selbst institutionelle Erwartungen an die Parteien: „Parteienfinanzierungsrecht ist (...) weithin Richterrecht" (Horn 1990: 1). Die Parteienfinanzierung und die diesbezügliche Rechtsprechung sind direkt mit normativ-institutionellen Erwartungen an die Parteien verknüpft. Das heißt, die Bedeutung der Parteienfinanzierung geht weit über den ökonomischen und organisationalen Aspekt hinaus, sie bringt organisationsparadigmatische Erwartungen zum Ausdruck und hat so organisationsstrukturelle Folgen für die Parteiorganisationen und die Parteiapparate. Im Ergebnis ist die Frage, welche Kriterien zur Bemessung der jeweils auszuschüttenden Höhe staatlicher Mittel herangezogen werden, keine rein technisch zu lösende Problemstellung. Es handelt sich vielmehr um eine politisch-normative Entscheidung, die das oberste Gericht immer wieder kontrovers diskutiert und unterschiedlich beantwortet hat. Diese bis 1992 bemerkenswert häufigen Änderungen und theoretisch-paradigmatischen Kehrtwendungen führten dazu, dass die Parteienfinanzierung in Deutschland „immer mehr demokratischeren Spielregeln unterworfen" (Adams 2005: 537) wurde und vergleichsweise transparent ist. Die einzelnen Entwicklungsschritte sind hier nicht weiter auszuführen (dazu Ipsen 2008: 156-172), entscheidend sind primär der kodifizierte Status quo, die aktuelle Rechtsauffassung und das dahinter liegende Parteienverständnis.

Das Urteil „Parteienfinanzierung II" vom 09.04.1992 (BVerfGE 85, 264) stellt eine grundsätzliche Neupositionierung des Bundesverfassungsgerichts dar.[91] Zentral ist die Abkehr vom Trennungskonstrukt, also von der Annahme einer möglichen Unterscheidung von Staats- und Volkswillensbildung. Im Sinne dieses Trennungskonstrukts wurden formalrechtlich und buchhalterisch die staatlichen Mittel als Walkampfkostenrückerstattung deklariert und als solche zweckgebunden. Demgemäß wurde zwischen der staatlich zu unterstützenden Wahlteilnahme und der selbstständig zu finanzierenden, gesellschafts- und vereinsbezogenen Parteiak-

---

[91] Dabei bezieht es sich in weiten Teilen auf das Urteil von 1958: Im Ergebnis wird 1992 die Mindermeinung der Verfassungsrichter Böckenförde und Mahrenholz von 1968 zur Mehrheitsposition am Bundesverfassungsgericht.

tivität unterschieden. Doch, so räumt das Bundesverfassungsgericht selbst ein, dieses Trennungskonstrukt war schon lange obsolet und wurde zudem unter Billigung des Gerichts in dieser Form nicht mehr praktiziert. Im Ergebnis wurde 1992 erstmals eine allgemeine staatliche Teilfinanzierung der Parteien in Deutschland verfassungsgerichtlich legitimiert:

> „Die für den Prozeß der politischen Willensbildung im demokratischen Staat entscheidende Rückkoppelung zwischen Staatsorganen und Volk ist auch Sache der Parteien. Sie erschöpft sich nicht in dem nur in Abständen wiederkehrenden Akt der Wahl des Parlaments. Willensbildung des Volkes und Willensbildung in den Staatsorganen vollziehen sich in vielfältiger und tagtäglicher, von den Parteien mitgeformter Wechselwirkung. (…) Entgegen der bisher vom Senat vertretenen Auffassung ist der Staat verfassungsrechtlich nicht gehindert, den Parteien Mittel für die Finanzierung der allgemein ihnen nach dem Grundgesetz obliegenden Tätigkeit zu gewähren. (…) Deshalb ist es – entgegen der bisherigen Rechtsprechung des Senats (vgl. erstmals BVerfGE 20, 56 (113ff.)) – nicht geboten, die Grenzen staatlicher Finanzierung der Parteien von Verfassungs wegen in der Erstattung der „notwendigen Kosten eines angemessenen Wahlkampfes" zu suchen. (…) Die Wirklichkeit der staatlichen Parteienfinanzierung hat sich davon – mit grundsätzlicher Billigung durch die Rechtsprechung des Bundesverfassungsgerichts – auch längst gelöst." (BVerfGE 85, 264)

Doch wenngleich die Tätigkeitsbereiche der Parteien nicht mehr strikt voneinander abzugrenzen sind, so soll dies nicht dazu führen, dass eine rein staatliche Finanzierung der Parteien zulässig wäre. Das Gericht hält an der „50-Prozent-Formel" fest, die nur eine staatliche Teilfinanzierung als verfassungskonform zulässt:

> „Der verfassungsrechtliche Grundsatz der Staatsfreiheit erlaubt jedoch nur eine Teilfinanzierung der allgemeinen Tätigkeit der politischen Parteien aus staatlichen Mitteln. (…) Der Grundsatz der Staatsfreiheit der Parteien wird durch die Gewährung finanzieller Zuwendungen mithin dann verletzt, wenn durch sie die Parteien der Notwendigkeit enthoben werden, sich um die finanzielle Unterstützung ihrer Aktivitäten durch ihre Mitglieder und ihnen nahestehenden Bürger zu bemühen. Wird dies außer acht gelassen, laufen die Parteien Gefahr, sich aus ihrer gesellschaftlichen Verwurzelung zu lösen." (BVerfGE 85, 264)

Das zentrale Argument liegt darin, dass die Parteien durch eine übergroße Staatsquote die gesellschaftliche Anbindung zu verlieren drohen und zu sehr in die staatliche Sphäre abgleiten könnten. Es soll jedoch sichergestellt sein, dass Parteien jederzeit nur insoweit staatlich unterstützt werden, wie sie gesellschaftlich verankert sind. Aus diesem Grund ist etwa ein Sockelbetrag als unzulässig anzusehen:

> „Der Grundsatz der Freiheit der Parteien vom Staat enthält das Gebot der fortdauernden Verankerung der Parteien in der Gesellschaft und ihrer darauf beruhenden Staatsferne. Es ist mit dem Grundgesetz nicht vereinbar, daß die genannte Vorschrift den Parteien (…) staatliche Mittel zuweist, ohne bei der Bemessung des Umfangs den Erfolg ihrer Bemühungen um eine finanzielle Unterstützung ihrer Politik durch Mitglieder und Spender sowie ihren Wahlerfolg zu berücksichtigen." (BVerfGE 85, 264)

Damit betont das Bundesverfassungsgericht das Leitbild einer gesellschaftlich verankerten, vereinsartigen Mitgliederpartei. Zugleich wird der Wahlerfolg als Kriterium der gesellschaftlichen Verankerung herangezogen. Das Gericht vertritt ganz offensichtlich ein dualistisches Parteienverständnis. Drei Aspekte in diesem Urteil sind fundamental:

- Die staatliche Teilfinanzierung für die gesamte Parteiarbeit ist im Grundsatz zulässig.
- Die gesellschaftliche Verwurzelung der Parteien ist zu berücksichtigen und zu erhalten. Indikatoren für diese Verwurzelung sind der Erfolg beim Wähler (Wählerstimmenvergütung) und der Erfolg als Verein (Mitgliedsbeiträge und Spenden natürlicher Personen), wobei eine relative Obergrenze (50 Prozent Staatsfinanzierung einer Partei) nicht überschritten werden darf.

- Eine absolute Obergrenze der Staatsmittel für die Parteienfinanzierung insgesamt ist einzuhalten.[92]

Der Gesetzgeber hat rasch reagiert und das Urteil mit Wirkung vom 1. Januar 1994 umgesetzt (BGBl. I 1994: 142). Damit besteht seit 1994 eine allgemeine staatliche Parteienteilfinanzierung, die den Parteien eine verlässliche[93] Einnahmequelle bietet und durch die relative Obergrenze ein aktives Bemühen der Parteien um Mitgliedsbeiträge und Spenden (Zuwendungsanteil, § 18 Abs. 3 PartG) erforderlich macht.[94] Dazu kommt die Gratifikation des Wahlerfolgs, der als primäres Parteiziel gleichermaßen anerkannt wird (schließlich ist die Wahlteilnahme das zentrale legaldefinitorische Merkmal von Parteien; Wählerstimmenanteil, § 18 Abs. 3 PartG). Als Anspruchsvoraussetzung bleibt die bereits etablierte 0,5-Prozent-Regel bestehen (zu weiteren/abweichenden Voraussetzungen Deutscher Bundestag (Referat PM 3) 2011). Es gelingt den Parteien also, den Zugang zur staatlichen Parteienfinanzierung einzuschränken, was angesichts der absoluten Obergrenze von großer Bedeutung ist (§ 18 Abs. 2 PartG). Berücksichtigt man noch weitere Einnahmequellen, insbesondere die vielfach kritisierte indirekte Finanzierung der Parteien,[95] so strukturiert sich die Parteienfinanzierung in Deutschland in ihrer Gesamtheit wie in Abbildung 4 dargestellt.

---

[92] Diese absolute Grenze stellt einen Anreiz dar, neuen Wettbewerbern den Zugriff auf staatliche Parteienfinanzierung so schwer wie möglich zu machen, siehe dazu etwa die Veränderungen im Berechnungsmodus der staatlichen Mittel durch die Änderung von § 18 PartG im Jahr 2011 (PartGuaÄndG vom 3.08.2011, BGBl. I: 1748 Nr. 45 und 3141). Inwieweit diese Änderungen zulässig sind, wird gegenwärtig verfassungsgerichtlich überprüft, da u.a. die Piraten und die ÖDP gegen die Gesetzesänderung klagen.
[93] Die Zahlungen erfolgen sehr regelmäßig, da ohne weiteren Antrag zur Mitte jedes Quartals eine Abschlagszahlung von 25 Prozent der festgesetzten Mittel des jeweiligen Jahres ausgezahlt wird. Unsicherheit in der Planbarkeit ergibt sich durch die Abhängigkeit von den Wahlergebnissen, ein unerwartet schlechtes Abschneiden bei einer Wahl führt u. U. zu ernsthaften finanziellen Einbußen.
[94] Zudem sind Zuwendungen natürlicher Personen über den berücksichtigungsfähigen Betrag von 3.300 € hinaus ebenso zulässig wie Zuwendungen von juristischen Personen – damit besteht ein Anreiz, über die 50 Prozent-Marke hinaus Beiträge und Spenden einzuwerben. Diese Zuwendungen bleiben zwar bei der Berechnung des Zuwendungsanteils außen vor, werden allerdings zur Berechnung der relativen Obergrenze mit berücksichtigt.
[95] Diese wird häufig beanstandet, ist sie doch in absoluten Zahlen mittlerweile deutlich höher als die direkte staatliche Parteienfinanzierung (Wiesendahl 2006b: 112-116; von Arnim 2001, 2002, 2003). Die Aufstockung der indirekten/verdeckten Parteienfinanzierung führt zu einer Stärkung der Fraktionen, Parlamentarier und parteinahen Stiftungen. So sind etwa die umfangreichen Mittelzuweisungen an die Parlamentsfraktionen als staatliche Zuschüsse an die Party in Public Office zu verstehen, die damit gegenüber der Parteiorganisation im engeren Sinn (Party Central Office) an Bedeutung gewinnt (höhere Personalausstattung; v.a. für den Policy-Bereich relevant). Dazu kommt, dass durch die absolute Begrenzung der Wahlvorbereitungs- bzw. später Parteienfinanzierungsmittel die Parteien dazu gebracht wurden, wichtige Parteiaufgaben in Nebenorganisationen auszulagern. So wurde die Zersplitterung der Parteiorganisation/-aufgaben vorangetrieben. Zudem war es möglich, die insgesamt verfügbaren Mittel drastische zu steigern (besonders deutlich wird dies an den parteinahen Stiftungen, die u.a. stark im Bereich der Nachwuchsrekrutierung und -ausbildung engagiert sind; zur Tätigkeit und steuerrechtlichen Problematik Lehmann (2012)).

Abbildung 4: Einnahmequellen der deutschen Parteien (Gesamtfinanzierung)

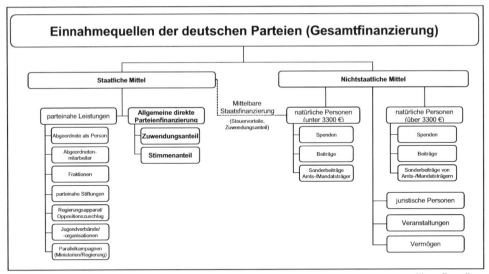

Eigene Darstellung.

Die mit der gesetzlichen Neuregelung gefundene Lösung stellt nicht nur alle etablierten Parteien zufrieden, sondern beendet zudem den bis dato unsteten Kurs des obersten Gerichts. Nach 1992 werden nur noch wenige Veränderungen der Parteienfinanzierung virulent, vor allem die Verschärfung der Offenlegungspflichten und die Sanktionen bei Verstoß gegen das Parteiengesetz nach dem CDU-Spendenskandal (BGBl. I 2002: 2268) sind zu nennen. Dem Versuch, den Kreis der anspruchsberechtigten Parteien durch die Einführung eines Drei-Länder-Quorums weiter einzuschränken und so das „Parteienkartell" abzuschotten, wurde im Oktober 2004 Einhalt geboten (BVerfGE 111, 382). Das Gericht sah die „Gefahr eines Verlustes der politischen Vielfalt und damit einer Einschränkung des Parteienwettbewerbs" (BVerfGE 111, 382 (405)). Das Drei-Länder-Quorum wurde im Dezember 2004 aufgehoben (BGBl. I 2004: 3673). Bemerkenswert hinsichtlich seiner normativ-paradigmatischen Dimension ist in dieser Gesetzesänderung insbesondere die Gleichstellung von Mandatsträgerabgaben und Mitgliedsbeiträgen (BGBl. I 2004: 3673). Werden wie hier geschehen Mandatsträgerabgaben in Folge rückläufiger Beitragseinnahmen als Ersatzzahlung und als „gesellschaftliche" Finanzierungsleistung der parteilichen Mandatsträger verstanden, so ist dies im Sinne einer vereinsartigen Verwurzelung der Parteien in der Gesellschaft durchaus bedenklich, können diese Sonderabgaben doch gerade nicht als Indikator der gesellschaftlichen Verwurzelung herangezogen werden (Lenz 2002), auf die es nach Meinung des Bundesverfassungsgerichts besonders ankommt (BVerfGE 85, 264 (283-284; 292)). Hierin zeigt sich einmal mehr, wie es der Gesetzgeber versteht, die rechtlichen Vorgaben des Bundesverfassungsgerichts in gewissem Umfang zu umgehen, also institutionellen Zwang organisationsspezifisch umzudeuten und anzupassen. Dieser Aspekt ist deshalb so bedeutsam, weil faktisch davon auszugehen ist, dass die von 1984 bis 2003 in den Beitragseinnahmen versteckten Mandatsträgerabgaben schon lange die Einnahmeeinbußen in Folge einer schrumpfenden Mitgliedschaft kompensieren (Ebbighausen 1996: 50; Bundespräsidialamt 2001: 92-94; Cordes 2002: 254; Wiesendahl 2006a: 136). Daher ist diese

Gleichstellung und damit die „Berücksichtigung von Mandatsträgerabgaben bei der Bemessung des zuwendungsbezogenen Teils der staatlichen Mittel (…) durchaus verfassungsrechtlich und -politisch nicht unproblematisch" (Ipsen 2008: 190 Rdnr. 110). Es ist eben mitnichten eine echte gesellschaftliche Parteienunterstützung, wenn staatliche Diäten über den Umweg der privaten Mandatsträgerkonten direkt an die Parteiorganisationen weitergereicht werden. Mit Fokus auf die Parteiorganisationen in ihrer Gesamtheit ist auffällig, dass sich diese dauerhaft in unterschiedlicher Weise über Mitgliederbeiträge und Spenden finanzieren, es kann von einen Typendualismus gesprochen werden (Adams 2005: 489). Die staatliche Parteienfinanzierung reduziert diesen Dualismus, ohne ihn gänzlich aufzuheben, wie Tabelle 4 verdeutlicht.[96]

Tabelle 4: Parteieinnahmen nach Herkunftsart in Prozent der jew. Gesamteinnahmen (Ø 2003-2010; gemäß § 24 Abs. 9 PartG)

Einnahmeart	CDU	CSU	SPD	FDP	Grüne	Linke
Mitgliedsbeiträge	28,6	23,3	29,2	21,3	20,8	40,3
Mandatsträgerbeiträge/ähnl. regelmäßige Beiträge	12,2	7,6	13,3	6,6	20,0	8,6
Spenden natürlicher/juristischer Personen	16,8	21,4	7,6	28,2	14,3	8,6
Staatliche Mittel	29,6	27,2	26,9	32,7	37,8	38,5

Einnahmeanteile (alle Parteiebenen);[97] eigene Berechnung; Quelle: Rechenschaftsberichte der Parteien/Deutscher Bundestag.

Ein anderes Bild ergibt sich allerdings, wenn man auf die Bundesebene und damit die Bundesgeschäftsstellen fokussiert. Für diese sind vor allem die direkten staatlichen Mittel von größter Bedeutung (Tabelle 5). Im Gegensatz zu den anderen Parteiebenen sind gerade die Parteizentralen auf die staatliche Finanzierung angewiesen. Sie „hängen bei ihrer Finanzierung am Tropf des Staates" (Wiesendahl 2006b: 53) und sind seit geraumer Zeit stets überwiegend aus öffentlichen Mitteln finanziert, wobei sich durchaus Unterschiede im Detail ergeben, je nachdem, wie die direkten staatlichen Mittel parteiintern auf die verschiedenen Ebenen verteilt werden. (Cordes 2002: 83-100). Diese große Bedeutung staatlicher Mittel für die Bundesparteien setzt sich jedoch auch in den 2000er-Jahren fort (Tabelle 5). Beiträge und Mandatsträgerabgaben – die Einnahmen aus der Party on the Ground und der Party in Public Office – gehen dagegen zu großen Teilen an die Untergliederungen, allein schon weil diese über eine große Zahl von Mandatsträgern auf Kommunal- und Landesebene verfügen. Zu Recht betont also Wiesendahl (2006b: 51), dass vor allem die zentralen Parteiapparate überwiegend staatlich finanziert werden: „Faktisch ist damit die Unterhaltszahlung für das „Party Central Office" in öffentliche Zuständigkeit übergegangen." Damit spielt in allen Parteien auf Bundesebene die Finanzierung durch Beiträge, Mandatsträgerabgaben und Spenden eine eher untergeordnete Rolle. In keiner Partei macht der Anteil der Beitrags- und Mandatsträgerabgabenanteil hier mehr als 20 Prozent aus. Das heißt, die staatliche Parteienfinanzierung ermöglicht überhaupt erst einen Ausbau der Party Central Offices und hat damit schon aus ökonomischen Gründen einen wesentlichen Anteil an der Organisationsentwicklung der deutschen Parteien.

---

[96] Unterschiedliche Rechnungslegungsvorgaben lassen einen Vergleich der Parteieinnahmen zum Zeitraum vor 2004 nicht zu. Für den beobachtbaren Zeitraum ist dabei die Einschätzung, dass die Mitgliedsbeiträge der Parteien einbrechen (so etwa Fried 2009), nicht ganz richtig, auch wenn sie zu Teilen durchaus abnehmen bzw. stark schwanken.
[97] In diesen Berechnungen (basierend auf den Parteiangaben gemäß § 24 Abs. 9 PartG) sind parteiinterne Zuschüsse von Gliederungen (§ 24 Abs. 4 Nr. 10 PartG) nicht berücksichtigt.

Tabelle 5: Anteil staatlicher Mittel an Gesamteinnahmen (Bundesparteien; in Prozent) (gemäß § 24 Abs. 4 PartG)

	Ø 2003-2010	2003	2004	2005	2006	2007	2008	2009	2010
CDU	68,6	69,9	71,3	59,7	69,9	68,5	69,3	67,2	75,9
CSU	49,4	55,7	50,3	45,7	49,0	48,8	46,8	49,5	48,0
SPD	46,0	59,0	44,0	42,8	42,8	49,8	43,3	37,6	48,3
FDP	59,3	69,7	58,4	56,9	62,0	52,5	58,9	51,8	67,9
Grüne	47,9	60,1	45,7	41,3	47,5	47,7	45,9	45,6	46,6
Linke	71,7	78,2	74,8	70,1	69,8	75,1	70,6	69,0	68,8

Anteil der staatlichen Mittel an den Gesamteinnahmen der Bundesparteien (CSU: Landespartei) in Prozent; eigene Berechnung; Quelle: Rechenschaftsberichte der Parteien/Deutscher Bundestag.

Die Daten für die Parteizentralen und die Struktur der Gesamteinnahmen der Bundesparteien verdeutlichen, dass auf Bundesebene eine Abhängigkeit der Parteizentralen von den staatlichen Mitteln besteht. Es ist darüber hinaus zu konstatieren, dass gerade die Parteizentralen regelmäßig die Verlierer der parteiinternen Geldverteilungskämpfe waren (Schönbohm 1985: 120; Lösche/Walter 1992: 234-235; Wiesendahl 2006a: 138-139). Bei den Parteizentralen hat seit Mitte der 1980er-Jahre eine „Verlagerung zur erhöhten Finanzierung aus öffentlichen Mitteln stattgefunden" (Cordes 2002: 259). In der Folge hat die Basisfinanzierung an Bedeutung verloren. Wiesendahl spitzt dies sogar noch zu, wenn er für die Bundesparteien und deren Parteizentralen betont: „Ihr Charakter als staatlich ausgehaltene Subventionspartei erlaubt es diesen Gliederungsstellen der Parteien, sich aus der Abhängigkeit von Mitgliedsbeiträgen zu befreien und sich gegenüber der Parteibasis stärker zu verselbstständigen." (Wiesendahl 2006b: 51)

Doch lässt sich aus der Abhängigkeit von der direkten staatlichen Finanzierung ableiten, dass die Mitgliederentwicklung für die Parteizentralen eine weniger wichtige Rolle spielt oder dass diese sich bereits vom Modell der Mitgliederpartei gelöst haben? Dagegen spricht, dass Beitragseinnahmen und Spenden von Mitgliedern weiterhin einen relevanten Anteil an den Einnahmen und damit in der Berechnung der staatlichen Zuschüsse haben. Dagegen spricht auch, dass die legitimatorische Bedeutung von Parteimitgliedern weiterhin groß ist, wie es etwa der öffentlich zelebrierte Wettkampf um den Titel „mitgliederstärkste Partei" zwischen SPD und CDU (Niedermayer 2009; Rossmann 2012) oder der Parteiorganisationsreformprozess der SPD 2009-2011 (Bukow 2012) zeigen. Dieser institutionelle Erwartungsdruck wird auch darin deutlich, dass der Versuch, die staatlichen Mittel der allgemeinen Parteienfinanzierung – mit dem Argument zunehmender Einnahmeverluste in Folge sinkender Mitgliederzahlen – zu erhöhen, zunächst scheiterte und kritisiert wurde: „Parteien sollen laut Gesetz für erfolgreiche Mitgliederwerbung und Wahlergebnisse belohnt werden – nicht aber sich für den eigenen Mitgliederschwund vom Steuerzahler entschädigen lassen." (Volkery/Weiland 2007). Zwischenzeitlich wurde die Erhöhung jedoch durchgesetzt, wobei – dies verdeutlicht die Problematik – sogar eine automatische jährliche Erhöhung der staatlichen Mittel mitbeschlossen wurde.[98] Zudem ist festzuhalten, dass seit der grundlegenden Reform der staatlichen Parteienfinanzierung 1992 die Zuweisung der öffentlichen Mittel zu einem großen Anteil von den Beiträgen

---

[98] Siehe Zehntes Änderungsgesetz zum Parteiengesetz (PartGuaÄndG vom 3.08.2011, BGBl. I: 1748 Nr. 45 und 3141). „Das jährliche Gesamtvolumen staatlicher Mittel beträgt demnach 141,9 Mio. € für das Jahr 2011 und 150,8 Mio. € für das Jahr 2012. Ab 2013 wird sich die absolute Obergrenze jährlich im Rahmen einer in § 18 Abs. 2 PartG geregelten Dynamisierung erhöhen." (Deutscher Bundestag (Referat PM 3) 2011).

und Spenden an die Partei abhängig ist,[99] wodurch auch die Parteizentralen von einem Ausbleiben der Beiträge betroffen wären. Schließlich ist anzunehmen, dass der institutionelle Druck, dem Mitgliederschwund entgegenzuwirken, hoch ist. Damit wird zu prüfen sein, ob die differente Einnahmestruktur der Bundesebene Folgen für die Wahrnehmung der Bedeutung von Mitgliedern hat oder ob die indirekte Relevanz einer stabilen Basisfinanzierung genügt, um Wahrnehmungs- und Einstellungsdifferenzen zu den Landesparteien zu verhindern.

Die staatliche Parteienfinanzierung hat im Ergebnis zwar die Gesamteinnahmen stabilisiert, eine parteispezifische Abhängigkeit von Spenden und Mitgliedern bleibt jedoch bestehen. Daraus dürfte sich, das ökonomische Argument aufgreifend, gerade für die stark auf Mitgliedsbeiträge angewiesenen Parteien ein besonderer Druck ergeben, beitragszahlende Mitglieder zu behalten. Eher spendenorientierte Parteien müssten dagegen darauf bedacht sein, den Kreis der potenziellen Spender, die häufig auch Parteimitglieder sind, zu erhalten. Daneben ist jedoch eine elektorale Fixierung in beiden Fällen ergänzend im Parteienrecht angelegt.[100] Insgesamt wirkt das Parteienrecht auch hier lediglich strukturierend, nicht jedoch determinierend, wobei die Rechtsprechung des Bundesverfassungsgerichts sehr deutlich Organisationsparadigmen benennt und institutionelle Erwartungen klar zum Ausdruck bringt. Zugleich zeigt sich, dass die Parteien den eigentlichen Duktus des Gesetzes und der Rechtsprechung zu ihren Gunsten umgehen, etwa indem sie Mandatsträgerabgaben den Mitgliedsbeiträgen gleichgestellt haben und so das Leitbild der in der Gesellschaft verankerten Mitgliederpartei zumindest partiell konterkarieren.

5.1.4 *Parteienrecht: Institutioneller Rahmen mit partieller organisationaler Wirkung*

Das Parteienrecht mit den hier untersuchten organisationsrechtlichen Aspekten stellt für den Aufbau und die Struktur der deutschen Parteien einen weit gefassten Rahmen dar, der bei der Regelung binnenrechtlicher Aspekte Rücksicht auf den Parteienwettbewerb nimmt (Morlok 2003; Köhler 2006). Dabei werden im Parteienrecht zwei parallele Wettbewerbe berücksichtigt: einerseits der zwischenparteiliche Wettbewerb der Parteien um die Wählergunst und andererseits der „Wettbewerb der Bürger darum, ihre persönlichen Interessen und Überzeugungen im politischen Raum zu Geltung zu bringen" (Morlok 2003: 425). Das Grundgesetz verankert dazu wie dargestellt einen privilegierten Status der Parteien, den das erst spät verabschiedete Parteiengesetz organisationsrechtlich ausfüllen will. Detailregelungen hinsichtlich der innerparteilich-organisatorischen, vereinsrechtlichen Seite sind jedoch nur vereinzelt zu finden. Damit hat das Parteiengesetz aus Sicht seiner Kritiker die Vorgabe des Verfassungsgerichts aus dem

---

[99] Nicht jedoch die Steigerung der absolut zur Verfügung stehenden Finanzmittel. Hier wird mit der jüngsten Gesetzesänderung verdeutlicht, dass Personalausgaben als „typische" Ausgabe von Parteiorganisationen verstanden werden, weshalb steigende Lohnkosten im öffentlichen Sektor auch steigende Einnahmen der Parteien nach sich ziehen sollen: „Die absolute Obergrenze erhöht sich jährlich, jedoch erstmals für das Jahr 2013, um den Prozentsatz, abgerundet auf ein Zehntel Prozent, um den sich der Preisindex der für eine Partei typischen Ausgaben im dem Anspruchsjahr vorangegangenen Jahr erhöht hat. Grundlage des Preisindexes ist zu einem Wägungsanteil von 70 Prozent der allgemeine Verbraucherpreisindex und von 30 Prozent der Index der tariflichen Monatsgehälter der Arbeiter und Angestellten bei Gebietskörperschaften." (§ 18 Abs. 2 S. 2-3 PartG)

[100] Tatsächlich sind, mit Blick auf die nicht zu umgehende relative Obergrenze, Einnahmen aus Beiträgen, Mandatsträgersonderabgaben u.ä. (Einnahmen laut § 24 Abs. 4 Nr. 1 bis 7) von bevorzugter Bedeutung (§ 18 Abs. 5 S. 1 PartG).

Jahre 1952, nämlich die demokratischen Grundsätze des Art. 21 Abs. 1 S. 3 GG „im einzelnen zu entwickeln" (BVerfGE 2, 1 (40)), nicht ausreichend erfüllt (vgl. Fußnote 78).

Für die Parteien als Wettbewerbsorganisation haben die Regelungen des zweiten Abschnitts des Parteiengesetzes zur inneren Ordnung mehrfache Relevanz. Die Verpflichtung zur Verabschiedung einer Satzung mit gewissen Mindestinhalten dient der Transparenz; darüber hinaus tragen klare Regelungen zu einer verbesserten Handlungsfähigkeit bei: „Eine Kompetenzordnung und Verfahrensbestimmungen, die in Grundsätzen auch im Parteiengesetz selbst noch spezifiziert werden, dienen der Schlagkraft einer Partei." (Morlok 2003: 426) Die Offenheit des Parteiengesetzes ermöglicht den Parteien dabei, innerparteiliche Mitgliederbeteiligung und Partizipationsstrukturen nach eigener Ideologie und Vorstellung zu gestalten, was im Parteienwettbewerb durchaus als „Markenzeichen" genutzt werden kann und wird. Das Parteiengesetz steht also einer Öffnung der Parteien bei Parteireformen und einer Ausweitung der Mitgliederbeteiligung von wenigen Ausnahmen abgesehen nicht im Weg. Im Wettbewerbskontext macht auch das Recht der Entscheidungshoheit über Mitgliedschaftsanträge Sinn, da nur so die politische Handlungsfähigkeit sichergestellt und ein geschlossenes Bild nach außen gewährleistet werden kann.

Vor allem aber strukturieren und sichern die binnenrechtlichen Regelungen des Parteiengesetzes die parteiinterne Arbeit. Innerparteiliche Demokratie ist dabei grundgesetzlich-normativ ebenso notwendig wie aus funktionaler Sicht zur Sicherung einer pluralen Parteiendemokratie erforderlich. Innerparteiliche Demokratie erfordert einen dauerhaften innerparteilichen Diskurs, abgesichert durch das Parteiengesetz, etwa durch die Hürden im Falle eines Parteiausschlusses. Versteht man das innerparteiliche Demokratiegebot mitgliedschaftsrechtlich, so ergeben sich zudem Informations- und Teilhaberechte für die Mitglieder sowie ein Recht auf Chancengleichheit beim Konkurrenzkampf um politischen Einfluss innerhalb der Partei, woraus sich allerdings ein Konflikt mit § 10 Abs. 1 S. 1 bis 2 PartG ergibt (freie Auswahl der Mitglieder, Morlok 2003: 430).

Entstehungsgeschichtlich bedingt enthält das Parteiengesetz keine klare organisationsstrukturell wirksame normative Zielbestimmung. Vielmehr werden beide Organisationsparadigmen, das Modell der Mitgliederpartei und das der wahlorientierten Partei, durchaus erkennbar. Der Gesetzgeber verzichtete jedoch darauf, einen neuen rechtsverbindlichen Standard für Parteiorganisation und deren Aufbau zu setzen. Die erfolgte Fixierung des damaligen Status quo ist indes nachvollziehbar, legte der Gesetzgeber in der Auslegung der grundgesetzlich beschränkten Organisationsfreiheit politischer Parteien doch weitgehend die positiven Erfahrungen der Parteien zu Grunde. Zudem musste der Gesetzgeber einen Kompromiss finden, der einerseits die Freiheit der Parteien und andererseits die effektive Wahrung der Verfassungsvorgaben sicherstellt. Insofern ist das Parteiengesetz hinsichtlich der Organisationsvorschriften im Wesentlichen als Rahmengesetz gehalten. Es gewährt den Parteien Satzungsautonomie sowie partielle Organisations- und Gestaltungsfreiheit interner Strukturen. Von einem detailbezogenen Rechtszwang zur organisationsstrukturellen Konformität kann also keine Rede sein.

Konkreter wird das Parteiengesetz in seinen beiden organisationsstrukturellen Abschnitten: Deren Ziel ist es, die Funktionserfüllung der Parteien sicherzustellen, innerparteilich (Mitgliederbeteiligung, Willensbildung von unten nach oben, Handlungsfähigkeit) wie außerparteilich (Handlungsfähigkeit, Darstellung und geschlossenes Auftreten nach außen[101]). Das Partei-

---

[101] Dazu dienen etwa die Parteischiedsgerichte (§ 14 PartG) oder Maßnahmen gegen Gebietsverbände (§ 16 PartG).

engesetz wählt hinsichtlich der Parteiorganisation einen Mittelweg zwischen Mindestvorgaben und reduzierter Regelungsdichte. Während Mindeststandards Partizipationsoptionen sowie inner- und zwischenparteiliche Chancengleichheit sichern, bietet eine möglichst zurückhaltende Regelungsdichte ein Maximum an Organisations- und Satzungsautonomie. Strengere Vorgaben finden sich bei der formalen Abwicklung der Rechnungslegung, teilweise bei den Vorgaben für die Aufstellung von Wahlbewerbern[102] und bei der Wahl der Parteivorsitzenden. Allerdings sind auch diese Vorgaben durchaus noch gestaltungsoffen, etwa durch eine Trennung von Entscheidungsfindung und Wahlakt. Genauere und umfangreiche Vorgaben finden sich im Bereich der Parteienfinanzierung. Mit der Entwicklung einer allgemeinen staatlichen Parteienfinanzierung wird dieser Bereich des Parteienrechts bedeutsamer, hier dominiert die verfassungsgerichtliche Rechtsprechung die Entwicklung des Parteienrechts. Dabei kommt der Verfassungsrechtsprechung nicht nur hinsichtlich der ökonomischen Dimension eine zentrale Bedeutung zu, auch organisationsstrukturell skizziert das Gericht durchaus detailreich institutionelle Erwartungen und Mindestanforderungen an die politischen Parteien, die damit zwischen einer Mitglieder- und Wahlorientierung stehen und so eine gewisse Wahlfreiheit genießen. In der Summe ergibt sich an dieser Stelle ein komplexes Bild: Zwar besteht durchaus eine „legalistic culture" (Poguntke 1994) und ein umfangreiches Parteienrecht – ein Zwang zur Angleichung, zur Isomorphie qua Recht, ist gleichwohl nicht gegeben. Für Parteien bestehen nicht zuletzt in Folge ihrer grundgesetzlichen Sonderstellung in Fragen ihrer vereinsrechtlichen Organisationsgestaltung vielfältige Freiheiten. Damit ist nun zu prüfen, ob und wie die Parteien diese Freiheit nutzen und wie sie sich in ihrer formalen Organisationsstruktur zwischen Mitglieder- und Wählerorientierung aufstellen, soweit dies überhaupt als Gegensatz verstanden werden kann bzw. soll.

5.2 Die formalstrukturelle Umsetzung institutioneller Vorgaben

Im nächsten Schritt sind die zentralen Erkenntnisse der Rechtsanalyse mit der formalstrukturellen Realität der Parteien in Bezug zu setzen (zur Datenbasis siehe Fußnote 8). Dass das Parteienrecht in den Parteizentralen auf Wahrnehmungsebene als steuernd oder gar als die Handlungs- und Organisationsfreiheit einschränkend wahrgenommen wird, zeigt sich deutlich in den geführten Interviews. Mehrfach werden tatsächliche oder vermeintliche Innovationshürden beklagt. So wird betont, dass die parteilichen „Aufgaben durch die Verfassung festgelegt" (FDP 1) seien, oder: „Das erklärt sich nach wie vor aus dem Auftrag, finde ich, den Parteien in unserem Grundgesetz für sich reklamieren können. Die Parteien sind dafür da und dafür zuständig, Demokratie in der Bundesrepublik Deutschland sicherzustellen und auch weiterzuentwickeln" (SPD 3). Es wird allerdings beklagt, dass „es sehr enge Hürden im Parteiengesetz gibt" (FDP 2), so dass bisweilen in Satzungsfragen und bei „Grundfragen der Strukturentscheidung" (Linke 3) direkt externe Rechtsberatung eingeholt bzw. eingekauft werden muss (Linke 1, 3), weil man in der Frage der (Neu-)Organisation an „sehr spezifische Rechtsregelungen gebunden" sei (Linke 3) und man befürchtet, ohne Rechtberatung nicht rechtskonform handeln zu können. Zugleich wird dem Parteiengesetz im Sinne einer Wettbewerbsschließung

---

[102] Reglungen dazu finden sich vor allem in der Wahlgesetzgebung von Bund und Ländern und nicht im Parteienrecht.

eine Stabilisierungsfunktion zugeschrieben, da durch dieses „die erfolgreiche Gründung einer Partei extrem schwierig" (Linke 3) sei. Dies zeigt, dass auf Wahrnehmungsebene eine prägende Wirkung des Parteienrechts besteht. Darüber hinaus werden das Parteienrecht und darin verankerte institutionelle Erwartungen an Parteien als Handlungsargument herangezogen. Dies zeigt bereits die legitimatorische Bedeutung auf, die dem Rechtsrahmen hinsichtlich eigener Handlungs- und Organisationsaspekte eingeräumt wird. Darüber hinaus, dies ist an dieser Stelle bereits zu erwähnen, werden Rechtsfragen und die Einhaltung rechtlicher Voraussetzungen (insb. im Bereich Parteienfinanzierung), als für die unteren Parteiorganisationsebenen nicht immer einfach angesehen. Dies trifft auf ein Selbstverständnis der oberen Ebene, in diesen Dingen „Experte" zu sein. Daraus wird ein Handlungsauftrag zur Fehlervermeidung unterer Ebenen konstruiert, schließlich sei auf der Grundlage dieser Expertise nach unten durchzusteuern, „so dass keine Fehler übrig bleiben. (…) [Da] bin ich dann Apparatschik oder Organisator oder Organisationsverantwortlicher: Wir dürfen hier keine Fehler machen" (Linke 1).

Nachfolgend ist zu prüfen, wie sich einzelne Vorgaben des Parteiengesetzes konkret auf die Ausgestaltungsfreiheit der Parteien auswirken. Es gilt, die formalstrukturelle Umsetzung rechtlicher und institutioneller Vorgaben in parteienvergleichender Perspektive zu analysieren, um so zu klären, inwieweit der bestehende Abweichungs- und Gestaltungsspielraum genutzt wird oder inwieweit eine zwischenparteiliche Kongruenz formaler Strukturen und Organisationsmerkmale zu konstatieren ist. Das Augenmerk der nachfolgenden Vergleichsanalyse richtet sich auf ausgewählte formalstrukturelle Regelungen und Aspekte. Im Fokus stehen die allgemeine Satzungsgestaltung sowie die Regelungen zu Parteigliederungen, Gremien und Organen, Mitgliedschaft und Mitgliederrechten, Beteiligungsoptionen. Auch strukturelle und satzungsrechtliche Besonderheiten werden berücksichtigt. Dabei sind erstens Übereinstimmungen und vergleichbare Regelungen von Interesse, zweitens die Frage der innerparteilichen Verfahrensmitwirkung und drittens die Autonomie der Parteigliederungen bzw. die Weisungskompetenzen und Top-down-Steuerungsmöglichkeiten der Bundesparteien im Sinne einer zentralisierten Leitorganisation, sind doch gerade hier parteispezifische, historisch-kulturell bedingte Unterschiede zu vermuten. Die nachfolgende Analyse stellt somit einerseits einen Bezug zur Wirkung des Parteienrechts her, andererseits aber geht sie darüber hinaus und prüft den organisationalen Status quo der deutschen Parteien hinsichtlich Kongruenz, Differenz und organisationsstrukturellem Selbstverständnis. Als dritte Untersuchungsdimension ist es in diesem Zusammenhang angebracht, anhand zweier Beispiele organisationsstruktureller Regelungen (Virtuelle Parteigliederungen; (Probe-)Mitgliedschaft auf Zeit) exemplarisch zu untersuchen, in welchem Umfang Isomorphie qua Nachahmung bei organisationsstrukturellen Reformen eine Rolle spielt. So kann geklärt werden, inwieweit die Parteien im spezifisch-gemeinsamen Organisationskontext quasi selbstreferenziell agieren.

5.2.1 Satzung und Programm

5.2.1.1 Satzungen und Statute als innerparteiliche Spielregeln mit Transparenzwirkung

Satzungen und Organisationsstatute stellen die formal-juristische Grundlage jedweden parteilichen Handelns dar und dürfen in ihrer Bedeutung nicht unterschätzt werden. Außer Frage steht, dass die realen Organisations- und Arbeitsstrukturen zusätzlich von informellen Verfahren und Strukturen bestimmt werden, und schließlich sollten „party constitutions (...) not be read in isolation" (Smith/Gauja 2010: 773). Diesem Befund wird an späterer Stelle durch die Organisationskulturanalyse Rechnung getragen, wobei eine umfassende Analyse informeller Strukturen und Arbeitsweisen in parteienvergleichender Perspektive im Rahmen dieser Untersuchung nicht erfolgt. Der Fokus dieses Untersuchungsschrittes liegt auf der organisationalen Umsetzung formalrechtlicher Normen und darin ausgedrückter institutioneller Erwartungen. Parteisatzungen werden damit als Niederschrift formaler Spielregeln innerparteilichen Handelns verstanden; sie werden als innerparteiliche Umsetzung der parteienrechtlichen Wettbewerbsbedingungen, die den innerparteilichen Wettbewerb strukturieren, gedeutet. Parteisatzungen und -statute binden jedes Organisationsmitglied, strukturieren die Organisation, manifestieren Machtstrukturen bzw. Einflusschancen und bringen zugleich das parteilich-organisationale Selbstverständnis öffentlich zum Ausdruck.

Parteisatzungen und -statute haben zudem eine wesentliche Bedeutung und Funktion, indem sie ganz im Sinne des Wettbewerbs innerparteiliche Strukturen, Organisations- und Arbeitsweisen offen legen. Sie schaffen Transparenz und stellen eine zumindest grundstrukturell-minimalistische Vergleichbarkeit sicher, für Mitglieder, Interessierte, potenzielle Mitglieder und Wähler. Sie verschaffen den rechtlichen Regelungen und damit verbundenen institutionell-normativen Vorgaben innerparteiliche Geltungskraft. Aus diesem Grund haben Parteisatzungen über die Machtfrage hinaus eine ganz wesentliche organisationsinterne wie -externe Bedeutung. Schon aus diesem Grund sieht das Parteiengesetz zwingend vor, dass alle zentralen Organisationsaspekte schriftlich in den Statuten zu regeln (§ 6 Abs. 1-2 PartG) und beim Bundeswahlleiter zu hinterlegen sind (§ 6 Abs. 3 PartG).

5.2.1.2 Gesetzliche Mindestvorgaben und deren parteiliche Umsetzung

Während das Parteiengesetz den Inhalt und die Mindestanforderungen eines Parteiprogramms nicht weiter spezifiziert (§ 6 Abs. 1 S. 1 PartG), benennt es in § 6 Abs. 2 PartG sehr konkret die in einer Satzung zu regelnden Aspekte:

Die Satzungen müssen Bestimmungen enthalten über

1. Namen sowie Kurzbezeichnung, sofern eine solche verwandt wird, Sitz und Tätigkeitsgebiet der Partei,
2. Aufnahme und Austritt der Mitglieder,
3. Rechte und Pflichten der Mitglieder,
4. zulässige Ordnungsmaßnahmen gegen Mitglieder und ihren Ausschluß (§ 10 Abs. 3 bis 5),
5. zulässige Ordnungsmaßnahmen gegen Gebietsverbände,
6. allgemeine Gliederung der Partei,
7. Zusammensetzung und Befugnisse des Vorstandes und der übrigen Organe,
8. der Beschlußfassung durch die Mitglieder- und Vertreterversammlungen nach § 9 vorbehaltene Angelegenheiten,
9. Voraussetzung, Form und Frist der Einberufung der Mitglieder- und Vertreterversammlungen sowie Beurkundung der Beschlüsse,
10. Gebietsverbände und Organe, die zur Einreichung (Unterzeichnung) von Wahlvorschlägen für Wahlen zu Volksvertretungen befugt sind, soweit hierüber keine gesetzlichen Vorschriften bestehen,

11. eine Urabstimmung der Mitglieder und das Verfahren, wenn der Parteitag die Auflösung der Partei oder des Gebietsverbandes oder die Verschmelzung mit anderen Parteien nach § 9 Abs. 3 beschlossen hat. Der Beschluß gilt nach dem Ergebnis der Urabstimmung als bestätigt, geändert oder aufgehoben,
12. Form und Inhalt einer Finanzordnung, die den Vorschriften des Fünften Abschnittes dieses Gesetzes genügt.

Diese detaillierte Auflistung der satzungsgemäß zu regelnden Sachverhalte betont, welche Bedeutung auch von Seiten des Gesetzgebers den formalen Strukturen zugeschrieben wird. Dabei stehen die genaue Ausgestaltung der Satzung bzw. die satzungstechnische Umsetzung dieser Vorgaben den Parteien im Rahmen des Parteiengesetzes frei. Erwähnenswert ist dabei etwa die Vorgabe, das Tätigkeitsgebiet der Partei zu benennen. Dieses ist, bedingt durch § 2 Abs. 1 und 2 PartG, in der Regel das Gebiet der Bundesrepublik, nicht jedoch der europäische Raum – hier wird der nationalstaatliche Kontext und das damit verbundene, oben theoretisch skizzierte Organisationsumfeld verankert. Mit Blick auf die innerparteiliche Wirkung der gesetzlichen Vorgaben ist dabei nicht nur § 6 Abs. 2 PartG, sondern auch damit verbunden § 6 Abs. 1 PartG zu beachten. Dieser sieht neben der Satzungs- und Programmpflicht vor: „Die Gebietsverbände regeln ihre Angelegenheiten durch eigene Satzungen, soweit die Satzung des jeweils nächsthöheren Gebietsverbandes hierüber keine Vorschriften enthält" (§ 6 Abs. 1 S. 2 PartG). Damit wird, bei einer garantierten Satzungsautonomie der Gebietsverbände, dem Prinzip „lex superior derogat legi inferiori" gefolgt (wie es auch in Art. 31 GG zum Ausdruck kommt). Das heißt, die höhere Parteiebene verfügt letztlich über die Letztentscheidungskompetenz, die also bei der Bundespartei liegt, konkret: den Bundesparteitagen und in nur wenigen Fällen der Mitgliedschaft direkt (im Falle der Zulässigkeit von Satzungsänderungen mittels Mitgliederentscheid). Dies entspricht auch dem Verständnis von § 7 PartG, der Parteien als hierarchisch gegliederte Vereine versteht. Allerdings ist einschränkend auf den Wortlaut des Parteiengesetzes hinzuweisen: Der in § 6 Abs. 1 S. 2 PartG zum Ausdruck kommende Handlungsauftrag für die Gebietsverbände lässt eine Einschränkung in der Satzungsgestaltung nur durch die jeweils nächsthöhere Verbandsebene zu (im Regierungsentwurf von 1959 war noch die Formulierung „Satzungen höherer Gebietsverbände" vorgesehen, Augsberg 2009a: 181, Rdnr. 11). Ein direkter Zugriff der Bundespartei auf die unteren Ebenen ist damit problematisch (so etwa der Satzungsausschluss für Ortsverbände in § 18 Statut CDU 2009), in der Praxis aber zu umgehen, wenn die Bundessatzung eine Weitergabe von Regelungen vorsieht (so etwa § 9 Abs. 2 OrgStatut SPD 2009, dazu Augsberg 2009a: 181-182, Rdnr. 11).

Das Parteiengesetz gibt, dies zeigt insbesondere der Wortlaut von § 6 Abs. 2 PartG, die Regelungsbereiche präzise vor; es wird also geklärt, ob etwas satzungsrechtlich zu regeln ist. Wie dies dann im Detail auszugestalten, lässt das Gesetz jedoch offen; dieser konkrete Regelungsinhalt ist Aufgabe der Parteien selbst. Es ist daher bemerkenswert und ein Beleg für eine freiwillige Isomorphie qua Recht, dass die Formulierung des Parteiengesetzes die formale Struktur und Gliederung der Satzungen determiniert (Tabelle 6).

Tabelle 6: Struktur der obersten Parteisatzungen

CDU	CSU	SPD
· Aufgabe, Name, Sitz · Mitgliedschaft · Gleichstellung · Gliederung · Organe · Vereinigungen · Verfahrensordnungen · Sonstiges	· Aufgaben, Name und Sitz · Mitgliedschaft · Verbände und Organe · Aufstellungsversammlungen für öffentliche Wahlen · Verfahrensordnungen · Ordnungsmaßnahmen, Parteiausschluss · Schiedsgerichte · Finanzordnung · Allg. Bestimmungen · Schlussbestimmungen	· Name, Sitz, Tätigkeitsgebiet · Mitgliedschaft · Aufbau der Partei, Gliederungen · Öffnung und Partizipationsoptionen · Organe und Gremien · Kontroll- und Verfahrensfragen · Sonstiges
FDP	**Grüne**	**Linke**
· Zweck und Mitgliedschaft · Gliederung · Organe · Bewerberaufstellung (für öff. Wahlen) · Mitgliederentscheid · Beratende Gremien · Parteischiedsgerichtsbarkeit · Allg. Bestimmungen, Satzung, Statut	· Name, Sitz, Programme · Mitgliedschaft (inkl. freie Mitarbeit) · Gliederung und Organe · Ordnungsmaßnahmen · Verfahrensvorschriften · Urabstimmung · Sonstiges · Frauenstatut (separat; Bestandteil der Satzung)	· Auftrag und Name[+] · Basis der Partei (Mitgliedschaft) · Gliederung · Organe · Finanzen · Verfahrensregeln · Übergangs-/Schlussbestimmungen

[+]Satzung Linke 2012: „Name, Sitz, Zweck und Tätigkeitsgebiet"; eigene Zusammenstellung; Gliederungspunkte tlw. nicht Satzungsinhalt/gekürzt/Auswahl; Quelle: Parteisatzungen (vgl. Fußnote 8).

Alle untersuchten Parteien orientieren sich unmittelbar an dem im Parteiengesetz festgesetzten Grundschema. Formalstrukturell erkennbar sind nur marginale Abweichungen, etwa bei der Einordnung von Ordnungsmaßnahmen. Die formale Struktur darf jedoch nicht den Eindruck einer gleichförmigen Regelung erwecken, so bestehen etwa bedeutsame Unterschiede in der Regelungstiefe (Tabelle 8) und im Umfang der Satzungen. In allen Parteien werden einzelne Regelungsbereiche in ausgelagerten, ergänzenden Ordnungen und Statuten reglementiert (meist mit Satzungsqualität, teilweise nur als „verbindliche Handreichung" für die unteren Ebenen (vergleichbar mit Verwaltungsanweisungen; besonders auffällig zahlreiche Organisations- und Durchführungsverordnungen im Zuge der jüngsten SPD-Parteireform). Durch diese Auslagerung von Regelungsbereichen verfügen alle Parteien zusätzlich zur Satzung über (umfangreiche) Schieds- und Beitrags-/Finanzordnungen. Unterschiede zeigen sich jedoch anderen Bereichen; teilweise sind Regelungen direkt in die Satzungen integriert oder aber extra gefasst (Wahlordnungen, Abstimmungsordnungen und weitere Statute). Dies ergibt sich nicht zuletzt daraus, dass spezifische Aspekte für eine Partei eine besondere Bedeutung haben und daher in einem gesonderten Dokument satzungsäquivalent geregelt werden (bspw. Frauenstatut Grüne).

5.2.2 Parteigliederungen

5.2.2.1   Gliederungsebenen im Vergleich

Eine Partei soll, so sieht es das Parteienrecht vor, in der Regel regional-räumliche Gebietsverbände bilden, um den Mitgliedern eine angemessene Partizipation zu ermöglichen (§ 7 PartG). Damit verbunden sind rechtlich-institutionelle Erwartungen an die binnenorganisationale Ausgestaltung (Gremien und Organe). Im Rahmen des organisationsstrukturellen Vergleichs ist nun zu prüfen, ob und wie die Parteien statuarisch dieser Organisationsvorgabe folgen und in welcher Weise sie die bestehende Umsetzungsfreiheit nutzen – zunächst hinsichtlich ihrer Gliederungsstrukturen, dann hinsichtlich ihrer Gremien- und Organstrukturen. Vorab ist festzustellen, dass bis auf die beiden Unionsparteien alle hier untersuchten Parteien formal bundesweit organisational vertreten sind. Dabei orientieren sie sich aus pragmatischen und elektoralen Gründen zumeist am Aufbau der öffentlichen Gebietskörperschaften:

> „Von der Grundstruktur ist es richtig, dass man auf den Ebenen Parteiorganisationen hat, die auch echte originäre Handlungsebenen sind, also wo Legislative, Exekutive auch existieren. Insofern ist es vernünftig, auf Landesebene Strukturen zu haben und dann auf der Ebene, wo Kreise sind und dann, wo Städte oder Kreise existieren. Das ist also sinnvoll, sonst diskutiert man ein bisschen im leeren Raum. Insofern hatten sich die Bezirke ein Stück weit überholt." (SPD 2)

Aus rechtlichen Gründen ist eine derartige Anpassung an staatliche Strukturen nicht unbedingt erforderlich. Im Gegenteil, es ist zulässig, dass Gebietsverbände geschaffen werden, die von den öffentlichen Gebietskörperschaften oder etwa der Wahlkreiseinteilung abweichen (BVerfG, 2 BvE 1/99; 2/99; 3/99 vom 22.05.2001). Dies ist auf lokaler Ebene häufig der Fall, liegt aber hier eher an den Gebietskörperschaften überschreitenden Wahlkreiszuschnitten als an den Parteistrukturen, die sich meist tatsächlich an den Gebietskörperschaften orientieren. Von den Parteien selbst werden Strukturbrüche vermieden, da sie die tägliche Arbeit wie auch Wahlkämpfe deutlich erschweren und folglich nicht zweckmäßig erscheinen. Daraus ergibt sich ein weitgehend konvergenter Aufbau der Parteigliederungen auf Landesebene (Tabelle 7; siehe weiterführend Abschnitt 5.2.2.2). Ehemals bestehende organisationswirksame Unterschiede werden zunehmend reduziert und zeigen sich häufig nur noch in begrifflicher Weise (zu so genannten „virtuellen Landesverbänden" vgl. Abschnitt 5.2.2.3).

Aus parteihistorischen Gründen weisen CDU, CSU und SPD (noch) Besonderheiten auf. So ist in der SPD nicht der Landesverband, sondern die Bezirksebene „Grundlage der Organisation" (§ 8 Abs. 2 OrgStatut, zur Geschichte der Bezirke Boyer 2005b: 49-57). Da sich in Ländern mit mehreren Bezirken diese zu einem Landesverband zusammenschließen können, verfügt die SPD faktisch nunmehr doch über 14 Landesverbände und 2 Landesorganisationen (Bremen, Hamburg), wobei die alten Bezirksstrukturen weiterhin organisationskulturell wirken (SPD 1, 2). Diese Angleichung an die Strukturen der anderen Parteien hat neben pragmatischen auch organisationsinterne Gründe (u.a. eine Reaktion auf den Mitgliederrückgang seit 1990, dazu Gorholt 2007). Bedeutsam war hierbei die Auflösung der Bezirke im größten SPD-Landesverband Nordrhein-Westfalen im Jahr 2001 (zu den Bezirken Poguntke 1997: 265; zur Abschaffung von Alemann et al. 2001: 72; Troche/Wissenschaftliche Dienste des Deutschen Bundestages 2002: 5-6). Die Angleichung ging dabei von den jeweiligen Landesgliederungen aus, der Bundesebene kam nur eine bestätigende Rolle zu (SPD 3). Bei der erforderlichen Anpassung der SPD-Gliederungsstrukturen bot es sich an, auf bei anderen Parteien bewährte Strukturen zurückzugreifen: Ein Wettbewerbsnachteil entsteht dadurch nicht, im Gegenteil: Die Parteistrukturen sind nun den Bundesländern und den Mitbewerbern angeglichen.

Tabelle 7: Vertikale Parteistrukturen und Mitglieder im Vergleich

	CDU	CSU	SPD	FDP	Grüne	Linke
Landesverbände	17[103]	1	16+	16	16	16
Bezirksverbände	27, ergänzend	10, ergänzend	6, eigenständig (Nds., HE); 7, ergänzend statt Kreisverband (BAY)	61, ergänzend (BW, BAY, HE, Nds., NRW, RP); statt Kreisverband (B, HH)	nicht vorgesehen (ergänzend in NRW)	nicht vorgesehen
Kreisverbände (tlw. Unterbezirk)	336	107	350	465	445	350
Ortsverbände	10.000	2.739	10.000	2.200	1.800	k.A.
Mitglieder 2010[104]	505.300	153.900	502.100	68.500	53.000	73.700
Veränd. zu 1990	-36,0%	-17,4%	-46,8%	-59,3%	+28,3%	-73,8%++

+SPD: „20 Landesverbände und Bezirke"; ++ Vergleich zur PDS als Vorgängerorganisation (Veränderung 2010 zu 1991: -57,3%); Eigene Zusammenstellung, tlw. gerundet; Quelle: Websites der Bundesparteien; Mitglieder-/entwicklung: Niedermayer (2011).

Eine zentrale Bedeutung haben die Bezirke der SPD noch im Landesverband Niedersachsen (Bezirke: Braunschweig, Hannover, Nord-Niedersachsen, Weser-Ems) und Hessen (Hessen-Nord, Hessen-Süd), hier sind sie weiterhin organisationswirksam als eigenständige Untergliederungen. In Niedersachsen ist die Besonderheit „Bezirk" primär historisch bedingt, in Hessen eher innerparteilichen Differenzen geschuldet. Weitere sieben Bezirke finden sich im Landesverband Bayern (Mittelfranken, Niederbayern, Oberbayern, Oberfranken, Oberpfalz, Schwaben, Unterfranken). Diese Bezirke bilden jedoch nur einen „regionalen Zusammenschluss" (§ 2 Abs. 1 Satzung SPD Bayern 2010) und sind keine eigenständigen Untergliederungen im Sinne des § 8 Abs. 1 OrgStatut SPD 2009, die SPD Bayern kennt eigentlich nur Ortsvereine und Unterbezirke als Untergliederungen (§ 2 Abs. 1 Satzung SPD Bayern 2010). In Hessen und Niedersachsen haben die Landesverbände von den Bezirken bestimmte Aufgaben übertragen bekommen und wirken vor allem nach außen koordinierend. Das heißt, nach außen ist eine wettbewerbsorientierte Angleichung an die anderen Parteien erkennbar, während nach innen vereins- und traditionsorientiert am organisationalen Sonderweg festgehalten wird. Die innerparteilichen Machtzentren sind bis dato weiterhin die Bezirke und nicht die Landesverbände; insbesondere in Hessen bestehen Friktionen zwischen den beiden Bezirken. Dass diese trotz dieser Einschränkungen klar avisierte Zentralisierung bzw. Verschlankung der Organisation nicht nur Zustimmung findet, zeigt sich in diesem Interviewausschnitt:

„Vielleicht wird es auch eine Renaissance geben und wir haben in 10 Jahren wieder Bezirke. (…) Stell dir doch mal vor, du hast vier Bezirke in NRW, jeder Bezirk hatte einen Bezirksvorstand mit sagen wir einmal 30 Leuten. Also brauche ich schon mal 30 Leute, die in der Lage sind, einen Bezirksvorstand abzugeben. Das ist auch

---

[103] 14 in den Bundesländern außer Bayern sowie je einer in Braunschweig, Hannover und Oldenburg: Die „CDU in Niedersachsen" hat zwar landesparteiliche Strukturen, besteht jedoch formal aus den drei genannten Landesverbänden. Diese sind gemäß § 16 Statut CDU 2007 die Organisation der CDU in ihren Gebietsverbänden. Der Landesverband Hannover besteht dabei aus den Bezirksverbänden Hannover, Hildesheim, Nordostniedersachsen, Osnabrück-Emsland, Ostfriesland und Elbe-Weser (siehe § 1 Satzung CDU Niedersachsen 2009 sowie § 17 Statut CDU 2007).
[104] Mitglieder 2009: CDU: 521.100; CSU: 153.200; SPD: 512.500; FDP: 72.100; Grüne: 48.200; Linke: 78.000.

ein Qualifizierungsgremium, für Ministerämter, für Landesvorstand, für Mandate, für Bundestag, für Landtag und so weiter. (...) Ich habe jetzt nur noch einen Landesvorstand, ich habe mich doch beraubt, mindestens 30 Leute hatte so ein Bezirksvorstand, von 90 Leuten, die gewählt waren, verpflichtet waren, dass das im Bezirk Niederrhein oder Mittelrhein gut läuft. Das ist weg. Das ist ein Blödsinn. Und das resultiert aus einer Parteisicht heraus, wo die damals gedacht haben, (...) ich [kann] hier in Nordrhein-Westfalen eine Knopfdruck-Partei machen, mit einem hauptamtlichen Apparat, und drücke hier in Berlin oder Düsseldorf auf einen Knopf und dann läuft die Maschinerie. Und das war eine totale Fehlentscheidung. Es läuft nämlich nicht." (SPD 1)

Neben dieser später noch genauer zu betrachtenden, bemerkenswert kritischen Sicht in der Frage der Zentralisierungs- und Professionalisierungsfähigkeit der Partei wird hier vor allem auf den Wegfall von Qualifikationsgremien als Folge der organisationalen Verschlankung verwiesen. Im Gegenzug ist aber genau dies ein Grund für die Strukturanpassung: Die Verkleinerung der Mitgliedschaft und die Schwierigkeit, im skizzierten Umfang Personal für innerparteiliche Führungsämter rekrutieren zu können. Es wird deutlich, dass diese Entwicklung auch zu elektoral relevanten Problemen hinsichtlich der Kampagnenfähigkeit führen kann:

„Gerade in NRW, wo es sicherlich notwendig war, die Parteistruktur zu reformieren und zu verändern, weil schon eine Menge an personeller und finanzieller Ressourcen im für die Öffentlichkeit nicht wahrnehmbaren Mittelbau gebunden waren, in der Bezirksstruktur, aber für die Kampagnenfähigkeit hat der Mittelbau natürlich auch Stabilität sichergestellt." (SPD 3)

Parallel zur SPD weist die CDU – ebenfalls aus historischen Gründen, den Ländergliederungen von 1946 geschuldet – Besonderheiten auf (siehe Fußnote 103). So finden sich in Niedersachsen drei Landesverbände, namentlich Braunschweig, Hannover und Oldenburg, die zur „CDU in Niedersachsen" (§ 1 Abs. 1 Satzung CDU Niedersachsen 2009) zusammengeschlossen sind. Die „CDU in Niedersachsen" verfügt gleichwohl über die üblichen landesparteilichen Gremien und Organe (insb. einen Landesparteitag und einen Landesvorstand) und vertritt als Zusammenschluss der CDU in Niedersachsen mit Sitz in Hannover die Partei im Sinne des § 7 PartG. In Bayern ist die CDU nicht vertreten, hier agiert stattdessen – nicht immer im Einklang mit der CDU – die nur dort sowie im Bund präsente CSU.

Eine klare Tendenz der Angleichung zeigt die im Juni 2007 aus der Fusion von Linkspartei.PDS und WASG entstandene Partei „Die Linke", die im Zuge der Neugründung ihre vertikale Gliederung klar an die der anderen Parteien angeglichen hat und als formale Parteiuntergliederungen fortan nur noch Landes- und Kreisverbände kennt. Eine strukturelle Verschlankung, die auch mit der WASG-Struktur zusammenhängen dürfte. Diese nur kurze Zeit bestehende Partei hatte sich von Beginn an klar an den anderen Parteien orientiert und gliederte sich in Bundesverband und Landesverbände, die laut Satzung territorial den Bundesländern entsprachen. Auch die WASG-Kreisverbände entsprachen meist den öffentlichen Gebietskörperschaften (§ 8 Satzung WASG). Die Satzung der Linkspartei.PDS sah darüber hinaus neben Landesverbänden und nachgeordneten Gebietsverbänden noch „Organisationen der Basis" (§ 6 Abs. 1 Statut Linkspartei.PDS) als offizielle Parteigliederung vor. Diese Basiszusammenschlüsse konnten sich frei formieren und sollten sich dann in einen Gebietsverband eingliedern. In der neuen Satzung sind diese nur noch als „Innerparteiliche Zusammenschlüsse" erwähnt, die jedoch explizit „keine Gliederungen der Partei" (§ 7 Satzung Linke) mehr sind.

Neben dem Faktor WASG spielten auch Linkspartei-interne Gründe zur Abschaffung eine Rolle. Es ging nicht zuletzt darum, den „Wildwuchs" der einst innovativen Strukturen zu beenden und die innerparteilichen Strukturen an die anderen Parteien angleichend zu straffen:

„(...) das ganze Wesen dessen, was bei uns AG/IG heißt, jetzt Zusammenschlüsse heißen, dass das aus meiner Sicht auch nachvollziehbarer und auch etwas demokratischer geworden ist und so etwas wie, jetzt hätte ich beinahe Wildwuchs gesagt, na ja, es ist schon etwas strukturierter geworden, wobei aber eigentlich diese Zusammenschlüsse immer als Beispiel angeführt worden sind, als Strukturmöglichkeit neben dem klassischen Parteiaufbau noch andere horizontale Strukturen einzuziehen, die vielleicht auch etwas innovativer sind. Aber ich muss auch sagen, nach siebzehn Jahren damit haben sie diesen Wunsch, diese Hoffnung eigentlich nicht erfüllt." (Linke 2)

Diese Straffung wird auch von weiteren Parteiakteuren positiv gewertet, wenngleich hier bereits durchscheint, dass diese grundlegende Gliederungsreduktion nur im Rahmen des Fusionsprozesses durchsetzbar war:

„Die Parteifusion war eine Chance, bestimmte Dinge dann auch durchzusetzen. Das muss man auch mal ganz klar sagen. Zum Beispiel bei den Statuten gab es einige Dinge, die eher problematisch sind. (…) Die Gründung von Arbeitsgemeinschaften konnte jeder machen. Wenn wir zwei eine Arbeitsgemeinschaft gründen wollten, haben noch zwei andere, und dann sind wir damit durch, haben Anspruch auf Finanzmittel und auf Parteitagsdelegierte. Furchtbar. Furchtbar. Weil es hat zu einem Wildwuchs geführt. Dass das jetzt verändert ist (…), das ist ein Fortschritt. Da habe ich natürlich nie gesagt: Ich kämpfe dafür, dass das beschnitten wird. Um Gottes willen, da hätte ich keine Chance gehabt. Das hätte ja so gewirkt, als ob man ganz demokratische Bereiche einschränken will. (…) Solche Dinge sind einfach verbessert worden." (Linke 3)

Auch beim Zuschnitt der Landesverbände gleicht sich die Linke an die etablierten Parteien an und übernimmt hier die strikte Regelung des Fusionspartners WASG (§ 8 Satzung WASG). Während die alte Linkspartei-Satzung nur forderte, dass sich die Untergliederungen an der föderalen Struktur orientieren sollen und der Bundesparteitag über die Bildung von Landesverbänden entscheiden durfte, fordert die neue Satzung klar: „Innerhalb der staatsrechtlichen Grenzen eines Landes gibt es nur einen Landesverband." (§ 12 Satzung Linke). Ähnlich formulieren es die FDP (zwingend, § 8 Abs. 1 Satzung FDP) und die Grünen (faktisch zwingend: „sollen", § 9 Abs. 2 Satzung Grüne) in ihren Satzungen. Diese Angleichung ist dabei kein Zufall und nicht nur ein Resultat der ehemaligen WASG-Strukturen, vielmehr wurde hier bewusst eine Angleichung an die anderen, von den Fusionsverantwortlichen genau untersuchten Parteien angestrebt (Linke 1). Generell, so wird in mehreren Interviews bestätigt, haben bei Strukturreformen „andere Parteien, in dem Fall zuallererst die SPD, ein Stück auch die FDP, Pate gestanden" (Linke 3), wenngleich dies nicht immer direkt wahrgenommen wird (Linke 2). Dabei wird die strukturelle Reorganisation auch im Kontext einer Professionalisierung gesehen: „Parteiorganisatorisch haben wir schon eine Professionalisierung auch im Fokus gehabt, die wir auch erreichen wollten" (Linke 1).

Insgesamt ist im zwischenparteilichen Vergleich eine starke Übereinstimmung in den Strukturen auf Landesebene festzustellen. Und obwohl schon lange kaum mehr Unterschiede bestanden, sind weitere Konvergenz-Tendenzen festzustellen. Verbliebene Unterschiede werden weiter reduziert. Entscheidend für diese Entwicklungen sind pragmatisch-funktionale Gründe, eine elektorale Fixierung und eine geringere Bedeutung mitgliedschaftsverbandlicher Aspekte, sei es aus normativen Erwägungen heraus oder aber aufgrund des Mitgliederrückgangs. Im Ergebnis sollen die Zuschnitte der Wahlparteien mit den Wahlgebieten in Einklang gebracht werden. Dazu kommt, dass zumindest zu Teilen eine bewusste Angleichung an die Mitbewerber angestrebt wird und sich bietende Reformoptionen genutzt werden. Hinsichtlich Konvergenz und Isomorphie qua Nachahmung bestätigen sich hier die theoretischen Annahmen. Rechtliche Zwänge sind dagegen im Detail nicht offen ersichtlich, wenngleich die rechtlichen und staatspolitischen Rahmenbedingungen einen faktischen Zwang und Anpassungsdruck auf allgemeiner Strukturebene generieren.

5.2.2.2 Autonomie und Restriktionen unterer Parteiebenen

Von Interesse ist im nächsten Schritt, ob in den wie skizziert untergliederten Parteien eine partizipationsorientierte Struktur erkennbar ist, oder ob nicht vielmehr top-down-orientierte Merkmale der Strukturierung statuarisch dominieren. Hinsichtlich der Frage Autonomie versus zentrale Regelungen zeigen sich in den statuarisch relevanten Aspekten, die jeweils implizit das zu Grunde liegende Organisationsverständnis zum Ausdruck bringen, durchaus Unterschiede im Detail. Dies verdeutlicht ein Blick auf diejenigen satzungsrechtlichen Bestimmungen, die den unteren Ebenen eine rechtlich durchaus mögliche Autonomie einräumen (Tabelle 8). Es wird deutlich, dass das über die Satzung vermittelte Bild und die Organisationswirklichkeit nur teilweise deckungsgleich sind, und dass aus Sicht der obersten Satzungsebene große Unterschiede hinsichtlich der Autonomie nachgeordneter Ebenen bestehen.

Hinsichtlich einer in der Bundessatzung verankerten zentralen Ebene lässt sich zunächst kein einheitliches Bild erkennen. Bei CDU, SPD und FDP sind die Landes-/Bezirksebene faktisch die maßgebliche Einheit, bei den Grünen parteihistorisch bedingt eher die unteren Gliederungen. Die Satzung der Linken trifft keine klare Aussage, führt als Parteigliederungen allerdings nur Landes- und Kreisverbände auf, wobei den Kreisverbänden durchaus weitergehende Untergliederungen im Sinne des § 7 PartG zugestanden werden (allerdings nicht als selbstständige Einheiten, § 13 Abs. 7 und 8 Satzung Linke). In Verbindung mit der formalen Abwertung der Basisorganisationen durch die Satzungsänderung im Zuge der Parteifusion kann vermutet werden, dass Landes- und Kreisebene gestärkt werden sollen. Mit der neu verankerten Fixierung einer territorial definierten Gliederung ihrer Untergliederungen gleicht sie sich an die anderen Parteien an. CDU und Linke halten fest, dass die Kreisebene die unterste satzungsrechtliche Ebene darstellt. Die CSU differenziert in der Satzung Orts-, Kreis- und Bezirksverbände aus und präzisiert deren Aufbau und Struktur am stärksten. Die SPD benennt die Bezirke als „Grundlage der Organisation", kennt aber faktisch vor allem Landesverbände. Die FDP sieht als Gliederungsebene nur die Landesverbände vor und verankert so deren hohen Stellenwert. Die Grünen betonen dagegen das Ziel, „dezentrale Parteigliederungen und Basisdemokratie" (§ 10 Abs. 1 Satzung Grüne) zu entwickeln und stärken so statuarisch neben den Landes- vor allem die Kreisverbände.

Tabelle 8: Zentrale Gliederungs- und Strukturelemente (gemäß oberster Parteisatzung)

	CDU (§§ 16 bis 26)	CSU (§§ 12 bis 22)	SPD (§§ 8 und 9)
Zentrale Ebene	LV und KV	keine Festlegung	Bezirke
Kleinste eigenständige Einheit⁺	KV	OV	OV
Satzungskonforme Untergliederungen	LV, KV, Stadt-/Gemeinde-/Stadtbezirksverbände, OV; regionale Zusammenschlüsse möglich	Bezirksverbände, KV, OV	Bezirke, UB, OV
Autonomie und Restriktionen	· LV/KV: entsprechen Bundesländern/mind. Grenzen eines Verwaltungskreises · Satzung: Genehmigungspflicht (LV: Generalsekretär, KV: jew. Landesvorstand) · LV: Beschlüsse/Maßnahmen kein Widerspruch zu Bund · LV: Ernennung Landesgeschäftsführer im Einvernehmen mit Generalsekretär · KV: Landessatzung regelt Termine (innerpart. Wahlen) und Verfahren (Kandidatenaufstellung öff. Wahlen) · Bei Krisen kann jew. höhere Ebene Beauftragten einsetzen · BT/EP-Wahlkampf: untere Ebene an Weisungen des Generalsekretärs gebunden	· Bezirksverbände, KV, OV orientieren sich i.d.R. an jeweiliger Gebietskörperschaft; Einteilung/Abweichung im Einvernehmen mit nächsthöherer Ebene · detaillierte Vorgaben u.a. zur Größe und Zusammensetzung der Bezirks-, KV-, OV-Vorstände und Versammlungen (bspw. KV: Vertreter- statt Mitgliederversammlung ab 300 Mitgliedern)	· jew. höhere Ebene bestimmt Untergliederung nach politischer und wirtschaftlicher Zweckmäßigkeit · Satzung: Autonomie soweit nächsthöhere Gliederung keine Satzungsregelungen; kein Widerspruch zu höherrangigen Satzungen · Parteivorstand kann jederzeit Gliederungen, Unternehmungen und Arbeitsgemeinschaften kontrollieren; beratende Teilnahme an allen Zusammenkünften

	FDP (§§ 8 und 9)	Grüne (§§ 9 und 10)	Linke (§§ 12 und 13)
Zentrale Ebene	LV	dezentrale Parteigliederungen	keine Festlegung
Kleinste eigenständige Einheit⁺	LV; Länder können weitere Untergliederungen regeln	KV	KV
Satzungskonforme Untergliederungen	LV; weitere Untergliederungen möglich (Landessatzung)	LV, KV, OV; Bezirksverbände möglich	LV, KV
Autonomie und Restriktionen	· LV: innerhalb Bundesland nur ein LV · LV: Pflicht, Einheit der Partei zu sichern bzw. nicht gegen Grundsätze/Ordnung/Ansehen der Partei zu handeln · LV: div. Einschränkungen der Handlungsfreiheit (Abspracheerfordernisse mit Bund) · Teilnahme-, Rede-, Antrags- und Ermittlungsrechte für Bundesvorstand (bzw. Beauftragte) bei nachgeordneten Organen/Gliederungen	· Gliederungen sollen staatlichen Strukturen entsprechen · Ziele: „dezentrale Parteigliederung", „Basisdemokratie", „größtmögliche Autonomie" · Satzungs-, Programm-, Personal- und Finanzautonomie von LV/KV · Programm/Satzung: kein Widerspruch zu Grundkonsens Bundespartei	· LV: Gliederung entspricht Länderstruktur; innerhalb Bundesland nur ein LV · Satzung: Autonomie im Rahmen der Bundessatzung · LV: Landesparteitage sind Delegiertenversammlungen · KV: Landespartei entscheidet über Bildung, Abgrenzung, Auflösung, Zusammenlegung

LV: Landesverband; KV: Kreisverband; UB: Unterbezirk; OV: Ortsverein/-verband; ⁺mit spezifischen Rechten ausgestattet (bspw. Antragsrechte, Satzungsautonomie; gemäß Bundessatzung); eigene Zusammenstellung; Quelle: Parteisatzungen (vgl. Fußnote 8).

Bereits der Umfang der Regelungen auf oberster Satzungsebene, die sich auf den Parteiaufbau bzw. die Untergliederungen und deren Rechte beziehen, lässt erkennen, dass sich im Grad der Autonomie, gemessen an der Regelungsdichte und -tiefe, Unterschiede ergeben. Dabei sind zwei Aspekte dominierend: Autonomie in Fragen der Verbandsgliederung bzw. der Organisationsstruktur sowie in Verfahrens-, Satzungs-, Finanz- und Programmfragen. Hinsichtlich der Verbandsgliederung sehen CDU, FDP und Linke in der Bundessatzung vor, dass die Landesverbände mit den Bundesländern zwingend deckungsgleich sind (CDU mit den genannten, historisch bedingten Ausnahmen), und bei den Grünen wird dies als Regelfall angenommen. Nur die SPD sieht eine Abgrenzung der Bezirke durch den Parteivorstand nach „politischer und wirtschaftlicher Zweckmäßigkeit" vor (dies gilt analog für die jeweils weiteren Untergliederungen), was aber laut eigener Einschätzung nur in Absprache und auf Wunsch der Landesgliederungen erfolgt (SPD 3). Faktisch sind alle Parteien weitgehend den föderalen Strukturen entsprechend gegliedert, so dass sich ein überwiegend einheitliches Bild ergibt. Auch unterhalb der Landesebene wird die Struktur teilweise von oben determiniert. CSU und Grüne fordern eine Übereinstimmung der Parteistrukturen mit den öffentlichen Gebietskörperschaften. Die CDU schreibt in der Bundessatzung zwingend vor, dass je Verwaltungskreis nur ein Kreisverband bestehen darf (Zusammenschlüsse sind jedoch möglich, § 18 Abs. 1 Statut CDU). SPD, FDP und Linke gewähren den Landesverbänden (bzw. Bezirken) in leicht unterschiedlicher Offenheit das Recht, über die Strukturierung der unteren Ebenen zu bestimmen. Die Linke billigt den Landesverbänden das Recht zu, die Kreisverbandsstrukturierung zu bestimmen; die FDP sieht nur Untergliederungen durch die Landesverbände vor und legt sich nicht weiter fest; die SPD sieht unter bestimmten Bedingungen Unterbezirke als Möglichkeit vor, an diese können Rechte wie Delegiertenentsendung von der Landesebene übertragen werden. Damit zeigt sich bei der lokalen/regionalen Untergliederung eine eingeschränkte Zweiteilung: CDU, CSU und Grüne betonen die Anbindung an staatliche Strukturen, SPD, FDP und Linke betonen die Eigenständigkeit und Ausrichtung nach politischen Erwägungen und Zweckmäßigkeit, orientieren sich faktisch und statuarisch (Linke) aber auch an der staatlichen Gebietsgliederung. Festzuhalten ist eine statuarische Zweiteilung bei faktischer Organisationsgleichheit und starker Top-down-Prägung, die sich noch in weiteren Aspekten zeigt.

So ist klar zu erkennen, dass die Satzungen neben formalen Strukturen den unteren Ebenen weitere Vorgaben verbindlich oder empfehlend vorgeben (zu rechtlichen Bedenken hinsichtlich dieser tlw. ebenenübergreifenden Durchsteuerung siehe Abschnitt 5.2.1.2). Auffällig sind etwa die besonders präzisen satzungsrechtlichen Vorgaben der CSU zur Struktur und Arbeitsweise der unteren Ebenen. So wird nicht nur geregelt, wann eine Voll- durch eine Vertreterversammlung zu ersetzen ist. Die Satzung regelt sogar die maximale Größe und die Zusammensetzung der Vorstände auf den unteren Ebenen in Relation zur Mitgliederstärke. Damit besteht für diese nur eine sehr geringe Autonomie. In eine ähnliche Richtung tendiert die Linke in der neuen Satzung, die verbunden mit einer Reduktion der Autonomie der unteren Ebene den Landesverbänden nicht nur den Namen und die Gestaltung der Wort-Bild-Marke „Die Linke" vorgibt,[105] sondern als Organisationsform der Landesparteitage die Delegiertenversammlung vorschreibt.

Die inhaltlich-programmatische und personelle Autonomie der unteren Gliederungsebenen ist in einer Satzungsanalyse nur eingeschränkt zu bewerten. In allen Fällen dürfen Rege-

---

[105] „Landesverbände führen den Namen: DIE LINKE. Landesverband [Ländername]." (§ 12 Abs. 2 Satzung Linke 2010) Darüber hinaus gibt die Richtlinie „Zum Umgang mit der Marke DIE LINKE" sogar vor, wie die Wort-Bild-Marke definiert ist und welche Landesverbände dabei den Zusatz „Landesverband" verwenden und welche nicht, selbst die Kreisverbände erhalten klare Vorgaben (DIE LINKE/DIG/TRIALON 2007)

lungen formaler wie inhaltlicher Art den übergeordneten Regelungen nicht widersprechen. Die FDP formuliert etwa sehr deutlich: „Die Landesverbände sind verpflichtet, alles zu tun, um die Einheit der Partei zu sichern" (§ 9 Abs. 1 Satzung FDP), auch parteischädigendes Verhalten seitens der Untergliederungen wird untersagt. Inwieweit diese Vorgabe wirksam werden kann, ist allerdings fraglich. Immerhin sind, etwa bei der Linken, Sanktionsmöglichkeiten vorgesehen, auch wenn die satzungsrechtliche Möglichkeit der Auflösung eines Landesverbandes bei erheblichem, fortgesetztem Fehlverhalten in der Praxis kaum zum Tragen kommen dürfte (§ 12 Abs. 6 und 7 Satzung Linke; analog für Kreisverbände gemäß § 13 Abs. 11 Satzung Linke). Auffällig sind bei den beiden Großparteien CDU und SPD die weitreichenden Kontroll-, Prüf- und Zustimmungsrechte, die sich die Bundespartei einräumt. So behält sich die SPD die jederzeitige Kontrolle von Untergliederungen vor, und die CDU sichert sich die Möglichkeit, bei Organisationsversagen Beauftragte einzusetzen. Auch in anderen Punkten zeigt sich eine klare Autonomiebeschränkung. Satzungen und Satzungsänderungen stehen bei der CDU unter einem Genehmigungsvorbehalt durch den Generalsekretär, der allerdings nur ein weitgehend formales Prüfungsrecht besitzt (d. h. er prüft, „ob ein Verstoß gegen gesetzliche Bestimmungen, das Statut, die Finanz- und Beitragsordnung oder die Parteigerichtsordnung vorliegt" (§ 17 Abs. 1 Statut CDU). Hier wird das schon aufgezeigte, etwa von Vertretern der Linken betonte Selbstverständnis der Bundesebene als „Kontrollinstanz" in Organisations-, Rechts- und Satzungsfragen deutlich. Gleichwohl ist anzumerken, dass in allen Parteien in den Satzungen klargestellt wird, dass bei aller Autonomie oder Dezentralität die Vorgaben und Regelungen der oberen Ebenen, insbesondere der Bundesebene, das letztentscheidende Maß darstellen. Autonomieeinschränkungen zeigen sich auch in organisatorischen Fragen, so gibt etwa die CDU-Bundessatzung vor, dass die jeweiligen Landessatzungen landeseinheitlich Termine für innerparteiliche Wahlen aller Organe und Gremien, Wahlverfahren für Kandidatenaufstellung zu öffentlichen Wahlen etc. regeln sollen; zudem wird eine Genehmigungspflicht für Kreissatzungen gefordert. Unterschiede zeigen sich in der Autonomie bezüglich Personalfragen: Während die Grünen den unteren Ebene hier Autonomie garantieren, sieht die CDU vor, dass Landesgeschäftsführer „im Einvernehmen mit dem Generalsekretär ernannt" werden (§ 17 Abs. 3 Statut CDU). Noch weitreichender ist die Regelung, dass in Wahlkampfzeiten „die nachgeordneten Gebietsverbände, die Vereinigungen und die Sonderorganisationen an die Weisungen des Generalsekretärs gebunden" sind (§ 26 Statut CDU) – ein überdeutlicher Hinweis auf einen gesamtparteilichen Steuerungsanspruch der Bundespartei.

In der Summe ergibt sich folgendes Bild: Die Parteien unterscheiden sich in der formalen, satzungsrechtlichen Ausgestaltung hinsichtlich der innerparteilichen Autonomiegewährung. Während CDU, CSU, SPD und FDP ihren unteren Gliederungsebenen (wobei sich diese unterscheiden) eine eher mittlere bis geringe Selbstständigkeit einräumen, räumen Grüne und Linke den unteren Ebenen formal (noch) einen höheren Autonomiegrad ein, schränken diesen aber zugleich in unterschiedlicher Weise ein. Damit besteht in keiner Partei eine vollständige Autonomie unterer Gliederungsebenen. Auch zeigt sich, dass die wenigen bestehenden Unterschiede geringer geworden sind. Eine weitreichende organisationsstrukturelle Kongruenz bei weiterhin bestehenden Unterschieden in einzelnen Organisationsaspekten wird deutlich, wobei dies eher pragmatisch-elektoralen als rechtlichen Gründen geschuldet ist. Darüber hinaus sind weiterhin bestehende graduelle Unterschiede in der Regelungstiefe der Satzungen evident, bei einem erkennbaren Trend zur Top-down-Steuerung in Detailfragen und einer Angleichung der

Strukturen im Rahmen großer Strukturreformen (SPD, Linke, tlw. Grüne). Bevor nun weiter auf den formalen Binnenaufbau der Parteien eingegangen werden kann, ist auf eine Zwischenphase der parteilichen Organisationsuntergliederung einzugehen: die zumindest temporäre Gründung „virtueller", also nicht territorial strukturierter Online-Verbände. Dies ist einerseits für die Frage der Parteigliederung erkenntnisreich, andererseits zeigt sich hier deutlich die wechselseitige Übernahme formalstruktureller Neuerungen.

5.2.2.3 Reformmode „Virtuelle Parteigliederung 1.0"

Ein erster Versuch, die Parteiorganisationen auszuweiten und das Internet als erweiterten Raum der Verbandsbildung quer zu den realweltlichen, vertikalen Strukturen gangbar zu machen, wurde seit den 1990er-Jahren mit der Einführung virtueller Parteigliederungen unternommen (dazu u.a. Leggewie 2002; Margetts 2006). Diese Versuche zeigen zweierlei sehr deutlich: Zum einen, dass Parteien (verzögert) auf externe Organisationsreformimpulse (in diesem Fall der Web 1.0-Mode) reagieren, ohne dass die rechtlichen Rahmenbedingungen dies befördern oder erzwingen würden. Zum anderen, und dieser Aspekt ist mit Blick auf die theoretischen Überlegungen der vorliegenden Studie bedeutsam, dass Parteien bevorzugt dann auf Innovationen und Entwicklungen reagieren, wenn ein Mitbewerber diese implementiert. Hier zeigt sich der Effekt einer Isomorphie qua Nachahmung. Ebenfalls sehr deutlich wird, dass dabei gleichwohl parteispezifische Besonderheiten berücksichtigt werden und nicht immer alle Parteien auf eine Innovation reagieren. Daher ist diese zentrale und doch weitgehend gescheiterte organisationsstrukturelle Reformmode nun genauer zu beleuchten.

Mit dem Slogan „Liberale Politik machen. Auch nachts um 3." (FDP LV Net 2007) bewirbt sich der virtuelle Landesverband der FDP selbst als partizipativ angelegter Landesverband neuer Form: „Der FDP LV Net ist der Internet-Landesverband der FDP: Hier können Liberale von überall auf der Welt zu jeder Zeit mitdiskutieren, sich für liberale Politik einsetzen und Parteiarbeit in einer neuen Form gestalten." (FDP LV Net 2007) Zugleich wird das LV Net-Selbstverständnis als echter FDP-Landesverband betont, wenngleich er dies formalstatuarisch bis heute nicht ist: „Der LV Net, der bei uns zwar 17. Landesverband ist, was (er) aber nach Satzung und Parteiengesetz nicht sein kann" (FDP 1). Mit dem LV Net will die FDP nicht nur junge, technikaffine und beruflich erfolgreiche Bevölkerungsgruppen ansprechen. Sie sieht ihn überdies als breite, altersunabhängige Alternative für potenzielle FDP-Mitglieder im In- und Ausland:

> „Viele Bürgerinnen und Bürger wollen sich einbringen (...). Doch hohe berufliche Mobilität, lange oder ungewöhnliche Arbeitszeiten, Auslandsaufenthalte, Familiengründung, Behinderung oder Immobilität im Alter machen politisches Engagement für manche Menschen schwierig. Die FDP hat den FDP LV Net gegründet, um diesen Menschen einen Ort zu bieten, an dem sie teilhaben können an politischen Entscheidungsprozessen." (FDP LV Net 2007)

Zielgruppe des LV Net sind diejenigen, die „ihren Wohnsitz oder Arbeitsort außerhalb der Grenzen der Bundesrepublik Deutschland haben oder sich aus anderen Gründen nicht in einer lokalen Gliederung der FDP engagieren können" (§ 1 Abs. 2 Satzung LV Net). Damit steht der LV Net in doppelter Konkurrenz: innerdeutsch zu den gewachsenen Landesverbände, im Ausland zu den etablierten Auslandsgruppen. Der im Jahr 2000 gegründete LV Net nimmt daher bis heute eine Sonderstellung in der FDP ein, ist nicht satzungsrechtlich umfassend verankert und parteiintern umstritten (FDP 2).[106] Status und Zuordnung der LV Net-Mitglieder sind nicht dauerhaft geklärt. Gegenwärtig sind sie formal unmittelbare Bundesmitglieder der Partei, eine hinsichtlich § 7 Abs. 1 PartG problematische Einstufung, wie auch von Seiten der Bundesebene betont wird (FDP 1, 2). Zwar strebt der LV Net den Status einer regulären Parteiuntergliederung an, um letztlich ein entterritorialisierter Gebietsverband zu werden: „Der FDP LV Net ist der Internet-Verband der FDP auf Bundesebene. Er strebt an, eine Untergliederung der Bundespartei zu werden." (§ 1 Abs. 1 Satzung LV Net). Dies ist aber nur über den Status einer Auslandsgruppe der FDP möglich, da die Bundessatzung der FDP vorsieht, dass ein Landesverband „nicht Gliederungen anderer Landesverbände an sich ziehen" (§ 8 Abs. 1 Satzung FDP) darf und somit dieser neuen Gliederung selbst im Wege steht. Zudem dürften die bestehenden Landesverbände nur ein geringes Interesse daran haben, Teile ihrer Mitgliedschaft an einen anderen Landesverband abzutreten. Dass dabei auch kein akuter Handlungsbedarf besteht, zeigt nicht nur dessen mäßige Mitgliederentwicklung. So hat die FDP im Jahr 2000, dem LV Net-Gründungsjahr, 255 bundesunmittelbare Mitglieder (darin enthalten die Auslandsmitglieder), 2005 aber nur 347, wobei seit 1990 die Zahl der unmittelbaren Auslandsmitglieder um den Wert 300 schwankt (Niedermayer 2006). Festzuhalten bleibt: Die FDP verfügt mit dem LV Net über einen faktisch vorhandenen, formal als solchen nicht anerkannten 17. Landesverband, der unabhängig von territorialen Gesichtspunkten die Mitarbeit in der Partei ermöglichen will. Mit wenigen Mitgliedern sind Stellenwert und innerparteiliche Relevanz dieser Gliederung jedoch als gering einzuschätzen, da ihm auch in formaler Hinsicht nicht die vollen Rechte eines Landesverbandes zustehen. Er bleibt damit nach eigener Einschätzung „ein zahnloser Tiger, weil alles was die beschließen (…) ist demokratisch nichts wert, es ist ein Sandkastenspiel" (FDP 1).

Noch vor der FDP führte die SPD 1995 als erste Partei eine internetbasierte Parteigliederung ein, den virtuellen Ortsverein („VOV"). Ursprünglich als Ortsverein geplant, war eine formale Anerkennung als solcher nicht möglich. Der VOV wird seitdem als „Arbeitskreis beim Parteivorstand" geführt (Stradtmann 1998; Leggewie/Bieber 2001: 40). Damit ist es dem VOV nicht gestattet, Anträge für Parteitage zu verabschieden oder Delegierte zu benennen. Dabei wird das Modell bzw. die Konstruktion des VOV durchaus kritisch gesehen:

> „Der Virtuelle Ortsverein hat sich nicht bewährt, die Leute wollen auch konkret irgendwo Mitglied sein. Da ist auch die Frage, ob Virtueller Ortsverein der richtige Titel war, aber eigentlich gar kein Ortsverein im rechtlichen Sinne. Da ist die Frage bei einer Doppelmitgliedschaft, da ist man virtuell Mitglied und noch einmal real Mitglied. (…) Dass man da auch die Möglichkeit schafft im Internet Communities zu bilden, (…), das sind so Dinge. Die virtuelle Welt wird auch für die Partei nicht weniger, sondern immer mehr wichtig, aber das heißt nicht, dass es zu virtuellen Mitgliedschaften kommt, das ist glaube ich nicht der richtige Weg." (SPD 2)

Ein Problem ist, dass der VOV ausschließlich über das Internet kommuniziert. Dies entspricht ja gerade seiner Zielsetzung, der Einführung einer Politikgestaltung in Echtzeit, einer Entterritorialisierung, Delokalisierung sowie Virtualisierung der Politik in der SPD. Zudem waren die Entwicklung und Anwendung moderner Informations- und Kommunikationstechnologien sowie die Überprüfung, welche Folgen für die parteiinterne Willensbildung daraus entstehen können, ein Anreiz für die VOV-Gründung. Die zeitweise über 700 VOV-Mitglieder sind

---

[106] Die Sonderstellung besteht überdies nicht nur in formalrechtlicher Hinsicht, sondern auch in der Selbstdarstellung der Partei. So führt zwar die Internet-Site der FDP Bundespartei unter der Rubrik „Verbände" die 16 territorialen Landesverbände sowie drei weitere Vereinigungen (Alliance of Liberals and Democrats for Europe, Auslandsgruppe Europa, European Liberal Democrats) auf – auf den virtuellen Landesverband wird virtuell aber nur dezent in der Seitennavigation verwiesen (FDP 2007b).

dabei überwiegend jung, männlich, meist zugleich SPD-Mitglied und auch in realweltlichen Parteigliederungen aktiv (Stradtmann 1998). Damit fungiert der VOV primär ergänzend, nicht jedoch ersetzend, wie seitens der Bundesebene bestätigt wird:

> „(…) das ist keine Alternative zur bisherigen Form, und wir wissen auch, bei der Neumitgliederbefragung, (…) das Gespräch ist das Entscheidende. Die Kommunikation ist das Entscheidende. Ich sage nichts gegen den Virtuellen Ortsverein, die machen eine hervorragende Arbeit, es ist aber ein Zusatz." (SPD 1)

Am Beispiel VOV zeigen sich weitere Probleme virtueller Parteigliederungen. So ist die Beteiligungsquote nicht per se höher. In den Anfangsjahren beteiligten sich etwa an einer Abstimmung zum Großen Lauschangriff nur knapp 9 Prozent der Mitglieder, selbst an den online durchgeführten Vorstandswahlen beteiligte sich nicht einmal jedes fünfte VOV-Mitglied. Zudem zeigte die anfängliche Euphorie rasch Risse, Email-Flut auf traditionellen Email-Debattenlisten und ausfernde Debatten führten zu Frust und Rückzug aus der virtuellen Parteiwelt. Fehlende Redezeitbeschränkungen und mangelhafte Moderationsmöglichkeiten lassen dabei eine Debattensteuerung kaum zu. Störer erlangen rasch die Oberhand – ein auch aus anderen Online-Kontexten bekanntes Phänomen. Die partizipative Offenheit des Mediums reduziert so letztlich die Beteiligungshäufigkeit.[107] Im Ergebnis konnte sich der VOV nicht durchsetzen und ist mittlerweile nicht mehr nennenswert aktiv.

Einige Jahre später greift die damalige PDS das Projekt „virtuelle Gliederung" auf. Aber auch deren Projekt, der sogenannte LV 17, konnte sich nicht etablieren. Auf der 2. Tagung des 7. Parteitages im Oktober 2002 in Dresden gegründet, ist das Projekt 2003 auf Beschluss des Bundesvorstands bereits eingestellt worden, der LV 17 wurde aufgelöst. Dabei hatte der Parteitag noch zuversichtlich beschlossen: „Der Parteivorstand wird beauftragt sicherzustellen, dass die Konstituierung einer solchen Gliederung im Einklang mit dem Statut der PDS und dem Parteiengesetz bis zur nächsten Tagung des Parteitags vorbereitet und die technischen Bedingungen dafür sichergestellt werden." Der LV 17 konnte allerdings nie wirklich reüssieren. Bereits 2003 geriet der LV 17 in Schwierigkeiten; die Nachwahlen zum Sprecherinnenrat wurden angefochten und vor der Bundesschiedskommission aus formalen Gründen für ungültig erklärt. So mangelte es unter anderem an einer Wahlordnung, zudem wurden weitere Formfehler begangen (Bundesschiedskommission der PDS 2003). Da sich in Folge dieser Turbulenzen keine Mitglieder zur weiteren Mitarbeit im LV 17 bereit erklärten, scheiterte das Projekt nach kurzer Zeit. Einer Neuauflage einer ähnlichen virtuellen Parteigliederung wird keine Chance eingeräumt, das sei „kein Thema. Ich habe das damals sehr skeptisch gesehen. (…) Das ist nie ein Erfolg geworden. Ich glaube auch nicht, dass das die Zukunft ist." (Linke 3)

Im Ergebnis verdeutlicht diese Betrachtung, dass sich virtuelle Parteigliederungen nicht dauerhaft durchsetzen konnten. Nach der raschen Entwicklung der 1990er-Jahre[108] zeigt sich eine Zurückhaltung in der Erprobung virtueller Gliederungen in der parteilichen Alltagsorganisation, und so ist der einstmals optimistischen Einschätzung der partizipativen Revolution in

---

[107] Ein Phänomen, das sich auch bei der Online-Partei der frühen 2010er-Jahre, der Piratenpartei, mit zunehmendem elektoralen Erfolg und bei wachsender Parteigröße überdeutlich einstellt. Hier scheinen u.a. Probleme der Komplexitätsreduktion und der Organisationssteuerung aufzutreten, die sich negativ auf die Partizipationsbereitschaft der Mitglieder auswirken, wobei technische Probleme (bspw. fehlende Zugangsdaten für Neumitglieder) dazukommen (vgl. u.a. Reinbold 2012).
[108] Mitte der 1990er-Jahre begannen die Parteien zunächst mit der Online-Bereitstellung bereits vorhandener Materialien. Es folgte die Ausweitung im Online-Magazin-Stil, nachfolgend kamen Elemente der Mitglieder- und Funktionärskommunikation als Vorform des Web 2.0 dazu.

Bezug auf innerparteiliche Beteiligung zumindest hinsichtlich neuer Parteiorganisationsstrukturen nicht Aufbruch, sondern weitgehend Ernüchterung, Stillstand oder gar Abwicklung gefolgt. Dabei wurde 2001 noch davon ausgegangen, dass die territorialen, althergebrachten Gliederungen durch virtuelle Parteigliederungen ergänzt würden und deren „Eingliederung in das herkömmliche Gefüge der Parteistruktur gerade erst" (Leggewie/Bieber 2001: 40) am Anfang stehe. Doch die Entwicklung hat sich rasch umgekehrt, derzeit zeigt sich ein weitgehend tradiertes Bild der Parteigliederungen.[109]

Die Gründe für die Nichtetablierung netzbasierter Parteigliederungen sind vielfältig. So wird häufig abwertend das virtuelle Parteileben als Spielwiese diskreditiert, oder aber es wird wie im Falle des LV 17 klar, dass Personen ohne ausreichende formale Führungskompetenz eine Chance des schnelle Aufstiegs sehen, dann aber an den durchaus komplexen formalen Anforderungen, die auch im virtuellen Raum einzuhalten sind, scheitern. Nicht zu vernachlässigen ist allerdings auch das eher technische und parteienrechtliche Argument, dass die neuen partizipativen Instrumente vielfach nur ergänzend, nicht ersetzend zu nutzen sein könnten. Schließlich sind diese primär in nicht formal organisierten Kontaktstrukturen erfolgreich. Insbesondere bereits aus der formalen Mitgliederorganisation bekannte Probleme wie Bindungsschwäche oder mangelnde Dauerhaftigkeit des Engagements wirken möglicherweise problemverschärfend. Entscheidend dürfte jedoch das formale Problem sein, dass bestehende Parteigliederungen nicht nur die Möglichkeit der realweltlichen Kontakte bieten, was einen wichtigen Anreiz innerparteilicher Beteiligung darstellt (Heinrich et al. 2002), sondern dass sie auch mit ihrem territorial geprägten Parteiaufbau den Umweltanforderungen und dem traditionellen Parteiverständnis der „Partei vor Ort" entsprechen. Auch verlaufen parteiliche Karrierewege, sobald sie den reinen innerparteilichen Weg verlassen und etwa in öffentliche Wahlämter übergehen, weitgehend entlang der öffentlichen Gebietskörperschaften – dahinter steht nicht zuletzt, dass innerparteilicher Wahlerfolg zumeist auch von einer innerparteilichen Machtbasis in Form regionaler Unterstützung abhängt.

Damit lässt sich festhalten, dass sämtliche Projekte zur Einführung einer virtuellen Parteigliederung ohne nachhaltigen Erfolg blieben. Selbst der noch existente LV Net der FDP hat keine innerparteiliche Bedeutung erlangen können. Zugleich zeigt sich jedoch, dass trotz mäßig überzeugender Erfahrungen zumindest drei Parteien (mit der CSU: vier Parteien, dazu Fußnote 109) in gegenseitiger Nachahmung im Grundsatz ähnliche, jeweils an die eigene Parteiorganisation angepasste Projekte initiierten. Und auch die Nicht-Implementierung bei den Grünen zeigt, dass sich die Partei mit den Innovationen der anderen Parteien auseinandergesetzt hat.

---

[109] Neuerungen im Sinne einer virtuellen Parteigliederung sind allenfalls noch in der CSU zu erkennen. Diese hat im Rahmen des Parteireformprozesses 2010 beschlossen, „eine CSU-Internet-Mitgliedschaft ins Leben [zu] rufen" und einen „virtuellen Verband" zu gründen, um „jene Mitglieder, die sich wegen der Mobilität und Wechseln ihrer Lebens- und Arbeitswelt nicht immer dauerhaft an einem Ort engagieren können" (CSU 2010: 9), an die Partei zu binden. Die Gründung erfolgte im Februar 2011, wobei sich die CSU damit „an der Spitze des Fortschritts als modernste Partei in Deutschland" (CSU/Bayernkurier 2011) sieht. Gleichwohl ist dieser Verband, der sich selbst einerseits als allgemeinpolitischen, entterritorialisierten „virtuellen Verband" und andererseits als Fachgremium für Netzpolitik sieht (CSUnet 2011), eher mit den auch in anderen Parteien gegebenen internen Diskussionsforen und Social Networks als mit einer echten virtuellen Parteigliederung vergleichbar. Das Selbstverständnis ist eher das einer netzpolitischen Plattform (§ 2 Abs. 1 GO CSUnet) als das eines eigenständigen Verbandes, auch wenn ein Vorstand gewählt wurde. Satzungsrechtlich basiert CSUnet auf § 3 Abs. 4 Satzung CSU; CSUnet entspricht dabei rechtlich einem Arbeitskreis im Sinne des § 30 Satzung CSU. Für die Mitgliedschaft ist u.a. einen Wohnsitz in Bayern erforderlich (§ 3 Abs. 1 GO CSUnet).

Nur dass man dann in diesem Fall zu dem Befund kam, in der eigenen Partei schon aus Ressourcengründen eine ergänzende virtuelle Parteigliederung nicht einführen zu wollen:

> „Ich glaube, so richtig Erfolg hat die FDP damit auch nicht gehabt. Deshalb ist das schon die Frage, ob sich der Aufwand lohnt oder nicht. Ich glaube, dass es besser ist, im Rahmen vom Internet verschiedene andere Möglichkeiten, Informations-, Beteiligungsmöglichkeiten anzubieten." (Grüne 2)

Dass stattdessen andere internetgestützte Pilotprojekte wie ein virtueller Parteitag (Baden-Württemberg; Westermayer 2001a) versucht wurden, wird allerdings ähnlich kritisch gesehen:

> „Die Erfahrungen waren (…) zum Teil auch ein bisschen zwiespältig. Also was den Leuten sehr gefehlt hat, was vielen auch sehr wichtig ist, das persönliche Gespräch mit anderen. Auch am Rande. Das darf man nicht unterschätzen, dass das auch eine wichtige Komponente ist, neben dem richtigen Ablauf, neben der Tagesordnung, diese ganzen Gespräche. Man sieht es ja auch immer, wenn man auf dem Parteitag ist. Das ist immer voll auf den Fluren, geht mir ja auch so, ich freu mich ja auch immer. Manche Menschen sieht man wirklich nur auf Parteitagen." (Grüne 2)

Die Ablehnung solcher Neuerungen basiert dabei ganz deutlich auf kulturell-pragmatischen Überlegungen, die Vereinsartigkeit eines Parteitags mit seinen informalen Kommunikationsräumen wird ganz offensichtlich sehr geschätzt. Rechtliche Gründe stehen, dies bestätigt eine aktuelle Ausarbeitung des Deutschen Bundestages, einer solchermaßen virtualisierten Parteiarbeit nicht entgegen (Robbe/Wissenschaftliche Dienste Deutscher Bundestag 2011). Neben der skeptischen Betrachtung der Innovationen der anderen Parteien und des Zurückgreifens auf deren Erfahrung ist also vorrangig die noch genauer zu untersuchende, mehrfach durchscheinende Skepsis gegenüber virtuellen Kommunikationszusammenhängen von Bedeutung. Möglicherweise, so eine etwas weniger skeptische Einschätzung, „ist es für so was wie einen virtuellen Landesverband einfach noch einen Schritt zu früh" (Grüne 3). Gegenwärtig entwickeln sich dabei alle Parteien hinsichtlich ihrer virtuellen Organisation nicht in Richtung strukturelle Neuausrichtung. In Web 2.0-orientierten Projekten steht gerade nicht die formalstrukturelle Dimension der Parteiorganisation im Mittelpunkt; es geht vielmehr überwiegend um die onlinegestützte Kommunikations-, Interaktions- und Steuerungsdimension der Parteiarbeit,[110] die sich von parteistrukturellen und mitgliedschaftlichen Aspekten klar abgrenzt und insofern ein grundsätzlich differentes Vorgehen zu diesen gescheiterten Versuchen der virtuellen Organisationserweiterung darstellt (siehe auch Abschnitt 7.3).

5.2.2.4 Parteigliederungen: Angleichung und Evidenz von Reformmoden

Die formale Gliederungsanalyse zeichnet ein Bild zunächst einmal ähnlich strukturierter Parteien, die sich weitgehend analog zu den föderalen Strukturen und zu Teilen den öffentlichen Gebietskörperschaften der Bundesrepublik organisieren. Dabei unterscheiden sich die Parteien hinsichtlich der formal-statutarischen Schwerpunktsetzung. Während CDU, CSU, SPD und FDP stark auf ein einheitliches Auftreten und eine stärker von oben vorgegebene Parteistruktur drängen, betonen Grüne und Linke in ihren Satzungen dezentrale Organisationsstrukturen,

---

[110] Beispielhaft zu nennen sind etwas Online-Spendentools, bei denen als Verbindung der Online-Parteiarbeit zur realweltlichen Wahlwerbung zum Teil nicht nur zweckgebundene Spenden erfolgen können, sondern sogar – von der Partei vorgegebene – Optionen wie Motiv, Standort und Zeitraum eines Wahlplakates im Rahmen der Spende durch den Spender bestimmt werden (u.a. bei den Grünen möglich). Die Organisationsarbeit (Zurverfügungstellung der Optionen) bleibt damit im Parteiapparat, nur die Funktions- und Informationskomponente wird ins Netz verlagert.

wobei die Linke im Rahmen der Parteineugründung 2007 und die Grünen im Rahmen der Regierungsübernahme im Bund 1998 innerparteiliche Reformchancen genutzt haben, um sich an die etablierten Parteien anzugleichen (Linke 1, 2, 3; Grüne 1, 2, 3) und sich ebenfalls zu zentralisieren. In vergleichender Perspektive zeichnen sich die deutschen Parteien damit durch weitgehend ähnliche Gliederungsstrukturen aus, mit einem langsamen Trend der Angleichung, geprägt durch elektoral erfolgreiche Parteien und durch weitere organisationsexterne Aspekte. Auffällig ist, dass in keiner Partei auf Dauer angelegte virtuelle Parteigliederungen von besonderer Relevanz sind, im Gegenteil eher ein Bedeutungsverlust zu verzeichnen ist. Hier ist also ganz klar eine temporäre Reformmode zu erkennen, die parteiübergreifend stattgefunden hat. Organisationsstrukturell wird damit an einer regionalen Verankerung der Organisation mit einer klaren Betonung der Mitwirkung von Parteimitgliedern vor Ort festgehalten. Temporäre Versuche, diese Gliederungsstruktur zu durchbrechen, wurden nicht weiter verfolgt. Zudem weisen schon die Statuten hinsichtlich der Gliederungsstruktur zumindest in Teilen klar auf den Versuch hin, organisatorisch top-down durchsteuern zu wollen.

5.2.3 Gremien und Organe

Bevor auf die formal-statuarische Umsetzung der Vereinsseite von Parteien, also auf mitgliedschaftsrechtliche Regelungen, eingegangen werden kann, soll nun der Blick auf die parteiinterne Vereinsorganisation und -führung gerichtet werden – also auf die Regelungen zu innerparteilichen Gremien und Organen. Im Vordergrund steht eine Bestandsaufnahme des Status quo, mit drei Zielen: Erstens ist zu klären, inwieweit sich die Parteien in diesem wichtigen Organisationsaspekt gleichen. Zweitens ist zu prüfen, inwieweit rechtliche Vorgaben die Organisationsstruktur beeinflussen. An späterer Stelle ist das Verhältnis des Parteiapparats zur Parteiführung, die gemeinsam das Party Central Office bilden, von Interesse. Damit stellt die Bestandsaufnahme drittens einen Anknüpfungspunkt für diese Analyse dar.

5.2.3.1   Parteiorgane der Bundesparteien im Sinne des Parteiengesetzes

Parteien müssen über Mitgliederversammlung und Vorstand verfügen (§ 8 Abs. 1 PartG), weitere Organe können in der Satzung verankert werden (§ 8 Abs. 2 PartG). Dieser Handlungsspielraum wird von den Parteien in unterschiedlicher Weise genutzt (Tabelle 9).

Alle Parteien verfügen wie vorgeschrieben über Parteitag und Vorstand. Der Vorstand ist dabei laut Satzung nicht immer explizit in einen kleineren geschäftsführenden und einen größeren Gesamtvorstand unterteilt, faktisch kennen alle Parteien diese Unterscheidung. Die aus dieser Differenz resultierenden Folgen sind nachfolgend (Abschnitt 5.2.3.2) noch näher zu betrachten.

Tabelle 9: Organe der obersten Parteiebene gemäß Satzung im Sinne des § 8 PartG

CDU (§ 27)	CSU (§ 23)	SPD (§§ 23 bis 30)	FDP (§ 10)	Grüne (§ 11)	Linke (§ 14)
· Bundesparteitag	· Parteitag	· Parteitag	· Bundesparteitag (sowie Europaparteitag)	· Bundesversammlung	· Parteitag
· Bundesausschuss	· Parteiausschuss	· Parteirat[+]		· Länderrat/ Ostländerrat	· Bundesausschuss
· Bundesvorstand (mit Präsidium)	· Parteivorstand	· Parteivorstand (mit Präsidium[++])	· Bundesvorstand	· Bundesvorstand	· Parteivorstand
	· Parteipräsidium			· Parteirat	
				· Bundesfinanzrat	
				· Frauenrat	

[+]Ab 12.2011: Parteikonvent; [++]bis 12.2011; eigene Zusammenstellung; Quelle: Parteisatzungen oberste Parteiebene (vgl. Fußnote 8).

Von struktureller Relevanz ist neben dem Vorstand als formal oberstes Organ der Parteitag zu nennen. Einen „kleinen" Parteitag, der zwischen den „großen" Parteitagen diejenigen Entscheidungen trifft, die nicht nur im Kern- oder Gesamtvorstand getroffen werden sollen, kennen nunmehr alle Parteien bis auf die FDP, die dieses Gremium im Rahmen einer Strukturverschlankung abgeschafft hat (FDP 1). Dazu kommen weitere, nicht unbedingt in den Satzungen verankerte (informale) Formen von parteitagsähnlichen Beratungen und Zusammenkünften (etwa regionale Parteikonferenzen u.ä.). Parteien sind in der Zusammensetzung der Parteitage weitgehend frei, so dass hier die spezifischen Unterschiede zu überprüfen sind, die sich durch die Berechnung von Delegiertenschlüsseln und weiteren Mitgliedschaften kraft Amtes ergeben können. Aus Partizipationsperspektive, also im Sinne einer Mitgliederorientierung, ist ein hoher Anteil an in möglichst niedrigen Parteigliederungen gewählten Personen sinnvoll; aus Organisations- und Steuerungssicht ist dagegen ein hoher Anteil an Mitgliedern kraft Amtes zur Einbindung organisationsinterner und -externer Akteure sinnvoll. Darüber hinaus können unterschiedliche weitere Organe im Sinne des § 8 PartG in den Satzungen verankert werden, wovon über die kleinen Parteitage und geschäftsführenden Vorstände hinaus nur die Grünen Gebrauch machen, um mit Organen wie dem Frauen- oder Ostländerrat nicht zuletzt politisch die Bedeutung dieser Aspekte für die eigene Partei zu betonen.[111]

5.2.3.2 Kernvorstände (Parteivorstände I)

Für das Alltagshandeln der Parteiorganisationen sind vor allem die Parteivorstände bedeutsam, wobei zwischen einem „Kernvorstand" (Präsidium, Geschäftsführender Vorstand, Bundesvorstand) und dem Gesamtvorstand (Bundes-/Parteivorstand, Parteirat) zu unterscheiden ist. Im Parteienvergleich zeigen sich nicht nur in unterschiedlichen Bezeichnungen, sondern auch in Zusammensetzung und Wahlverfahren Differenzen, wenngleich letztere Unterschiede meist eher formaler Natur sind. Die Kernvorstände sind von Bedeutung, da sie zum einen das tagespolitische Geschäft betreiben und zum anderen auf die Ressourcen der Geschäftsstellen zugreifen, also direkter Mit- oder (seltener) Gegenspieler des Parteiapparates sind und gemeinsam als Party Central Office zunächst einmal die Parteiorganisation im engeren Sinne, nicht jedoch

---

[111] Die in allen Parteien vorhandenen Parteischiedsgerichte sowie die ebenfalls in allen Parteien bestehenden Nebenorganisationen (etwa Jugend-, Frauen- oder Seniorenorganisationen) sind keine Organe im formalen Sinn. Zu Erfordernissen und Eigenschaften der Schiedsgerichte siehe de Petris (2000) sowie Wietschel (1996: 79-82).

die Party in Public Office, vertreten. Daher stehen Parteivorstände in einem besonderen Konflikt mit organisationsexternen Akteuren wie den Parlamentariern und den Exekutivvertretern der jeweiligen Partei. Umso bedeutsamer ist die innerorganisatorische Funktion der Vorstände, einerseits als Spitze der (Partei-) Verwaltung, andererseits als Mittler und Gate-Keeper zwischen Parteiorganisation und Parteiumwelt (Bukow/Rammelt 2003: 47-41; Herzog 1997: 303-330). Für die Handlungsmacht der Vorstände sind mehrere Faktoren relevant, nämlich die formale satzungsrechtliche Stellung, das Wahlverfahren, die Amtszeit und Abberufbarkeit sowie die organisationsstrukturelle Zusammensetzung, Größe und Tagungshäufigkeit des Gremiums und die damit verbundene Steuerungsfähigkeit. Im Gegensatz zu den ungleich größeren Gesamtvorständen sind Kernvorstände nicht darauf ausgelegt, interne und externe Akteure zu integrieren, sondern sie sind im Idealfall darauf optimiert, das interne Parteimanagement und Tagesgeschäft zu bearbeiten und die Parteiorganisation nach außen zu vertreten, gegebenenfalls auch in Abgrenzung zu anderen parteilichen Akteuren. Dabei können sich durchaus strukturell bedingte oder akteursabhängige Unterschiede in der faktischen Relevanz der Kernvorstände ergeben. Die wesentlichen formalstrukturellen Aspekte der Kernvorstände sind in Tabelle 10 zusammengefasst.

In allen Parteien sind die Kernvorstände zwei Jahre im Amt (Ausnahme: Generalsekretär CDU). Die Satzungen unterscheiden sich dabei formal in der Frage, ob in jedem zweiten Kalenderjahr eine Wahl durchzuführen ist oder ob die Amtszeit explizit zwei Jahre beträgt. Im Ergebnis macht dies keinen wesentlichen Unterschied. Damit wird in allen Parteien der Vorgabe des Parteiengesetzes entsprochen, den Vorstand in mindestens jedem zweiten Kalenderjahr zu wählen (§ 11 Abs. 1 PartG). Diese Regelung stellt einen Kompromiss zwischen Kontinuität der Arbeit und Responsivität bzw. demokratischen Erfordernissen dar, wobei abweichende Regeln (bspw. einjährige Amtszeit früher bei den Grünen oder heute bei der Piratenpartei) zeigen, dass es keineswegs zwingend ist, das Zweijahresmaximum auszuschöpfen. Eine Wiederwahl ist nunmehr bei allen Parteien auf Bundesebene ohne Einschränkung zulässig (vgl. Abschnitt 5.2.3.5).

Größere formale Unterschiede bestehen in der Zusammensetzung, den Wahlverfahren und der satzungsrechtlichen Verankerung der Kernvorstände. Von Bedeutung ist, dass nur bei CSU und Grünen[112] der Kernvorstand in der Satzung als eigenes Organ verankert ist. Bei allen anderen Parteien ist der Kernvorstand kein eigenständiges Organ im Sinne der Satzung, sondern nur Teil des Gesamtvorstands. Daher erfolgt in diesen Fällen eigentlich keine Wahl zum Kernvorstand; vielmehr ergibt sich die Kernvorstandszugehörigkeit durch die (meist in Einzelabstimmung erfolgende) Wahl zum Parteivorstand oder aber durch eine vorstandsinterne Wahl (bei weiteren Kernvorstandsmitglieder; tlw. auch Wahl/Benennung durch die entsendenden Gremien/Gruppen). Bei den Grünen verhält es sich dahingegen gegenläufig, hier werden die Vorsitzenden und der politische Geschäftsführer qua Kernvorstandswahl zugleich Mitglied des erweiterten Parteivorstandes (Parteirat). Da es sich aber in allen Parteien bei diesen Wahlen des Führungspersonals (insb. Vorsitzende, Generalsekretär, Schatzmeister) um personalisierte (Einzel-)Wahlen handelt und damit bei der Wahl die teilweise gegebene formale Doppelzugehörigkeit keine Rolle spielt, ist dies eher einer organisatorische Frage.

---

[112] Bei den Grünen ist der Gesamtvorstand („Parteirat") ein erst nachträglich eingeführtes Gremium; lange Zeit bestand der Vorstand nur aus dem Kernvorstand („Bundesvorstand").

Tabelle 10: Zusammensetzung und Wahl der Kernvorstände (Parteivorstände I)

	CDU (§ 29)	CSU (§ 27)	SPD (§ 23)
Bezeichnung	Präsidium	Präsidium	Geschäftsführender Vorstand (Parteipräsidium)(bis 2011)[+]
Zusammensetzung und Restriktionen	· Parteivorsitzender · Generalsekretär (Vorschlag des Vorsitzenden) · 4 stv. Vorsitzende · Bundesschatzmeister · 7 weitere Mitglieder des Bundesvorstands · Bundeskanzler, Präsident EP, (Vize-) Präsident BT, Präsident EVP-ED Fraktion EP (jeweils falls CDU) · Vorsitzender BT-Fraktion · CDU-Ministerpräsidenten (nur beratend; kooptiert) · möglichst 1/3 Frauen	· Parteivorsitzender · 4 stv. Vorsitzende · 2 Landesschatzmeister · 2 Schriftführer · Generalsekretär · Landesgeschäftsführer · Vorsitzender der Finanzkommission · 7 weitere Mitglieder des Parteivorstands · 40% Frauen (Soll) · Wahl „weitere Mitglieder" des Gesamtvorstands nur gültig, wenn 40% Frauen gewählt · Kreis-/Bezirks-/(stv.) Parteivorsitz nicht vereinbar	· Parteivorsitzender · 4 stv. Vorsitzende[++] · Generalsekretär · Schatzmeister · Verantwortlicher des Vorstands für die EU · weitere Mitglieder (Zahl legt Parteivorstand fest) · 40% Frauen/Männer bei Einzelwahlen (Soll) · 40% Frauen/Männer bei Gesamtvorstand (Pflicht) · Abberufung von Funktionsträgern möglich
Wahl/Amtsdauer	· Präsidium als Teil des Bundesvorstands gewählt · getrennte Wahlgänge · Wahl Generalsekretär: jedes 4. Kalenderjahr (vorzeitige Entlassung auf Vorschlag des Vorsitzenden möglich)	· Präsidium als Teil des Bundesvorstands gewählt · „weitere Mitglieder": vorstandsinterne Wahl; Generalsekretär/Landesgeschäftsführer: Vorstandsberufung, auf Vorschlag des Vorsitzenden · Einzelabstimmung Vorsitzender, ggf. stv. Vorsitzende Einzel- oder Sammelabstimmung: alle anderen	· Einzelwahl von Vorsitzenden, Stellvertretern, Generalsekretär, Schatzmeister, Verantwortlicher EU (Parteivorstandswahlen) · Parteivorstand wählt aus seiner Mitte den geschäftsführenden Vorstand, dem o.g. Mitglieder angehören · Vorstand bis Konstituierung des neuen Vorstands im Amt

	FDP (§ 17)	Grüne (§ 14)	Linke (§ 19)
Bezeichnung	Präsidium	Bundesvorstand	Geschäftsführender Parteivorstand
Zusammensetzung und Restriktionen	· Bundesvorsitzender · 3 stv. Vorsitzende · Bundesschatzmeister · Vorsitzender BT-Fraktion (oder ständiger Vertreter) · 3 Beisitzer des Präsidiums · Vertreter der EP-Gruppe · Generalsekretär · keine Quotenregelung	· 2 Vorsitzende · politischer Geschäftsführer · Bundesschatzmeister · 2 weitere Mitglieder · Vorsitzende mindestquotiert · Vorstand mind. 50% Frauen · Max. 1/3 Abgeordnete · Fraktionsvorsitz/Regierungsamt nicht vereinbar	· 12 Mitgliedern, darunter: · 2 Vorsitzende · (mehrere) stv. Vorsitzende · Bundesschatzmeister · Bundesgeschäftsführer · Weitere Mitglieder (Details bestimmt Parteitag) · Vorsitzende mindestquotiert
Wahl/Amtsdauer	· Wahl durch Parteitag/tlw. durch entsendende Gruppe/Fraktion (bzw. ex officio) · Generalsekretär: Wahl durch Parteitag (Vorschlag des Vorsitzenden)	· Wahl durch Parteitag · Vorsitzende & Geschäftsführer: damit zugleich als Parteiratsmitglied gewählt · Abwahl einzeln oder insgesamt durch Parteitag möglich	· Kernvorstand als Teil des Bundesvorstands gewählt · Parteivorstand wählt aus seiner Mitte die „weiteren Mitglieder" des Gf. PV · Abwahl möglich

[++]Präsidium 12.2011 abgeschafft, seitdem nur Gesamtvorstand; [++]Bis 2007: 5, bis 11.2009: 3 und ab 12.2011: 5 stv. Vorsitzende; eigene Zusammenstellung; angegeben sind die zentralen Fundstellen, tlw. Details an weiteren Fundstellen; Quelle: Parteisatzungen (vgl. Fn. 8).

Die Tatsache, dass der Kernvorstand bei CSU und Grünen ein eigenes Organ darstellt, ist gleichwohl in zwei Punkten interessant: hinsichtlich einer stärkeren Legitimation und hinsichtlich der Wahlverfahren. So könnte dieser besondere Status bei CSU und Grünen legitimationsverstärkend wirken und einen klaren Parteiorganisationsführungsauftrag ausdrücken, da in anderen Fällen der Kernvorstand statuarisch eher als geschäftsführender Teil des Gesamtvorstands konzeptualisiert wird (etwa § 24 Abs. 7 Statut CDU). Allerdings zeigt sich gerade hier der Widerspruch zwischen Organisationsstruktur und -kultur, steht doch bei den Grünen ein kleiner und damit theoretisch aktionsfähiger Vorstand gegen eine betont dezentrale Strukturierung (und eine ungleich besser ausgestattete Party in Public Office). Zudem können explizit Vorstandsmitglieder individuell (oder gemeinschaftlich) vorzeitig durch einen Parteitag abgewählt werden – eine das einzelne Vorstandsmitglied durchaus schwächende Möglichkeit (im Detail sind auch bei anderen Parteien Einzel- oder Kollektivabberufungen möglich sind, so kann beispielsweise bei der SPD bei besonderen Gründen eine Abberufung vom Vorstandsamt erfolgen, § 11 Abs. § OrgStatut SPD i.V.m. § 9 Wahlordnung SPD; bei der Linken kann der Parteivorstand mittels Parteitagsbeschluss neu gewählt werden, § 19 Satzung Linke; auch die Abwahl ist möglich, § 22 Abs. 2 Satzung Linke). Bei der CSU schwächt dagegen die Größe das Präsidium (19 Mitglieder). Ein derart großer Kernvorstand befördert informelle Macht- und Entscheidungszentren und kann kaum als strategischer Akteur handeln, wobei diese Größe damit zusammenhängen dürfte, dass die CSU als „bayerische Staatspartei" bislang faktisch aus der Staatskanzlei heraus geleitet wurde (vgl. Abschnitt 6.2.2). Die Kernvorstände ohne Organqualität agieren allesamt eher aus dem Gesamtvorstand heraus als geschäftsführender Vorstand, wobei die CDU mit faktisch mindestens 15 Präsidiumsmitgliedern (meist mehr) das Gremium vor ähnliche Schwierigkeiten stellt wie die CSU mit ihrem großen Präsidium (und ebenfalls oft auf eine starke Regierungszentrale zugreifen kann). Sehr deutliche Unterschiede zeigen sich also in der Größe. Alle Parteien gehen über die gesetzlich geforderte Mindestgröße von drei Personen klar hinaus. Die Größe variiert dabei zwischen 6 Personen (Grüne) und 19 Personen (CSU), wobei die Größe des Kernvorstands nicht immer abschließend geregelt ist (CDU, SPD, Linke). Damit geht einher, dass sich auch in der Zusammensetzung der Kernvorstände Unterschiede zeigen. Die starken Unterschiede und die Größenoffenheit ergeben sich durch mehrere Regelungen; Präsidiumsmitglieder kraft Amtes (CDU) oder eine größere Zahl von weiteren Mitgliedern (zumeist zur Einbindung innerparteilicher Gruppierungen) bieten den Parteien Handlungsspielraum. Dabei ist anzunehmen, dass die Handlungsfähigkeit des Vorstands mit zunehmender Gruppengröße rückläufig ist und innerhalb des Kernvorstands der Vorsitzende, die Stellvertreter und der Generalsekretär (sowie ggf. der Schatzmeister) an Bedeutung gewinnen. Hinsichtlich dieser Personengruppe zeigt sich das parteienvergleichende Bild einheitlicher: Alle Parteien kennen einen Vorsitzenden, nur Grüne und Linke haben aus parteispezifischen Gründen eine Doppelspitze, was von anderen als Nachteil empfunden wird (SPD 2). Für die Doppelspitze spricht aus Sicht der Grünen die Frauen- und Strömungsquote, für die Linken ist die Doppelspitze eine Übergangslösung im Fusionsprozess. Ursprünglich wollte sich die Partei 2010 an die anderen Parteien angleichen und auf die Doppelspitze wieder verzichten.[113] Die Grünen haben die Doppelspitze nur in Einzelfällen abgeschafft. In Folge

---

[113] Eine Verlängerung dieser Regelung über 2010 hinaus wurde im Jahr 2010 beschlossen. Hintergrund war der Rückzug Lafontaines aus der Bundespolitik (im Januar 2010). Im Dezember 2009/Januar 2010 waren in diesem Kontext massive Friktionen zwischen den ost- und westdeutschen Parteigliederungen deutlich, so dass diese nun doppelt

der Doppelspitze kennen die Grünen keine stellvertretenden Vorsitzenden; lange Zeit kannte der Parteivorstand sogar nur Sprecher, insofern ist die Einführung von Vorsitzenden bereits eine nicht nur semantische Angleichung an die anderen Parteien. Alle anderen Parteien kennen einen oder mehrere Stellvertreter, die SPD hat sich im Rahmen einer Vorstandsreform aus innerparteilich-machtarithmetischen Gründen an die anderen Parteien angeglichen, zeigt sich in der Anzahl jedoch flexibel, was verdeutlicht, dass „Zahl und Kompetenzen der Vorstandspositionen den sich ändernden innerparteilichen Machtverhältnissen jeweils angepasst" (Herzog 1997: 305) werden. Damit verfügt die SPD über ähnlich viele Stellvertreter wie CDU, CSU und Linke.[114] Allerdings hat die SPD mit der Parteireform 2011 das Präsidium formal abgeschafft und im Rahmen eines verkleinerten Gesamtvorstandes die Geschäftsführung der Partei an den Generalsekretär übertragen. Dieser führt die Geschäfte „im Einvernehmen" mit dem Vorsitzenden und dem Gesamtvorstand (§ 24 OrgStatut SPD 2011), wobei im Ergebnis eine informale Führungskultur gestärkt werden dürfte. Formalstrukturell verzichtet die SPD damit ab 2011 auf einen Kernvorstand.

Auffällig sind die Unterschiede in der Einbindung der organisatorischen Leitung der Parteiapparate, so ist bei der CSU nicht nur wie bei den anderen Parteien die politische Geschäftsführung (Generalsekretär), sondern auch die organisatorische Leitung (Landesgeschäftsführer) Mitglied des Kernvorstands. In einigen Fällen ist explizit geregelt, dass hauptamtliche Mitarbeiter nicht zugleich Vorsitzender (CSU) oder Vorstandsmitglied (FDP) der weisungsgebenden Ebene sein. Im Ergebnis stellen sich die Kernvorstände formalstrukturell unterschiedlich dar. Die parteienrechtlichen Vorgaben entfalten auf oberer Ebene keine übermäßig prägende Kraft in der Vorstandsausgestaltung, bestehende Ausgestaltungsspielräume werden durchaus genutzt.

5.2.3.3 Gesamtvorstände (Parteivorstände II)

Deutlich ähnlicher als die Kernvorstände zeigen sich die Gesamtvorstände, doch auch hier gibt es Unterschiede im Detail. Die organisationale Funktion aller Gesamtvorstände ist weitgehend gleich: Sie sollen die Parteiführung jenseits des Tagesgeschäfts, das den (geschäftsführenden) Kernvorständen obliegt, übernehmen. Dazu sind sie je nach Satzungskonstruktion Berater des Kernvorstands oder formalstatuarisch in ihrer Gesamtheit die entscheidungstreffenden Führungsorgane der Partei. Zu den Aufgaben gehören insbesondere die Beratung und gegebenenfalls Beschlussfassung zu politischen Themen, die allgemeine Vertretung der Partei gegenüber der Öffentlichkeit sowie die Behandlung innerparteilicher Organisationsangelegenheiten und spezifischer Personalfragen. Dabei gilt es, unterschiedliche Strömungen, Ebenen und teilweise Regionen der Parteiorganisation zu integrieren. Um die dazu erforderliche Zusammensetzung zu gewährleisten, gibt es drei Möglichkeiten: eine (ausgewogene) Wahl des Parteitages (ggf.

---

quotierte Doppelspitze (Ost/West, Frau/Mann: Gesine Lötzsch/Klaus Ernst) als „friedensstiftende" Organisationsform erdacht wurde (auch die Position des Bundesgeschäftsführers wurde aus diesem Grund als doppelt quotierte Doppelspitze besetzt (Die Linke 2010)). Dieser strukturelle Formelkompromiss konnte die fusionsbedingten Konflikte und die parteiliche Krise nach 2010 jedoch nicht verhindern. Nunmehr ist nur noch die Vorsitzendenposition doppelt besetzt (Katja Kipping/Bernd Riexinger).
[114] Die Linke hat sich in der Satzung nicht auf vier Stellvertreter festgelegt, sondern lässt die genaue Anzahl offen. Die SPD hat die Zahl der Stellvertreter mit der Parteireform im Dezember 2011 auf nunmehr fünf erhöht, um einen Platz für eine Person mit Migrationshintergrund im Parteivorstand zu .

Sicherstellung der innerparteilichen Repräsentation mittels Quoten- oder Proporzregelungen), Mitgliedschaften kraft Amtes sowie beratende Mitgliedschaften kraft Amtes (Tabelle 11). Wie zuvor aufgezeigt, werden dabei im Rahmen der formalen Gesamtvorstandswahlen die (führenden) Kernvorstandsmitglieder meist bereits mitgewählt. In allen Parteien ist eine wechselseitige (teilweise) Zugehörigkeit des Kernvorstands zum Gesamtvorstand sichergestellt.

CDU, CSU und FDP sichern über zahlreiche Mitgliedschaften kraft Amtes (bzw. über spezifische Benennungs-/Wahlmodalitäten innerhalb der zu repräsentierenden Gruppen) die formale Integration aller parteizugehörigen Eliten von Landes- bis Europaebene. Die CDU sichert darüber hinaus ab, dass alle Landesvorsitzenden dem Bundesvorstand angehören, mit Stimmrecht, falls der Landesverband sonst gar nicht im Bundesvorstand vertreten wäre, beratend in allen anderen Fällen. Sie verankert zudem zahlreiche beratende Vorstandsmitglieder kraft Amtes, etwa die Ministerpräsidenten der Länder. Auch die CSU verankert in der Satzung, dass bei der Wahl der weiteren Mitglieder „jeder Bezirksverband angemessen vertreten sein soll" (§ 26 Abs. 1 Nr. 5 Statut CSU), sieht aber keine weiteren formalen Verfahrensregeln dafür vor. In einer ungewöhnlichen Weise sichert die FDP die Präsenz aller Landesverbände auf Bundesebene ab. Hier sind 16 der 34 weiteren Beisitzer sogenannte „Kurfürsten": Jeder Landesverband hat für einen derartigen Beisitzer-Posten das alleinige Vorschlagsrecht (Wahl durch den Bundesparteitag in einem Wahlgang in verbundener Einzelwahl, § 5 Abs. 5 BGO FDP). Diese bemerkenswerte Lösung sichert nicht nur die Vertretung aller Landesverbände im Bundesvorstand, sondern erhöht zugleich das Gewicht der Landesebene in der Besetzung des Bundesorgans und schwächt den Bundesparteitag. Um relevante Positionen mit in den Vorstand zu integrieren, sieht die Satzung der Linken eine beratende Mitgliedschaft für die Vorsitzenden der Bundestagsfraktion, einen Vertreter der Europaparlamentarier, des Jugendverbands und (nunmehr) zwei Vertreter des Bundesausschuss-Präsidiums vor; weitere sind möglich. Ebenso wie SPD und Grüne kennt die Linke jedoch keine satzungsrechtliche Sicherheit, dass alle Landesverbände im Bundesvorstand vertreten sind. Grüne und SPD sehen kaum Mitgliedschaften kraft Amtes vor, bei den Grünen sind nur die beiden Parteivorsitzenden sowie die politische Geschäftsführung zu nennen, bei der SPD vor allem der EU-Beauftragte des Parteivorstands. Die SPD löst das Problem der Eliteneinbindung vorrangig über den Weg des Vorschlagsrechts: Der amtierende Vorstand legt dem Parteitag einen Vorschlag über die Zusammensetzung des nachfolgenden Vorstands vor, so dass hier eine wirksame Steuerungsfunktion implementiert wird, wenngleich der Parteitag weitere Vorschläge aufnehmen darf.

Tabelle 11: Zusammensetzung und Wahl der Gesamtvorstände (Parteivorstände II)

	CDU (§§ 33 bis 36)	CSU (§ 26)	SPD (§ 23)
Bezeichnung	Bundesvorstand	Parteivorstand	Parteivorstand+
Zusammensetzung und Restriktionen	· Parteivorsitzender · Generalsekretär · 4 stv. Vorsitzende · Bundesschatzmeister · 7 weitere Mitglieder (des Präsidiums) · 26 weitere Mitglieder · Ehrenvorsitzende · Bundeskanzler, Präsident EP, (Vize-) Präsident BT, Präsident EVP-ED Fraktion EP (jeweils falls CDU) · Vorsitzende der Landesverbände (falls LV nicht bereits im Vorstand vertreten) · beratend: Bundesgeschäftsführer, Ministerpräsidenten (falls CDU), Vorsitzende LV und Bundesvereinigungen, Vorsitzender CDU/CSU-Gruppe EP und Vorsitzender Ev. Arbeitskreis CDU/CSU · möglichst 1/3 Frauen	· Parteivorsitzender · 4 stv. Parteivorsitzende · 2 Landesschatzmeister · 2 Schriftführer · Generalsekretär · Landesgeschäftsführer · 32 weitere Mitglieder (davon 7 Präsidium; Bezirksproporz) · Ministerpräsident (falls nicht CSU ein Regierungsmitglied, Benennung durch CSU-Kabinettsmitglieder), ein Mitglied BReg (Benennung durch CSU-Kabinettsmitglieder) · Vorsitzender CSU-Fraktion/Gruppe EP, BT, LT · Landesvorsitzende JU, Frauen-Union, Senioren-Union · beratend: Landesvorsitzende weitere AGs gemäß § 29 · 40% Frauen (Soll) · Wahl „weitere Mitglieder" des Gesamtvorstands nur gültig, wenn 40% Frauen gewählt	· Vorsitzender · 4 stv. Vorsitzende · Generalsekretär · Schatzmeister · Verantwortlicher des Vorstands für die EU · vom Parteitag festzulegende Zahl weiterer Mitglieder · max. 45 Personen · Vorstand macht Wahlvorschlag für nachfolgenden Vorstand, weitere Vorschläge durch Parteitag möglich · 40% Frauen/Männer bei Einzelwahlen (Soll) · 40% Frauen/Männer bei Gesamtvorstand (Pflicht) · Abberufung von Funktionsträgern möglich

	FDP (§ 17)	Grüne (§ 16)	Linke (§ 19)
Bezeichnung	Bundesvorstand	Parteirat	Parteivorstand
Zusammensetzung und Restriktionen	· Bundesvorsitzender · 3 stv. Vorsitzende · Bundesschatzmeister · Vorsitzender BT-Fraktion (oder ständiger Vertreter) · 3 Beisitzer des Präsidiums · Vertreter der EP-Gruppe · Generalsekretär · 34 weitere Beisitzer (davon 16 „Kurfürsten" (1 je LV, § 5 Abs. 5 BGO) · Bundesminister, Regierungschefs der Länder sowie Mitglieder EU-Kommission (falls FDP)	· Beide Bundesvorsitzende · Politischer Geschäftsführer · weitere Mitglieder · max. 16 Personen · beratend weitere Mitglieder (Beschluss Länderrat) · bei beruflicher/finanzieller Abhängigkeit von Bundesgeschäftsstelle keine Parteiratsmitgliedschaft (Ausnahme Bundesvorstand) · mindestens 50% Frauen · Abwahl einzeln oder insgesamt durch Parteitag möglich	· 44 Mitglieder, darunter der Geschäftsführende Vorstand und ein jugendpolitischer Sprecher · genaue Zusammensetzung bestimmt der Parteitag · beratend: Vorsitzende BT-Fraktion, je ein Vertreter EP-Gruppe und Jugendverband; weitere bestimmbar (Parteitagsbeschluss)++ · mindestens 50% Frauen

+Ab 12.2011: 5 stv. Vorsitzendem max. 35 Personen; ++sowie 2 Vertreter des Bundesausschuss-Präsidiums (§ 19 Satzung Linke 2012); eigene Zusammenstellung; angegeben sind zentrale Fundstellen, Details tlw. weitere Fundstellen; Quelle: Parteisatzungen (vgl. Fn. 8).

Im Ergebnis werden durch die Einbindung derart vieler Akteure und Ebenen die Gesamtvorstände ganz überwiegend zu kaum strategiefähigen Organen (zur Strategie Raschke/Tils 2007). Davon weicht nur im Ansatz der Parteirat der Grünen ab, der nach Lesart der Grünen insbesondere die verschiedenen Akteure der Bundesebene (Partei, Fraktion, Regierung) vernetzen und den Bundesvorstand beraten, allerdings auch die Landesverbände integrieren und politische Initiativen mit entwickeln soll (§ 15 Abs. 1 Satzung Grüne) – und dies bei insgesamt gerade einmal 16 Mitglieder. Diese Zielsetzung bestätigt die Entstehungsgeschichte des Gremiums. Als ursprünglich rein beratendes Gremium (Bukow/Rammelt 2003: 50-51) sind Beschlüsse nur zur Ausführung seiner Aufgaben vorgesehen (§ 15 Abs. 2 Satzung Grüne). Hier wird deutlich, dass der Parteirat der Grünen eben nur bedingt als Gesamtvorstand zu verstehen ist. Primär ist er das den (zu) kleinen Bundesvorstand beratende Organ, das dadurch vergleichsweise geringe Beschlusskompetenzen hat. Allerdings ist durchaus zu bezweifeln, ob die übrigen Gesamtvorstände als Organ tatsächlich einen größeren Entscheidungs- und Handlungsspielraum besitzen, ihre Größe und teilweise schwankende Tagungshäufigkeit lässt daran begründete Zweifel aufkommen (etwa für die CDU ausführlich Bösch 2002: 108-155; die Satzungen regeln die Mindesttagungshäufigkeit in allen Parteien wenn überhaupt zudem sehr unterschiedlich). Dazu kommt, dass der Parteirat der Grünen seine Beschlussfassungskompetenzen ausgeweitet hat und so den Gesamtvorständen der anderen Parteien ähnlicher wurde.

Bilanzierend ist festzuhalten, dass bei diesen Gremien angleichende Entwicklungen nur teilweise auszumachen sind, vor allem, da grundlegende Reformen nur selten stattfinden. Wenn jedoch Reformen stattfinden, dann lassen sich hier durchaus Angleichungsbemühungen feststellen, so bei SPD, Grünen und der Linken. Am deutlichsten sind hierbei sicherlich die Reformen der Grünen, da diese zu Beginn strukturell am stärksten abwichen. Vom einjährigen Wahlturnus hat sich die Partei auf Bundesebene ebenso verabschiedet wie vom Rotationsprinzip (1991); der kleine Vorstand wurde um den Parteirat ergänzt, die Trennung von Amt und Mandat per Mitgliederentscheid gelockert und Restriktionen der Wiederwahl abgeschafft. Gleichwohl besteht die Besonderheit eines kleinen Parteienvorstandes bei einem formalen Verzicht auf einen größeren Gesamtvorstand, der funktional durch den Parteirat ersetzt wird. Auch die SPD-Reform 2007 kann als Anpassung an die anderen Parteien verstanden werden. Ähnliches gilt für die hier nicht mehr im Detail berücksichtige Reform 2011 (u.a. die dann doch zum Parteikonvent veränderte Idee eines „Länderrates"), wobei die Abschaffung des Präsidiums eine Besonderheit darstellt, die im Organisationsalltag zu einem (auf Informalität basierenden) kleinen Führungszirkel führen dürfte. Die Veränderungen der Parteiführung der Linken im Rahmen des Parteifusionsprozesses weisen eine klare Tendenz der Angleichung auf, auch wenn die Abschaffung der Doppelspitze aus machtpolitischen Gründen vorerst verschoben wurde. Damit zeigt sich für die Gesamtvorstände ein weiterhin im Detail uneinheitliches Bild, funktional jedoch sind sie sich in ihrer Zielsetzung weitgehend ähnlich. Spezifische Besonderheiten wie die Strukturen der Grünen haben sich in ihrer Bedeutung abgeschwächt. Nur wenige identitätsrelevante Merkmale wurden erhalten, die verbliebenen Besonderheiten stellen eher organisationskulturell/-geschichtlich bedingte Abweichungen dar, die aus Gründen der Symbolik erhalten werden.

5.2.3.4 Parteitage

Der Parteitag ist das formal-demokratisch wichtigste Organ einer Partei. Hier soll sich der Willensbildungsprozess der Partei artikulieren. Die innerparteiliche Heterogenität wird im Rahmen formaler und informaler, bislang kaum untersuchter Prozesse der Komplexitätsreduktion zu tragfähigen Parteientscheidungen verdichtet. Darüber hinaus bezieht nicht zuletzt der

Vorstand durch die Wahlfunktion des Parteitages seine Legitimation. Darüber hinaus haben Parteitage weitere organisationsinterne und -externe Funktionen zu erfüllen, wobei durch eine zunehmende Medienorientierung externe Funktionen (u.a. die Parteiwerbung in Verbindung mit einer strikten Parteitagsregie und symbolischer Durchgestaltung des gesamten Parteitages) an Bedeutung gewinnen, was eine Gefahr für die eigentliche, organisationsinterne Funktion (Debatte und Entscheidungsfindung) bedeuten kann. Dabei dienen Parteitage selten der ergebnisoffenen Debatte. Dazu kommt, dass durch die in allen etablierten Parteien bestehende Form der Vertreterversammlung (bei nur wenigen Ausnahmen auf Landesebene) oft die mittlere Funktionärsebene das Geschehen dominiert. Dennoch sind Parteitage mehr als parteiliche Selbstinszenierung: Die meisten grundlegenden Maßnahmen, gleich ob inhaltlicher oder organisationsstruktureller Art, sind durch den Parteitag zu beschließen, und nicht immer bleiben dabei Änderungen aus. Parteitage sind also hinsichtlich der Vereinsdimension von Parteien von zentraler Bedeutung. Unterschiede in der formalen Zusammensetzung können auch als Zeichen differenter Parteiverständnisse gedeutet werden. Damit wird die Zusammensetzung und Struktur der Parteitage analyserelevant (Tabelle 12).

Alle untersuchten Parteien führen die Parteitage der obersten Ebene als Vertreterversammlung durch. Weitere Formen der Durchführung oder der Vorbereitung sind nicht satzungsrechtlich verankert, wurden allerdings in ersten Schritten zumindest explorativ gewagt: So hat die SPD Erfahrung mit der vorlaufenden Entscheidungsfindung über den dann von einem Parteitag zu wählenden Parteivorsitzenden (Mitgliederbefragung, 1993), ein auf Bundesebene bislang einmaliger Vorgang; vergleichbare Überlegungen in der Linken wurden nicht weiter verfolgt, sind aber unter Umständen parteienrechtlich problematisch und bedürfen in jedem Falle einer satzungsrechtlichen Fundierung (dazu Morlok 2012). FDP, Grüne und zuletzt auch die SPD sammelten bereits Erfahrungen mit einer online geführten, vorbereitenden und antragsformulierenden Diskussion von inhaltlichen Anträgen bei Bundesparteitagen. Einzelne Anträge werden dabei in einem Wiki-System[115] diskutiert und verändert. Die abschließende Diskussion, inklusive Änderungsanträgen, erfolgt jedoch in tradierter Weise auf dem Parteitag (sofern eine Debatte stattfindet). Komplett online durchgeführte Parteitage realweltlicher Gliederungen haben bislang einzig die Grünen auf Landesebene durchgeführt, eine Wiederholung ist nicht absehbar (siehe auch Abschnitt 7.3).

Damit bleibt auf Bundesebene der Delegiertenparteitag zentral (Tabelle 12). Laut Gesetz muss dieser mindestens zweijährlich zusammentreten. Die Parteien haben die Mindesttagungshäufigkeit meist statuarisch verankert. Die beiden Großparteien halten ihren Parteitag – bei sehr unterschiedlicher Parteitagsgröße – satzungsgemäß mindestens in jedem zweiten Jahr ab. Die kleineren Parteien sowie die CSU sehen dagegen eine jährliche Parteizusammenkunft zwingend vor. Damit überwiegt eine jährliche Tagung des Parteitags.

Neben den sich unterscheidenden Verfahren zur Benennung der Delegierten und der absoluten Größe der Parteitage differiert die Mitglieder-Delegierten-Relation deutlich. Die Anzahl der Delegierten wird erst in Relation zu den Mitgliedern interpretierbar, ergibt sich doch hier eine Auswirkung auf das individuelle Stimm- bzw. Repräsentationsgewicht. Je mehr Mitglieder ein Delegierter rechnerisch vertritt (bzw. für ein Delegiertenmandat erforderlich sind), desto geringer ist die individuelle Chance auf Mitwirkung. Weitere Restriktionen wie Wahlhäufigkeit (es finden sich jährliche oder zweijährliche Wahlperioden für Delegierte (letztere sind

---

[115] Ein Wiki ist ein webbasiertes System, dessen Inhalte von den Benutzern gelesen und geändert werden können.

bei CDU, FDP und Linke in der Satzung verankert) sowie Wahl- und Berechnungsverfahren (insb. die Ebene der Delegiertenberechnung und -wahl) haben zudem einen Einfluss auf die Partizipationschance. Wenig überraschend ist, dass die großen Parteien hier schlechter abschneiden, was die kleinen Parteien durchaus betonen: Man sehe hinsichtlich der Beteiligungs- und Einflussmöglichkeiten „einen gewissen qualitativen Vorsprung vor den großen Parteien, wo (…) [der Parteitag] dann eher einen gewissen Verkündungscharakter hat" (FDP 1). Dass Differenzen im Repräsentationsverhältnis für die Organisationskultur, insbesondere für die Wahrnehmung des eigenen Einflusses seitens der Parteimitglieder in Grundsatz- und Personalfragen, Folgen haben, zeigen bereits frühere Parteimitgliederstudien (Greven 1987: 62-63). Wie in Tabelle 12 gezeigt, vertritt ein Delegierter gegenwärtig rechnerisch etwa 70 (Grüne) oder aber 1020 (SPD bis 2011) Mitglieder – ein beachtlicher Unterschied.

Nicht nur die Delegiertenwahl variiert, auch die Verfahren zur Verteilung der Delegiertenmandate unterscheiden sich, sowohl im Berechnungsverfahren als auch – bedeutend wichtiger – in der Berechnungsgrundlage. Hier werden organisationsparadigmatische Unterschiede deutlich und organisationswirksam. So gratifizieren CDU und FDP den Wahlerfolg. Bei der CDU werden 20 Prozent, bei der FDP sogar 50 Prozent der Delegiertenmandate in Relation zum Zweitstimmenergebnis der letzten Bundestagswahl vergeben (zum früheren Delegiertenmodell der CDU siehe Schönbohm 1985). Darin zeigt sich eine geringere Wertschätzung der Dimension „Mitgliederorganisation", die Dimension „elektoral ausgerichtete Organisation" wird betont. Ähnlich verhält es sich bei der SPD, bei der ebenfalls ein Teil der Delegiertenmandate dem Wahlerfolg entsprechend vergeben werden (von 480 Delegierten werden 160 bundestagszweitstimmenbezogen vergeben). Dieser Fall ist bemerkenswert, denn mit der Parteireform 2011 fand explizit eine normativ-paradigmatische Neuausrichtung statt. So wurde der Parteitag auf 600 Delegierte vergrößert, was gerade bei sinkenden Mitgliederzahlen das Repräsentationsverhältnis verbessert. Vor allem aber wurde entschieden, den Wahlerfolg nicht mehr als Berechnungsgrundlage der Delegiertenverteilung heranzuziehen (§ 15 OrgStatut SPD 2011). Dies bringt einen Paradigmenwechsel zum Ausdruck. In der Reformdebatte wurde die Hinwendung zur Mitgliederorientierung überdeutlich betont. Zugleich bringt diese Neuausrichtung eine Angleichung an Grüne, Linke und CSU zum Ausdruck. Diese orientieren sich bei der Delegiertenverteilung ausschließlich an der Mitgliederstärke. Diese unterschiedlichen Optionen werden dabei in den Parteien durchaus wahrgenommen, wobei auch der Vergleich oder die Beobachtung der jeweils anderen Parteien klar artikuliert wird. So ist die Entscheidung für oder gegen die Berücksichtigung des Wahlerfolgs und die Ausgestaltung einer Ost-West-Übergangslösung im Rahmen der Parteifusion bei der Linken kein Zufall:

> „Das ist eine Geschichte, die bei zwei im Bundestag vertretenen Parteien so ist. (…) Wir haben zum Schluss völlig Abstand davon genommen, und haben quasi eine politische Quote, 60 Prozent Ost, 40 Prozent West festgelegt als Relation, die steht in der Satzung jetzt gar nicht drin, sondern wir haben den Westen und den Osten mit den Delegierten voneinander abgekoppelt. Wir haben einen eigenen Rechenkreis West und einen eigenen Rechenkreis Ost, damit auch die Landesverbände im Osten oder im Westen, die Erfolge haben, auch das spüren. Und die die keine haben müssen das auch spüren, weil es muss einen Anreiz geben, dass ein Landesverband sagt, ich habe auch den Ehrgeiz durch die Aufnahme von Mitgliedern mehr Delegierte auf dem Parteitag zu haben und damit wieder mehr Einfluss zu kriegen. (…) wir sind davon [von der Wählerstimmenberücksichtigung] bewusst weggegangen." (Linke 1)

Hier zeigt sich, dass mit derartigen formalen Regelungen paradigmatische Ziele zum Ausdruck gebracht werden, wobei im Falle der Übergangsregelungen bei Linken und Grünen auch pragmatisch-machtpolitische Gründe eine Rolle spielten. Ähnliches findet sich in der Debatte der Grünen um die (nicht erfolgte) Verlängerung der Ostquote im Jahr 2008 (§ 26 Satzung Grüne 2009; Bestimmung zum 31.12.2008 erloschen). Diese sah, quasi als Vorbild der Regelung der Linken, eine Aufteilung der Delegiertenzahlen nach West und Ost (mit einer Bevorzugung des mitgliederschwachen Ostgebietes) vor. Auch die Nichtberücksichtigung des Wahlerfolgs bei der Delegiertenberechnung ist eine bewusste Entscheidung, die sogar im Gegensatz zur innerparteilichen Finanzverteilung steht: „Nein, wir machen das ja bei der Verteilung vom Geld (…), aber bei Delegiertenstimmen würde ich das nicht machen" (Grüne 2).

Tabelle 12: Strukturmerkmale der obersten Parteitage

	CDU (§§ 28 bis 29)	**CSU (§ 24 i.V.m. §§ 18, 21)**	**SPD (§§ 15 bis 22)**
Bezeichnung	Bundesparteitag	Parteitag	Parteitag
Zusammensetzung	· 1000 Delegierte Landesverbände · Delegierte Auslandsverbände · Ehrenvorsitzende	· Delegierte Bezirks-/Kreisverbände · Parteivorstand · Bezirksvorsitzende · AG-Landesvorsitzende · Präsident und Vizepräsident EP, BT, LT sowie Mitglieder Bundes-/Landesregierung sowie Parl. Staatssekretäre und (stv.) Bezirkstagspräsidenten (jew. falls CSU) · beratend: AK-Landesvorsitzende	· 480 Delegierte Bezirke (ab 2012: 600 Delegierte) · Parteivorstand beratend: Kontroll- und Bundesschiedskommission, Parteirat, je ein Zehntel der BT-Fraktion/EP-Gruppe[+]
Berechnung	· 200 entspr. Zweitstimmen (Landeslisten; letzte BTW) · 800 entspr. Mitgliederstärke · Auslandsverbände: je ein Delegierter	· Kreis: 1 Delegierter je angefangene 200 Mitglieder · Bezirk: 1 Delegierter je angefangene 2000 Mitglieder	· 160 entspr. Zweitstimmen (Bezirke; letzte BTW) · 320 entspr. Mitgliederstärke (ab 2012: alle entspr. Mitgliederstärke; vorab 2 Grundmandaten/Bezirk)
Wahlgremium Delegiertenwahl	Landes-, Bezirks- oder Kreisparteitage	Bezirks- und Kreisparteitage	Bezirksparteitage (Landesparteitage), optional: UB
Einberufung	· mind. alle 2 Jahre durch Bundesvorstand · außerordentlich: Antrag Bundesausschuss oder 1/3 der Landesverbände	· mind. jährlich einzuberufen, · außerordentlich: Antrag von mind. 3 Bezirksparteitagen	· alle 2 Jahre, Parteivorstand; · außerordentlich: Parteitag, Parteivorstand (3/4-Mehrheit), Kontrollkommission (einstimmig) oder 2/5 der Bezirksvorstände
Delegierte qua Amt	Ehrenvorsitzende	Parteivorstand, AG- und Bezirksvorsitzende, Parlaments- und Regierungsfunktionäre	Parteivorstand
RV[++]	490	150[+++] (Kreis 200; Bezirk 2000)	1020[+++]

(Fortsetzung folgende Seite)

	FDP (§§ 11 bis 14)	**Grüne (§ 12)**	**Linke (§§ 15 bis 17)**
Bezeichnung	Bundesparteitag	Bundesversammlung	Parteitag
Zusammensetzung	· 660 Landesdelegierte · 2 Delegierte Auslandsgruppe Europa · weitere Auslandsgruppen: nicht stimmberechtigte Vertreter	· Delegierte Kreisverbände entsprechend Berechnungsverfahren (ca. 820 Delegierte)	· 500 Delegierte Gliederungen (Delegiertenwahlkreise, d.h. mind. 1 KV) · max. 20 Delegierte Jugendverband · max. 50 Delegierte innerpart. Zusammenschlüsse · beratend: Mitglieder Bundesorgane, Finanz-/Schiedskommission, MdEP, MdB, Mitglieder Organe Europ. Linke, weitere möglich
Berechnung	· 330 entspr. Zweitstimmen (Landesebene; letzte BTW) · 330 entspr. Mitgliederstärke	· Basis: 750 Delegierte (Mitgl. KV*750/Mitgl. Bund) · 1 Grundmandat/KV	· Delegierte Gliederungen entspr. Mitgliederstärke auf LV verteilt, dann entspr. unterverteilt (ab 2014++++) · Jugendverband: je volle 250 Aktive 2 Mandate, max. 20 · Zusammenschlüsse: bis 250 Mitglieder 2 beratende Delegierte; je volle 250 Mitglieder 2 stimmberechtigte Mandate, max. 8 je Zusammenschluss/50 gesamt
Wahlgremium Delegiertenwahl	Landesparteitage MV Auslandsgruppen	Kreisversammlungen	Wahl in den Delegiertenwahlkreisen
Einberufung	· jährlich, Bundesvorstand · außerordentlich: Vorstandsbeschluss mind. 4 LV, Beschluss BT-Fraktion oder Bundesvorstand	· jährlich, Bundesvorstand; · außerordentlich: Beschluss Bundesversammlung, Parteirat (2/3-Mehrheit), Vorstand (2/3- Mehrheit) oder Antrag von mind. 10 % der Mitglieder/der KV/ mind. 3 LV	· jährlich, Parteivorstand · außerord./ord. auf Antrag von Bundesvorstand (außerord.), Bundesausschuss, LV/KV mit mind. 25% der Mitglieder oder 25% der stimmber. Delegierten
Delegierte qua Amt	Keine	keine	keine
RV++	95	70+++	125

+beratende Mitglieder Parteitag SPD ab 2012: beratende Mitglieder Parteivorstand, Kontroll- und Bundesschiedskommission, je ein Zehntel der BT-Fraktion/EP-Gruppe/Parteikonvent sowie ein Delegierter der AGs/Themenforen/AKs (Bundesebene); ++RV: Verhältnis Delegierter zu rechnerisch vertretenen Mitgliedern („Repräsentationsverhältnis" = Mitglieder/Delegierte; gerundet, ggf. ohne Berücksichtigung Grundmandate; Datenbasis: Mitglieder Ende 2011); +++CSU: ca. 1000 Delegierte, SPD ab 2012: RV=815 (Delegiertenzahl erhöht), Grüne ca. 820 Delegierte, Linke ca. 555 Delegierte; ++++Übergangsbestimmung Linke: Parteitag 2008: Mandate Gliederungen: 160 Mandate alle LV, je 170 Mandate nur West-LV bzw. nur Ost-LV, Parteitage 2012/2012: Anzahl Mandate „alle LV" jew. + 60 und Ost-/West-spezifischen Mandate je - 30; eigene Zusammenstellung; Quelle: Parteisatzungen (vgl. Fußnote 8) sowie Websites der Parteien.

Bilanzierend sind bei den Parteitagen formale Differenzen festzustellen, vor allem im Repräsentationsverhältnis sowie im Delegiertenverteilungs- und Wahlverfahren. Hinter diesen Differenzen stehen unterschiedliche Organisationsparadigmen. Die Parteien nutzen die rechtlich gegebenen Spielräume umfassend aus. Die beiden theoretisch und parteienrechtlich herausgearbeiteten Leitbilder sind klar erkennbar, gerade in der unterschiedlichen Bewertung von Mitgliederstärke und Wahlerfolg für die innerparteiliche Machtverteilung. Nicht weiter analysiert werden die „kleinen" Parteitage, die, von der FDP abgesehen, alle Parteien in jeweils spezifischer Weise etabliert haben (siehe Abschnitt 5.2.3.1).[116] Ganz im Sinne einer Angleichung an die anderen Parteien ist dabei die kürzlich erfolgte Einführung des Parteikonvents bei der SPD zu sehen. Diese „kleinen" Parteitage dienen als Arbeitsgremium, werden meist vor allem von der Landesebene beschickt, gewährleisten zwischen den ordentlichen Parteitagen die innerparteiliche Entscheidungsfindung unter Einbeziehung der unteren Gliederungsebenen und sollen die Parteivorstände je nach Lesart unterstützen oder kontrollieren.

5.2.3.5 Weitere Struktur- und Verfahrensmerkmale

Neben der erforderlichen statuarischen Ausgestaltung der zentralen Parteiorgane nutzen alle Parteien darüber hinaus die rechtlich zulässige Möglichkeit, weitere Struktur- und Verfahrensmerkmale in der obersten Satzung zu verankern. Hier bestehen keine gesetzlichen Vorgaben, so dass zu vermuten ist, dass in diesem Bereich Parteien ihre spezifischen organisationskulturellen Erwartungen umsetzen und dadurch nach innen wie außen sichtbar machen. Zwei wesentliche Dimensionen sind daher exemplarisch zu betrachten: Quotenregelungen zu Förderung der Geschlechtergerechtigkeit sowie Regelungen zur Beschränkung von Ämter- und Mandatshäufung zur Verhinderung von Machtakkumulation (Tabelle 13).

Hinsichtlich der Frauenquote (umfassend Inhetveen 2002) ist in zuletzt eine leichte Bewegung erkennbar, da die CSU im Jahr 2010 nach intensiver Debatte und unter massivem Druck des Parteivorsitzenden eine moderate Quotenregelung für Parteiämter eingeführt hat (Auer 2010). Hieß es davor nur, dass bei „allen Wahlen (…) Frauen zu berücksichtigen" sind (§53 Abs. 4 Satzung CSU 2009), so wurde mit der Reform 2010 zumindest eine 40-Prozent-Zielgröße formuliert und für die weiteren Vorstandsmitglieder verpflichtend verankert. Allerdings war es nicht möglich, diese Regelung auch für Orts- und Kreisverbände durchzusetzen – dies zeigt, wie schwierig die Anpassung von Parteiorganisationen an externe (und in diesem Fall auch partiell innerparteiliche) Erwartungen sein kann. Dennoch sind damit, als Folge langfristigen externen Drucks, also institutioneller Erwartungen der Parteiumwelt, in fast allen Parteisatzung neben dem proklamierten Handlungsziel der Gleichberechtigung auch echte, mehr oder minder verbindliche Quotenregelungen vorhanden; nur die FDP formuliert bislang keine Quotenregelung. Verbindliche Vorgaben finden sich bei der SPD (je 40 Prozent Frauen/Männer; auch CDU/CSU sprechen stets von einer gleichen Teilhabe von Frauen und Männern). Klare Unterschiede zu den anderen Parteien in semantischer (mit einer klaren Ausrichtung auf die Frauenförderung) und rechtlicher Qualität finden sich insbesondere bei den Grünen als Quotenvorreitern sowie der Linken (jeweils mindestens 50 Prozent Frauen verpflichtend; zudem quotierte Redelisten). Dabei wird die Frauenquote bei der Linken flexibler umgesetzt als bei den Grünen, insbesondere bei der Aufstellung von Listen für Parlamente sind bei der Linken die beiden ersten Plätze paritätisch zu besetzen, danach dann zwar alle ungeraden Listenplätze, aber nur soweit Bewerberinnen zur Verfügung stehen (§ 10 Abs. 5 Satzung Linke). Die Grünen reservieren dagegen zwingend alle ungeraden Plätze für Frauen und verankern für eine Öffnung hohe Hürden: Nur wenn keine Bewerberinnen verfügbar sind, kein Veto der Frauen der Wahl-

---

[116] Diese sind: Bundesausschuss (§§ 30 bis 32 Statut CDU), Parteiausschuss (§ 25 Satzung CSU), Parteikonvent (§§ 28 und 29 OrgStatut SPD 2011), Länderrat (§ 13 Satzung Grüne) sowie Bundesausschuss (§§ 21 bis 23 Satzung Linke).

versammlung vorliegt und eine Öffnung von der jeweiligen Versammlung beschlossen wurde, können Plätze geöffnet werden (§ 1 Frauenstatut Grüne). Auch sind die Grünen die einzige Partei mit einem gesonderten „Frauenstatut", das Bestandteil der Satzung ist.

Tabelle 13:   Quoten und Machtbegrenzung gemäß oberster Satzung

	CDU (§§ 15 und 6)	CSU (§§ 8 und 52)	SPD (§ 11)
Quoten	· mind. 1/3 Frauen bei Ämtern und Mandaten (Soll) · Gruppenwahlen: ist Frauenquote im 1. Wahlgang einzuhalten, sonst Wiederholung (ohne Quote) erforderlich · „ausreichende Beteiligung" bei Direktkandidaturen · unter drei Listenplätze möglichst eine Frau als Vorschlag	· mindestens 40% der Parteiämter für Frauen (Soll) · Wahlen „weitere Mitglieder" Partei- und Bezirksvorstand nur gültig, wenn mind. 40% Frauen	· je 40% Frauen und Männer (Pflicht) · 50% bei Wahlvorschlägen (Soll, gemäß Wahlordnung)
Machtbegrenzung	· nicht mehr als 3 Vorstandsämter (mit Vereinigungen/ Sonderorganisationen 5) Vorstandämter (ab KV-Ebene; Soll-Regelung)	· max. 2 Vorsitzendenämter (Soll max. 1 Vorsitz) · Ämter eines Kreis-, Bezirks-, stv. Partei- und Parteivorsitzenden nicht vereinbar · Hauptamtliche nicht Vorsitz der Beschäftigungsebene	· keine Regelung
	FDP (§ 17)	Grüne (§§ 11 und 15)	Linke (§§ 10 und 32)
Quoten	· keine Regelung	· mind. 50% Frauen in allen Bereichen · gesamtdeutsche Besetzung aller Gremien (mind. wie Gesamtbevölkerungsverteilung)	· mind. 50% Frauen bei allen Wahlen · Ausnahme möglich (Listenplätze Wahlbewerber ab Platz 3; OV/KV wenn unter 25% weiblichen Mitgliedern)
Machtbegrenzung	· weisungsgebundes Mitglied einer Geschäftsstelle nicht zugleich Mitglied des weisungsgebenden Vorstands	· Bundesvorstand: max. 1/3 Abgeordnete, keine Fraktionsvorsitzenden (BT/LT/EP), keine Regierungsmitglieder (Bund, Land, Europäische Kommission)	· kein Parteiamt länger als 8 Jahre (Soll) · Partei-/ Landesvorstände nicht mehrheitlich Mandatsträger

Eigene Zusammenstellung; Quelle: Parteisatzungen (vgl. Fußnote 8).

Ein zentrales Element der Parteireformdebatten der 1990er-Jahre hat sich in den Parteisatzungen nicht durchsetzen können: Restriktionen der Wiederwahl oder gar feste Amtszeitbegrenzungen finden sich faktisch nicht (mehr). Zuletzt hat die Linke hier eine vorsichtige Angleichung an die bestehenden Parteien vollzogen und die in der Satzung der Linkspartei.PDS noch verankerte Begrenzung gelockert. Früher galt: „Ein und dieselbe Wahlfunktion darf nicht länger als 8 Jahre hintereinander von in Einzelwahl gewählten Mitgliedern auf Bundes- und Landesebene ausgeübt werden. Eine abermalige Wahl ist nur dann möglich, wenn mindestens zwei Drittel der anwesenden stimmberechtigten Mitglieder oder Delegierten einer Wiederwahl zugestimmt haben oder nach Ablauf einer vollen Wahlperiode." (§ 12 Abs. 3 Satzung Linkspartei.PDS) Neuerdings heißt es nur noch: „Kein Parteiamt soll länger als acht Jahre durch dasselbe Parteimitglied ausgeübt werden" (§ 32 Abs. 3 Satzung Linke) – eine deutlich weichere Formulierung ohne zwingenden Charakter. Alle anderen Parteien kennen derartige Begrenzungen auf Bundesebene jedoch nicht (mehr). Unterschiede fallen dennoch auf: Während Grüne und Linke noch an einer moderaten Inkompatibilität von Parteiamt und Regierungsamt/Parlamentsmandat (bezogen auf die Gesamtzusammensetzung von Organen), zielen die Regelungen bei CDU und CSU auf eine moderate innerparteiliche Machtbegrenzung. Nur selten explizit geregelt, aber in allen Parteien beachtet, sind Inkompatibilitäten zwischen Beschäftigungsverhältnissen und Vorstandstätigkeiten: Da die Vorstände meist die weisungsbefugte Instanz für die Parteimitarbeiter sind, schließt sich eine zeitgleiche Tätigkeit als gewählter Vorstand und abhängig beschäftigter Parteimitarbeiter auf derselben Ebene faktisch aus.

5.2.3.6 Gremien und Organe: Formale Differenz, funktionale Kongruenz und partielle Angleichung

Im Gegensatz zu den in Abschnitt 5.2.2 untersuchten Parteigliederungen zeigen sich bei der Ausgestaltung und den Regelungen zu Gremien und Organen teilweise größere Unterschiede. Funktional haben die Parteien mittlerweile alle einen weitgehend ähnlichen Aufbau aus Kernvorstand, erweitertem Vorstand und Parteitag, zumeist ergänzt um einen stärker föderal ausgerichteten kleinen Parteitag. Allerdings finden sich im Detail Differenzen und – zumeist historisch bedingte – parteitypische Entwicklungsmuster, die allerdings immer wieder durchbrochen werden. CDU und CSU zeichnen sich durch eine ausgeprägte Inkorporierung parteiexterner Parteieliten[117] aus, wobei die CDU durch die schiere Größe der Gremien diese in ihrer Handlungsfähigkeit faktisch wieder einschränkt. Deutlich und parteihistorisch bedingt weichen die Grünen in vielfältiger Weise, etwa hinsichtlich ihrer Vorstandsstruktur und -größe, von den anderen Parteien ab. Die Grünen zeichnen sich durch eine geringe Anzahl von Mitgliedschaft kraft Amtes aus, durchbrechen ihre basisdemokratische Ausrichtung allerdings bei der Zusammensetzung des Partei- und Länderrates. Allerdings, und dies fügt sich in die entwickelten theoretischen Überlegungen ein, sind gerade bei den Grünen besonders starke Angleichungstendenzen erkennbar. FDP und CDU betonen hingegen die elektorale Fixierung bei der Verteilung von Delegiertenmandaten, die FDP sieht allerdings im Vorstand mit den „Kurfürsten" ein klar föderal-verbandliches Instrument vor. Die SPD hat sich in ihrer Gliederungsstruktur durch die Reduktion der Bezirke und die jüngsten Parteireformen den anderen Parteien organisatorisch teilweise stärker angeglichen, verzichtet jedoch nunmehr auf das Parteipräsidium. Eine besonders deutliche Angleichung zeigt die Linke, die im Rahmen des Parteifusionsprozesses die vergleichsweise größte Chance zur radikalen Neuorganisation ihrer Organisation hatte und diese Chance bewusst wahrgenommen hat. Dass im Ergebnis bei allen Parteien weiterhin strukturelle Besonderheiten und Abweichungen bestehen, überrascht nicht. Gerade die Berechnungsverfahren der Parteitagsdelegierten zeigen ebenso wie weitere Detailregelungen, dass die Parteien in ihren Statuten durchaus organisationsparadigmatische Überlegungen statuarisch und organisationswirksam verankern. Bei einzelnen Aspekte der klar erkennbaren An-

---

[117] Die Differenzierung von parteiexternen und parteiinternen Eliten ist eine primär theoretisch-analytische Unterscheidung. Parteiexterne Parteieliten meint diejenigen Akteure, deren Handlungsfeld und -interesse außerhalb der Parteiorganisation liegt, die aber diese Position durch die Partei erlangt haben und zudem durch diese Position innerparteilich Einfluss erlangen können. Zu denken ist hierbei an Parlamentarier und Mitglieder der Exekutiven, aber auch Vertreter von Umfeldorganisationen. Bedeutsam ist, dass diese in der Systemumwelt als Vertreter der Parteiorganisation rezipiert werden, obgleich sich deren Handlungsziele und -logiken nicht mit denen der parteiinternen Eliten decken. Daraus können Konflikte entstehen, die durch eine umfangreiche Inkorporierung verhindert werden sollen.

gleichung werden jedoch, dies zeigen exemplarisch die Regelungen zur Frauenquote, parteispezifische Besonderheiten und Notwendigkeiten durchaus berücksichtigt. Damit ist nun auf den letzten zu untersuchenden formalstrukturellen Aspekt einzugehen, auf mitgliedschaftsrechtliche Regelungen. Diese sind hinsichtlich statuarisch übersetzter Organisationsleitbilder als formale Reaktion und Umsetzung institutioneller Erwartungen von größter Bedeutung.

5.2.4 Mitgliedschaft, Mitgliederrechte und -pflichten

Es ist gezeigt worden, dass den Mitgliedern in Parteien als vereinsähnlichen Organisationen eine funktional und legitimatorisch zentrale Rolle zukommt (vgl. Abschnitt 4.2.3.2), und dass Mitgliedern in rechtlicher Hinsicht durchaus Aufmerksamkeit zukommt, wobei vor allem die Frage des Beitritts und die Frage nach den aus einer Mitgliedschaft resultierenden Rechten und Pflichten von Relevanz sind (vgl. Abschnitt 5.1.2.4). Es ist nun zu überprüfen, wie die Parteien diese Aspekte statuarisch regeln – das Parteienrecht lässt ihnen in der Betonung des Wesensmerkmals „Mitgliederverein" dabei weiträumige Freiheiten. Im zweiten Schritt ist zu prüfen inwieweit sich Parteien statuarisch von diesem Mitgliederprinzip lösen oder bereits gelöst haben, hier sind insbesondere die jüngst eingeführten Probemitgliedschaften auf Zeit, die eventuell als partieller Abschied von der Mitgliederpartei verstanden werden können, von Interesse, wobei sich an dieser Stelle der Blick auf den satzungsrechtlichen Status quo und die Frage von Differenz oder Kongruenz darauf bezogener Regelungen richtet – dahinter liegende Motive werden an späterer Stelle untersucht (siehe Abschnitt 7.2).

5.2.4.1 Parteieintritts- und Mitgliedschaftsbedingungen

Bei allen Parteien stehen mitgliedschaftsbezogene Regelungen am Beginn der Satzung. Damit wird nicht nur dem Parteiengesetz gefolgt, sondern zugleich der hohe Stellenwert von Parteimitgliedern betont. Zwei Dimensionen sind hinsichtlich des Parteieintritts zentral: das Beitrittsalter und weitere Beitrittsbeschränkungen. Die Parteimündigkeit ist in Deutschland rechtlich nicht eindeutig geklärt. Da nach herrschender Meinung der Beitrittsakt jedoch als zivilrechtliches Rechtsgeschäft zu sehen ist, ist davon auszugehen, dass die bürgerlich-rechtlichen Vorschriften über Willenserklärungen auch in diesem Fall zur Anwendung kommen (Ipsen 2008: 85 Rdnr. 88). Dies bedeutet, dass ein Parteibeitritt neben der Zustimmung seitens der Partei die Geschäftsfähigkeit des Beitretenden voraussetzt (§§ 104ff. BGB). Alternativ wäre zudem – wie § 107 BGB zeigt – eine Einwilligung der gesetzlichen Vertreter möglich, was einen altersmäßig früheren Beitritt zulassen würde. Da eine klare Beitrittsaltersgrenze de jure nicht festgesetzt ist und die Einwilligung des gesetzlichen Vertreters genügen würde, haben die Parteien die Möglichkeit, ein Mindestalter in ihren Satzungen festzulegen. So ergibt sich ein Handlungsspielraum, den die Parteien durchaus nutzen (Tabelle 14).[118]

---

[118] Zudem besteht bei allen Parteien die Möglichkeit der Mitgliedschaft in einer Parteijugendorganisation, über die nunmehr alle etablierten Parteien verfügen und die vor allem auch der Nachwuchsrekrutierung dienen.

Tabelle 14: Regelungen zum Parteieintritt gemäß oberster Satzung (Vollmitgliedschaft)

	CDU (§ 4 und 5)	CSU (§§ 3 und 4)	SPD (§§ 2 und 3)
Mindestalter	vollendetes 16. Lebensjahr	vollendetes 16. Lebensjahr	vollendetes 14. Lebensjahr
Ausländer	Nicht-EU-Bürger: Mitarbeit als Gast; Aufnahme in Partei, wenn seit 3 Jahren Wohnsitz in D.+	Nicht-EU-Bürger: Mitgliedschaft möglich, wenn seit 3 Jahren Wohnsitz in D.	keine Beschränkung
Entscheidung über Mitgliedschaft	· Kreisverband · angenommen wenn innerhalb 12 Wochen keine Ablehnung	· Ortsverband (Vorsitzender) · bei Ablehnung: Vorstand · bei 8 Wochen ohne Entscheid: nächsthöherer Vorstand (4 Wochen Frist)	· Ortsverein (Vorstand) · angenommen wenn innerhalb 1 Monat keine Ablehnung · Einspruchsrecht: jd. Mitglied (Frist 1 Jahr)
	FDP (§§ 2 und 3)	Grüne (§§ 3 und 4)	Linke (§ 2)
Mindestalter	vollendetes 16. Lebensjahr	keine Beschränkung	vollendetes 14. Lebensjahr
Ausländer	Ausländer: Mitgliedschaft, wenn i.d.R. seit 2 Jahren Wohnsitz in D.	keine Beschränkung	keine Beschränkung
Entscheidung über Mitgliedschaft	· keine Bundesregelung · Regelung: zuständige Gliederung (entspr. Landessatzung)	· zuständiger Gebietsverband (jew. unterste Ebene; Zustimmung erforderlich)	· Mitgliedschaftswunsch im KV veröffentlicht · nach 6 Wochen wirksam · Einspruchsrecht: jd. Mitglied

+ab 2011: mind. 1 Jahr; eigene Zusammenstellung; Quelle: Parteisatzungen (vgl. Fußnote 8).

CDU, CSU und FDP sehen die Mitgliedschaft ab dem vollendeten 16. Lebensjahr, SPD und Linke ab dem vollendeten 14. Lebensjahr vor. Die Linkspartei.PDS sah noch ein Mindestalter von 16 Jahren vor. Hier hat sich die Linke quasi mittelbar an die SPD angeglichen: Die WASG, die organisational in gewisser Weise als SPD-Abspaltung verstanden werden kann, sah einen Eintritt ab 14 Jahren vor und konnte diese Regelung in der Fusion durchsetzen, so dass hierin der entscheidende Grund für die Absenkung des Eintrittsalters liegt. Bei den Grünen ist das Parteieintrittsalter nicht geregelt.[119] Die Mitgliedschaft in einer Partei ist im Gegensatz zu einfachen Vereinen bis auf wenige temporär befristete Ausnahmen[120] exklusiv, das heißt, eine zeitgleiche Mitgliedschaft in einer anderen Partei ist ausgeschlossen. Der Antrag auf Mitgliedschaft erfolgt in allen Parteien schriftlich und wird in der Regel von der untersten eigenständigen Ebene entschieden. Allerdings bedeutet dies nicht, dass Mitgliedschaftsanträge nur über die unterste Ebene eingereicht werden können, im Gegenteil werden Beitrittsanträge zunehmend direkt über die Bundesebene eingereicht (so beispielsweise bei den Grünen bei der Hälfte der Parteieintritte, Grüne 3).

Eine Parteimitgliedschaft ist in Deutschland bei Parteien, im Gegensatz zu Vereinigungen im Sinne des Art. 9 GG, nur für natürliche Personen möglich (§ 2 Abs. 2 PartG, dazu Pieroth: 537 Rdnr. 535). Da eine Partei laut Parteiengesetz überwiegend aus Deutschen bestehen muss (§ 2 Abs. 3 S. 1 PartG), finden sich teilweise Sonderregelungen für die Mitgliedschaft von Ausländern oder von Nicht-EU-Bürgern.[121] Im Umkehrschluss ergibt sich aus § 2 Abs. 3 S. 1 PartG

---

[119] Eine rechtliche Würdigung des Problems der Parteimündigkeit findet sich etwa bei Streit/Morlok (2006).
[120] Ausnahmen etwa im Zuge der Parteifusionen während und nach der Vereinigung oder während der Fusion von Linkspartei und WASG. Die Grünen erlauben bspw. noch die Doppelmitgliedschaft mit dem Neuen Forum.
[121] Regelungen für Auslandsmitgliedschaften, meist gedacht für im Ausland wohnende Deutsche, finden sich nicht bei allen Parteien. Offensichtlich besteht nur ein geringer Regelungsbedarf. Dafür sprechen geringen Zahlen von bundesunmittelbaren bzw. Auslandsmitgliedern Ende 2006, soweit diese ausgewiesen werden: CDU 133, FDP 387 (alledrings

jedoch, dass die deutsche Staatsangehörigkeit keine Voraussetzung für die Mitgliedschaft in einer deutschen Partei sein kann, jedoch ist die Möglichkeit der Parteimitgliedschaft von Ausländern nicht verfassungsrechtlich garantiert (Pieroth 2009: 537 Rdnr. 535). Somit sind einschränkende Bestimmungen zulässig, aber rechtlich nicht erforderlich. Das heißt, sie sind als politisch-normative Entscheidung der jeweiligen Partei zu deuten: So haben CDU, CSU und FDP der Aufnahme in die Partei eine Fristenregelung vorgeschaltet, wohingegen SPD, Grüne und Linke keine Beschränkung vorsehen.

Neben der Frage des Beitritts und der Beitrittsberechtigung ist es organisatorisch von Relevanz, wo die Mitgliedschaft angesiedelt werden kann oder muss (Tabelle 15). Dies hat nicht nur für die innerparteiliche Machtverteilung, etwa bei der Berechnung von Delegiertenstimmen und Finanzmitteln, Relevanz, sondern bringt auch das dahinterliegende Organisationsverständnis zum Ausdruck: Auf welcher Ebene wird die Mitgliedschaft verortet, wie steht es um Abweichungsmöglichkeiten und welche Optionen bestehen für Auslandsmitgliedschaften?

Wie in Tabelle 15 ersichtlich zeigt sich eine mit der Neuregelung bei der Linken abgeschlossene Angleichung: Alle Parteien haben im Grundsatz das parteienrechtlich forcierte stehende Wohnortprinzip statuarisch verankert, das heißt, die Mitgliedschaft mit allen Rechten und Pflichten ist üblicherweise am Parteiverband des Wohnorts angesiedelt. Alle Parteien kennen zwar Ausnahmemöglichkeiten, beispielsweise das Berliner Voting-out-Modell der Grünen[122] oder die bundesunmittelbaren Mitglieder der FDP, faktisch jedoch spielen diese Möglichkeiten eine eher nachrangige Rolle und werden in den Parteien eher kritisch gesehen (dies ist, bei der Ansiedlung einer Mitgliedschaft in thematisch gegliederten Organisationseinheiten, auch rechtlich problematisch, siehe Abschnitt 5.1.2.4). Eine Parteimitgliedschaft in Deutschland ist damit in allen Parteien üblicherweise wohnortbezogen oder sogar wohnortabhängig. Dies hat neben dem organisatorischen einen normativen Aspekt: Die innerparteiliche Beteiligung wird am Wohnort auf der lokalen Ebene vermutet, darüber hinaus setzen alle Parteien zumeist auf das Prinzip der Repräsentation.

---

inkl. LV Net), Linke 164 (Niedermayer 2007: 371). Bemerkenswert ist, dass die Grünen einen diesbezüglichen Passus erst im Dezember 2006 in die Satzung eingefügt haben.
[122] Hier kann das Stimmrecht vom KV in eine sich durch die inhaltliche Arbeit definierende Abteilung verlegt werden.

Tabelle 15: Mitgliedschaftsverortung und Auslandsmitgliedschaften gemäß oberster Satzung

	CDU (§ 5)	CSU (§ 4)	SPD (§ 3)
Mitgliedschaftsverortung	· Wohnort (KV) Ausnahme möglich: Arbeitsort; Begründung und KV-Anhörung erforderlich · sonstige Ausnahmen bei Aufnahme: Landesverband; bei Mitgliedschaftsführung: Kreisvorstand	· Wohnortprinzip (OV) · Ausnahme möglich: Entscheidung der beteiligten Ortsvorstände	· Wohnortprinzip (OV) · Ausnahme möglich: Begründung und Zustimmung der beteiligten Unterbezirke
Auslandsmitglieder	· keine Regelung	· Antrag: Präsidium · Mitgliedschaft: OV nach Wahl; (zudem Richtlinie Auslandsmitglieder)	· möglich über Auslandsortsvereine oder Internationaler OV Bonn (gemäß Auslandsrichtlinie Parteivorstand)
	FDP (§ 3)	Grüne (§ 4)	Linke (§ 2)
Mitgliedschaftsverortung	· Wohnortprinzip (Untergliederung entspr. Landessatzungen) · Ausnahme möglich: Zustimmung der betroffenen Gebietsverbände (OV/KV) · bundesunmittelbare Mitgliedschaft möglich (insb. Auslandsgruppe Europa, LV Net)	· Ortsprinzip: Wohnort oder gewöhnlicher Aufenthaltsort (unterste Ebene des zust. Gebietsverbands)	· i.d.R. Wohnortprinzip (KV) · Ausnahme möglich: ja, nicht in Satzung geregelt
Auslandsmitglieder	· Auslandsmitgliedschaft über bundesunmittelbare Mitgliedschaft oder zuständige Auslandsgruppe	· Mitgliedschaft für Deutsche im Ausland möglich · freie Wahl eines zuständigen Gebietsverbands (i.d.R. regionale Gliederung in Berlin; tlw. Auslandsortsverbände)	· keine Regelung

Eigene Zusammenstellung; Quelle: Parteisatzungen (vgl. Fußnote 8).

Dass Parteimitglieder nicht nur eine legitimatorische, sondern auch eine ökonomische Bedeutung besitzen, zeigt die Tatsache, dass eine Mitgliedschaft in allen Parteien kostenpflichtig ist. Dies ist parteienrechtlich nicht zwingend erforderlich, jedoch sieht das Parteienrecht die Möglichkeit vor, im Falle des Beitragsverzugs die innerparteilichen Mitwirkungsrechte einzuschränken (§ 10 Abs. 2 S. 2 PartG; zudem geht § 18 Abs. 3 Nr. 3 PartG von Beitragszahlungen aus), was durchaus mit Art. 21 Abs. 1 GG vereinbar ist (Ipsen 2008: 87 Rdnr. 11). Auf dieser Grundlage erwarten alle Parteien eine pünktliche und regelmäßige Beitragszahlung, die Linke formuliert sogar: „Die Mitgliedsbeiträge sind die Haupteinnahmequelle der Partei. Ihre (…) Kassierung ist wesentliche Voraussetzung für die Finanzierung der politischen Arbeit der Partei." (§ 2 Bundesfinanzordnung Linke) Die tatsächliche Finanzierungspraxis sieht jedoch meist (und insb. für die höheren Parteiebenen) anders aus, lediglich bei der SPD und der Linken sind im Mittel der letzten Jahre Mitgliedsbeiträge der gesamtparteilich (knapp) größte Einnahmeposten (vgl. Tabelle 4). Doch auch hier sind die staatlichen Mittel ergänzt um die Mandatsträgersonderabgaben in der Summe gewichtiger, so dass bei aller ökonomischen Relevanz von Mitgliedsbeiträgen auch eine symbolisch-normative Aussage mitschwingt, die die Bedeutung der (zahlenden) Mitgliedschaft und nicht nur der gezahlten Beiträge für die Partei betont. Weitergehende Details, insbesondere zur empfohlenen Beitragshöhe, werden in den Finanzstatuten geregelt. Dabei ist allerdings zu beachten, wenngleich in der vorliegenden Studie nicht näher auszuführen, dass in allen Parteien eine deutliche Lücke zwischen dem oftmals hohen Beitragsanspruch und der meist geringeren Beitragswirklichkeit liegt. Nur wenige Mitglieder führen den empfohlenen Beitragssatz ab, die Zahlungsmoral lässt zu wünschen übrig und eine Kontrolle der per Selbsteinstufung vorgenommenen Beitragshöhe ist kaum möglich (Wiesendahl 2006a: 136-137).

Normativ wird in allen Statuten das Leitmodell der vereinsähnlichen, exklusiven, dauerhaften und kostenpflichtigen Mitgliedschaft verankert, was für das Leitbild einer geschlossenen Mitgliederorganisation spricht. Zugleich wird der Mitgliederstand über den ökonomischen Aspekt hinaus legitimatorisch genutzt. Berücksichtigt man jedoch die lange Zeit gepflegte Verschleierungstaktik mittels irreführender Buchungsverfahren bei den Mandatsträgerabgaben (Wiesendahl 2006a: 136), die zunehmende Kompensation von Beitragszahlungen durch Parteisondersteuern der mandatierten Berufspolitiker (Cordes 2002) sowie die häufig nachlässige Zahlungsmoral der Parteimitglieder (Wellner 1973: 44-45; Schönbohm 1985: 91; Bösch 2001), so deutet sich hier an, dass die Parteien faktisch dieses Organisationsparadigma, der ökonomischen Not folgend, nicht ganz so stringent umsetzen können, wie sie es statuarisch vermitteln. Es wird also an späterer Stelle auf die Frage des vom Party Central Office zugeschriebenen Stellenwertes der Parteimitglieder näher einzugehen sein, vermutet doch Wiesendahl, dass „an den Parteispitzen immer wieder mal der Gedanke aufgeworfen wird, welchen finanziellen Nutzen Parteimitglieder überhaupt erbringen" (Wiesendahl 2006a: 138). Damit stellen sich zusammenfassend die Beitrittsbedingungen und Grundmodalitäten der regulären Vollmitgliedschaft in allen Parteien weitgehend gleich dar. Relevante Unterschiede bestehen nur im Eintrittsalter und bei Nicht-EU- sowie Auslandsmitgliedern. Alle drei Bereiche sind in der Organisationspraxis quantitativ wenig relevant, dasselbe gilt für die Möglichkeiten des Einspruchs gegen einen Mitgliedschaftswunsch durch Parteimitglieder (SPD, Linke). Somit ist eine weitgehende Kongruenz der Mitgliedschaftsbedingungen und -voraussetzungen festzuhalten.

5.2.4.2 Rechte von Mitgliedern

Wenn alle Parteien zumindest für deutsche Staatsangehörige weitgehend gleiche Beitrittsbedingungen bieten, wie verhält es sich dann mit den Rechten von Mitgliedern und Nichtmitgliedern? Wenn der formalen Mitgliedschaft ein hoher Stellenwert eingeräumt wird, ist hier zu vermuten, dass sich die Grenzziehung zwischen Organisationsmitglied und Nichtmitglied in den Mitwirkungsrechten niederschlägt. Allerdings fand als Folge der Reformdebatten der 1990er-Jahre eine vorsichtige Öffnung der Parteien für die Mitwirkung von Nichtmitgliedern statt, wobei anzunehmen ist, dass diese stets mit der Erwartung einhergeht, dass aus Nichtmitgliedern bald schon Mitglieder werden. Diese Vermutung wird nicht nur später organisationskulturell zu prüfen sein, sondern kann sich durchaus statuarisch niederschlagen, etwa indem „Mitgliedern auf Probe" mitgliedergleiche Rechte eingeräumt werden. Damit sind nun die Zulässigkeit von Gastmitgliedschaften und die damit verbundenen Rechte zu prüfen.

Zunächst einmal ist festzustellen, dass alle Parteien Rechte und Pflichten formulieren, die sich aus einer Mitgliedschaft ergeben. Pflichten ergeben sich sowohl explizit aus den Satzungen als auch indirekt aus den Regelungen zu möglichen Ordnungsmaßnahmen. Da konkrete Mitgliedschaftspflichten über die in allen Satzungen verankerte Pflicht der regelmäßigen Beitragszahlung hinaus weder durchsetzbar noch zielgerichtet sind, beschränken sich die Parteien darauf, ihre Mitglieder zur Mitwirkung in der Partei aufzurufen und zur Förderung selbiger. Lediglich die CDU verankert keine derartigen Pflichten in der Satzung. Darüber hinaus ergeben sich Mitgliederpflichten ex negativo, indem vorsätzlich parteischädigendes Verhalten sanktioniert wird, bis hin zum Parteiausschluss.

Differenzierter stellen sich die Mitgliederrechte dar (Tabelle 16). Parteimitglieder haben dadurch nicht nur strukturbedingt unterschiedliche Partizipationschancen, sondern zudem parteiabhängig unterschiedliche Partizipationsrechte. Nicht immer sind die Regelungen jedoch detailliert, vor allem die FDP-Bundessatzung ist sehr zurückhaltend formuliert. Verankert ist einzig das Recht, als Gast am Bundesparteitag teilzunehmen (ohne Rederecht). Ähnlich vage ist die CDU-Satzung gehalten, die Teilnahme- und Partizipationsrechte im „Rahmen der Gesetze und satzungsrechtlichen Bestimmungen" (§ 6 Abs. 1 Satzung CDU) vorsieht. Beide Parteien zeichnen zumindest auf Bundesebene in ihrer Satzung kein Bild einer partizipations- oder mitgliedschaftsorientierten Partei, so der Eindruck dieser Regelungsarmut in Verbindung mit der Betonung des Wahlerfolgs bei der Delegiertenberechnung. Jedoch ist zu bedenken, dass die Regelungsarmut der Bundessatzung den Landesparteien einen höheren Satzungsspielraum lässt, was einer traditionell eher föderalen Ausprägung dieser Parteien Rechnung tragen dürfte. Die SPD-Satzung zeichnet sich dagegen durch mehrere Besonderheiten hinsichtlich der Mitwirkungsrechte von Mitgliedern aus. So wird eine Mitwirkung über die allgemeine Willensbildung der Partei hinaus explizit für die Ortsebene verankert, jedes Mitglied hat laut Bundessatzung Antrags- und Stimmrecht (§ 5 Abs. 1 OrgStatut SPD). Ungewöhnlich daran ist weniger der Regelungsinhalt selbst als die Regelungstiefe, denn damit greift die Bundessatzung tief in die Autonomie der Ortsverbände ein. Diesen wird zudem vorgeschrieben, dass mindestens halbjährlich eine Mitgliederversammlung abzuhalten ist. Eine weitere Besonderheit schließlich ist die in der Satzung verankerte und auch praktizierte Ehrung für langjährige Mitgliedschaft – ein Spezifikum aus Zeiten der traditionsorientierten Massenmitgliederpartei, das stark an traditionelle Vereine erinnert und sich in keiner anderen Parteisatzung findet. Die CSU, die sich durch eine geringe Autonomie ihrer unteren Gliederung auszeichnet, schränkt auch die Mitwirkung der Mitglieder ein: Erst nach zwei Monaten wirksamer Mitgliedschaft steht einem Mitglied das aktive innerparteiliche Wahlrecht zu, zudem ruht es erneut für zwei Monate bei einem Wechsel der innerparteilichen Verbandszugehörigkeit.[123] Dennoch zeigt sich die CSU satzungsrechtlich mitgliederfreundlicher als ihre Schwesterpartei, zumindest was die Information (im Gegensatz zur Partizipation) angeht: Neben den üblichen Mitwirkungsrechten besteht explizit ein „Anspruch auf Information durch Parteiorgane und Mandatsträgerinnen und Mandatsträger aller Bereiche" (§ 6 Abs. 1 Satzung CSU),[124] und auch eine Informationspflicht für die Mandatsträger ist in der Satzung verankert: „Zur innerparteilichen Information müssen die dem jeweiligen Orts- bzw. Kreisverband angehörenden Mandatsträgerinnen und Mandatsträger mindestens einmal jährlich vor den Versammlungen nach §§ 14, 15 bzw. 18 berichten." (§ 9 Satzung CSU)

---

[123] Damit können temporäre wahl- und abstimmungsmotivierte innerparteiliche Wanderungsbewegungen und ähnlich motivierte kurzzeitige Parteibeitritte verhindert werden.
[124] Aus Kostengründen wird dabei auf postalische Sendungen zunehmend verzichtet, ein großer Teil der parteiinternen Kommunikation erfolgt zunehmend über das Internet und die parteilichen Intranets. Allerdings, und dies ist im Kontext Mitgliederpartei relevant, stehen diese Informationen zumindest teilweise auch Nichtmitgliedern zur Verfügung.

Tabelle 16: Rechte von Mitgliedern

CDU (§§ 6, 6a und 18)	CSU (§§ 6 und 7)	SPD (§§ 5 und 13)
· Teilnahme an Veranstaltungen, Wahlen und Abstimmungen im Rahmen der Gesetze und der satzungsrechtlichen Bestimmungen · nur Mitglieder können in Gremien und Organe gewählt werden · Rederecht bei Kreisparteitagen (des jew. KV) · Teilnahme Mitgliederbefragung (Bundes-, Landes-, Kreisebene; Personal- und Sachfragen; Beantragung: Gebietsverbände)	· Beteiligung an politischer Willensbildung durch Diskussion, Anträge, Abstimmungen und Wahlen im entsprechenden Verband (soweit rechtlich zulässig) · Anspruch auf Information durch Organe/Mandatsträger aller Bereiche · aktives Wahlrecht erst nach 2 Monaten wirksamer Mitgliedschaft (auch bei Verbandswechsel; Ausnahme möglich) · passives Wahlrecht sofort · Teilnahme Mitgliederbefragung (jew. Ebene; Personal- und Sachfragen, letztere tlw. eingeschränkt; Beantragung: Gebietsverbände/ jew. Vorstand)	· Beteiligung an politischer Willensbildung, Abstimmungen und Wahlen · Antrags- und Stimmrecht in der Mitgliederversammlung des OV · Teilnahme/Beantragung Mitgliederentscheid (Personal- und Sachfragen, tlw. eingeschränkt; Teilnahme vor Ort; Beantragung: u.a. mittels Mitgliederbegehren)+
FDP (§§ 4, 13 und 21)	**Grüne (§§ 6 und 24)**	**Linke (§§ 4 und 8)**
· Recht und Pflicht sich an der politischen und organisatorischen Arbeit der Partei zu beteiligen · Teilnahme Bundesparteitag (kein Rederecht) · Teilnahme/Beantragung Mitgliederentscheid (wichtige politische Fragen; Briefwahl/vergleichbares Verfahren; Beantragung u.a. 5% der Mitglieder)	· Mitwirkung an politischer Willensbildung durch Aussprachen, Anträgen, Abstimmungen und Wahlen · Teilnahme an allen Sitzungen von Arbeitsgruppen, Ausschüssen und Parteiorganen Gremien aller Ebenen · Teilnahme Bundesparteitag · Mitwirkung Kandidatenaufstellung und Kandidatur (soweit rechtlich zulässig) · aktives und passives Wahlrecht · eigenständige Organisation in Fachgruppen Teilnahme/Beantragung Urabstimmung (alle Fragen der Politik von B90/Grüne; Beantragung u.a. 5% der Mitglieder)	· Mitwirkung an Meinungs- und Willensbildung · Information über alle Parteiangelegenheiten und ungehinderte Stellungnahme · Teilnahme an Veranstaltungen, Wahlen, Abstimmungen, Gremienarbeit, Mitgliederversammlungen, Delegiertenkonferenzen, Vorständen aller Ebenen (Rederecht auf Antrag) · Antragsrecht an alle Organe · Recht sich zur gemeinsamen Einflussnahme zu vereinigen · Mitwirkung Kandidatenaufstellung und Kandidatur · Teilnahme/Beantragung Mitgliederentscheid (alle politischen Fragen in der Partei; Beantragung u.a. 5.000 Mitglieder)

+ab 2011: Quoren gesenkt und zudem Briefwahl möglich; eigene Zusammenstellung; Quelle: Parteisatzungen (vgl. Fußnote 8).

Die Grünen sind laut Satzung deutlich partizipativer orientiert und räumen ihren Mitgliedern nicht nur ein Teilnahmerecht an allen Sitzungen von Gruppen und Organen ein, sondern gestatten darüber hinaus auch die Teilnahme an Aussprachen selbst auf dem Bundesparteitag – ein Recht, das in den anderen Parteien laut Satzung nur Delegierten und bestimmten Funktionsträgern zusteht. Ähnlich verhält es sich bei der Linken, wobei im Rahmen der Parteineugründung 2007 eine leichte Anpassung an die anderen Parteien festzustellen ist. War es zuvor noch jedem Mitglied gestattet, „für die Propagierung seiner politischen Auffassungen die Informations- und Kommunikationsmedien der Partei zu nutzen" (§ 3 Abs. 1 Satzung Linkspartei), so sieht die neue Satzung nur noch das Recht der ungehinderten Stellungnahme (§ 4 Abs. 1 Lit. a Satzung Linke) vor. Darüber hinaus bestehen jedoch weitreichende Mitwirkungsrechte, etwa ein Antrags- und Teilnahmerecht an Gremiensitzungen auf allen Ebenen, verbunden mit der Möglichkeit, Rederecht zu beantragen (§ 4 Abs. 1 Lit. c Satzung Linke).

Damit steht in allen Parteien den Mitgliedern die Mitwirkung auf den unteren Ebenen offen; dies ist schon gesetzlich zwingend erforderlich. Darüber hinaus räumen nur CSU sowie insbesondere Grüne und die Linke den Mitgliedern explizit weitergehende Rechte ein, Grüne und die Linke vor allem partizipationsorientiert auf oberen Ebenen, die CSU dagegen eher informationsorientiert. Ein vollständiges Bild über die Mitwirkungsmöglichkeiten der Mitglieder ergibt sich freilich erst, wenn weitere Aspekte berücksichtigt werden. Zu nennen sind vor allem die Anwendung des Delegierten- oder Mitgliederversammlungsprinzips, die weiteren Rechte etwa zur Einforderung eines Sonderparteitags und die Möglichkeiten einer direktdemokratischen Mitwirkung. Gerade hier zeigen sich statuarische und prozedurale Unterschiede: Während CDU und CSU nur eine Mitgliederbefragung in der Satzung verankert haben, die zudem nur durch die Gebietsverbände beantragt werden können, kennen alle anderen Parteien durchaus verbindliche Mitgliederentscheide. Dabei zeigen sich im Detail Unterschiede in für Zulässigkeit der Abstimmungsinhalte und den erforderlichen Quoren, wobei in allen Parteien auch die Mitglieder (in der entsprechenden Zahl) die Möglichkeit haben, entsprechende Verfahren zu initiieren.

Insgesamt ergibt sich damit bei Grünen und Linken formal-statuarisch (noch) eine stärkere Partizipationsorientierung als bei den anderen Parteien, allerdings sollten diese formalen Unterschiede nicht überbewertet werden. Es wird daher vor allem zu prüfen sein, welche Bedeutung und welcher Stellenwert den Mitgliedern seitens der Party Central Offices eingeräumt werden und wie das Verhältnis von Apparat und Mitgliedschaft bewertet bzw. verstanden wird. Damit ist nun zum Abschluss der Rechts- und Satzungsanalyse auf einen letzten zentralen Aspekt der Mitgliederorganisation Partei einzugehen: die mögliche Öffnung der sich als weitgehend geschlossene Organisationen darstellenden Parteien durch Mitgliedschaften auf Probe.

5.2.4.3 Schnupper-, Gast- und Probemitgliedschaft

Nichtmitglieder sind für Parteiorganisationen in dreifacher Hinsicht interessant: als potenzielle Wähler, als potenzielle Unterstützer und als potenzielle Mitglieder. Dabei können Nichtmitglieder dauerhaft Rechte gewährt bekommen, oder aber – unter dem Paradigma der Mitgliedergewinnung – nur dann Rechte gewährt bekommen, wenn sie einen Beitrittswillen bekunden, etwa in Form von Gast- und Probemitgliedschaften auf Zeit, die genau diesen Willen formal zum Ausdruck bringen. Die Mitgliedschaft auf Probe ist als niederschwelliges Angebot meist kostenfrei und mit eingeschränkten Rechten verbunden. Auf der Bundesebene sind neben der generellen Einführung dieser Mitgliedschaftsoption Regelungen zur Beitragsaussetzung bei den Probemitgliedschaften gerade dann denkbar, wenn eine Finanzabgabe- oder Umlagepflicht pro Mitglied an die oberen Gliederungsebenen besteht.

Nichtmitglieder, die dagegen keinen Beitrittswillen ausdrücken, können als Öffentlichkeit verstanden werden, die für die Parteiorganisation hinsichtlich ihrer Wahlunterstützung relevant sein könnte. Aus diesem Grunde finden sich in den Satzungen faktisch keine Regelungen, die einer nicht weiter definierten Öffentlichkeit Rechte zugestehen. Möglich ist höchstens, bei Tagungen der Organe und Gremien Gäste und Öffentlichkeit zuzulassen (so etwa § 25 Satzung FDP). Systematisch sind zwischen Öffentlichkeit und erklärten (Probe-) Mitgliedern noch Sympathisanten anzusiedeln, die sich grundsätzlich für politische Ziele und konkrete

Projekte einer Partei einsetzen wollen. Diesen kann die Mitwirkung in den Parteigremien gewährt werden, entweder um diese mittelfristig ebenfalls als Mitglieder zu gewinnen oder um eine Anbindung der Partei in die Gesellschaft zu fördern sowie deren Engagement zu nutzen. Hier ist noch zu prüfen, ob deren Einbindung als Abkehr vom Mitgliederprinzip oder vielmehr als eine neuere Form der Mitgliedergewinnung gesehen wird. Während eine freie Mitarbeit in der lokalen Parteipraxis in den wenigsten Fällen problematisch sein dürfte, finden sich auf Bundesebene zu diesem Themenkomplex wenige Regelungen. Noch gänzlich ohne statuarischen Niederschlag sind neuere Bemühungen, Sympathisanten gerade in Wahlkampfzeiten für die Kampagnenarbeit zu nutzen („Volunteers"/Freiwillige ohne (Probe-)Mitgliedschaft).

Hinsichtlich der Öffnung von Mitwirkungsoptionen stehen die Parteien dabei vor einem Zielkonflikt: Einerseits sind sie den intensiven gesellschaftlichen Debatten um eine Öffnung ihrer Strukturen ausgesetzt, andererseits birgt eine zu weitgehende Öffnung der Partei die Gefahr der Abwertung einer Mitgliedschaft – der Mehrwert der Mitgliedschaft liegt häufig gerade in diesen Mitwirkungsrechten. Aus diesem Grund bieten sich den Parteien zwei Handlungsoptionen, die in einer symbolischen, auf den nachfolgenden Parteibeitritt zielenden Beteiligung zusammengeführt werden könnten.

Detaillierte Restriktionen und Regelungen zur Mitwirkung von Sympathisanten finden sich in den Satzungen der Grünen und der Linken (und bereits zuvor der Linkspartei.PDS). Beide Parteien sichern in der Bundessatzung die Mitarbeit von Nichtmitgliedern ab, zugleich wird ihnen aber die stimmberechtigte Mitwirkung in Entscheidungsgremien verwehrt – dieses Recht bleibt in allen Parteien bei nur wenigen Ausnahmen den Mitgliedern vorbehalten, die dadurch einen klaren Mehrwert der Mitgliedschaft haben. Im Detail zeigen sich deutliche Unterschiede: Bei den Grünen ist für die „Freie Mitarbeit" nach § 7 Bundessatzung eine schriftliche Erklärung gegenüber der jeweiligen Geschäftsstelle erforderlich, wobei im Gegenzug weitgehende Rechte der Mitarbeit, Diskussion und Information sowie die Option, Mandate auf Wahllisten zu übernehmen, zugesichert werden. Diese umfassende Mitwirkungsoption von Nichtmitgliedern wurde bei den Grünen von Beginn an praktiziert.

> „Als Folge davon spielten neben den nach ihrer Rechtsposition und Selbstauffassung mit anderen Parteien vergleichbaren Mitgliedern auch Aktive ohne formale Parteimitgliedschaft eine erhebliche Rolle im Binnenleben der Partei. Mitarbeitende Nichtmitglieder konnten von größerer Bedeutung sein als eine hohe Zahl von nach den Statuten definierten Mitgliedern. (…) Nichtmitglieder konnten die meisten Rechte von Parteimitgliedern wahrnehmen, sogar auf Listen (…) kandidieren, allerdings satzungsgemäß kein aktives innerparteiliches Stimmrecht ausüben." (Boyer 2005a: 956-957).

Diese Eigenheit der Grünen ist kaum empirisch untersucht, wobei davon auszugehen ist, dass die „Professionalisierung der Partei in ihrer faktischen Arbeit und ihrer Selbstsicht (…) zu einer Annäherung der Partei im Mitgliedschaftsverständnis an andere Parteien geführt haben" (Boyer 2005a: 957) dürfte. Festzuhalten bleibt, dass die Grünen statuarisch weiterhin betonen, dass die Partei für die Mitarbeit von Nichtmitgliedern und sogar explizit von Mitgliedern anderer Parteien offen steht (§ 7 Abs. 1 Satzung Grüne). Die CDU schließt eine Mitarbeit von Mitgliedern anderer Parteien dagegen explizit aus (§ 4 Abs. 4 Satzung CDU). Die Linke hat den Sympathisantenstatus der Linkspartei.PDS im Fusionsprozess nur partiell übernommen und bezeichnet diese Gruppe nun als Gastmitglieder, die zwar kein Mitglied der Partei sind, aber dennoch sehr weitgehend einzelne Mitgliederrechte übertragen bekommen können. Die Linkspartei.PDS kannte noch weiter reichende Rechte für Sympathisanten, etwa die Mitwirkung durch „Mitberatung, Antragsstellung und Abstimmung", „aktives Wahlrecht bei Wahlen von Gremien und Organen und Delegierten" sowie ein eingeschränktes „aktives und passives Wahlrecht bei Delegiertenwahlen" (§ 5 Satzung Linkspartei). Zudem war es Nichtmitgliedern, allerdings unter Erfüllung eines Quorums, gestattet, für ein Wahlmandat der Linkspartei zu kandidieren (§ 13 Abs. 8 Satzung Linkspartei). Derart umfangreiche Rechte – allerdings nur für die jeweilige Tagung befristet – kannte und kennt keine andere Partei, und auch die Linke hat diese nunmehr eingeschränkt, so dass diese nur noch im Rahmen einer Gastmitgliedschaft vorgesehen sind (§ 5 Satzung Linke). Als Mitarbeitsangebot für Nichtmitglieder ist zudem der Ende 2011 eingeführte „Unterstützer-Status" bei der SPD zu sehen. Dieser ergänzt die Option einer (Probe-)Mitgliedschaft, ist beitragspflichtig aber begründet kein (Probe-)Mitgliedschaftsverhältnis. Die Mitarbeit ist dabei auf eine Arbeitsgemeinschaft oder ein Themenforum beschränkt, dafür dort jedoch mit vollen mitgliedschaftlichen Mitwirkungsrechten ausgestattet (außer der Vertretung in die Partei hinein).

In der Summe wird deutlich, dass eine dauerhafte Mitwirkung in Parteiorganisationen in Deutschland fest an die erklärte, auf Dauer angelegte Organisationszugehörigkeit gekoppelt ist, die sich wiederum an der Parteimitgliedschaft festmacht. Die Parteien halten am Grundmodell der formalen Mitgliedschaft fest, haben jedoch – da eine Vollmitgliedschaft nicht nur finanzielle Kosten mit sich bringt, sondern auch eine hohe emotionale Hürde darstellen könnte – den Einstieg in die Mitgliedschaft durch Gast- bzw. Probemitgliedschaften erleichtert (Tabelle 17).

Bis auf die FDP kennen nunmehr alle Parteien auf Bundesebene verankerte, unterschiedlich ausgestaltete Gastmitgliedschaften. Die Regelungslücke der FDP liegt darin begründet, dass die „Mitgliedschaft in der Freien Demokratischen Partei (…) nach den Satzungen der Landesverbände oder der Auslandsgruppen erworben" (§ 3 Abs. 1 Satzung FDP) wird, die Bundespartei also diese Regelungen den Landesverbänden überlässt. Anders verhält es sich bei den Grünen, die zwar dezentral organisiert sind, deren Finanzordnung allerdings eine lokal verankerte Probemitgliedschaft lange Zeit erschwerte, da für jedes Mitglied Pflichtbeiträge an die Bundes- und Landespartei abzuführen sind, und dies unabhängig von der realen Beitragsleistung. Eine für das Mitglied kostenfreie Probemitgliedschaft konnten sich somit bis Ende 2006 nur vermögende Untergliederungen erlauben. Im Dezember 2006 verabschiedete dann der Bundesparteitag eine kostenfreie Mitgliedschaft für 6 Monate – was durch eine ebenfalls erst 2006/2007 eingeführte zentrale Mitgliederverwaltung auf Bundesebene nun auch administrativ umgesetzt werden kann. Weitgehend regelungsoffen zeigt sich auch die Linke, die eine Gastmitgliedschaft im Grundsatz zulässt, aber alle Detailregelungen der jeweiligen Gliederung überlässt. Geregelt ist lediglich (wenngleich dies nicht unbedeutend ist), dass bei allen zentralen parteilichen Aufgaben und Entscheidungen Nichtmitglieder grundsätzlich von einer Beteiligung an der Entscheidung ausgeschlossen sind. Insgesamt zeigt sich am Beispiel der Probemitgliedschaft einmal mehr der Fall einer Reformmode durch gegenseitige Beobachtung, wobei der Erfolg dieser neuen Modelle eher gering ist (siehe auch Abschnitt 7.2.3).

Tabelle 17: Regelungen zu Gast- und Probemitgliedschaften

	CDU (§ 4 Abs. 3)	CSU (§ 3 Abs. 3)	SPD (§ 10a)
Modell	Gastmitgliedschaft	Gastmitgliedschaft	Gastmitgliedschaft[+]
Regelungsebene	· Bund	· Land	· Bund
Beitritt	· schriftlicher Antrag zust. KV	· schriftlicher Antrag zust. OV	· schriftlicher Antrag (Verfahren sinngemäß wie bei Vollmitgliedschaft)
Rechte und Restriktionen	· Teilnahme-, Rede-, Antrags- und Vorschlagsrecht bei allen Mitgliederversammlungen · keine Teilnahme an Wahlen/Abstimmungen · kein Mitglied einer konkurrierenden Partei/Gruppierung · endet nach 1 Jahr	· Rede-, Antrags- und Vorschlagsrecht bei Mitgliederversammlungen (OV) · Nicht-EU-Bürger: nur solange keine reguläre Mitgliedschaft möglich ist · keine Teilnahme an Wahlen/Abstimmungen · kein Mitglied einer anderen Partei · endet nach 1 Jahr	· Rede-, Antrags- und Personalvorschlagsrecht bei allen Mitgliederversammlungen · in Projektgruppen: Teilnahme an Wahlen/Abstimmungen und Angehörigkeit gewählter Gremien · max. 2 Jahre (zunächst 1 Jahr, Verlängerung möglich)
Kosten	· beitragsfrei, aber freiwillige Zuwendungen erwartet (Soll)	· beitragsfrei	· Beitragspflicht (gem. § 1 FO SPD)
	FDP	**Grüne (§ 3 Abs. 6)**	**Linke (§ 5)**
Modell	keine Regelung (Bundesebene)	Probemitgliedschaft[++]	Gastmitgliedschaft
Regelungsebene		· Gebietsverband kann gem. Bundesregelung Probemitgliedschaft einführen	· Mitwirkung für Nichtmitglieder generell möglich · jew. Gliederung/Zusammenschluss entscheidet über Übertragung von Mitgliederrechten
Beitritt		· keine Regelung	· keine Regelung
Rechte und Restriktionen		· Teilnahme-, Antrags- und Rederecht bei allen Mitglieder- und Delegiertenversammlungen · kein Teilnahme an Wahlen/Abstimmungen (Mandate/Wahllistenplätze möglich, Freie Mitarbeit gem. § 7 Abs. 5) · max. 6 Monate	· aktives Wahlrecht bei MV möglich, befr. auf lfd. Sitzung · Rechteübertragung durch Beschluss jew. Gliederung/Zusammenschlusses (Zustimmung Versammlung erforderlich) · keine Übertragung von Wahl-/Stimmrechten bei innerparteilichen Entscheidungen (insb. Mitgliederentscheid, Satzungs-, Finanzangelegenheiten, Wahlbewerberaufstellung, Delegation für Wahlbewerberaufstellung)
Kosten		· beitragsfrei	· keine Regelung (beitragsfrei)

[+]seit 12.2011 ergänzend: Unterstützer-Status, d.h. ohne Mitgliedschaft volle Mitgliedsrechte in einer AG oder einem Themenforum (beitragspflichtig gem. § 1 FO SPD); [++]zudem Fördermitgliedschaft möglich (§ 3 Abs.4 Satzung Grüne); eigene Zusammenstellung; Quelle: Parteisatzungen (vgl. Fußnote 8).

5.2.4.4 Inklusion qua Mitgliedschaft in Mitgliederorganisationen mit Öffnungstendenzen

Die vorangegangene Analyse zeigt deutlich, dass sich die deutschen Parteien formal-statuarisch durchweg als vereinsartige Organisationen verstehen, die auf eine formale, dauerhafte, kostenpflichtige, exklusive und regional verankerte Mitgliedschaft setzen. In diesem Wesensmerkmal gibt es nur geringe zwischenparteiliche Unterschiede, einzig die Grünen und die Linke zeigen sich in Teilen etwas offener für die Mitarbeit und partizipative Mitwirkung von Nichtmitgliedern, wobei hier insbesondere bei der Linken im Rahmen des Fusionsprozesses leicht rückläufige Tendenzen erkennbar sind. Alle Parteien halten damit daran fest, den partizipativen Mehrwert einer Mitgliedschaft zu betonen: Volle Mitwirkung und Mitentscheidung sind nur bei voller Mitgliedschaft möglich. Allerdings zeigen die in allen Parteien außer der FDP in jüngerer Zeit verankerten Probemitgliedschaftsmodelle hier die Bereitschaft zur Öffnung. Doch auch diese Modelle betonen letztlich den Stellenwert der Mitgliedschaft und zielen, dies wird bereits in der Satzungsanalyse deutlich, darauf ab, künftige Parteimitglieder zu rekrutieren. So sind nicht nur die Beitrittsbedingungen einer Gastmitgliedschaft denen der echten Vollmitgliedschaft meist sehr ähnlich, auch ist etwa im Falle der SPD sogar ein Probemitgliedschaftsbeitrag zu entrichten. Weniger Probleme bereiten den Parteien Freiwillige, die nur mitarbeiten, nicht jedoch mitentscheiden möchten. Diese werden durchaus gerade im Wahlkampf eingesetzt. Statuarische Regelungen finden sich diesbezüglich jedoch kaum.

5.3 Bilanz I: Institutionelle Prägung, zwei Leitbilder und organisationale Indifferenz

Ausgangspunkt der Rechts- und Satzungsanalyse war die Annahme, dass dem Parteienrecht eine zentrale Bedeutung für die parteiliche Organisationsstruktur und -kultur zukommt. Diese Annahme bestätigt sich am Ende des ersten empirischen Teils der Untersuchung. Der rechtliche Rahmen stellt für die Parteien tatsächlich genau dies dar: einen Rahmen, der einen breiten Handlungskorridor für unterschiedliche Organisationsmodelle und Gestaltungsformen offen lässt. Dabei hat der Rechtsrahmen eine Wirkung auf die Ausgestaltung der Parteiorganisation, das Parteienrecht fördert die zwischenparteiliche Konvergenz. So ist etwa die verfassungsrechtliche Bindung der Parteien, ihre innerparteiliche Ordnung demokratischen Grundsätzen entsprechend zu gestalten, als Homogenitäts-, nicht jedoch als Identitätsgebot zu bewerten (Ipsen 2009: 870 Rdnr. 861). Diese parteienrechtlich forcierte Angleichung findet damit nur in wenigen Fällen unmittelbar statt. Eine Isomorphie qua Zwang ist nur im Ansatz, in strukturellen Grundaspekten zu erkennen, etwa in Fragen der innerparteilichen Wahlfrequenz und der innerparteilich-repräsentativdemokratischen Ausrichtung aller Parteien. Doch selbst hier, und damit viel bedeutsamer, steht nicht die unmittelbare Wirkung des Parteienrechts im Vordergrund, sondern die mittelbare, da konkrete Regelungsvorgaben faktisch nicht bestehen. Darüber hinaus zeigt sich, dass selbst in Fällen zwingender Vorgaben die Parteien dazu bereit sind, diese Vorgaben zu umgehen, etwa in Fragen der Entscheidungsfindung oder der staatlichen Teilfinanzierung. Das heißt: Das Parteienrecht wirkt hinsichtlich innerparteilicher Organisationsfragen richtungsleitend, nicht jedoch strukturdeterminierend. Insofern wird die formalrechtliche Regelungsdichte des Parteienrechts häufig überschätzt, und dies selbst innerhalb der

Parteien, wobei anzunehmen ist, dass eher aus legitimatorischen Gründen auf das vermeintliche Hindernis Parteienrecht verwiesen wird, wie dieses Beispiel zeigt:

> „Das Parteiengesetz hat die Fiktion (...) jemand wächst in Hamburg auf, studiert in Hamburg, arbeitet danach in Hamburg, fährt vielleicht mal im Urlaub zwei Wochen weg, aber ansonsten ist er immer da und kann (...) im Ortsverband (...) an irgendwelchen Veranstaltungen teilnehmen. Nein, gerade die Eliten sind hochmobil und haben keine Chance, in dieser Art von Parteiarbeit irgendetwas zu werden, weil sie müssten acht bis zwölf Jahre an einem Ort sein, bevor sie dann vielleicht Beisitzer im Kreisvorstand werden. Und das ist für alle Parteien unerträglich." (FDP 2)

Was hier als Folge des Parteiengesetzes dargestellt wird, ist vielmehr Folge informaler innerparteilicher Macht- und Netzwerkstrukturen sowie organisationskultureller Grundstrukturen und paradigmatischer Durchwirkungen (dazu Kapitel 7).

Nicht zu unterschätzen ist jedoch die mittelbare Wirkung des Parteienrechts als institutioneller Handlungs- und Gestaltungsrahmen. Es bestätigt sich die eingangs entwickelte, neoinstitutionalistische begründete Annahme, dass vor allem normativ-paradigmatische Erwartungen die Organisationen in ihrer legitimatorisch zu deutenden Struktur beeinflussen. Und in dieser Hinsicht, als Ausdruck institutioneller Erwartungen, kommt dem Parteienrecht eine entscheidende Bedeutung zu. Gerade in der richterlichen Rechtsfortbildung durch das Bundesverfassungsgericht werden, dies konnte deutlich gemacht werden, organisationale Erwartungen an die Parteien und damit verbundene spezifische Organisationsparadigmen formuliert. Das Parteienrecht lässt hierbei zwei vermeintlich dualistische Organisationsparadigmen zu: Einerseits wird eine wahlorientierte, andererseits eine vereinsähnliche, mitgliedschaftsfokussierte (und im Kern partizipationsorientierte) Ausrichtung gefordert und gefördert. Diese beiden Leitbilder werden von den Parteien in unterschiedlicher Weise umgesetzt, wobei sich innerparteilich indifferente Organisationsmuster zeigen. Es kann jedoch festgestellt werden, dass CDU, CSU und FDP in ihren Statuten und Organisationsmustern insgesamt stärker auf Wahlerfolg als auf eine umfassende Mitgliederbeteiligung abzielen. Allerdings, dies spricht für eine notwendige statuarische Indifferenz, lassen sich zugleich integrative Elemente wie ein vergleichsweise mitgliederfreundliches Repräsentationsverhältnis bei Parteitagen[125] und eine formal föderal orientierte Struktur erkennen. Die SPD zeigt in ihren Strukturreformen Reaktionen auf das Schrumpfen der Organisation bei einer zeitgleichen Anpassung an die anderen Parteien, etwa durch den Rückbau der traditionellen Sonderorganisationsebene „Bezirke" und der jüngst erfolgten Einführung des Parteikonvents. Eine Betonung des partizipativen Mitgliedermodells findet sich dagegen bei den Grünen und der Linken, diese legen einen starken Fokus auf partizipative Strukturen und sind zudem vergleichsweise offen für die Mitwirkung von Nichtmitgliedern. Jedoch lässt sich in beiden Parteien eine Angleichung an die anderen Parteien im Sinne eines bewussten Rückbaus abweichender Partizipationsstrukturen erkennen. Am deutlichsten wird dies bei der Linken, die im Rahmen des Fusionsprozesses die Möglichkeit umfassender Strukturreformen hatte und diese genutzt hat. Gerade hier, dies machen die Auswertungen der Interviews deutlich, wurde organisationswirksam eine Angleichung an die Mitbewerber angestrebt.

---

[125] Was jedoch – im Falle der CDU – gerade nicht die Handlungsfähigkeit des Parteitags als Arbeitsgremium erhöhen dürfte, zumal (hier nicht weiter untersucht) auch die Tagungszeiten (im Falle der CDU werktags und nicht wie sonst üblich am Wochenende) eine Parteitagsteilnahme der mittleren Funktionärsebene und insb. der Berufspolitiker befördern dürfte, also gerade nicht auf eine umfassende Beteiligung der Parteibasis hinweist, so dass dem Parteitag eher ein durchaus notwendiger funktionärsintegrierender Charakter zukommen dürfte.

Der theoretisch angenommene Isomorphismus qua Nachahmung wurde im Rahmen der bisherigen Untersuchung ebenfalls in ersten Ansätzen verifiziert. Dies zeigt die formalstrukturelle Untersuchung ebenso wie die Analyse einzelner Reformaspekte. Besonders deutlich wird dies im Fall virtueller Parteigliederungen. Dieses Beispiel zeigt zugleich, dass Parteien organisationsstrukturell weit weniger umweltoffen bzw. -determiniert sind als in der Literatur häufig postuliert wird. Denn obwohl Isomorphie stattfindet, wird die jeweils parteispezifische Übersetzungsleistung sehr deutlich. Jede Partei greift den bestehenden Impuls in einer typischen, organisationsangepassten Weise auf. Dies kann sogar so weit gehen, dass Parteien mit Blick auf die Erfahrungen anderer Mitbewerber auf die Übernahme innovativer Reformansätze verzichten. Bei der satzungsrechtlichen Verankerung von Probemitgliedschaften zeigt sich ebenfalls die Wirkmächtigkeit institutioneller Erwartungen bei gleichzeitig starker Isomorphie. Nicht nur dass bis auf die FDP alle Parteien diese Möglichkeit auf Bundesebene mittlerweile jeweils parteispezifisch modifiziert verankert haben. Darüber hinaus haben sogar Grüne und Linke als traditionell partizipationsoffene Parteien diese Option in den Statuten festgeschrieben, obgleich sie ähnliche Formen der Mitarbeit bereits zuvor kannten. Hier wird ein hoher Erwartungsdruck an die Einführung derartiger Angebote deutlich, der später noch aus Sicht der Parteizentralen genauer zu untersuchen sein wird.

Zusammenfassend kann als Bilanz dieser rechts- und satzungsgestützten Analyse festgehalten werden, dass sich die deutschen Parteien zwar im Detail ihrer Organisation unterscheiden, sich jedoch in vielen Punkten ähnlich sind. Es kann damit bestätigt werden, dass das Parteienrecht durchaus als institutioneller Rahmen wirkt und die Parteien in ihrer Organisationsgestaltung beeinflusst, ohne sie zu bestimmen. Parteien sind damit organisationsstrukturell umweltabgeschlossener als vielfach angenommen, aber nicht völlig entkoppelt. Die Parteien gleichen sich in Folge der institutionellen Wirkung des Rechts zudem weiter an. Allerdings findet dieser Angleichungsprozess nur langsam statt, was zu Teilen der hohen Hürde satzungsrechtlich-statuarischer Veränderungen geschuldet sein dürfte. Organisationsparadigmatisch stellen sie sich dabei durchaus stärker vereinsorientiert dar, als es die häufig postulierte Hinwendung zu einer dominierenden Wahlkampforientierung vermuten lassen würde. Eine Abkehr vom Mitgliederprinzip ist in ihren formalen Strukturen nur in Ansätzen erkennbar und eher symbolisch zu verstehen, da Öffnungsmaßnahmen schon formalstrukturell stets auf die letztendlich doch zu erwerbende Vollmitgliedschaft abzielen. Es ist im Ergebnis anzunehmen, dass sich beide Leitbilder in allen Parteien vorfinden lassen. Dies ist nun im zweiten empirischen Teil zu prüfen, wobei zunächst eine Bestandsaufnahme der Party Central Offices und der dort beschäftigten Mitarbeiter vorzunehmen ist.

6 Die Party Central Offices

Im Anschluss an die Rechts- und Satzungsanalyse ist zu klären, inwieweit sich die rechtlich-institutionell und statuarisch erkennbaren Organisationsparadigmen im Kern der Parteiorganisationen, dem Parteiapparat, organisationskulturell wiederfinden. Damit verbunden ist vorab eine Bestandsaufnahme von zentralen Entwicklungen und Merkmalen der Parteigeschäftsstellen. Diese erfolgt in vier Schritten: Zunächst ist zu prüfen, ob es tatsächlich legitim, begründet und organisationssoziologisch adäquat ist, die Party Central Offices als Kern der Parteiorganisation zu verstehen. Erst dann werden zentrale Entwicklungsschritte und Organisationsmerkmale der Bundesparteigeschäftsstellen aufgezeigt. Daran anschließend ist das Selbstverständnis der Parteizentralen näher zu beleuchten. Abschließend wird, ergänzt um die Landesebene, eine Analyse der Parteimitarbeiter vorgenommen, wobei neben soziokulturellen Merkmalen vor allem die Frage der überberuflichen Einbettung in die Partei thematisiert wird. Über die Exploration dieses bislang in der Literatur nicht näher untersuchten Bereichs der Parteiorganisationen hinaus wird dabei geprüft, inwieweit partei- und ebenenspezifische Unterschiede oder aber Isomorphie-Effekte erkennbar sind.

6.1 Der Parteiapparat als Kern der Parteiorganisation

Im Zentrum der Untersuchung steht ein Teil der Party Central Offices (Parteileitung), die sich nach Katz/Mair (1993) aus den Parteigeschäftsstellen mit dem von der Partei angestellten Mitarbeiterstab sowie den gewählten Führungskräften (Parteiführung) zusammensetzen. Die zentrale Aufgabe der Party Central Offices ist die Bereitstellung von innerparteilicher Infrastruktur, die „Erarbeitung von Leitlinien und Materialien für Kampagnen" (Haas et al. 2008: 15), die Aufrechterhaltung des Parteilebens bzw. schlicht die „Organisation der Parteiorganisation". Die Parteigeschäftsstellen, das heißt der dort angesiedelte hauptamtliche Mitarbeiterapparat, wurden wie eingangs erwähnt bereits von Weber (1980, 1992) und Michels (1989))[126] als eigentlicher Kern der Parteiorganisation herausgestellt. An diese Überlegung bzw. an diese Bedeutungszumessung wird nun in organisationssoziologischer Perspektive angeknüpft.

Die beiden anderen Parteidimensionen Party on the Ground (Parteibasis) und Party in Public Office (Partei in öffentlichen Ämtern)[127] spielen nachfolgend nur eine untergeordnete

---

[126] Michels unterschied dabei erstmals am Beispiel der deutschen Sozialdemokratischen Partei zwischen der Gruppe der Mitglieder und den Parteiführern (Haas et al. 2008: 14; siehe auch Poguntke 2003), spätere Studien weisen zudem auf die Existenz einer parteiinternen, organisationsintern vermittelnden mittleren Führungsschicht hin (Reif/Schmitt 1980; Schuur 1984).

[127] Die Party in Public Office ist vor allem hinsichtlich der Berufspolitik ihrer öffentlichen Amtsträger, also in berufs- bzw. professionssoziologischer Perspektive forschungsrelevant (etwa Herzog 1975; Weber 1992; Burmeister 1993; von Blumenthal 2001; Wiesendahl 2001a; Borchert 2003; Reiser 2006; Edinger/Patzelt 2010).

Rolle. Denn auch wenn durch diese Dreidimensionalität Parteien besser zu verstehen sind, so sind die beiden letztgenannten Bereiche nach dem hier entwickelten Organisationsverständnis nur mit Einschränkungen (hinsichtlich ihrer spezifischen parteiorganisationalen Bedeutung) als Teil der Parteiorganisation in einem engeren Sinne zu verstehen. Die Parteimitarbeiter, die gemeinsam mit der Parteiführung das Party Central Office bilden, sind dagegen als Kern der Parteiorganisation zu verstehen und für die Parteien nunmehr von fundamentaler Bedeutung.

Trotz der früheren Forschung und der hohen Bedeutung der hauptamtlichen Mitarbeiterstäbe in den Parteigeschäftsstellen sind diese seit geraumer Zeit eines der „most underresearched fields in the study of political parties" (Webb/Kolodny 2006: 337). Empirische Daten über diese oder aktuelle Befunde, wie etwa die unterschiedlichen Professionalisierungsmaßnahmen und partizipationserweiternden Reformvorhaben ebendort wahrgenommen und bewertet werden, liegen (auch für die deutschen Parteien) nicht vor. Schon deshalb ist zu untersuchen, wie die umfassende Debatte um Krise oder Wandel der Parteien und die initiierten Wandlungs- und Reformprozesse von den Organisationsmitarbeitern wahrgenommen werden, auch um zu klären, welche organisationalen Folgen sich daraus für die Parteien ergeben könnten. Zudem ist zu klären, welche Organisationsleitbilder in den Parteiapparaten herrschen. Dies ist normativ-demokratietheoretisch und auch organisationssoziologisch relevant, sind doch künftige Entwicklungschancen und -optionen der Parteien damit eng verknüpft.

Doch nicht nur der bloße Mangel an empirischen Befunden spricht dafür, den Parteiapparat und damit die dort beschäftigten Mitarbeiter in die Parteiorganisationsforschung zurückzubringen. Es ist auch aus politikwissenschaftlichen und organisationssoziologischen Gründen dringend notwendig, den Blick wieder verstärkt auf die Mitarbeiter zu richten. So ist der hauptamtliche Parteiapparat gerade im Parteiorganisationsalltag funktional und handlungstheoretisch als Kern der Parteiorganisation im engeren Sinn zu verstehen, denn es sind diese „men and women on the organizational payroll who run the day-to-day operations of parties up and down the countries" (Webb/Kolodny 2006: 337). Anders formuliert: „Politikmanagement kann nicht mehr allein durch ehrenamtliche Kräfte durchgeführt werden", wobei die „wachsende Professionalisierung von Parteimitarbeitern (…) einen nicht unbeträchtlichen Strukturwandel in der Parteiorganisation (…) bewirkt" (Troche/Wissenschaftliche Dienste des Deutschen Bundestages 2002: 14).

Den Mitarbeitern im innerparteilichen Apparat kommt damit eine nicht unwesentliche Rolle zu. Die Bedeutung des professionalisierten Mitarbeiterstabes dürfte bei einer fortschreitenden kommunikativen und organisatorischen Professionalisierung bei zeitgleicher Schrumpfung und Alterung der Mitgliedschaft größer sein als jemals zuvor: „In vielerlei Hinsicht ist das Parteileben außerhalb des Parlaments und des Parteihauptquartiers weitestgehend ausgestorben, so dass es zunehmend schwierig wird, Parteien anders denn als teams of leaders zu verstehen" (Mair et al. 1999: 393), die sich organisational ganz wesentlich auf die Mitarbeiterstäbe in den Hauptquartieren – den Parteizentralen – stützen. So überrascht es nicht, dass gerade mit Blick auf die Professionalisierung und die kommunikative Zentralisierung (Esser et al. 2000), die ein geschlossenes Auftreten nach außen sicherstellen soll und dabei zu einem innerparteilichen „Informationsfeudalismus" (Wiesendahl 2002b: 371) führt, von einer Stärkung der Parteizentralen gegenüber der lokalen Parteibasis gesprochen wird. Dies gilt insbesondere für die deutschen Parteien mit ihren gut organisierten und umfangreich ausgestatteten Parteiapparaten, in denen die hauptamtlichen Mitarbeiter eine zentrale Rolle im parteilichen Tagesgeschäft einnehmen. Zudem spielt auch in organisationssoziologischer Perspektive die Parteibasis im Tagesgeschäft meist eine eher untergeordnete Rolle, wobei die Bedeutung der Parteimitglieder aus Sicht der Parteiapparate noch genauer betrachtet werden wird.

Allerdings findet sich in der Literatur auch der Hinweis, dass ein Bedeutungsverlust der Party Central Offices im Vergleich zur Party in Public Office eingetreten sei (Mair 1997). Die Gründe für diesen eher uneinheitlichen und nicht allzu starken Trend sieht Mair in einer zunehmenden Dominanz von Mandatsträgern in innerparteilichen Führungspositionen (Mair 1997: 144) und der Auslagerung von Organisationsleistungen an professionelle Dienstleister, mit dem Ergebnis einer zunehmenden „primacy of the party in public office" (Katz/Mair 2002: 130). Doch ist an dieser Stelle eine Differenzierung zwischen politischen Inhalten und organisationalen Aspekten notwendig, denn während bei Politikinhalten eine Dominanz der Party in Public Office durchaus anzunehmen ist, ist in Fragen der Parteiorganisation, also der Vereinsdimension politischer Parteien, eine solche Dominanz nicht unbedingt gegeben und zu Teilen schon rechtlich bedingt in Deutschland nicht zulässig. Im Ergebnis ist, dies betont Detterbeck für SPD und CDU, mit Blick auf die Parteiorganisation gerade nicht von einer „völligen Dominanz" (Detterbeck 2002: 346) der Mandatsträger, Regierungsmitglieder und den dahinter stehenden Mitarbeiterstäben, also der Partei in öffentlichen Ämtern, auszugehen. Dafür sprechen gerade unter der Bedingung des bundesdeutschen Parteienstaates neben der Abhängigkeit der Mandatsträger von den Parteiorganisationen[128] auch die formalen Kontroll- und Vetorechte der innerparteilichen Gremien (Detterbeck 2002: 346, 2005a: 179-183). Darüber hinaus, dies betont ebenfalls die Bedeutung der Parteiapparate, bietet der Parteiapparat professionalisierungsbedingt neue Möglichkeiten für organisationsinterne, berufspolitische Parteimitarbeiterkarrieren, wobei die Mitarbeiter zugleich sehr oft neben der beruflichen Mitarbeitertätigkeit auch innerparteiliche Wahlämter wahrnehmen. Dadurch ergibt sich neben einer wechselseitigen Durchdringung zugleich eine indirekte Ausweitung des Einflusses der Parteigeschäftsstellen (Bukow 2010).

---

[128] In den deutschen Parteien sind Amts- und Mandatsträger in spezifischer, besonders starker und dauerhafter Weise auf die Parteibasis bzw. die mittlere Funktionärsebene angewiesen, was in der Aufstellung der Kandidaten durch die Parteimitglieder – und nicht etwa durch Open Primaries – begründet ist. Open Primaries, also Vorwahlen und Entscheidungen, an denen auch Nichtmitglieder und zu Teilen sogar nicht wahlberechtigte Personen teilnehmen dürfen, sind in Deutschland nicht gebräuchlich (dies gilt auch weiterhin für parteigeschlossene Vorwahlen), wobei sie innerparteilich nur durch Vereinbarung bindend und im formalen Listenaufstellungsverfahren rechtlich nicht zulässig sind (zu Rechtsaspekten Bäcker 2011). Damit kommt den ehrenamtlichen Funktionären, die häufig langfristig in innerparteilichen Machtstellungen gebunden sind, für die Kandidaten(wieder)aufstellung im Wahlkreis, bei der Erstellung von Wahllisten sowie für die Arbeit vor Ort eine zentrale Bedeutung zu (zur Kandidatenaufstellung bspw. Höhne 2012). Einmal im Amt kommt jedoch den Party in Public Office-Akteuren eine zentrale Stellung zu. Gemeinsam mit den Mitarbeiterstäben stehen die Abgeordneten im Fraktionenverbund quasi als „Partei in der Partei" da, denen sowohl Misstrauen wie auch (qua Mandat) Kompetenzzuschreibung (verbunden mit höherer Legitimation) entgegengebracht wird. Schon länger wird auf eine zunehmende Kluft zwischen den Berufspolitikern in den Parlamenten und in den Parteiapparaten sowie den ehrenamtlichen Aktiven auf unterer/mittlerer Funktionärsebene in den Parteien und im kommunalpolitischen Bereich hingewiesen. Aus diesem Grund ist auch die Unterscheidung von Katz/Mair unpräzise, da die „Party in Public Office" eigentlich zu unterteilen ist: Einerseits in die eine kleinere Gruppe der „echten" Berufspolitiker, wobei der „Beruf Politik" als temporäre Einkommensquelle verstanden meist Lifetime-Job ohne Exit-Option/-Strategie betrieben wird; andererseits in die größere Gruppe der ehrenamtlichen (nicht per se: unentgeltlich) arbeitenden Politiker auf kommunaler Ebene. Dabei ist ein beständig wachsender Informations- und Zeitvorsprung der Berufspolitiker sowie ein systemimmanenter, letztlich selbstreferenzieller Machtvorteil für eben diese erkennbar: Frühzeitige Information und damit verbunden höhere Einflusschancen sind eine harte politische Währung, die zugleich die Grundlage dafür darstellt, die eigene Stellung gegenüber der Parteibasis immer wieder aufs Neue abzusichern. Einmal mit Amt/Mandat versehen ist es ein leichtes, diesen Vorteil zum Machterhalt zu nutzen.

Es ist daher anzunehmen, dass die Organisationsmitarbeiter und damit der Parteiapparat im Alltagsbetrieb der Parteiorganisation und bei internen Entscheidungsprozessen durchaus eine einflussreiche Stellung einnehmen (u.a. Katz/Mair 1992; Seyd/Whiteley 1992; Whiteley et al. 1994; Mair/van Biezen 2001; Webb/Kolodny 2006). Dabei findet sich bisweilen auch die Annahme einer „growing strength of central party organizations" (Farrell/Webb 2000: 115), also der Bedeutungszunahme der nationalen Parteiapparate und -geschäftsstellen (siehe auch Rogers 2005). Diese steht in direktem Zusammenhang mit mehreren, an anderer Stelle untersuchten Entwicklungen, wie etwa die für die Parteien nach der Ära der Volksparteien (Kirchheimer 1965) typische Professionalisierung der Parteiführungen und -apparate (Allern/Pedersen 2007: 69) sowie der Trend zur nicht nur organisatorischen Zentralisierung[129] (Panebianco 1988; Mair et al. 1999; von Beyme 2002; Jun 2004; Bukow 2009a), der vor allem auf Kosten der mittleren Parteiebene (d. h. der Landes- und teilweise Bezirksebene) zu gehen scheint (Farrell/Webb 2000: 117). Zu nennen sind darüber hinaus organisationsbezogene Entwicklungen wie eine kommunikative Professionalisierung (Jun 2004), ein Rückgang und Bedeutungswandel der Parteimitglieder (Niedermayer 2000; Detterbeck 2005b) und eine Verschiebung von Parteizielen (Strøm 1990) hin zu einer elektoralen Ausrichtung (von Beyme 2002). Durchaus möglich ist daher, dass die Bedeutung der Parteizentralen noch zunehmen könnte (beispielsweise in Folge der Einführung bzw. Ausweitung von Mitgliedernetzwerken, zentral nutzbaren Mitgliederverwaltungs- und CRM-Systemen[130] und einer zentral geprägten Kampagnenführung).

6.2 Die obersten Parteigeschäftsstellen im Überblick

Aus der Literatur ist bekannt, „dass die funktionale Binnendifferenzierung von Parteien (…) in den vergangenen Jahren weit fortgeschritten ist und mittlerweile auch in den Organisationsstrukturen der Bundesgeschäftsstellen ihren Niederschlag gefunden hat" (Tenscher 2002: 139). Dieser Differenzierung geht der Auf- und Ausbau der Parteigeschäftsstellen in den 1970er-Jahren voraus. Ursächlich für diese „Verapparatung" (Wiesendahl 2001b: 598) der Parteien waren neben dem rapiden Mitgliederzuwachs in der 1970er-Jahren vor allem die Einführung des Parteiengesetzes bzw. der staatlichen Parteienfinanzierung. Letztere führte insbesondere den Bundesparteiorganisationen staatliches Geld zu (dazu Abschnitt 5.1.3.2, insb. Tabelle 5) und erleichterte durch im Gesetz verankerte institutionelle Erwartungen innerparteiliche Zent-

---

[129] Eine entscheidende Voraussetzung dafür ist die Informationsrevolution, also der Erfolg neuer Kommunikationstechnologien, wie Richard Sennett mit Blick auf die Führung von Unternehmen ausführt (Sennett 2005: 38).
[130] CRM (Customer Relationship Management) ist ein ursprünglich im ökonomischen Bereich entwickeltes Managementsystem, das darauf abzielt, die Marktkommunikation im Kundenprozess mit verlässlichen Zahlen, Daten, Fakten zu unterstützen. Dazu wird ein solches „CRM-System (…) mit Hilfe einer relationalen Datenbank realisiert, mit deren Hilfe eine verlässliche und automatisierte Erfassung sämtlicher Kundenkontakte in einem Data Warehouse ermöglicht und für eine automatische Auswertung mittels Data Mining oder OLAP zur Verfügung gestellt wird" (HRM Research Institute o.J.). In einer solchen Datensammlung sehen Kritiker jedoch auch Probleme, insb. Fragen des Datenschutz und der organisationsinternen Transparenz werden gestellt. Parteien haben dieses Managementinstrument gleichwohl im Sinne eines neuen Politikmanagements für sich entdeckt: „Strukturen und Denkmuster politischer Akteure verändern sich, die Selbstdefinition und Wahrnehmung der politischen Umwelt sind durch das Internet einem Transformationsprozess unterworfen. Nicht nur mehr Demokratie, mehr Transparenz, und mehr Partizipation sind die Folge für die Politik, sondern auch mehr Management." (Siedschlag et al. 2002: 53)

ralisierungsmaßnahmen im Partei- und Mitgliedermanagement. Nach dieser Auf- und Ausbauphase stieß der Organisationsaufbau jedoch rasch an seine finanziellen Grenzen, so dass seit den 1980er-Jahren eine Stagnation und phasenweise sogar ein leichter Personalabbau in den Parteigeschäftsstellen zu verzeichnen ist. Damit ist für diese mittel- bis langfristigen Zeitraum die Interpretation von Beymes, der von einer „drastischen Vermehrung der bezahlten Parteiarbeiter" (von Beyme 2002: 151) in Deutschland ausgeht, zu präzisieren.[131] Es ist aus heutiger Sicht nur bedingt zutreffend, dass die Zahl der „echten" Parteiangestellten überall zugenommen hat (so etwa Mair 1997: 138). Vielmehr trifft zu, dass nach einem raschen Anstieg der Mitarbeiterzahlen seit rund 20 Jahren eher eine Seitwärtsbewegung bei den Mitarbeiterzahlen in den Party Central Offices feststellbar ist (mit Schwankungen, insb. in Wahlkampfzeiten). Gleichwohl geben die Parteien auf den beiden oberen Ebenen einen relevanten Anteil ihrer Gelder für berufsprofessionelle Mitarbeiter aus, die die Arbeit der Parteiorganisation unterstützen bzw. am Laufen halten. Dabei ergeben sich in der anteiligen Betrachtung starke Schwankungen; gerade in Wahljahren sinkt trotz oftmals verstärktem Personaleinsatz der relative Anteil der Personalausgaben (durch hohe Wahlkampfkosten, etwa Sachmittel, Dienstleister, Werbungskosten). Daher werden nachfolgend nicht die einzelnen Jahreswerte, sondern die gemittelten Anteile dargestellt (Tabelle 18).[132]

Tabelle 18: Anteil durchschnittliche Personalausgaben an Gesamtausgaben (in Prozent, Ø 2003-2010 (Ø 1994-2010); gemäß § 24 Abs. 5 PartG)

	CDU	CSU	SPD	FDP	Grüne	Linke
Bundespartei	33,6 (30,0)		23,4 (24,2)	12,7 (16,5)	35,0 (21,5)	27,3 (25,8)
Landespartei	43,2 (44,9)	39,1 (37,9)	58,0 (55,3)	14,1 (19,5)	44,3 (36,6)	39,0 (39,2)
Nachg. Gebietsverbände	19,1 (19,7)	3,7 (4,1)	3,5 (4,2)	2,6 (3,6)	19,2 (17,8)	0,8 (3,5)
Gesamt	28,7 (28,8)	23,2 (22,4)	28,2 (28,3)	10,5 (13,4)	30,9 (24,7)	24,7 (23,8)

Anteil der Personalausgaben bezogen auf die Summe der Gesamtausgaben (nach § 24 Abs. 5 PartG); FDP: 2003-2005 nachgeordnete Gebietsverbände nicht separat ausgewiesen; eigene Berechnung; Quelle: Rechenschaftsberichte der Parteien/Deutscher Bundestag.

Trotz dieser Aufwendungen sind die parteilichen Ressourcen begrenzt, so dass neben dem Erhalt bzw. phasenweise sogar Rückbaus des Parteiapparates eine im Kern dreifache Auslagerung der Parteiapparatstätigkeit in verschiedene organisationsexterne Bereiche erkennbar ist. Erstens findet eine Verlagerung in den direkt staatsfinanzierten Bereich, überwiegend in die stark gewachsenen Mitarbeiterstäbe der Fraktionen (Feldkamp 2011: 496ff., 1485ff.)[133] und in

---

[131] Von Beymes Zeitrahmen bzw. seine Bezugnahme auf die Entwicklung der Parteienbürokratie seit dem frühen 20. Jahrhundert ist im organisationssoziologischen Kontext der vorliegenden Studie wenig hilfreich. So ist für die Entwicklung der deutschen Parteien seit den 1970er-Jahren gerade keine Zunahme der Mitarbeiter zu konstatieren, wenn dabei wie dargelegt von den Parteiorganisationen im engeren Sinne gesprochen wird. Bezieht man in einem weiten Parteienverständnis insb. auch die Mitarbeiter der Fraktionen, der „aufgrund ihrer Parteinähe oder -zugehörigkeit rekrutierten Mitarbeiter der jeweiligen Exekutiven unterhalb der Ministerialebene" (Webb/Kolodny 2006: 338; Jun 2009a) und ggf. der parteinahen Stiftungen mit ein, dann ist allerdings auch in diesem Zeitraum ein massiver Zuwachs zu verzeichnen.
[132] Die Ausgaben der nachgeordneten Ebenen werden erst seit 1994 separat ausgewiesen, daraus ergibt sich der Zeitraum 1994-2010 für eine längerfristige Betrachtung; 2003-2010 ist mit den dargestellten Einnahmewerten vergleichbar.
[133] Zu Bedeutung, Rolle und Karrieren in diesem Bereich u.a. Jekewitz (1995), Schüttemeyer (1998), Bröchler/Elbers (2001), Strohmeier (2001), Borchert/Stolz (2003), Pilz (2004), Schöne (2005, 2009, 2011), Barthelmes (2007), Dagger (2009), Grunden (2011), Pannes (2011).

die politischen Stiftungen, statt. So ist hier durchaus von einer Externalisierung der Parteiorganisationskosten und damit von Subventionsparteien (Cordes 2000) zu sprechen. Von dieser Externalisierung sind vor allem die Policy-Entwicklung und -Formulierung sowie die Nachwuchsförderung und -schulung betroffen. Zweitens wird zumindest teilweise die Wahlkampf- und Kampagnenarbeit ausgelagert: „Outsourcing heißt auch in den Parteien vielerorts das Gebot der Stunde" (Priess 2006: 241), ein Prozess, der allerdings nicht immer „zur Freude der Inhouse-Crews" (Priess 2006: 241) sein dürfte. Diese Entwicklung ist jedoch bei genauer Betrachtung mitnichten eine Auslagerung im eigentlichen Sinne. Vielmehr wird nach einer kurzen Phase des echten Auslagerns mittlerweile insbesondere die Kommunikations- und Werbekompetenz zwar sehr häufig von externen Anbietern eingekauft, dann aber in die Geschäftsstelle hineinverlagert (dazu Abschnitt 7.3). Somit ist in diesem Bereich weniger von einer Auslagerung als einer „doppelten Professionalisierung" (Detterbeck 2002: 124) zu sprechen, bei der externe Kompetenz temporär ergänzend in die Geschäftsstellen implementiert wird (rein technische Aufgaben wie die Herstellung von Materialien werden jedoch durchaus ausgelagert). Der Schwerpunkt dieser Professionalisierung liegt dabei nicht zufällig in den Bereichen Kommunikation, Kampagnen und Wahlkämpfe (Jun 2009a). Drittens wird, wenngleich nur in geringen Teilen, das administrative Organisationsmanagement ausgelagert. Hier sind allerdings eher parteieigene Ausgründungen vorzufinden. In den Parteigeschäftsstellen verbleiben damit vor allem Vereinsorganisationsaspekte, dazu kommen organisationsinterne und -externe Kommunikationsaufgaben. Die obersten Parteigeschäftsstellen sind damit weiterhin von zentraler Bedeutung für das Organisationsleben und die kommunikative Innen- und Außendarstellung der Parteien.

Bei der nachfolgenden Analyse der Geschäftsstellen auf Bundesebene sind neben grundlegenden Organisationsstrukturen auch Organisationserwartungen, -herausforderungen und innerparteiliche Zusammenhänge von Interesse. Dabei spielt die innerparteiliche Finanzverteilung als Gradmesser für die Zentralisierung einer Partei ebenso eine Rolle wie die Personalstärke der Bundesparteigeschäftsstellen (Schmid 1990: 16-17; zur Abhängigkeit der Parteizentralen von Spenden Cordes 2000). Zunächst ist nun der Blick auf die einzelnen Bundesgeschäftsstellen zu richten, bevor in vergleichender Perspektive auf das organisationale Selbstverständnis sowie das Verhältnis der Geschäftsstellen zur Parteiführung und zu anderen inner- und außerparteilichen Akteursgruppen einzugehen ist.

6.2.1 CDU

Für die CDU kann festgestellt werden, dass der bereits angedeutete organisatorische Wandel die Partei seit ihrer Gründung maßgeblich verändert hat. Die „CDU der fünfziger Jahre und die der achtziger Jahre sind (…) fast zwei verschiedene Parteien" (Schönbohm 1985: 11). Später fanden weitere, grundlegende Veränderungen statt (zur Entwicklung u.a. Haungs (1982); Schmid (1990); Kübler (1993); Lange (1994); Reichart-Dreyer (2000); Bösch (2001, 2007); Becker (2002); Jox/Schmid (2002); Zolleis (2008); Neumann (2012); zur Bundesgeschäftsstelle Kühne (2002) und insb. Franz (2005: 62-66)). Bis in die 1970er-Jahre ist eine nachholende bzw. dann „nachgeholte Parteibildung" prägend (Scheer 1977; auch Schmid 1990: 17-19, 150-151): Denn dadurch, dass die Bundespartei erst nach den Landesverbänden und nach der Regierungsübernahme im Bund gegründet wurde, fand die Partei über Jahre hinweg „keine Grundfeste. Die ständigen Veränderungen der Statuten sind sichtbarer Ausdruck des Tauziehens um Kompetenzen und Funktionen bei (...) der Organisation des Parteiapparates" (Franz 2005: 53). So war die CDU zunächst „nicht mehr als ein System regionaler Einheiten ohne eine von allen akzeptierte und respektierte Koordinierungsinstanz" (Franz 2005: 53), der „organisatorische Aufbau der CDU auf Bundesebene erwies sich als ebenso langsam wie mühsam" (Franz 2005: 62). Für die spätere Parteientwicklung sind dann unterschiedliche, auch externe Ereignisse von Bedeutung. So setzte nach dem Verlust der absoluten Mehrheit bei der Bundestagswahl 1961 ein Veränderungsprozess ein. Der Ruf nach mehr Eigenständigkeit der Partei und nach einem professionell geführten Parteiapparat wurde laut, die Erfolge der initiierten Reform blieben allerdings bescheiden (Franz 2005: 55). Zu wesentlichen Veränderungen kam es erst 1967 in Folge der Parteiengesetzgebung bzw. Finanzierungsänderung (ausführlich Franz 2005: 64) und 1973 nach dem Wahlverlust. Dieser Schock ermöglichte grundlegendere Parteiorganisationsreformen (Pridham 1977; Buchhaas 1981). Seitdem wurde die Bundesgeschäftsstelle immer wieder umgebaut (Schönbohm 1985; Lange 1994), wobei gerade bei der CDU ein enger Zusammenhang zwischen dem Umbau der Parteizentrale und der Regierungsbeteiligung besteht. Treibende Kraft des Auf- und Ausbaus der Bundesgeschäftsstelle in den 1970er- und 1980er-Jahren waren insbesondere die beiden Generalsekretäre Biedenkopf und Geißler.[134] Beide betrieben den Ausbau der Parteizentrale zu einem „Dienstleistungsunternehmen" und zum innerparteilichen „Knotenpunkt" (Biedenkopf, zitiert nach Franz 2005: 65). Im Ergebnis setzten sie eine Stärkung der Hauptabteilung Politik durch und verbanden diese eng mit der für die langfristige Parteientwicklung zuständigen Planungsgruppe (Schönbohm 1985: 265-271). Die personelle (Wieder-) Aufstockung der Parteizentrale, die Aus- und Weiterbildung hauptamtlicher Mitarbeiter sowie die Stärkung der Mitgliederwerbung und -verwaltung waren weitere wesentliche Elemente. Ein wesentlicher Schritt ist zudem die Beschlussfassung und anschließende Einführung einer zentralen Mitgliederverwaltung, dient diese doch als Indikator des parteilichen Organisationsgrades und der parteilichen Zentralisierung. Trotz der Zustimmung aller Landesvorsitzenden zur Einführung einer solchen dauerte die Umsetzung aufgrund personeller Engpässe und eines allgemeinen Misstrauens gegen eine solche Zentralisierung länger als erwartet. Erst rund drei Jahre nach dem Beschluss von 1963 kam die zentrale Mitgliederverwaltung in Schwung. Durch diese war die CDU ihren Mitbewerbern daraufhin weit voraus (Franz 2005: 76-78).[135] Die späten 1960er-Jahre und insbesondere das Jahr 1969 stellen letztlich den zentralen Wendepunkt in der Organisationsentwicklung der Bundesparteigeschäftsstelle dar. Fortan stieg die Parteizentrale zur „politischen und organisatorischen Führungs- und Koordinationszentrale der Partei" (Franz 2005: 65) auf.

Eine Neuentwicklung stellt dabei etwa die Einführung einer Abteilung für Öffentlichkeitsarbeit und Kommunikation dar (Wiesendahl 2001b: 598). Diese in den 1970er Jahren herausgebildeten Organisationsstrukturen blieben in den 1980er-Jahren zunächst bestehen. Die Organisation führte ein institutionelles Eigenleben und wurde im Gegensatz zur Adenauer-Zeit

---

[134] Das Amt des hauptamtlichen Generalsekretärs wurde vom Braunschweiger Parteitag 1967 eingeführt (Kühne 2002: 452). Biedenkopf war von 1973-1977 Generalsekretär der CDU, Geißler von 1977-1989.
[135] Eine solche zentrale Mitgliederverwaltung wird auch für kleine, aber effektvolle Gesten genutzt, etwa für Geburtstagsglückwünsche an einzelne Parteifunktionäre, in diesem Fall im Rahmen einer Veranstaltung in der Parteizentrale: „Eine kleine Geste nur, gespeist zweifellos aus einer gutgeführten Kartei; doch werden hinterher Teilnehmer, gefragt nach der Veranstaltung, darauf zu sprechen kommen" (Löwenstein 2009).

vom Bundeskanzler nur bedingt beeinflusst (Lange 1994: 489; Zolleis 2008: 190). Dabei stehen die späten 1980er-Jahre für einen lang anhaltenden Machtkonflikt zwischen Parteizentrale und Kanzleramt, der sich 1989 auf dem Bremer Parteitag zu Gunsten des Kanzleramts entschied.[136] So hat sich in Folge der Rückbesinnung auf das Modell des „Kanzlerwahlvereins" der 1950er-Jahre insbesondere der Politikformulierungsprozess ins Kanzleramt verlagert (Franz 2005: 57; Zolleis 2008: 190-191), wobei die Parteizentrale fortan nicht mehr als Ideenbörse, sondern als „nachgelagerte Behörde" (Zolleis 2008: 222) agieren sollte, die sich vorrangig um die Mitgliederverwaltung und Wahlkampfplanung zu kümmern hatte. Ungeachtet des weiteren Bedeutungsrückgangs der Bundesgeschäftsstelle in den 1990er-Jahren (Bergmann 2002: 145-148) fand eine technische Modernisierung der Parteizentrale statt (Kuhne 2008: 92). Seitdem spielen, wie in den anderen Parteien, neue Kommunikationstechnologien gerade im innerparteilichen Kontext eine wichtige Rolle.

Im Ergebnis verlangt die bis heute insbesondere im Policy-Bereich föderal geprägte Parteikultur und der schon früh diagnostizierte „innere Widerspruch zwischen Wahlverein und Delegiertenpartei" (Zolleis 2008: 222) der Parteiorganisation „ein Höchstmaß an Koordination, Kooperation und Kommunikation (...) ab. Diese Aufgaben kommen der Bundesgeschäftsstelle der CDU im Konrad-Adenauer-Haus zu." (Kuhne 2008: 91) Schon früh stellt Schmid dabei eine „zunehmende Durchlässigkeit der beiden Ebenen [Bund und Land] mit gewissen Zentralisierungs- und Unitarisierungstendenzen" (Schmid 1990: 153) fest, und auch Haungs (1989) konstatiert eine enge Verflechtung. Die Bedeutung der Landesparteien bleibt dabei allerdings „nur schwer zu spezifizieren oder gar quantifizieren" (Schmid 1990: 286). Es ist allerdings festzuhalten, dass einzelne Veränderungen in der Bundesgeschäftsstelle durch die Länder be- oder verhindert wurden.[137] Zu nennen ist etwa die Idee eines im Bund befindlichen innovativen Zentrums, das „kraft des „besseren Beispiels" den Untergliederungen ein bewährtes Organisationskonzept" offerieren und „die Implementation fachlich beratend" (Lange 1994: 498) unterstützen sollte. Das dahinterliegende Parteiorganisationsverständnis, bei dem die zentrale Parteiorganisation das tatsächliche Machtzentrum der Partei darstellt, lag allen „Planungsdetails im Verlauf der achtziger Jahre zugrunde" (Lange 1994: 498). Ein jüngerer Versuch, die Parteizentrale in der Nach-Kohl-Ära als Informationszentrale und -knotenpunkt zu stärken, wurde ab 2005 unternommen. Die hierfür wesentliche Innovation stellt das ab 2005 eingeführte Customer Relationship Management dar (Schroeder/Neumann 2007; Kuhne 2008: 92; zu politischem CRM allgemein Siedschlag et al. 2002: 53-61).[138] Dieses der Wirtschaft ent-

---

[136] In Bremen kam es im Machtkampf zwischen Kohl und Biedenkopf, Geißler sowie Süssmuth zur Entscheidung. Geißler wurde vom Parteivorsitzenden nicht mehr für das Amt des Generalsekretärs vorgeschlagen, das Vertrauensverhältnis der beiden war schon zuvor grundlegend zerrüttet. In der Folge „verlor die Bundesgeschäftsstelle eine Reihe fähiger Mitarbeiter, die letztlich nicht adäquat ersetzt werden konnten" (Bergmann 2002: 145).
[137] Im Jahr 1987 versuchte die CDU, mit der Gründung der Dico-Soft GmbH die EDV-Ausstattung der Parteigliederungen voranzutreiben und zudem mit marktwirtschaftlichen Mitteln die Parteikasse zu füllen: „Bis hinunter in die Kreisverbände und Vereinigungen sollte der Kohl-Knappe [Geschäftsführer Horst Weyrauch] mit Hilfe von Dico-Soft die CDU mit Computern und Dienstleistungen beglücken, um so die Kommunikation mit der Parteizentrale zu verbessern. Außerdem wollte die Union ein paar Hunderttausender nebenher verdienen – mit Aufträgen an Dico-Soft von unionsfreundlichen Mittelständlern und Behörden." (Der Spiegel 1995; siehe auch Der Spiegel 1989) Die Ausgliederung der Informationstechnik in die Dico-Soft GmbH, an die die Bundes-CDU 51 Prozent und die parteieigene Unions-Betriebs-GmbH 49 Prozent hielt, scheiterte jedoch nach zwei Jahren hohen Schulden und am innerparteilichen Widerstand (zu Dico-Soft siehe ausführlich Lange 1994: 284-288, 490-492).
[138] Das System zielt dabei vor allem auf eine beschleunigte Datenverfügbarkeit für die Bundes- und Landesebene der Partei, nicht nur aber auch in Wahlkampfzeiten: „Das 2005 eingeführte Citizen Relationship Management-System

lehnte computerbasierte Kundenbetreuungsmanagementsystem (siehe Fußnote 130) zeigt, dass auch parteienkartellexterne Innovationen aufgegriffen werden, wobei insbesondere der Referenzrahmen „Wirtschaft" im Sinne von „Professionalisierung" legitimatorisch wirkt. Zugleich nutzt die Parteizentrale derartige neue Instrumente zur Ermöglichung von Responsivität, die über die traditionellen Parteiapparatestrukturen kaum mehr zu generieren ist:

> „Immer mehr Bürgerinnen und Bürger nutzen die elektronische Post. Darauf hat die CDU mit der Einführung eines Customer Relationship Managements (CRM) reagiert. Im CRM-Team laufen zentral alle Bürgerkontakte auf. Allein in den letzten vier Wochen wurden hier 10.000 Bürgeranfragen bearbeitet. Erfreulicher Nebeneffekt: Durch diese Kontakte erfährt die CDU-Zentrale quasi seismographisch, wie die Stimmung im Land ist." (CDU 2005)

Allerdings erweist sich die Implementierung des Systems wie schon zuvor bei Dico-Soft und nicht zuletzt in Folge der neuen Durchgriffs- und Kontrollmöglichkeiten als Kehrseite einer CRM-systemimmanenten Transparenz als problematisch.[139] Diese organisationale Reaktion auf die zunehmende Bedeutung online geführter Kommunikation deutet dennoch eine vorsichtige Abkehr vom Modell der Mitgliederpartei an. Die Bedeutung der Mitglieder als Resonanzboden und Responsivitätsgaranten geht zurück, an deren Stelle tritt eine zentralisierte, direkte Bürger- und damit Wählerkommunikation. Der Wunsch nach Mitgliedern bleibt zwar bei der Organisationszielformulierung „Bürgerpartei" (CDU 2003) bestehen, deren Verortung im innerparteilichen Kommunikationskontext ändert sich jedoch. Hier ist der Bundespartei die Ermöglichung der direkten Kommunikation ein zentrales Anliegen. Daher werden etwa die Kreisgeschäftsstellen aufgefordert, alle „Mitglieder (…) regelmäßig nach einer E-Mail-Adresse zu befragen, die in die Mitgliederdatenbank einzupflegen ist, damit die Informationsvermittlung zunehmend über das preiswerte Medium Internet erfolgen kann" (CDU 2003: 25).

In dieser Professionalisierung der vor allem organisationsexternen Kommunikation zeigt sich somit eine Ausrichtung der Geschäftsstellenarbeit, die bereits mit der umfassenden Reorganisation in den 1980er-Jahren begann: Bereits damals lag der Schwerpunkt der Organisationsentwicklung auf einer effizienteren Vorbereitung und Durchführung von Wahlkämpfen (Kühne 2002: 453). Diese Ausrichtung wurde auch nach dem Berlinumzug im Juli 2000 beibehalten. Damit kann die CDU ähnlich wie die SPD als „beständig wahlkampforientierte Partei" (Cordes 2002: 167) eingeordnet werden, was wiederum die zentrale Aufgabe der Bundesgeschäftsstelle mit erfasst, die sich im Rahmen dieser Ausrichtung für Wahlkämpfe umfassender externer Unterstützung bedient (Kuhne 2008: 96-97). Es bleibt festzuhalten:

> „Unverzichtbare Kernaufgaben der Bundesgeschäftsstelle müssen bleiben: die inhaltliche Programmarbeit, die Kommunikation von inhaltlichen Positionen der CDU in tagesaktuellen Fragestellungen, die Führung von Kampagnen und Wahlkämpfen, die Organisation der Partei und ihrer Großveranstaltungen und die Geschäftsführung der Gremien auf Bundesebene." (CDU 2003: 26)

(CRM) ist in diesem Jahr auf die Version 4.0 umgestellt worden, um die Einsatzmöglichkeiten für das anstehende Wahlkampfjahr 2009 weiter zu erhöhen. Ziele der Umstellung auf die neue Version sind unter anderem eine verbesserte und beschleunigte Bearbeitung von Bürgeranfragen und eine Ausweitung der Analyse-Möglichkeiten. (…) Seit Januar 2008 ist die Schnittstelle zur ZMD aktiviert, so dass den Kreisverbänden in allen Landesverbänden ständig aktualisierte Kontaktdaten der Mitglieder zur Verfügung stehen. (…) Auf diesem Weg leistet das CRM-System einen entscheidenden Beitrag dazu, die Datenbasis für die Kampagnen 2009 deutlich zu verbessern." (CDU 2008: 26-27)

[139] Mit solchen Systemen gehen zahlreiche intendierte und nicht intendierte Folgen einher. Je nach technischer Ausgestaltung ist beispielsweise die aus diesen neuen Systemen resultierende innerparteiliche Transparenz aus Sicht einiger Akteure hochproblematisch, da diese Transparenz zu einer verstärkten Kontrolle führen kann (bspw. wenn Anfragen, Kritik und Antworten der Landesebene von der Bundesebene einsehbar werden).

Im Jahr 2009 sind 120 Mitarbeiter in der Bundesgeschäftsstelle beschäftigt (2012: 125 Mitarbeiter), die sich in fünf zentrale Abteilungen untergliedert (Internes Management; Politische Programme und Analysen; Marketing und Interne Kommunikation; Eventmanagement und Logistik; Strategische Planung; siehe auch Tabelle 20). Die Personalausgaben der Bundespartei liegen dabei im Zeitraum 2003 bis 2010 bei knapp 34 Prozent (1994-2010: 30 Prozent, vgl. Tabelle 18; Personalausgaben Bundespartei 2010: 12,8 Mio. € gem. § 21 Abs. 5 PartG). Dies zeigt, dass weiterhin ein beachtlicher Anteil der zentral eingesetzten Finanzmittel in den hauptamtlichen Parteiapparat investiert wird (Cordes 2002: 168). Um die allgemeine Lohnsteigerung bereinigt stagnieren die zuvor sogar sinkenden Personalausgaben der Parteizentrale jedoch seit 1990 (für die 1980er- und 1990er-Jahre Cordes 2002: 168). Ein umfassendes Sparprogramm wurde nach dem Spendenskandal in den Jahren 1999/2000 notwendig, gingen damit doch starke finanzielle Einbußen einher:

> „Die Bundesgeschäftsstelle hat im Zuge des vom Essener Parteitag 2000 beschlossenen Sanierungskonzepts ihren Personalbestand und ihre Sachkosten erheblich reduziert. Dieses Sanierungskonzept macht eine fortgesetzte Aufgabenkritik zwingend erforderlich, damit die Bundesgeschäftsstelle auch für die Zukunft ihre Kernaufgaben erfüllen kann." (CDU 2003: 26)

Gegenwärtig besitzt die Öffentlichkeitsarbeit in der Parteizentrale in Zeiten einer CDU-Kanzlerschaft keine herausragende Rolle mehr, wobei dennoch gerade im Wahlkampf und in der innerparteilichen Kommunikation wie bei den anderen Parteien umfassende Materialien und Handreichungen bereitgestellt werden. So findet sich im Rahmen der Mitgliederwerbekampagne 2006/2007 ein umfassendes Materialpaket, das nicht zuletzt ein „Modellprojekt zur Mitgliederwerbung für die CDU" (CDU Bundesgeschäftsstelle o.J.-b) vorstellt und zur Nachahmung empfiehlt. Man kann damit durchaus von einer Neuauflage der alten Idee sprechen, mittels besseren Beispiels den unteren Gliederungsebenen Organisations- und Handlungskonzepte zu offerieren. Die Abteilung Interne Kommunikation der Parteizentrale betitelt die Handreichung „Anregungen, Tipps und Hinweise", um zugleich zu betonen, dass es sich durchaus um einen „Leitfaden für die Arbeit vor Ort" (CDU Bundesgeschäftsstelle o.J.-a) handelt. Damit wird ein Konzept der sanften Steuerung umgesetzt, das sich mittlerweile in allen Parteien und nicht nur bei Mitgliederwerbekampagnen findet (beispielsweise auch CDU Bundesgeschäftsstelle o.J.-c, 2007).

6.2.2 CSU

Als Regionalpartei mit bundesweitem Einflussanspruch hat die CSU ihren Hauptsitz als einzige bundesweit relevante Partei nicht in Berlin, sondern weiterhin in München (zur Entwicklung u.a. Mintzel (1972, 1978, 1983); Kießling (2001, 2004, 2005, 2007); Hefty (2007); Hopp et al. (2010).[140] Dabei ergeben sich in Folge bisweilen differenter Bundes- und Landesinteressen durchaus immer wieder Konflikte (Müller 2004: 224). Die entscheidende Organisationsentwicklung begann Mitte der 1950er-Jahre; in den 1960er-Jahren entwickelte sich die Partei

---

[140] Es lassen sich fünf Entwicklungsphasen ausmachen (Mintzel 1972; Gnad 2005: 534-549): Gründungs- und Aufbaujahre (1945/46-1948), Niedergang und Degeneration zur Honoratiorenpartei (1949-1954), Organisatorischer Wiederaufbau und Verdrängung der Bayernpartei (1955-1966), Aufstieg zur Volks- und Hegemonialpartei (1967-1988) und drohender Machtverlust (seit 1989; bis hin zur Koalitionsnotwendigkeit ab 2008).

dann „geradezu planmäßig" (Gnad 2005: 538) zu einer Massen- und Apparatepartei neuen Typs (Mintzel 1977: 67-77). Dabei beginnt die Zentralisierung der Parteiorganisation bereits sehr früh, genau genommen mit den Satzungsreformen von 1952. Ein Kernbestandteil ist der Aufbau eines hauptamtlichen Apparates in den Bezirksgeschäftsstellen, die allerdings nicht von den Bezirken, sondern direkt von der Parteizentrale finanziert werden und seitdem das Herzstück der CSU-Organisationsstruktur bilden. Mit diesen begründete die Landespartei und deren Leitung ihre zentrale innerparteiliche Machtposition. Zudem kam es zu Reformen in der Landesleitung und zum Ausbau der Parteizentrale. Weitere, vereinzelte Organisationsveränderungen folgten (Gnad 2005: 538-549). Insgesamt waren die 1960er- und 1970er-Jahre „durch Reorganisation, Bürokratisierung, Technisierung und zunehmende Zentralisierung der Parteiorganisation gekennzeichnet" (Gnad 2005: 543). Wie bei der CDU spielt die Parteiengesetzgebung und die damit verbundene Parteienfinanzierung eine wesentliche Rolle beim Aufbau des Parteiapparates (Mintzel 1977: 143-157; etwas vorsichtiger Gnad 2005: 543) und bei der Zentralisierung der (Mitglieder-) Verwaltung. Während die CDU seit 1966 über eine zentrale und differenzierte Mitgliederdatei verfügt, begann die CSU erst 1969 mit dem Aufbau einer zentralen Datei, die erst viel später einsatzbereit wurde.

Die letzte umfassende Reform der Parteizentrale fand 1999 statt. Das in Zusammenarbeit mit der Unternehmensberatung Roland Berger erarbeitete Reformkonzept sah eine umfassende Modernisierung der Parteizentrale und vor allem grundlegende Reformen der Landesleitung vor. Die entscheidende Veränderung, die Abschaffung des Generalsekretärs im Jahr 1999, traf jedoch vorrangig die Landesleitung und war damit nur indirekt für die Geschäftsstelle relevant. Zudem wurde dieser Schritt nach nur zwei Jahren wieder revidiert; die Position des Generalsekretärs wurde wieder eingeführt. Die Geschäftsstelle selbst war somit von dieser Reformrunde kaum betroffen (Kießling 2004: 99), wobei durchaus Abteilungen zusammengelegt und Organisationsabläufe restrukturiert wurden (vgl. zur Reform Hopp 2010: 361-362). Seitdem gibt es vier zentrale Abteilungen (Presse- und Medienarbeit; Politik und Parteiarbeit; Finanzen und Dienstleistungen; Öffentlichkeitsarbeit (v.a. Organisation Großveranstaltungen, siehe Kießling (2004: 99-100); teilweise wird zudem zwischen Öffentlichkeitsarbeit sowie Außenorganisation und Mitgliedermanagement weiter differenziert (CSU 2009a); dazu kommen weitere, ebenfalls in der Parteizentrale zu verortende formelle und informale Abstimmungsgremien).

In der Landesparteizentrale als oberster Geschäftsstelle arbeiten zum Untersuchungszeitpunkt rund 70 Mitarbeiter (2012: 70 Mitarbeiter; zudem etwa 40 Mitarbeiter der CSU-Landesleitung in den Bundeswahlkreis- und Bezirksgeschäftsstellen) sowie die Büros des Vorsitzenden, Generalsekretärs, stellvertretenden Generalsekretär und des Hauptgeschäftsführers (CSU 2009a, 2012; zur CSU-Landesleitung Hopp 2010)). Mit Blick auf die Ausgabenstruktur der Parteizentrale ist festzuhalten, dass die CSU im Gegensatz zu den anderen Parteien die größten Aufwendungen für die Öffentlichkeitsarbeit aufbringt, doch auch die Personalkosten sind mit im Mittel gut 39 Prozent (2003-2010; 1994-2010: 38 Prozent, vgl. Tabelle 18; Personalausgaben Landespartei 2010: 9,1 Mio. € gem. § 21 Abs. 5 PartG) vergleichsweise hoch. Die CSU hat, in geringem Umfang, im langfristigen Trend das Personal in der Parteizentrale ebenfalls reduziert und damit ihren organisationseigenen Apparat leicht verkleinert, stockt jedoch in Wahljahren die Personaldecke befristet auf (vgl. auch Cordes 2002: 180-181).

6.2.3 SPD

Wenngleich seit einigen Jahren die Landesverbände der SPD an Bedeutung gewinnen, war die Partei doch lange Zeit durch die Bezirksverbände geprägt (zur Entwicklung u.a. Heimann (1983); Grabow (2000); Walter (2000, 2002); Jun (2004, 2007); Boyer (2005b); von Alemann (2005)). In dieser Zeit der bezirksverbandlichen Prägung entstand der bis heute im Raum stehende Organisationsbefund einer lose gekoppelten Anarchie (Lösche/Walter 1992: 173-227; Lösche 1993). Die Wurzeln dieser „Anarchie" oder zumindest Stratarchie liegen auch in der mehrfachen Umstrukturierung von Partei und Parteizentrale. In ihrer Bedeutung und Auswirkung kaum zu überschätzen ist die Organisationsreform von 1958 (Lösche/Walter 1992: 188), in deren Folge die Parteizentrale viele Aufgaben an die SPD-Bundestagsfraktion abgegeben hat, so dass zu diesem Zeitpunkt von einer „Parlamentarisierung" (Lösche/Walter 1992: 188) gesprochen werden kann. Vor allem aber stellt die „Organisationsentscheidung von 1958 (...) die Weichen für jene Entwicklung, die schließlich in die organisatorische Vielfalt, Heterogenität, Widersprüchlichkeit, Komplexität und Differenzierung mündete, die für die Sozialdemokratie als Volkspartei typisch ist" (Lösche/Walter 1992: 188-189) bzw. war. Mit dieser Organisationsreform beginnt ein rund zwei Jahrzehnte andauernder Prozess, an dessen Ende ein weitgehender Austausch des Mitarbeitertyps steht. Der traditionell an die Facharbeiterschaft angebundene, hauptamtliche Parteisekretär wird zunehmend durch professionelle, akademisch gebildete Parteimanager ersetzt (Lösche/Walter 1992: 189; Troche/Wissenschaftliche Dienste des Deutschen Bundestages 2002: 14). Dieser Wandel findet vor dem Hintergrund einer Professionalisierung des Mitarbeiterstabs statt, wenngleich die damit einhergehenden Veränderungen in der Zusammensetzung und Ausrichtung der Organisationsmitarbeiter in den Geschäftsstellen durchaus unterschiedlich bewertet werden, wie diese beiden Einschätzungen zeigen:

> „Bei dem hauptamtlichen Apparat ist es meiner Ansicht nach so, dass wir ohne Not eine Akademisierung – ich habe nichts gegen Akademisierung – hier zu verzeichnen haben. (...) Früher war es so, dass der Parteisekretär auch aus Betrieben kam, der hatte sich hochgearbeitet, für den war es auch ein Aufstiegspunkt, Parteisekretär der SPD zu werden und nicht mehr am Fließband zu stehen. (...) Dieser Typus ist nur noch eine Minderheit, obwohl wir keine Not haben." (SPD 1)

> „Der klassische Weg, wie er es in der Wehnerschen Organisationsphilosophie war, dass der Parteisekretär das Zentrum der Partei ist und dementsprechend Parteisekretäre sehr stark aus dem politischen Führungskader rekrutiert worden sind, da gibt es doch Brüche. Die Mehrheit derjenigen, die (...) in der SPD arbeiten verfügen über Hochschulstudiengänge unterschiedlichster Art (...) und dementsprechend gutes Management." (SPD 3)

Ermöglicht und beschleunigt wird dieser Mitarbeiteraustausch durch ein Anwachsen des Mitarbeiterstabs in der Parteizentrale auf bis zu 250 Mitarbeiter in den 1970er-Jahren, wie bei der CDU eine direkte Folge des Mitgliederbooms der 1970er-Jahre und der staatlichen Parteienfinanzierung. Diesem Zuwachs an Mitarbeitern geht 1969 die Einführung von Abteilungen in der Parteizentrale voraus. Unabhängig vom personellen Zuwachs bleibt die SPD den Unionsparteien allerdings im IT- und EDV-Bereich lange Zeit unterlegen. So fehlte der SPD deutlich länger als CDU und CSU eine zentrale Mitgliederdatei. Eine solche Datei mit Daten für die Gesamtpartei war erst ab 1974 verfügbar (zur Entwicklung Boyer 2005b: 86-96). Die Bedeutung einer solchen zentralen, differenzierten Datennutzung für die Parteizentrale wurde allerdings schon früh erkannt: Der Zugriff auf die Mitglieder und Mitgliederdaten würde sich von den lokalen Gliederungen lösen und eine direkte, zielgruppengenaue Ansprache ermöglicht (Boyer 2005b: 92).

Seitdem sind mehrfach intensive Reform- und Professionalisierungsbemühungen erkennbar (Bukow 2012). Ziel dieser Reformen war unter anderem eine Stärkung der medialen und direkten Kommunikationskompetenz (Jun 2004: 147-149), was notwendigerweise mit dem Versuch einer Stärkung der Bundesgeschäftsstelle einhergeht. Mittlerweile verfügt auch die SPD über einen zu Teilen „hochmodernen Parteiapparat" (Kuhne 2008: 99). Wenngleich die Bundesgeschäftsstelle „nicht an der Spitze einer hierarchischen Organisation" (Kuhne 2008: 98) steht, kommt ihr doch eine zentrale innerparteiliche Rolle zu. Dies zeigt nicht zuletzt die 2005 erfolgte Wiedereingliederung der Wahlkampfzentrale „KAMPA" in die Räume und die Struktur der Parteizentrale (zur KAMPA etwa Machnig 1999; Fengler/Jun 2001). In den Bundestagswahlkämpfen 1998 (Bonn) und 2002 (Berlin) war die KAMPA jeweils aus der Parteizentrale ausgelagert. Begründet wurde die Rückverlagerung mit einem zu hohen Koordinations- und Abstimmungsaufwand, wobei auch finanzielle Gründe eine wesentliche Rolle bei dieser Entscheidung gehabt haben dürften. Zudem war der PR-Effekt einer ausgelagerten Wahlkampfzentrale nach US-Vorbild (dazu etwa Wagner 2005) nach 1998 und 2002 im Jahr 2005 nicht mehr gegeben (SPD 1).

Zentrale Aufgabe der seit 1999 im Berliner Willy-Brandt-Haus befindlichen Parteizentrale ist nunmehr die innerparteiliche Koordination und Kommunikation (Kuhne 2008: 98). Dazu kommt seit 2005 wieder die hausinterne Wahlkampfvorbereitung und -durchführung. In der Parteizentrale stehen zum Erhebungszeitpunkt etwa 180 Mitarbeiter in fünf Abteilungen dauerhaft zur Verfügung (Parteileben; Politik und Analysen; Kampagnen und Kommunikation; Internationale Politik; Finanzen; zuvor sechs Abteilungen (Kuhne 2008: 99); 2011: rund 200 Mitarbeiter auf Bundesebene (SPD Parteivorstand 2011: 7)). In Wahlzeiten kommen weitere Mitarbeiter hinzu, so wurde das Kernteam beispielsweise im Wahljahr 2009 von rund 50 weiteren, teilweise extern eingekauften Mitarbeitern unterstützt (zu früheren Wahlkämpfen Kuhne 2008: 100-101). Bemerkenswert ist dabei der vergleichsweise große Stab an Mitarbeitern der Abteilung II (Politik/Analysen), die der Partei und dem Parteivorstand inhaltlich zuarbeiten. Die Personalausgaben der Bundespartei liegen dabei im langfristigen Mittel bei 23 bis 24 Prozent der Gesamtausgaben dieser Parteiebene (vgl. Tabelle 18; Personalausgaben Bund 2010: 14,4 Mio. € gem. § 21 Abs. 5 PartG).

6.2.4 FDP

Die gewählte Parteiführung der Bundes-FDP fokussiert sich in ihrem Handeln traditionell stärker auf den parlamentarischen als den parteilichen Bereich der politischen Arbeit (Kaack (1979: 71-74); zur Entwicklung zudem u.a. Dittberner (1987, 2000, 2005); Leuschner (2005); Gniss (2005); Kubat (2007); Vorländer (2007); zu FDP-Bundestagswahlkämpfen Michel (2005)). Dies geht mit einer umso größeren „Notwendigkeit einer funktionsfähigen Parteizentrale" einher, „wenn überhaupt gewährleistet sein soll, daß die Partei als Spezifikum sichtbar wird und als Organisation funktioniert" (Kaack 1979: 74). Die eigene politisch-inhaltliche Arbeit stand und steht dabei eher im Hintergrund (Kaack 1979: 74; siehe auch Dittberner 2005: 205-220). Hauptaufgaben der Bundesgeschäftsstelle sind daher in und seit den 1970er-Jahren „die Präsentation parteioffizieller Stellungnahmen (...) sowie die Organisation innerparteilicher

Kommunikation" (Kaack 1979: 74). Dazu kommt die Vorbereitung von Bundestagswahlkämpfen, die Unterstützung der Landesparteien bei Landtagswahlkämpfen (so auch FDP 2) sowie die Finanzverwaltung und Pressearbeit (Dittberner 2005: 207).

Damit geht ein parteiliches Selbstverständnis einher, nach dem sich die FDP „primär als Wähler- und erst in zweiter Linie als Mitgliederpartei" (Gniss 2005: 63) versteht. Dieses Selbstverständnis wird nicht nur in den Statuten und Organisationsregeln erkennbar, sondern beispielsweise auch darin, dass die FDP erst spät an einer Zentralisierung der Mitgliederverwaltung arbeitete. Erst 1968 wurde trotz vorheriger Forderungen einzelner Landesverbände eine zentrale, analog geführte Mitgliederdatei eingerichtet. Noch bis in die 1970er-Jahre hinein bestanden jedoch deutliche Defizite in der zentralen Mitgliederverwaltung und der Datenweitergabe. Die Datenbestände wurden nur rudimentär genutzt (Gniss 2005: 62-71). Eine aus Kostengründen externalisierte, EDV-gestützte Mitgliederverwaltung wurde erst 1974 beschlossen, aber selbst dann diente diese vorrangig dem Zweck, „die Landesverbände zur Erstellung monatlicher Mitgliedermeldungen anzuhalten" (Gniss 2005: 68). Im Ergebnis wurde zum damaligen Zeitpunkt somit zwar eine Zentralisierung erkennbar, ohne dass eine intensive, zielgruppenspezifische Nutzung der Datenbestände wie bei SPD und CDU erreicht wurde – trotz intensiver Bemühungen der Bundesgeschäftsstelle (Gniss 2005: 68-69).

Dass darüber hinaus in der Partei selbst ein grundlegendes Organisationsdefizit gesehen wurde, zeigt eine in den 1970er-Jahren beginnende Reformdebatte. Diese zielte allerdings vorrangig ebenfalls auf eine Wählerstimmenmaximierung ab, wobei ergänzend normativ-legitimatorische Aspekte betont wurden (Kaack 1979: 79-81). Die Organisationsdefizite wurden allerdings zugleich normativ gerechtfertigt: Aus Sicht der Partei stärke „das Fehlen mächtiger Zentralen in der F.D.P. (…) die demokratische Struktur in der Partei" (Bundesgeschäftsführer Verheugen, nach Kaack 1979: 79). Auf Beschluss des Frankfurter Parteitags 1976 erstellte als Antwort auf die Debatten im Jahr 1977 die FDP-nahe Naumann-Stiftung nicht nur ein Reformkonzept, sondern auch eine Bestandsaufnahme über den organisationalen Status quo der Partei (dazu Gniss 2005: 53). Als zentraler Befund wird in einem parteiinternen Dokument eine relative Schwäche des hauptamtlichen Parteiapparates konstatiert (Gniss 2005: 52). Die nachfolgende Parteireform und der dazu notwendige Auf- und Ausbau des Parteiapparates war jedoch wenig erfolgreich. Insbesondere der Aufbau eines hauptamtlichen Apparates scheiterte dabei weniger an einer gerne deklamierten liberalen Distanz zu Organisationsfragen, vielmehr fehlte es in Folge einer vor allem auf Bundesebene knappen Finanzausstattung und einer zeitweise hohen Verschuldung schlicht am Geld (Kaack 1979: 74). Damit ist bis heute die Mitarbeiterausstattung der FDP deutlich geringer als bei den anderen bisher untersuchten Parteien. Zudem ist ein drastischer Personalabbau erkennbar: Einem ersten Rückbau der Geschäftsstelle von mehr als 50 Mitarbeitern auf 32 Angestellte im Jahr 1999 (1958: 49 Beschäftigte, Gniss 2005: 64) folgte im Rahmen des Berlinumzugs eine erneute Reduktion auf 26 Mitarbeiter zum Erhebungszeitpunkt (2012: 35 Mitarbeiter). Dadurch „lagen die Ausgaben auch noch einschließlich 2006 auf der Hälfte des Niveaus von 1994" (Beerfeltz 2007; dazu auch Dittberner 2005: 209), wobei insbesondere im Personalbereich eingespart wurde, um „im Sachkostenbereich Spielräume der notwendigen Kampagnenfähigkeit der Partei zu erhalten" (Beerfeltz 2007). Zudem wurden Instrumente aus der wirtschaftlichen Unternehmensführung entlehnt und implementiert, zu nennen sind insbesondere die „Einführung von betriebwirtschaftlichen Controllingmaßstäben, Elementen der Prozesssteuerung mit Wirkungsgrad-

Analyse und professioneller Aufgabenkritik" (Beerfeltz 2007). Das Ziel: Die Berliner Parteizentrale sollte zum Profit-Center weiterentwickelt werden (dazu Beerfeltz 2007).

Als Konsequenz dieser Personal- und Finanzknappheit sowie in Folge einer bewussten Schwerpunktsetzung besteht die Bundesgeschäftsstelle lediglich aus drei Abteilungen (Presse und Öffentlichkeitsarbeit; Strategie und Kampagnen; Organisation und Finanzen)[141] Sie stellt somit einen Sonderfall im Vergleich zu den übrigen Parteien dar. In der Organisationsentwicklung und der innerparteilichen Finanzverteilung gewinnt zwar der Apparat zu Lasten der Wahlkampf- und Öffentlichkeitsausgaben (Cordes 2002: 186), allerdings ist der Apparat auf Bundesebene zugleich deutlich auf die Bereiche Presse- und Öffentlichkeitsarbeit sowie Strategie und Kampagnen ausgerichtet. Dahinter liegt die Annahme: „Jede politische Arbeit ist Öffentlichkeitsarbeit" (FDP 2), wobei durch die Parteimitarbeiter „Vorschläge und Vorlagen" (FDP 1) in der Parteizentrale erarbeitet werden, die dann durchaus eine öffentliche Wirkung entfalten sollen (FDP 2). Komplettiert wird die Geschäftsstelle durch eine kleine dritte Abteilung mit dem Aufgabenbereich „Organisation und Finanzen". Die bei den anderen Parteien im Parteiapparat geleistete Parteiadministrationsarbeit hat die FDP unter anderem in den „Liberalen Parteiservice" (Dittberner 2005: 209-212) ausgegliedert. Je zur Hälfte halten die Bundespartei und die 16 Landesparteien Anteile daran, und auch die Finanzierung folgt diesem Modus. Weitere Ausgründungen organisieren beispielsweise Parteitage und Großveranstaltungen („Vision Media"; FDP 2):[142]

> „Wir haben auch deshalb so wenige Mitarbeiter, weil wir über jetzt genau 13 Dienstleistungsfirmen verfügen, die uns teilweise voll gehören, teilweise mit Beteiligungen verbunden sind. Das ist auch Professionalisierung, dass wir geschaut haben, was die Wirtschaft heute unter Outsourcing-Gesichtspunkten macht." (FDP 2)

Als Folge der generellen Mittelknappheit sowie dieser Auslagerung zentraler Parteiorganisationstätigkeiten ist es auch nicht verwunderlich, dass die FDP auf Bundesebene nur knapp 13 Prozent ihrer Gesamtausgaben (2003-2010) für das Personal aufwendet (1994-2010: 16,5 Prozent, vgl. Tabelle 18; Personalausgaben Bundespartei 2010: 2,2 Mio. € gem. § 21 Abs. 5 PartG). Zusammenfassend zeigt sich die Bundesgeschäftsstelle der FDP damit im Gegensatz zu den bisher untersuchten Parteien als eine nur parteilich-kommunikativ, weniger administrativ oder gar inhaltlich arbeitende Bundesgeschäftsstelle, die vor allem auf die Wähleransprache und elektorale Stimmenmaximierung ausgerichtet ist. Zudem verfügt die FDP-Parteiorganisation auch auf Landesebene nur über eine geringe hauptamtliche Mitarbeiterausstattung. Somit stellt sich die FDP, wie von Dittberner für einen früheren Zeitraum konstatiert (1987: 89), weiterhin als Partei mit „geringem Organisationsgrad und schwacher bürokratischer Ausstattung" dar. Die Konzentration auf eine zunehmend online erfolgende Kommunikation bietet dabei der Parteigeschäftsstelle trotz ihrer vergleichsweise geringen Mitarbeiterausstattung zunehmend die Möglichkeit einer Kommunikationszentralisierung. Dies ist gerade in Verbindung mit der Wählerorientierung der Partei, die in der Geschäftsstelle und in den Parteistatuten zum Ausdruck kommt, an späterer Stelle noch hinsichtlich der Auswirkung auf die im Parteiapparat vorzufin-

---

[141] 2012: Dialog und Kampagnen; Organisation und Finanzen; Presse und Öffentlichkeitsarbeit. Neu dazugekommen ist die mit drei Mitarbeitern besetzte „Stabsstelle Politische Planung, Programm und Analyse" (keine Abteilung, sondern direkt dem Generalsekretär zugeordnet).
[142] Derartige Ausgründungen und parteieigene Unternehmen sind parteirechtlich unproblematisch, wenn der Zweckbindung finanzieller Zuwendungen im Sinne des § 2 Abs. 4 PartG entsprochen wird. Daraus ergibt sich auch die Notwendigkeit, selbst erwirtschaftete Einnahmen, etwa aus einer wie hier erkennbaren wirtschaftlichen Betätigung der Partei, ausschließlich für die politische Arbeit einzusetzen (Ipsen 2009: 8, Rdnr. 18).

denden Organisationsparadigmen näher zu untersuchen. Jüngere Organisationsreformdebatten innerhalb der FDP weisen darauf hin, dass hier zwar nicht im Sinne eines Durchsteuerns eine Zentralisierung der Parteiarbeit angestrebt wird, wohl aber Steuerung durch Überzeugung bzw. die Bereitstellung von Materialien und Konzepten erfolgen soll (FDP 1, FDP 2007a). Die pragmatische Überlegung dahinter: „Anweisungen gehen nicht, aber (…) sehr überzeugende Empfehlung" (FDP 2) – gerade dann, wenn vor Ort kaum hauptamtliche Kräfte zur Verfügung stehen und personelle Ressourcen knapp sind. In diesem Sinne nimmt die Parteizentrale schon hier erkennbar einen klaren Gestaltungsimpuls für die Bundes- und Landesparteien (FDP 1) wahr und drängt auf eine parteiweite Umsetzung der von ihr entwickelten Struktur-, Kommunikations- und Veranstaltungskonzepte.

6.2.5 Grüne

Die Grünen sind als erst Ende der 1970er-Jahre entstandene Partei durch ihre Entstehungsgeschichte kulturell und strukturell in besonderer Weise geprägt (zur Entwicklung u.a. Klotzsch (1983); Raschke (1993, 2001a, 2003); Tiefenbach (1997); Lamla (1998); Poguntke (1998); Hurrelmann (2001); Bukow/Rammelt (2003); Klein/Falter (2003); Egle (2006); Probst (2007); Bukow (2008)).[143] Als „Anti-Parteien-Partei" (Petra Kelly) der außerparlamentarischen Bewegung war zu Beginn Basisdemokratie das zentrale „Zauberwort" (Klein/Falter 2003: 87). Basisdemokratie ist dabei „einerseits ein Symbol, andererseits ein Regelwerk" (Heinrich/Raschke 1993: 76), wobei insbesondere die symbolische Komponente sehr unterschiedlich ausgedeutet wurde: „Jede/r hat eine andere Vorstellung von Basisdemokratie" (Heinrich/Raschke 1993: 577). Struktur- und kulturprägend waren zu dieser Zeit die kritische Sicht auf eine traditionell-vertikale Parteistruktur und die Bedenken gegenüber einem machtvollen zentralen Parteiapparat (ähnliche Debatten finden sich in jüngster Zeit bei der Piratenpartei). Gewichtiger jedoch war die spezifische Konfliktlinie, die sich aus der außerparlamentarischen Entstehungsgeschichte der Partei ergibt: „Im basisdemokratischen Diskurs standen sich als Gegner nicht die Partei und ihr Apparat gegenüber, sondern die Partei und Abgeordnete bzw. Fraktionen" (Heinrich/Raschke 1993: 571). Dies führte dazu, dass der Parteiapparat von wenigen Ausnahmen abgesehen (Berlin, Hamburg) nicht dem Rotationsprinzip unterworfen war (zum Rotationsprinzip Klein/Falter 2003: 91)[144] und Berufskarrieren im Parteiapparat von Beginn an möglich waren, wobei sie auf Bundesebene nur selten zu einem Parteiamt oder Mandat führten

---

[143] Es lassen sich dabei mehrere Parteientwicklungsphasen ausmachen (teilweise Probst 2007: 173-178): Aufbau- und Etablierungsphase (1980-1983), Parlamentarisierungsphase (1983-1990), Restrukturierung und Fusion mit Bündnis 90 (1990-1998), Regierungspartei (1998-2005), Post-Regierungspartei (ab 2005).
[144] Ein weiteres Instrument war neben der Trennung von Parteiamt und Parlamentsmandat das „imperative Mandat", wodurch Abgeordnete als weisungsgebundene Vertreter der Parteibasis agieren sollten. Dieses verfassungsrechtlich problematische Instrument kommt heute nur noch vereinzelt im innerparteilichen Delegiertenkontext zum Einsatz, wobei es parteienrechtswidrig sein dürfte: Zwar regelt § 8 PartG nicht, ob Delegierte von ihrem entsendenden Verband an Weisungen gebunden werden können, allerdings legen „Struktur und Natur einer repräsentativen Vertretung" nahe, dass ein „imperatives Mandat ausgeschlossen ist und deshalb auch durch die Satzung nicht eingeführt werden kann" (Ipsen 2008: 72 Rdnr. 79). Deutlicher wird § 15 Abs. 3 S. 4 PartG: „Bei Wahlen und Abstimmungen ist eine Bindung an Beschlüsse anderer Organe unzulässig." Damit wird ein organbezogenes imperatives Mandat explizit abgelehnt, wenngleich „ein Schutz davor, wegen des Abstimmungsverhaltens nicht wieder nominiert oder gewählt zu werden" (Ipsen 2008: 135 Rdnr. 123), nicht besteht.

(Heinrich/Raschke 1993: 573).[145] Zudem wurde insbesondere in Wahlkämpfen nur ein geringer Professionalisierungsgrad erreicht (Heinrich/Raschke 1993: 572). Darüber hinaus waren die Möglichkeiten der Parteizentrale von Beginn an durch die parteilichen Organisationsprinzipien der Dezentralisierung und der Demokratisierung eingeschränkt, eine schwache Finanzausstattung der Parteizentrale wird bis heute beklagt. Versuche, den Beitragsumlageschlüssel zu Gunsten der Bundespartei zu verändern, scheitern regelmäßig (Grüne 2). Dazu kam durch den raschen Wahlerfolg in den Anfangsjahren ein bis heute bestehendes Übergewicht der faktisch bereits unmittelbar nach der Parteiwerdung entstandenen Fraktionen. Deren staatlich finanzierter, umfassender Mitarbeiterausstattung hatte die noch im Aufbauprozess befindliche Parteiorganisation mit nur wenigen Mitarbeitern kaum etwas entgegenzusetzen (1992: 28 Mitarbeiter auf Bundesebene, Heinrich/Raschke 1993: 572-573). Im innerparteilichen Organisationsgeschehen kam dem Apparat trotz dieser widrigen Ausgangssituation eine wesentliche Stabilisierungsfunktion zu, und dies sowohl gegenüber der ehrenamtlichen Parteibasis als auch gegenüber der durch häufige Wechsel bewusst schwachen, ehrenamtlichen Parteiführung.

In Folge eines ermüdeten Parteilebens kamen ab Ende der 1980er-Jahre dem Apparat immer mehr Aufgaben zu, was allerdings nicht zu einem Machtzuwachs führte, sondern zunächst einmal vor allem der innerparteilichen Kommunikation einer stark fragmentierten Partei diente (Heinrich/Raschke 1993: 572). Einen Schock erlebte die Partei 1990, als der Wiedereinzug in den Deutschen Bundestag an der Fünf-Prozent-Hürde scheiterte.[146] Daraufhin begann ein „Prozess der Neuorientierung und Restrukturierung" (Probst 2007: 175), mit dem eine Professionalisierung der Parteistrukturen einherging. Zu nennen ist etwa der Parteitagsbeschluss von 1991, der darauf zielte, die Parteiführung zu verkleinern und eine „sich im Normalbereich bewegende Bezahlung" (Raschke 2001a: 324) einzuführen. Eine tief greifende Parteiorganisationsreform im Sinne eines grundlegenden Bruchs mit den Parteitraditionen scheiterte einige Jahre später dennoch an den Parteitagsdelegierten, wie Raschke kommentiert:

> „Nach dem Rauswurf der Grünen aus dem Bundestag im Dezember 1990 versuchten die Realos, das Zentrum in der Parteiführung zu etablieren. Strukturreform und personelle Machtübernahme waren die Ziele – beide scheiterten im April 1991 kläglich, beim legendären Parteitag in der unsäglichen Stadthalle Neumünsters (in der sonst vorzugsweise Vieh versteigert wird)." (Raschke 2001a: 322)

Ein wichtiger Schritt war der 1993 beschlossene Zusammenschluss mit dem Bündnis 90 zur gesamtdeutschen Partei „Bündnis 90/Die Grünen". Die Debatte um Strukturreformen wurde davon gleichwohl kaum berührt und in der Folge in wechselnder Intensität weitergeführt. Weitere Reformversuche und Reformen folgten dennoch (dazu Raschke 2001a: 321-335; Bukow/Rammelt 2003: 102-166). Mittlerweile haben die Grünen, beschleunigt durch die Regierungsbeteiligung 1998-2005, ihre Parteistrukturen mehrfach modifiziert, professionalisiert und „in vielen Punkten denen anderer Parteien angepasst" (Probst 2007: 183-184). Mit der Übernahme des Parteivorsitzes durch Fritz Kuhn und Renate Künast im Jahr 2000 wurde zudem die tradierte Trennung bzw. das traditionelle Gegeneinander von Parteiorganisation und Fraktion zumindest partiell und temporär doch noch überwunden, so dass auch in diesem Bereich eine Normalisierung einsetzen konnte (dazu auch Raschke 2001a: 332). Schlüssel zu

---

[145] Dies hat sich zu Teilen zwischenzeitlich geändert, so dass hier, wenngleich nicht empirisch im Detail untersucht, eine Angleichung an die anderen Parteien angenommen werden kann. Ein Wechsel zwischen Fraktion, Abgeordnetenbüros, Stiftung und Regierungsapparat auf Mitarbeiterebene ist in jedem Fall häufig vorzufinden.
[146] Lediglich die Grünen Ost zogen über das Wahlgebiet Ost in Listenverbindung mit dem Bündnis 90 in den Bundestag ein. Ein Tag nach der Wahl erfolgte daraufhin der Zusammenschluss der Grünen Ost und West.

diesem organisationalen Durchbruch war nach den Parteitagserfahrungen ein Umgehen der traditionellen Strukturen durch den Parteivorstand, so dass erst ein Mitgliederentscheid die notwendige satzungsändernde Mehrheit zustande brachte.

Eine zentrale Mitgliederverwaltung fehlte bei den Grünen lange Zeit. Zwar wurde bereits 1996 über die Geschäftsführerebene versucht, zumindest eine einheitliche Software durchzusetzen, dieser Versuch scheiterte allerdings: Es war damals „eigentlich nicht gewollt (…) eine zentrale Adressverwaltung zu haben, weil jeder Landesverband seine Mitglieder als die Seinen betrachtet hat" (Grüne 1). Daher lag die zentrale Hürde darin, dieses Misstrauen zu überwinden, nicht zuletzt weil

> „klar war, dass das auch mit einem relevanten Finanzaufwand auch für die Bundesländer verkoppelt sein würde. Deshalb ist gerade die politische Leistung, die in unserer Entscheidung (…) drin steckt, nicht zu unterschätzen und ist ein enormer strategischer Entwicklungsschritt für die Partei gewesen." (Grüne 1)

Diese Entscheidung zu Gunsten eines zentralen Mitgliedermanagementsystems („Sherpa") fiel im Oktober 2004 auf dem Kieler Bundesparteitag. Nach weiteren zwei Jahren Entwicklungsarbeit konnte Ende 2006 damit begonnen werden, Sherpa parteiweit zu implementieren, wobei sich Bundes- und Landesverbände die Kosten teilen (Staiger 2006: 5). Das neue System hat direkte Auswirkungen auf die Arbeit der Bundesgeschäftsstelle, da es erstmals eine umfassende Zentralisierung der Partei- und Kommunikationsarbeit ermöglicht: „Es lassen sich andere Instrumente von Mitgliederwerbung und Mitgliederbetreuung (…) ausprobieren", es können „ganz gezielt Mitglieder anders betreut werden (…), kontinuierlicher die Neumitgliederpflege betrieben werden [… und] andere Kommunikationsformen (…) mit den Mitgliedern" (Grüne 1) zum Einsatz kommen. Mit dieser für die Grünen neuen, lokal gepflegten und zentral nutzbaren Datenbank werden große Hoffnungen verbunden: „Es ist ein ungeheurer organisatorischer Entwicklungsschritt für die Partei, dass wir jetzt das erste Mal in einem Wahlkampf alle Mitglieder per E-Mail schnell mit Informationen versorgen können." (Lemke 2008b: 23) Besonders erstaunlich und ein klares Zeichen einer organisationskulturellen Anpassung auf der Funktionärsebene an die anderen Parteien ist der selbst für die Parteizentrale überraschend einfache Entscheidungsprozess, an dessen Ende die Festschreibung dieser weit reichenden Zugriffsrechte steht:

> „Wir haben einfach ganz dreist in der Projektgruppe – Landesverbände, Bundesverband, wo wir das Pflichtenheft erstellt haben – einfach gesagt, das ist eigentlich eine Selbstverständlichkeit, dass der Bundesverband alle seine Mitglieder sehen darf. Und die haben gesagt: Ja. (…) Und wir sind nachher raus gegangen (…) und guckten uns an: „Hättest du das gedacht?" – „Nee!". Das haben wir dann sofort schriftlich fixiert, so, ist hier gesagt worden, steht so im Protokoll, der Bundesverband darf auf alle Mitglieder zugreifen (…) Sensationell, nicht?" (Grüne 2)

Damit ist bei den Grünen eine späte, durch die Regierungsübernahme 1998 forcierte organisationale und hier bereits erkennbar auch kulturelle Normalisierung[147] zu konstatieren. Die Grünen sind „von der Bewegungs- zur Normalpartei" (Tiefenbach 1997) geworden, ein Prozess, der sich nach 1998 noch verstärkt hat. Die Parteizentrale nahm dabei schon früh eine Sonderrolle ein: Einerseits durch die dezentrale Parteistruktur geschwächt avancierte sie andererseits durch den Verzicht auf Rotations- und ähnliche Prinzipien zum stabilen, wenngleich im Sinne einer Top-down-Steuerungsoption wenig mächtigen Kern der Parteiorganisation. Durch jünge-

---

[147] Dies gilt auch für die schon zuvor, aber recht spät erfolgte Gründung von Vereinigungen als eine Form der parteipolitischen Normalisierung (Niclauß 2002: 182).

re Reformmaßnahmen ist eine Zentralisierung, Professionalisierung und damit Stärkung des Parteiapparates erkennbar.[148]

Die Ausgabenstruktur der Partei hat sich dabei in den 1990er-Jahren mehrfach geändert, die Parteizentrale ist jedoch weiterhin stark auf Transferzahlungen angewiesen. Deutlich erkennbar ist, dass die Ausgabenstruktur in enger Verbindung mit den Veränderungen der Einnahmeseite steht (Cordes 2002: 187) und die Bundesparteizentrale ähnlich der FDP stets mit einer geringen Finanz- und Personalausstattung agieren muss. So arbeiten nach dem Berlinumzug (1999) gegenwärtig etwa 45 Mitarbeiter in der Bundesgeschäftsstelle (2012: 51 Mitarbeiter). Mit Blick auf die Ausgabenstruktur der Bundespartei fällt jedoch auf, dass die Bundespartei mit 35 Prozent ihres Gesamtbudgets (Bundespartei, 2003-2010, vgl. Tabelle 18; Personalausgaben Bundespartei 2010: 2,3 Mio. € gem. § 21 Abs. 5 PartG) einen den anderen Parteien durchaus vergleichbaren Anteil für Personalkosten aufwendet – und dass sich der Anteil auf der Bundesparteiebene nunmehr normalisiert hat (1994-2010: unter 22 Prozent).

Im Gegensatz zu den anderen Parteien verfügt die Bundesgeschäftsstelle der Grünen jedoch (zumindest phasenweise) über kein offizielles Organigramm: Dadurch würden Kompetenzen verteilt und eine damit verbundene Festlegung habe zudem „eine gewisse politische Brisanz" (Grüne 2), die es zu vermeiden gelte. Gleichwohl werden in einer internen Übersicht zahlreiche Arbeitsbereiche benannt (Bündnis 90/Die Grünen Bundesgeschäftsstelle 2009), die sich in fünf Bereiche zusammenfassen lassen (Internes Management (insb. Adressverwaltung, Geschäftsführung, Organisation und Gremien, EDV); Finanzen und Fundraising; Pressearbeit; Öffentlichkeitsarbeit (auch intern, etwa Mitgliederzeitschrift); Frauenreferat).

Unabhängig von den grundsätzlichen, dauerhaften Organisationshindernissen hat der damalige Bundesgeschäftsführer und spätere Parteivorsitzende Reinhard Bütikofer 1999 eine Umgestaltung der Parteigeschäftsstelle vorgenommen mit dem Ziel, „eine schnellere, effizientere und in sich abgestimmte PR-Kommunikation sicherzustellen" (Kuhne 2008: 109). Zudem fand eine externe Organisationsentwicklungsberatung statt, die auch als Folge der gescheiterten Zentralisierungs- und Modernisierungsversuche der 1990er-Jahre zu sehen ist. Die Organisationsberatung wurde dabei von Mitarbeitern einer Beratungsfirma geleistet, die den Grünen nahe stehen und somit trotz knapper Finanzen eine organisationsexterne, „professionelle" Studie und Beratungskonzeption ermöglichten. Dabei arbeitet die beratende Agentur ansonsten „nicht für Parteien" und will „auf keinen Fall (…), dass ihr Name da genannt wird" (Grüne 2).[149] In der Abschlusspräsentation, in der die Bundesgeschäftsstelle im „Spannungsfeld von Verwaltung und Gestaltung" (Bündnis 90/Die Grünen 2004) gesehen wird, wurden zahlreiche Defizite des Parteiapparates und der Parteistrukturen aufgezeigt. Bemerkenswert ist dabei, dass nicht nur parteiinterne und parteinahe Akteure befragt und Strukturen untersucht wurden, sondern explizit ein Struktur- und Leistungsvergleich („Benchmarking") mit den anderen Parteigeschäftsstellen stattfand und dort gefundene Lösungen hinsichtlich ihrer Übertragbarkeit geprüft wurden (Bündnis 90/Die Grünen 2004: 2-14). Einige der benannten Defizite, etwa das Fehlen einer zentralen Mitgliederverwaltung und eines professionellen Fundraising, wurden zwischenzeitlich von der Bundespartei behoben. Eine grundlegende Empfehlung der organisa-

---

[148] Neben der ausgeführten zentralen Mitgliederverwaltung sind bspw. das „Orga-Handbuch des Bundesverbands" (Bündnis 90/Die Grünen 2001) für Orts-, Kreis- und Landesverbände sowie umfassende Materialien zur Einführung und Einhaltung des neu eingeführten Logos und der Corporate Identity zu nennen (Bündnis 90/Die Grünen o.J.).
[149] Zum Prinzip der Vertraulichkeit in der Beratungspraxis und der legitimatorischen Bedeutung externer Beratung siehe beispielsweise Leif (2006: 46-48).

tionsexternen Berater war neben der Implementierung neuer Funktionen[150] ein „Zentralisieren und Vernetzen als Gestaltungselemente der neuen Organisation" (Bündnis 90/Die Grünen 2004: 26). Neben einer im Vergleich zu den anderen Parteien nachholenden Professionalisierung der Geschäftsstelle zielt die Reorganisation damit auf eine von der Bundesparteigeschäftsstelle zu leistende Unterstützung der Landesorganisationen ab, wobei nahe liegender Weise vor allem schwache Landesverbände hier erfasst werden sollen. Zudem soll die „Effektivität der Bundesgeschäftsstelle mit neuen Funktionen (Positionierung, Kommunikation, Kampagnenfähigkeit, Dienstleistung)" (Bündnis 90/Die Grünen 2004: 46) und die politische Gestaltungsfähigkeit der Bundesgeschäftsstelle erhöht werden. Ein weiteres Element der Organisationsentwicklung ist eine auf Initiative der Mitarbeiter geführte Debatte um das organisationale Selbstverständnis der Parteizentrale, die zu einem Beschluss über das der Geschäftsstellenarbeit zu Grunde liegende Selbstverständnis und Organisationsleitbild führte (Grüne 2; Grüne 3).

Die Hauptaufgaben der Bundesgeschäftsstelle liegen nunmehr in den Bereichen der externen und internen Kommunikation, der Kampagnen- und Wahlkampfarbeit sowie in der Unterstützung der gewählten Parteiführung. Zudem sind administrative Aufgaben zu erfüllen (Finanz- und Organisationsmanagement). Wie bei der FDP sind inhaltliche Arbeitseinheiten zur Policy-Formulierung nicht explizit vorhanden, sondern laufen soweit kapazitätsbedingt möglich über die Büros der Vorstandsmitglieder mit.

6.2.6 Die Linke

Die Linke blickt trotz ihrer vergleichsweise kurzen Existenz auf eine wechselhafte, krisenhafte Geschichte zurück, was auch die Parteizentrale nicht unberührt lässt (zur Entwicklung der PDS, Linkspartei.PDS und Linken u.a. Moreau (1996; 1998); Neugebauer/Stöss (1996); Neu (2000a, b, 2004, 2007b); Hough (2001); Meuche-Mäker (2005); Spier et al. (2007); zu den frühen Reformen Segall (2000) und Bartsch (2001)). Ihre Vorgängerorganisation PDS[151] hatte sich schon in den 1990er-Jahren in Ostdeutschland als eine der drei großen Parteien etabliert. Dadurch kann sie zunächst als ostdeutsche Regionalpartei mit sozialistischer Ausrichtung verstanden werden, die sich jedoch schon früh um eine gesamtdeutsche Präsenz bemühte (Koß 2007: 118). Doch obgleich die PDS seit 1990 alle westdeutschen Bundesländer durch Landesverbände formal erschlossen hatte, war sie dort organisational mit wenigen Ausnahmen faktisch nicht existent (Meuche-Mäker 2005: 29). Damit kann dieser erste Versuch der Westausdehnung als gescheitert gelten: Verfügte die PDS 2005 im ostdeutschen Gebiet über gut 55.000 Mitglieder, so waren es im Westen nur etwas über 6.000 (Neu 2007b: 326-327). Noch im Jahr 2005 konstatierte Gregor Gysi für die PDS, dass sie „immer noch nicht im Westen angekommen" sei und dort bis auf Weiteres „keine ausreichende Bedeutung haben" werde (zitiert nach Meuche-Mäker 2005: 8). Zu dieser faktischen Beschränkung auf das ostdeutsche Bundesgebiet kam in der PDS noch eine starke inhaltliche Heterogenität hinzu, so dass die Aufgabe der Par-

---

[150] Es werden sieben neue Funktionen bzw. Aufgabenbündel benannt und weiter ausdifferenziert: Wissensmanagement, Aktionen und Kampagnen, Wahlkampf, Key Account schwache LVs, IT Projekt Manager, Buchhaltung (für schwache LVs), Fundraising und Relationships (Bündnis 90/Die Grünen 2004: 44).
[151] Die PDS stellt wiederum die Nachfolgeorganisation der SED dar, ist allerdings nur bedingt als Nachfolgepartei zu bezeichnen, „hat sie doch mit zentralen Dogmen der diktatorischen Staatspartei gebrochen" (Neu 2007b: 315).

teiführung als „Quadratur des Kreises" (Micus 2005) bezeichnet wurde. Nicht zuletzt als Folge dieser organisationalen Schwächen scheiterte die Partei bei der Bundestagswahl 2002 an der 5-Prozent-Hürde, woraufhin sie mit nur zwei direkt gewählten Abgeordneten im Deutschen Bundestag vertreten war. Die Zukunft der PDS nicht nur als gesamtdeutsche Partei war bis 2005 daraufhin alles andere als ausgemacht.

Durch den organisationalen Aufschwung der WASG und die vorgezogene Bundestagswahl 2005 ergab sich jedoch völlig unerwartet ein organisationaler Neuanfang mit weitreichenden Folgen für das bundesdeutsche Parteiensystem. Quasi „über Nacht" (Linke 4) ergab sich die Chance, eine gesamtdeutsche Partei zu werden, und die Führung der PDS „traf sehr früh die strategische Grundentscheidung, nicht auf Konfrontationskurs zur Mitte Januar 2005 als Partei konstituierten WASG zu gehen" (Niedermayer 2010). Die Fusion, letztlich eine von Lothar Bisky unterstützte Entscheidung der damaligen Fraktionsvorsitzenden Gregor Gysi und Oskar Lafontaine (Linke 2), war unter diesen Bedingungen faktisch „alternativlos" (Linke 1). So wurde die sich plötzlich erneut ergebende Möglichkeit einer organisationalen und elektoralen Westausdehnung der Partei zunächst erfolgreich genutzt (zum Fusionsprozess etwa Bartsch/Wissenschaftliche Dienste des Deutschen Bundestages 2007; Nachtwey/Spier 2007; Spier et al. 2007). Allerdings verschärften sich nach einer anfänglichen Euphorie die innerparteilichen Probleme. Neben inhaltlichen Differenzen wird die Linke gegenwärtig durch stark ausgeprägte Differenzen und Konflikte zwischen ehemaligen PDS- und WASG-Mitgliedern geprägt (siehe auch Fußnote 113), was nicht zuletzt bei Personal- und Strukturentscheidungen grundlegende Folgen hat (Teevs 2009; dies zeigen auch die jüngsten Probleme der Partei bei den westdeutschen Landtagswahlen 2011-2012 und der Findung innerparteilichen Führungspersonals). Nun soll und kann an dieser Stelle die Entwicklung der Linken nicht vollumfänglich nachgezeichnet werden. Entscheidend ist, dass die Linke und ihre Vorgängerorganisationen einer ausgeprägten organisationalen Unsicherheit und einem ebenfalls nicht minder fundamentalen organisationalen Wandel unterworfen waren. Diese gesamtparteiliche Unsicherheit und Wandlungsnotwendigkeit bleibt für die Parteizentrale nicht ohne Folgen. Im Zuge des ersten Umbruchs 1990 implodierten die funktionsfähigen Arbeits- und Organisationsstrukturen der PDS innerhalb weniger Monate, sie „schrumpfte binnen eines Jahres auf ca. 8 Prozent ihrer ursprünglichen Größe" (Neu 2007b: 315). Auch in Folge eines rapiden Mitgliederverlusts kämpfte die Partei ums politische und organisationale Überleben, von 2,3 Millionen SED-Mitgliedern waren ein Jahr nach der Umwandlung in die PDS noch 173.000 vorhanden. Ende 2008 verfügt die Linke noch (nach zwischenzeitlich stärkeren Verlusten eigentlich: wieder) über rund 76.000 Mitglieder (ab 2009 sinkt der Mitgliederstand wieder).

Dadurch waren die ersten Jahre von einem massiven Personalabbau im Parteiapparat gekennzeichnet. Während im „Apparat der ehemaligen SED (…) rund 44.000 politische und technische Mitarbeiter beschäftigt" (Neugebauer/Stöss 1996: 119) und diese von der PDS anfänglich weiterhin genutzt wurden, waren Anfang Oktober 1991 nur noch 1200 hauptamtliche Mitarbeiter beschäftigt. Nach einem zwischenzeitlichen Tiefpunkt im Januar 1993 mit unter 150 Mitarbeitern bundesweit waren 1994 wieder 156 hauptamtliche Mitarbeiter bundesweit für die Partei tätig, davon 43 für den Bundesvorstand und die Bundesgeschäftsstelle (Neugebauer/Stöss 1996: 119-120). Ein derart drastischer Um- und Rückbau des hauptamtlichen Parteiapparats ist in der deutschen Parteiengeschichte einmalig. Umso erstaunlicher ist die Tatsache, dass sich die PDS nach 1990 strukturell festigen konnte und mit dem elektoralen

"Comeback" 1994 (Neu 2007b: 316) und 2005 auch der Parteiapparat stabilisiert werden konnte. Seitdem konnte der Personalbestand in der Bundesgeschäftsstelle ausgebaut werden, zum Erhebungszeitpunkt waren dort 68 Personen beschäftigt (2012: 79 Mitarbeiter). Mit einem Anteil von gut 27 Prozent des Gesamtbudgets sind dabei die Personalausgaben der Bundespartei noch vergleichsweise moderat (2003-2010, vgl. Tabelle 18)

Gegenwärtig untergliedert sich die Parteizentrale in sechs Abteilungen (Strategie und Politik; Parteientwicklung; Öffentlichkeitsarbeit und Wahlen; Internationale Politik; Organisation/Dienstleistungen; Parteifinanzen), ergänzt um die Büros der gewählten Parteileitung sowie das „Team Parteiaufbau West". Letzteres zeigt exemplarisch, dass die Bundespartei mit von der Zentrale finanzierten Mitarbeitern durchaus direkt den Parteiaufbau der unteren Ebenen unterstützt, unter anderem durch die Entsendung von Mitarbeitern in die Gliederungen vor Ort (Linke 1). Hierin zeigt sich ebenso wie in der zentralen Unterstützung bei Landtagswahlkämpfen und den klaren Vorgaben hinsichtlich der Corporate Identity der Steuerungswunsch, der von der Parteizentrale in die Partei hinein ausgeübt wird (Linke 1; Linke 4). Damit kommen zu den traditionellen Aufgaben der Parteizentrale, der internen Organisation und Kommunikation, auch die Beratung und partielle Steuerung unterer Parteiebenen. Ergänzt wird dieses Portfolio durch den Bereich Strategie und Politik, der additiv zu der auch bei der Linken in die Fraktion ausgelagerten Policy-Gestaltung die inhaltlich-strategische Ausrichtung der Partei entwickeln soll. Der Parteizentrale obliegt abschließend auch die Wahlkampfplanung und -durchführung. Nur 2002 war die Wahlkampfzentrale aus der Parteizentrale ausgelagert worden, ein Modell, das bereits 2005 nicht mehr zur Anwendung kam (Kuhne 2008: 113), wobei auch die Linke nicht auf externe Beratung verzichtet.

6.2.7 Organisationale Angleichung mit Unterschieden im Detail

Nach diesen historisch-parteigeschichtlich fokussierten Betrachtungen sind nun wichtige Wesensmerkmale der Parteizentralen vergleichend zu betrachten. Die augenfälligsten Unterschiede zwischen den Parteigeschäftsstellen der obersten Ebene zeigen sich zunächst in der absoluten Mitarbeiterausstattung. In den wahlkampffreien Zeiten stehen dabei auf Bundesebene je nach Partei rund 25 bis 200 dauerhaft Beschäftigte zur Verfügung (die genaue Zahl der „Köpfe" variiert stets leicht; weitergehende Angaben (etwa Vollzeitäquivalente) sind nicht verfügbar). Entgegen dem ersten Eindruck haben dabei insbesondere Grüne und Linke in Relation zur Mitgliederstärke eine auf Bundesebene überproportional hohe Mitarbeiterrelation (Tabelle 19), hier kommen auf rund 1000/1100 Mitglieder ein Mitarbeiter in der Bundesgeschäftsstelle (Referenzjahr 2008). Die Großparteien sind dagegen hinsichtlich der zu leistenden Aufgaben durch die absolute Größe der Parteiapparate im Vorteil, die Relation Mitarbeiter – Mitglieder fällt naturgemäß ungünstiger aus. Die FDP wirkt dagegen durch die zahlreichen Ausgliederungen personell schwächer ausgestattet als sie faktisch ist. Spannend ist im Vergleich mit aktuellsten Daten die Verschiebung in dieser Relation. Durch den starken Mitgliederrückgang (und teilweise einen leichten Mitarbeiterzuwachs auf Bundesebene) verfügen die Parteien im Vergleich zur Mitarbeiterstärke anteilig nunmehr über mehr Mitarbeiter, das heißt, deren Bedeutung hat zugenommen. Die einzige Ausnahme bilden die Grünen, bei denen der starke Mitgliederzuwachs der vergangenen Jahre nicht in gleicher Relation mit einem Aufwuchs in der

Bundesgeschäftsstelle einherging, weshalb sich hier das Verhältnis zuungunsten der Mitarbeiter verschoben hat. Zu betonen ist, dass in dieser Berechnung ausschließlich die oberste Parteigeschäftsstellenebene berücksichtigt ist. Würde man insbesondere die Landesebene hier ergänzen, so würde die Bedeutung der berufsprofessionellen Mitarbeiter für die alltägliche Parteiorganisationsarbeit noch deutlicher zutage treten.

Tabelle 19: Mitarbeiter-Mitglieder-Relation (oberste Parteigeschäftsstellen)

	CDU	CSU	SPD	FDP	Grüne	Linke
Mitarbeiter : Mitglieder (2008)	1 : 4.400	1 : 2.300	1 : 2.900	1 : 2.500	1 : 1.000	1 : 1.100
Mitarbeiter : Mitglieder (2011)	1 : 3.900	1 : 2.100	1 : 2.450	1 : 1.800	1 : 1.300	1 : 900

Eigene Berechnung; gerundet.

In den weiteren organisationsstrukturellen Aspekten zeigen sich dagegen mehr Gemeinsamkeiten als Unterschiede, insbesondere hinsichtlich der funktional-strukturellen Ausrichtung der Geschäftsstellen (Tabelle 20). Allerdings bestehen vereinzelte, parteispezifisch erklärbare Besonderheiten. Entsprechend den theoretischen Überlegungen verbleibt den Parteiorganisationen damit ein deutlicher, bewusst genutzter organisationaler Handlungsfreiraum. Innerhalb dieses Korridors sind an organisationalen Besonderheiten insbesondere die Auslagerung der Administrationsarbeiten bei der FDP und die höhere Gewichtung inhaltlicher und strategischer Aspekte bei der SPD und der Linken mit einem entsprechend umfangreicheren personellen Unterbau zu nennen. In der Bedeutungszumessung ist jedoch zu berücksichtigen, dass selbst diese personelle Mehrausstattung im Vergleich zur Mitarbeiterausstattung der Fraktionen zu vernachlässigen ist, so dass in allen Parteien von einer weitgehenden Externalisierung der tagespolitischen Policy-Entwicklung auszugehen ist. Somit verbleibt als Besonderheit die Administrationsauslagerung bei der FDP, während die anderen Parteien im Wesentlichen nur bei der EDV-Entwicklung und -Nutzung sowie in der Kampagnen- und Wahlkampfführung auf externe Kräfte setzen. Zudem ist auffällig (und der Parteitradition geschuldet), dass sich nur SPD und Linke jeweils eine eigene Abteilung für Internationale Politik leisten.

Tabelle 20: Abteilungen/Arbeitsbereiche in den obersten Geschäftsstellen

CDU	CSU	SPD	FDP	Grüne	Linke
· Internes Management	· Politik/ Parteiarbeit	· Parteileben	· Organisation/ Finanzen	· Internes Management	· Organisation/ Dienstleistungen
· Eventmanagement/Logistik	· Außenorganisation/Mitgliedermanagement	· Finanzen	· Presse/Öffentlichkeitsarbeit	· Finanzen/ Fundraising	· Parteientwicklung
· Marketing/ Interne Kommunikation	· Finanzen/ Dienstleistungen	· Kampagnen/ Kommunikation	· Strategie/ Kampagnen	· Öffentlichkeitsarbeit	· Parteifinanzen
· Strategische Planung	· Öffentlichkeitsarbeit	· Politik/Analysen		· Pressearbeit	· Öffentlichkeitsarbeit/Wahlen
· Politische Programme/ Analysen	· Presse-/ Medienarbeit	· Internationale Politik		· Frauenreferat	· Strategie/Politik
					· Internationale Politik

Eigene Zusammenstellung; Nicht dargestellt: Büros der Parteivorsitzenden/des Vorstands; Quelle: Angaben der Parteigeschäftsstellen.

Bei allen Parteigeschäftsstellen ist die zentrale Bedeutung der inner- und außerparteilichen Kommunikationsarbeit sehr gut zu erkennen. Dies ist nicht zuletzt eine Folge der Medialisierung (dazu etwa Tenscher 2002, 2003; Kamps 2007; Negrine 2007; Donges 2008), die nicht nur als funktional-faktische Entwicklung wirkt, sondern vor allem wie theoretisch angenommen institutionelle Handlungserwartungen generiert:

> „Viele politische Akteure sind inzwischen der Auffassung, in höherem Maße als in der Vergangenheit auf Ressourcen und Expertise zur Beeinflussung der öffentlichen Agenda und der Medienagenda zurückgreifen zu müssen. Zu diesem Zweck bedienen sie sich seit einigen Jahren zunehmend der Dienste von PR- und Medienberatern, Pressesprechern, Marketing-Spezialisten, Meinungsforschern und anderen Politikvermittlungsexperten." (Jun 2009a)

Kommunikation wird folglich als eigene, bisweilen sogar als originäre Organisationsaufgabe verstanden und entsprechend organisational umgesetzt, so dass in diesem Sinne bei allen Parteien von einer professionellen Organisation gesprochen werden kann (Jun 2009a). Deutlich wird, dass gerade der Wunsch nach Steuerung der Kommunikation organisationale Folgen hat. In allen Parteigeschäftsstellen liegt ein Fokus auf einer professionalisierten Kommunikationsabteilung, wobei auf die wahrgenommene Bedeutung und Notwendigkeit dieser (Neu-) Ausrichtung noch eingegangen wird. Bereits bekannt ist die Intensivierung der Politik- und Kommunikationsberatung (u.a. Jun 2002a; Michalski/Wolf 2005), mit der diese innerparteilichen Entwicklungen zusammenhängen. Im Ansatz erkennbar ist der damit einhergehende Wunsch einer zentralen Top-down-Kommunikation. Nach der Einrichtung und zunehmenden Verfügbarkeit zentral nutzbarer Mitglieder-, Unterstützer- und Interessentendatenbanken erfolgt dies nun unter anderem durch eine Intensivierung der überwiegend zentralisierten Online-Kommunikation, die dabei ganz im Sinne postmoderner Wahlkämpfe (Norris 1997; Geisler/Sarcinelli 2002) auf zentral initiierte und dezentral umgesetzte Kampagnen und Aktionen abzielt (und dies auch in Nichtwahlkampfzeiten, so insbesondere Grüne 1; Grüne 2; Linke 1; Linke 2). Dabei setzen alle Parteien auf derartige Instrumente, allein die Linke befindet sich hier noch in einem Stadium der nachholenden Angleichung. Ein sicheres Indiz für den institutionellen Druck, solche Systeme zu entwickeln und einzusetzen, zeigt exemplarisch die angesichts der Partei- und Organisationskultur überraschend problemfreie Durchsetzung von Sherpa bei den Grünen. Aber auch die flächendeckende Einführung von Mitgliedernetzwerken, deren tatsächlicher Nutzen und Mehrwert selbst von progressiven Praktikern kritisch bewertet wird (Michel 2009), zeigt dies.[152] Es ist in diesem Bereich eine neue organisationale Reformmode („Web-2.0-Hype") zu vermuten. Schon deshalb ist später zu prüfen, wie diese neueren Kommunikationsinstrumente in den Geschäftsstellen bewertet werden (siehe Abschnitt 7.3).

---

[152] Diese haben zwischenzeitlich einen erneuten Bedeutungswandel durchlaufen. Geschlossene, parteieigene soziale Netzwerke werden kaum von der breiten Mitgliedschaft genutzt, vor allem parteifremde Anbieter prägen das innerparteilich-digitale Kommunikationsfeld. Für die SPD wurde jüngst gezeigt, dass diese nunmehr auf eine instrumentelle „Troika" in ihrer Onlinekommunikation setzt: Facebook für die Binnenkommunikation, Twitter als thematischer Seismograph sowie „spd.de" als Knotenpunkt und Aggregator sozialdemokratischer Inhalte im Netz (Roth/Reichard 2012).

6.3 Das Selbstverständnis der Bundesgeschäftsstellen

Von Bedeutung ist nun die Frage, wie es sich neben diesen organisationalen Aspekten mit dem damit verbundenen Selbstverständnis der Parteiapparate verhält. Deren Selbstverständnis soll nun aus verschiedenen Blickwinkeln heraus rekonstruiert werden. Dazu wird zunächst das „kollektive Selbstverständnis" herausgearbeitet, worunter das Selbstverständnis hinsichtlich des Parteiapparates in seiner Gesamtheit zu verstehen ist. Dieses hängt, so ist anzunehmen, eng mit den Aufgaben zusammen, die den Geschäftsstellen zugeschrieben werden bzw. ihnen qua Parteiauftrag obliegen. Als Datengrundlage dienen die geführten Interviews und von den Parteigeschäftsstellen bereitgestellte Dokumente. Anschließend wird diese Perspektive um das „individuelle Selbstverständnis" der Mitarbeiter des Parteiapparates ergänzt, wobei individuelle Merkmale und Einschätzungen der Mitarbeiter hinsichtlich ihrer eigenen Arbeit und Arbeitsmotivation im Mittelpunkt stehen (Abschnitt 6.4). Als Datengrundlage dient die durchgeführte Befragung der Parteimitarbeiter. Zudem gilt es, eine umfassendere explorative Analyse des Mitarbeiterstabs der Parteien zu erarbeiten. In den Analysen zeigt sich, dass sich die Parteizentralen hinsichtlich ihres Selbstverständnisses sehr ähnlich sind, was angesichts der sehr unterschiedlichen Entstehungshintergründe und Entwicklungsverläufe bemerkenswert ist und die organisationstheoretischen Annahmen dieser Studie stützt. Teilweise kommen sogar im Wortlaut identische Bilder und Begriffe zur Anwendung, was sehr deutlich für Isomorphie und eine organisationskulturelle Angleichung spricht. Aus diesem Grund kann auf eine sequenzielle, parteispezifische Darstellung der jeweils vorfindbaren Selbstverständnisse verzichtet werden. Vielmehr erfolgt eine vergleichende Darstellung, die diesen Befund einer hohen Kongruenz hervorhebt. Untersucht man das kollektive Selbstverständnis genauer, so werden zwei Aspekte der Selbstwahrnehmung bzw. des organisationalen Anspruchs der Parteizentralen an sich selbst sichtbar: Sie wollen zum einen als Dienstleister für die Parteiorganisation und die Öffentlichkeit bereitstehen (Abschnitt 6.3.1) und zum anderen Politikzentralen mit Steuerungsanspruch sein, die vor allem in den Bereichen Kommunikation und Kampagnen in die Partei hineinwirken sowie das öffentliche Erscheinungsbild der Partei beeinflussen (Abschnitt 6.3.2).

6.3.1 Selbstverständnis I: Professioneller Dienstleister

Alle untersuchten Parteizentralen verstehen sich als Dienstleister ihrer Partei. Sie wollen jedoch nicht nur für die Bundesparteiführung als direkter, gewählter Organisationsspitze, sondern für die gesamte Parteiorganisation Unterstützung bereitstellen. Dies wird in der zuvor untersuchten Geschäftsstellenstruktur, in öffentlich zugänglichen Parteibeschlüssen und in den teilweise verabschiedeten Selbstdarstellungen der Parteizentralen betont. Darüber hinaus kommt dieser Anspruch in den geführten Interviews klar zum Ausdruck. Letzteres spricht dafür, dass das Organisationsselbstverständnis nicht nur auf der Dokumentenebene postuliert, sondern zumindest von den Organisationsspitzen auch vertreten und damit organisationskulturell wirksam wird. So sieht sich die FDP-Parteizentrale in ihrer Selbstbeschreibung als „Dienstleistungs- und Kampagnenzentrum" (FDP 2009), was ein Interviewpartner ebenfalls betont: „Wir sind ja hier eine Dienstleistungseinheit, als solche verstehen wir uns auch. (…) Das heißt, wir arbeiten allen Gremien der Partei zu." (FDP 1) Der Organisations- und Serviceaspekt findet sich in ähnlicher Weise bei der Linken: „Kernfrage ist wirklich die Organisation der Gesamtpartei" (Linke 3), und auch der SPD-Zentrale geht es darum, dass sie die Mitglieder „da von einigen Dingen entlastet" (SPD 2), wobei ergänzend das Bild des Maschinenraums für die Parteizentrale verwendet wird (SPD 3). Ganz ähnlich die Parteizentralen von Grünen und CDU: In dem von allen Mitarbeitern formulierten Selbstverständnis der Bundesgeschäftsstelle wird der Anspruch erhoben, „Dienstleistungszentrale" (Bundesgeschäftsstelle Bündnis 90/Die Grünen 2006; Grüne 2) der Partei zu sein, und die CDU sieht ihre Bundesgeschäftsstelle laut Parteibeschlusslage als „Dienstleistungszentrum für alle Ebenen der Partei" (CDU 2003: 25). Die Parteizentrale soll dabei die „Administration der Bundespartei" wahrnehmen (CDU 2003: 25) und „im Rahmen ihrer Möglichkeiten die Arbeit in den Landes- und Kreisgeschäftsstellen in vielfältiger Weise" (CDU 2003: 25) unterstützen. Dadurch sind die „Frauen und Männer, die hauptamtlich in der CDU tätig sind, (…) unerlässliche Organisatoren, kommunikative Schnittstellen und kontinuitätssichernde Erfahrungsträger unserer Partei" (CDU 2003: 22).

Insbesondere der letztgenannte Punkt verweist auf die bereits organisationstheoretisch ausgeführte, sich hier nun bestätigende zentrale Bedeutung des hauptamtlichen Parteiapparates: Dieser dient insbesondere der Organisationsverstetigung und der Reduktion von Unsicherheit, die sich aus dem Wesensmerkmal „Freiwilligenorganisation" ergibt. Den Mitarbeitern kommt die zentrale Rolle im Aufbau und Erhalt von Organisationswissen zu. Dies macht sich auch bei der Parteizentrale der Grünen deutlich bemerkbar. Ähnlich wird bei der FDP argumentiert und die Akkumulation von Know-how und Organisationswissen betont, auch wenn die FDP mit der Auslagerung von Mitarbeitern in den „Liberalen Parteiservice" (LiPS, seit 1999, siehe auch Carstens 2010) aus finanz- und organisationstechnischen Gründen einen Sonderweg beschreitet:

> Der LiPS „wickelt (…) in Millionenhöhe die gesamten Organisationsdienstleistungen in der Partei ab und die Finanzdienstleistungen und die Rechenschaftslegung und so weiter (…) Und um das Instrument beneiden uns die anderen Parteien inzwischen ein bisschen, weil wir darüber letztlich auch bis hin zur Wahlkampforganisation auch Land auf, Land ab Kompetenz entwickeln. Wir haben eine mobile Eingreiftruppe, die nicht für Afghanistan ist, aber für Hamburg, wenn da (…) Landtagswahlen sind, das sind Leute, die machen hintereinander weg Landtagswahlen, die haben natürlich eine unglaublich hohe Kompetenz entwickelt." (FDP 2)

Entscheidend ist jedoch weniger die konkrete formalrechtliche Organisationsausgestaltung als vielmehr die zentrale Verfügbarkeit von Informationen und die Akkumulation von Expertise, die in allen Parteizentralen zunehmend gegeben ist. Die innerparteiliche Wirkung des FDP-Sonderwegs „Auslagerung" ist somit hinsichtlich der Wirkung mit den anderen Parteien vergleichbar – auch der LiPS befördert „einen Trend zum Zentralismus in der FDP" (Dittberner 2005: 220), der auf dem Selbstverständnis eines professionellen Parteiapparates als Dienstleister beruht. Aus diesem Selbstverständnis heraus entwickelt sich ganz offensichtlich ein quasi wissensbasierter Organisationsführungsanspruch seitens der Parteiapparate.

Dass mit dieser Serviceorientierung und der in den Parteien wahrgenommenen zunehmenden Bedeutung der Bundesebene neue Herausforderungen einhergehen, die eine zielgerichtete Organisations- und Mitarbeiterentwicklung erforderlich machen, wird vielfach betont. Das damit zusammenhängende Professionalisierungsverständnis sowie dessen Bedeutung hinsichtlich der Auswahl und Weiterbildung von Mitarbeitern werden noch genauer untersucht. An dieser Stelle ist die in Folge gestiegener Ansprüche und neuer Erfordernisse stattfindende behutsame organisationale Modernisierung der Parteizentralen von Bedeutung. Dies verdeutlicht exemplarisch eine Aussage zur SPD (wobei 2009 eine weitere, vor allem führungswechselbedingte Reorganisation der Parteizentrale stattgefunden hat):

> „Wir haben in den letzten zwei Jahren ziemlich viele Strukturen verändert, die Abteilungen neu zugeschnitten, haben eine Abteilung Kommunikation und Planung, die, glaube ich, einen modernen Zuschnitt hat, die modern arbeiten kann, könnte, die Abteilung Organisation neu zugeschnitten. Aber es ist auch keine Revolution für das Haus. Wir haben noch einmal Verwaltungsmodernisierungsinstrumente wie Mitarbeitergespräche und ähnliches eingeführt im Willy-Brandt-Haus, was es vorher nicht gab." (SPD 2)

Bemerkenswert ist der bereits durchscheinende Verweis auf die (angenommene) organisationale Überlegenheit moderner Unternehmen, die es in Teilen zu kopieren gelte. Besonders früh finden sich derartige Überlegungen in der FDP (Beerfeltz 2007), wobei auffällt, dass in diesen frühen Argumentationen stets auf die grundsätzlichen Unterschiede von Wirtschaftsunternehmen und Parteiorganisation abgestellt wird, insbesondere hinsichtlich der innerorganisationalen Willens- und Entscheidungsfindung. Mittlerweile finden sich derartige Analogien, die weit über begriffliche und legitimatorische Rückgriffe hinausgehen, in allen Parteien. Organisationsinstrumente aus der Wirtschaft gelten als fortschrittlich und Parteien werden als Arbeitgeber berufsprofessioneller Mitarbeiter verstanden: „In ihrer Parteistruktur müssen Parteien auch ein Stück weit wie moderne Unternehmen arbeiten." (SPD 2) So werden nicht nur Mitarbeitergespräche eingeführt, sondern auch beispielsweise Assessmentverfahren zur Auswahl von Leitungspositionen (bspw. auf Abteilungsleiterebene) durchgeführt – ein bei Parteien bislang unübliches Instrument der Personalrekrutierung (SPD 2). Ein expliziter Verweis auf unternehmerische Aspekte findet sich nicht nur bei der SPD, auch die FDP bekennt offen, vielfach Ideen aus der Wirtschaft zu adaptieren (FDP 2). Das CRM-System der CDU findet seinen Ursprung ebenfalls im ökonomischen Kontext, der Fusionsprozess von WASG und PDS zur Linken wurde von den Verantwortlichen als Unternehmensfusion verstanden und dementsprechend organisiert (Linke 1), die Grünen bedienten sich einer Unternehmensberatung, die sonst gerade nicht für Parteien arbeitet, um ihre internen Geschäftsstellenstrukturen zu reorganisieren (Grüne 2). Hier ist die Bezugswelt der Parteien ganz offensichtlich nicht nur auf die Mitbewerber fokussiert, wobei durchaus gegenseitig beobachtet wird, woher Innovationen der jeweils anderen entlehnt sind und welche Ideen möglicherweise erfolgreich sind.

In der Summe spiegelt das hier rekonstruierte Selbstverständnis die zentralen Aufgaben der Parteizentralen wider. Besonders wichtig ist die Aufgabe der Aufrechterhaltung des Parteilebens bzw. schlicht der Organisation der Parteiorganisation. Durch die damit verbundene Bereitstellung von innerparteilicher Infrastruktur, etwa der „Erarbeitung von Leitlinien und Materialien für Kampagnen" (Haas et al. 2008: 15), wird deutlich, dass die bei allen Parteizentralen auffällig oft betonte Rolle eines Dienstleisters nicht in dem Sinne zu interpretieren ist, dass sich die Geschäftsstellen nur als weisungsgebundene Administration verstehen. Die Bundesparteigeschäftsstellen erheben vielmehr den Anspruch, weitaus mehr als eine dienstbare Parteibürokratie zu sein. Für die FDP hat Dittberner herausgestellt:

> „Insgesamt verstehen sich die Geschäftsstellen auf Bundes- und Landesebene als Serviceagenturen und nicht als Parteibürokratien im klassischen Sinne. Sie fördern dabei jedoch (...) eine Zentralisierung der Partei, der sich in der FDP nur Unterorganisationen widersetzen können, die ihrerseits über beträchtliche eigene organisatorische Potenziale verfügen." (Dittberner 2005: 220).

Die Interviews zeigen, dass dieser Befund nicht nur für die FDP zutrifft. In allen Parteizentralen wird ein ausgeprägter Führungs- und Steuerungswille artikuliert. Die Organisationsspitzen sind sich ihres Einflusspotenzials und der Macht des Apparates dabei durchaus bewusst.

6.3.2 Selbstverständnis II: Politikzentrale mit Steuerungsanspruch

Der Anspruch der Parteizentralen, nicht nur ein nachfragegesteuerter Dienstleister, sondern vor allem eine angebotsgenerierende Steuerungsinstanz zu sein, wird in mehrfacher Weise deutlich. So zeigen die geführten Interviews, dass neben formalstrukturellen Steuerungsoptionen insbesondere die Bereiche interne und externe Kommunikation sowie Kampagnen genutzt werden (sollen), um von der Parteizentrale aus direkte Steuerung auszuüben. Die Arbeitsbereiche Kommunikation, Öffentlichkeits- und Kampagnenarbeit sind bei der FDP besonders im Vordergrund (FDP 2), sieht sich doch die Partei gerade in diesem Feld in einer Vorreiterrolle: „Vorreiter wollte sie auch bei der Umstrukturierung ihrer Parteizentrale sein. Priorität Nr. 1: größere Serviceorientierung und bessere Kampagnenfähigkeit" (FDP 2009; zudem Dittberner: 210-211). Dieser Selbstanspruch, als Parteizentrale eine Vorreiterrolle gegenüber den anderen Parteien einzunehmen, ist bemerkenswert. Denn tatsächlich wird in allen Parteizentralen der Anspruch formuliert, hinsichtlich Modernität und Professionalität die Vorreiterrolle einzunehmen. Mit diesem Anspruch werden auch Reformen der Parteigeschäftsstelle begründet, wobei der Hintergrund dieser Reorganisation in einem sich wandelnden Politikverständnis liegt. Legitimatorisch wird zugleich auf (vermeintliche) Organisationsnotwendigkeiten qua Parteienrecht verwiesen (FDP 1, FDP 2). Das Parteienrecht dient gerade für die Vergangenheit als Legitimationsquelle, wobei die Analyse der Interviews aufzeigt, dass das Recht nur dann als Legitimation herangezogen wird, wenn dies den Plänen und Ideen der Parteiorganisatoren dienlich ist. Im Bedarfsfall ist man durchaus gewillt, gesetzliche Vorgaben nicht immer allzu eng zu interpretieren, sondern eher einen pragmatischen Umgang zu pflegen:

„Früher war die Bundesgeschäftsstelle (...) so organisiert, dass man die Verwaltung der Partei nach den Verpflichtungen des Grundgesetzes, Parteiengesetz, Wahlgesetze möglichst gut gemacht hat. Eine große Aufmerksamkeit lag auf den formalen Gremien (...) Das haben wir relativ zurückgedrängt zugunsten, das ist ein zweiter Leitsatz, jede politische Arbeit ist Öffentlichkeitsarbeit" (FDP 2)

Der internen und externen Kommunikation kommt bei allen Parteizentralen eine große Bedeutung zu.[153] Für die Linke ist etwa die Tatsache, „dass man Kommunikation mit der Partei organisieren muss, ein ganz wichtiger Punkt: von der Mitgliederzeitschrift bis hin zum Internet und anderen Faktoren." (Linke 3) Dazu kommt als zentrale Aufgabe der Geschäftsstelle die externe Kommunikation, also „die Organisation von Parteitagen, Großveranstaltungen und ähnlichem, Kampagnenorganisation, und hier und da inhaltliche Akzente setzen" (Linke 3). Ganz ähnlich erhebt die grüne Bundesgeschäftsstelle den Anspruch, „zentraler grüner Kommunikationsort" (Bundesgeschäftsstelle Bündnis 90/Die Grünen 2006) zu sein – bezogen auf parteiinterne Kommunikationsprozesse, aber auch darauf, in der Parteizentrale „den Wahlkampf vorzubereiten [und ...] alle Vorbereitungen technischer, organisatorischer und strategischer Natur zu treffen, das ist die Hauptherausforderung" (Grüne 1).

Der internen und externen Parteikommunikation in Form von Wahlkampf- und Kampagnenarbeit kommt, dies gilt es hier zu betonen, nicht nur hinsichtlich der alltäglichen Arbeit (und den damit einhergehenden Belastungen) in den Parteizentralen eine hohe Relevanz zu. Dieses Arbeitsfeld wirkt sich auch auf das Selbstverständnis und die innerparteiliche Stellung der Parteizentralen aus, da gerade hier Möglichkeiten einer sanften Steuerung entstehen. Dabei

---

[153] Die Interviews wurden in einer wahlkampffreien Zeit geführt. Im Wahlkampf dürfte die Kommunikationssteuerungs-/Kampagnenarbeit noch stärker betont werden (u.a. Focke 2007; Jucknat/Römmele 2008).

sind zwar Wahlkämpfe im Gegensatz zur Alltagsarbeit besser für eine Top-down-Steuerung geeignet – schließlich herrscht im Wahlkampf ein größerer Kampagnen- und Geschlossenheitsdruck – aber die Parteizentralen haben durchaus den Anspruch, auch jenseits der Wahlkämpfe in die Parteiarbeit einzugreifen, auch wenn dies nicht immer einfach ist: „Kampagnen innerhalb der Partei außerhalb von Wahlkämpfen durchzusetzen – wo es ja 'nen gewissen Zwang gibt Kampagnen zu machen – ist immer ein mühsames Geschäft" (Grüne 3). Der Erfolg zentral initiierter Kampagnen und Unterstützungsleistungen bemisst sich dabei, dies wird betont, nicht nur anhand des konkreten (elektoralen) Ergebnisses. Vielmehr wird ein innerparteilicher Mehrwert durch den Erfolg von zentral gesteuerten bzw. angeleiteten Kampagnen und Aktionen selbst gesehen, weil so letztlich die Stellung der Parteizentrale selbstverstärkend ausgebaut werden kann:

> „Allein dass der Bundesverband so etwas macht wie drei Landtagswahlen zu koordinieren (…) hat etwas bewegt, im Verständnis, in der Anerkennung des Bundesvorstands und des Bundesverbandes als ein wichtiges Dienstleistungs- und auch Führungsgremium." (Grüne 3)

Ein starker Fokus auf die Bedeutung von Kampagnen in Verbindung mit dem Führungs- und Steuerungsanspruch der Geschäftsstelle findet sich ganz ähnlich bei den Liberalen (FDP 1), und auch bei der CDU ist der kommunikationsorientierte Dienstleistungsschwerpunkt klar erkennbar: „Die Geschäftsstellen auf allen Ebenen der CDU müssen als moderne Kommunikationszentren und Servicestellen nach innen und außen in Erscheinung treten." (CDU 2003: 23). Dass der Anspruch der Parteizentrale ein sehr umfassenderer ist, wird hier deutlich:

> So „erstellt [die Bundesgeschäftsstelle] die für die inhaltlich-politische Arbeit der CDU notwendigen Texte und Materialien, sie leistet Presse- und PR-Arbeit, sie entwickelt politische Kampagnen und entwirft deren öffentlichkeitswirksame Umsetzung, sie führt die Geschäfte der Gremien der Bundespartei, sie berät nachgeordnete Gliederungen in allen Fragen der politischen Arbeit und sie organisiert politische Veranstaltungen vielfältiger Art." (CDU 2003: 25)

Hier wird deutlich, dass die Parteizentralen nicht nur Kampagnengestalter sein wollen, sondern explizit die inhaltlich-politische Arbeit beeinflussen wollen. Dabei geht es nie um reines, direktes Durchsteuern. Es geht vielmehr darum, „inhaltliche Akzente (zu) setzen" (Linke 3) und die Leitlinien der Parteiarbeit zu prägen. Offen formulieren die Grünen Mitarbeiter diesen umfassenden Anspruch:

> „Die Grüne Bundesgeschäftsstelle dient grüner Politikentwicklung und ist Ort innerparteilicher Strategie- und Willensbildung. Sie führt die Auseinandersetzung mit politischen Gegnern, sucht den Dialog und die Zusammenarbeit mit allen Kräften, die sich unseren Zielen verpflichtet fühlen, und ist offen für Anstöße von außen." (Bundesgeschäftsstelle Bündnis 90/Die Grünen 2006)

Es gibt allerdings durchaus kritische Stimmen ob dieser wachsenden Bedeutung der obersten Parteiebene und der damit verbundenen Zentralisierung. So wird befürchtet, dass in den Parteiapparaten geführte Debatten um organisationale Weiterentwicklungen an der Realität vorbeigehen und sich die Parteizentralen – überspitzt formuliert – zu den Elfenbeintürmen der Parteien entwickeln, wie es dieser Verweis auf eine frühere Reform- und Reorganisationsdebatte zeigt: „Diese Debatten um den virtuellen Landesverband sind aber über die Mauern dieses Hauses und so wie ich's wahrnehme vereinzelte Köpfe in der Partei nicht hinausgekommen." (Grüne 3) Im Umkehrschluss lässt sich hier ein parteiinternes Kommunikationsbedürfnis erkennen, das heißt, die (nicht immer unproblematische) Einbindung des Parteiapparates in die Gesamtpartei wird durchaus thematisiert. Es ist den Mitarbeitern bewusst, dass hier besondere Anstrengungen erforderlich sind. Drastisch formuliert etwa ein SPD-Akteur das Problem einer eingeschränkten Top-down-Steuerungsfähigkeit: „Es funktioniert nicht mit der Knopfdruckpartei" (SPD 3). Das Argument ist dabei die Ressourcenbegrenztheit des hauptamtlichen Apparates, denn, so das Argument weiter, selbst eine Wahlkampagne könne ohne Unterbau nicht mehr funktionieren, wenn die ehrenamtliche Basis „wegbricht, die Leute sagen, macht doch euren Scheiß allein, nicht mehr bereit sind zu marschieren" (SPD 3). Aus diesen Überlegungen resultiert ein bei allen Parteizentralen erkennbares, in gewisser Weise modifiziertes Top-down-Steuerungsverständnis, wobei sich weniger zwischen- als vielmehr innerparteiliche Unterschiede erkennen lassen. Die einen plädieren für eine stärkere Steuerung, die anderen warnen vor einer übertriebenen Steuerung und betonen die Grenzen der Durchgriffsmöglichkeiten. Stellvertretend lässt sich das in allen Parteien erkennbare Wunschbild für die Stellung der Parteizentrale so zusammenfassen:

> „Sie ist im besten Falle Leitzentrale für die Partei. Sie gibt die politische Richtung vor, entwickelt die politischen Richtlinien, diskutiert sie mit der Partei und dem Umfeld der Partei und der Öffentlichkeit und entwickelt sie so, dass die Partei sie in praktische Politik vor Ort in den Kommunen umsetzen kann. Und sie ist auf der organisatorischen Ebene Impulsgeber für neue Prozesse, für neue Instrumente. Sie ist Herz und Hirn." (Grüne 1)

Der Einbindung in bzw. Anbindung an die Gesamtpartei kommt damit eine wesentliche Rolle zu: „Wir haben seit drei, vier Jahren (…) ein Leitbild entwickelt mit der Überschrift „Das Willy-Brandt-Haus inmitten der Partei", (das ist) ganz bewusst doppeldeutig gewählt" (SPD 3). In dieser Aussage wird zudem deutlich, auch dies eine bei allen Parteien gleichermaßen vertretene Einschätzung, dass Steuerung kein einfaches Top-down-Modell meint bzw. meinen kann. Vielmehr setzen die Parteizentralen auf die Kraft der Überzeugung und die geringen Ressourcen vor Ort, weshalb gerade bei schwächeren Untergliederungen ein Rückgriff auf zentral bereitgestellte Angebote von steigender Bedeutung ist und zunehmend akzeptiert wird: „Ich glaube die Bundesgeschäftsstelle ist deutlich stärker als bisher, vor allem von schwachen Landesverbänden und Kreisverbänden, als Dienstleistungszentrale anerkannt worden." (Grüne 3) Eine ähnliche Argumentation findet sich bei der SPD, bei der auf eine gestiegene Bedeutung der Parteizentrale verwiesen wird: „(…) was die Organisationskraft angeht, wird das Willy-Brandt-Haus möglicherweise wichtiger als Serviceeinrichtung für die Partei als früher, wenn es vor Ort nicht mehr so viele Hauptamtliche gibt." (SPD 2). Zentrale Angebote und Dienstleistungen sind also nicht nur einer institutionell erwarteten Geschlossenheit und einem medialisierungsbedingten Steuerungsanspruch geschuldet, sondern wie auch Folge einer generellen Organisationsschwäche und damit partiell als Reaktion auf einen zu Teilen schrumpfenden und alternden Mitgliederbestand zu verstehen.[154] Von der SPD wird offen eingeräumt, dass die Partei nicht mehr der „Ort des Jungbrunnens" sei, was bedeute, dass „das, was an ehrenamtlicher Parteiarbeit stattfindet, auf weniger Schultern verteilt wird und dementsprechend auch exakter vorbereitet werden muss" (SPD 3), und zwar durch den verbliebenen hauptamtlichen Apparat, damit die vorgesehenen Maßnahmen „mit möglichst wenig Aufwand (…) umgesetzt werden können" (SPD 3). Darin wird ein Spagat zwischen Unterstützung, Steuerung und lokalem Empowerment deutlich:

---

[154] Dies wird in der Literatur unterschiedlich bewertet, wobei argumentiert wird, dass bei einer rückläufigen Mitgliederanzahl die Bereitschaft zum parteilichen Engagement relativ zugenommen hat (Neu 2007a: 17-18; Biehl 2004, 2005; Klein 2006). Dennoch verringert sich im Saldo die Rekrutierungsgrundgesamtheit und die innerparteiliche Auswahlmöglichkeit gerade für lokalpolitische Ämter/Mandate. So mussten in 2009 vereinzelt kommunale Wahlen in Folge eines Bewerbermangels abgesagt bzw. verschoben werden (bspw. in Sachsen Anhalt, vgl. MDR Sachsen-Anhalt 2009).

> „Man muss da einen goldenen Mittelweg im Blick behalten. Wenn wir als Zentrale (…) jeden Schritt und alle Schritte für die Ehrenamtler schon übernommen haben, dann hat das ja nichts mit Politikentwicklung und Beteiligung zu tun (…). Dementsprechend geht es in der Tat darum, bestimmte technische Prozesse so weit aufzubereiten, dass derjenige und diejenige, die mitmachen wollen, das in der Tat sehr schnell für sich erarbeiten können." (SPD 3)

Den partiell geäußerten Bedenken gegenüber einer umfassenden Durchsteuerung und den Verweisen auf die Grenzen einer einfachen Top-down-Organisation zum Trotz ist jedoch das Selbstverständnis der Parteiapparate im Kern von dem Anspruch geprägt, als professionelle, aktiv steuernde und zugleich unterstützende Partner der Ehrenamtlichen vor Ort (und der Hauptamtlichen in den unteren Ebenen) zu agieren. Dabei wollen sie mehr als bloße Dienstleister zu sein, wobei der Einbindung des Parteiapparates in die Gesamtpartei eine wesentliche Rolle zukommt. Somit ist nun zu klären, wie sich die Bundesgeschäftsstellen als „Dienstleister mit Steuerungsanspruch" im Verhältnis zu den anderen Parteiakteuren verstehen.

6.3.3 Geschäftsstellen im Organisationskontext: „Wir und die Anderen"

In direktem Zusammenhang mit den Aufgaben und dem Selbstverständnis der Parteiapparate steht die Einbindung des Parteiapparates in den Organisationskontext. Dem hier gewählten engeren Parteiverständnis folgend sind dabei die vertikale Dimension, also das Verhältnis der Parteizentralen zu den unteren Ebenen, und die horizontale Dimension, das Verhältnis des Apparates zur gewählten Parteiführung, zu berücksichtigen.

6.3.3.1 Parteiapparat und Parteiorganisation

Das Verhältnis des zentralen Parteiapparates zur Parteibasis, vor allem die begrenzte und doch zugleich angestrebte Top-down-Steuerungsfähigkeit, ist durch die Rekonstruktion des Selbstverständnisses der Parteizentralen bereits erkennbar geworden. In diesem Statement eines SPD-Vertreters wird es noch einmal verdeutlicht:

> „Wir sind nicht im Leninistischen Sinne an der Spitze der Partei und ordnen von hier oben dann an, was in jedem Zipfel der Republik stattfinden soll, sondern wir sehen uns als Partner der Gliederungen sowohl der Ortsvereine wie auch der Unterbezirke, vor allem aber auch der Landesverbände, um mit den Landesverbänden dann gemeinsam die eigenen landespolitischen oder regionalpolitischen Kampagnen zu initiieren, die Länder und Bezirke dort zu unterstützen, wo sie aus ihrer Sicht Defizite wahrnehmen und wo wir dann mit dem Know-how, das wir einbringen können, sei es auf der Policy-Ebene, aber auch auf der strategischen Ebene, dann unterstützen können." (SPD 3)

Der Parteiapparat steht vorrangig, so wird postuliert, als Dienstleister zur Unterstützung der unteren Ebenen bereit. Aufgabe der Hauptamtlichen sei es unter anderem, darauf zu achten, dass „Regeln eingehalten werden" (SPD 3), insbesondere hinsichtlich parteienrechtlich verbindlicher Vorgaben. Dieser Aspekt wurde bereits in der rechts- und statutenvergleichenden Analyse deutlich, etwa hinsichtlich der innerparteilichen Beratung bei Satzungsfragen und der Bereitstellung von Mustersatzungen. Es geht damit nicht zuletzt um eine Kontrolle der Basis durch die „Profis" (SPD 1; SPD 3) und darum, „keine Fehler zu machen" (Linke 1). Darüber hinaus sehen sich die Parteizentralen als vorausschauende Planer, als langfristig denkende Politikmanager, die dem Rest der Parteiorganisation voraus sind, wenn sie etwa „schon die Vorbereitungen für Landtagswahlen (...) machen, an die andere noch gar nicht denken" (Linke 1). Im Ergebnis wird so „die Bundesebene (...) in vielen Punkten Initiator" (Grüne 1), was eng mit einem dort akkumulierten „Know-how-Vorsprung" (Grüne 1; ähnlich SPD 3, FDP 2) zusammenhängt. Offensichtlich ist, dass mit den innerparteilichen Aufgaben und dem Selbstverständnis des Parteiapparates klare intraorganisationale Konsequenzen einhergehen.

Diese intraorganisationalen Folgen werden von den Parteien nur selten offen thematisiert, obgleich es sich um einen bemerkenswerten Effekt der Beratungs- und Dienstleistungstätigkeit der Bundesgeschäftsstellen handelt. So gewinnen die Parteigeschäftsstellen über die Bereitstellung umfangreicher Angebote ganz beiläufig ein effektives Steuerungsinstrument und erlangen die faktische Entscheidungs- und Bereitstellungshoheit über interne und externe Kommunikationsmittel. Damit haben die Parteizentralen nicht nur im organisationsstrukturellen, sondern auch im kommunikativen Bereich eine zunehmende Bedeutung. Die Parteigeschäftsstellen sind nicht nur Dienstleister für die unteren Ebenen, sondern üben – durchaus bewusst und beabsichtigt – eine mehr oder weniger diskrete Mitsteuerung aus. Dies passt zum eigenen Selbstverständnis, wenngleich betont wird, dass „kein reiner Top-down-Prozess" (Grüne 1) stattfinde, möglich oder gar beabsichtigt sei. Im Kern handelt es sich hierbei jedoch um nichts anderes als die (Wieder-) Gewinnung der Handlungshoheit der Parteizentralen. Es ist der Versuch, gegen die organisationale Stratarchie Handlungs- und Steuerungskompetenz auf- und auszubauen.

Dazu kommt, dass die Parteizentralen im Zuge neuer Kommunikationswege zunehmend in direkten Kontakt mit der Parteibasis (ohne Umweg über die mittleren Ebenen) oder der Organisationsumwelt (ohne Umweg über die Parteibasis und die Medien) treten: „Hier hat ein Wandel stattgefunden. Die Tatsache, dass die sich direkt an den Parteivorstand wenden, hätte es vor zehn Jahren noch nicht gegeben. Die hätten sich erst einmal an den Unterbezirk oder den Bezirk gewandt." (SPD 1) Auch Parteibeitritte und weitere bidirektionale Kommunikationsangebote laufen zunehmend direkt über das Internet und dabei unmittelbar zwischen Bundesgeschäftsstellen und Mitglied bzw. (potenziellem) Wähler. Damit stellt sich der Wandel der innerparteilichen Kommunikationszusammenhänge zwar zunächst einmal als von außen zumindest beschleunigt dar, es ist aber zu bedenken, dass dieser Prozess von den Parteizentralen durchaus aktiv unterstützt wird, etwa durch die beschriebene Zentralisierung des Datenmanagements sowie durch den gezielten Einsatz neuer Direktmarketing-Instrumente (FDP 1; FDP 2; Grüne 3; Linke 2; SPD 1). Es handelt sich somit nicht nur um einen extern bedingten Prozess. Die Parteien bzw. die Parteizentralen selbst sind nicht nur Getriebene, sondern partiellen innerparteilichen Widerständen zum Trotz zugleich Antreibende.

Es ist in diesem Zusammenhang von einer weiteren Bedeutungszunahme der Bundesebene im innerparteilichen Kommunikationszusammenhang auszugehen, schließlich ist die nachfolgende Einschätzung in den Parteigeschäftsstellen in allen geführten Gesprächen weitgehend unwidersprochen: „Aber in der ganzen Frage der direkten Kommunikation auf der Straße, im Internet liegen die Parteien noch erheblich hinter dem zurück, was eigentlich notwendig wäre." (Grüne 3) Daraus wird die Konsequenz gezogen: „Wir müssen in den Bereich Grassroots rein, also in den Bereich Direkte Kommunikation, Customer-Relations-Management. Zweitens: Wir müssen im Internet besser werden." (Grüne 3) Hinsichtlich des hier untersuchten Binnenverhältnisses bleiben diese Prozesse nicht folgenlos. Bemerkenswert ist zudem, dass der wiederentdeckte „Grassroots"-Ansatz insbesondere hinsichtlich seines Potenzials zur direkten (Top-down-)Kommunikation gesehen wird (zum Grassroots-Campaigning siehe etwa

Jucknat/Römmele 2008; Voigt/Hahn 2008). Besonders deutlich wird diese Bedeutungszunahme der Bundesgeschäftsstellen in der jüngeren Entwicklung der Grünen, die lange Zeit als überdurchschnittlich führungskritisch einzuschätzen waren:

> „(...) noch Mitte der 1990er war das eher so, gab es ein paar Diskussionen, wozu braucht man überhaupt eine Bundesgeschäftsstelle. (...) Das hat eine ganz andere Bedeutung bekommen. Also inzwischen werden auch, und das ist das, wo wir auch professioneller geworden sind, sehr viel mehr Angebote an die Partei gemacht. Inhaltlicher Art, Argumentationshilfen, Wahlprüfsteine in Wahlkämpfen und solche Geschichten halt, auch kontinuierlich." (Grüne 2)

Auffällig ist, dass diese Angebote nicht einfach top-down implementiert, sondern auch aktiv von der Parteibasis (Party on the Ground) nachgefragt werden, wie mehreren Gesprächen zu entnehmen ist: „Und das wird auch eingefordert inzwischen, das wollen sie auch haben." (Grüne 2) Dies führt auch bei den anderen Parteien, etwa der FDP, dazu, dass die Mitarbeiter „ständig unterwegs und zugange" (FDP 1) sind, um strategische Beratung und Kommunikationsberatung zu leisten. Die legitimatorische Idee des Dienstleisters schwingt dabei immer mit, es gehe schließlich darum, „die Freunde in der Diaspora nicht im Stich" (FDP 1) zu lassen. Auf der arbeitspraktischen, alltäglichen Ebene ist also ein Bedeutungsgewinn der Parteizentralen deutlich erkennbar, das heißt, die eingangs angeführte Annahme einer „growing strength of central party organizations" (Farrell/Webb 2000: 115) und insbesondere der nationalen Parteiapparate bestätigt sich. Die hauptamtlichen Mitarbeiter werden tatsächlich zum verlässlichen und organisationswichtigen „Träger von Prozessen" und zum „Träger von Know-how" (SPD 3), die einen wichtigen Platz im innerparteilichen Gefüge einnehmen.

6.3.3.2 Parteienwandel und Organisationsreformen: Gewinner und Verlierer

Die parteiorganisationalen Entwicklungen sowie das auf Grundlage der Interviews herausgearbeitete Selbstverständnis der Parteizentralen deuten auf einen Bedeutungszuwachs der oberen Parteiebene hin. Um diesen Eindruck zu vervollständigen, ist nun zu prüfen, inwieweit die Macht- bzw. Einflussverschiebungen von den Parteimitarbeitern wahrgenommen werden. So ist zu klären, ob die theoretisch begründete und empirisch anhand der Interviews nachgezeichnete Bedeutungszunahme der Bundesebene und der Parteimitarbeiter von der Mitarbeiterschaft bestätigt wird.[155] Befragt man diese, inwieweit die unterschiedlichen Ebenen nach ihrer individuellen Wahrnehmung in den vergangenen zehn Jahren an Einfluss gewonnen oder verloren haben, so zeigt sich anhand von Mittelwertvergleichen und Varianzanalysen, dass die Mitarbeiter im Mittel zwar keine dramatischen Einflussverschiebungen wahrnehmen, sich aber gleichwohl die theoretischen Annahmen in moderater Weise bestätigen (Tabelle 21).

---

[155] Eine umfassendere Analyse der Mitarbeiter in den Geschäftsstellen erfolgt in Abschnitt 6.4. An dieser Stelle ist ein Vorgriff auf die dort zur Anwendung kommende Analyseperspektive angebracht, um ein umfassenderes Bild von den Parteigeschäftsstellen bzw. den Einflussoptionen der Ebenen und der Mitarbeiter im Gesamtkontext zu gewinnen.

Tabelle 21: Wahrgenommene Veränderung: Einfluss der Parteiebenen (Mittelwerte)

		Parteienvergleich					Vergleich Bundes- und Landesmitarbeiter		
	N	Gesamt	FDP	Grüne	Linke	SPD	Gesamt	MA Bund	MA Land
Lokale Ebene	137	2,27***	2,20	2,34	1,93	2,56	2,27*	2,10	2,36
Regionale Ebene	135	1,91**	2,10	1,86	1,68	2,14	1,91	1,91	1,91
Landes-/Bezirksebene	140	1,64	1,36	1,57	1,56	1,84	1,64	1,59	1,66
Bundesebene	139	1,50	1,55	1,52	1,47	1,51	1,50	1,45	1,53

Skala: 1 = „Einfluss gewonnen" bis 3 = „Einfluss verloren"; Varianzanalyse, Signifikanzniveaus: *$p < .05$, **$p < .01$, ***$p < .001$; eigene Berechnung; Quelle: Mitarbeiterbefragung.[156]

Die Daten legen offen, dass für die lokale Ebene im Mittel kein radikaler Einflussverlust wahrgenommen wird. Gleichwohl tendieren die Mitarbeiter eher dazu, dort einen Bedeutungsverlust zu konstatieren. Der Bedeutungsverlust der lokalen Ebene wird dabei nicht in allen Parteien gleichermaßen wahrgenommen, im Gegenteil: Nur hier ergeben sich höchst signifikante Parteieffekte. Vor allem in der SPD wird mit im Mittel 2,56 ein deutlicher Bedeutungsverlust der lokalen Ebene wahrgenommen. Die geführten Interviews deuten darauf hin, dass jüngere Zentralisierungs- und Professionalisierungsmaßnahmen sowie die schrumpfende Parteibasis ursächlich für diese Wahrnehmung sind. Den Gegenpol, und als einzige Partei im Mittel knapp in der oberen Hälfte der Skala, bildet die Linke. Dies könnte mit den zu Teilen noch dezentraleren Strukturen und dem Umgestaltungsprozess in Folge der Parteifusion zusammenhängen, insbesondere die dezentralere WASG-Organisationskultur dürfte zum Befragungszeitpunkt noch nachgewirkt haben, wobei keinesfalls von einer echten Bedeutungszunahme der lokalen Ebene gesprochen werden kann. Auffällig ist, dass auch die Mitarbeiter von FDP und Grünen im Mittel in Richtung „Einflussverlust" tendieren, so dass die Linke umso mehr als Sonderfall gelten kann. Diese Einschätzung bestätigt die tiefer gehende Analyse. Der Scheffé-Test zeigt höchst signifikante parteibedingte Unterschiede für die Linken-Mitarbeiter: Im Vergleich zur Gruppe der SPD bestehen höchst signifikante, im Vergleich zu den Grünen-Mitarbeitern signifikante Unterschiede.[157] Weitgehend ähnlich mit hoch signifikanten Parteieffekten verhält sich die Einschätzung zur regionalen Ebene, wobei diese bei den Grünen eher mit einem leichten Einflussgewinn belegt wird. Empirisch bedeutsam ist in diesem Fall jedoch lediglich der hoch signifikante Unterschied zwischen Mitarbeitern der Linken und der SPD. Es ist bemerkenswert, dass in diesen beiden Items nicht etwa die schiere Parteigröße oder die politische Verortung der Partei eine Rolle spielt, sondern vorrangig die Differenz zwischen SPD- und Linke-Mitarbeitern den entscheidenden Unterschied macht. Deutlich bestätigt sich die Einschätzung, dass der Landes- und insbesondere der Bundesebene von Seiten der Mitarbeiter eine Bedeutungszunahme zugeschrieben wird, und zwar in allen Parteien in ähnlicher Weise. Es zeigen sich keine signifikanten Unterschiede. Die Bedeutungszunahmen werden unabhängig von der jeweiligen Partei bewertet. Nun könnte angenommen werden, dass die Mitarbeiter der jeweiligen Ebene die jeweils eigene Ebene als zunehmend wichtig erachten. Diese Annahme bestätigt

---

[156] Lokal: Ortsvereinsebene; Regional: Kreisverbände/Unterbezirke; Lesehilfe: Alle Mitarbeiter nehmen für die „Lokale Ebene" bei einem Mittelwert von 2,27 einen (moderaten) Einflussverlust wahr (N=137), wobei sich im Parteienvergleich höchst signifikante Unterschiede ergeben, nicht jedoch im Vergleich von Bundes- vs. Landesmitarbeitern.
[157] Einzelbefunde hier/nachfolgend nicht im Detail tabellarisch dargestellt; im Texte werden die wesentlichen Effekte die Differenzen benannt. Signifikanzniveaus: höchst signifikant: $p < .001$; hoch signifikant: $p < .01$; signifikant: $p < .05$

sich empirisch nicht; nur eine Ausnahme ist zu beachten: Ein noch signifikanter Effekt der Beschäftigungsebene (Bundes- oder Landesmitarbeiter) ist hinsichtlich der Bewertung der lokalen Ebene feststellbar, hier sehen die Mitarbeiter der Landesebene im Mittel einen etwas stärkeren Bedeutungsverlust der lokalen Ebene.

Innerparteilich spielen nicht nur die formalen Parteiebenen, sondern auch einzelne Akteursgruppen auf. Fragt man daher nach dem Bedeutungsgewinn und -verlust der inner- und außerparteilichen Akteure, so fallen mehrere Aspekte auf (Tabelle 22), wobei vorrangig die wahrgenommene Einflussentwicklung der Mitarbeiter (also die Selbstwahrnehmung des innerorganisationalen Einflusses der eigenen Gruppe) betrachtet werden soll.

Tabelle 22: Wahrgenommene Veränderungen: Einfluss der Akteure (Mittelwerte)

		Parteienvergleich					Vergleich Bundes- und Landesmitarbeiter		
	N	Gesamt	FDP	Grüne	Linke	SPD	Gesamt	MA Bund	MA Land
Mitarbeiter	138	1,96*	1,73	1,83	1,93	2,16	1,96	1,96	1,96
Mitglieder	138	1,99***	1,73	1,95	1,75	2,35	1,99	1,90	2,05
Vorstände	138	1,59	1,45	1,59	1,64	1,57	1,59	1,63	1,56
Vorsitzende	138	1,38	1,27	1,23	1,52	1,40	1,38	1,35	1,39
Abgeordnete	137	1,46*	1,18	1,35	1,44	1,65	1,46	1,42	1,48
Freiwillige (Nichtmitgl.)	138	1,93	1,64	2,02	1,88	1,98	1,93	1,85	1,98
Wähler	138	1,91**	1,82	1,95	1,66	2,16	1,91	1,80	1,98

Skala: 1 = „Einfluss gewonnen" bis 3 = „Einfluss verloren"; Varianzanalyse, Signifikanzniveaus: *p < .05, **p < .01, ***p < .001; eigene Berechnung; Quelle: Mitarbeiterbefragung.

Es fällt auf, dass die Mitarbeiter selbst – im Gegensatz zur interviewten Leitungsebene – im Mittel keinen eigenen Einflussgewinn wahrnehmen. Dies heißt jedoch nicht, dass die Mitarbeiter sich selbst als nicht wichtig wahrnehmen würden (vgl. auch Tabelle 41) – sie nehmen lediglich in ihrer Gesamtheit keine Zunahme des Einflusses wahr, was insbesondere mit Blick auf die vielfach postulierten und oben dargestellten Veränderungen der Bedeutungszuschreibung des Parteiapparates überrascht. Dabei sind signifikante Unterschiede zwischen den verschiedenen Parteien festzustellen, ebenenspezifische Effekte sind nicht gegeben.

Ein anderes Bild zeigt sich bei dem wahrgenommenen Einfluss der Parteimitglieder. Diesen wird zum einen im Mittel eine faktisch unveränderte Bedeutung zugeschrieben, zum anderen zeigen sich hier höchst signifikante Parteieffekte, die vor allem aus den Unterschieden zwischen SPD- und Linke-Mitarbeitern resultieren (hoch signifikant; Scheffé-Test). Die Unterschiede zwischen FDP- und SPD-Mitarbeitern sind gerade noch signifikant, SPD- und Grünen-Mitarbeiter knapp nicht mehr signifikant. Den Gegenpol (hinsichtlich der Mitgliederpartei-Logik) zur wahrgenommenen Bedeutungszunahme der Parteimitglieder bildet die wahrgenommene Bedeutungszunahme der Wähler. In diesem Item zeigen sich hoch signifikante Effekte in Abhängigkeit zur Partei, insbesondere SPD- und Linken-Mitarbeiter unterscheiden sich hoch signifikant. Die Daten weisen zugleich darauf hin, dass es in den Parteiapparaten eine eher wähler- und eine eher mitgliederorientierte Gruppe gibt, die hier möglicherweise der jeweils als zentral erachteten Gruppe eine Bedeutungszunahme einräumen. Stellt man das Bewertungsverhalten hinsichtlich dieser beiden Items gegenüber, so zeigen sich drei Gruppen:

Ein großer Teil der Mitarbeiter verhält sich indifferent, wohingegen jeweils rund 15 Prozent ausschließlich einen Bedeutungsgewinn zugunsten der Mitglieder oder aber zugunsten der Wähler sehen. Auf diese innerparteiliche Gruppenbildung wird an späterer Stelle noch einzugehen sein (dazu Abschnitt 7.4).

Ein ergänzender Blick auf den Bedeutungsgewinn oder -verlust der anderen parteilichen Akteursgruppen zeigt, dass vor allem den Parteivorsitzenden und den Abgeordneten ein Einflussgewinn zugeschrieben wird. Während letzteres nicht überrascht, ist ersteres durchaus erstaunlich, zumal sich hier keine Partei- oder Ebeneneffekte zeigen. Mit Blick auf die theoretischen Überlegungen ist diese klar wahrgenommene Bedeutungszunahme vor allem als Effekt einer vielfach diskutierten Personalisierung zu bewerten (unabhängig davon, ob es diese gibt und wie diese konzeptionell zu bestimmen ist – entscheidend ist hier die Wahrnehmungsebene). Es zeigt sich zugleich sehr deutlich, dass in den Parteiapparaten – auch im Vergleich mit den Mandatsträgern – gerade nicht von einem Bedeutungsverlust der politischen Organisationsspitzen ausgegangen wird. Bemerkenswert ist zudem, und dies stärkt die Annahme der hohen Bedeutung institutioneller Einflussfaktoren, dass weder Mitgliedern, Wählern noch freiwilligen Aktivisten ein höherer Einfluss auf das parteiliche Handeln eingeräumt wird. Diese Befunde sind noch intensiver zu beleuchten, doch an dieser Stelle stehen zunächst die Mitarbeiter und deren organisationale Einbettung im Mittelpunkt der Analyse.

6.3.3.3 Parteiapparat und Parteiführung

Abschließend ist auf das Verhältnis des Parteiapparates zur Parteiführung einzugehen, das sich als verhältnismäßig eng beschreiben lässt. Dies liegt nahe, denn in erster Linie ist es Aufgabe des Parteiapparates, dem von der Partei gewählten Vorstand zuzuarbeiten. Das Binnenverhältnis der zentralen Party Central Offices, das Verhältnis von Vorstand und Parteimitarbeitern, ist nicht vorrangig durch das bürokratisch-hierarchische Organisationsmodell geprägt. Vielmehr ist der Parteiapparat nicht nur durch die im Gegensatz zum auf maximal zwei Jahre gewählten Parteivorstand (§ 11 Abs. 1 PartG) dauerhafte Beschäftigung im Vorteil, sondern auch durch das dadurch kumulierte Organisations- und Erfahrungswissen. Dies führt dazu, dass das Binnenverhältnis durch ein in gewisser Weise professionell-kollegiales Verhältnis geprägt wird, was die Steuerungs- und Themensetzungsfähigkeit des Apparates angeht und in den geführten Interviews deutlich wird. Dabei ist eine Selbstbeschränkung der eigenen Einflussnahme seitens der Mitarbeiter zu vernehmen, wenn etwa postuliert wird, dass es darum gehe, „weniger die Entscheidung selber als den Entscheidungsprozess und den Entscheidungszwang" (Linke 1) zu organisieren. Auch wird häufig nicht präzise zwischen Vorstand und Apparat in der Wahrnehmung des Apparates selbst unterschieden, wenn etwa formuliert wird: „Wir haben im Vorstand dazu eine Strategie beschlossen" (Grüne 3) und damit gemeint ist, dass eine vom Apparat vorbereitete Entscheidung im Vorstand letztendlich formal auf den Weg gebracht wurde. Anders formuliert und doch sehr ähnlich beschreibt ein Gesprächspartner bei der Linken dieses spezifische Verhältnis innerhalb der Party Central Offices:

> „Der Vorstand ist ja die politische Führung, aber das ist schon eine gegenseitige Sache. Dieser Bereich (des Parteiapparates) macht auch Vorschläge (…). Der Vorstand berät darüber und kann auch sagen „Nein, aber dafür die und die Themen". Die „Richtlinienkompetenz" liegt beim Parteivorstand. (…) Bisher gab es aber wirklich

keinen Crash, wo der Vorstand etwas ganz anderes gewollt hat als die Zuarbeiten, die sie von den Bereichen bekommen haben." (Linke 4)

Ganz ähnlich ist die Analyse der CDU zu lesen: „Die gewählten Gremien (…) treffen in der Bürgerpartei CDU die politischen Entscheidungen. Hauptamtliche Mitarbeiter unterstützen die Entscheidungsfindung und setzen die Entscheidungen um." (CDU 2003: 17) Auch hier haben die Mitarbeiterstäbe zunächst einmal keine direkte Entscheidungskompetenz, faktisch kommt ihnen jedoch durch die Unterstützung bei der Entscheidungsfindung sowie die Ausarbeitung von Entscheidungsvorlagen – analog zur öffentlichen Verwaltung – eine zentrale Rolle zu. Dies verdeutlicht, dass der Parteiapparat einen großen Einfluss im innerparteilichen Entscheidungsprozess hat, was in anderen Fällen, etwa bei der Mitwirkung an Organisationsreformkonzepten oder der Implementierung neuer Kommunikations- und Steuerungsinstrumente im Rahmen des Web 2.0, gleichfalls deutlich wird. So ist es für die Mitarbeiter auf Bundesebene selbstverständlich, dass sie es sind, die

„Vorschläge und Vorlagen für Wahlkämpfe und Kampagnen (erarbeiten), auf Bundes- aber auch auf Landesebene. Wir entwickeln Maßnahmen, Vorschläge zu deren Umsetzung. Wir bereiten Beschlüsse des Präsidiums, Sitzungen und Bundesvorstandssitzungen vor. Wir begleiten die Programmarbeit und wir kommunizieren die Inhalte und Kampagnen der FDP in die Partei hinein." (FDP 1)

Zudem ist es so, dass Organisationsfragen „häufig Sachen (sind), die unterhalb der Schwelle von Vorstandsentscheidungen betrachtet werden" (Linke 2). Dennoch ist das Verhältnis von Vorstand und Apparat nicht immer reibungs- und konfliktfrei, schließlich unterliegen die beiden Gruppen unterschiedlichen Logiken, Funktionalitäten und Rollenerwartungen:

„Der Vorstand neigt natürlich immer dazu, alles mehr inhaltlich zu diskutieren und ganz viele Prozesse, die in der Partei stattfinden, auf die politische Ebene zu ziehen, wo sie nicht immer hingehören. Aber wir versuchen uns schon mehr dieser Aufgabe anzunehmen" (Linke 2).

Damit wird der bereits erkennbare, in die Partei hinein gerichtete Steuerungswunsch seitens des Apparates auch hinsichtlich einer Einflussnahme auf die Parteiführung erkennbar – inwieweit die Möglichkeit der politischen Einflussnahme qua Mitarbeiterstatus in der Mitarbeiterschaft tatsächlich relevant ist, wird in Abschnitt 6.4.3 überprüft.

6.3.4 Die Parteiapparate als Dienstleister mit Steuerungsanspruch

Ausgangspunkt dieses Abschnitts war die Frage nach dem kollektiven Selbstverständnis der Mitarbeiter in den Party Central Offices und damit nach dem organisationalen Selbstverständnis der Parteizentralen. Es kann festgehalten werden, dass sich keine auffälligen zwischenparteilichen Unterschiede ausmachen lassen. In allen Parteigeschäftsstellen wird das Anliegen, administrativer Dienstleister für Partei und Vorstand zu sein, klar formuliert. Allerdings geht der Anspruch der Geschäftsstellen weiter als es die Rolle eines Dienstleisters vorsieht. Die Parteizentralen sind selbst- und einflussbewusst, so dass dass es ihnen über die exekutivadministrative Dienstleisterrolle hinaus darum geht, proaktive Politikzentrale mit Führungs- und Steuerungsanspruch zu sein. Zwar wird dies nicht immer offen in dieser Klarheit formuliert, allerdings zeigt die Analyse der Interviews, der veröffentlichten Quellen und der funktionalen Aufgabenzuschreibung diesen Anspruch deutlich. Insofern werden frühere Forschungsergebnisse, etwa hinsichtlich eines zunehmenden innerparteilichen „Informationsfeudalismus" (etwa Wiesendahl 2002b), der für die erfolgreiche Rollenausübung bedeutsam sein kann, nun auch aus Sicht der Akteure selbst und mit Blick auf die Parteiapparate bestätigt, wenn man die erkennbare Allokation von Informationen, Organisationswissen, Handlungs- und Kommunikationsmöglichkeiten in den Bundesgeschäftsstellen betrachtet. Aus diesem Grund bestätigt sich hier die Grundannahme der vorliegenden Studie, dass die Mitarbeiter im Parteiapparat einen ganz wesentlichen Teil der Parteiorganisation darstellen, weshalb die etwa von Webb und Kolodny (2006) beklagte Forschungslücke zu schließen ist. Der erkennbare Führungs- und Steuerungsanspruch lässt sich insbesondere über die direkte Kommunikation mit den Mitgliedern und der interessierten Öffentlichkeit sowie die Bereitstellung von Materialien und Dienstleistungen sehr gut realisieren. Somit verwundert es nicht, dass in der Mitarbeiterschaft insgesamt die oberen Ebenen als zunehmend wichtiger und als Gewinner der jüngsten Reformen bzw. Organisationsveränderungen wahrgenommen werden. Überraschend ist gleichwohl, dass die Mitarbeiter keinen Einflussgewinn für sich selbst verspüren, sondern dass der größer gewordene Einfluss der Bundesebene vor allem den Parteivorständen und -vorsitzenden zugeschrieben wird. Das Verhältnis des Apparates zur gewählten Parteiführung lässt allerdings vermuten, dass seitens der Mitarbeiter eine Form der moderaten Mitsteuerung praktiziert wird, so dass der Parteiapparat nicht ohne Einfluss bleibt, im Gegenteil: Es ist anzunehmen (und später zu prüfen), dass der eigene, institutionell nicht gewünschte Einfluss des berufsprofesssionellen Apparates von diesem eher diskret genutzt und nicht überdeutlich nach außen kommuniziert wird. Die Betrachtung des gesamtparteilichen Binnenverhältnisses und des parteiapparatlichen Selbstverständnisses bestätigt folglich die Annahme, dass die Parteien keine klassisch-bürokratische Top-down-Steuerung umzusetzen versuchen, sondern vielmehr mittels umfassender Angebote und moderatem Druck auf ein zentrales Politikmanagement setzen. Bei diesem, das zeigt insbesondere das Verhältnis von Apparat und Parteiführung, kommt dem Apparat eine nicht unwesentliche Rolle zu, was mit einem entsprechenden Selbstverständnis und Selbstbewusstsein einhergeht. Es deutet sich in ersten Ansätzen zugleich an, dass das damit zu verbindende Leitbild einer zentral geführten Leitorganisation nicht von allen Mitarbeitern geteilt wird. Dass in den Interviews kritische Töne aufkommen und auf Grenzen der Steuerungsfähigkeit hingewiesen wird ist deshalb umso bedeutsamer, als dass in den Interviews Akteure befragt wurden, die zentrale innerparteiliche Positionen einnehmen und denen somit im Reform- und Zentralisierungsprozess sowie im Politik- und Kommunikationsmanagement eine verantwortliche Rolle zukommt. Damit wird auf die bereits in Ansätzen erkennbaren Differenzen innerhalb der Parteigeschäftsstellen noch genauer einzugehen und zu prüfen sein, ob sich die erkennbaren Friktionen auch in der Breite der Mitarbeiterschaft, auf die nun einzugehen ist, wiederfinden.

6.4 Die Mitarbeiter in den Bundes- und Landesgeschäftsstellen

Auf die zunehmend wichtige Rolle des hauptamtlichen Mitarbeiterapparates wurde bereits einleitend eingegangen. Hinsichtlich der internen, organisationalen Bedeutung konnte die Annahme, dass „Politikmanagement (...) nicht mehr allein durch ehrenamtliche Kräfte durchgeführt werden" kann (Troche/Wissenschaftliche Dienste des Deutschen Bundestages 2002: 14), aus Sicht der Parteizentralen bestätigt werden. Auch dass die „wachsende Professionalisierung von Parteimitarbeitern (...) einen nicht unbeträchtlichen Strukturwandel in der Parteiorganisation (…) bewirkt" (Troche/Wissenschaftliche Dienste des Deutschen Bundestages 2002: 14), wird von den befragten Organisationsspitzen so wahrgenommen und bestätigt. Wenn jedoch den zentralen Geschäftsstellen im innerparteilichen Machtgefüge eine zunehmend wichtige Rolle zukommt, so gilt dies ebenfalls für die dort beschäftigten Mitarbeiter. Die wesentlichen Aufgaben der Mitarbeiter sind dabei unterschiedliche:

> "The chief activities of party professionals are several. First of all, they are concerned with keeping the party organization going. (…) The professionals of politics are also concerned with furthering the general goals of the party, however these may be defined at any given moment. As in other organizations (…) party employees are concerned with what goes on inside their organizations as well as with the effect the organization has upon the world 'out there'." (Rose 1974: 168)

Den Mitarbeitern kommt folglich sowohl eine wesentliche innerparteiliche als auch eine wichtige Scharnierfunktion (zwischen Organisation und Umwelt) zu. Damit wird nun die Betrachtungsperspektive verändert: Standen bislang die Geschäftsstellen in ihrem organisationalen Kontext und ihrem „kollektiven Selbstverständnis" im Mittelpunkt, so stehen nun die Mitarbeiter in den Bundes- und Landesgeschäftsstellen selbst und deren „individuelles Selbstverständnis" im Zentrum der Analyse. Es werden nun individuelle Merkmale und Einschätzungen der Mitarbeiter hinsichtlich ihrer eigenen Arbeit und Arbeitsmotivation untersucht. Dieses so rekonstruierte individuelle Selbstverständnis spiegelt dabei in seiner Gesamtheit die Einschätzung des Apparates wider und vervollständigt die organisationskulturelle Analyse des parteilichen Organisationskerns. Darüber hinaus lassen sich die in den Parteiapparaten vorherrschenden Organisationsparadigmen erkennen.

6.4.1 Vorüberlegungen: Das Berufsfeld Party Central Office

Ausgangspunkt dieses Analyseschritts ist die Annahme, dass die Professionalisierung (im Sinne einer Verberuflichung) und Verstetigung der Parteiapparate neue Möglichkeiten für organisationsinterne, berufspolitische Karrieren bietet. Wenngleich Parteimitarbeiterkarrieren nicht im Vordergrund der vorliegenden Studie stehen, so ist diese Perspektive doch hinsichtlich ihrer innerparteilichen Konsequenzen zu bedenken und kurz auszuführen, zumal sie für das Selbstverständnis der Mitarbeiter in den Geschäftsstellen von Bedeutung sein dürfte (Bukow 2010).

Die Verberuflichung der Politik steht schon lange unter wissenschaftlicher Beobachtung. Schon Weber betonte die Verknüpfung des modernen Berufspolitikertums mit der Demokratisierung der Politik (Weber 1992: 43). Berufspolitik meint dabei eine Verberuflichung von Politik, also nach Weber das Leben von der Politik, wobei dazu ein Leben für die Politik tritt (Weber 1992: 16).[158] Die Möglichkeit der Lebensunterhaltssicherung qua Politik stellt somit die Basis jedweder Berufspolitik dar.[159] In der Bundesrepublik hat sich der Typus des parlamenta-

---

[158] Honoratioren, die ausschließlich für die Politik leben, spielen, von der lokalen Ebene abgesehen, parlamentarisch nur noch eine untergeordnete Rolle.
[159] Der ökonomische Aspekt ist eng mit der Professionalisierung der politischen (parlamentarischen) Ämter und Institutionen verbunden (Reiser 2006: 62-64; zur dadurch möglichen individuellen Professionalisierung, v.a. dem Erwerb spezifischer Qualifikationen und der Deprofessionalisierung vom Hauptberuf Herzog 1975; Burmeister 1993; Borchert/Golsch 1995). Die Einführung und Anhebung von Diäten war die Voraussetzung der Verberuflichung der Parlamentarier (Borchert 2003: 88; Geißel 2006: 85-86). Ein Mandat ist zur zentralen und mithin lukrativsten Möglichkeit geworden, von der Politik zu leben (Best/Jahr 2006: 68). Die Verberuflichung ist auf Landes-, Bundes- und Europaebene und in indirekten Formen sogar zu Teilen auf kommunaler Ebene zum Normalfall (Meyer 1994: 104;

rischen Berufspolitikers[160] durchgesetzt und gilt als Normalfall des Berufspolitikers (Reiser 2006: 49-59; zum Stand der Forschung Edinger/Patzelt 2010). Der Parteimitarbeiter spielt dagegen in der gegenwärtigen Berufspolitikerforschung bisher nur eine Nebenrolle und ist faktisch nicht empirisch erforscht.

6.4.1.1 Die Professionalisierung der Parteien als Voraussetzung von Parteiorganisationskarrieren

Stellt man das Leben von der Politik in den Vordergrund, dann ist die Professionalisierung der Institutionen bedeutsam. Neben der Professionalisierung der Parlamente selbst ermöglicht erst der Auf- und Ausbau professioneller Mitarbeiterstäbe in Parlamenten und Parteien ein Leben von der Politik ohne parlamentarisches und somit öffentliches Wahlamt. Insofern verwundert es, dass nur selten thematisiert wird, „ob zur politischen Klasse außer den Bundestags- und Landtagsabgeordneten auch die Spitzenfunktionäre der Parteien und Verbände hinzuzurechnen sind oder nicht" (Meyer 1994: 105).[161] Sieht man im Leben von der Politik das zentrale Bestimmungsmerkmal, so sind „Regierungsmitglieder, die hauptamtlichen Parteifunktionäre (…) sowie die Mitarbeiter von Abgeordneten und Fraktionen" (Borchert/Golsch 1995: 613) klar in den Kernbereich der politischen Klasse mit einzubeziehen.

Aus Sicht der Parteiorganisationsforschung ist die Möglichkeit zur Berufspolitik ohne Mandat von zentraler Bedeutung, wenngleich es sich um keine vollumfänglich neue Möglichkeit handelt. Schon seit dem Ende des 19. Jahrhunderts ist in den Parteiapparaten eine Professionalisierung und Ausdifferenzierung des politischen Personals als Strukturphänomen klar erkennbar (Best/Jahr 2006: 65). Das Berufsfeld Party Central Office ist allerdings bedeutsamer und aus Sicht der individuellen Karriereplanung unabhängiger von den Parlamenten geworden: Die staatliche Parteienfinanzierung erweitert und verstetigt wie dargelegt die Finanzausstattung der Parteien, erlaubt einen Ausbau der Apparate und eine zunehmende Professionalisierung.

Maier/Schmitt 2008) geworden. Daher stehen Parlamentarier gerade im deutschen Mehrebenensystem im Fokus der Professionalisierungsforschung. In allen westlichen Demokratien sind die Parlamente zum „Kristallisationspunkt der politischen Klasse" (Borchert/Golsch 1995: 610) geworden, der Parteibeamte dagegen wurde nicht wie von Weber angenommen zum „Archetyp des Berufspolitikers" (Borchert 1999: 9).

[160] Hauptberufliche Parlamentarier, Teilzeitparlamentarier und Freizeitpolitiker sind zu unterscheiden (u.a. Heuvels 1986). Die Professionalisierungsforschung konzentriert sich meist auf die Rekrutierung/Karrieren von Berufsparlamentariern auf Landes-/Bundesebene (u.a. Herzog 1975; Burmeister 1993; Borchert/Golsch 1995; Rebenstorf 1995; Golsch 1998; Borchert 2003; Demuth 2004) und tlw. auf kommunaler Ebene (Reiser 2006; Maier/Schmitt 2008).

[161] In diesem Zusammenhang ist auf das Konzept der politischen Klasse zu verweisen, dazu insb. Pareto (1955), Klingemann (1991), Leif (1992), von Beyme (1993), Rebenstorf (1995), Golsch (1998) und Borchert (1999). Die politische Klasse erfasst zunächst die „Gesamtheit der politischen Akteure, die Politik als Beruf betreiben" (Golsch 1998: 53). Dazu kommt als wesentlicher zweiter Aspekt der politischen Klasse, dass deren Angehörige ein Selbsterhaltungsinteresse entwickeln und als „Interessengruppe für sich selbst" (von Beyme 1993: 25-39) handeln, um sich individuell dauerhaft abzusichern. Die politische Klasse wird somit „als eine strukturell durch Professionalisierung geprägte Gruppe, die gleichzeitig als kollektiver Akteur auftritt" (siehe von Beyme 1993: 56; Borchert/Golsch 1995: 14; Golsch 1998), konzeptionalisiert, die zudem durch „Standards politischer Professionalität" (Meyer 1994: 105) geprägt ist. Das Konzept der politischen Klasse findet sich in Deutschland vor allem in der Elitenforschung (in Abgrenzung zur politischen Elite) und der Parteienforschung (als spezifisches Merkmal der Parteiendemokratie). Für Weßels sind „gemeinsame biographische Faktoren" und die „Aufgabe der politischen Steuerung" relevant (Weßels 1992: 542), hier lässt sich die politische Elite von der politischen Klasse abgrenzen (Borchert/Golsch 1995: 612-615; Golsch 1998: 23-24). Herzog lehnt dagegen eine strikte Trennung ab (Herzog 1992: 126-127). Dieser Sichtweise ist zuzustimmen, da Politiker meist mehreren Kategorien angehören (von Beyme 1993: 29).

Zusätzlich sorgt die Verberuflichung der Parlamentarier in mehrfacher Weise für neue finanzielle Freiräume der Parteiorganisationen: Die Parteien müssen die Arbeit ihrer Parlamentarier nicht mehr aus eigenen Mitteln unterstützen, wie es etwa in der Sozialdemokratie der Weimarer Zeit notwendig war (Kamm 1927: 53; Schröder 2001). Darüber hinaus tragen die Parlamentarier durch mandatsbezogene Sonderabgaben verstärkt zur Parteienfinanzierung bei (siehe Abschnitt 5.1.3.2) und ermöglichen indirekt die Einstellung von weiteren Parteimitarbeitern. Im Ergebnis können die Parteiorganisationen verstärkt Personal einstellen, das – ohne eine eigene parlamentarische Karriere zu verfolgen – von der Politik lebt und für die Parteiorganisation arbeitet. Ohne die institutionelle Professionalisierung der Parlamente und Parteiapparate wären derartige parteiorganisationsinterne Karrieren im heutigen Umfang kaum möglich.

Grundvoraussetzung für organisationsinterne Karrieren ist der Wandel der Parteien, verbunden mit einer Professionalisierung (zum Professionalisierungsbegriff u.a. Donges 2008: 97-100). Dass mit der staatlichen Parteienfinanzierung und der zunehmenden Professionalisierung die Möglichkeit einhergeht, in den Apparaten dauerhaft und auf hohem Qualifikations- und Qualitätsniveau Politik als Beruf zu betreiben, ohne ein Mandat anzustreben, wurde jedoch zuletzt ebenso wenig thematisiert wie die Folgen der Reformen auf die Einstellungen der Mitarbeiter. War vor der parlamentarischen Professionalisierung die Partei oft ein Weg, eine parlamentarische Berufstätigkeit zu ermöglichen (Reiser 2006: 55), so hat sich dies nun geändert. Parteiorganisationen sind nicht länger als Hilfsapparate der parlamentarischen Berufspolitiker oder Versorgungsstellen für nicht alimentierte Abgeordnete zu deuten, sondern gerade in Deutschland dauerhaft organisierte Mitgliederorganisationen mit einem eigenständigen Organisationskern.[162] Dadurch sind Parteiorganisationskarrieren eine spezifisch-grundständige Möglichkeit der Berufspolitik geworden. Zugleich haben, so ist anzunehmen, dauerhafte organisationsinterne Karriereverläufe massive Auswirkungen auf das empfindliche innerparteiliche Verhältnis von freiwilligen Mitgliedern, (häufig) ehrenamtlicher Organisationsführung und verberuflichten Mitarbeitern (ähnliche Fragen werden in der Verbändeforschung schon lange thematisiert, dazu etwa Rauschenbach et al. 1996).

6.4.1.2 Parlamentarische, staatsnahe und parteiorganisationale Berufspolitikkarrieren

Im Kontext der Verstetigung von Organisationswissen wurde bereits auf die mögliche Bedeutung innerparteilicher Beschäftigungsverhältnisse hingewiesen, was auch in der individuellen Mitarbeiterperspektive von Interesse sein dürfte. Denn obgleich Berufspolitiker mit und ohne Mandat zumeist über die aktive Parteimitgliedschaft rekrutiert werden dürften, unterscheiden sie sich doch in mehreren zentralen Aspekten. So sind nur erstere direkt wahlabhängig, wodurch der Beruf des Parlamentariers „ungesichert, episodisch, unscharf in der Bestimmung des Berufsfeldes, der qualifikatorischen Voraussetzung und des Karriereverlaufs" (Best/Jahr 2006: 79) wird. Ähnlich unterscheidet bereits Rose hinsichtlich der notwendigen Qualifikationen und bei Betonung des ökonomischen Moments die Mitarbeiter von den parlamentarischen Berufspolitikern sowie den ehrenamtlichen Aktivisten:

---

[162] Sie haben sich damit teilweise von ihren parlamentarischen Wurzeln gelöst, vor allem im Vergleich zu früheren Erscheinungsformen (bspw. Honoratiorenpartei (Weber 1980) oder liberaler Repräsentationspartei (Neumann 1965), die nicht auf eine breite Mitgliederbasis abzielten).

> "The professional of politics (...) differ in several ways from MPs who are popularly known as professional politicians. MPs do not require specific expertise for election, whereas a party agent must acquire a certificate of professional competence and a researcher must normally be a graduate (...) The professionals of politics differ from voluntary workers, because they are paid for party work (...) Most party professionals undertake the work because of a deep interest in politics, and a strong commitment to the party to which they offer their services." (Rose 1974: 167-168)

Die spezifische Abgrenzung der Mitarbeiter von den Parlamentariern wie auch von den Freiwilligen vor Ort kam bereits im kollektiven Selbstverständnis zum Ausdruck. Darüber hinaus ist es den Organisationsmitarbeitern zumeist gelungen, die bei Parlamentariern typische wahlbedingte Unsicherheit[163] zu reduzieren. Insbesondere der Kernbestand der Mitarbeiter dürfte auf Dauer in der Partei arbeiten und damit trotz spezifischer Mechanismen der Parteienfinanzierung nicht direkt, sondern nur indirekt von Wahlen und Wahlergebnissen abhängig sein. Deshalb sind berufspolitische Mitarbeiter und Parlamentarier konzeptionell zu unterscheiden. Zudem ist der Annahme, dass Parlamente „Teil des inneren Arbeitsmarktes der Parteien" (Best/Jahr 2006: 79) seien, zu widersprechen. Vielmehr ist von eher getrennten Arbeitsmärkten mit einer reduzierten karrieretechnischen Verschränkung auszugehen: Politische Karrieren unterscheiden sich danach, ob sie als Mitarbeiterkarriere oder Mandats- und Amtsträgerkarriere verfolgt werden. Eine doppelte Tätigkeit im Parteiapparat (dann aber meist durch ein innerparteiliches Wahlamt als Teil der Parteileitung) und unabhängiger Berufsparlamentarier ist lediglich in den politischen Organisationsspitzen üblich, und nur selten arbeiten vormalige Mandatsträger als Mitarbeiter direkt für andere Mandatsträger oder die Parteiorganisation.

Eine weitere Unterscheidung innerhalb der Statusgruppe Mitarbeiter ist zu treffen, die sich aus der strukturellen Zuordnung ergibt: Mitarbeiter arbeiten entweder primär im staatsnahen parlamentarischen Bereich oder im parteiorganisationsinternen Bereich (Parteiapparat). Überschneidungen sind hier denkbar, ein Wechsel zwischen diesen beiden Bereichen dürfte nicht unüblich sein, erweitert sich doch so der parteinahe Arbeitsmarkt insbesondere für die Parteiorganisationsmitarbeiter deutlich. Im Fokus der vorliegenden Studie stehen allerdings explizit nur die Parteiorganisationsmitarbeiter, also diejenigen, die direkt von den Parteien beschäftigt werden und damit den berufsprofessionellen Kern der Parteiorganisation bilden. Auch die individuellen Karriereverläufe sind in dieser Studie nicht Gegenstand der Forschung.

Parteimitarbeiter sind im letzten Schritt gerade wegen des parteiorganisationalen Erkenntnisinteresses der vorliegenden Studie hinsichtlich ihrer innerparteilichen Einflussoptionen in einer weiteren Dimension zu differenzieren: Diejenigen, die lediglich von der Parteiarbeit leben, sind von denjenigen zu unterscheiden, die zusätzlich ehrenamtlich bzw. nebenberuflich Parteiämter oder Mandate übernehmen und so über den Beruf hinaus Politik betreiben. Zum Berufspolitiker ohne Mandat wird nach diesem Verständnis, wer den Parteiberuf zum Leben von der Politik nutzt und darüber hinaus als Amts- oder Mandatsträger (dazu von Blumenthal 2001) für die Politik lebt. Insbesondere die Doppelfunktion Mitarbeiter und (innerparteilicher) Amtsträger ist nun wiederum für das innerparteiliche Machtgefüge interessant, da diese Mitarbeiter durch ihr Engagement kulturell geprägt sein könnten, in besonderer Weise über die eigenen Arbeitsbedingungen mitentscheiden können und zudem über den direkten Berufskontext hinaus das innerparteiliche Leben mitbestimmen. Auch aus diesen Gründen ist die genaue-

---

[163] Faktisch ist diese Unsicherheit geringer als es die formalen Verfahren und die regelmäßige Wiederwahlnotwendigkeit vermuten lassen (insb. Best/Jahr 2006; auch Borchert/Golsch 1995; Borchert 1999, 2003; Edinger/Patzelt 2010).

re Betrachtung der Mitarbeiter notwendig. Damit sind nun die befragten Parteiorganisationsmitarbeiter genauer zu betrachten.

6.4.2 Soziographische Basisbefunde

Genaue Angaben zu den Geschlechterverhältnissen im Parteiapparat liegen bislang nicht vor,[164] weshalb diese Daten von den Parteizentralen und Landesgeschäftsstellen abgefragt wurden.[165] Auf dieser Datengrundlage kann festgestellt werden, dass die Geschlechteranteile bei den Befragten etwa der Relation im gesamten Parteiapparat der hier befragten Gliederungen entsprechen. Von den befragten Parteimitarbeitern sind 56,2 Prozent männlich. Der Altersdurchschnitt der befragten Mitarbeiter liegt bei 40,6 Jahren (Median: 40 Jahre; N=134). Dabei zeigen sich hoch signifikante zwischenparteiliche Unterschiede: Mit 44,5 Jahren sind die befragten Mitarbeiter der Linken im Schnitt am ältesten, die der FDP dagegen mit 36,8 am jüngsten (SPD: 38,7; Grüne: 38,8). Von den Befragten verorten sich 47,3 Prozent im Bereich „Internes Parteimanagement", 22,3 Prozent im Bereich „Öffentlichkeitsarbeit/externe Kommunikation" und 12 Prozent im Bereich „Politische Inhalte". Weitere 18,6 Prozent ordnen ihre Arbeit, teilweise unter Verweis auf den Datenschutz bzw. auf den Wunsch nach Anonymität, in andere Bereiche ein.

Hinsichtlich der Professionalisierung und der vereinzelt beklagten sowie häufig betonten Akademisierung der Parteiapparate zeigt sich, dass Parteimitarbeiter tatsächlich über ein hohes Bildungsniveau verfügen (wie auch die Parteimitglieder, u.a. (2004); Neu (2007a)). 71,5 Prozent der Befragten (N=137) haben ein Abitur oder einen gleichwertigen Bildungsgrad erworben. Dabei sind insbesondere die Mitarbeiter der Grünen (92,5 Prozent Abitur/vergleichbarer Bildungsgrad) überdurchschnittlich hoch gebildet, in der Linken liegt dieser Wert bei 66,7 Prozent, ähnlich in der SPD mit 61,9 Prozent (FDP: 50,0 Prozent). Die Mehrzahl der Parteimitarbeiter verfügt über einen Hochschulabschluss (63,0 Prozent, N=138), hier liegen Grüne (70,7 Prozent) und Linke (68,9 Prozent) beinahe gleichauf, wohingegen in SPD (57,1 Prozent) und vor allem FDP (30,0 Prozent) deutlich weniger Akademiker vertreten sind.

Anhand einer Selbsteinstufung eine Links-Rechts-Skala wird in der späteren Analyse geprüft, ob die politische Selbstverortung als intervenierende Variable erklärungskräftig wird, das heißt, ob spezifische Einstellungsmerkmale durch die individuelle politische Selbstverortung erklärt werden können. Wenn man bedenkt, dass Parteimitarbeiter in aller Regel Parteimitglied sind und damit Parteiorganisationen auch im Berufskontext als weltliche Wertegemeinschaften verstanden werden können, so überrascht es nicht, dass sich bei der individuellen Links-Rechts-Selbsteinschätzung höchst signifikante Parteieffekte zeigen. Die Einstufung hängt eng mit der Parteizugehörigkeit zusammen und entspricht den Erwartungen (Tabelle 23).

---

[164] Bekannt ist nur, dass der Frauenanteil in der Parteimitgliedschaft zwischen 25 und 45 Prozent liegt (Neu 2007a: 10).
[165] Auskunft gaben: SPD Berlin, Brandenburg, Bremen, Hessen-Nord, Mecklenburg-Vorpommern, Niedersachsen; FDP Baden-Württemberg, Sachsen, Sachsen-Anhalt; Grüne Baden-Württemberg, Bayern, Berlin, Brandenburg, Bremen, Hamburg, Hessen, Mecklenburg-Vorpommern, Niedersachsen, Nordrhein-Westfalen, Sachsen, Sachsen-Anhalt, Schleswig-Holstein, Thüringen; Linke Bayern, Brandenburg, Hamburg, Mecklenburg-Vorpommern, Niedersachsen, Nordrhein-Westfalen, Sachsen-Anhalt.

Tabelle 23: Individuelle Links-Rechts-Selbsteinstufung (Mittelwerte)

	Gesamt	FDP	Grüne	Linke	SPD
Links-Rechts-Verortung	3,52***	6,11+	4,05	2,44	3,65

Skala: 1 = „Ganz links" bis 11 = „Ganz rechts"; N=134; +n < 10; Varianzanalyse, Signifikanzniveau: ***p < .001; eigene Berechnung; Quelle: Mitarbeiterbefragung.

So zeigt sich, dass die Mitarbeiter der Linken sich selbst im Mittel als weit links einstufen, wohingegen SPD- und Grünenmitarbeiter mit geringem Abstand etwas links der Mitte wiederzufinden sind, wobei sich die Mitarbeiter der SPD im Mittel etwas weiter links einordnen als die Mitarbeiter der Grünen. Die Mitarbeiter der FDP sehen sich in der Mitte. Zwar ist anzumerken, dass eine einfache Links-Rechts-Skala nicht mehr vollumfänglich dazu geeignet erscheint, eine politische Positionierung präzise zu verorten: Zahlreiche relevante politische Konfliktlinien verlaufen quer zu dieser weithin genutzten einfachen Achse, was von einigen Befragten angemerkt wurde. Gleichwohl genügt eine solche Selbstverortung, gerade in Anbetracht der höchst signifikanten, theorie- und erwartungskonformen Ergebnisse, um spezifische Einstellungen hinsichtlich einer Links-Rechts-Prägung zu prüfen. Dafür spricht zudem eine Post-hoc-Analyse, hier zeigt der Gruppenmittelwertvergleich bis auf eine Ausnahme höchst signifikante Unterschiede zwischen allen Gruppen. Nur die SPD- und Grünen-Mitarbeiter weichen nicht signifikant voneinander ab.

6.4.3 Leben von der Politik – Leben für die Politik

Hinsichtlich des Arbeitsumfangs lässt sich festhalten, dass insgesamt zwei von drei Mitarbeitern (68,9 Prozent) in einem Vollzeitarbeitsverhältnis stehen, also Politik vollumfänglich als Beruf betreiben. Besonders häufig ist dies der Fall bei der Linken (90,9 Prozent), besonders selten bei den Grünen (42,9 Prozent). In allen Parteien arbeiten Frauen überdurchschnittlich häufig in Teilzeit, während Männer leicht überdurchschnittlich in Vollzeit beschäftigt sind. Bemerkenswert ist in diesem Zusammenhang, dass immerhin jeder 10. Mitarbeiter zwei Mitarbeiterfunktionen ausübt, etwa für die Partei und einen Abgeordneten tätig ist, wobei sich bis auf die FDP (keine doppelte Tätigkeit) keine parteispezifischen Unterschiede ausmachen lassen. Damit ist schon hier deutlich, dass Parteimitarbeiter ganz überwiegend von der Politik leben. Neben diesem ökonomischen Aspekt ist die subjektive Motivation von Bedeutung. Ist die Arbeit im Parteiapparat nur eine Erwerbstätigkeit oder wird bewusst eine Arbeit im politischen Feld gesucht und ausgeübt? Dies wird anhand mehrerer Items geprüft (Tabelle 24). Es zeigt sich, dass die abgefragten Aspekte im Mittel stets eher zustimmend oder gar sehr stark zustimmend bewertet werden. Hierbei zeigt die Verteilung der Werte keine Auffälligkeiten, die Standardabweichungen (Gesamt) liegen zwischen 0,54 und 0,83 (nicht dargestellt). In allen Fällen liegen sehr positive Bewertungen vor. Auffällig ist, dass die Items „Fachkenntnis einbringen" und „professionelles Umfeld" von keinem Mitarbeiter als „überhaupt nicht wichtig" betrachtet werden.

Tabelle 24: Arbeitsmotive im Vergleich (Mittelwerte)

	N	Gesamt	FDP	Grüne	Linke	SPD
Angemessene Bezahlung erhalten	159	2,20**	2,08	2,43	2,30	1,90
Eigene Fachkenntnis einbringen	158	1,41**	1,83	1,47	1,24	1,39
In professionellem Umfeld arbeiten	159	1,56	1,75	1,67	1,52	1,44
Für Partei arbeiten	156	1,96	2,08	2,14	1,89	1,80
Politischen Einfluss ausüben	158	2,08**	2,58	2,24	1,78	2,06

Skala: 1 = „sehr wichtig" bis 4 = „überhaupt nicht wichtig"; Varianzanalyse, Signifikanzniveaus: *p < .05, **p < .01, ***p < .001; eigene Berechnung; Quelle: Mitarbeiterbefragung.

Bleibt man zunächst beim Leben von der Politik, so stellt sich die Frage nach der Bedeutung der Möglichkeit, im Rahmen der innerparteilichen Beschäftigung eine angemessene Bezahlung zu erhalten. Hier zeigen sich parteispezifische hoch signifikante Unterschiede. Im Mittel von noch hoher Bedeutung ist ein angemessenes Einkommen für SPD- und FDP-Mitarbeiter, es ist diesen deutlich wichtiger als den Mitarbeitern von Grünen und Linken. Damit steht der ökonomische Aspekt nicht für alle im Vordergrund. Empirisch bedeutsam ist ein hoch signifikanter Unterschied zwischen SPD- und Grünenmitarbeiter, die SPD-Mitarbeiter sind deutlich stärker materialistisch-ökonomisch orientiert.

Ein klarer Beleg für eine berufsprofessionelle Orientierung ist die hohe Bedeutung, die den Punkten „Fachkenntnis einbringen" und „professionelles Arbeitsumfeld" im Rahmen der Berufstätigkeit zukommt. Bei beiden Variablen fällt eine geringe Standardabweichung (Fachkenntnis 0,54; Professionalität 0,59) auf. Ein professionelles Arbeitsumfeld ist für alle Mitarbeiter unabhängig von der Partei von beinahe sehr hoher Bedeutung. Noch wichtiger ist der Aspekt, eigene Fachkenntnisse in die Mitarbeitertätigkeit einzubringen. Am wichtigsten ist dies für die Mitarbeiter der Linken: Hier ist für 77,8 Prozent dieser Punkt von höchster Wichtigkeit (SPD: 61,2 Prozent; Grüne: 58,7 Prozent; FDP: 33,3 Prozent). Allein die geringere Relevanz dieses Aspekts bei den FDP-Mitarbeitern führt zu parteispezifisch hoch signifikanten Unterschieden (insb. FDP- vs. Linke-Mitarbeiter). Für SPD, Grüne und Linke ist dieser Aspekt von höchster Bedeutung, bei den FDP-Werten könnte es sich um eine fallzahlbedingte Verzerrung handeln. Im Ergebnis ist das Einbringen eigener Fachkenntnisse für die Mitarbeiter im Mittel jeweils stets von sehr hoher Bedeutung und nur für die FDP-Mitarbeiter im Mittel „nur" wichtig. In allen Fällen liegt damit ein klares Indiz dafür vor, dass der beruflichen Professionalität in Form eigener Expertise ein hoher Stellenwert zugeschrieben wird. Somit bestätigt sich hier das anhand der Interviews herausgearbeitete Selbstverständnis der „Profis", die in den Central Offices ihre Kompetenz bündeln und in die Parteiarbeit einbringen.

Bezogen auf den Aspekt Berufspolitik sind noch die beiden Aspekte „für eine Partei arbeiten" und „politischen Einfluss im Beruf ausüben" zentral. Diese zeigen, ob die Mitarbeiter nicht nur von der Politik leben, sondern bewusst für eine Partei arbeiten und durch den Wunsch nach politischer Einflussnahme auch für die Politik leben. Tatsächlich ist im Durchschnitt „für eine Partei zu arbeiten" eher von Bedeutung. Dabei ist dieser Aspekt für die Mitarbeiter von SPD und Linke leicht über-, für FDP- und Grünenmitarbeiter leicht unterdurchschnittlich bedeutsam, signifikante Parteiunterschiede bestehen jedoch nicht. Die politische Einflussnahme durch Mitarbeiter ist gerade aus Sicht der Parteiorganisationsforschung besonders interessant. Für die Befragten ist die Möglichkeit, im Beruf politisch gestaltend Einfluss nehmen zu können, im Durchschnitt von großer Bedeutung. Auch dieser Befund korrespondiert deutlich mit dem bereits herausgearbeiteten organisationalen Selbstverständnis der Bundesgeschäftsstellen. Der Wunsch nach und die Möglichkeit zu politischer Einflussnahme qua Beruf hat damit einen hohen Stellenwert, und zwar unabhängig von der Ebene. Nur die FDP-Mitarbeiter sind durchschnittlich leicht ablehnend. Im Vergleich zeigen sich die stärksten, hoch signifikanten Unterschiede zwischen Linke- und FDP-Mitarbeitern (Scheffé-Test). Zudem ist erkennbar, dass den Mitarbeitern von FDP und Grünen dieser Punkt durchschnittlich weniger wichtig ist als denen von SPD und Linke. Entscheidend ist aber, dass sich vor allem Unterschiede innerhalb der Parteien zeigen. Nicht allen Mitarbeitern ist dieser Aspekt wichtig: Etwa 25 Prozent (Linke) bis 50 Prozent (FDP) sehen in der politischen Einflussnahme eher keinen oder gar keinen Anreiz für ihre Tätigkeit. Wovon hängt also ab, ob die politische Einflussnahme durch den Beruf als wichtig erachtet wird? Ist es für diejenigen, die sich zusätzlich ehrenamtlich politisch engagieren, also im obigen Sinne Berufspolitiker sind, besonders wichtig, für eine Partei zu arbeiten und so auch im Beruf politischen Einfluss auszuüben? Es zeigen sich zwei sehr starke Effekte: Höchst signifikant ist der Unterschied zwischen denen mit und ohne Parlamentserfahrung. Den Mitarbeitern mit Parlamentserfahrung (früher/aktuell Wahrnehmung eines öffentlichen Wahlamts; jeder vierte Mitarbeiter) ist es im Mittel deutlich wichtiger, auch im Beruf politischen Einfluss auszuüben (Mittelwert 1,62 zu 2,20; Varianzanalyse; N=139). Hoch signifikant ist der Zusammenhang zwischen Parteierfahrung (also der aktuellen oder früheren Wahrnehmung eines innerparteilichen Wahlamts und/oder Delegiertenmandats; gut 30 Prozent der Mitarbeiter) und der Wunsch nach politischer Einflussnahme im Beruf (Mittelwert 1,91 zu 2,36; Varianzanalyse; N=139). Das zeigt deutlich, dass für die über den Beruf hinaus parteilich-politisch engagierten Mitarbeiter die Möglichkeit, im Parteiberuf politischen Einfluss auszuüben, einen sehr wichtigen Faktor darstellt. Wer über Erfahrung in Partei- und Wahlämtern verfügt, dem ist – ganz im Sinne eines homo politicus – die Möglichkeit, auch in der Rolle des Parteiangestellten politischen Einfluss auszuüben, im Mittel sehr viel wichtiger als denen, die nicht überberuflich in die Parteiarbeit involviert sind oder waren. Hier bestätigt sich die zuvor skizzierte Teilgruppe der politisch aktiven Mitarbeiter, die ihre Parteiberufstätigkeit als Teilelement ihrer politischen Arbeit betrachten und Politik als Beruf betreiben, wobei sie vom Parteijob leben und durch diesen Einfluss ausüben wollen. Dieser Befund wird dadurch bekräftigt, dass ein höchst signifikanter Zusammenhang besteht zwischen der Wichtigkeit, für eine Partei zu arbeiten und der Möglichkeit, qua Beruf politischen Einfluss auszuüben (Pearsons-R 0,383, N=156). Der Vollständigkeit halber sei erwähnt, dass jeweils ein lediglich signifikanter Zusammenhang zwischen der politischen Einflussnahme im Beruf und der Tätigkeitsdauer im jeweiligen Bereich, der Links-Rechts-Selbsteinstufung und dem Geschlecht besteht (nicht dargestellt). Den befragten Männern ist hierbei die politische Einflussnahme im Mittel (1,89) deutlich wichtiger als den befragten Frauen (2,23). Insgesamt zeigt sich, dass das Einbringen von Expertenwissen und Professionalität im Arbeiten durchschnittlich als sehr wichtig, alle anderen Aspekte als wichtig erachtet werden. Im Detail bestehen teilweise parteibedingte Unterschiede. Ohne Bedeutung ist dagegen die Arbeitsebene (nicht dargestellt). In der Bedeutung der politischen Einflussnahme zeigen sich erste Konturen einer berufspolitischen Mitarbeiterschaft und eine Zweiteilung in berufspolitische und nicht berufspolitische Mitarbeiter. Damit sind nun die Rekrutierung, der Werdegang und das nebenberufliche Parteiengagement der Befragten zu betrachten.

6.4.4 Rekrutierung, vorherige Parteiarbeit und parteipolitisches Engagement

Im Durchschnitt arbeiten die Befragten seit fast sieben Jahren im jeweiligen Bereich, stark unterdurchschnittlich hierbei die FDP (3 Jahre). Dabei sind viele Mitarbeiter schon vor ihrer aktuellen Tätigkeit im parteilich-politischen Bereich als Mitarbeiter tätig gewesen, etwa für eine Parteigeschäftsstelle oder einen Abgeordneten (knapp 39 Prozent). Ganz offensichtlich besteht ein parteiinterner Arbeitsmarkt. Stellenwechsel im Bereich der Parteiorganisation oder zwischen den Parteizentralen und anderen Parteibereichen (insb. Mitarbeiterstäbe der Party in Public Office) sind nicht unüblich (zu Jobwechseln im ökonomischen System Sennett 2000, 2005). Der Zugang zu diesem innerparteilichen Arbeitsmarkt ist dabei eng mit der Parteimitgliedschaft verknüpft, was in den Parteien in aller Regel auch offen kommuniziert wird. So betont nicht nur die CDU: „Bei hauptamtlichen Mitarbeitern aller Ebenen ist eine Mitgliedschaft in der CDU geboten" (CDU 2003: 23), wobei dies nicht nur für den Kernbereich der Organisation gilt: „Außerdem müssen künftig alle in der CDU offenen Stellen zunächst im internen Netz ausgeschrieben werden. Dies gilt auch für offene Stellen der Vereinigungen und Sonderorganisationen." (CDU 2003: 23) Das Erfordernis der Parteizugehörigkeit steht dabei im Konflikt zu einer Professionalisierung der Mitarbeiterrekrutierung und begrenzt diese:

> „Mitarbeiterrekrutierung von außen ist ein Stückchen weit auch professioneller gestaltet, ist aber immer noch ein schwieriger Punkt. Wie schreibt die SPD Stellen aus, wie kommt man da an möglichst qualifizierte Bewerber? Weil das im Grunde schon voraussetzt SPD-Mitglied, zumindest SPD-affin zu sein. Insofern ist es, in der ZEIT eine Ausschreibung zu machen, wozu man einen Hang haben könnte, immer etwas albern." (SPD 2)

Ähnlich argumentiert die Linke hinsichtlich der Personalentwicklung und -rekrutierung: „Das gibt es partiell, dass wir aus der Partei heraus Leute entwickeln für bestimmte Aufgaben, aber es ist auch so, dass wir teilweise ausschreiben, natürlich schreiben wir da auch rein, dass Parteimitgliedschaft nicht nur erwünscht ist." (Linke 3) Diese Vorgabe bleibt nicht ohne organisationale Folgen: 94,2 Prozent der befragten Mitarbeiter sind Mitglied ihrer Partei, und dies seit durchschnittlich über 13 Jahren. Nur in wenigen Fällen, am ehesten bei den Grünen (17,1 Prozent), sind sie kein Parteimitglied. Nur wenige Mitarbeiter waren früher Mitglied einer anderen Partei; keiner ist zum Befragungs- also Beschäftigungszeitpunkt Mitglied einer anderen Partei. Parteimitarbeiter sind somit in doppelter Funktion Organisationsangehörige, als Mitglieder und als abhängig Beschäftigte.

Die reine Mitgliedschaft sagt jedoch wenig über die organisational bedeutsame und einflussermöglichende Anbindung an die Gesamtparteiorganisation aus. Diese ist zentral, wenn über die Arbeit hinaus in die Partei hineingewirkt werden soll. Entscheidend ist hierbei tatsächliches Engagement, etwa in innerparteilichen oder öffentlichen Wahlämtern oder als Parteitagsdelegierter. Insgesamt sind zum Befragungszeitpunkt 44,3 Prozent der Mitarbeiter neben ihrem Parteiberuf auch in einem parteilichen und/oder öffentlichen Wahlamt engagiert. Dabei zeigt ein genauerer Blick, dass vor allem innerparteiliches Engagement häufig ist: Zum Zeitpunkt der Befragung sind vier von zehn Mitarbeitern in Parteivorständen aktiv, wobei sich dies zu ca. 80 Prozent auf einen Kreis- oder Ortsvorstand bezieht. Nicht ganz so häufig wird dagegen die zweite Möglichkeit politischen Engagements, ein öffentliches Wahlamt, ausgeübt (knapp 18 Prozent). Diese geringere Beteiligungsquote dürfte am vergleichsweise höheren Zeitaufwand liegen, was sich ferner darin zeigt, dass kaum ein Mitarbeiter mehr als ein öffentliches Wahlamt ausübt und sich dabei keine parteispezifischen Unterschiede zeigen. Mit Blick auf die Frage nach Überschneidungen eines Arbeitsmarktes lässt sich hier erkennen, dass sich zwischen Vollzeitparlamentariern und Parteimitarbeitern nur wenige Übergänge abzeichnen, zumindest vom Vollzeitmandat hinein in den Parteiapparat. Inwieweit ein Übergang von der Mitarbeiterstelle in ein Parlament üblich ist, lässt sich anhand der Daten nicht klären. Insgesamt dominiert in der Gruppe der politisch aktiven Mitarbeiter das rein innerparteiliche Engagement. Auch ein Engagement im innerparteilichen und parlamentarischen Bereich ist häufig. Ein ausschließlich parlamentarisches Engagement (neben dem Beruf im Parteiapparat) ist dagegen die Ausnahme. Allerdings sind die untersuchten Formen des Engagements sind zeitaufwendig. Eine weniger aufwendige, gleichwohl einflussreiche Möglichkeit ist es, als Delegierter in den Entscheidungsgremien der Parteien mitzuwirken. Diese Möglichkeit wird von den Mitarbeitern sehr häufig genutzt – tatsächlich waren zwei von drei Mitarbeitern bereits für ihre Partei als Parteitagsdelegierter tätig. Auffällig ist hierbei, dass kaum ein Mitarbeiter kraft Amtes delegiert war und die wenigsten Mitarbeiter nur einmal delegiert wurden. Das heißt, die Mitarbeiter wurden entweder gar nicht oder mehrfach delegiert – wobei letzteres üblicherweise nur bei dauerhafter Präsenz und Mitarbeit in den Verbänden vor Ort gelingt.

6.4.5 Bewertung Arbeitsumfeld und Zufriedenheit

Neben der hier eigentlich interessierenden innerparteilichen Einbindung der Mitarbeiter ist für eine gesamtheitliche Betrachtung des Parteiapparates zumindest ein fokussierter Blick auf das wahrgenommene Arbeitsumfeld relevant. Dieser Blick ermöglicht eine erste Einschätzung der Arbeits- und damit Organisationskultur im Parteiapparat selbst. Dazu wurden vier wesentliche Aspekte zur Beschreibung der Arbeitsatmosphäre abgefragt (Tabelle 25), die im Gesamtvergleich und (in der Hälfte der Fälle) zwischen den Parteien durchaus unterschiedlich, insgesamt aber bis auf eine Ausnahme (Wettbewerbsorientierung im Arbeitsumfeld) im Mittel stets eher zustimmend oder gar sehr stark zustimmend bewertet werden. Hierbei zeigt die Verteilung der Werte keine Auffälligkeiten, die Standardabweichungen (Gesamt) liegen zwischen 0,50 und 0,92. In allen Fällen liegen sehr positive Bewertungen für die erhobenen Aspekte vor und keiner der Befragten hält ein „offenes Arbeitsumfeld" für überhaupt nicht zutreffend.

Tabelle 25: Bewertung Arbeitsumfeld/-atmosphäre (Mittelwerte;)

	N	Gesamt	FDP	Grüne	Linke	SPD
Leistungsorientiert	158	2,01	1,75	1,92	2,17	2,02
Offen	153	1,55	1,36	1,60	1,38	1,71
Wettbewerbsorientiert	152	2,70**	2,00	2,71	3,02	2,54
Teamorientiert	159	1,71*	1,33	1,78	1,54	1,88

Skala: 1 = „trifft voll und ganz zu" bis 4 = „trifft überhaupt nicht zu"; Varianzanalyse, Signifikanzniveaus: *p < .05, **p < .01, ***p < .001; eigene Berechnung; Quelle: Mitarbeiterbefragung.

Zwei Aspekte beschreiben die Atmosphäre des Arbeitsumfeldes in den Geschäftsstellen besonders gut: Offenheit und Teamorientierung. So ist mit Blick auf die Bewertungsverteilung auffällig (nicht tabellarisch dargestellt), dass über 90 Prozent der Mitarbeiter ihr Arbeitsumfeld als offen oder sehr offen bewerten. Ähnlich klar wird eine ausgeprägte Teamorientierung am

Arbeitsplatz bestätigt: Diese halten 87,5 Prozent für stark oder sehr stark gegeben, wobei sich die Arbeit in den Geschäftsstellen zugleich auch eher dadurch auszeichnet, leistungsorientiert ausgerichtet zu sein, wenngleich fast ein Viertel der Mitarbeiter dies so nicht sieht. Mit der Leistungsorientierung geht jedoch keine konkurrenz-/wettbewerbsorientierte Situation einher, eine solche ist nach mehrheitlicher Einschätzung eher nicht anzutreffen. Insgesamt zeichnet sich damit ein positiv besetztes Arbeitsumfeld ab, wobei sich in zwei Punkten Parteieffekte zeigen. Hoch signifikant ist dies hinsichtlich eines wettbewerbsorientierten Arbeitsklimas: Nur die FDP-Mitarbeiter empfinden im Mittel ein Wettbewerbsklima als gegeben, während Linke und Grüne diese Einschätzung besonders deutlich ablehnen. Weniger deutlich, aber signifikant sind die Unterschiede hinsichtlich einer Teamorientierung im Arbeitsumfeld. Vor allem Mitarbeiter der SPD und der Grünen finden, dass eine Teamorientierung in ihrem Arbeitsumfeld nicht besteht. Neben Parteieffekten sind Ebeneneffekte denkbar (nicht dargestellt), da sich die Arbeitsbedingungen auf Bundes- und Landesebene durchaus unterscheiden können. Diese erweisen sich jedoch lediglich hinsichtlich des Items Offenheit als signifikant, wobei die Bundesmitarbeiter ihr Umfeld etwas offener einschätzen als die Landesmitarbeiter (Mittelwert 1,41 bzw. 1,65). Darüber hinaus zeigen sich keine signifikanten Effekte. Insgesamt bestätigt sich der bereits in den Interviews gewonnene Eindruck einer eher offenen, teamorientierten Arbeitsatmosphäre in den Parteigeschäftsstellen.

Neben dem direkten Arbeitsumfeld ist auch die generelle Zufriedenheit mit der Partei zu betrachten, um das Bild der Mitarbeiter von ihrer Arbeits- und Parteiumgebung ebenso knapp wie umfassend zu rekonstruieren. Vier Aspekte decken das umfangreiche Spektrum parteiorganisationaler Arbeit in ausreichender Weise ab: die Zufriedenheit mit Inhalten, Strukturen, Wahlkämpfen und der alltäglichen Parteiarbeit (Tabelle 26). Ein signifikanter Ebeneneffekt ist nur in der Zufriedenheit mit der Professionalität von Wahlkämpfen erkennbar. Hier zeigt sich, dass die Mitarbeiter im Bund die Professionalität positiver beurteilen als die Landesmitarbeiter (Mittelwert 1,93 bzw. 2,15) – was die aus den Interviews gewonnene Selbsteinschätzung als „Bundesliga-Profis" untermauert. Im Fokus stehen jedoch auch hier Unterschiede zwischen den Parteien. Bei der parteialltäglichen Arbeit und der Wahlkampfprofessionalität sind keine signifikanten Unterschiede nachweisbar, was zeigt, dass alle Parteien in diesen beiden Punkten zumindest ähnlich aufgestellt sind, wobei die Professionalität der Wahlkämpfe im Gesamtmittel besser bewertet wird als die Organisationsstrukturen – die unter einem Professionalitätsparadigma durchgeführten Reformen und Wahlkampfstrukturveränderungen der letzten Jahre zeigen offensichtlich Wirkung.

Tabelle 26: Zufriedenheit mit Organisationsaspekten (Mittelwerte;)

	N	Gesamt	FDP	Grüne	Linke	SPD
Politische Inhalte	159	1,86***	1,25	1,73	1,74	2,24
Organisationsstrukturen	158	2,33**	1,92	2,43	2,18	2,46
Professionalität Wahlkämpfe	157	2,07	2,08	2,10	2,15	1,96
Alltägliche Parteiarbeit	158	2,22	1,92	2,24	2,26	2,24

Skala: 1 = „trifft voll und ganz zu" bis 4 = „trifft überhaupt nicht zu"; Varianzanalyse, Signifikanzniveaus: *p < .05, **p < .01, ***p < .001; eigene Berechnung; Quelle: Mitarbeiterbefragung.

Höchst signifikante parteiabhängige Unterschiede zeigen sich in der Zufriedenheit mit politischen Inhalten, hoch signifikante Unterschiede in der Zufriedenheit mit den Organisationsstrukturen, wobei letzteres deutlich aus der relativen Unzufriedenheit der SPD-Mitarbeiter resultiert (Scheffé-Test: SPD-Mitarbeiter zu allen anderen Gruppen in höchst oder hoch signifikanter Weise abweichend). Während also die SPD-Mitarbeiter die Inhalte am kritischsten bewerten, zeigen sich die FDP-Mitarbeiter mit den Parteiinhalten sehr zufrieden. Damit verbunden ist eine in ihrer Kausalität empirisch nicht zu überprüfende erstaunliche Auffälligkeit – es besteht ein hoch signifikanter Zusammenhang von Tätigkeitsdauer und Zufriedenheit mit den Inhalten (nicht dargestellt): Diejenigen, die bis zu drei Jahren im entsprechenden Bereich tätig sind, sind deutlich zufriedener mit den Inhalten. Wieder mit Blick auf Parteieffekte zeigt sich bei der Bewertung der Organisationsstrukturen auf niedrigerem Niveau ein ähnliches Bild. Hier sind FDP- und Linke-Mitarbeiter eher zufrieden als die der SPD und Grünen, bei diesen beiden Gruppen fällt die Zufriedenheitsbewertung zu über 40 Prozent eher negativ aus. Bei allen Mitarbeitern fällt auf, dass bei noch positivem Gesamtmittel immerhin 27 Prozent die alltägliche Parteiarbeit als eher unbefriedigend bewerten und gut 35 Prozent die Organisationsstrukturen negativ sehen, während die politischen Inhalte und die Wahlkampfprofessionalität seltener negativ beurteilt werden.

6.4.6 Berufsprofessionelle Mitarbeiter mit und ohne Führungsanspruch

Im vorangegangenen Abschnitt wurde die analytische Perspektive verändert, um ein vollständigeres Bild den Mitarbeitern in den Parteigeschäftsstellen und hinsichtlich ihrer Organisationsbewertung zu gewinnen. Ausgehend von Überlegungen hinsichtlich des innerparteilichen Arbeitsmarktes, die mit der Professionalisierung der Parteiorganisationen in Verbindung gesetzt wurden, konnten so weitergehende Annahmen zu den von den Parteien beschäftigten Mitarbeitern entwickelt werden, um daran anschließend eben jene Mitarbeiter erstmals genauer empirisch zu beschreiben. Neben soziografischen Kernmerkmalen galt es, die Frage nach der Verberuflichung von Politik durch Parteimitarbeiter und der innerparteilichen Einbindung selbiger näher zu untersuchen. Dies steht in direkter Verbindung zur Überlegung, dass den Mitarbeitern eine wichtige innerparteiliche Stellung zukommt, die durch ein neben- bzw. überberufliches Engagement noch verstärkt werden kann. Dabei ist der Aspekt des überberuflichen Parteiengagements im nachfolgenden Abschnitt von Relevanz, wenn es um die Ausprägung von innerparteilichen Organisationsparadigmen geht – könnte dieses Engagement doch ganz im Sinne institutionalistischer Überlegungen Einfluss auf die Mitarbeiter bzw. deren Organisationsleitbilder haben. Zusammenfassend ist festzuhalten, dass Parteimitarbeiter nicht nur zumeist vollberuflich von der Politik leben, sondern auch sehr großen Wert auf Professionalität im beruflichen Handeln legen.[166] Noch wichtiger ist der Befund, dass ein relevanter Teil über die Mitarbeiterstelle hinaus innerparteilich und/oder in öffentlichen Wahlämtern engagiert ist. Dabei zeigt sich, dass gerade für diese Gruppe der über den Beruf hinaus engagierten Mitarbei-

---

[166] Dass der Begriff der Professionalität noch nicht materiell gefüllt ist, ist dabei kein Defizit. Im Gegenteil, es zeigt sich in den Interviews, dass der Begriff gerade aufgrund seiner Offenheit als Legitimations- und Handlungsbezug sehr häufig herangezogen wird. Zudem wurden Teilaspekte, etwa der Bezug zur Wirtschaft oder einer effizienten Steuerung, bereits erkennbar und werden im nächsten Kapitel noch weiter untersucht.

ter die Möglichkeit der Einflussnahme qua Beruf von sehr großer Bedeutung ist. Diese Mitarbeiter trennen mutmaßlich ihre beiden Rollen – abhängig beschäftigter Parteiangestellter und eigenständiger (Lokal-)Politiker – nicht vollständig, sondern nutzen die ökonomische Absicherung durch die Mitarbeiterstelle zur politischen Verberuflichung.[167] Insofern ist nicht für alle Mitarbeiter im Parteiapparat die innerparteiliche Einflussnahme qua Beruf von Bedeutung, und nicht alle Mitarbeiter möchten über die Rolle des Dienstleisters hinaus Steuerung und politischen Einfluss ausüben.

Hinsichtlich der Frage von Mitarbeiterkarrieren wurde gezeigt, dass ein innerparteilicher Stellenwechsel häufig vorkommt. Es besteht durchaus ein organisationsinterner Arbeitsmarkt, auch wenn die erhobenen Daten diesbezüglich nur eine vorläufige Einschätzung zulassen, da insbesondere politische Karriereschritte, die nach einer Parteizentralentätigkeit erfolgen (etwa der Wechsel in ein Ministerium) in der hier genutzten Befragung nicht abgebildet wurden. Deutlich wurde jedoch, dass Parteien vergleichsweise geschlossene Arbeitgeber-Organisationen sind. Zwischenparteiliche Wechsel im Sinne eines „Unternehmenswechsels" sind trotz aller Professionalitätsansprüche die große Ausnahme. So bestätigt sich die (selbst-) geforderte und offensichtlich wirksam durchgesetzte enge Verknüpfung von Parteimitgliedschaft und innerparteilicher Berufskarriere, so dass analog zu den Kirchen als religiösen Tendenzbetrieben bei Parteien als weltlichen Tendenzbetrieben von einem Parteivorbehalt gesprochen werden kann. Gleichwohl ermöglichen Parteiorganisationen normale Berufskarrieren und werden darüber hinaus von nicht berufsparlamentarischen Politikern zur Ausübung von Politik als Beruf genutzt, wobei erkennbar wird, dass kaum ein Mitarbeiter zuvor ein Landtags- oder Bundestagsmandat innehatte, wenngleich durchaus möglich ist, dass sich ein solches Mandat an die Mitarbeitertätigkeit anschließen kann. In Parteiorganisationsperspektive steht in diesem Zusammenhang vor allem die Frage nach innerparteilichen Einflussoptionen im Raum. Mitarbeiter, die ihre Arbeit als Berufspolitik mit Gestaltungswillen verstehen und zudem in vielfältiger Weise innerparteilich aktiv sind, dürften an Macht und Einfluss gewinnen, was zugleich die Party Central Offices aufwertet (und wechselwirkend wieder die Mitarbeiter).

6.5 Bilanz II: Die Parteigeschäftsstellen als Kern und Fundament der Organisation

Ziel dieses Kapitels war eine grundlegende Bestandsaufnahme der empirisch bislang kaum untersuchten Parteigeschäftsstellen auf Bundesebene und der dortigen Mitarbeiter. Dabei wurde die Analyse (kontrolliert) um die Mitarbeiter auf Landesebene ergänzt, um den hauptamtlichen Apparat auf beiden parteilich relevanten Ebenen zu erfassen und ein vollständiges Bild zu erlangen. Im Ergebnis ist bei wenigen Ausnahmen eine hohe organisationsstrukturelle und -kulturelle Kongruenz festzuhalten. Die theoretischen Annahmen bestätigen sich damit. Dabei wurde in der organisationsstrukturellen Bestandsaufnahme deutlich, dass die Parteien ebenso wie bei Satzungsfragen und formalstrukturellen Aspekten auch in der Ausrichtung ihrer Parteizentralen Spielräume haben und diese auch zu nutzen wissen, wie besonders deutlich die

---

[167] Aus Sicht der Professionalisierungsforschung stellt sich die Frage, ob in den Parteiapparaten der Typus des „Arbeitskraftunternehmers" erkennbar wird (dazu etwa Voß/Pongratz 1998; Voß 2001). Dies wäre für innerparteiliche Karriereverläufe dieser „politischen Entrepreneure" eine relevante Veränderung, die jedoch im Kontext der vorliegenden Studie und anhand der vorliegenden Daten nicht weiter untersucht werden kann.

FDP mit ihrer primär kommunikationsorientierten Bundesgeschäftsstelle und der Auslagerung administrativer Tätigkeitsbereiche in extraorganisationale, parteieigene Unternehmen zeigt. Zugleich wurde eine Angleichung der organisationsstrukturellen Ausrichtung der Geschäftsstellen deutlich, wobei die FDP durch eine partielle Auslagerung der Administration und die Linke durch eine partiell noch ausstehende Zentralisierung der Datenbestände auffallen (hier ist von einer baldigen Angleichung auszugehen). Weitere Sonderwege, wie die Auslagerung der Wahlkampf- und Kampagnenarbeit bei der SPD 1998 und 2002, haben sich nicht durchgesetzt, auch die SPD verzichtet seit 2005 auf diesen nur in Folge seiner Neuartigkeit und damit nur kurzzeitig erfolgreichen Versuch organisationaler Innovationen.

Insgesamt hat sich die hohe Bedeutung der Parteiapparate bestätigt. Diese dienen nicht zuletzt dem Aufbau und der Akkumulation von Organisations- und Expertenwissen – gerade für die in ihren ehrenamtlichen Bereichen von Unsicherheit gekennzeichneten Organisationen ein ganz zentrales Element der organisationalen Verstetigung. Schon aus diesem Grund kommt den Parteiapparaten, insbesondere auf Bundesebene, im organisationalen Bereich eine nicht bloß funktionale innerorganisatorische Rolle zu; sie sind vielmehr für den langfristigen Organisationserhalt von entscheidender Bedeutung. Damit geht durchaus intendiert eine sukzessive Bedeutungszunahme der oberen Ebenen einher. Die Bundesebene und damit die dort stärker ausgebauten Parteiapparate profitieren insbesondere von neuen direkten Kommunikationsstrukturen und -instrumenten sowie einer zu Teilen bröckelnden bzw. nie existenten lokalen Basis, dies machen vor allem die Interviews mit den befragten Spitzenakteuren deutlich. Beides sind Gründe für die zentrale Rolle der Parteiapparate, die in den letzten Jahren selbst nicht mehr gewachsen sind, sondern eher stagnierten. Insofern sind die vermeintlich widersprüchlichen Ergebnisse zusammenzuführen. Auch das kollegiale Verhältnis (einer „gegenseitige[n] Sache" (Linke 4)) steht dabei für einen faktischen Einfluss des Parteiapparates auf die gewählte Parteiführung, wodurch die Mitarbeiterstäbe einen hohen innerorganisationalen Einfluss haben und zu Teilen auch bewusst nutzen. Mit dieser innerparteilichen Relevanz geht ein ausgeprägtes, parteiübergreifend weitgehend identisches Selbstbewusstsein der Apparate einher. Deren kollektives Selbstverständnis setzt sich aus zwei Aspekten zusammen: Einerseits ist es das eines Dienstleisters, andererseits das eines Akteurs mit umfassendem Steuerungs- und Führungsanspruch. Zwischenparteiliche Unterschiede sind hierbei nicht auszumachen, in allen Parteien sehen sich die Mitarbeiter als „Profis" mit Verantwortung für die gesamte Parteiorganisation. Ebenfalls auffällig ist der zumeist dezente, aber deutlich erkennbare Verweis auf die vermeintliche Qualitätssteigerung durch die Adaption einzelner Instrumente und Strukturen, die dem Wirtschaftssystem entlehnt sind (beispielsweise CRM-Systeme, Assessmentverfahren).

Überraschend deutlich treten im Gegensatz zu den nur wenigen nachweisbaren zwischenparteilichen Unterschieden innerparteiliche Differenzen zutage. Besonders auffällig ist etwa, dass nicht allen Mitarbeitern daran gelegen ist, über den Beruf bzw. über den Beruf hinaus politischen Einfluss auszuüben. Es findet sich einerseits eine Gruppe von Mitarbeitern, die auch im Beruf klar politisch Einfluss nehmen möchte und damit einen klaren Steuerungsanspruch zum Ausdruck bringt, und andererseits findet sich eine Gruppe von Mitarbeitern, die vor allem von der Politik lebt und sich darauf beschränkt, berufsprofessionelle Arbeit leisten zu wollen. In der hier zu Grunde liegenden Parteiorganisationsperspektive ist die erstgenannte Gruppe besonders interessant, gerade hinsichtlich der sich daraus ergebenden innerparteilichen Macht- und Einflussoptionen in Verbindung mit dem zuvor herausgearbeiteten, klar erkennbaren Steuerungsansprüchen. Zugleich ist damit die Frage nach kulturellen Spannungslinien innerhalb der Parteien verbunden, die möglicherweise Einfluss auf die vorfindbaren Organisationsparadigmen haben.

Zusammenfassend sind damit drei Befunde zentral. Erstens ist eine hohe organisatorische Kongruenz der Bundesparteigeschäftsstellen feststellbar, wobei sich organisationale Freiräume zeigen. Das heißt, es bestehen trotz gewisser funktionaler Notwendigkeiten Handlungskorridore in der Frage, wie diesen Notwendigkeiten entsprochen werden soll. Parteien insbesondere hinsichtlich ihrer organisatorisch- strukturellen Binnengestaltung bei Weitem nicht so stark umweltdeterminiert wie häufig angenommen wird. Zweitens findet sich ein in allen Parteien weitgehend identisches organisationales bzw. kollektives Selbstverständnis, was hinsichtlich der ausgeführten theoretischen Überlegungen, insbesondere der kulturellen Isomorphie, relevant ist und die entwickelten neoinstitutionalistischen Überlegungen bestätigt. Drittens zeigt sich hinsichtlich des individuellen Selbstverständnisses eine innerparteiliche Spaltung in zwei unterschiedliche Mitarbeitergruppen. Der Bedeutung dieser Trennungslinie wird nun nachzugehen sein, wenn im abschließenden empirischen Teil die organisationskulturellen Aspekte und Organisationsparadigmen untersucht werden.

7 Parteien zwischen Mitglieder- und Professionalitätsorientierung

In diesem Kapitel werden die in den Parteiapparaten vorzufindenden Organisationsparadigmen empirisch herausgearbeitet und analysiert. Dazu wird in vier Schritten vorgegangen. Zunächst wird geprüft, welche generalisierten Parteiziele von den Mitarbeitern als wichtig erachtet werden (Abschnitt 7.1). Es folgt wie zuvor in parteienvergleichender Perspektive eine umfassende Analyse der zentralen organisationsparadigmatischen Dimension „Mitglieder-/Mitgliedschaftsorientierung" (Abschnitt 7.2), wobei sowohl Interview- als auch Befragungsdaten herangezogen werden. In gleicher Weise wird dann das Leitbild „Professionalitäts-/Wahlorientierung" untersucht (Abschnitt 7.3), wobei die Analyse in diesem Abschnitt auf Organisationsaspekte fokussiert. Die auf den Parteiapparat bezogenen Aspekte wurden bereits oben aufgezeigt und analysiert (dazu Abschnitt 6.3). Abschließend wird in der Zusammenführung der vorherigen Befunde geprüft, ob sich innerparteilich spezifische Mitarbeitergruppen ausmachen lassen, die das eine oder das andere Leitbild vertreten oder ob nicht vielmehr eine auch individuelle organisationsparadigmatische Indifferenz in der Mitarbeiterschaft dominiert (Abschnitt 7.4). Damit entsteht im Ergebnis ein multidimensionaler Eindruck der in den Parteiapparaten vorfindbaren Organisationsvorstellungen.

7.1 Generalisierte Parteiziele

Dass Parteien zeitgleich unterschiedliche, durchaus widersprüchliche Ziele verfolgen, wurde bereits diskutiert (Abschnitt 4.2.3.1). Doch welche Ziele sind für die Mitarbeiter in den Central Offices – für die Parteiapparate – von zentraler Bedeutung? Diese Frage ist schon deshalb von grundlegendem Interesse, weil anzunehmen ist, dass die individuelle Zielpriorisierung und die vertretenen Parteiorganisationsparadigmen zusammenhängen dürften (zu Organisationsleitbildern Abschnitt 7.4). An dieser Stelle ist zunächst entscheidend, dass generalisierte Parteiziele auch als Spiegelbild gesellschaftlicher Erwartungen verstanden werden können und somit den Einfluss institutioneller Erwartungen bzw. Anforderungen widerspiegeln dürften. Um dieser Frage nachzugehen, wurden die Mitarbeiter in den Party Central Offices gebeten, die in der Literatur vorzufindenden zentralen, generalisierten Parteiziele in eine Rangfolge zu bringen, wobei jede Position mit nur einem Ziel belegt werden konnte, so dass sich in jedem Fall eine eindeutige Gewichtung ergibt (Tabelle 27).

Tabelle 27: Generalisierte Parteiziele (Mittelwert der Rangpositionen)

		Gesamt	FDP+	Grüne	Linke	SPD
(I)	von Grundwerten ausgehend dem Allgemeinwohl dienen	1,94	2,00	2,02	2,03	1,77
(II)	Ort der Debatte sein; politische Beteiligung fördern	2,30*	2,13	1,95	2,31	2,67
(III)	Anliegen und Interessen der Mitglieder vertreten	3,53**	2,75	4,12	3,15	3,44
(IV)	Regierungsverantwortung übernehmen; politisches Führungspersonal rekrutieren	4,08	4,13	3,84	4,64	3,81
(V)	Mitwirkung in gesellschaftlichen Institutionen	4,50	5,50	4,30	4,33	4,67
(VI)	breite Unterstützung in Wahlen erreichen	4,53	4,50	4,72	4,33	4,51

Skala: Rangfolge[168] von 1 = „wichtigstes Parteiziel" absteigend; N=133; +n < 10; Varianzanalyse, Signifikanzniveaus: *p < .05, **p < .01, ***p < .001; eigene Berechnung; Quelle: Mitarbeiterbefragung.

Es zeigt sich, dass die in einem Ranking abgefragten primären Parteiziele sehr deutlich auf die bereits theoretisch angenommene Übernahme institutioneller Erwartungen hinweisen. Auffällig ist bei einer genaueren Analyse die hohe Bedeutung, die im Mittel der Aufgabe zugeschrieben wird, auf Basis der parteispezifischen Grundwerte dem Allgemeinwohl zu dienen (Tabelle 27: I). Diese aus Organisationssicht vordergründig altruistische Haltung bestätigt die Bedeutung institutioneller Erwartungen, ist dieser Allgemeinwohlvertretungsanspruch doch ein zentrales Legitimationsargument für die staatliche Förderung und die verfassungsrechtliche Sonderstellung politischer Parteien. Zudem grenzen sich die Parteien insbesondere mit diesem nicht-klientelistischen Anspruch von anderen, ebenfalls auf politischen Einfluss zielenden Organisationen ab (zur Bedeutung der Gemeinwohlorientierung Steininger 1984: 36-41).

Dieser Überlegung folgend überrascht es nicht, wenn das ebenfalls institutionell geforderte, demokratietheoretisch formulierte und zudem rechtlich verankerte Ziel, als Partei „Ort der Debatte" zu sein und die politische Partizipation zu fördern, im Mittel eine ähnlich hohe Position einnimmt (Tabelle 27: II, vgl. auch Tabelle 37: XIX). Die zugeschriebene Bedeutung dieses Ziels ist jedoch zumindest dann erstaunlich, wenn man bedenkt, dass gerade Geschlossenheit von Parteien als elektoral vorteilhaft angesehen wird. Nicht innerparteiliche, aber öffentlich wahrnehmbare Parteidebatten, sondern Konsens wird oft als erstrebenswert angesehen und als Merkmal guten Parteimanagements verstanden: „Wähler mögen kein Gezänk, heißt es" (Schlieben 2009). Die signifikanten Parteiunterschiede resultieren dabei aus der unterschiedlichen Bewertung bei SPD- und Grünenmitarbeitern (Scheffé-Test). Für die Mitarbeiter der Grünen ist die innerparteiliche Debatte im Mittel von größter Bedeutung, wohingegen von den SPD-Mitarbeitern die Bedeutung am geringsten eingestuft wird. Doch selbst hier steht das Ziel im Mittel immer noch deutlich an zweiter Stelle. Die Tatsache, dass ein Parteieffekt auftritt, bestätigt die Annahme, dass selbst bei hohem institutionellem Erwartungsdruck organisationskulturelle Handlungs- bzw. Gewichtungsspielräume bestehen. In gewissem, wenngleich bescheidenem Umfang sind parteikulturelle Besonderheiten möglich und empirisch vorzufinden. Hier wird deutlich, dass Parteien – und deren Mitarbeiter – einerseits institutionellen Erwartungen ausgesetzt sind, sie aber andererseits durchaus in der Gewichtung einzelner Aspekte

---

[168] Die Befragten wurden gebeten, jedem der genannten Ziele eine Position von eins (sehr wichtig) bis sechs (weniger wichtig) zuzuweisen, wobei jede Position nur einmal besetzt werden kann – Doppelpositionierungen sind somit ausgeschlossen. Dargestellt wird die jeweils mittlere Ranking-Position des abgefragten Items für alle Mitarbeiter (Gesamt) bzw. die Mitarbeiter einer spezifischen Partei. Es sind nur diejenigen Angaben berücksichtigt, bei denen jeweils allen sechs genannten Parteizielen eine Position zugewiesen wurde.

voneinander abweichen können, ihre Einstellungen also keineswegs extern determiniert sind. Das heißt, es bestätigt sich, dass Parteien Umwelterwartungen „in einem Prozeß der kognitiven Aneignung" (Wiesendahl 1998: 126) übernehmen – und im Rahmen dieses Prozesses entstehen Interpretations- und Bewertungsfreiräume. Zudem zeigen sich, darüber wird noch zu sprechen sein, große innerparteiliche Unterschiede, was nichts anderes bedeutet, als dass der einzelne Mitarbeiter in seiner Zielgewichtung durchaus individuell entscheidet.

Noch deutlicher wird diese individuelle Zielgewichtungsfreiheit im Ziel „Vertretung von Mitgliederinteressen" (Tabelle 27: III). In diesem bestätigt sich der bereits in der hohen Bedeutung der Allgemeinwohlerreichung erkennbare Anspruch von Parteien, nicht nur Klientelismus zu betreiben. Viele Mitarbeiter sehen ihre Organisationen nicht zuvorderst als Interessenvertreter ihrer Mitglieder, dies wird außer bei der FDP durchschnittlich als eher weniger wichtig eingestuft. Besonders gering ist die Bedeutung dieses Ziels bei den Grünen, was zu insgesamt hoch signifikanten Parteiunterschieden führt und insbesondere im Vergleich der Grünen-Mitarbeiter zur Mitarbeiterschaft der Linken statistisch signifikante Effekte verursacht. Nur bei den Grünen wird zudem das Ziel Regierungsübernahme (Tabelle 27: IV) von den Mitarbeitern im Mittel höher eingestuft als die Vertretung von Mitgliederinteressen (Tabelle 27: III). Es wird erkennbar, dass Parteien aus Sicht der Mitarbeiter gar nicht vorrangig die Interessen ihrer Mitglieder vertreten sollen. Diese Einstellung kann durchaus problematisch werden – zu denken ist etwa an den organisationsimmanenten Konflikt zwischen ehrenamtlicher Basis und hauptamtlichem Apparat. Auch aus diesem Grund wird auf die Bedeutung der Mitglieder aus Sicht der Party Central Offices noch einzugehen sein (dazu Abschnitt 7.2.1, insb. Tabelle 30).

Mit Blick auf die übrigen Primärziele ist auffällig, dass in allen Parteien die Ziele „Übernahme von Regierungsverantwortung" (Tabelle 27: IV), „Mitwirkung in gesellschaftlichen Institutionen" (Tabelle 27: V) sowie „breite Unterstützung in Wahlen erreichen" (Tabelle 27: VI) im Mittel klar eine eher untergeordnete Bedeutung einnehmen.[169] Entgegen der häufig vertretenen Annahme, jedoch in Übereinstimmung mit den hier entwickelten Überlegungen zur besonderen, eher wahlunabhängigen Stellung von Parteiorganisationsmitarbeitern, sind diese Aspekte zumindest in wahlkampffreien Zeiten (in einer solchen „Normalphase" fand die Befragung statt) und auf der hier erfassten generalisierten Ebene für die Mitarbeiter im Apparat keine vorrangigen Organisationsziele. Dabei treten bei einer genaueren Analyse des Ziels IV („Regierungsverantwortung") die höchsten Unterschiede in der Bewertung hinsichtlich der Links-Rechts-Selbsteinschätzung auf, die Mittelwerte der sich als links einstufenden Mitarbeiter sind geringer als die Werte der sich mittig einstufenden. Neben der Rechts-Links-Positionierung könnte noch ein weiterer Effekt den Wahlerfolg als nachrangiges Ziel der Parteimitarbeiter erscheinen lassen: Der direkte Nutzen eines Wahlerfolgs und einer Regierungsbeteiligung ist für die Mehrheit der Mitarbeiter schwer einzuschätzen. Als Parteimitglied, was die übergroße Mehrheit der Mitarbeiter wie gezeigt ist, ist ein Wahlerfolg (und der damit verbundene Bedeutungs- und Machtzuwachs der Partei im weiteren Sinne) zwar in aller Regel erwünscht – für Organisationsmitarbeiter geht ein Wahlsieg jedoch nicht unbedingt mit einem Macht- und Einflussgewinn für das Central Office einher, gewinnen doch vorrangig die politischen Akteure in der Exekutive Einfluss- und Machtoptionen. Andererseits eröffnen sich zumindest für einen Teil der Parteiangestellten durch eine Regierungsbeteiligung neue außerpar-

---

[169] Also zumindest auf der Ebene „Talk" (Brunsson 1994), das heißt im Bereich der hier abgefragten Erwartungen bzw. normativ durchwirkten Grundeinschätzungen.

teilche Karrierewege im parteilichen durchwirkten Bereich der Ministerialbürokratie. Ein Wechsel in die staatliche Exekutive kommt jedoch, so ist anzunehmen, nur für einen Teil der Parteimitarbeiter infrage.

Bemerkenswert ist, dass sich vor allem parteiinterne Spaltungslinien zeigen, wie Tabelle 28 und Tabelle 29 exemplarisch hervorheben. Somit dürfen die zur parteienvergleichenden Analyse herangezogenen Mittelwerte nicht über die großen innerparteilichen Unterschiede hinwegtäuschen. Parteiinterne Unterschiede in der Bewertung von Parteizielen sind deutlich ausgeprägter und damit organisational bedeutsamer als zwischenparteiliche Unterschiede, da mit den erstgenannten innerorganisationale Probleme einhergehen können (etwa in der Priorisierung von Reformmaßnahmen und der alltäglichen Aufgabenerfüllung). Zugleich spricht dies für das oben beschriebene parteiliche Handlungsmuster der Indifferenz (siehe Abschnitt 4.2.3), wenn selbst im Parteiapparat große Unterschiede hinsichtlich der Bewertung generalisierter Parteiziele bestehen. Betrachtet man die innerparteiliche Verteilung einzelner Primärziele (Tabelle 28), so zeigt sich, dass etwa die vereinsklientelistische Vertretung von Mitgliederinteressen für viele SPD-Mitarbeiter von eher hoher Bedeutung (Rang 1-2) ist, für andere dagegen eine nur geringe Rolle spielt (Rang 5-6). Als signifikante Einflussfaktoren erweisen sich in diesem Zusammenhang die Tätigkeitsdauer und der Ausbildungsgrad, wohingegen die Unterscheidung von beruflichem und darüber hinausgehendem Parteiengagement ohne messbare Erklärungskraft bleibt.

Tabelle 28: Parteiziele „Mitgliederinteressen" und „Debatten und Partizipation" (innerparteiliche Verteilung gruppiert; in Prozent)

	„Mitgliederinteressen vertreten" (III, gruppiert)		
	Hohe Bedeutung	Mittlere Bedeutung	Geringe Bedeutung
Gesamt	27,8	45,1	27,1
FDP[+]	37,5	62,5	0,0
Grüne	11,6	53,5	34,9
Linke	33,3	46,2	20,5
SPD	37,2	32,6	30,3
	„Debatte und Partizipation" (II, gruppiert)		
	Hohe Bedeutung	Mittlere Bedeutung	Geringe Bedeutung
Gesamt	63,9	32,3	3,8
FDP[+]	62,5	37,5	0,0
Grüne	79,1	16,3	4,7
Linke	64,1	33,3	2,6
SPD	48,8	46,5	4,7

Gruppierung: Hohe Bedeutung = Rang 1-2, Mittlere Bedeutung = Rang 3-4, Geringe Bedeutung = Rang 5-6 (vgl. Tabelle 27); N=133; [+]n < 10; eigene Berechnung; Quelle: Mitarbeiterbefragung.

In ähnlicher Weise zeigt sich bei der Frage nach dem Stellenwert der Regierungsbeteiligung (Item IV) und der Bedeutung einer breiten Wählerunterstützung (Item VI) eine innerparteiliche Gruppenbildung, wie Tabelle 29 erkennen lässt.

Tabelle 29: Parteiziele „Regierungsübernahme" und „Wahlerfolg"
(innerparteiliche Verteilung gruppiert; in Prozent)

	„Regierungsverantwortung übernehmen" (IV, gruppiert)		
	Hohe Bedeutung	Mittlere Bedeutung	Geringe Bedeutung
Gesamt	18,0	35,3	46,6
FDP[+]	12,5	37,5	50,5
Grüne	20,9	41,9	37,2
Linke	10,3	28,2	61,5
SPD	23,3	34,9	41,9
	„Breite Unterstützung in Wahlen erreichen" (VI, gruppiert)		
	Hohe Bedeutung	Mittlere Bedeutung	Geringe Bedeutung
Gesamt	7,5	37,6	54,9
FDP[+]	12,5	37,5	50,0
Grüne	7,0	30,2	62,8
Linke	7,7	43,6	48,7
SPD	7,0	39,5	53,5

Gruppierung: Hohe Bedeutung = Rang 1-2, Mittlere Bedeutung = Rang 3-4, Geringe Bedeutung = Rang 5-6 (vgl. Tabelle 27); N=133; [+]n < 10; eigene Berechnung; Quelle: Mitarbeiterbefragung.

Im Ergebnis ist in parteienvergleichender Perspektive festzuhalten, dass sich die Bedeutungszumessungen bei den primären Parteizielen bis auf wenige Ausnahmen nicht signifikant zwischenparteilich unterscheiden. Damit bestätigt sich hinsichtlich der generalisierten Ziele die theoretisch angenommene zwischenparteiliche organisationskulturelle Kongruenz. In allen Parteien stehen institutionell-normativ erwartete, vordergründig altruistische Primärziele an oberster Stelle. Zugleich wird jedoch deutlich, dass innerhalb der Parteiapparate sehr viel unterschiedlichere Vorstellungen davon bestehen, welche Ziele vorrangig zu verfolgen sind. Dies spricht dafür, dass sich in der Mitarbeiterschaft die Zielheterogenität von Parteiorganisationen in voller Breite wiederfindet. Mit diesem ersten Eindruck geringer zwischenparteilicher und zeitgleich ausgeprägter innerparteilicher Differenzen sind nun weitere organisationsparadigmatische Aspekte in den Blick zu nehmen.

7.2 Die Mitgliederpartei und ihre Parteimitglieder

Die Mitgliederpartei spielt in der bundesdeutschen Parteienentwicklung funktional wie normativ-paradigmatisch eine zentrale Rolle. Spätestens mit der Debatte um die Ausdifferenzierung postmoderner Parteitypen wird jedoch immer wieder von einem Bedeutungswandel – mithin einem Bedeutungsverlust – der Mitglieder für die professionelle, wahl- und wählerorientierte Partei ausgegangen. Damit stellt sich die Frage, welcher Stellenwert Parteimitgliedern und dem Modell der Mitgliederpartei von Seiten der Parteimitarbeiter eingeräumt wird.

7.2.1 Stellung, Bedeutung und Funktion von Mitgliedern und Mitgliedschaft

7.2.1.1 Die Sicht der Organisationsspitzen

Das Verhältnis der Parteizentralen zur Parteibasis wurde bereits in Abschnitt 6.3 betrachtet. Nun sind in Ergänzung dazu die von den Mitarbeitern wahrgenommene Bedeutung von Mitgliedern und formaler Mitgliedschaft zu betrachten, um anhand dessen den Stellenwert des Leitbildes „Mitgliederpartei" weiter herauszuarbeiten. Es werden dabei von Seiten der Organisationsspitzen vor allem drei zentrale Aspekte hinsichtlich der Mitglieder formuliert. Zunächst sind die Mitglieder in kommunikativer Hinsicht von mehrfacher Bedeutung, zudem von unterschiedlicher funktionaler Relevanz und nicht zuletzt für die organisationale und demokratische Legitimation unverzichtbar. Diese drei Dimensionen sind nun herauszuarbeiten und anschließend quantitativ zu analysieren (Abschnitt 7.2.1.2).

Ausgangspunkt der nachfolgenden Betrachtungen ist die Annahme, dass das Selbstverständnis der Mitarbeiter für das Verhältnis der Parteizentralen zur Mitgliedschaft prägend ist. Entscheidend ist hierbei der Befund, dass sich die Mitarbeiter als professioneller Kern der Partei verstehen, als vorausschauender Planer, als zentrale Anlaufstelle und als Dienstleister mit Steuerungs- und Gestaltungsanspruch. Mit diesem Selbstverständnis geht eine Abgrenzung von der einfachen Mitgliedschaft einher. Diese Grenzziehung kommt durchaus deutlich zum Ausdruck, wenn etwa darauf hingewiesen wird, dass die Professionalisierung (in diesem Zusammenhang: von Wahlkämpfen) vor allem in der Organisationsspitze stattgefunden habe, „also im Kampagnenkopf, (…) während die Organisation sich viel weniger mitprofessionalisiert hat als die Kampagnenführung" (Grüne 3). Diese Entwicklung führt dazu, dass die dauerhafte Anbindung der Mitglieder an den professionellen Parteiapparat eine ebenso komplexe wie organisational überlebenswichtige und nicht zu unterschätzende Herausforderung darstellt. Denn wenn, wie in allen Parteien beschrieben wird, die Geschäftsstellen vorausschauende Planer und Leitagenturen sein wollen, ist es unerlässlich, die Mitglieder vor Ort mitzunehmen, will man mittelfristig organisationale Probleme wie eine Entkopplung des (hauptamtlichen) Apparates von der (ehrenamtlichen) Basis vermeiden.[170] Der innerparteilichen Kommunikation zwischen Apparat und einfachem Mitglied kommt aus diesem Grund eine existenzielle Bedeutung zu.

In den Interviews wird deutlich, dass auf Bundesebene den Mitgliedern eine hohe Bedeutung beigemessen wird, und dies nicht nur von denjenigen, die direkt im Bereich Mitgliederbetreuung/-management tätig sind. Häufig steht dabei jedoch vor allem das Anliegen im Vordergrund, eine zeitgemäße Top-down-Kommunikation mit den Mitgliedern zu organisieren, wobei diese dann vorrangig als Informationsempfänger verstanden werden, wie diese Aussage exemplarisch verdeutlicht:

„Das ist eine zentrale Aufgabe (…), dass wir ein anderes Maß an Mitgliederbetreuung haben als bisher. Also zum Beispiel dass wir jetzt via Internet zumindest alle 14 Tage Informationen herausgeben, [einen] Newsletter,

---

[170] Ein Problem, das im Übrigen aus der Verbändeforschung (dazu etwa Rauschenbach et al. 1996) und auch aus der Parteienforschung (hier vor allem hinsichtlich des Auseinanderdriftens von Fraktionen und Parteiorganisationen) bekannt ist. Denkt man zudem an die Probleme, die durch den Austritt zu vieler Mitglieder oder gar ganzer Ortsverbände entstehen (siehe beispielsweise Ehrenstein 2007), so wird klar, dass die Bedeutung dieser Anbindung mittels kommunikativer Handlung nicht zu unterschätzen ist.

das ist neu. Wir wollen, dass unsere Mitgliederzeitschrift an mehr Mitglieder kommt, die soll aber nicht kostenlos verschickt werden (...) das finde ich falsch zu sagen kostenlos, jedes Mitglied kriegt das. Was kostenlos ist, ist wertlos." (Linke 3)

Der parteiinternen Kommunikation und einer zumindest partiell zentralisierten Mitgliederbetreuung kommt dabei in allen Parteien eine wichtige Rolle zu, was nichts anderes bedeutet, als dass die direkte Anbindung der Mitglieder an die oberste Parteiebene als wichtig angesehen wird. In der Einschätzung, wie gut diese Anbindung gelingt, finden sich jedoch Unterschiede in und zwischen den Parteien. Als sehr gut wird diese von den interviewten FDP-Akteuren bewertet. Unter Verweis auf eine Mitgliederbefragung jüngeren Datums geht man in der FDP davon aus, „dass die Zufriedenheit mit den Serviceleistungen der Partei sehr hoch ist, [die Mitglieder] (...) fühlen sich auch gut informiert" (FDP 1). In der FDP fällt damit wie bereits in der Mitarbeiterbefragung eine im Parteienvergleich höhere Zufriedenheit mit dem Status quo der Parteiorganisation auf (Tabelle 26), wobei auch hier der Fokus deutlich wird – es geht um „Serviceleistungen", das heißt um umfassende Angebote, die im Ergebnis eine sanftes Durchsteuern der Partei ermöglichen. In den FDP-Interviews wird zudem kaum Kritik an den Parteistrukturen formuliert (wenn, dann nur mit Verweis auf vermeintliche Restriktionen qua Parteienrecht, siehe Abschnitt 7.2.3.1). Etwas vorsichtiger dagegen sind die Einschätzungen bei SPD und Grünen, wobei bei den Grünen die intensive, direkte Kommunikation mit den Mitgliedern vor allem im Wahlkampf gesucht wird: „Ich will nicht permanent die Kommunikation mit den Mitgliedern, auch die Mitgliederbetreuung, auf die Bundesebene ziehen, das soll auf Landesebene bleiben. Deshalb wird das außerhalb von Wahlkampfzeiten nur punktuell passieren." (Grüne 1) Nicht nur arbeitsökonomische Grenzen werden dabei angeführt, auch die Reichweite der Top-down-Informationsweitergabe wird angezweifelt bzw. beklagt: „Ja, andererseits sage ich auch es wird wahnsinnig viel Information zur Verfügung gestellt, übers Internet, per E-Mail, per Computer, aber es wird trotzdem nicht gelesen. Und die Leute beschweren sich dann, wir haben die Infos nicht gekriegt." (Grüne 2) Besonders offen traten die Grenzen der innerparteilichen Kommunikationsfähigkeit beispielsweise im ersten Anlauf einer Debatte der Partei um ein neues Parteilogo zutage, als der Bundesvorstand mit dem Antrag auf Beschluss eines neuen Parteilogos scheiterte (Bundesparteitag in Köln (Dezember 2006), dazu etwa Musharbash/Spiegel Online 2006). Dieser Fall verdeutlicht, wie wichtig eine funktionierende innerparteiliche Kommunikationskultur sein kann. Im vorliegenden Fall war für die Parteitagsniederlage des Bundesvorstands eine „Fehleinschätzung (in der Frage,) wie dieser Prozess in der Kommunikation mit der Partei zu organisieren ist" (Grüne 1), entscheidend, wie auch ein weiteres Interview zeigt:

„Es wurde nicht ausreichend kommuniziert. Es wurde im Prinzip vom Bundesvorstand mit den Führungspersonen auf Landesebene kommuniziert und in der Bundestagfraktion und im Parteirat, und die haben das nicht weitertransportiert. Das heißt, der Bundesvorstand hätte viel stärker von sich aus in die Partei hinein kommunizieren müssen. Das hat nicht stattgefunden." (Grüne 2)

Hier wird also ein Mangel an direkter Kommunikation der Parteizentrale und -führung mit der Parteiorganisation vor Ort konstatiert und ein Mehr an zentralisierter Kommunikation als dringend notwendig erachtet. Der direkten Kommunikation kommt, dies wird betont, noch eine weitere Funktion zu: Die der Herstellung von Responsivität im Arbeitsalltag. Ein SPD-Akteur verdeutlicht den bereits bei der FDP angedeuteten Aspekt der innerparteilichen Rückmeldung: „Wir bemühen uns die Mitglieder umfassend zu informieren, da gibt es natürlich auch Feedback, wo dann Kritik geübt wird, wo dann gelobt wird." (SPD 2) Diese Funktion als

Responsivitätsgenerator haben Mitglieder jedoch vor allem im innerparteilichen Kontext, wobei die Betrachtung des CRM-Systems der CDU erkennen ließ, dass hier zunehmend eine in der Bedeutung nicht zu unterschätzende Ausweitung der zentral und unmittelbar verfügbaren Responsivitätsstrukturen auf die Parteiumwelt erfolgt. Zudem werden hinsichtlich der innerparteilichen Responsivitätsrealisierung Grenzen gesehen, wie – erneut im Kontext des zunächst wenig glücklichen Parteilogo-Prozesses – bei den Grünen betont wird:

> „Der Bundesvorstand tingelt zwar im Moment wieder durch die Kreisvorstände und stellt auch das Logo selber vor. [Vorstand und Geschäftsstellenmitarbeiter] (...) versuchen dann ein bisschen von der Debatte auch mitzukriegen. Aber auch das sind wieder nur die Führungsleute aus den Kreisverbänden. Das heißt, was dann im Kreisverband selber diskutiert wird, ist noch mal wieder eine andere Geschichte." (Grüne 2)

Dennoch wird in allen Parteien versucht, zwischen Parteizentrale und -basis eine „Rückkopplung herbeizuführen" (FDP 1). Dabei geht es auch darum, „auf verändertes Konsumverhalten zu reagieren" (FDP 1). Daher habe man in der FDP „ein CRM-Konzept entwickelt, das (...)" „aktiv, attraktiv und authentisch" (heißt). (...) Die drei Begriffe sind dann gewissermaßen schon Programm" (FDP 1). Allerdings, dies wird nicht nur in der FDP deutlich, sind für die Parteizentralen nicht alle Mitglieder von Interesse, sondern vor allem die (bereits) aktiven Mitglieder, also die, die für Maßnahmen und Kampagnen der Parteizentrale erreich- und mobilisierbar sind. Eine differenzierte Wertschätzung der Mitglieder ist klar erkennbar:

> „Tja, das einfache Parteimitglied, das ist zu unterscheiden. Es sind ja eigentlich nur etwa 10 bis 20 Prozent der Parteimitglieder bei uns aktiv. Bei den anderen Parteien ist das, nehme ich an, ähnlich. Wir wenden uns ganz wesentlich an die [Aktiven], um diese in ihrer Aktivität zu unterstützen. Die sind uns auch dankbar dafür. Es gibt aber nach wie vor in allen Feldern bis hin zu ganzen Ortsverbänden der FDP, (...) wo sie fast weiße Flecken haben, wo es vielleicht einen Ortsvorstand gibt, der aber in Ruhe gelassen werden möchte." (FDP 2)

In dieser Unterscheidung wird ein wesentlicher Aspekt erkennbar: Bedeutend ist aus organisationaler Sicht nicht mehr die Trennung zwischen Mitglied und Nichtmitglied, sondern zwischen Aktivist (mit und ohne Parteibuch) und passivem Parteimitglied (zur Bedeutung der lokalen Aktivisten siehe auch Scarrow 2000: 648; Grabow 2000: 196-197; zur direkten Kommunikation zwischen Parteien und Wählern siehe Römmele 1999; Römmele 2002). Offen benannt wird diese neue Grenzlinie allerdings kaum. Zugleich ist in dieser Einschätzung, dies ist in allen Parteien erkennbar und wird schon eher offenbart, das Eingeständnis enthalten, dass nicht alle Mitglieder mobilisierbar sind, und sei es allein des hohen Alters wegen (dazu etwa Neu 2007a, 2009: 161-162). Nicht zuletzt deshalb wird gelegentlich gefordert, dass ergänzend oder sogar alternativ zu Mitgliedern auch Aktivisten für die Kampagnenarbeit vor Ort erschlossen werden sollten (so etwa Radunski 2009), und zwar unabhängig davon, ob diese lokalen Aktivisten Parteimitglied sind, werden wollen oder lediglich temporär mitwirken möchten (zu den Implikationen für das Organisationsparadigma Mitgliederpartei Abschnitt 7.2.3; in diese Richtung einer klar begrenzten inhaltlichen Mitarbeit geht auch der im Jahr 2011 eingeführte Unterstützer-Status in der SPD).

Damit werden nach dem Verhältnis der Parteizentralen zu ihrer Mitgliederbasis nun auch wesentliche kommunikative und funktionale Bedeutungen der Mitgliederbasis erkennbar. Mitglieder werden als Kommunikationsempfänger und Aktivisten vor Ort gesehen bzw. gewürdigt, wobei der letztere Aspekt noch um einige Facetten ergänzt wird. So wird darauf verwiesen, dass es nur mit einer umfassenden Mitgliederbasis möglich ist, die zumeist kommunalen Mandate zu besetzen: „(...) wir haben 60.000 Mandate zu vergeben. (...) Von den 60.000 sind 55.000 ehrenamtlich, können also nicht von Politik leben, (...) machen das in ihrer Freizeit"

(SPD 1). Es wird somit anerkannt, dass vor Ort nur überwiegend Ehrenamtliche tätig sein können, was einerseits eine Grenze der Professionalisierung im Sinne einer Verberuflichung aufzeigt und andererseits herausstellt, dass Mitglieder für den alltäglichen Organisationserhalt in mehrfacher Weise von entscheidender Bedeutung sind:

> „Wir wollen Mehrheiten gewinnen. Das setzt voraus, dass eine Sozialdemokratie Menschen gewinnt. Und Menschen gewinnt (…) man nur durch Menschen. Also brauchen wir möglichst viele Menschen, die am Arbeitsplatz, im Freundeskreis, wo auch immer im gesellschaftlichen Leben, in Vereinen, verankert sind und direkt oder indirekt für bestimmte Überzeugungen werben. Und dieses Werben, nicht nur in Bezug auf Wahlen, sondern auch was Grundwerte, Wertorientierungen angeht, kann man nur, wenn man über Mitglieder verfügt, über möglichst viele Mitglieder verfügt. Und das unterscheidet uns ja von den Konservativen. Die konnten ja bis weit in die 1960er-Jahre (…) als Wahlverein existieren. Die Sozialdemokratie nicht. Die hat schon immer gelebt von ihren Mitgliedern. (…) Also, wenn man verändern will, (…) dann braucht man viele Menschen." (SPD 1)

Parteimitglieder werden hier als Mitstreiter, und zwar explizit nicht nur im elektoralen Kontext, verstanden, als Mittler und Werber für das partei- und gesellschaftspolitische Anliegen. Dabei wird klar, dass die – bei dauerhafter Mitgliedschaft im Grundsatz stets verfügbare – gesellschaftliche Vernetzung der Parteimitglieder in das parteiliche Vor- und Umfeld eine wesentliche und zugleich begrenzende Ressource ist. So stellt im Gespräch ein FDP-Akteur fest,

> „(…) dass unsere Mitglieder Multifunktionäre sind. Nicht nur innerhalb der FDP, sondern wer sich politisch engagiert, der engagiert sich auch anderweitig gesellschaftlich, in sozialen Einrichtungen, in kulturellen, in sportlichen Vereinen. Da sieht man schon, dass die Ressource Mitglied oder potenziell erreichbarer Menschen auch erschöpflich ist." (FDP 1)

Die funktionale Bedeutung von Mitgliedern wird dabei in diesem Statement parteiübergreifend-exemplarisch auf den Punkt gebracht, was zugleich als paradigmatisches Grundverständnis der Mitgliederpartei verstanden werden kann:

> „Das Mitglied ist vor allem vor Ort tätig, (…) es soll in der Meinungsbildung (…) im Kreisverband, im Landesverband nicht nur mitwirken, sondern ihn prägen. Das ist ein wesentlicher Punkt. Zweitens: Die Mitglieder sind das Gesicht der Partei. Drittens: Die Mitglieder sind auch diejenigen, die die Finanzen der Partei sichern. Das sind also drei ganz wichtige Punkte." (Linke 3)

Nicht zu vergessen ist, dass die funktionale Bedeutung der Mitglieder eine pekuniäre Komponente beinhaltet, Mitglieder also auch als Geldgeber gewünscht werden: Denn wie solle die Politikfinanzierung funktionieren, „wenn man keine Mitglieder hat, gerade für eine Sozialdemokratie, die nicht so viele Spenden einwirbt wie andere" (SPD 1), wobei „das gesamte Finanzkonstrukt über die Mitgliedsbeiträge oder größtenteils über Mitgliedsbeiträge definiert ist" (SPD 3). Es wird mehrfach betont, dass das Leitbild der Mitgliederpartei schon aus finanziellen Gründen beizubehalten ist (Linke 3; wohingegen die staatliche und mandatsträgerbasierte Finanzierung in den Gesprächen eher nicht thematisiert wird). Darüber hinaus wird dem damit verbundenen Organisationsmodell und damit den Mitgliedern vor allem bei SPD, FDP und Linke eine legitimatorische Funktion zugesprochen, denn „Mitgliederpartei zu sein, das ist natürlich enorm wichtig, (…) auch aus politischen Gründen" (Linke 3). Ohne Mitgliederbasis werden Legitimationsdefizite befürchtet: „Wo bleibt denn dann irgendwann die demokratische Legitimation? (…) Ist Politik dann nur noch eine Serviceeinrichtung von ein paar Auserwählten? Das kann es nicht sein." (FDP 2)

7.2.1.2 Die Sicht der Mitarbeiter

Den in der Regel ehrenamtlich tätigen Parteimitgliedern kommen, dies wurde deutlich, aus Sicht der Parteiorganisationsspitzen unterschiedliche Funktionen und Aufgaben zu. Doch wie sieht dies die breite Mitarbeiterschaft? Werden die zuvor herausgearbeiteten Aspekte geteilt und in welcher Gewichtung? In Tabelle 30 sind diese Gewichtungen zu erkennen. Es wurden dazu wesentliche Aspekte und Funktionen von Parteimitgliedern abgefragt. Diese können für den langfristigen Organisationserhalt (I), das Organisationshandeln (II, III, IV) oder legitimatorisch (V) von Bedeutung sein und dabei im Arbeitsalltag des professionellen Apparats eine unterschiedliche Rolle spielen (VI). Befragt man die Mitarbeiter, inwieweit sie den formulierten Aspekten der Bedeutung von Mitgliedern auf einer Skala von eins (höchste Zustimmung) bis fünf (Ablehnung) zustimmen, so zeigt sich im Mittelwertvergleich, dass allen abgefragten Items und damit allen drei Dimensionen eher zugestimmt wird, das heißt, dass den formulierten Aspekten eher Bedeutung zugesprochen wird.

Tabelle 30: Rolle und Funktion von Parteimitgliedern (Mittelwerte)

		N	Gesamt	FDP	Grüne	Linke	SPD
(I)	Zentraler Pool zur Rekrutierung politischen Personals	152	2,11	2,50	2,02	2,26	1,96
(II)	Bringen Partei inhaltlich voran	152	2,19	2,00	2,13	2,20	2,28
(III)	Bringen Partei organisatorisch voran	151	2,56	2,58	2,79	2,28	2,59
(IV)	Werben bei Verwandten, Freunden, Kollegen für Partei	151	2,56	2,33	2,57	2,61	2,57
(V)	Ansehensgewinn durch mehr Mitglieder	152	2,59**	2,25	2,98	2,37	2,50
(VI)	Zentrale Rolle von Mitgliedern in der alltäglichen Arbeit auf Landes-/Bundesebene	151	2,50**	2,25	2,48	2,20	2,89

Skala: 1 = „trifft voll und ganz zu" bis 5 = „trifft überhaupt nicht zu"; Varianzanalyse, Signifikanzniveaus: *p < .05, **p < .01, ***p < .001; eigene Berechnung; Quelle: Mitarbeiterbefragung.

In allen Parteien wird den Mitgliedern in zwei sehr unterschiedlichen Bereichen eine im Mittel hohe Bedeutung zugeschrieben – als Personalpool zur Rekrutierung politischer Nachwuchskräfte (Tabelle 30: I) und in der inhaltlichen Arbeit (Tabelle 30: II). Es ist dabei, insbesondere vor dem Hintergrund der Diskussionen um die Notwendigkeit der Öffnung von Parteien für politische Quereinsteiger, bemerkenswert, dass ausgerechnet der Rekrutierungsfunktion die höchste Bedeutung zugemessen wird (mit Ausnahme der FDP, hier wird die inhaltliche Bedeutung von Mitgliedern (Tabelle 30: II) am höchsten bewertet). Dies zeigt: Die (aktive) Mitgliedschaft wird nach wie vor als zentral für die Nachwuchsrekrutierung erachtet (siehe auch Abschnitt 7.2.3.2; zur Debatte um die Öffnung der Parteien für (parteilose) Quereinsteiger und damit verbunden alternative Rekrutierungswege u.a. Leif (2009)). Im Ergebnis kommt mit Blick auf die Mittelwerte dieser für den Organisationserhalt zentralen Funktion von Parteimitgliedern die höchste Bedeutung zu.[171] Dies ist zudem mit Blick auf die Parteiapparate selbst

---

[171] Erstaunlich ist, dass beispielsweise in der ZDF-Castingshow „Ich kann Kanzler" im Sommer 2009 „die Individualistenriege [der Bewerber] gegen eine vorgeschulte Parteijugend, gegen Kandidaten mit CDU-, CSU- und SPD-Parteibuch" (Schwarz 2009) verloren hat, so dass ein paradoxes Ergebnis zu Stande kommt: „Am Ende einer Konkurrenz, die doch dem Neuen einen Weg in die Politik öffnen sollte, erweist sich das Alte in der Summe als erfolgreicher" (Schwarz 2009) – und zwar auf der Basis von 500 repräsentativ ausgewählten Studiogästen sowie 180.000 Zuschauern, die am Ende der Show telefonisch abstimmten. Dies verdeutlicht das Dilemma der Parteien: Einerseits gelingt es ihnen

wenig überraschend, hier zeigt bereits der sehr hohe Anteil an Mitarbeitern mit Parteibuch deutlich, dass die Apparate selbst wenig offen für Nichtmitglieder sind. Anders formuliert: Den Organisationsmitgliedern kommt für die Rekrutierung politischen Personals nach wie vor die zentrale Rolle zu, so dass mit Blick auf die organisationsparadigmatische Dimension festzustellen ist, dass zur vereinsartigen Mitgliederpartei strukturell weiterhin keine wirkliche Alternative gesehen wird. Im zwischenparteilichen Vergleich zeigen sich keine signifikanten Unterschiede, gleichwohl liegt die mittlere Zustimmung zu diesem Item bei der SPD mit im Mittel 1,96 höher als bei der FDP mit einem Mittelwert von 2,50. Es ist daher wahrscheinlich, dass hier starke innerparteiliche Unterschiede bestehen.

In diesen Kontext fügt sich der nächste Aspekt ein: Mitglieder haben aus Sicht der Mitarbeiter insbesondere für die inhaltliche Arbeit eine wesentliche Bedeutung (Tabelle 30: II). Bei diesem Item verhält sich die parteispezifische Zustimmung genau gegenläufig zum zuvor untersuchten Item I, die SPD-Mitarbeiter stimmen etwas weniger zu (Mittelwert 2,28) als die Mitarbeiter der FDP (Mittelwert 2,00). Sieht man dies in Zusammenhang mit den in Abschnitt 6.2 herausgearbeiteten Organisationsmerkmalen der Parteigeschäftsstellen und -mitarbeiterausstattung, so ist anzunehmen, dass in diesem Punkt ein Zusammenhang mit dem Umfang der jeweiligen Parteiapparate besteht: Während die SPD wie gezeigt vergleichsweise starke Mitarbeiterstäbe im Bereich Policy aufweisen kann, fehlen diese bei der FDP (wie auch bei den Grünen) weitgehend, so dass hier die inhaltliche Arbeit stärker als bei der SPD nur in den Fraktionen oder aber – für eine eigenständige inhaltliche Positionierung der Parteiorganisation – durch die Zu- und Mitarbeit der Mitglieder erfolgen kann. Dennoch sind im Ergebnis die Unterschiede nur gering, signifikante Parteieffekte sind nicht gegeben.

Etwas weniger bedeutsam erscheinen den Mitarbeitern die Mitglieder im organisatorischen Bereich (Tabelle 30: III), wobei hier die Grünen-Mitarbeiter die Rolle der Mitglieder am geringsten einstufen. Dies ist insofern erstaunlich, als dass gerade die Grünen ihre dezentralen, auf die Autonomie und intensive Grassroots-Aktivitäten der Mitglieder bedachten Strukturen stets in besonderer Weise betonen. Die Mitarbeiter der Linken dürften dagegen zum Befragungszeitpunkt stark vom Fusionsprozess und damit verbundenen Parteiaufbau West geprägt sein, bei dem in der Startphase neben der Parteizentrale den Mitgliedern mangels Hauptamtlichen-Infrastruktur vor Ort eine zentrale Rolle zugekommen ist. In der Frage der organisatorischen Bedeutung der Mitglieder zeigen sich zudem signifikante Ebeneneffekte (Varianzanalyse): Im Mittel wird von Mitarbeitern der Bundesebene deren organisatorische Bedeutung höher bewertet als von den Landesmitarbeitern (Mittelwert 2,36 zu 2,67).

Noch stärker, nämlich hoch signifikant, ist dieser Ebeneneffekt bei Item VI, der Bedeutung der Mitglieder in der alltäglichen Arbeit (Bund: 2,19, Land: 2,68). Die Gründe sind vielfältig: So ist, wie in den Interviews betont wurde und sich hier indirekt bestätigt, die direkte (Echtzeit-) Kommunikation zwischen Parteibasis und oberster Parteizentrale von zunehmender Bedeutung und Intensität. Damit wirken nicht nur verstärkt direkte Bottom-up-Kontakte auf die Arbeit der obersten Ebene, vielmehr dürfte sich dadurch auch die Responsivität erhöhen und die Arbeit der Bundesebene zunehmend direkt auf die Mitglieder ausgerichtet sein. Dazu treten die bereits angesprochenen Instrumente einer sanften Zentralisierung, die ebenfalls nur dann greifen können, wenn die Mitgliederkontakte gepflegt und deren Anliegen in der

---

durchaus mit dem dort aktiven Personal beim Publikum (den potenziellen Wählern) zu punkten, andererseits gelingt es ihnen dennoch nicht, daraus neue Kraft zu schöpfen und so ihre „Blutzufuhranämie" (Wiesendahl 2009: 46) zu heilen.

Arbeit berücksichtigt werden. Nicht zuletzt wurde in den Interviews betont, dass die Umsetzung der zentral entwickelten Ideen vor Ort nur durch die Mitglieder vollumfänglich möglich ist – ihnen also eine zentrale organisatorische Bedeutung zukommt, damit die Arbeit der Bundesmitarbeiter nicht zwischen Parteizentrale und lokaler Basis versandet. Auffällig ist, dass sich in der Bewertung der Mitgliederbedeutung im Arbeitsalltag hoch signifikante Parteieffekte zeigen (Tabelle 30: VI). Im Mittel am Wichtigsten erscheint den Mitarbeitern der Linken und FDP die Rolle der Mitglieder im parteialltäglichen Arbeiten, wohingegen insbesondere für die SPD die mittlere Bedeutungszumessung deutlich geringer ausfällt. Abschließend ist zu erwähnen, dass hier ein noch signifikanter Zusammenhang mit der parlamentarischen Erfahrung auftritt: Für Mitarbeiter mit parlamentarischer Erfahrung sind die Mitglieder in ihrer alltäglichen Arbeit weniger bedeutsam, was vor allem daran liegen dürfte, dass mit dem Erfahrungshintergrund der parlamentarischen Arbeit die (potenziellen) Wähler an Bedeutung gewinnen, wohingegen die Mitglieder an Relevanz verlieren – gerade auf lokaler Ebene, wo über die einzelnen Mandate wahlrechtsbedingt häufig nicht nur die Parteiorganisationen, sondern tatsächlich die Wähler entscheiden.

Vor dem Hintergrund der Medialisierungsdebatten und sich auflösenden sozialstrukturellen Milieus erstaunt die im Mittel eher noch hohe Bedeutung, die Mitgliedern für die Parteiwerbung im direkten persönlichen Umfeld zugeschrieben wird (Tabelle 30: IV). Eine Zuschreibung, die bei allen Parteien ähnlich ausfällt und möglicherweise in Zusammenhang mit den gegenwärtig wieder als Reformmode aufkommenden Elementen des grassrootsinspirierten Parteimarketings zu sehen ist (dazu bspw. Radunski 2009), wobei vor allem top-down Mitglieder angesprochen und zu Aktionen im sozialen Umfeld aufgefordert werden. Somit kommt im Ergebnis den Parteimitgliedern aus Sicht der Mitarbeiter für den Organisationserhalt und für die konkrete, operative Arbeit eine im Mittel eher hohe Bedeutung zu.

Offen ist nun noch die Frage, welche legitimatorische Bedeutung den Mitgliedern eingeräumt wird (Item V), was gerade hinsichtlich der institutionell zugeschriebenen Bedeutung von Mitgliedern für die Mitgliederparteien von großer Relevanz ist. Schließlich wird immer wieder auf die Bedeutung von aktiven Mitgliedern bzw. auf den Mangel selbiger verwiesen: „So wenig politisches Engagement, wie wir [die Parteien] abrufen, ist eigentlich grundgesetzwidrig!" (Radunski zitiert nach Perger 2009). In diesem Punkt zeigt sich bei der Befragung überraschenderweise ein vergleichsweise niedriger mittlerer Zustimmungswert. Dieses Ergebnis ist aber vor allem der Bewertung einer Parteimitarbeitergruppe geschuldet, so dass sich ein hoch signifikanter Parteieffekt findet: Zwar stößt bei allen Parteien die Aussage, dass mehr Mitglieder das öffentliche Ansehen einer Partei steigern (Mitglieder folglich eine legitimatorische Bedeutung haben, Tabelle 31), eher auf Zustimmung – bei den Grünen jedoch nur sehr knapp. Die nachgelagerte Analyse weist nach, dass hierbei zwischen den Mitarbeitern der Grünen und der Linken hoch signifikante Unterschiede bestehen (Scheffé-Test). Die Grünen-Mitarbeiter sehen in einem größeren Mitgliederbestand nicht unbedingt einen legitimatorischen Gewinn, womit sich der Eindruck verfestigt, dass bei den Grünen den Mitgliedern von Seiten der Mitarbeiter eine vergleichsweise geringe Bedeutung zugesprochen wird (siehe auch Tabelle 27), wenngleich dies die Parteispitze nicht davon abhält, wie in allen Parteien regelmäßig Mitgliedererwerbekampagnen zu initiieren. Doch ist in diesem Zusammenhang zu betonen, dass die Grünen parteikulturell-historisch bedingt zumindest formalstatuarisch für die Mitarbeit von Nichtmitgliedern vergleichsweise offen sind, so dass hier eine (etwas) geminderte Bedeutung der formalen Mitgliedschaft mitschwingen dürfte.[172] Entscheidend und auffällig sind jedoch starke innerparteilichen Unterschiede (Tabelle 31).

Tabelle 31: Legitimatorische Bedeutung von Parteimitgliedern: Ansehensgewinn durch mehr Mitglieder? (gruppiert; in Prozent)

	Gesamt	FDP	Grüne	Linke	SPD
Zustimmung	47,4	66,7	33,3	56,5	47,8
Neutral	36,8	33,3	33,3	37,0	41,3
Ablehnung	15,8	0,0	33,3	6,5	10,9

N = 152; Skala: 1 = „trifft voll und ganz zu" bis 5 = „trifft überhaupt nicht zu"; Zustimmung 1-2; Neutral: 3; Ablehnung 4-5 (vgl. Tabelle 30); eigene Berechnung; Quelle: Mitarbeiterbefragung.

Es zeigt sich gerade bei dieser Frage eine starke innerparteiliche Gruppenbildung, wobei bei den Grünen und der SPD eine Gruppe von Mitarbeitern deutlich erkennbar ist, die in einer stärkeren Mitgliederzahl keinen Legitimationsgewinn sehen. Bei den Grünen gehört zu dieser Gruppe immerhin jeder dritte Beschäftigte, bei der SPD immerhin noch knapp 11 Prozent der Mitarbeiter. Darüber hinaus ist in jeder Partei mindestens ein Drittel der Mitarbeiter hier eher zurückhaltend, was eine Zustimmung zu dieser Annahme anbetrifft.

Noch nicht im Detail diskutiert ist die Frage nach der Mitgliederbedeutung im Parteialltag (Tabelle 30: VI). Die genauere Analyse zeigt, dass sich der Parteieffekt hier vor allem auf dem signifikanten Unterschied zwischen SPD- und Linken-Mitarbeiter gründet (Scheffé-Test), wobei erneut die mitarbeiter- wie mitgliederstarke SPD eine vergleichsweise zurückhaltende, aber im Mittel noch wohlwollende Einstellung zur Bedeutung der Mitglieder erkennen lässt.

7.2.1.3 Zusammenführung

Zusammenfassend kann erstens festgehalten werden, dass den Mitgliedern seitens der Mitarbeiter in allen untersuchten Dimensionen und in allen Parteien nach wie vor eine eher hohe Bedeutung eingeräumt wird. In den analysierten Interviewabschnitten wurde deutlich, dass der innerparteilichen Kommunikation eine wichtige Rolle zukommt. Gleichwohl wird die notwendige Kommunikationsleistung vorrangig als Top-down-Kommunikation gesehen, wenngleich auch ein aktives Bemühen der Organisationsspitzen um Bottom-up-Kommunikation erkennbar ist. Damit soll zum einen eine Abkopplung von Basis und Apparat verhindert werden (das

---

[172] Sie werden in den Apparaten und von Seiten der Parteibasis aber häufig als wenig erfolgreich gesehen werden (Grüne 2, Grüne 3), nicht zuletzt weil zwar „einige Landesverbände ein paar Monate [derartige Kampagnen ernst nehmen, ...] aber nicht lange genug" (Grüne 2). Davon unabhängig verzeichnen die Grünen aber als einzige etablierte Partei im mittelfristigen Trend einen Mitgliederzugewinn (Tabelle 7).Wenig Begeisterung für zentral bereitgestellte Kampagnen- und Werbemittel findet sich vor Ort auch in den anderen Parteien. Die SPD agiert dabei zweigleisig und unterstützt lokal erstellte Materialien zur Mitgliederwerbung durch den seit 1982 zweijährlich auf einem Bundesparteitag vergebenen Wilhelm-Dröscher-Preis, der lokale Aktionen würdigt: „Die vielfältigen Aktionen und Initiativen sollen nicht im Verborgenen blühen, sondern einer breiten Öffentlichkeit vorgestellt werden. Die Beispiele und Ideen sollen anderen innerhalb und außerhalb der SPD Anregungen und Mut zum Nachmachen geben." (Wilhelm-Dröscher-Preis/SPD 2009).

Ziel lautet „Rückkopplung", FDP 1), zum anderen benötigen die Apparate die Basis zur Durchführung ihrer Kampagnen und als legitimatorische Basis.

Von ganz zentraler Bedeutung ist zweitens der in diesem Abschnitt herausgearbeitete Befund, dass von einem organisationsparadigmatischen Bedeutungsverlust der Mitglieder für die Parteiorganisationen keine Rede sein kann. Vor allem durch die Interviews wird dabei in Teilen eine klare Fokusverschiebung auf die aktive Mitgliedschaft erkennbar. Damit verbunden ist die weiterhin hohe Bedeutung, die den Mitgliedern als Rekrutierungspool eingeräumt wird – eine klar funktionale Bedeutung, die im Mittel vor der direkten inhaltlichen und organisatorischen Bedeutung gesehen wird und klar über der legitimatorischen Bedeutung von Mitgliedern liegt.

Entscheidend ist drittens, dass hinsichtlich der Bedeutungszumessung ausgeprägte innerparteiliche Differenzen erkennbar werden. Das Paradigma „Mitgliederpartei" ist organisationsrelevant, aber offensichtlich nicht das einzige Leitbild im Parteiapparat – zumindest werden Mitglieder nicht von allen Mitarbeitern als wichtig angesehen (siehe auch Abschnitt 7.3). Diese vor allem innerparteiliche Differenzierung bzw. Gruppenbildung ist nun näher zu betrachten, indem sich der Blick auf mitglieder- und partizipationsorientierte Reformen, deren wahrgenommene Bedeutung sowie Wirkung richtet.

7.2.2 *Erneuerung der Mitgliederpartei: Bezugspunkte und organisationale Wirkung*

Nachfolgend werden zunächst kurz relevante Reformmotive – und damit organisational wie kulturell relevante Bezugspunkte – herausgearbeitet, um dann die organisationskulturellen Folgen und Bewertungen der jüngeren Parteireformen im Kontext der Mitgliederpartei zu untersuchen. Dies ist nicht nur hinsichtlich der Verifizierung der zentralen organisationstheoretischen Annahmen von Relevanz (dazu insb. Abschnitt 7.2.2.1), sondern dient auch dazu, die bereits festgestellte zwischenparteiliche Kongruenz sowie die innerparteilichen Differenzen genauer zu untersuchen (dazu insb. Abschnitt 7.2.2.2). Die nachfolgende Analyse bezieht sich damit einerseits auf die theoretischen Annahmen zur Isomorphie und andererseits auf den Umgang der Parteiorganisationen mit organisationskulturellen, mitglieder- sowie umweltbedingten Einflusselementen im Kontext von Parteiorganisationsreformen.

7.2.2.1 Die Sicht der Organisationsspitzen

In der vorliegenden Studie sollen nicht einzelne Reformprozesse und die diesen Prozessen jeweils zu Grunde liegenden konkreten Impulse und Motive im Detail nachgezeichnet werden (zum organisationstheoretischen Stand der Forschung siehe Abschnitte 3.2.2, 3.3.2 und 3.4, zum Stand der Parteienforschung Abschnitt 4.4.2). Es geht vielmehr darum, jenseits einzelner Reformmaßnahmen zwischenparteiliche Bezüge im Reformhandeln herauszustellen, um so mögliche Ursachen der oben festgestellten, funktional jedoch nicht immer notwendigen organisationsstrukturellen Kongruenz zu identifizieren.

Parteireformprozesse sind, so wird vielfach betont, nur selten langfristig strategisch geplant. Häufig ergeben sie sich als „spontaner Akt, der aber auf einen günstigen Boden gefallen ist" (FDP 1), oder sind eine Reaktion auf personelle Wechsel (etwa der Vorsitzenden) oder

Krisen (insb. elektorale Niederlagen und Mitgliederschwund): „Reformdebatten kommen eigentlich immer dann, wenn etwas nicht so läuft wie es eigentlich laufen sollte" (Grüne 2). Reformprozesse sind damit zumeist von einer fehlenden langfristigen Organisationsentwicklungsstrategie gekennzeichnet, zumindest haben Parteien keine dauerhaft arbeitenden Abteilungen (oder Akteure) zur langfristigen Organisationsentwicklung. Dazu fehlt trotz des Selbstverständnisses, „lernende Organisation" (Grüne 1) zu sein, schlicht die personelle Kapazität (Grüne 2). Situativer Reformfähigkeit im Sinne eines Ergreifens sich öffnender Reformfenster kommt damit eine wesentliche Rolle bei Reformprozessen zu. Damit bestätigt sich die theoretische Annahme der Party-Change-Forschung, wobei nicht nur parteieigene Krisen ein Reformfenster eröffnen, wie der Fall der Linken zeigt. In diesem bestätigt sich jedoch besonders das situative Element von Organisationsreformen. So bot der Fusionsprozess der Linken relativ kurzfristig die Möglichkeit, die Parteienfusion mit länger geplanten Reformen zu verbinden (Linke 1): Eine Organisationsreform hätte „sowieso kommen müssen" (Linke 1, ähnlich Linke 2), denn die „Widersprüche der alten Regelungen, die man irgendwann mal gemacht hat, (...) wären sowieso auf die Tagesordnung gekommen" (Linke 1).

Wenn allerdings Reformdebatten nur gelegentlich in eine langfristige Organisationsentwicklungsstrategie eingebettet sind und stattdessen vielmehr als situatives Ergebnis unterschiedlicher Möglichkeitsfenster zu deuten sind, dann ist bemerkenswert, dass zugleich die Kreativität dieser Reformrunden als eher eingeschränkt wahrgenommen wird:

> „Die ganzen Kommissionen, die man immer wieder einrichtet, kauen zum Teil auch immer wieder die gleichen Zielsetzungen durch. Vielleicht auf dem neuesten Niveau, aber in der Grundtendenz – Öffnen der Partei, mehr Beteiligung der Partei, Anpassung an moderne Kommunikationsformen. Das sind im Grunde genommen die gleichen Zielsetzungen, die man hat, und die zum Teil immer wieder die gleichen oder ähnlichen Antworten hervorbringen." (SPD 2)

Hier kommt zum Ausdruck, dass das Innovationspotenzial gerade bei innerparteilichen Organisationsreformen als überschaubar wahrgenommen wird, grundlegende Innovationen sind selten. Parteiorganisationsreformdebatten haben also neben ihrem iterativen Charakter einen hohen symbolischen Gehalt. Doch nicht immer wird der organisationsfaktische Nutzen so gering eingeschätzt, vereinzelt finden sich auch optimistischere Einschätzungen:

> „Das ist natürlich ein Vorurteil, das gerne bei Parteitagsbeschlüssen angewendet wird, nicht nur bei uns, sondern vermutlich auch bei der Konkurrenz, dass das, was beschlossen wird, nicht eins zu eins umgesetzt wird, zumal wenn es um organisationspolitische Maßnahmen geht. Wobei ich finde, dass gerade der Beschluss von der Beck-Kommission bzw. der größte Teil dessen in Umsetzung ist bzw. umgesetzt worden ist, sowohl die Satzungsveränderungen, gut, das ist Handwerkszeug, aber die Einrichtung von Foren, also die Öffnung der Partei, die Veränderung des Wohnortprinzips, das stärkere Hinwenden zu mehr Qualifikation, sowohl für Haupt- wie auch für Ehrenamtliche, die Einrichtung der Kommunalakademie, der Führungsakademie, das sind ja alles Punkte aus dem Antrag. Auch der Ansatz zur Revitalisierung der Zielgruppenarbeit ist dort verabredet worden, das ist jetzt angestoßen." (SPD 3)

Doch insgesamt wird eher beklagt, dass grundlegende Neuerungen ausbleiben. Die Veränderungen der Struktur gehen nicht per se mit einer kulturellen Veränderung einher, am ehesten ist von einer erfolgten „Anpassung an moderne Kommunikationsformen" (SPD 2) zu sprechen, wobei „die Bundesebene (...) in vielen Punkten Initiator oder auch Multiplikator für solche Ideen" (Grüne 1) ist. Die sich in vieler Weise wiederholenden Reformdebatten zeigen sehr deutlich, dass institutionelle Erwartungen sehr langfristig auf die Parteien einwirken und so den erforderlichen Druck aufbauen, um bei eher organisationsstrukturkonservativen Organisationen Veränderungen zu bewirken. Doch worauf achten die Parteiorganisationsspitzen in diesen Reformdebatten, welche Bezugspunkte werden benannt? Woher kommt der Eindruck, dass oftmals ähnliches diskutiert wird?[173] Hier zeigt sich wie theoretisch angenommen eine hohe zwischenparteiliche Selbstreferenz bei Parteireformen. So wird mehrfach darauf verwiesen, dass die Beobachtung und Analyse der Mitbewerber für die jeweils eigene Organisationsentwicklung „natürlich" (Grüne 3, Linke 3, SPD 1) von zentraler Bedeutung sei. In allen Parteien und von fast allen Gesprächspartnern wird – durchaus positiv – auf die hohe Bedeutung der Gegnerbeobachtung im Organisationsentwicklungskontext hingewiesen, wobei drei Argumentationsmuster erkennbar werden: Erstens wird gegenseitiges Lernen als sinnvolles Vorgehen benannt (I), zweitens wird zugleich auf die jeweils eigene Vorreiterrolle verwiesen (II) und drittens werden externe Bezüge hergestellt (III).

(I) Gegenseitiges Lernen: „Das Zauberwort heißt Benchmarking, früher hat man Abkupfern gesagt." (FDP 1) In dieser Aussage wird betont, was in allen Parteien im Vordergrund steht: Das gegenseitige Beobachten über ideologische Grenzen und Lager hinweg. Parteiorganisationsfragen, dies wird in den Interviews deutlich, orientieren sich aus Sicht der Profis in den Parteiapparaten nicht vorrangig an parteihistorischen Traditionen, sondern vielmehr an Maßstäben der Professionalität, an aktuellen Reformmoden und dem technisch wie finanziell Machbaren. Dabei teilen alle Parteien die Einschätzung, dass sie jeweils zu wenig dazu kämen, die anderen Parteien zu beobachten. Zwar habe man Mitarbeiter, die danach schauen, „was die anderen Parteien machen", aber „leider haben die anderen Parteien jeweils ein Dutzend Leute, also die haben zusammen fast mehr Personal, das uns beobachtet, als wir überhaupt an Personal haben" (FDP 2). Auch von Seiten der Grünen wird dies beklagt: „Aus finanziellen Gründen können wir das [eine gut ausgestattete Gegnerbeobachtung] nicht permanent gewährleisten und das Team in der Bundesgeschäftsstelle schaut durchaus ständig, was andere Parteien für Entwicklungen haben" (Grüne 1). Die Linke konstatiert gleichfalls ein Defizit: „(…) eher zu wenig, würde ich sagen, es würde sich lohnen, da mehr zu gucken. Das machen wir meistens, wenn irgendwie ein Praktikant dafür Zeit hat und wir jemanden dafür einsetzen können. Aber doch, das spielt schon eine Rolle." (Linke 2)

Gegenseitiges Beobachten beschränkt sich dabei nicht auf einzelne Instrumente, sondern bezieht auch organisationsstrukturelle Grundmuster mit ein. Dies wird besonders deutlich, wenn größere Reformprozesse möglich sind. So standen bei der Linken im Fusionsprozess zwei Mitarbeiter zur Verfügung, die „nur geguckt haben, wie die anderen Parteien sind, wie die die Ost-West-Fusionen gemacht haben, wie die die Verschmelzungen gemacht haben, nach welchem Reglement alles gelaufen ist, und, und, und" (Linke 1). Man hat von den anderen Parteien „sicherlich auch einiges übernommen" (Linke 4), allerdings werden auch Grenzen einer derart grundlegenden Strukturübernahme gesehen, schließlich waren damals „die Unterschiede (…) sehr groß, was die Struktur betrifft" (Linke 4). Und auch bei früheren Reformen standen die anderen Parteien Pate (Linke 3). So schreibt ein Parteiakteur seiner eigenen Partei für die späten 1990er-Jahren eine offensichtlich wenig überzeugende Struktur zu; gesehen wird, „wenn ich das jetzt mal ganz brutal sage, ist etwas übertrieben, (…) eine reduzierte SED-Struktur". Diese galt es radikal zu reformieren, wobei „in dem Fall zuallererst die SPD, ein Stück auch die FDP, Pate gestanden" habe, und zudem gebe auch „das Gesetz ja einiges" vor, was dann „so bei uns angewandt" wurde (Linke 1). Somit bestätigen die Interviews, dass eine wechselseitige Annäherung als Folge gegenseitiger Beobachtung stattfindet – was zu der bereits festgestellten partiellen organisationsstrukturellen Kongruenz der Parteien führt.

---

[173] Ein zu Teilen zutreffender Eindruck, wie eine Analyse der SPD-Reformdokumente seit 1990 zeigt (Bukow 2011).

Nun sind derart grundlegende Reformchancen und -prozesse in den Parteien die Ausnahme, weshalb der Übernahme einzelner Instrumente oder Strukturelemente eine größere Bedeutung zukommt. Generell ist hier erkennbar, dass Debatten und Innovationen anderer Parteien in die jeweils eigene Partei hineinwirken, wie diese Aussagen exemplarisch bestätigen: „Ja, das war die Auseinandersetzung Radunski [vor allem in der CDU], die wurde ja auch übernommen in der Partei [der SPD]." (SPD 1). Und mit Blick auf einzelne Reformvorhaben: „Ich hab mit großem Interesse die Debatte um den virtuellen Landesverband bei der FDP verfolgt. Ich glaub auch, dass das ein Konzept für unsere Partei sein kann. Im Augenblick gehen wir zumindest einen Schritt in die Richtung, indem wir ein Mitgliedernetz aufbauen" (Grüne 3). Auch andere Projekte werden interessiert verfolgt, man schaut beispielsweise, „was machen die bei der Mitgliederwerbung, was haben die für ein Mitgliedernetz, wie sieht deren Website aus" (Grüne 1). Dahinter steht stets die Überlegung, „wie finden wir etwas, was da gut ist" (FDP 2). Diese intensive, wettbewerbsfeldinterne Selbstreferenz dient nicht zuletzt der Fehlervermeidung, wie ein Vertreter der Linken mit Blick auf den eigenen Prozess der Neuentwicklung des Corporate Designs betont: „Die Grünen wollte ja ihr Logo auf dem Parteitag entscheiden, das haben wir alles nicht gemacht, das finde ich auch weniger günstig. Man kann auch die Fußballnationalmannschaft nicht durch Basisbefragung zusammenstellen" (Linke 3).

(II) Vorreiterrolle: „Man kann immer besser werden, nichts geht schneller verloren als der Vorsprung. Und deswegen muss man sich ständig Gedanken machen." (FDP 1) Es ist auffällig, dass in allen Parteien einerseits die eigene Partei als Vorreiter gesehen wird und damit mal mehr, mal weniger deutlich darauf hingewiesen wird, dass man eigentlich schon aus diesem Grund wenig von den anderen Parteien übernehmen könne – ein nicht unwichtiges Argument, um einerseits die eigene Fortschrittlichkeit herauszustellen und andererseits zu betonen, dass man nicht bloßer Mitläufer sei, sondern auch über organisationale Besonderheiten verfügt. Zugleich wird jedoch in allen Parteien zugestanden, von den anderen Elemente und Instrumente – jeweils an die eigene Partei angepasst – übernommen zu haben:

> „Man tauscht sich da aus, sieht was andere tun, und nun gut, Sie haben schon bemerkt, dass wir da eine gewisse Vorreiterrolle in Deutschland haben, insofern können wir von den anderen Parteien hier in Deutschland nicht so furchtbar viel abgucken, die tun das immer ganz gerne bei uns. (...) Aber in einem Bereich haben wir doch gesehen, dass die CDU beispielsweise bei dem Versuch der Rückgewinnung enttäuschter Mitglieder einen Schritt vorangekommen ist. Da sind wir jetzt auch dabei." (FDP 1)

Im Gegenzug wird der Verlust eigener Innovationen durch den von allen genutzten Werkzeugkasten politischen Campaignings beklagt, so würden „ja manche Sachen wie unsere Kampagnenbotschafter einfach geklaut von der CDU oder teilweise sogar Slogans einfach geklaut, also übernommen, wenn sie scheinbar gut sind" (FDP 2). Derartige Übernahmen bzw. die Weiterentwicklung erfolgreicher Instrumente sind durchaus häufiger der Fall, wie es exemplarisch die Einführung der Mitgliedernetzwerke oder aber die Einführung von Freiwilligenteams im Wahlkampf zeigen. Letztere wurden erstmals von der SPD zentral zu organisieren versucht, um dann von der CDU ungleich erfolgreicher adaptiert zu werden.[174] Neben der offensichtlichen gegenseitigen Beobachtung zeigen diese Beispiele, dass die erfolgreiche Implementierung

---

[174] Diese „neue" Organisationsform ist in ihrer Grundidee nicht ganz neu. Neu ist allerdings, dass hier der US-amerikanische Wahlkampf als Innovationsquelle herangezogen wird und das Instrument dabei selbstverständlich in einer professionalisierten Form zu Anwendung komme: „Junge Teams, die man dann geschult hat, das kam ein bisschen aus Amerika. Aber das gab es auch schon früher, Hostessen hat man das so in den 1960er-Jahren genannt. (...) Das gab es da auch schon. Auch aus Amerika kommend, aber professionalisiert." (SPD 1)

neuer Instrumente nur für kurze Zeit ein Alleinstellungsmerkmal darstellt. Eine isomorphiebedingte Übernahme durch die Mitbewerber erfolgt wie theoretisch angenommen rasch. Auch in den anderen Parteien wird die Vorreiterrolle betont, wobei sich hier zugleich der Einfluss institutioneller Erwartungen und das Problem der Durchsetzbarkeit neuer Instrumente (Grüne 2) offen zeigt: „Um jetzt so eine Sache zu nennen, die die PDS schon 1990 beschlossen hat, damals noch als Sympathisantenstatus, was jetzt Gastmitgliedschaft heißt, gab es damals nur bei der PDS, jetzt haben die anderen so was auch." (Linke 2) Ganz ähnlich nehmen die Grünen bei diesem Instrument die Vorreiterrolle in Anspruch: „Wir hatten ja die „Freie Mitarbeit", oder die haben wir immer noch, die gibt es nach wie vor noch. Und diese Probemitgliedschaft, die ist nicht aus der Partei heraus gekommen, dass man die haben will, sondern das war eine Überlegung im Prinzip auch auf Bundesebene." (Grüne 2). Bemerkenswert ist neben der betonten Vorreiterrolle der Bundesebene zweierlei: Dass wie oben diskutiert bestehende Strukturelemente in Angleichung an die anderen Parteien umbenannt werden und dass zudem ein Um- oder Durchsetzungsproblem im Sinne einer begrenzten Steuerungsfähigkeit durchaus erkannt wird. In einer Vorreiterrolle sieht man sich bei den Grünen auch in einem weiteren Punkt, wobei man zugleich das reformmodenbedingte Wording aufgreift und betont, dass „da (…) anscheinend alle Parteien gegenwärtig darauf" (Grüne 1) setzen: „Der schöne Begriff des Grassrootings ist gesetzt, aus dem die Grünen heraus im Prinzip einmal entstanden sind und diese alte Stärke [ist] nun mit modernen professionellen Kommunikationsformen zu verbinden" (Grüne 1) – wenngleich eher ausgeblendet wird, dass die derart weiterentwickelten Instrumente mit den ursprünglichen Bottom-up-Gedanken nur noch wenig gemein haben.

(III) Externe Bezüge: In Ergänzung zu den aufgezeigten Reformbezugspunkten werden Reformimpulse genannt, die außerhalb des direkten Mitbewerberumfeldes liegen, insbesondere „im europäischen und angelsächsischen Raum" (FDP 1).[175] Diese drei Aspekte bringt folgende Aussage zusammen: „Dann sieht man zum Beispiel mit einem Mal, dass Methoden amerikanischer Großveranstaltungen, wie wir sie in Deutschland (…) zum ersten Mal praktiziert haben, inzwischen sogar von der Linken praktiziert werden" (FDP 1). Und auch bei der Implementierung neuer Kommunikationsmittel wird auf andere Organisationen, etwa Greenpeace (Grüne 1, SPD 1), und im gleichen Kontext auf die anderen Parteien als Vorbild verwiesen (Grüne 2). Ideen bezieht man somit sehr breit:

> „(…) von NGO's, aus der Wirtschaft, aus dem Regierungsapparat, aus kleinen Zwei-Mann-Ideen-Kreativagenturen (…). Da wo gute Ideen sind, schaut man hin und versucht, das aufzugreifen. (…) Wie auch die kurzfristige Diskussion, ob man in Second Life eine Dependance bräuchte, beobachtet und ausprobiert und teilweise auch wieder verwirft." (Grüne 1)

Im Ergebnis ist für die meisten Gesprächspartner klar, dass zwar die Mitbewerber genau beobachtet werden, man stellt sich aber auch die Frage: „Wie machen andere Non-Profit-Organisationen das, was macht der BUND, oder Greenpeace? Kann man da Dinge übernehmen?" (SPD 1) Somit ist festzuhalten, dass alle Parteien neben einer gegenseitigen Beobachtung auch auf Impulse außerhalb der direkten Organisationsumwelt reagieren, wenngleich in diesem Punkt eine unterschiedliche Offenheit besteht. Während insbesondere die FDP betont, dass Ideen „teilweise von der Wirtschaft geklaut" (FDP 2) werden (dies zeigt auch die organi-

---

[175] Zusätzlich zu den nachfolgend genannten Aspekten wird auch die wissenschaftliche Beratung erwähnt, die jedoch nicht unbedingt als hilfreich empfunden wird: „Die Wissenschaft (konnte) in diesem Bereich eher nörgelnd (…) als beratend tätig sein (…), weil sie selber im Prinzip nur 'ne Krise analysieren konnte" (Grüne 3).

sationsstrukturelle Analyse mit dem Befund einer partiellen Auslagerung der Parteiorganisationsarbeit), sieht ein SPD-Akteur hier eher Grenzen der Innovationsübertragung, schließlich sei nicht alles, „was in Profit-Organisationen offensichtlich gut funktioniert auf Non-Profit-Organisationen zu transformieren" (SPD 3). Was jedoch nicht heißt, dass derartige Übernahmeversuche der Mitbewerber nicht verfolgt (SPD 3) und wie oben gezeigt im Erfolgsfall rasch organisationsadäquat übernommen würden, wodurch eine gewisse Anfälligkeit für Reformmoden entsteht. Im Ergebnis kommt es zu einer ausgeprägten strukturellen und, wie nachfolgend zu prüfen ist, vermutlich auch kulturell-paradigmatischen Kongruenz. Dabei besteht eine im Kern größere Offenheit als theoretisch angenommen, wobei die postulierte Offenheit nicht mit einer Umweltgetriebenheit zu verwechseln ist, auch wenn versucht wird, „die Arbeit so zu strukturieren, dass wir die Erwartungen von außen auch erfüllen" (Linke 4). Dies bestätigt die theoretische Annahme, dass organisationsexterne institutionelle Erwartungen erkannt, aufgegriffen und zu Teilen erfüllt werden. Entscheidend bleibt, dies machen die Interviews deutlich, dass das direkte Mitbewerberumfeld einen ganz wesentlichen Bezugspunkt darstellt. Die liegt nicht zuletzt daran, das systemfremde Innovationen – selbst Ideen anderer, im Ausland agierender Parteien – oftmals nicht ohne weiteres zu übernehmen sind, da unterschiedliche formalrechtlichen aber auch kulturelle Umweltfaktoren die jeweiligen Parteien prägen (Bukow 2012).

7.2.2.2 Die Sicht der Mitarbeiter

Dass sich die Parteien in den vergangenen Jahren aus unterschiedlichen Gründen reformiert haben, wurde bereits thematisiert. Zudem konnte gezeigt werden, dass sich entsprechende formalstrukturelle Veränderungen in den Satzungen und Statuten wiederfinden (dazu Abschnitte 5.2 und 5.3). Die Debatten und Reformen finden zumeist unter dem Vorzeichen der Mitgliedergewinnung und der organisationalen Attraktivitätssteigerung statt, worauf in den die Reformen begleitenden Dokumenten regelmäßig verwiesen und was in den im Rahmen der vorliegenden Studie geführten Interviews bestätigt wird. Darüber hinaus versuchen alle untersuchten Parteien regelmäßig – mittels zentral initiierter Kampagnen mit entsprechend bereitgestellten Werbe- und Kampagnenmitteln – neue Mitglieder zu gewinnen. Insbesondere für die SPD (und die CDU, Neumann/Wiegelmann 2009) gilt: „Das Hauptproblem ist der Mitgliederverlust. (…) Da gibt es einen Leidensdruck" (SPD 1) – zumindest solange das normative Leitbild der Mitgliederpartei dominiert (wobei alle Parteien zumindest phasenweise Mitglieder verlieren). Die tradierten Parteistrukturen gelten, dies wurde nicht zuletzt in den Interviews betont, vielfach als überholt und wenig attraktiv, etwa hinsichtlich der räumlichen Bindung durch die ortsbezogenen Mitgliedschaft oder der teilweise ausbaufähigen Mitwirkungsmöglichkeiten. Ziel der Reformen und der angestrebten alltagskulturellen Veränderungen war nicht zuletzt, den Vereinskeller-Resopalcharme aus den Parteien zu vertreiben. Somit ergeben sich an dieser Stelle mehrere Fragen: Wird die Reformnotwendigkeit im Parteiapparat ebenfalls gesehen? Woran sollen sich Reformen überhaupt orientieren (Tabelle 32)? Und wurden die postulierten Reformziele, insbesondere die Steigerung der Attraktivität für (potenzielle) Mitglieder, erreicht, oder bleibt der erhoffte Erneuerungseffekt aus (Tabelle 33)? Als erster Befund fällt auf, dass trotz der vergleichsweise geringeren Zufriedenheit mit den parteilichen Organisationsstrukturen (Tabelle 26) nicht etwa Strukturreformen als bevorzugtes Mittel der Attraktivitätssteigerung verstanden werden (Tabelle 32: I), sondern dass vor allem attraktive politische Inhalte als ausschlaggebend angesehen werden (Tabelle 32: II). Hier zeigt sich ein leichter Widerspruch zu den oftmals organisationsstrukturell angelegten Reformvorhaben, die vorrangig auf eine Strukturerneuerung setzen. Doch auch die Erforderlichkeit von Strukturreformen für die Steigerung der parteilichen Attraktivität wird durchaus gesehen. Möglicherweise ist hier gerade den Mitarbeitern die begrenzte Reichweite und die wenn überhaupt eher langfristige Wirkung derartiger Reformen bewusst, so dass deren Notwendigkeit etwas skeptischer bewertet wird.

Tabelle 32:   Bewertung Parteireformen: Motive und Bezugspunkte (Mittelwerte)

		N	Gesamt	FDP	Grüne	Linke	SPD
(I)	Höhere Attraktivität für Mitglieder: Parteistrukturreformen erforderlich	151	2,54	2,58	2,64	2,39	2,57
(II)	Höhere Attraktivität für Mitglieder: politische Inhalte entscheidend	151	1,90	1,83	1,94	1,93	1,85
(III)	Bei Reformen Entwicklung anderer Parteien beachten	150	2,93*	2,25	2,79	3,04	3,15
(IV)	Bei Reformen v.a. eigene Parteikultur berücksichtigen	148	2,38	2,58	2,09	2,56	2,44

Skala: 1 = „stimme voll und ganz zu" bis 5 = „stimme überhaupt nicht zu"; Varianzanalyse, Signifikanzniveaus: *p < .05, **p < .01, ***p < .001; eigene Berechnung; Quelle: Mitarbeiterbefragung.

Blickt man auf die Bezugspunkte der Reformen, so findet sich im Gegensatz zu den interviewten Spitzen der Parteiapparate in der breiten Mitarbeiterschaft kein offensives Plädoyer für eine übermäßig wettbewerberbezogene Reformorientierung (Tabelle 32: III). Deutlich kommt ein leichter Strukturkonservativismus im Parteiapparat zu Ausdruck, in Verbindung mit einer Betonung der parteieigenen Kultur – wobei die Notwendigkeit der Berücksichtigung der anderen Parteien nicht verneint wird. Die zurückhaltende Zustimmung in diesem Punkt widerspricht den theoretischen Annahmen nicht, denn eine direkte eins-zu-eins Übernahme von Reformen und Strukturen anderer Parteien ist weder theoretisch anzunehmen noch empirisch evident; vielmehr wird von eher graduellen, organisationsangepassten Strukturübernahmen ausgegangen. Dazu kommt, dass gerade den Organisationsspitzen in der „Erwartungsübersetzung" und im konkreten Reformprozess eine maßgebliche Rolle eingeräumt. Da nicht alle hier befragten Mitarbeiter in die sich regelmäßig wiederholenden Reformdebatten und der damit verbundenen Entwicklung von Reformkonzepten involviert sein dürften, trifft die Validierung der angenommenen Isomorphie qua Nachahmung durch die in den Interviews herausgearbeitete Argumentationslinie sicherlich zu. Die formalstrukturellen Analysen und die Interviews zeigen deutlich, dass die anderen Mitbewerber durchaus berücksichtigt werden. Insbesondere die Interviews mit den vielfach für Reformkonzeption und -durchsetzung verantwortlichen Organisationsspitzen bestätigen damit die Annahme einer Isomorphie qua Nachahmung.

Der Fall FDP zeigt darüber hinaus, dass das von der Organisationsspitze besonders offensiv vertretene Konzept des Benchmarkings – die Offenheit der Partei für innovative Kommunikations- und Beteiligungsinstrumente wird geradezu zu einem Markenkern der FDP stilisiert – auch auf die Mitarbeiterschaft ausstrahlt. So erklären sich die signifikanten Parteieffekte; die FDP ist in diesem Punkt die einzige Partei, bei der die Orientierung an anderen Parteien (Tabelle 32: III) im Mittel höher bewertet wird als die Berücksichtigung der eigenen Parteikultur (Tabelle 32: IV). So erklärt sich auch der signifikante Parteieffekt, der aus dem Unterschied zwischen FDP- und SPD-Mitarbeitern resultiert (Scheffé-Test). Anders gelagert ist die Situation bei der Linken, bei der zwar eine Orientierung an den Reformen der Mitbewerber im Mittel eher abgelehnt wird, gleichwohl aber im entscheidenden Reformprozess der jüngeren Parteigeschichte, dem Parteifusionsprozess, die Analyse der Mitbewerber und die offenkundige Übernahme diverser Strukturelemente eine ganz entscheidende Rolle spielte (Linke 1). Hier zeigen die Interviews, dass diese Strukturanpassung nicht im Detail parteiöffentlich thematisiert wurde. Dies liegt zum einen an dem extern wie intern aufgebauten Zwang zum Erfolg, unter dem der Fusionsprozess stand: „Wir [haben] immer gesagt: Wir werden (…) zu einer Partei verschmelzen (…) Denn an dieser Bundestagswahl hängt die ganze Grundausstattung der Partei die Linke mit staatlichen Geldmitteln und die ganze Stiftung mit dran." (Linke 1) Zum anderen sollte im Fusionsprozess das Abschneiden alter Zöpfe nicht gefährdet werden:

„Die Parteifusion war eine Chance, bestimmte Dinge dann auch durchzusetzen. Das muss man auch mal ganz klar sagen. (…) Da habe ich natürlich nie gesagt: Ich kämpfe dafür, dass das beschnitten wird (…) Da hätte ich keine Chance gehabt, das hätte ja so gewirkt, als ob man ganz demokratische Bereiche einschränken will. (…) Solche Dinge sind einfach verbessert worden." (Linke 3)

Blickt man dagegen auf alle Parteien, so lässt sich eine Mitarbeitergruppe ausmachen, die nicht unbedingt der Meinung ist, dass bei Reformen eine Orientierung an den anderen Parteien sinnvoll ist: Diejenigen, die nicht nur über parteiberufliche, sondern zudem über parlamentarische Erfahrung verfügen, halten eine Mitbewerberorientierung in hoch signifikanter Weise für entbehrlicher (Tabelle 32: III; Mittelwert 3,30 zu 2,80). Dies ist umso erstaunlicher, als dass beide Mitarbeitergruppen in faktisch identischer Weise die Bedeutung der eigenen Parteikultur im Reformprozess bewerten (Tabelle 32: IV; Mittelwert 2,38 zu 2,39). Das Innovationspotenzial der Mitbewerber erscheint dieser Mitarbeitergruppe eher begrenzt. Dies passt zu Interviewbefunden, die zeigen, dass die meisten Parteivertreter die jeweils eigene Partei als Vorreiter und Trendsetter sehen – was jedoch jene keineswegs davon abhält, zugleich auf die Vorteile, die Notwendigkeit und das Potenzial einer intensiven Gegnerbeobachtung hinzuweisen.

Parteiorganisationsreformen sind langwierig und mit innerparteilichem Aufwand in der inhaltlichen und organisatorischen Vorbereitung sowie Durchsetzung verbunden. Daher stellt sich die Frage, ob dieser Aufwand gerechtfertigt ist, oder anders formuliert: Sind die Mitarbeiter von den Reformergebnissen überzeugt? Es zeigt sich, dass die Mitarbeiter die oftmals skeptische Einschätzung der Interviewten teilen. Einen Ertrag oder Vorteil sehen die Mitarbeiter nicht (Tabelle 33). Der Eindruck, dass trotz bisweilen umfassender Reformdebatten und -verfahren die Wirkung eher im symbolischen Bereich verbleibt, zeigt sich deutlich empirisch-quantitativ in der Mitarbeiterschaft. Insgesamt werden die Reformfolgen neutral bewertet, zu Teilen wird der Annahme, dass die durchgeführten Reformen und Strukturveränderungen die Attraktivität gesteigert hätten, sogar widersprochen (Tabelle 33).

Tabelle 33: Bewertung Parteireformen: Folgen und Wirkung (Mittelwerte)

		N	Gesamt	FDP	Grüne	Linke	SPD
(V)	Alltägliche Parteiarbeit: durch stärkere Mitgliederbeteiligung verändert	145	3,48***	3,09	3,68	2,98	3,89
(VI)	Organisationsreformen: Ansehen der Partei verbessert	143	2,98***	2,45	2,86	2,66	3,53
(VII)	Parteimitgliedschaft: attraktiver geworden	143	3,32**	3,09	3,45	2,96	3,62

Skala: 1 = „stimme voll und ganz zu" bis 5 = „stimme überhaupt nicht zu"; Varianzanalyse, Signifikanzniveaus: *p < .05, **p < .01, ***p < .001; eigene Berechnung; Quelle: Mitarbeiterbefragung.

Zunächst ist festzustellen, dass wie theoretisch angenommen die zu Teilen neu eingeführten basisdemokratischen Instrumente aus Sicht der Mitarbeiter eher nicht zu einer grundlegenden Veränderung des parteilichen Alltagshandelns durch eine verstärkte Mitgliederbeteiligung geführt haben (Tabelle 33: V). Im Gegenteil, dieser Annahme wird im Mittel vergleichsweise klar widersprochen. Dabei treten in der Bewertung dieses Items höchst signifikante Parteieffekte auf, was vor allem damit zusammenhängen dürfte, dass in den Parteien sehr unterschiedlich über partizipationserweiternde Instrumente diskutiert wurde und die Parteien von sehr unterschiedlichen Ausgangspunkten kommen. Maßgeblich sind die Unterschiede zwischen den Mitarbeitern von Linke und SPD (höchst signifikant) sowie von Linke und Grünen (hoch signifikant; Scheffé-Test). Dass hier (nur) die Mitarbeiter der Linken eine ganz knappe Zustimmung zeigen – also der Meinung sind, dass sich die Alltagsarbeit durch eine stärkere Mitgliederbeteiligung verändert habe – ist in Zusammenhang mit den Umwälzungen in Folge des Fusionsprozesses zu sehen. Denn wenngleich bei den damit verbundenen Parteiorganisationsreformen Partizipationsoptionen eher reduziert als ausgeweitet wurden, so könnte das Gefühl einer größeren Partizipationsoffenheit erzeugt worden sein. Für die Grünen ist dagegen anzunehmen, dass die Mitarbeiter schon deshalb kaum eine Veränderung der alltäglichen Parteiarbeit durch eine verstärkte Mitgliederpartizipation sehen, weil die Partei von Gründung an als stark partizipationsorientiert gilt und die Partei dieses Selbstverständnis durchaus pflegt (wobei zumindest in Personalfragen wie der Wahl des Bundesvorsitzenden direktdemokratische Instrumente vermieden werden).

Alle untersuchten Parteien haben bundespolitische Erfahrung mit Mitgliederbefragung, seien diese inhaltlicher (FDP: Lauschangriff, 1995), personeller (SPD: Parteivorsitz, 1993) oder satzungsrechtlicher (Grüne: Trennung Amt/Mandat, 2003; Linke: Parteifusion, 2007) Natur. Doch schon dies zeigt, dass die Quantität dieser „großen" Maßnahmen eher klein ist. Schon so erklärt sich die Zurückhaltung in der Einschätzung, wie (auch andere, kleinteiligere Formen) der verstärkten Mitgliederbeteiligung den Alltag der Parteiorganisation verändern. Dazu kommen weitere Gründe. Die geringe arbeitsalltägliche Wirksamkeitswahrnehmung in der SPD erklärt sich, wenn ergänzend die geführten Interviews mit SPD-Vertretern herangezogen werden. In diesen Gesprächen wird mehrfach herausgestellt, dass zwar umfassende Anstrengungen zur Einführung erweiterter Mitgliederbeteiligungsmöglichkeiten unternommen und selbige auch satzungstechnisch implementiert wurden (einmal mehr im Jahr 2011 mit einer deutlichen Absenkung der Quoren), die Wirksamkeit dieser für die SPD neuen Instrumente jedoch eher überschaubar blieb und Instrumente wie Mitgliederversammlungen zur Kandidatenaufstellung trotz zu Teilen guter Erfahrungen noch nicht wie gewünscht zur Anwendung kommen (SPD 1, SPD 3). Diese ernüchternde Erkenntnis einer stark eingeschränkten Wirksamkeit bestätigt sich in der Breite der SPD-Mitarbeiterschaft. Obgleich also insbesondere die SPD in zahlreichen Reformrunden eine breitere Mitgliederbeteiligung anstrebte und satzungstechnisch implementierte: Die organisationale Wirkung bleibt aus, die Reformen sind im Ergebnis lediglich von symbolischer Bedeutung.

Dazu kommt ein spannender Effekt: Bei der Bewertung der alltäglichen Veränderung durch direktdemokratische Elemente (Tabelle 33: V) zeigt sich neben dem höchst signifikanten Parteieffekt noch ein signifikanter Zusammenhang bezüglich der Parteierfahrung der Befragten: Im Mittel ist die Bewertung derjenigen mit Parteierfahrung schlechter als die Bewertung derjenigen ohne Parteierfahrung (Mittelwert 3,62 zu 3,17). Das heißt, dass diejenigen, die die

Parteiarbeit durch ihr eigenes Engagement genauer kennen, im Mittel seltener eine Veränderung im parteialltäglichen Leben sehen. Nun liegt die beschriebene innerparteiliche Wahrnehmung sicherlich nicht zuletzt daran, dass die eingeführten Instrumente in der Anwendung in aller Regel einen erheblichen Aufwand und hohe Kosten mit sich bringen und dementsprechend selten zum Einsatz kommen. Geht man jedoch davon aus, dass dies vor der Einführung dieser Maßnahmen durchaus bekannt war und somit billigend in Kauf genommen wurde, so ist anzunehmen, dass diese Instrumente vor allem als Antwort auf institutionellen Druck eingeführt wurden, was wiederum die theoretischen Annahmen dieser Arbeit bestätigt.

Nun könnte den Reformen zumindest ein legitimatorischer Wert zugeschrieben werden. Es zeigt sich allerdings, dass die Reformen nicht nur als organisational nicht wirksam wahrgenommen werden, sondern dass ihnen im Ergebnis auch häufig kein legitimatorischer Mehrwert zugeschrieben wird (Tabelle 33: VI). Allerdings zeigen sich hier erneut höchst signifikante Parteiunterschiede. Denn während FDP, Linke und Grüne durchaus eher noch ein verbessertes Ansehen ihrer Partei in Folge der durchgeführten Organisationsreformen sehen, so verhält es sich bei der SPD eher umgekehrt, hier wird im Mittel eher kein Ansehensgewinn gesehen. Dies zeigt: Obwohl gerade die SPD in besonders intensiver Weise und besonderer Regelmäßigkeit Organisationsreformen debattiert und durchgeführt hat, wird hierin kein Erfolg gesehen. Dies spiegelt sich nicht nur in der negativen Mitgliederentwicklung wider (der erhoffte Effekt eines Mitgliedergewinns bleibt aus), sondern wurde auch in den qualitativen Interviews deutlich. Ein zentraler Punkt ist auch hier die parteihistorische Erfahrung: In einigen Fällen, in denen in der SPD direktdemokratische Elemente auf Bundes- und Landesebene tatsächlich angewendet wurden, sind die Erfahrungen mit diesen Instrumenten nicht rundweg positiv. Nicht immer wurde der gewünschte Effekt (etwa einer innerparteilichen Befriedung oder eine nachhaltige Personalentscheidung) erreicht. Dies dürfte dazu führen, dass aus Sicht der Mitarbeiter das Ansehen der Partei durch diese Reformen nicht verbessert werden konnte, sondern im Gegenteil die Partei bisweilen eher Schaden genommen hat. Es ist damit wenig überraschend, dass der durchgeführte Scheffé-Test diese Deutung mehr als klar bestätigt: Die SPD unterscheidet sich von allen anderen Gruppen hoch (FDP, Grüne) oder sogar höchst (Linke) signifikant. Während die Linke ihre Parteifusion durch die Urabstimmung bestätigt hat, überwiegen bei der SPD (zu Teilen) die negativen Erfahrungen mit diesem Instrumentarium.

Im Ergebnis bestätigt sich die theoretisch entwickelte Annahme, dass die Reformen im partizipationsorientierten Bereich eher im Stadium der formalstrukturellen Implementierung verblieben sind. Die Reformen sind ganz offensichtlich nicht vollumfänglich im organisationskulturellen Alltag angekommen, es gibt keine Hinweise auf eine echte partizipatorische Revolution (bzw. der Wahrnehmung einer solchen), weshalb sich in diesem Punkt eine klare Divergenz formaler und realer Parteistrukturen zeigt und sich zudem mittelfristig kein legitimatorischer Mehrwert ergibt (selbst wenn in jüngster Zeit zumindest auf Landesebene (parteiinterne) Vorwahlen einen (sehr moderaten) Aufschwung zu verzeichnen haben). Doch die diskutierten und durchgeführten partizipationsoptionserweiternden Reformen zielten nicht bloß auf eine höhere Legitimation der Parteien, sondern sollten – oft einer der wichtigsten postulierten Gründe – die Attraktivität der Parteien bzw. der Parteimitgliedschaft steigern, indem durch verstärkte Mitwirkungsrechte der Mehrwert der Mitgliedschaft und damit der Mitgliedschaftsanreiz erhöht wird. Fragt man, ob diese Attraktivitätssteigerung aus Sicht der Parteimitarbeiter erreicht wurde (Tabelle 33: Item VI), so wird klar, dass eine Attraktivitätssteigerung im Mittel eher nicht gesehen wird. Einzig bei der Linken wird eine Attraktivitätssteigerung eher wahrgenommen, von einer Revitalisierung mittels Attraktivitätsgewinn kann jedoch auch hier keine Rede sein. So zeigt sich (bei signifikanten Unterschieden zwischen Linke- und SPD-Mitarbeitern; Scheffé-Test) insgesamt nur eine geringe Unterstützung in der Frage, ob eine Parteimitgliedschaft an Attraktivität gewonnen hat. Die legt den Schluss naher, dass ein tief verankerter Glaube an die dauerhafte Attraktivität des Organisationsmodells „Mitgliederpartei" im Parteiapparat selbst nicht besteht. Vielmehr ist eine gewisse Resignation hinsichtlich neuer Vorschläge zur Attraktivitätssteigerung zu vermuten, wie dieser Gesprächsausschnitt mit Blick auf die wissenschaftliche Debatte verdeutlicht:

> „Es gibt nicht die [Lösung.] (...) Ich hab' das Buch von dem Wiesendahl gelesen, auch der (...) hat letztendlich keine Lösung, sondern eher so 'nen knurrig-pessimistischen aber doch irgendwie konstruktiven Ausblick gewagt. Während andere Wissenschaftler (...) [den] Parteien in ihrer gegenwärtigen Form keine Zukunft geben." (Grüne 3)

Unabhängig von der wahrgenommenen Wirksamkeit ist nun nach der Notwendigkeit und Sinnhaftigkeit einer Stärkung der Mitgliederbeteiligung zu fragen, sollte diese doch ein zentraler Schlüssel zur Steigerung der Attraktivität der Mitgliederpartei sein. Zudem lassen sich mittels darauf bezogener Einstellungsmerkmale organisationsparadigmatische Einstellungen der Mitarbeiter weitergehend rekonstruieren.

Im nächsten Schritt ist daher die Einschätzung möglicher Partizipationsoptionen und -instrumente genauer zu betrachten. Dabei sind zunächst direktbeteiligende Instrumente dahingehend zu unterscheiden, ob Personal- oder Sachfragen zu entscheiden sowie ob empfehlende oder verbindliche Beschlüsse zu treffen sind. Anschließend wird danach differenziert, ob nur Mitglieder oder auch Parteiexterne an der Entscheidungsfindung beteiligt werden. Gerade letzteres käme einem klaren Bruch mit dem Paradigma der Mitgliederpartei gleich, bezieht diese ihre Kraft doch gerade daraus, dass den Mitgliedern spezifische Beteiligungsrechte eingeräumt werden. Für die nachfolgenden Analysen wird ein vom bisherigen Verfahren abweichendes Vorgehen gewählt, was vor allem dem hier im Vordergrund stehenden Erkenntnisinteresse geschuldet ist (zu weitergehenden Analysen Abschnitt 7.4).[176] Damit ist nun als erstes eines der wesentlichen innerparteilichen Handlungsfelder zu betrachten: Die Entscheidung über innerparteiliche Personalfragen, namentlich die Wahl des Vorstands auf den verschiedenen Ebenen (Tabelle 34). Grundsätzlich sind zwei Möglichkeiten denkbar und zulässig: Die Wahl durch die Mitglieder selbst oder aber die Wahl durch Stellvertreter, also Delegierte.

---

[176] Die ursprünglichen Antwortkategorien wurden recodiert, so dass sich drei Gruppen unterscheiden lassen: Diejenigen, die partizipatorische Elemente für „notwendig" erachten („Zustimmung") von denen, die sie als „sinnvoll, aber nicht notwendig" erachten („Moderate Zustimmung") sowie von denen, die derartige Beteiligungsoptionen für nicht notwendig erachten („Ablehnung").

Tabelle 34: Bewertung Beteiligung aller Mitglieder: Personalentscheidungen
(innerparteiliche Wahlämter; Anteile in Prozent)

			Gesamt	FDP	Grüne	Linke	SPD
(VIII)	Wahl des Vorstands (Kreis/Unterbezirk) N=139	Zustimmung	65,5	63,6	82,9	64,3	51,1
		Moderate Zustimmung	20,9	18,2	14,6	21,4	26,7
		Ablehnung	13,7	18,2	2,4	14,3	22,2
(IX)	Wahl des Vorstands, (Land/Bezirk/Bund) N=138	Zustimmung	35,5	30,0	35,0	41,9	31,1
		Moderate Zustimmung	23,2	40,0	20,0	18,6	26,7
		Ablehnung	41,3	30,0	45,0	39,5	42,2
(X)	Wahl des Vorsitzenden (Kreis/Unterbezirk) N=138	Zustimmung	59,4	60,0	77,5	55,8	46,7
		Moderate Zustimmung	23,2	30,0	20,0	20,9	26,7
		Ablehnung	17,4	10,0	2,5	23,3	26,7
(XI)	Wahl des Vorsitzenden, (Land/Bezirk/Bund) N=137	Zustimmung	33,6	30,0	35,0	38,1	28,9
		Moderate Zustimmung	26,3	40,0	20,0	21,4	33,3
		Ablehnung	40,1	30,0	45,0	40,5	37,8

Gruppenbildung (recodiert): Zustimmung = sinnvoll & notwendig; Moderate Zustimmung = sinnvoll, aber nicht notwendig; Ablehnung = nicht geboten; Spaltenprozente je Variable; eigene Berechnung; Quelle: Mitarbeiterbefragung.

Betrachtet man nun zunächst die Zustimmung zur direkten Beteiligung aller Mitglieder bei Vorstandswahlen (Tabelle 34: VIII, IX), so fällt auf, dass diese vor allem für die Kreis-/Unterbezirksebene als notwendig erachtet wird, wohingegen sich auf oberen Ebenen das Bild wendet – eine klare Folge eines repräsentativdemokratischen Organisationsverständnisses. Bezogen auf die Kreis- und Unterbezirksebene stechen die Grünen mit einer besonders hohen Zustimmung hervor (Tabelle 34: VIII), was daran liegen dürfte, dass bei ihnen diese Ebene statuarisch und organisationsweltlich häufig die unterste existente Organisationseinheit darstellt, so dass hier eine Beteiligung aller Mitglieder meist gängige Praxis ist. Überraschend ist hingegen die überdurchschnittliche Ablehnung bei der FDP, weniger überraschend hingegen die Einstellungsverteilung bei der zumeist bis auf Ortverbandsebene untergliederte SPD. Geht es dagegen um die Wahl von Landes- und Bundesvorständen, so ändert sich die Zustimmung dramatisch. Nun stehen sich in allen Parteien etwa gleich große Gruppen der echten Befürworter und der Ablehner einer direkten Mitgliederbeteiligung gegenüber, wobei bemerkenswerter Weise gerade die zuvor besonders mitgliederpartizipationsoffenen Grünen-Mitarbeiter nun den relativ höchsten Anteil an Ablehnung aufweisen. Es könnte in diesem Kontext angenommen werden, dass die bisweilen sehr umfangreiche Vorstandswahl als direktpartizipatorisch nicht praktikabel angesehen wird und dass stattdessen die personalisierte Wahl der Parteivorsitzenden als mitgliederbeteiligende Einzelwahl eine höhere Zustimmung erhält. Dies ist jedoch nicht der Fall, wie Tabelle 34 ebenfalls deutlich zeigt (Items X, XI). Die Zustimmungswerte liegen in fast allen Fällen unter denen für die gesamten Vorstandwahlen. Bemerkenswert ist, dass insbesondere der direkten Wahl von Bundes- und Landesvorsitzenden keine allzu große Notwendigkeit eingeräumt wird. Zwar ist auch die grundsätzliche Zustimmung mehrheitlich gegeben, klar erkennbar ist jedoch auch die große Gruppe derer, die in diesem Fällen eine direkte Mitgliederbeteiligung als nicht notwendig erachtet und ablehnt. Dies ist umso erstaunlicher, als dass gerade dieses Instrument in Reformdebatten häufig eine wichtige Rolle spielt (vgl. Abschnitt 5.2.3). Allerdings überrascht die hier erkennbare Skepsis gegenüber diesem Instrument nicht, wenn man sich den faktischen Umgang mit diesem Entscheidungsverfahren vor Augen führt.

So war beispielsweise in der CSU die Diskussion um eine Urabstimmung über die Nachfolge des Parteivorsitzenden Stoiber rasch beendet (dpa/DDP Bayern/ et al. 2007), und auch bei den Grünen wurde etwa die Idee, die Spitzenkandidatenfrage für die Bundestagswahl 2009 per Mitgliederentscheid zu klären, nicht weiter verfolgt (Die Welt 2009).[177] In anderen Fällen zeigen sich beim Einsatz derartiger Instrumente durchaus Probleme (etwa in Hessen 2006 (siehe Süddeutsche Zeitung 2006) und Hamburg (Süddeutsche Zeitung 2007); erfolgreich dagegen Baden-Württemberg 2009 (siehe SPD Baden-Württemberg 2009)). Damit stellen innerparteiliche Personalentscheide, gerade bei der Besetzung von Spitzenpositionen, häufig nur eine nachlaufende Bestätigung von Führungsentscheidungen dar (einzig die graduellen Unterschiede in den Abstimmungsergebnissen werden als feine, machtpolitische wichtige Kennziffer herangezogen), womit eine aufwendige Mitgliederbeteiligung letztlich entbehrlich erscheint – was wiederum mit dem hier erkennbaren Zustimmungswerten in Einklang steht.

Neben innerparteilichen Personalentscheidungen ist die Aufstellung von Bewerbern für öffentliche Wahlämter eines der sicherlich wichtigsten Tätigkeitsfelder und – auf Landes- und Bundesebene – das Privileg der Parteiorganisationen, das heißt: der Mitglieder und Delegierten. Zwar sind die Regularien hier wahlrechtlich strikter als bei innerparteilichen Wahlämtern, gleichwohl bestehen verfahrenstechnische Variationsmöglichkeiten bis hin zur faktischen Öffnung der Entscheidungsprozesse für Nichtmitglieder (dazu Abschnitt 7.2.3). Sieht man von dieser in Deutschland unüblichen Variante ab, so besteht doch zumindest die grundsätzliche Wahl zwischen einer Kandidatenauswahl durch alle Mitglieder oder (nur) durch Delegierte. Zustimmung für die Beteiligung aller Mitglieder findet sich – wenig überraschend – am ehesten und in der Gesamtheit mehrheitlich für die lokalen Wahlkreisbewerber. Erneut weisen die Grünen hier die relativ höchste Zustimmung auf (Tabelle 35: Item XII). Deutlich erkennbar ändert sich jedoch das Bild bei überregionalen Wahllisten, die höchste Ablehnung zeigen die Mitarbeiter der Linken und der Grünen (Tabelle 35: Item XIII).[178] Dies ist insofern erstaunlich, als dass gerade die Grünen in einigen kleineren Landesverbänden Landeslisten mittels Mitgliederversammlungen aufstellen (können), legt aber andererseits nahe, dass die dort gemachten Erfahrungen nicht immer positiv sind.[179] Insgesamt zeigt sich schon hier einerseits ein klar repräsentativdemokratisches Organisationsverständnis, dem allerdings andererseits eine zumeist größere Gruppe an Mitarbeitern gegenübersteht, die in allen drei abgefragten Einzelaspekten eine direkte Mitgliederbeteiligung als unverzichtbar ansieht – was als mitglieder- oder partizipationsorientiertes Organisationsverständnis verstanden werden kann.

---

[177] Generell zeigt sich, dass gerade bei sensiblen Personalentscheidungen wie Vorstands- und insb. Vorsitzendenwahlen Kampfabstimmungen in allen Parteien möglichst vermieden werden (siehe etwa Handelsblatt 2002; RP Online 2004; Bannas 2008; Brössler 2008; AP/Spiegel Online 2009).
[178] Dies deckt sich mit anderen Studien. So stellt etwa Höhne fest, dass aus Sicht der Grünen-Parteitagsdelegierten „eine umfangreichere Einbindung der Parteimitglieder bei der Kandidatinnen/en-Auswahl zum EP [Europaparlament] keine Mehrheit unter den Delegierten" (Höhne 2010: 4) findet.
[179] Was nicht nur mit einer geringeren Steuerungsfähigkeit von Mitgliederversammlungen zu tun hat, auch formalstatuarisch sind Mitgliederversammlungen bisweilen problematisch, wenn etwa für die Beschlussfähigkeit Beteiligungsquoren erreicht werden müssen (zu damit verbundenen Problemen etwa Thomsen 2008).

Tabelle 35: Bewertung Beteiligung aller Mitglieder: Außerparteiliche Wahlamtsvorschläge (Anteile in Prozent)

		Gesamt	FDP	Grüne	Linke	SPD
(XII) Wahl von Kandidaten (Wahlkreis) N=139	Zustimmung	57,6	63,6	75,6	45,2	51,1
	Moderate Zustimmung	27,3	27,3	19,5	31,0	31,1
	Ablehnung	15,1	9,1	4,9	23,8	17,8
(XIII) Wahl von Kandidaten (Landes-/Bezirksliste) N=140	Zustimmung	41,4	54,5	39,0	39,5	42,2
	Moderate Zustimmung	22,9	36,4	22,0	16,3	26,7
	Ablehnung	35,7	9,1	39,0	44,2	31,1
(XIV) Wahl Spitzenkandidat N=140	Zustimmung	41,4	45,5	51,2	32,6	40,0
	Moderate Zustimmung	30,0	36,4	19,5	32,6	35,6
	Ablehnung	28,6	18,2	29,3	34,9	24,4

Gruppenbildung (recodiert): Zustimmung = sinnvoll & notwendig; Moderate Zustimmung = sinnvoll, aber nicht notwendig; Ablehnung = nicht geboten; Spaltenprozente je Variable; eigene Berechnung; Quelle: Mitarbeiterbefragung.

Personalentscheidungen sind schon deshalb eine sensible Angelegenheit, weil sie neben der damit verbundenen inhaltlichen Aussage auch über das verfügbare (Spitzen-) Personal urteilen und zudem – bei konkurrierenden Abstimmungen – eindeutige Gewinner und Verlierer erzeugen. Im Gegensatz dazu sind die nachfolgend zu betrachtenden Sachentscheidungen möglicherweise „konflikttauglicher", wird doch der inhaltliche Diskurs in allen Parteien als wichtig erachtet (vgl. Tabelle 27), zudem sind die Verlierer einer Abstimmung eher innerparteiliche Flügel oder Strömungen, also keine Einzelpersonen, deren Parteikarrieren nach derartigen Niederlagen oftmals stark beschädigt sind. Dazu kommt, dass sich gerade grundlegende Kontroversen über direktdemokratische Elemente mit hoher Legitimation beurteilen oder entscheiden lassen, schließlich sind in diesem Fall alle Organisationsangehörigen potenziell an der Entscheidungsfindung beteiligt. Hierbei ist neben der Entscheidungsebene das sachfragenorientierte Mitgliederbeteiligungsverfahren dahingehend zu unterscheiden, ob es eine formal unverbindliche (Befragung) oder eine formal bindende Abstimmung (Entscheid) zum Endpunkt hat, wenngleich sich in Folge der hohen zugeschriebenen Legitimation die politisch-faktische Bindungswirkung kaum voneinander unterscheiden dürfte.

Dennoch zeigen sich Unterschiede zwischen diesen beiden Entscheidungsverfahren und hinsichtlich der Entscheidungsebene (Tabelle 36). Grundsätzlich ist die Zustimmung zu lediglich befragenden Verfahren höher als zu entscheidenden Verfahren – man möchte also durchaus die Meinung der Organisationsbasis einholen, zugleich jedoch den Gremien und Organen Entscheidungskorridore offen halten. Ganz offensichtlich wird hier ebenfalls die Entscheidungsebene Land/Bezirk als beteiligungsadäquater verstanden, zumindest ist hier die Gruppe derer, die solche Instrumente für notwendig erachten, größer als bei bundesparteilichen Fragestellungen. Dabei unterscheiden sich die einzelnen Parteien nur in Details, bis auf eine grundlegende Ausnahme: Die Linke weist deutlich höhere, stets überdurchschnittliche Zustimmungswerte auf. Darüber hinaus ist bei der Linken abweichend von den zuvor beschriebenen Verteilungsmustern die Zustimmung zur direktdemokratischen Mitgliederbeteiligung im Bund (Tabelle 36: XVII, XVIII) höher als bei Abstimmungen auf Landesebene (Tabelle 36: XV, XVI). Dies steht, so liegt nahe, in direktem Zusammenhang mit der jüngeren Parteigeschichte und der Erfahrung des Parteifusionsprozesses, in dem der bundesweiten Mitgliederentscheidung eine ganz wesentliche Rolle zukam (dpa et al. 2007).

Tabelle 36: Bewertung Beteiligung aller Mitglieder: Zentrale Sachfragen (Anteile in Prozent)

			Gesamt	FDP	Grüne	Linke	SPD
(XV)	Mitgliederbefragung (Land/Bezirk) N=140	Zustimmung	60,7	60,0	56,1	73,3	52,3
		Neutrale Zustimmung	29,3	30,0	36,6	20,0	31,8
		Ablehnung	10,0	10,0	7,3	6,7	15,9
(XVI)	Mitgliederentscheid (Land/Bezirk) N=138	Zustimmung	44,9	40,0	33,3	66,7	36,4
		Neutrale Zustimmung	38,4	40,0	47,6	23,8	43,2
		Ablehnung	16,7	20,0	19,0	9,5	20,5
(XVII)	Mitgliederbefragung (Bund) N=140	Zustimmung	57,1	60,0	46,3	77,8	45,5
		Neutrale Zustimmung	31,4	30,0	41,5	17,8	36,4
		Ablehnung	11,4	10,0	12,2	4,4	18,2
(XVIII)	Mitgliederentscheid (Bund) N=139	Zustimmung	41,0	30,0	31,0	69,8	25,0
		Neutrale Zustimmung	36,0	50,0	38,1	20,9	45,5
		Ablehnung	23,0	20,0	31,0	9,3	29,5

Gruppenbildung (recodiert): Zustimmung = sinnvoll & notwendig; Moderate Zustimmung = sinnvoll, aber nicht notwendig; Ablehnung = nicht geboten; Spaltenprozente je Variable; eigene Berechnung; Quelle: Mitarbeiterbefragung.

Als knappe Zwischenbilanz dieser Betrachtung ist festzuhalten, dass hier noch deutlicher als zuvor sehr klare innerparteiliche Unterschiede erkennbar werden. Es finden sich empirisch drei Gruppen in unterschiedlicher Stärke wieder: Diejenigen, die direktpartizipatorische Elemente auf allen Ebenen und ohne Einschränkung als dringend notwendig erachten, eine Gruppe, die hier eher verhalten Zustimmung äußert und eine Gruppe, die insbesondere bei Personalentscheidungen und bei verbindlichen Sachentscheidungen auf höherer Ebene eine direkte Mitgliederbeteiligung als nicht notwendig ablehnt. Somit ist nun zum Abschluss dieses Analyseschritts noch auf drei in diesem Zusammenhang häufig genannte Vorbehalte gegenüber einer Basisdemokratisierung der innerparteilichen Entscheidungsfindung einzugehen und zu prüfen, inwieweit diese von den Mitarbeitern innerparteilich geteilt werden (Tabelle 37).

Tabelle 37: Allgemeine Einschätzung Mitgliederbeteiligung I (Mittelwerte)

	N	Gesamt	FDP	Grüne	Linke	SPD
(XIX) Öffentliche Auseinandersetzungen (bspw. vor Mitgliederentscheid) schaden Partei	133	3,46	3,70	3,58	3,49	3,27
(XX) Mitgliederbefragungen im Parteialltag nicht praktikabel	133	3,50	3,80	3,36	3,64	3,43
(XXI) Wer sich in Gremien mit Thema beschäftigt, soll über Themen entscheiden	133	2,57	3,11[+]	2,63	2,64	2,34

Skala: 1 = „stimme voll und ganz zu" bis 5 = „stimme überhaupt nicht zu"; [+]n < 10; Varianzanalyse, Signifikanzniveaus: *$p < .05$, **$p < .01$, ***$p < .001$; eigene Berechnung; Quelle: Mitarbeiterbefragung.

Hierbei zeigt sich, dass die Vorbehalte in allen Parteien eher nicht geteilt werden. Sowohl die Einschätzung, dass vor innerparteilichen Basisentscheidungen die öffentliche Auseinandersetzung der Partei schaden könnte (Tabelle 37: XIX), als auch die Annahme, dass Mitgliederbefragungen schon aus Praktikabilitätsgründen kaum alltagstauglich seien, werden im Mittel klar abgelehnt. Parteispezifische Unterschiede sind ebenso wenig messbar wie weitere Zusammenhänge, sieht man von einem signifikanten Zusammenhang mit der Links-Rechts-Selbsteinstufung bei der Frage nach der Praktikabilität ab (Tabelle 37: XX). Die oft postulierte

Skepsis wird also in den Parteiapparaten zumindest nicht offen benannt, wenngleich in den Interviews eingeräumt wird, dass Kosten und Aufwand direktdemokratischer Beteiligungsverfahren die Parteien durchaus vor Herausforderungen stellen können. Funktional spricht aus Sicht der Mitarbeiter im Grundsatz jedoch wenig gegen derartige Verfahren. Normativ-paradigmatisch ergibt sich dennoch ein etwas anderes Bild, hier wird erneut das repräsentativ-demokratische Entscheidungsmodell hervorgehoben. So stimmen die Mitarbeiter der Einschätzung im Mittel klar zu, dass die sich intensiv mit der Entscheidungsvorbereitung befassten Gremien dann auch vorrangig mit der Entscheidung selbst befasst sein sollten. Zwar findet sich lediglich bei der FDP eine im Mittel eher ablehnende Einschätzung (Tabelle 37: XXI), signifikante Parteieffekte zeigen sich jedoch nicht. In dieser Einschätzung und dem dahinter liegenden Leitbild dürfte ein weiterer Grund dafür liegen, warum direktdemokratische Elemente im innerparteilichen Entscheidungsprozess nur selten und häufig erst dann zum Einsatz kommen, wenn die Gremien versagen bzw. Konflikte innerhalb der vorgesehenen Entscheidungsstrukturen nicht mehr beigelegt werden können.

7.2.2.3 Zusammenführung

Ausgangspunkt dieses Abschnitts war die Frage nach der Bedeutung einzelner Motive sowie der Mitbewerber im Reform- und Organisationsentwicklungskontext (Abschnitt 7.2.2.1). Die Analyse bestätigt dabei die theoretischen Annahmen. Insbesondere der gegenseitigen Beobachtung wird von Seiten der Parteiorganisationsspitzen ein hoher Stellenwert zugeschrieben, wobei im Detail parteispezifische Unterschiede hinsichtlich der Reform- und Experimentierfreudigkeit bestehen. Bemerkenswert ist, dass in allen Parteien eine ausgeprägte Vorreiterrolle der jeweils eigenen Partei gesehen wird, am stärksten kommt dies in der FDP zum Ausdruck. Zugleich wurde deutlich, dass ergänzend Instrumente, Elemente und Innovationen von anderen Profit- und Non-Profit-Organisationen sowie von ausländischen politischen Systemen beachtet, geprüft und gegebenenfalls organisationsadäquat adaptiert werden, wobei hier zu Teilen durchaus Skepsis besteht, inwieweit diese für die eigene Partei tauglich sind (was jedoch nicht zwangsläufig bedeutet, auf diese Instrumente zu verzichten).

Es konnte im Ergebnis anhand der Daten gezeigt werden, dass die entwickelten Annahmen zur Bedeutung der direkten Mitbewerber als primärer Bezugspunkt parteiweltlich bestätigt werden. An diesen Befund knüpfte der zweite Analyseschritt dieses Abschnitts an. Hier stand die Wahrnehmung von Reformen und die Bedeutung der Mitgliederbeteiligung aus Sicht der Mitarbeiter im Vordergrund, um so die wahrgenommene Bedeutung partizipationsbezogener Reformen zur Stärkung bzw. Revitalisierung der Mitgliederpartei herauszuarbeiten (Abschnitt 7.2.2.2). Die Befunde zeigen hier jedoch ein ernüchterndes Bild vom organisationskulturellen Zustand der partizipativen Mitgliederpartei, was auch dieses Statement eines SPD-Mitarbeiters bestätigt:

> „Die Frage der Mitgliederbeteiligung und -befragung, die ja vor Ort stattfindet, Befragung über Programme, Spitzenkandidaten, da gibt es schon Instrumente die die Partei geändert haben, aber revolutioniert haben sie die Partei nicht. Die Grundstrukturen sind geblieben, sie haben sich zum Teil verfeinert, zum Teil ergänzt, aber grundlegend geändert nicht." (SPD 2)

So wird zunächst deutlich, dass trotz der partiellen Unzufriedenheit mit den Organisationsstrukturen die unterschiedlichen organisationsstrukturellen Veränderungen nicht als primärer Schlüssel zur Beseitigung fehlender mitgliederparteilicher Attraktivität gesehen werden. Zudem wurde herausgearbeitet, dass die jeweiligen Mitbewerber von der breiten Mitarbeiterschaft nur als sekundärer Bezugspunkt bei Parteireformen gesehen werden. Dies widerspricht zunächst der Einschätzung der interviewten Organisationsverantwortlichem, bestätigt jedoch zugleich deren Einschätzung, dass die Mitbewerber insgesamt zu wenig Beachtung fänden: In der breiten Mitarbeiterschaft dominiert vielmehr eine eher strukturkonservative, parteibezogene Orientierung. Als Bilanz der vielfach diskutierten, zu Teilen eingeführten und nur gelegentlich genutzten Partizipationsinstrumente ist festzuhalten, dass diese als große Maßnahmen mit kleiner Wirkung charakterisiert werden. Dies war den Parteiakteuren bei der Einführung durchaus bewusst, weshalb in Anknüpfung an die theoretischen Annahmen hier von symbolischen Reformen gesprochen werden kann. Eine organisationskulturelle Veränderung in Folge einer verstärkten Mitgliederbeteiligung wird damit erwartungsgemäß ebenso wenig wahrgenommen wie ein eigentlich beabsichtigter Legitimitäts- oder Attraktivitätsgewinn – was nichts anderes bedeutet, als dass der Ertrag der mühsam durchgeführten Reformen eher gering ist.

Ziel dieses Analyseschrittes war darüber hinaus die weitergehende Untersuchung des in den Parteien vorhandenen mitglieder- und partizipationsbezogenen Organisationsleitbildes. Dazu wurde mit Blick auf das Leitbild Mitgliederpartei geprüft, welche Bedeutung partizipatorischen Elementen überhaupt zugesprochen wird. Hier zeigen sich vor allem sehr deutliche innerparteiliche Differenzen, wohingegen parteispezifische Unterschiede schon in der deskriptiven Analyse nur vereinzelt auffallen. Dabei ist insgesamt festzustellen, dass der direkten Mitgliederbeteiligung bei Personalfragen zwar durchaus eine grundsätzliche Sinnhaftigkeit zugesprochen wird, sie jedoch nur selten als wirklich notwendig betrachtet wird. Eine etwas höhere Zustimmung findet sich bei der Einbeziehung von Mitgliedern bei Sachfragen, wobei sich hier durch die besonders hohe Bedeutung bei den Mitarbeitern der Linken starke Parteiunterschiede zeigen. Die ebenfalls untersuchten generellen Vorbehalte gegenüber direktpartizipatorischen Instrumenten legen den Schluss nahe, dass insgesamt weniger funktionale Bedenken zum Tragen kommen als dass vielmehr ein repräsentativdemokratisches Organisationsmuster vertreten wird. Dies gilt jedoch nicht für alle Mitarbeiter in den Party Central Offices, vielmehr stehen sich zwei Gruppen klar gegenüber, die als Partizipationsorientierte und Repräsentationsorientierte bezeichnet werden können und von einer dritten, in gewissem Umfang unentschiedenen Gruppe komplettiert werden. Damit ist als Zwischenbilanz festzuhalten, dass in den Parteiapparaten die mit dem Leitbild der Mitgliederpartei verbundene, institutionell-normativ postulierte Mitgliederorientierung nicht damit einhergeht, den Mitgliedern tatsächlich umfassendere direkte Beteiligungsmöglichkeiten einräumen zu wollen. Darauf ausgerichtete Parteireformen verbleiben trotz formalstruktureller Umsetzung zumeist im Symbolischen, was innerhalb der Parteien jedoch mehrheitlich nicht als Problem angesehen wird. Insgesamt zeigt sich bei vereinzelten parteispezifischen Effekten eine ausgeprägte zwischenparteiliche Homogenität bei zeitgleicher innerparteilicher Differenz.

7.2.3 Parteiorganisationale Öffnung: Abkehr vom Mitgliedschaftsprinzip?

Mit den unterschiedlichen Parteireformen, die auf eine Revitalisierung der Mitgliederpartei abzielen, geht eine zweite Reformlinie einher, die dem Modell der vereinsartig organisierten Mitgliederpartei zunächst einmal widerspricht: Die Öffnung der Parteien für die Mitwirkung von Nichtmitgliedern (siehe auch Abschnitt 5.2.4.3). Dies stellt einen klaren Widerspruch zum Grundprinzip der Mitgliederpartei dar, die innerparteiliche Mitbestimmung nur bei formaler Organisationszugehörigkeit vorsieht, also vor allem auch eine mitgliedschaftsorientierte Organisation ist. Eine solche Aufweichung des Mitgliedschaftsprinzips ist schon aus diesem Grund für die Parteiorganisation nicht ohne Risiko. Die Mitgliedschaft droht dann nämlich an Wert zu verlieren. Damit ist nun zu klären, welche Überlegungen der formalstrukturell bereits untersuchten Öffnung zu Grunde liegen – wird hier das Prinzip der Mitgliederpartei aufgegeben?

7.2.3.1 Die Sicht der Organisationsspitzen

Am Grundprinzip der Mitgliederpartei wird, dies bestätigt sich nachfolgend, nicht gerüttelt. Vielmehr wird in den Parteien betont, dass es sich bei der verstärkten Einbindung Freiwilliger ohne echte Mitgliedschaft – also vor allem mittels einer Mitgliedschaft auf Probe – eigentlich um nichts fundamental Neues handelt, denn im Kern sei innerparteiliches Engagement schließlich stets freiwillig: „(…) insofern ist Freiwilligenarbeit keine neue Idee, aber es ist eine neue Idee zu schauen, dass man über den eigenen Kern hinauskommt" (SPD 2). Die Öffnung ist vielmehr in direktem Zusammenhang mit den Versuchen zur Revitalisierung der Mitgliederpartei zu sehen: „(…) alles, was nützt, lebendiger zu werden und Leute anzusprechen sollten wir erst einmal ausprobieren. Deswegen ist (…) [die Probemitgliedschaft] auch so gemacht worden" (SPD 1). Es geht folglich bei der Teilhabeoption für Nichtmitglieder nicht vorrangig um eine Abkehr vom Modell der Mitgliederpartei, sondern vielmehr darum, den Kreis der potenziellen Freiwilligen und letztlich der formalen, beitragszahlenden Mitglieder zu erhöhen. Dass sich der bereits in der formalstrukturellen Analyse erkennbare Befund bestätigt, zeigt diese Aussage: „Wenn wir unsere Interessenten mit dazu nähmen, hätten wir drei Mal so viele Mitglieder. Also warum machen wir nicht die Interessenten zu Mitgliedern?" (FDP 2) Oder, wie ein Interviewpartner der Grünen ausführt: „Ich glaube, ein Freiwilliger (…) da gibt es schon ein Interesse, den zum Mitglied zu machen." (Grüne 3) Die Instrumente der Öffnung zielen somit darauf ab, die so Rekrutierten zu Vollmitgliedern zu machen: „Das ist immer ein Ziel, das wir haben. Das muss man nicht immer als Erstes sagen, kann man aber auch als Erstes sagen." (Linke 3) Auch aus diesem Grund wird die skizzierte Öffnung nur als Ergänzung, nicht jedoch als Alternative zur Mitgliederpartei verstanden (etwa SPD 3). Das Ziel Vollmitglieder zu generieren schwingt immer und in allen Parteien gleichermaßen mit. Bemerkenswert ist, dass in allen Parteien in den Organisationsspitzen das Instrument „Probemitgliedschaft" kritisch gesehen wird. Eigentlich gilt es faktisch als Fehlschlag: „Das läuft nicht, das läuft nicht, das läuft nicht." (SPD 1) So sind im Ergebnis, trotz des hohen Aufwands durch die notwendige Satzungsänderung, „die absoluten Zahlen (…) nicht erschlagend" (SPD 3), und man fragt sich: „Ist mir ein Probemitglied schon untergekommen? Ich wüsste nicht. Ich wüsste auch im Moment überhaupt keinen Kreisverband, der damit wirklich offensiv (…) wirbt." (Grüne 2).

Wie schon bei der formalstrukturellen Analyse erkennbar wurde, regelt die FDP mitgliedschaftliche Aspekte auf Landesebene, weshalb sie in diesem Kontext erneut als Sonderfall gelten muss, gleichwohl kennt auch sie das Instrument der Probemitgliedschaft. Es werden jedoch auch in diesen Zusammenhängen rechtliche Bedenken angemeldet, die jedoch wie gezeigt einer genaueren Überprüfung nicht vollumfänglich standhalten:

> „Wir haben auch das Instrument der Schnuppermitgliedschaft eingeführt, das hat folgendes Problem: Das Parteiengesetz sieht eigentlich vor, dass es keine beitragsfreie Mitgliedschaft gibt. Insofern muss man da vorsichtig sein. Wenn die gleiche Rechte haben wollen wie die anderen Mitglieder, dann sollte man das tunlichst zeitlich begrenzen, damit da keine Schwierigkeiten entstehen." (FDP 1) [180]

> „Da spielen dann bei Wahlen beispielsweise Primaries eine Rolle, Voter Registration wie in den USA, die für mich schon eine Form von Mitgliedschaft sein könnte. Die dann aber vielleicht nicht an einen Beitrag gebunden ist, sondern beitragsfrei ist. Erlaubt das Parteiengesetz aber nicht, es erlaubt keine beitragsfreie Mitgliedschaft. Ist immer ein Riesenvorgang, wenn dann einer aus sozialen Gründen befreit werden muss, dann bedarf es eines Kreisvorstandsbeschlusses und so weiter. Also die Hürden sind viel zu hoch (um in der) Parteiarbeit mitwirken zu können." (FDP 2)

Argumentativ bedeutsam dürfte vielmehr die indirekt erkennbare Befürchtung sein, dass die Mitglieder bei zu vielen Rechten für Nichtmitglieder den Mehrwert ihrer kostenpflichtigen Mitgliedschaft nicht mehr sehen würden. Dazu kommen parteispezifische Erfahrungen, die bis heute die Parteiführung zu prägen scheint: Schließlich waren die Liberalen zur Jahreswende 1997/1998 als bislang einzige etablierte deutsche Partei von dem (klar gescheiterten) Versuch einer „feindlichen Übernahme" bedroht, als Studierendengruppen versuchten die Partei qua Massenbeitritt zu „kapern" (Dürr 1997; Merten/Bäcker 1998): „Stellen wir uns also mal vor", 200 Leute beantragen eine Schnuppermitgliedschaft, um bei der nächsten Vorstandswahl (…) schnell einmal die Führung zu übernehmen und hinterher die Satzung über den Haufen zu werfen. Diese Probleme werden gesehen." (FDP 1) Ein Problem, das von beiden Interviewpartnern angesprochen wird und das zugleich auf andere kleinere Parteien übertragen wird: „Dann könnte ja eine Kohorte von 100.000 Leuten, also unterstellt die ließen sich homogen organisieren, (…) in die Grünen eintreten, die ja nach wie vor nur 40.000 Mitglieder haben, und dann wäre aus die Maus." (FDP 2) Dieses Bedrohungsszenario wirkt offensichtlich bis heute nach, weshalb ein verstärkter, mit einer Öffnung der Parteistrukturen verbundener bidirektional-dialogischer Politikansatz im innerparteilichen Diskurs durchaus massive Überzeugungsarbeit erfordert: „Also dass man sagt, das ist nicht eine Gefahr, wenn wir (…) uns öffnen, und die hauen uns das nicht kaputt, sondern das hilft uns. Und das hilft uns auch inhaltlich, das macht uns wertvoller." (FDP 2). Zugleich werden die Bedenken relativiert: „Die meisten Menschen sind so höflich, dass sie, wenn sie nicht Mitglied sind, (…) nicht glauben, sie müssten den ganzen Verband umstoßen." (FDP 1) Ganz allein ist die FDP jedoch nicht, was die Problematisierung einer zu leichtfertigen Offenheit angeht: In Zusammenhang mit der Parteiausdehnung der Linken gen Westen wird auf die Gefahr von Trittbrettfahrern und der Unterwanderung durch politisch ungewünschte Akteure hingewiesen:

> „Von daher sind wir im Moment an einer hohen Offenheit interessiert. Das findet seine Grenze, wo Neonazis und Nazistrukturen genau diese Offenheit durchbrechen. Wir erleben das jetzt schon zum x-ten Mal. [Die] WASG hatte ja einen Nazi, der bis in den Parteivorstand gekommen ist, wir haben gerade die Tage einen NPD-Nazi in einer Landtagsfraktion enttarnt, der (…) da über ein Mentoringprogramm reingeschleust wurde, richtig

---

[180] Dabei ist, dies sei an dieser Stelle angemerkt, unabhängig von der vermeintlichen Zahlungsverpflichtung vielfach eine wenig ausgeprägte faktische Zahlungsmoral gegeben.

mit Legende und allem was dazugehört. Deswegen muss man gucken. (...) Wir müssen offen sein, wir dürfen aber nicht so offen sein, dass wir naiv sind." (Linke 1)

Im Ergebnis ist festzuhalten, dass die Parteien zwar mit der Einführung von Probemitgliedschaften eine formalstrukturelle Anpassungsleistung erbracht haben, diese jedoch weder faktisch wirksam noch kulturell von den Organisationsspitzen mitgetragen wird, und dies obwohl eben jene innerparteilichen Spitzenakteure maßgeblich daran beteiligt waren, die formalstrukturelle Implementierung voranzutreiben und innerparteilich durchzusetzen.

Gleichwohl setzen die Parteien gegenwärtig verstärkt auf die Einbindung von Freiwilligen, jedoch nicht vorrangig mittels zeitlich befristeter Probemitgliedschaften: Vielmehr wird eine generelle Öffnung der Parteien postuliert, mit einem klaren Fokus auf ein Top-down-Instrument für Kampagnen und Wahlkämpfe. Dies hängt auch damit zusammen, dass die dauerhafte Bindung Freiwilliger ohne Mitgliedschaft an die Organisation als schwierig empfunden wird und dies am ehesten durch Kampagnenaktivitäten gelingen soll. Zudem ist es für die Parteien erforderlich, den als nicht (mehr) ausreichend wahrgenommenen Mitgliederstamm in Kampagnen um zumeist jüngere, hochgradig engagierte Freiwillige zu ergänzen. Insofern überrascht es nicht, dass die Einbindung Freiwilliger vor allem als projektbezogenes Kampagnen- und Wahlkampfinstrument gesehen wird (so etwa SPD 1) und auch hier darauf gesetzt wird, über die Kampagnenmitwirkung Mitglieder zu rekrutieren. So setzt etwa die SPD seit dem Bundestagswahlkampf 1998 auf „Junge Teams", mit gewissem Erfolg: „Ein Teil ist auch Mitglied geworden, ein Teil sagt auch, das ist jetzt für mich erledigt, beim nächsten Mal kann ich mit dabei sein, schreibt mich an." (SPD 1, ähnlich SPD 2). Auch bei den Grünen ist im Bundestagswahlkampf 2009 die Online-Kampagnenplattform von der Online-Mitgliedervernetzung abgekoppelt worden, wobei erstere bereits im Europawahlkampf verfügbar war und zu Teilen durchaus erfolgreich eingesetzt wurde. Darüber hinaus, also jenseits der Einbindung in die Kampagnenarbeit, sieht man dort „keine systematischen Ansätze, um Freiwillige außerhalb von Wahlkämpfen langfristig an die Partei zu binden" (Grüne 3). Ein starker Fokus auf die Kampagnenarbeit ist bei der Einbeziehung von Freiwilligen in allen Parteien erkennbar, nicht zuletzt aus pragmatischen Gründen. Schließlich besteht gerade bei Kampagnen „die Möglichkeit für Nichtmitglieder mitzuwirken, sich (...) zu beteiligen" (Linke 3). Dabei wird betont, dass man zwar durchaus viele Freiwillige im Wahlkampf habe, diese jedoch lediglich als „Ergänzung" (Grüne 2) zu verstehen seien, wobei diese Ergänzung „aber durchaus hilfreich ist und auch eine ganze Menge bewirken kann" (Grüne 2).

Auffällig ist, dass in der Frage der Öffnung für Nichtmitglieder alle untersuchten Parteien auf ein Mischprinzip, also ein partielles Muddling-Trough und eine damit verbundene Indifferenz hinsichtlich der tatsächlichen Einflussmöglichkeiten setzen. Dass dies auch für die Unionsparteien gilt, verdeutlicht CSU-Generalsekretär Dobrindt im Rahmen des Parteiorganisationsreformprozesses „CSU 2010plus": Er sieht hier die CSU „als modernste Mitgliederpartei und stärkste Bürgerbewegung" (zitiert nach Stroh 2009) in einem. Der CSU-Parteivorsitzende Seehofer betont sogar, dass es das Ziel sei, auch Nicht-CSU-Mitglieder das neue Parteileitbild mitentwickeln zu lassen, schließlich strebe man das Modell der „offenen Partei" (zitiert nach Stroh 2009) an. Zugleich wird im entsprechenden Parteitagsbeschluss jedoch klargestellt, dass man keineswegs vom Mitgliederprinzip abrücken würde, an erster Stelle stehen damit weiterhin die Mitglieder: „In diesem Prozess sind an erster Stelle die gesamte Partei, darüber hinaus aber auch alle Bürgerinnen und Bürger, aktiv einzubeziehen" (CSU 2009b: 1).[181] Ähnlich verhält es sich bei den Grünen, die zwischenzeitlich sowohl ein Kampagnen- als auch ein Mitgliedernetz aufgebaut haben. Letzteres könne möglicherweise für Nichtmitglieder geöffnet werden, doch auch hier stehen die Mitglieder an erster Stelle: „(…) erstmal führen wir es für die Mitglieder ein" (Grüne 3), denn man habe „die Priorität darauf gesetzt (…), dass unsere Mitglieder erst mal das Wichtigste, sind was wir haben" (Grüne 3). Bei aller Offenheit für Nichtmitglieder wird somit eine Trennung zwischen Mitglied und Nichtmitglied nach wie vor klar vorgenommen (so auch FDP 1), wobei nicht nur bei der Linken der entscheidende Mehrwert zum einen im emotionalen Wert der Mitgliedschaft und zum anderen in der Parteiarbeit gesehen wird, wohingegen den Kern der Mitgliedschaft verwässernde Zusatzangebote klar abgelehnt werden:

> „Das Entscheidende ist [die] Parteiarbeit. Die Mitglieder müssen auch von ihrer Mitgliedschaft etwas haben, das muss schon sichtbar sein. Ich glaube nicht, dass der Weg da ist, den ja andere Parteien beschreiten, dass man die Reisecard hat und fünf Prozent weniger für die Indonesienreise zahlt. Das kann es auch sein als Bindung, aber das alles, das geht zu sehr über den Kopf. Ich habe ja gesagt, Kopf und Herz, oder Herz und Kopf." (Linke 3)

Der Vollständigkeit halber ist anzumerken, dass zumindest bei der Top-down-Weitergabe von Informationen nicht alle eine derart strikte Unterscheidung als richtig erachten, was jedoch im Parteiengesamtvergleich eher als Mindermeinung zu klassifizieren ist: „Alles was wir haben – wenn wir was haben – gehört dann ins Internet, für alle. Jeder soll darauf klicken können." (Linke 3) Mit Blick auf die innerparteiliche Mitwirkung relativiert sich dies jedoch, da in keiner Partei jedermann innerparteilichen Einfluss ausüben soll – alle Parteien kennen klare Rechte, die nur Vollmitgliedern zustehen. Solange es um Mitbestimmungs- und Entscheidungsrechte geht, wird in allen Parteien seitens der Organisationsspitzen nach wie vor deutlich zwischen Mitglied und Nichtmitglied unterschieden – das Prinzip der Mitgliederpartei wird deutlich betont. Aus diesem Grund ist die folgende Einschätzung zumindest in den Interviews ein vergleichsweise radikales und seltenes Plädoyer für eine ernsthafte Öffnung der Parteien:

> „Also ich hab jetzt hier keine Blaupause für die Parteireform. Ich glaube, es geht um einen Bewusstseinswandel innerhalb der Parteien, dass sie in der Krise sind. Also ein Krisenbewusstsein innerhalb aller, jeder Partei. Und zwar nicht der Grünen, nicht die Grünen sind in der Krise, nicht die SPD ist in der Krise, sondern die Partei als Institution ist in der Krise. Dafür muss es ein Bewusstsein geben und dieses Bewusstsein darf nicht nur in den Bundesgeschäftsstellen, sondern muss in jeder Kreisgeschäftsstelle, in jedem Ortsverband, in jeder Mitgliederversammlung existieren – das Bewusstsein dafür, dass man in einer krisengeschüttelten Institution arbeitet, mitarbeitet, sich engagiert und dass diese Krise sowohl durch interne als auch durch externe Faktoren ausgelöst ist, nämlich intern für die mangelnde Bereitschaft von Parteien sich zu öffnen, sich nicht nur organisatorisch, programmatisch, PR-mäßig zu öffnen, sondern sich wirklich zu öffnen, sich mental zu öffnen für Neuzugänge, für Austausch mit der Gesellschaft; und natürlich durch externe Faktoren, die ich hier nicht noch mal beschreiben muss (…) unter dem Stichwort „verändertes Partizipationsverhalten." (Grüne 3)

Eine organisational wirksame Öffnung, würde jedoch einen grundlegenden Paradigmenwechsel erfordern. Ein solcher ist in den Interviewdaten nicht erkennbar, weshalb anzunehmen ist, dass auch die breite Mitarbeiterschaft einen solchen paradigmatischen Wandel nicht anstrebt.

---

[181] Dieser Reformprozess stellt neben dem SPD-Reformprozess 2009-2011 den gegenwärtig aktuellsten Reformprozess einer etablierten deutschen Mitgliederpartei dar (dazu bspw. Fischer 2010). Die Reformergebnisse konnten hier jedoch nicht mehr mit berücksichtigt werden (siehe dazu die Parteibeschlüsse CSU 2009b, 2010). Allerdings wird nach Ansicht mehrerer Beobachter die CSU zum gleichen Zeitpunkt „autoritär von oben herab" (Hübner 2009) regiert, so dass von der 2008 postulierten Idee einer basisdemokratischen Öffnung der Partei „kaum etwas übrig geblieben" sei (Hübner 2009). Es kann auch hier von symbolischen Partizipationselementen ausgegangen werden (vgl. Fußnote 177).

7.2.3.2 Die Sicht der Mitarbeiter

Zum Abschluss dieses Kapitels ist somit zu prüfen, wie die debattierten Aspekte der Öffnung in der Breite der Mitarbeiterschaft gesehen werden. Teilen diese das im Grundsatz erkennbare Plädoyer der Parteiorganisationsspitzen für den Erhalt der Mitgliederpartei mit der in der Konsequenz deutlich zurückhaltenden Sicht hinsichtlich einer partizipationskulturellen Öffnung? Darüber gibt Tabelle 38 Aufschluss.

Tabelle 38: Allgemeine Einschätzung Mitgliederbeteiligung II (Mittelwerte)

		N	Gesamt	FDP	Grüne	Linke	SPD
(I)	Parteimitglieder: Mehr Mitwirkungsrechte als Nichtmitglieder	132	1,74	1,50	1,92	1,83	1,56
(II)	Langfristige Mitgliedschaften nicht mehr gefragt, Parteien müssen auf kurzzeitig engagierte Freiwillige setzen	151	3,36**	3,08	2,94	3,80	3,41
(III)	Klassische Parteilaufbahn weiterhin ideal, um politische Verantwortung zu übernehmen	145	3,00	2,64	3,02	3,16	2,91

Skala: 1 = „stimme voll und ganz zu" bis 5 = „stimme überhaupt nicht zu"; Varianzanalyse, Signifikanzniveaus: *p < .05, **p < .01, ***p < .001; eigene Berechnung; Quelle: Mitarbeiterbefragung.

Mit Blick auf die zuvor untersuchten Aspekte bestätigt die im Mittel hohe Zustimmung zu der bereits von den Organisationsspitzen vertretenen Position, dass Mitglieder mehr Mitwirkungsrechte als Nichtmitglieder haben sollten (Tabelle 38: I). Auffällig ist allerdings, dass die FDP-Mitarbeiter, deren Organisationsspitzen sich in den Interviews als besonders öffnungsfreudig zeigten, im Mittel die höchste Zustimmung zur Sonderstellung der Mitglieder zeigen, wohingegen Grüne und Linke hier im Mittel etwas weniger stark zustimmen. Diese etwas geringere, wenngleich immer noch sehr deutliche Zustimmung zur privilegierten Sonderstellung der Mitglieder deckt sich mit den in der Satzungsanalyse gewonnenen Eindrücken. Signifikante Parteieffekte zeigen sich allerdings nicht. In allen Parteien wird den Mitgliedern im Mittel eine besondere Mitwirkung im innerparteilichen Entscheidungsfindungsprozess zugestanden.

Diese Einschätzung bestätigt sich, wenn man nach der Problematik eines veränderten Partizipationsverhaltens fragt (Tabelle 38: II). Hier wurde konkret gefragt, ob als Reaktion auf zurückgehende langfristige Parteimitgliedschaftsverhältnisse die Parteien vom Organisationsmodell Mitgliederpartei abrücken und kurzzeitig engagierte Freiwillige stärker in den Vordergrund stellen sollten, wie es in ersten Ansätzen ja bereits versucht wird. Dies wird im Mittel jedoch eher abgelehnt. Besonders deutlich ist dies bei der Linken, was an der zum Befragungszeitpunkt stark zunehmenden Mitgliederstärke in Folge des Fusionsprozesses liegen könnte. Doch auch die SPD-Mitarbeiter halten im Mittel wenig von einer Neuausrichtung zu Gunsten Freiwilliger. Dies überrascht zumindest insofern, als dass gerade die SPD seit langem einen starken Mitgliederrückgang zu verkraften hat und dabei durchaus eine Knappheit im Bereich der ehrenamtlichen Mandatsträger und Funktionäre wahrgenommen wird. Am Mitgliedschaftsmodell soll aber gleichwohl festgehalten werden. Dennoch ist das Organisationsparadigma Mitgliederpartei weiter präsent. Lediglich die Grünen weichen im Mittel von den anderen Parteien ab und sehen knapp eine stärkere Rolle von Freiwilligen als wichtiger an, was eine Folge der skizzierten parteitraditionellen Prägung sein dürfte und zu den bisherigen Befunden einer (leicht) geringeren Mitglieder- bzw. Mitgliedschaftsfokussierung passt. In diesem Item zeigen sich hoch signifikante Parteieffekte, resultierend aus den Unterschied zwischen den Grünen- und Linke-Mitarbeitern (Scheffé-Test). Dazu kommt ein ebenfalls hoch signifikanter Zusammenhang mit der Parteierfahrung, wobei Mitarbeiter mit Parteierfahrung im Mittel stärker für eine intensivere Einbeziehung der Freiwilligen plädieren (Mittelwert 3,13 zu 3,81). Das heißt: Wer innerparteiliche Erfahrungen aufweisen kann, ist in diesem Punkt weniger stark von dem Modell der Mitgliederpartei überzeugt als diejenigen, die über keine eigene überberufliche Parteierfahrung verfügen. Dies kann so verstanden werden, dass diejenigen, die ins innerparteiliche Leben involviert sind, eine weniger positive Sicht hinsichtlich der Zukunftsfähigkeit des Organisationsmodells „vereinsartige Mitgliederpartei" haben.

Nachdem bereits gezeigt wurde, dass Parteimitgliedern als Personalpool eine zentrale Rolle eingeräumt wird, ist nun noch nach dem idealen Weg innerparteilicher Mitgliederrekrutierung zu fragen (Tabelle 38: III). In den Interviews wurden dabei insbesondere von den Organisationsspitzen der SPD Probleme bei der Rekrutierung von Quereinsteigern und Kompetenzdefizite lokaler Ehrenamtlicher in Folge oftmals fehlender Akklimations- und Einarbeitungsphasen thematisiert. Im Mittel zeigt sich bei den Mitarbeitern hinsichtlich der klassischen Parteilaufbahn nunmehr ein indifferentes Bild, was die Tauglichkeit dieser „Ochsentour" angeht. Anders formuliert: Es findet sich keine klare Mehrheit für oder gegen die tradierten Verfahren der innerparteilichen Rekrutierung. Allerdings zeigen sich dabei durchaus inner- wie zwischenparteiliche Unterschiede in der Bewertung, ohne dass jedoch signifikante Zusammenhänge auftreten, so dass vielmehr individuelle Einstellungen und Erfahrungen hier prägend sein dürften. Von einer grundlegenden Öffnungsabsicht in dieser Frage der Rekrutierungspfade kann jedoch keine Rede sein.

Damit ist abschließend die bereits angesprochene partizipative Öffnung der Parteien für Nichtmitglieder bei Personalentscheidungen zu prüfen. Die Mitwirkung an der Benennung von Kandidaten für öffentliche Wahlämter ist nicht zuletzt in Folge wahlrechtlicher Regelungen eines der letzten verbliebenen Privilegien der parteilichen Vollmitgliedschaft. Die tiefgreifendste Idee zur Öffnung der Personalentscheidungen für Nichtmitglieder – und damit der radikalste Bruch mit der Tradition der mitgliedschaftsbasierten Parteiorganisation – ist sicherlich die Einführung von Open Party Primaries (etwa nach US-amerikanischen Vorbild, siehe auch Abschnitt 7.2.2). Dies wird regelmäßig diskutiert und ist vereinzelt auf lokaler Ebene eher probehalber umgesetzt worden (Leif 2009: 371-372; Bukow et al. 2009).[182] Eine derart klare Abkehr vom Modell der Mitgliederpartei ist jedoch für die hiesigen Parteimitarbeiter kaum vorstellbar, ein so bürgeroffenes Verfahren wird sehr deutlich abgelehnt (Tabelle 39), 15 Prozent der Befragten halten ein solches Verfahren sogar für schädlich.[183]

---

[182] Auch auf Bundesebene wird dies diskutiert, und auch hier zeigt sich eine überdeutliche Ablehnung in der gesamten Parteiorganisation (zuletzt im SPD-Reformprozess 2009-2011), so dass diese Option nur mit Mühe und durch den Einsatz des Parteivorsitzenden selbst (letztlich eher formal) in das SPD-Organisationsstatut aufgenommen wurde.
[183] Auch Parteitagsdelegierte votieren klar gegen die Inklusionserhöhung durch die verstärkte Einbeziehung der Bevölkerung bei der Kandidatenwahl, die größte Skepsis findet sich ebenfalls bei den Grünen-Delegierten (Höhne 2010: 4).

Tabelle 39: Bewertung offene Vorwahlen bei Personalfragen I (Anteile in Prozent)

			Gesamt	FDP	Grüne	Linke	SPD
(IV)	Aufstellung von Kandidaten	Zustimmung	14,5	22,2	12,2	15,9	13,6
		Moderate Zustimmung	22,5	22,2	12,2	29,5	25,0
		Ablehnung	63,0	55,6	75,6	54,5	61,4
(V)	Wahl von Spitzenkandidaten	Zustimmung	13,0	11,1	12,2	13,6	13,6
		Moderate Zustimmung	24,6	33,3	14,6	29,5	27,3
		Ablehnung	62,3	55,6	73,2	56,8	59,1

Gruppenbildung (recodiert): Zustimmung = sinnvoll & notwendig; Moderate Zustimmung = sinnvoll, aber nicht notwendig; Ablehnung = nicht geboten; N=138; Spaltenprozente je Variable; eigene Berechnung; Quelle: Mitarbeiterbefragung.

Bemerkenswert ist hierbei, dass die Grünen-Mitarbeiter die höchste Ablehnungsquote aufweisen, haben doch gerade die Grünen zumindest auf kommunaler Ebene die vergleichsweise größte Erfahrung in einer derart offenen Kandidatenfindung. Vergleicht man nun noch ergänzend die Einstellung differenziert nach der Beschäftigungsebene, so zeigt sich, dass die Mitarbeiter auf Landesebene derartige Verfahrensinnovationen zu einem höheren Anteil ablehnen als ihre Bundesgeschäftsstellenkollegen (Tabelle 40).

Tabelle 40: Bewertung offene Vorwahlen bei Personalfragen II (differenziert nach Ebene; nur Ablehnung in Prozent)

			Gesamt	Bund	Land
(IV)	Aufstellung von Kandidaten	Ablehnung	63,0	52,0	69,3
(V)	Wahl von Spitzenkandidaten	Ablehnung	62,3	58,0	64,8

Gruppenbildung (recodiert): Zustimmung = sinnvoll & notwendig; Moderate Zustimmung = sinnvoll, aber nicht notwendig; Ablehnung = nicht geboten; N=138; Spaltenprozente je Variable; eigene Berechnung; Quelle: Mitarbeiterbefragung.

Die Mitarbeiter, die auf der mittleren Ebene vergleichsweise nah an der Parteibasis agieren, sind ganz offensichtlich eher skeptisch. Eine Bereitschaft, offene Vorwahlen einzuführen, ist also ganz deutlich nicht gegeben – Personalentscheidungen sind und bleiben eine Angelegenheit der Organisationsmitglieder, so die ganz überwiegende Einschätzung der Mitarbeiter.

7.2.3.3 Zusammenführung

Führt man die Einschätzungen der interviewten Organisationsakteure und der befragten Mitarbeiterschaft zusammen, so wird deutlich, dass von dem Ziel einer echten Öffnung der Parteien für die Mitwirkung aller Bürger unabhängig von der formalen Mitgliedschaft keine Rede sein kann. Das Kerngeschäft der Parteien, die Aufstellung von Bewerbern für Parlamentsmandate, soll nach Meinung von zwei Dritteln der Mitarbeiter weiterhin klar an die formale Parteimitgliedschaft gekoppelt sein. Es bestätigen sich damit in diesem Punkt die formalstrukturellen Analyseergebnisse (Abschnitt 5.2.4.4). Damit zeigt sich in allen untersuchten Parteien ein klares Plädoyer für den Fortbestand der mitgliedschaftsbasierten Parteiorganisation, eine umfassende Öffnung dagegen wird nicht angestrebt. Gleichwohl zeigt sich eine nun zu diskutierende spezifische Interpretation des Modells der Mitgliederpartei.

7.2.4 Zwischenbilanz: Die Mythologisierung der Mitgliederpartei

Anliegen dieses Abschnitts war es, das Verständnis und die Bedeutung des Organisationsparadigmas Mitgliederpartei genauer zu durchleuchten. Diesem Paradigma wurde in drei unterschiedlichen Analyseperspektiven nachgegangen. Im ersten Schritt wurde das Verhältnis des Parteiapparates zu seinen Mitgliedern und dem Organisationsmodell Mitgliederpartei untersucht. Im zweiten Schritt richtete sich der Blick auf mitglieder- und partizipationsbezogene Reformen, drittens wurde die in den vergangenen Jahren intensiv debattierte Frage der Parteiöffnung für die Mitwirkung von Nichtmitgliedern mit einem klar organisationsparadigmatischen Fokus hinsichtlich der innerparteilich-paradigmatischen Wirksamkeit überprüft. Diese Untersuchung diente insbesondere dazu zu klären, inwieweit im Parteiapparat eine organisationale Parteiöffnung gewünscht wird oder ob nicht vielmehr am Modell der mitgliedschaftsbezogenen Parteiorganisation festgehalten wird. Zusammenfassend zeigt sich in allen Parteien eine hohe Aktualität des Organisationsparadigmas Mitgliederpartei, wenngleich ebenfalls Zweifel an der Attraktivität der real existierenden Mitgliederparteien deutlich zu Tage treten (vgl. bspw. Tabelle 33). Signifikante Parteiunterschiede zeigen sich nur vereinzelt, auffälliger sind innerparteiliche Unterschiede. In nur wenigen Fällen zeigen sich anderweitige Effekte. Bemerkenswert ist, dass eine (zumeist kommunalpolitische) parlamentarische Erfahrung (und die damit meist gebotene Wählerorientierung) die Bewertung der arbeitsalltäglichen Bedeutung der Mitglieder reduziert. In Zusammenhang mit der nicht nur kommunikativen, sondern auch organisatorischen Zentralisierung der Parteien – darauf weisen auch die analysierten Interviews hin – dürfte hingegen stehen, dass auf Bundesebene den Mitgliedern vielfach eine höhere Bedeutung zugesprochen wird als auf Landesebene. Darüber hinaus konnte die Frage nach den Hintergründen organisationsstruktureller und -kultureller Kongruenz weitgehend beantwortet werden: Es zeigt sich vor allem bei den Organisationsspitzen, also den zentralen Reformakteuren, eine klare Bestätigung der theoretisch angenommenen wettbewerbssysteminternen Isomorphie qua Nachahmung, wohingegen die breite Mitarbeiterschaft für eine stärkere parteitraditionelle Pfadabhängigkeit plädiert (Tabelle 32), die sich in dieser Form jedoch in der parteilichen Wirklichkeit nur noch in einzelnen Aspekten findet. Die kulturellen und strukturellen Unterschiede werden in den Parteien offensichtlich als größer eingeschätzt als sie sich empirisch-realweltlich tatsächlich darstellen, so dass auch im Bereich der Parteikultur von einer Mythologisierung parteitraditioneller Besonderheiten ausgegangen werden kann. Erkennbar wurde auch die prägende Wirkung institutioneller Erwartungen auf das parteiliche Organisations- und Selbstverständnis im Bereich „Mitgliederpartei". Mit Blick auf die Bedeutung der Mitglieder zeigen sich in den Interviews mehrere Aspekte: So führt die unvermeidliche arbeitstechnische Trennung zwischen Apparat und Mitgliedschaft dazu, dass intensive Anstrengungen unternommen werden, um eine Abkopplung der Basis vom hauptamtlichen Apparat zu verhindern. Das heißt, Parteimitglieder werden vom Parteiapparat als relevante Zielgruppe einer umfangreichen Top-down-Kommunikation verstanden, die es insbesondere für Kampagnen und in Wahlkampfzeiten zu mobilisieren gilt. In allen Parteien wurde diesbezüglich mehr oder minder deutlich thematisiert, dass dies nicht immer und schon gar nicht bei allen Mitgliedern gelingt. Allerdings beschränkt sich die Bedeutung der Mitglieder keineswegs auf die Rolle des Kommunikationsempfängers und Kampagnenaktivisten, vielmehr wird ihnen nach wie vor und in allen Parteien in vergleichbarer Weise eine wichtige Rolle als Resonanzboden und Responsivitätsgenerator zugeschrieben (dazu Abschnitt 7.2.2.1). In diesem Aspekt zeigt sich jedoch eine Aufweichung des Mitgliederparteiprinzips, die allerdings nicht immer offen benannt wird: Es werden zentral verfügbare CRM-Systeme (vgl. Fußnote 130) entwickelt und soweit möglich implementiert, wobei innerparteiliche Widerstände mit dem Verweis auf eine zu erreichende organisationale Professionalität überwunden werden und ein Fehlen solcher Instrumente als Professionalisierungsdefizit beklagt wird (Grüne 3). Diese ermöglichen es den Parteiapparaten, eine zentral nutzbare, breitere Responsivitätsstruktur jenseits der traditionellen innerparteilichen Kommunikationsstrukturen aufzubauen, so dass sie sich von diesen zumindest teilweise lösen können. Es geht im Alltagshandeln der Parteiapparate damit oftmals nicht mehr vorrangig um das Inklusionsmerkmal der formalen Mitgliedschaft, also um eine strenge Trennung zwischen Mitgliedern und Nichtmitgliedern; entscheidender wird die Frage, wer als Kommunikationspartner und Aktivist erreichbar ist (dazu nachfolgend 7.3.1.2). Gerade in der Kampagnen- und Wahlkampfarbeit werden die Aktivisten vor Ort unabhängig vom Mitgliedschaftsstatus relevanter, schließlich wird die traditionelle Mitgliedschaft insgesamt älter und ist gerade in den Großparteien vielfach nicht mehr für Parteiaktivitäten mobilisierbar. Da es sich bei den neuen Freiwilligenteams jedoch bislang – wenngleich funktional eigentlich nicht notwendig – meist um Partei- oder Parteijugendorganisationsmitglieder handelt, wird dieser Bruch mit dem traditionellen Mitgliederparteimodell, das auf einer dauerhaftem, vergleichsweise autonomen lokal-regionalen Parteiorganisation basiert, bis dato kaum breit diskutiert, sondern vor allem als sinnvolle Ergänzung zur Mitgliederpartei gedeutet und kommuniziert.

Allerdings ist bislang nicht von einem normativ-paradigmatischen oder gar organisationalen Ende der Mitgliederpartei auszugehen ist. Im Gegenteil, eine solche Interpretation wäre ebenso verkürzt wie unterkomplex, und sowohl die Interview- als auch die Befragungsdaten sprechen gegen die Abkehr vom Leitbild der Mitgliederpartei. Die Orientierung am Mitgliedschaftsmodell bietet weiterhin normativ und organisational einen gewünschten Bezugspunkt: „Also ganz wichtig ist, dass mit dem Kuddelmuddel aufgehört wurde, sind wir Mitgliederpartei, wollen wir das sein oder nicht. Es ist klar gesagt worden: Es gibt (…) keine Alternative zum Prinzip Mitgliederpartei." (SPD 1; gerade die jüngste SPD-Reform hat das Prinzip der mitgliedschaftsbasierten Parteiorganisation nochmals deutlich gestärkt). So wundert es nicht, dass alle Parteien regelmäßig für die Gewinnung neuer Mitglieder werben. Die Versuche dieser oftmals top-down-initiierten Kampagnen sind zwar nicht immer vollumfänglich erfolgreich, es wird aber durchaus versucht, die „Implementierung dieses Themas in der täglichen, alltäglichen Parteiarbeit" (Grüne 1) zu erreichen.

Nun könnte angenommen werden, dass die Festlegung auf das Mitgliederparteimodell von Bedeutung für den Organisationsalltag ist. Schließlich wird betont, dass diese Festlegung zugleich „eine ganz wichtige Arbeitsgrundlage [ist]. Das bedeutet nämlich auch, dass ich die ehrenamtlichen Ortsvereinsvorstände ernst nehme." (SPD 1) Doch es zeigt sich, dass das Leitbild nicht automatisch mit einer höheren Mitgliederbedeutung gleichgesetzt werden kann. Die Einbeziehung möglichst aller Mitglieder in möglichst viele Entscheidungen wird als nicht wirklich notwendig erachtet. Vielmehr wirkt das in Deutschland prägende und verfassungsrechtlich verankerte Demokratieverständnis tief in die Parteien und deren Selbstverständnis hinein. Letztlich halten die Mitarbeiter das repräsentativ-demokratische Demokratiemodell, wie es in allen Parteien vorherrscht, für durchaus angemessen, so dass darüber hinausgehende direktdemokratische Beteiligungsrechte für Mitglieder überwiegend als nicht notwendig erachtet werden, was die theoretisch entwickelte Annahme einer vorwiegend symbolischen Partizipationserweiterung im Sinne einer formalstatuarischen Einführung derartiger Verfahren bestätigt. Es überrascht daher nicht, dass trotz partiell ausgeprägter Mitgliederorientierung den zahlreichen Reformen zur Wiederbelebung der Mitgliederpartei nur eine geringe Wirkung bescheinigt wird. Nun ist an dieser Stelle nicht zu beurteilen, ob konkrete Reformen vorsätzlich oder unfreiwillig scheitern (zu dieser Problematik siehe etwa Jun 2004). Festzustellen ist jedoch, dass eine innerparteilich-partizipatorische Revolution vom Parteiapparat nicht mitgetragen würde, die faktische Nichtaufwertung der Mitglieder deckt sich mit den normativ-paradigmatischen Einstellungen einer Mehrzahl der Mitarbeiter. Dass dennoch Reformen von den Parteiapparaten vorbereitet und in den Parteien durchgeführt wurden, erklärt sich wie oben theoretisch argumentiert dadurch, dass derartige Reformen vor allem als parteiorganisationale Antwort auf institutionelle Erwartungen gedacht sind. Für die Sensibilität hinsichtlich normativer Erwartungen spricht auch, dass in allen Parteien ein wachsender Mitgliederbestand als Legitimationsgewinn gewertet wird. Es ist jedoch zu betonen, dass sich auch und gerade in diesem Punkt deutliche innerparteiliche Spaltungen zeigen: Ein relevanter Anteil der Mitarbeiter sieht in einer größeren Mitgliederbasis keineswegs eine größere parteiliche Legitimationsbasis. Möglicherweise zeichnet sich hier eine zumindest vorsichtige Abkehr vom Gedanken einer Legitimation durch Mitgliederstärke ab. Die Bedeutung der Mitglieder als Legitimationsquelle ist damit zwar trotz Professionalisierung weiterhin gegeben (Lübker 2002: 739), schwächt sich aber womöglich ab. Dennoch bleibt das Mitgliederparteimodell vorrangig auf der paradigmatischen Ebene bedeutsam. Dies zeigt sich auch darin, dass die zeitweise als Frischzellenkur propagierte Öffnung der Parteien und die damit zwangsläufig einhergehende Abkehr vom Mitgliederprinzip faktisch kaum unterstützt werden. Die Öffnungsversuche werden als wenig erfolgreich bewertet. Darüber hinaus, und dies ist noch bedeutsamer, werden die dort verfolgten Ziele, insbesondere die Öffnung der Parteien für die Mitwirkung von Nichtmitgliedern an innerparteilichen Entscheidungen, zum Teil klar abgelehnt. Der Mehrwert der formalen, dauerhaften und kostenpflichtigen Mitgliedschaft soll erhalten werden. Dieser Mehrwert wird, nachdem Aspekte wie ein bevorzugter Zugang zu Informationen nur noch bedingt bestehen, in der repräsentativ-demokratischen, innerparteilichen Mitwirkungsmöglichkeit verortet, weshalb eine Aufweichung des Mitgliedschaftsprivilegs etwa durch die Einführung von Open Party Primaries mehrheitlich klar abgelehnt wird.

Mit Blick auf die geringe Unterstützung einer echten Ausweitung der Mitgliederbeteiligungsrechte, auf die langfristige Entwicklung dieser Debatten sowie die geringe Anwendungshäufigkeit direktdemokratischer Entscheidungsverfahren ist eine symbolische Einbindung der Mitglieder zu konstatieren. Eine klare Abkehr der Parteien vom Modell der Mitgliederpartei steht dabei aber nicht zur Debatte. Das heißt, man könnte im Kern von einer beginnenden Mythologisierung der Mitgliederpartei als normativem Wunschbild ohne realweltliche Gegenspiegelung sprechen. Mitgliedern wird dabei weiterhin als zentralem Organisationsmerkmal eine abstrakt-normative Bedeutung zugesprochen, die sich realweltlich im alltäglichen Organisationshandeln aber kaum mehr wiederfindet. Die Idee der vor Ort aktiven, hochaktiven Mitgliederpartei gerät womöglich zur Fiktion. Es kann dabei, bei aller angebrachten Vorsicht, nicht nur von einem fiktionalisierten, sondern ebenso von einem funktionalisierten Verständnis der Mitgliederpartei gesprochen werden. Dies zeigt sich darin, dass die höchste Bedeutung von Mitgliedern in ihrer Funktion als Personalpool gesehen wird. Bedenkt man hierbei, dass die Rekrutierungsgrundgesamtheit aus unterschiedlichen Gründen nicht gerade zunimmt, so erklärt sich, warum der klassische innerpartiliche Karriereweg nicht unbedingt als Idealmodell gesehen wird, obgleich mehrheitlich paradigmatisch am Modell der tradierten Mitgliederpartei mit formaler Mitgliedschaft und lokalem ehrenamtlichen Engagement festgehalten wird.[184] Dass damit zugleich eine Stärkung der Funktionäre sowie vor allem der berufspolitischen Akteure, also gerade auch des Parteiapparates, im Sinne einer berufspolitisch-professionell gestützten Leitagentur einhergeht, wird im nächsten Schritt noch genauer zu untersuchen sein. Denn es zeichnet sich ab, dass es einen relevanten Anteil an Mitarbeitern gibt, für den eine professionalisierte Parteiorganisation von größerer Bedeutung ist als eine partizipations- und mitgliedschaftsorientierte Parteiorganisation und der somit möglicherweise faktisch vom Modell der Mitgliederpartei bereits Abschied genommen hat.

7.3 Professionalität, Professionalisierung und Professionalisierungsgrenzen

Der nun folgende Analyseschritt nimmt die Aspekte Professionalität und Wählerorientierung in den Blick. Dass „Professionalität" für die persönliche Arbeit der Mitarbeiter von Bedeutung ist, wurde bereits herausgearbeitet (siehe Abschnitt 6.3.3.2). Auch die grundsätzliche Notwendigkeit einer elektoralen Orientierung für die etablierten Parteien wurde diskutiert und steht im Grundsatz außer Frage. Zu klären ist jedoch, welche relative innerparteiliche Gewichtung diesem Punkt im Sinne eines prägenden Leitbilds zukommt.

Der Begriff der Professionalisierung bzw. der zu verwirklichenden Professionalität ist jedoch alles andere als klar. Weitgehend konsensual ist zwar noch, dass die Professionalisierung der Politik auch eine Begleiterscheinung der Medialisierung von Politik ist (Jun 2009a). Der Professionalisierungsbegriff selbst ist jedoch weder klar bestimmt noch einheitlich verwendet, vielmehr sind mehrere Aspekte zu unterscheiden: Eine Professionalisierung der Kommunikationsarbeit, insbesondere aber nicht ausschließlich in Wahlkämpfen und einhergehend mit einer verstärkten externen Kommunikationsberatung (für Deutschland siehe etwa Jun 2002a; Michalski/Wolf 2005; Focke 2007; Jucknat/Römmele 2008). Auch in Nichtwahlkampfzeiten gewinnt eine professionalisierte Kommunikationssteuerung an Bedeutung, weshalb in dieser Hinsicht durchaus von einem Dauerwahlkampf gesprochen werden kann (dazu etwa Webb/Kolodny 2006: 337; Farrell/Webb 2000; Farrell 2006). Darüber hinaus erfasst der Professionalisierungsbegriff jedoch „alle Handlungsbereiche der Parteien wie die Regierungsarbeit, die Parlamentsarbeit oder das alltägliche Management der landesweiten, außerparlamentarischen Organisation der Parteistrukturen" (Jun 2009a: 277). Zudem ist Professionalisierung im Sinne einer Verberuflichung von Politik und der damit verbundenen Herausbildung einer politischen Klasse – auch in den Party Central Offices – zu verstehen (zum Stand der Forschung siehe etwa Edinger/Patzelt 2010). Kurzum: Professionalisierung ist zum inhaltsoffenen Schlüsselbegriff geworden, zum zentralen Legitimationsargument jedweder innerparteilicher Handlungs- und Reformaktivitäten. Aus diesem Grund liegt der vorliegenden Studie ein zunächst

---

[184] Möglicherweise kommt auch deshalb den jüngsten, wenn auch nur bedingt nachhaltig erfolgreichen „Fast-Track-Karrieren", wie sie u.a. den Bundesministern Rösler und Schröder (sowie kurzzeitig zu Guttenberg) gelangen, eine so große Aufmerksamkeit zu, weil sie das Prinzip der „Ochsentour" zumindest in der Außenwahrnehmung klar durchbrechen (dazu etwa Linden 2009).

bewusst offen gehaltener Professionalisierungsbegriff zu Grunde, der nun jedoch genauer zu füllen ist, indem das Professionalisierungsverständnis der Parteien bzw. der Mitarbeiter selbst herausgearbeitet wird.

Wie zuvor die Bedeutung von Mitgliedern und Mitgliedschaft, so wird auch die Bedeutung von professionalitäts- und zentralisierungsparadigmatischen Überlegungen für die Parteiapparate mittels unterschiedlicher Daten und Methoden untersucht. Gerade in diesem Abschnitt wird dabei der erkenntnisgenerierende Vorteil dieses methoden- und perspektivenverbindenden Untersuchungsansatzes deutlich. Denn zunächst wird anhand der Interviewdaten herausgearbeitet, was in den Parteiapparaten unter dem vagen Begriff der Professionalisierung subsumiert wird. Zudem kann gezeigt werden, welche Bedeutung institutionellen Erwartungen zugesprochen wird und inwieweit Bedenken – etwa durch die Benennung von Professionalisierungsgrenzen und in Form einer generellen Professionalisierungsskepsis – bestehen. Anhand der Befragungsdaten wird dagegen geprüft, welchen Stellenwert die so verstandene Professionalisierung in der breiten Mitarbeiterschaft besitzt.

7.3.1 *Professionalisierung und Professionalisierungsgrenze: Die Sicht der Organisationsspitzen*

„Tja. Der Ruf nach Professionalität, was immer der bedeutet." (Grüne 2). Hier wird auf den Punkt gebracht, was die Analyse der Daten zeigt: Die Begriffe Professionalität bzw. Professionalisierung sind auch im parteieigenen Sprachgebrauch nur vordergründig klar und werden mit unterschiedlicher Bedeutung zur Beschreibung unterschiedlicher Dimensionen verwendet. Diese Unbestimmtheit und Mehrdimensionalität des Begriffs ist den Parteiakteuren durchaus bewusst und keineswegs zufällig. Denn obgleich der Professionalitätsbegriff unterschiedlich gefasst wird – im jeweiligen Einzelfall ist die Bedeutung in aller Regel klar umrissen. Der eben angeführte Gedanke zum Bedeutungsgehalt des Professionalitätsbegriffs wird weitergeführt: „Also ich glaube was wichtig wäre, was bei uns ein bisschen fehlt, dass wir viel zu wenig personelle Kapazitäten haben." (Grüne 2) Dem Aufbau berufsprofessioneller Personalkapazitäten im gesamten Party Central Office kommt dabei im Sinne einer Verberuflichung von Politik eine wichtige Rolle zu, man verstehe schließlich im „Allgemeinen (…) unter Professionalität, berufsmäßige Politik zu betreiben" (SPD 1; siehe auch Abschnitte 6.4.1.1 und 7.3.1.3). Dies ist jedoch nur ein Aspekt, es finden sich (häufiger) auch andere Überlegungen. Vier aus Sicht der Interviewten wesentliche, miteinander verbundene Aspekte bzw. Bezugspunkte der Professionalisierung sind zu erkennen: Professionelle Kommunikation, Technologische Erneuerung, Lernende Organisation und sich aus der Professionalisierung ergebende Konsequenzen und Herausforderungen für die Parteiorganisation.

7.3.1.1 Professionalisierung I: Außer- und innerparteiliche Kommunikation

Fragt man nach der Professionalisierung der Parteiorganisation, so steht nicht etwa der in Kapitel 6 bereits betrachtete berufsprofessionelle Gedanke mehrheitlich im Fokus, sondern ein anderer Aspekt: Professionalität wird als Merkmal parteilicher Kommunikation und Organisation verstanden. Diese Differenzierung zwischen Organisation und Kommunikation stellt die eine, die Unterscheidung interne versus externe Handlungsorientierung die andere zentrale Achse des Professionalitätsbegriffs dar, wie er in den Parteiapparaten Verwendung findet. Die Komplexität des Professionalitäts- bzw. Professionalisierungsbegriffes wird jedoch noch dadurch erhöht, dass in aller Regel die Handlungs- und Strukturebene miteinander in Bezug gesetzt wird. Professionalität meint somit meist auch zugleich Professionalisierung als Ziel und als Prozess, neben der aktuellen Handlung wird eine dynamische Entwicklung mit angenommen. Im Ergebnis „muss vieles auch reorganisiert werden" (Linke 2), um Professionalität zu erreichen und zu gewährleisten, die Professionalisierung der Parteien wird als permanenter Prozess verstanden (beispielsweise Linke 1).

Dass in allen Parteien regelmäßig Reform- und Professionalisierungsdebatten geführt werden, ist bereits thematisiert worden. In einem Interview wird dabei explizit darauf verwiesen, dass zwischen „Debatten um die Professionalisierung von Wahlkämpfen und (...) Debatten über die Professionalisierung von Parteien oder von Parteireformen" (Grüne 3) zu unterscheiden ist, eine Differenzierung, die mehrfach vorgenommen wird. Es bestätigt sich hier die zuvor skizzierte Differenzierung von partciallläglicher Arbeit und der Sondersituation Wahlkampf, wenngleich diese Differenzierung letztlich eine nur vordergründige Trennung darstellt, gehen doch beide Dimensionen „am Ende (...) wieder zusammen" (Grüne 3). Ausgangspunkt einer Professionalisierung von Parteiarbeit ist gleichwohl sehr häufig die Wahlkampfarbeit, vor allem die dabei notwendige Kommunikation. Schon deshalb ist für die Mitarbeiter auf der Führungsebene Professionalisierung vor allem eine Frage der Weiterentwicklung externer Kommunikationsvorgänge (so etwa FDP 2, SPD 2, SPD 3, Grüne 1, Grüne 3, Linke 2). Bezug nehmend auf die Trennung zwischen Wahlkampf- und Alltagskommunikation wird mit Blick auf den Alltag der Parteiorganisationen mehrfach von einem Spill-Over-Effekt berichtet, Wahlkampf wird als parteiliche Alltagskommunikation unter verschärfter Beobachtung verstanden: Was sich in der Wahlkampfkommunikation organisational einspielt, findet sich später auch im Organisationsalltag wieder. Zudem bietet gerade der Wahlkampf die Möglichkeit einer sanften Zentralisierung durch Angebote und Unterstützung „von oben", auch und gerade für Landtagswahlkämpfe (was nicht nur bei den teilweise schwach entwickelten Landesverbänden der Grünen und Linken eine Rolle spielt). Dieser Spill-Over-Effekt wird durchaus positiv bewertet, so war „für die Grünen (...) eine Entwicklung, als wir den Wahlkampf 2002 erstmals mit einer externen Agentur gemacht haben, also die Professionalisierung in der Öffentlichkeitsarbeit auf eine ganz neue Qualitätsstufe gehoben haben" (Grüne 1). Dies war ein ebenso wichtiger Professionalisierungsschritt wie für die Linke die Möglichkeit, in Wahlkämpfen mit alten Strukturen zu brechen, indem man „schon im Wahlkampf angefangen [hat], mit elektronischen Mitteln völlig neu zu arbeiten (...) [und] überall entsprechende elektronische Kommunikationswege" (Linke 1) etabliert hat. Wahlkämpfe beinhalten damit ein deutliches Professionalisierungspotenzial, das auch auf den (späteren) Organisationsalltag Auswirkung hat.

Die Organisation der Kommunikation geht dabei unmittelbar einher mit dem Erfordernis einer verbesserten internen und externen Koordination (siehe auch Kapitel 6); Professionalisierung werde vor allem zu einer „(...) Koordinations- und Kommunikationsaufgabe. Koordination zwischen Partei, Fraktion, Regierung, aber auch mit den Ländern. Zum zweiten (...) dass man möglichst professionell kommuniziert (...) auch mit den Medien (...), das sind die wichtigsten Punkte." (SPD 2) Professionalität im kommunikativen Sinne meint in diesem Fall vor allem eine parteiorganisationsinterne Kommunikationskoordination, die eine einheitliche

Kommunikation der Parteiorganisation und der Partei im weiteren Sinne und letztlich eine geschlossene Kommunikation nach außen ermöglicht. Das Ziel ist hierbei zumeist eine kommunikativ geschlossen agierende Partei, was wiederum gerade im Wahlkampf als besonders bedeutsam erachtet wird. Dass die Koordination der Kommunikation als zentrales Element der Professionalisierung von Parteien gesehen wird, ist nicht nur eine Folge institutioneller Erwartungen im medialen Wahlkampfgetöse, sondern auch Ergebnis einer Abwägung. Denn dieser Bereich sei einer „Professionalisierung außerordentlich zugänglich" (FDP 2), im Gegensatz zum quasi demokratiedurchwirkten politischen Bereich: „Weil es eine scharfe Trennungslinie gibt zwischen dem Politischen, dem Programm, der Entwicklung von Botschaften und Positionen. Das ist Demokratie, das ist auch von unten nach oben, das ist schwer professionalisierbar" (FDP 2). Allerdings zeigt sich an späterer Stelle, dass auch diese Bereiche als wesentliche Aufgabe der Organisationsspitze verstanden werden, weshalb hier berechtigte Zweifel angebracht sind, ob nicht in Folge einer organisationalen Veränderung auch die inhaltliche Ebene berührt wird, gerade wenn man bedenkt, dass wie für die FDP gezeigt der Anspruch der Parteizentrale als Kampagnen- und Kommunikationszentrale besonders ausgeprägt ist (siehe auch Abschnitt 7.3.1.2). Zunächst einmal jedoch bezieht sich in diesem Verständnis Professionalisierung vorrangig auf den kommunikationstechnischen Aspekt: „Also der politische Inhalt verändert sich eigentlich nicht dadurch, er sollte das auch nicht. Aber wie bringe ich die Information über diese Inhalte jenseits der medialen Wirklichkeit (…) an Menschen heran. Und das hat sich massiv verändert." (FDP 2)

Der Begriff der Professionalität erfasst damit neben der in Abschnitt 6.3.1 untersuchten berufsprofessionellen Auffassung vorrangig eine Kommunikations-, Koordinations- und damit Organisationsaufgabe. Dieses Professionalisierungsverständnis passt sich zugleich in das bereits rekonstruierte Selbstverständnis der Party Central Offices als professionalisierte Dienstleister (siehe Abschnitt 6.3.1) und organisationssteuernde Kommunikationszentrale (siehe Abschnitt 6.3.2) ein. In allen Parteien wird dabei gerade in der Wahlkampfkommunikation eine Professionalisierung konstatiert, die als irreversible Veränderung gesehen wird: „Da kommst du auch nicht mehr runter." (SPD 1) Allerdings ist es nicht immer einfach, ein einmal erreichtes Niveau zu halten. So beklagt ein Grüner, dass die in Regierungszeiten (1998-2005) erreichte Professionalisierung „teilweise (…) ein bisschen abbröckelt" (Grüne 2). Insgesamt wird angenommen, dass wesentliche Innovationsschübe in diesem Bereich der kommunikativ-wahlkampftechnologischen Professionalisierung bereits erfolgt sind und dass das weitere Entwicklungspotenzial begrenzt ist:

> „Die erste Debatte (…) hat ihren Höhepunkt überschritten – die Frage nach der Modernisierung von Wahlkämpfen. (…) Also die Führung von Kampagnen – vor allem über die Medien – hat inzwischen einen Professionalisierungsgrad erreicht, von dem ich jetzt wesentliche Quantensprünge qualitativer Art nicht mehr erwarten kann, weil's im Prinzip schon sehr, sehr gut und professionell ist." (Grüne 3)

Ähnliche Überlegungen, dies zeigen die Interviews, finden sich in allen Parteien. Zugleich wird darauf verwiesen, den erreichten Professionalisierungsgrad und den erarbeiteten Vorsprung – erneut sieht man die jeweils eigene Partei gerne in der Vorreiterrolle – zu halten: „Die SPD gilt ja seit 1998 als professionellste Partei, weil sie als erste richtig Medienwahlkampf gemacht hat, Dinge inszeniert hat, die mediengerecht (…) waren. (…) Da muss man sehen, dass man ein wenig Vorsprung behält." (SPD 2)

Wenig überraschend kommt gerade in dieser elektoral ausgerichteten Kommunikation den Umwelterwartungen eine hohe Bedeutung zu: Eine kommunikative Professionalisierung wird nicht zuletzt als Tribut an mediale Erwartungen und die Mediengesellschaft verstanden (SPD 1), an die sich die Professionalisierung damit auch richtet. „Was professionell organisiert sein muss, ist die ganze Außendarstellung. Also wie Öffentlichkeitsarbeit, Pressearbeit gemacht wird. Wie Kandidaten präsentiert werden." (Linke 2) Im Ergebnis ist parteiübergreifend dahingehend Konsens festzustellen, dass im „ganzen Bereich der Kommunikation" (SPD 2) Professionalität – also insbesondere eine koordinierte, von berufsprofessionellen Mitarbeitern organisierte und gesteuerte interne und externe Kommunikation – erforderlich, aber auch erreicht ist. An der Notwendigkeit derartiger Organisationsveränderungen wird in den Parteiorganisationsspitzen kaum gezweifelt, diesbezüglich kritische Stimmen sind die Ausnahme. Nur ein Gesprächspartner ist hierbei dezidiert skeptisch: „Stichwort KAMPA. Hochprofessionalisierter Wahlkampf. Meine ketzerische These ist: Wir hätten auch ohne KAMPA den Wahlkampf gewonnen." (SPD 1)

7.3.1.2 Professionalisierung II: Die Adaption neuer (Kommunikations-) Technologien

Eng mit der kommunikativen Professionalisierung ist eine technische Professionalisierung verwoben, das eine ist ohne das andere kaum realisierbar. Dies bleibt nicht ohne innerparteilich-organisationale Folgen: „Die technische Ausstattung hat sich verändert, und natürlich auch die Arbeitsweise. Ich finde, das hat sich jetzt professionalisiert." (Linke 4) Die zuvor beschriebene Professionalisierung ist also zunächst einmal neuen technischen Möglichkeiten geschuldet.[185] Darüber hinaus jedoch sind die Mitbewerber von entscheidender Bedeutung, wenn es um die Implementierung und Nutzung dieser neuen technischen Möglichkeiten geht: „Wenn man eine moderne Partei sein will, muss man natürlich auch im Bereich des Internets immer auch mit anderen Parteien konkurrieren und da auf dem neuesten Stand, dem neuesten Niveau sein, was Web 2.0, Video-, Podcasts oder andere Dinge angeht." (SPD 2) Es ist also kein Zufall, dass es gerade in diesem Handlungsfeld einen regen Austausch zwischen den Parteien gibt, gerade hier ist es ganz „natürlich", dass „man guckt, was die anderen haben und was davon für die eigene Partei passt" (Grüne 2). Professionalität heißt damit auch, die Angebote der anderen Parteien gegebenenfalls parteispezifisch adaptiert ins eigene Kommunikationsportfolio aufzunehmen, und zwar aus zwei Gründen: Weil es die anderen Mitbewerber ebenfalls anbieten und weil es, so wird zumindest unterstellt, auch von den Kommunikationsempfängern (diese sind nur selten Kommunikationspartner – es geht vorrangig um Politikvermittlung und -erklärung, vgl. auch Tabelle 44), sprich: den Bürgern und potenziellen Wählern, erwartet wird und damit als eine ebenso institutionell wie elektoral bedingte Notwendigkeit gesehen wird. Die Weiterentwicklung der technischen Möglichkeiten wird hierbei durchaus genutzt, nicht immer jedoch gelingt es den Parteien hier dem Stand der Technik zu entsprechen, „da gibt es auf jeden Fall noch Potenzial" (Linke 2) für weitergehende Professionalisierungsschritte, und zwar bei allen Parteien, denn „in der ganzen Frage der direkten Kommunikation auf der Straße, im Internet, liegen die Parteien noch erheblich hinter dem zurück, was eigentlich notwendig wäre." (Grüne 3) In diesem Punkt wird einmal mehr das Aufkommen von Reform- und Organisationsmo-

---

[185] Zur Organisationsentwicklung mit Online-Instrumenten u.a. ZOE (2009) und Wirtschafts- und sozialpolitisches Forschungs- und Beratungszentrum der Friedrich-Ebert-Stiftung (2001).

den in Folge gegenseitiger Beobachtung erkennbar, wie es bereits für die erste Welle der Virtualisierung von Parteiarbeit im Web 1.0 untersucht wurde (Abschnitt 5.2.2.3). Die gegenwärtige Reformmode wird in den Parteien mit dem Schlagwort Web 2.0 umschrieben:

> „Professionalisierung gegenwärtig heißt nun primär, neue Kommunikationsformen in die Parteiarbeit aufzunehmen. neue Darstellungsformen, Stichwort Web 2.0, in die Parteiarbeit aufzunehmen. (…) Heißt, eine professionellere Vernetzung der verschiedenen Ebenen. Wir werden jetzt eine Soziale Community, sprich Mitgliedernetz, aufbauen. Heißt, neue Diskussionsformen in die Parteiarbeit zu überführen, moderne Kommunikationsformen (…) ein Open Space Online-Format auszuprobieren." (Grüne 1)

Im Kontext dieser Untersuchung ist neben der erneut erkennbaren, isomorphiebedingten Anfälligkeit für Reformmoden ein zweiter Aspekt von Bedeutung: Nämlich die Frage, ob mit diesen digitalen Entwicklungsmaßnahmen die Mitgliederpartei gestärkt werden soll oder aber vielmehr das mitgliedschaftsorientierte Leitbild zu Gunsten einer zentralisierten, professionalisierten und auf die Bürger, sprich: Wähler, ausgerichteten Organisationsentwicklungsidee durchbrochen wird. Beide Motive finden sich in den Parteiapparaten bestätigt, wie zuvor scheinen hier zwei unterschiedliche Leitbilder verfolgt zu werden. So werden zuletzt teilweise vorrangig mitgliederexklusive Informations- und Vernetzungsangebote aufgebaut, am deutlichsten wird dies am Beispiel des Mitgliedernetzwerks der Grünen („Wurzelwerk", seit 2009):[186] „Das ist zunächst erst mal nur für Mitglieder, weil wir die Priorität darauf gesetzt haben, dass unsere Mitglieder erst mal das Wichtigste sind, was wir haben." (Grüne 3)[187] Auch die CDU verfügt mit „cdunet.de"[188] über ein ausschließlich Mitgliedern zugängliches Online-Angebot, das „umfangreiche exklusive Zusatzinformationen zur Verfügung" (CDUnet.de) stellt (auch die CSU verfügt nunmehr über „CSU.net", wobei hier der Anspruch einer virtuellen Parteiorganisation besteht). Auch SPD und FDP halten in ihren zunächst einmal für alle (registrierten) Interessierten zugänglichen Online-Communities mitgliederexklusive Bereiche vor, die ein „erweitere[s] Serviceangebot für Mitglieder"(FDP 2010) anbieten und damit die klare Linie zwischen Inklusion und Exklusion qua formaler Mitgliedschaft digital aufrecht erhalten („meinespd.net",[189] „my.fdp.de").

Mit der digitalen Beibehaltung des tradierten Exklusionsmerkmals bei diesen Angeboten ist nicht nur eine paradigmatische, sondern auch eine funktionale Überlegung verbunden: „Zugriffe von außen sind, glaube ich, so wahnsinnig viele nicht (…) Aber ich glaube für die tatsächliche Parteiarbeit, unsere Funktionäre, unsere Mitglieder, die nutzen das. Die holen ihre Informationen schon da raus. Also für die ist das (…) richtig wichtig." (Grüne 2) An dieser Stelle wird deutlich, dass die Parteiapparate die Online-Angebote bislang vor allem als Informationsweitergabeplattformen verstehen, bei denen – technisch durchaus dem State-of-the-Art entsprechend – vor allem aktuelle Informationen, Materialien und Handlungsempfehlungen an die Mitglieder weitergegeben werden (verdeutlicht etwa in Bundesgeschäftsstelle Bündnis

---

[186] Bemerkenswert ist hier, dass in den geführten Interviews sowie in weiteren Gesprächen mit den Verantwortlichen in SPD, FDP und Grünen darauf hingewiesen wurde, dass man sich eigentlich gar nicht an den anderen Parteien habe orientieren können, da man ja jeweils selbst der Vorreiter sei. Zugleich wird jedoch auf den regen Austausch in diesem Bereich hingewiesen. Schon die Namensgebung (myfdp – meinespd) zeigt auffällige Ähnlichkeiten.
[187] Dabei galt es bei der Einführung nicht nur technische Hürden zu überwinden, es gab auch durchaus innerparteiliche Widerstände. Allerdings konnten sich der Bundesvorstand und die Bundesgeschäftsstelle mit einer Einführung vor der Bundestagswahl 2009 durchsetzen (Lemke 2008a). Zugleich wurde jedoch ein wahlkampfbezogenes Kampagnennetz entwickelt, das nicht nur Mitgliedern offen stand („meinekampagne.de").
[188] Der Bereich wurde im März 2012 im Zuge einer Website-Neugestaltung technisch in das Online-Gesamtangebot der Partei integriert (cduplus.de).
[189] Der Bereich wurde ebenfalls, zeitlich vor der CDU, technisch in das Online-Gesamtangebot der Partei integriert.

90/Die Grünen 2008; SPD 2009). Daher stellen die gegenwärtigen parteieigenen Webangebote auch nur eingeschränkt echte dialogorientierte Onlineangebote dar, vielmehr ist derzeit (noch) von Web 1.5 – Angeboten zu sprechen, die vor allem top-down- und kampagnenorientiert sind.[190] Damit führen diese Instrumente der Mitglieder- und Basiskommunikation insbesondere als Mobilisierungstools zu einer verstärkten direkten Kommunikation der zentralen Parteiapparate mit der lokalen Basis, was jedoch nicht mit einer faktischen Aufwertung der Mitglieder für die innerparteilichen Entscheidungsprozesse einhergeht – es handelt sich vielmehr um eine „eher symbolische Aufwertung der Mitglieder" (Jun 2009a: 287). Zugleich ist sogar von einer Abwertung der formalen Mitgliedschaft auszugehen, wenn nämlich diese direkten Kommunikationskanäle nicht mehr vorrangig auf die Mitgliedschaft, sondern vor allem die Aktiven – und Funktionäre – fokussieren und zudem bei weniger sensiblen Information die Exklusivität der Informationen für die Mitglieder zunehmend durchbrochen wird. Dass dieser Abbau von Exklusivität im Informationszugang eine Option ist, zeigt sich in allen Parteien. Vor dem Hintergrund, dass viele dieser Angebote vor allem top-down-orientiert sind, ist es schließlich nicht für alle interviewten Parteivertreter einleuchtend, diese Informationsangebote nur für Mitglieder bereitzuhalten: „Mir ist immer noch nicht klar, was wir Besonderes in einem geschlossenen Bereich noch an Informationen zur Verfügung stellen, was nicht Nichtparteimitglieder erfahren sollten." (Linke 4) Dies heißt jedoch nicht – trotz anfänglicher Verzögerung (Linke 2) – auf eine Online-Community („linksaktiv.de") zu verzichten, auch die Linke bietet nunmehr eine solche an. Diese versteht sich – dies greift den zuvor formulierten Einwand auf – als „Community für alle Mitglieder, Unterstützerinnen und Unterstützer der LINKEN, für Träumerinnen, Idealisten und alle notorischen Weltverbesserer" (Die Linke Bundesgeschäftsstelle 2010, zudem verfügt mittlerweile auch die Linke über geschlossene Intranetangebote (auf Landesebene)). Diese Onlineangebote, die nicht oder nur partiell mitgliederexklusiv aufgebaut sind, überschreiten damit klar die traditionelle Mitgliedschaftsgrenze. Die Differenzierung zwischen Mitglied und Nichtmitglied wird dann faktisch, zumindest weitgehend, aufgehoben. Dies ist vor allem – aber nicht nur – der Fall, wenn es sich um eine direkte Wähleransprache handelt (zu dieser siehe Jucknat/Römmele 2008: 171), hier zielen alle Parteien auf eine Mobilisierung von Parteimitgliedern wie auch Parteilosen gleichermaßen (zu den Grünen siehe Der Tagesspiegel 2008). Das Ziel ist in diesen Fällen ein direkter „Dialog mit den Bürgern" (FDP 1), wobei der Dialog vor allem darauf abzielt, „dass man möglichst nah am Bürger ist und versucht mit dem Bürger direkt zu kommunizieren und versucht Politik zu vermitteln und (…) die Politik zu erklären." (SPD 2) Eine Differenzierung zwischen Mitglied und Nichtmitglied findet auf dieser Ebene nicht mehr statt, im Vordergrund steht die direkte Politikvermittlung an die Wählerschaft. Damit stellen diese Instrumente zumindest ein Indiz

---

[190] Dies ist kein rein deutsches Phänomen (Kalnes 2009a, b). Bei deutschen Angeboten fällt sprachlich auf, dass dort verwendete Begriffe bzw. Angebote wie die Erfüllung von „Missionen" (etwa bei SPD und Linke) nicht nur an US-amerikanische Online-Kampagnen-Vorbilder, sondern auch an die Wahlkampfrhetorik der Jahrtausendwende erinnern (siehe dazu etwa Althaus/Cecere 2001, 2003; Althaus 2003). Es ist überdies auffällig, dass eine echte direkte Dialogkommunikation zwischen Parteimitgliedern vielfach nicht in den parteieigenen Social Communities erfolgt, sondern bestehende Angebote wie Facebook und Twitter genutzt werden, da diese auch im normalen Alltag von den entsprechenden Nutzergruppen verwendet werden (vgl. Fußnote 152). Da es sich bei diesen Nutzungsphänomenen um vergleichsweise neue Interaktionsformen handelt, fehlen umfassende, parteialltagsbezogene Studien jedoch bislang (sieht man von knappen Kurzstudien ab, bspw. Newthinking Communications/Beckedahl 2008; Reichard/Borucki i.V.). Es ist zu vermuten, dass es sich hierbei um eine zumindest partiell übertriebene Reformmode handelt, insb. in ihrer medialen Widerspiegelung (die tageszeitung 2009; Handelsblatt 2009).

für eine vorsichtige Öffnung bzw. ein erstes leichtes Durchbrechen der mitgliedschaftsorientierten Parteiorganisation dar, zugleich verweisen sie auf den vielfach beschriebenen Bedeutungswandel der Mitglieder vor Ort, die als (vergleichsweise) treue Wähler und Aktivisten verstanden werden.

Doch steht bei der Implementierung neuer Online-Netzwerke nicht nur die direkte Informationsweitergabe im Vordergrund, es geht zugleich – wie beim CRM – um die Erreichung einer verbesserten und zentralisierten Responsivitätsstruktur. Dazu werden neben diesen hier nur kursorisch betrachteten Netzwerken flankierend weitere Instrumente eingesetzt. Insbesondere bei den Grünen und der FDP gab es bereits erste, unterschiedliche Versuche von Online-Debatten und alternativen Entscheidungsprozessen, etwa die Mitwirkung und Online-Diskussion über Parteitagsanträge zu einzelnen Politikfeldern und zum Wahlprogramm (beispielsweise mittels Wiki-Systemen und Online-Parteitagen (Grüne Baden-Württemberg: Westermayer 2001a; Westermayer 2001b; Thimm 2003; FDP LV Net: Politik&Kommunikation 2006; zur SPD 2011 siehe Marschall/Hanel 2012). Eine genauere Analyse zeigt jedoch, dass diese Versuche ebenfalls zumindest partiell kritisch gesehen werden und zudem hier nicht beabsichtigt ist, an den traditionellen (Mitglieder-) Parteistrukturen zu rütteln:

> „Da hatten wir den Internet-Diskussionsprozess (…) so angelegt, dass wir die großen Kapitel in mehrwöchigen Abschnitten behandeln. Dann mussten wir das [aus Zeitgründen] etwas straffen, das sah dann letztlich so aus, dass wir die Kapitel halt alle zur Diskussion gestellt haben und dann die eingehenden Anmerkungen, das füllt ja Aktenordner, mit weit mehr als 2000 Anmerkungen, (…) dass wir das dann durchgearbeitet und durchgesehen haben (…) Da hat man dann eine gewisse Vorauswahl mit Blick auf die Realisierbarkeit getroffen, und dann wurde im Bundesvorstand darüber beraten." (FDP 1)

Mehrfach wird betont, dass die Letztentscheidungskompetenz in den von den Mitgliedern (bzw. Delegierten) gewählten Gremien verbleiben müsse: „Die politischen Entscheidungsgremien haben dann immer das letzte Wort, das ist selbstverständlich", schließlich werden auch weiterhin „Arbeitsschwerpunkte (…) von der Bundespartei und den politischen Führungskräften auf Bundes- und Landesebene festgelegt" (FDP 1). Dies hat nicht nur legitimatorische Gründe, es werden auch allgemeine Bedenken artikuliert: „Die gesamten Möglichkeiten, die das Internet bietet, das schafft (…) auch neue Probleme" (Linke 3), das „ist auch ein gefährliches Instrument. Die Verantwortung muss letztendlich der Vorstand tragen, er muss dafür gerade stehen, was er tut." (Grüne 2)[191] Dazu kommen ein Moment der Ernüchterung und ein eher pragmatischer Umgang mit den neuen Möglichkeiten, „man sollte da gar kein Brimborium daraus machen. Wiki ist ein gutes Arbeitsinstrument, was man nutzen kann, alternativ zu Texten im Änderungsmodus" (Grüne 3). Was zudem diesen Instrumenten und Optionen für die organisationsalltägliche Nutzung fehlt, ist die Möglichkeit der realen Zusammenkunft, also die Möglichkeit, die Mitgliederpartei real zu erleben, was die oben genannte Einschätzung zum bei den Grünen durchgeführten „Virtuellen Parteitag" verdeutlicht, aber auch für andere Online-Kommunikationszusammenhänge gilt (vgl. Abschnitt 5.2.2.3). Letztendlich ist zum gegenwärtigen Zeitpunkt noch offen, inwieweit sich die neu geschaffenen Instrumente wirklich in der innerparteilichen Kommunikations- und Organisationskultur etablieren, stehen sie doch nicht nur zu den traditionellen Interaktionszusammenhängen in Konkurrenz, sondern müssen sich auch gegen nicht parteikontextbezogene, funktional äquivalente Angebote durchsetzen.

---

[191] So wird, dies zeigt eine Studie zur Regierungskommunikation, auch ein Kontrollverlust befürchtet (Anger 2009), was auch für die Parteien gilt (Strohschneider 2009). Zudem unterlaufen den Parteien im Umgang mit den neuen Instrumenten auch Fehler, die den erhofften Effekten dann zuwiderlaufen (Kleinz 2008).

Die beschriebenen Angebote werden derzeit flächendeckend und mit hohem finanziellen Aufwand eingeführt, wenngleich allen Beteiligten klar ist: „Eine Parteiführung kann nur die Infrastruktur zur Verfügung stellen. Die Community muss sich selber gründen, sonst wär's keine Community." (Grüne 3) Was jedoch jederzeit genutzt werden kann, sind die damit intensivierten direkten Top-down-Kommunikationsmöglichkeiten – ein Kommunikationsweg, dies zeigt sich in faktisch allen Interviews, auf den keine Parteizentrale mehr verzichten möchte, und dies nicht nur in Wahlkampfzeiten.

7.3.1.3 Professionalisierung III: Die lernende Organisation

Die zuvor herausgearbeiteten und diskutierten Aspekte zielen vordergründig und hauptsächlich auf organisationsexterne Kontexte. Zugleich wirken sie jedoch weit in innerparteiliche Kontexte hinein. Ein erster Effekt ist darin zu sehen, dass die Professionalisierung in engem Zusammenhang mit der Organisationsentwicklung und dem organisationalen Lernen steht. Was sich bereits bei der Analyse der organisationalen Entwicklung der Parteizentralen zeigte, bestätigt sich somit auch hier als strukturell verankertes Interaktionsmuster. Diese direkte Verbindung von Organisationsentwicklung mit dem argumentativ wirksamen Paradigma einer Professionalisierung ist insbesondere dann erkennbar, wenn, wie es vorrangig im elektoralen Kommunikationsbereich der Fall ist, Professionalisierung als Einkauf und Nutzung externer Expertise – von „Expertenwissen", das in den Organisationen in dieser Form nicht verfügbar zu sein scheint – verstanden wird. Professionalisierung wird in den Parteien somit auch dahingehend verstanden, für die Arbeit der Parteiorganisation externe „Experten" einzusetzen, wobei zugleich betont wird, dass so organisationseigenes Wissen aufgebaut wird:

> „Also Professionalisierung heißt ja vielfach, man müsste externe Kräfte beschäftigen, so als ob man intern keine hätte. Bei uns war es aber regelmäßig so, dass wir in Wahlkämpfen natürlich mit Agenturen zusammenarbeiten, aber über die langen Jahre (…) hat sich natürlich da auch ein Knowhow angesammelt." (FDP 1)

Es wird dabei deutlich, dass der Einsatz dieses externen Sachverstands auch als Instrument des organisationalen Lernens – im Sinne einer Professionalisierung des Apparates – strategisch genutzt wird. Einen Sonderfall stellt dabei die FDP insoweit dar, als dass nur hier das Leitbild der unternehmerischen Parteiorganisation als Teil einer Professionalisierung verstanden wird und das Outsourcing von ursprünglichen Parteiorganisationsleistungen besonders umfangreich betrieben wird: „Das ist auch Professionalisierung, dass wir geschaut haben, was die Wirtschaft heute unter Outsourcing-Gesichtspunkten macht." (FDP 2) Im Ergebnis verfügt die FDP über zahlreiche Dienstleistungsfirmen. Ein aus Sicht der Bundespartei nicht unwichtiger Nebenaspekt ist dabei, durch dieses Parteiunternehmertum Einnahmen zu generieren und durch Instrumente wie den „Bürgerfonds" mittelfristig zu versuchen, „über die staatlichen Mittel hinaus ein Standbein zu schaffen (…) das die Partei unabhängig von öffentlichen Zuwendungen macht" (FDP 2) – und vermutlich, dies macht der Name „Bürgerfonds" schon deutlich, auch von den Zahlungen der Mitglieder. Dies sei nun „ein Punkt ganz konkreter praktischer Professionalisierung von Parteiarbeit, ohne dass jemand in der politischen Szenerie irgendetwas davon bemerkt, das ist einfach nur anders und besser organisiert. Also wir verwalten hier die Partei nicht, sondern bieten ihr diese Dienstleistung dann auch an." (FDP 2)

Damit ist der nun zu untersuchende, nach innen gerichtete Bereich der parteilichen Professionalisierung angesprochen. Die Interviewdaten zeigen hier sehr klar, dass Professionalisierung auch als nach innen gerichtete Handlung verstanden wird, sowohl in die Parteiorganisation wie auch in den Parteiapparat hinein. Der Parteiapparat selbst wurde hinsichtlich seines Professionalitätsanspruchs bereits untersucht (dazu Abschnitt 6.3), so dass hier nur kurz auf die wesentlichen Aspekte des darauf bezogenen Professionalitätsverständnisses einzugehen ist. Die aus den Interviews herauslösbaren Überlegungen stehen in direktem Zusammenhang mit dem Verständnis professioneller Politik als berufsprofessioneller Politik. Insofern werden in dieser Dimension vor allem Personal- und Organisationsentwicklungselemente genannt, wie sie unter anderem der Wirtschaft entlehnt sind, etwa „Verwaltungsmodernisierungsinstrumente wie Mitarbeitergespräche und ähnliches" (SPD 2) sowie Angebote für berufsbegleitende Fortbildungen und monatliche Mitarbeiterberatungen (Linke 4). Doch auch der Anspruch, dass „die Arbeitsaufgaben, die Arbeitsstrukturen transparent sind und auch überhaupt strukturiert sind und nicht (…) alles unausgesprochen läuft" (Linke 2) wird unter dem Begriff der Professionalität subsumiert, verbunden mit dem Anspruch, „in der Lage zu sein, reflektieren zu können als Partei, oder zumindest als Parteiapparat, wie die Prozesse in einer Partei ablaufen" (Linke 2).

7.3.1.4 Professionalisierung IV: Innerparteiliche Konsequenzen und Herausforderungen

Deutlich wichtiger noch ist der parteiorganisationale Bereich des Professionalisierungsbegriffes in seiner direkten innerparteilichen Wirkdimension. Dass mit der Professionalisierung der Parteiorganisation eine Erweiterung des parteiinternen Dienstleistungsangebots einhergeht, ist bereits ausgeführt worden (siehe Abschnitt 6.3). Dieser Aspekt einer nach innen gerichteten Professionalisierung wird in allen Parteien als wesentliches Element einer parteiorganisationalen Professionalisierung genannt. Das postulierte Ziel dieser Professionalisierung ist hier vordergründig die Entlastung der Mitglieder von organisatorischen Angelegenheiten (etwa SPD 2, SPD 3, Linke 1), Professionalisierung soll auch das Engagement vor Ort erleichtern: „Damit die ehrenamtlichen Mitarbeiter überhaupt politisch in den Regionen wirken können, muss der Background funktionieren." (Linke 1). Dieses Selbstverständnis als professionalisierter Parteidienstleister steht somit in einer positiven Verbindung mit dem Paradigma Mitgliederpartei. Allerdings resultiert aus dem überwiegend angebotsorientierten Professionalitätsverständnis auch der Anspruch der Parteizentrale als steuernde Leitorganisation, die der Parteibasis umfassende Angebote für die parteiexterne Kommunikation vor Ort unterbreitet, wie es in allen Parteien zunehmend alltägliche Praxis ist und dieser Gesprächsausschnitt deutlich gemacht:

„Inzwischen werden auch, und das ist das, wo wir auch professioneller geworden sind, sehr viel mehr Angebote an die Partei gemacht. Inhaltlicher Art, Argumentationshilfen, Wahlprüfsteine in Wahlkämpfen und solche Geschichten halt, auch kontinuierlich. Und das wird auch eingefordert inzwischen, das wollen sie auch haben." (Grüne 2)

Diese als neuer Standard verstandenen Dienstleistungsangebote werden dabei durchaus „dankbar aufgenommen" (SPD 1), wenngleich hier auch große Unterschiede in der Akzeptanz und der Adaption ebendieser Angebote gesehen werden (SPD 2), was nicht zuletzt der organisationalen Entwicklung vor Ort geschuldet ist:

> „Früher hätten die in Nordrhein-Westfalen gesagt: „Sag mal, was willst du vom Parteivorstand dich in meine Angelegenheiten einmischen, ich glaube, es geht los! Wir sind die stolzen westlichen Westfalen mit 100.000 Mitgliedern!" Mittlerweile nehmen sie dankbar die Hilfe an. Aber das ist ein schleichender Prozess." (SPD 1)

Der Ausbau derartiger Angebote soll jedoch nicht nur wie postuliert die Mitglieder entlasten, sondern auch die Vorstellungen der Parteizentrale von einer modernen Parteiarbeit vor Ort verwirklichen. Schon deshalb wird durchaus kritisch gesehen, wenn die bereitgestellten Angebote nicht wie gewünscht vor Ort genutzt werden und lokale Gliederungen aus Sicht des Parteiapparates „da dann (...) manchmal auch einfach die falschen Prioritäten" (Grüne 3) setzen. Denn wie zuvor wird hier betont, dass der Zugriff auf die unteren Ebenen immer ein Stück weit begrenzt ist: „Wir können es eben immer nur anbieten. Also vielerlei Beratung, einfach auch durch hinfahren, Sachen irgendwie durchzusprechen, Prioritäten gemeinsam zu setzen." Nur im Einzelfall wird eine normativ-paradigmatische gebotene Zurückhaltung formuliert:

> „Man muss da einen goldenen Mittelweg im Blick behalten. Wenn wir als Zentrale oder der gesamte professionelle Arm der Sozialdemokratie jeden Schritt und alle Schritte für die Ehrenamtler schon übernommen haben, dann hat das ja nichts mit Politikentwicklung und Beteiligung zu tun, sondern das ist eher eine Form von Politikshow. Dementsprechend geht es in der Tat darum, bestimmte technische Prozesse so weit aufzubereiten, dass derjenige und diejenige, die mitmachen wollen, das in der Tat sehr schnell für sich erarbeiten können." (SPD 3)

Aus Sicht der Parteizentralen soll die von oben angeleitete Professionalisierung der Parteiarbeit vor Ort nicht nur organisational entlasten, sondern auch die konkrete Arbeit vor Ort sowie das lokale Erscheinungsbild der Parteiorganisation verändern und die Corporate Identity der Parteien klarer herausstellen. Professionalisierung zielt damit auch auf die Abkehr von der tief verankerten Vorstellung eines quasi-traditionellen Hinterzimmer-Resopalcharmes der deutschen Mitgliederparteien, mit der auch im Sinne einer Modernitätsabgrenzung kokettiert wird:

> „Wir wollen keine Hinterzimmer mehr, wir wollen keine Räume mehr irgendwo in der Ecke oder billig angemietet. Wir werben zunehmend dafür, in Geschäftsstellen zu gehen, in Ladengeschäfte, in Fußgängerzonen, also sich zu präsentieren, dass man auch ansprechbar ist und eine offene Tür hat." (Linke 1)

> „Sie können bei uns jede Form von Bühnenelement, Rückwanddekoration selbst für Ortsparteitage mieten, gegen ganz kleine Beträge (aber immer hohe Versicherung). Aber das ist auch Professionalisierung, weil heute am erfolgreichsten berichtet wird, wenn in Bildern berichtet wird. Und wenn es in Bildern geschieht, dann können Bilder scheußlich aussehen, ein älterer Kreisvorsitzender auf dem Kreisparteitag an einem normalen Tisch (...) in einem Hinterzimmer „Zum Grünen Hirschen", wo auch noch ein entsprechender Hirschkopf hinter ihm an der Wand hängt, dann haben sie das in der Zeitung. Oder sie haben eben ein topmodernes Outfit mit einer entsprechenden Rückwand, und allein dieses Bild atmet etwas anderes, das drückt dann Professionalität aus, es drückt Modernität aus, es drückt eine gewisse Dynamik aus, vor allem drückt es auch Farbe aus, es ist sofort wahrnehmbar, wenn man die Zeitung durchblättert, das ist eine FDP-Veranstaltung" (FDP 2)

Hier wird die Verbindung von Professionalität, der (Neu-) Ausrichtung der Parteizentralen als zentralem, vorausdenkendem und modernem Dienstleister mit gesamtparteilicher Verantwortung und dem auf Freiwilligkeit basierenden Durchsteuern bis auf die lokale Ebene besonders klar erkennbar. Das in den Parteien neu entwickelte Corporate Design (eine solches und den damit verbundenen Corporate-Identity-Leitfaden besitzen nunmehr alle etablierten Parteien), verbunden mit inhaltlichen und organisatorischen Handreichungen für die Arbeit vor Ort, ist somit ebenfalls Bestandteil einer Professionalisierungsstrategie und ein Anspruch, der sich in allen etablierten Parteien findet. Professionalität wird somit direkt mit einem Steuerungsanspruch, der Gewährleistung von Führungsfähigkeit und loyaler Gefolgschaft verbunden sowie als Anspruch an die Gesamtpartei verstanden:

> „Richtig professionell geführte Partei bedeutet, dass es auf allen Ebenen professionelle Führung geben muss. (…) Sprich, dass es nicht ausreicht, wenn wir jetzt einen Bundesvorstand haben, der seinen Job macht (…) Man braucht genauso loyale und kompetente Führungspersonen auf Landes- und Kreisebene. Das ist das A und O, auch auf Kreisebene." (Grüne 2)

Dabei wird jedoch kulturell und organisationsparadigmatisch ein begrenztes Professionalisierungspotenzial gesehen, eine allzu stark technokratisch-professionelle Organisationsentwicklung wird durchaus kritisch gesehen: „Die Parteien leben auch sehr, sehr stark vom Herz und vom Hirn, das ist enorm wichtig" (Linke 3). Denn letztlich könne auch eine professionelle Parteiorganisation eines nicht ersetzen: „Professionalisierung was Kampagnen angeht, was Planung angeht, was die Verbindlichkeit angeht, was die Kundgebung angeht, vollkommen klar. Aber das kann nicht ersetzen, für die Sozialdemokratie nicht ersetzen, die Redefähigkeit von den 600.000 Mitgliedern." (SPD 1) Dazu kommt, dass selbst wenn ein stärker Wunsch nach zentralen Angeboten wahrgenommen wird, die Ressourcen der Parteiapparate begrenzt sind: „Es gibt viel stärker (…) den Wunsch (…) nach mehr Service. Was uns ein kleines Problem macht hier auf Bundesebene, weil mehr Personal bekommen wir nicht, mehr Geld kriegen wir auch nicht." (Grüne 2) Der weitergehenden Professionalisierung sind somit in diesem wie auch den anderen, bereits ausgeführten Professionalisierungsfeldern durch beschränkte Finanzmittel Grenzen gesetzt – ein Phänomen, mit dem nicht nur die kleine Parteien zu kämpfen haben, stehen doch insbesondere die ehemals großen Parteien vor dem Hintergrund vergleichsweise niedriger Wahlergebnisse vor ernsthaften finanziellen Herausforderungen.

7.3.1.5 Die professionalisierte Mitgliederpartei und Grenzen der Professionalisierung

Anhand der Daten konnte gezeigt werden, dass Professionalisierung vor allem die auf kommunikative Aspekte bezogenen Tätigkeiten in ihrer ganzen Breite erfasst, und dass eine verbesserte Koordination des parteilichen Handelns (unter zentraler Führung) als Professionalisierungsziel verstanden wird. Die Professionalisierung der innerparteilichen Kommunikation und Organisation zielt dabei darauf ab, die Parteien „effektiver [zu] machen, de facto" (Grüne 2) und die Steuerungsfähigkeit der Gesamtpartei zu erhöhen. Dabei werden nicht zuletzt Wahlkämpfe zur Einführung neuer Kommunikations- und Interaktionszusammenhänge genutzt, aber auch Alltagsroutinen wie Parteitage verändern sich, hier ist eine „Professionalisierung in der Kommunikation und in der Gestaltung von Parteitagen, beispielsweise Parteitagsregie" (SPD 1), zu konstatieren.

Eine entscheidende Rolle – mit potenziell weit reichender Wirkung auch in die Parteien hinein – spielen für die Professionalisierung der Parteiapparate und -organisationen neue Technologien. Es zeigt sich gleichwohl gerade hier, dass die Verfügbarkeit neuer Technologien an sich lediglich eine notwendige, nicht jedoch hinreichende Bedingung für die Implementierung selbiger darstellt. Wie schon beim Web 1.0 spielt das Verhalten der Mitbewerber eine entscheidende Rolle für den Aufbau und die Implementierung parteieigener Web 2.0-Applikationen sowie Anwendungszusammenhänge. Man sieht sich hier durchaus in der Konkurrenz mit den anderen Parteien – obwohl zugleich der konkrete Nutzen und die Anwendung dieser neuen Möglichkeiten bisweilen kritisch gesehen wird. Für den Kontext der vorliegenden Studie ist entscheidend, dass diese neuen Professionalisierungselemente mit dem traditionellen Leitbild der mitgliedschaftsbasierten Partei zwar einerseits brechen, indem sie für alle Interessierten

Angebote bereitstellen, sie aber andererseits die bevorzugte Versorgung von Mitgliedern mit Informationen und weiteren Angeboten zumindest partiell sicherstellen und somit gerade keine direkte Abkehr vom traditionellen Inklusionsmerkmal beinhalten:

> „Wir haben ja im Grunde drei Angebote, das Internet für die breite Masse, (…) einen eigenen Mitgliederbereich und (…) einen Intranetbereich für die Mitarbeiter, wo dann bestimmtes Handwerkszeug und Schnellinfos abgelegt sind. Die Arbeit ist ohne Internet, ohne Intranet nicht mehr denkbar. Aber die Kommunikation allein über das Inter- oder Intranet (…) Da ist ein Mix nötig, von der direkten Ansprache über Mailings, ob elektronisch oder in klassischer Form, und zunehmend glaube ich, dass das Telefon ein ganz wesentliches Instrument ist." (SPD 3)

Von direkter innerparteilicher Bedeutung ist der Aspekt, dass der Fokus von Professionalität im Kontext der Mitgliederpartei darin liegt, die traditionelle Mitgliederpartei vor Ort professioneller zu organisieren. Hier zeigt sich, dass eine Professionalisierung der Organisation, wie sie von den Parteiorganisationsspitzen verstanden wird, in direktem Zusammenhang mit dem Paradigma der Mitgliederpartei gesehen wird und sich deshalb vordergründig kein Widerspruch zwischen Professionalisierung und Mitgliederorientierung ergibt, weshalb in diesem Kontext zumindest teilweise die Bedeutung der Mitglieder und der Mitgliedschaft hoch gehalten wird:

> Eine professionell arbeitende Partei ist (…) aus unserer Sicht (…) eine Mitgliederpartei, die dann auch professionell in dem Sinne immer wieder um Mitglieder werben muss, mit Mitgliedern umgehen muss, Mitglieder betreuen muss, Mitglieder pflegen muss. Insofern in dem Sinne eine professionelle Mitgliederpartei, die professionell mit ihren Mitgliedern (…) umgeht." (SPD 2)

Faktisch zeigt sich jedoch bei einer genaueren Analyse, dass sich die Organisationslogiken widersprechen und der klar erkennbare Anspruch einer angebotsorientierten Steuerung durch die Parteizentralen mit der Autonomie der lokalen Gliederungen konfligiert. Die skizzierten und oben bereits genauer betrachteten zentralen Dienstleistungsangebote sind somit einerseits klar als Teil einer Professionalisierungsstrategie zu verstehen, andererseits stellen sie auch eine Reaktion auf den organisationsstrukturellen Wandel der lokalen Gliederungen dar. Dabei stehen die beiden Hauptlinien der parteilichen Professionalisierung letztendlich in einem Spannungsverhältnis zum klassischen Mitgliederparteiverständnis, zugleich sind sie jedoch nicht dazu geeignet, das tradierte Organisationsmodell abzulösen. Denn eine Abkehr vom mitgliedschaftsbezogenen Parteimodell ist weder gänzlich realisierbar noch normativ gewünscht, wenngleich eine klare Weiterentwicklung zur stärkeren Durchsteuerung sowie der Wunsch nach einem gezielten Durchbrechen der Mitgliedschaftsorientierung mehr als deutlich wird. Es ist daher nun abschließend zu prüfen, inwieweit die hier erkennbaren Einstellungslinien von der Mitarbeiterschaft in ihrer Gesamtheit geteilt werden, hat sich hier doch in den bisherigen Analysen zumindest überwiegend eine Mitgliedschaftsorientierung abgezeichnet.

7.3.2 Professionalisierung und kommunikative Veränderungen: Die Sicht der Mitarbeiter

7.3.2.1 Professionalisierung, Parteimitglieder und Parteierfolg

Nachdem oben bereits die wahrgenommene Bedeutung von Parteimitgliedern dargestellt wurde, ist nun eine weitere Dimension zu ergänzen – die Bedeutung einzelner Akteursgruppen für den Parteierfolg und die möglicherweise problematische Rolle von ehrenamtlichen Mitgliedern in professionalisierten Parteizusammenhängen, insbesondere im Wahlkampf. In Anbetracht der sehr unterschiedlich gewichteten Parteiziele (Tabelle 27) und der damit ebenfalls sehr heterogenen Erfolgsbestimmung durch die Mitarbeiter ist es sinnvoll, konkrete Handlungs- und Erfolgszusammenhänge zu formulieren und abzufragen (Tabelle 41). Darüber lassen sich Einstellungen der Mitarbeiter hinsichtlich der Relevanz von Mitgliedern, aber auch hinsichtlich der Bedeutung von Professionalisierungselementen erfassen und letztlich eine Einschätzung darüber gewinnen, welche Bedeutung die gängigen Professionalisierungsaspekte aus Sicht der Party Central Offices haben.

Tabelle 41: Einschätzungen zu Parteierfolgsfaktoren und Parteiarbeit (Mittelwerte)

		N	Gesamt	FDP	Grüne	Linke	SPD
(I)	Mitarbeiter: im Parteialltag wichtiger als Mitglieder	152	2,84**	2,75	2,52	3,17	2,85
(II)	Wahlerfolg: zentrale Wahlkampagne entscheidend, nicht das Engagement des einzelnen Mitglieds	152	3,16*	2,33	3,17	3,33	3,20
(III)	Mitglieder: schwer in Kampagnen einzubinden	151	3,04	3,42	2,92	3,15	2,96
(IV)	Parteierfolg: Arbeit der Parlamentarier/ Regierungsmitglieder entscheidend	152	2,57	2,00	2,54	2,78	2,52

Skala 1 = „stimme voll und ganz zu"/„trifft voll und ganz zu" bis 5 = „stimme überhaupt nicht zu"/„trifft überhaupt nicht zu";
Varianzanalyse, Signifikanzniveaus: *p < .05, **p < .01, ***p < .001; eigene Berechnung; Quelle: Mitarbeiterbefragung.

Während bei der allgemein gehaltenen Frage nach der organisatorischen Bedeutung von Parteimitgliedern keine signifikanten auftraten (Tabelle 30: III), ändert sich nun bei der Gegenüberstellung der Bedeutung von Mitgliedern und Mitarbeitern für die organisationsalltägliche Arbeit das Bild (Tabelle 41: I). Bis auf die Mitarbeiter der Linken stimmen alle im Mittel der Aussage zu, dass die Mitarbeiter im Parteialltag wichtiger sind als die Mitglieder. Dabei zeigt sich ein hoch signifikanter Parteieffekt, resultierend vor allem aus den Unterschieden zwischen den Mitarbeitern bei Grünen und der Linken (Scheffé-Test). Geradezu konsequent und stimmig zu den bisherigen Befunden stellen sich die Mitarbeiter der Grünen dar, einmal mehr findet sich hier eine unterdurchschnittlichen Bedeutungszumessung hinsichtlich der Mitglieder, bzw. eine besonders hohe Bedeutungszumessung für den professionellen Mitarbeiterstab. Den Gegenpol bilden die Mitarbeiter der Linken, nur diese widersprechen im Mittel knapp. Bemerkenswert ist, dass von Seiten der SPD trotz der in absoluten Zahlen sehr guten Mitarbeiterausstattung keine auffälligen Befunde zu erkennen sind (vgl. Tabelle 19), wobei sich die absolute Größe in Verhältnis zur Mitgliederzahl relativiert (vgl. Tabelle 19). Auffällig ist zudem, dass in dieser Frage hoch signifikante Unterschiede zwischen den Arbeitsebenen bestehen. Die Bundesmitarbeiter sind hier eher ablehnend, gewichten also die Mitglieder höher als die Mitarbeiter, wohingegen die Mitarbeiter der Landesparteien die Mitarbeiterbedeutung stärker befürworten (Mittelwert Bund 3,13, Land 2,67; N=151; Varianzanalyse, nicht dargestellt). Die Entfernung zur lokalen Basis bei zeitgleich zunehmender direkter (Online-)Kommunikation scheint die wahrgenommene Bedeutung der Mitglieder vor Ort eher zu stärken denn zu schwächen.

Mit der insgesamt höheren Bedeutungsmessung zu Gunsten der Mitarbeiter geht allerdings keine Zentralisierungs- oder Professionalisierungsgläubigkeit einher (Tabelle 41: II). Im Gegenteil, von der FDP abgesehen zeigt sich bei allen Parteien eine im Mittel zwar nicht radikale, aber doch erstaunlich klar erkennbare Skepsis hinsichtlich der Bedeutung zentral geführter Kampagnen, und zwar gerade im Hinblick auf das Spannungsverhältnis Mitgliederpartei versus professionalisierte Kampagnenpartei. Bei SPD, Grünen und Linken schlägt bei diesem

Item das Pendel zu Gunsten der Mitglieder aus, anders formuliert: Aus Sicht der befragten Mitarbeiter ist die zentrale Parteikampagne für den Wahlerfolg weniger entscheidend als das Engagement der Mitglieder. Dahinter steht die Erfahrung – dies legten schon die geführten Interviews nah – aus der alltäglichen Arbeit im Parteiapparat, bei der oftmals die Grenzen des Durchsteuerns/-organisierens sowie die Notwendigkeit ehrenamtlicher Arbeit vor Ort erkennbar wird. Eine vollständig professionalisierte „Knopfdruck-Partei", die sich vor allem auf den hauptamtlichen Apparat verlässt, ist kaum realisierbar, und zugleich scheinen die Mitglieder als noch am ehesten verlässliche lokale Akteure (im Vergleich etwa zu temporär aktiven Freiwilligen) einen gewissen Stellenwert zu besitzen. Schon aus diesem Grund wird auch aus organisatorischer Sicht kein Abschied vom Mitgliederparteimodell gesehen, womit sich die Einschätzung Wiesendahls bestätigt: „Elektoral und postelektoral ist Parteimitgliedern ein nicht substituierbarer Nutzen zuzusprechen" (Wiesendahl 2009: 45). Er verweist dabei auf Heidar/Saglie, die mit Blick auf Norwegens Parteimitglieder festhalten: „Party activists are not replaced by professional staff and media contacts but are still regarded as useful campaigners and communicators" (2003: 762). Dies ist auch für die deutschen Parteien zutreffend, wird aber zugleich nicht (mehr) gänzlich von den Parteimitarbeitern geteilt. Die in den analysierten Daten erkennbare Professionalisierungsskepsis ist gleichwohl überraschend, stellt doch die hier formulierte Annahme der grundlegenden Bedeutung der zentralen Wahlkampagne ein Fundament parteilicher Professionalisierung dar. Lediglich die FDP-Mitarbeiter halten die zentrale Kampagne für deutlich entscheidender, was mit Blick auf die bereits in den Interviews erkennbare Ausrichtung der Parteizentrale nicht überrascht. Insbesondere die FDP- und Linke-Mitarbeiter unterscheiden sich damit in signifikanter Weise (Scheffé-Test).

Die unterschiedliche Einschätzung zeigt sich, wenngleich nicht signifikant, ebenfalls in den beiden weiteren abgefragten Aspekten (Tabelle 41: III und IV), bei denen einerseits die Einbindung von Mitgliedern in die parteilichen Kampagnen und Strategien sowie andererseits die Bedeutung der Party in Public Office geprüft wurde. Insgesamt ergibt sich vor allem hinsichtlich der stark unterschiedlichen Einschätzung seitens der FDP ein klares Bild. Denn spiegelbildlich zur erkennbaren Kampagnenorientierung äußert sich bei der FDP die größte Skepsis hinsichtlich der Kampagnenintegrationsfähigkeit von Parteimitgliedern, wobei in diesem Punkt auch die Linken-Mitarbeiter im Mittel eher skeptisch sind. Doch auch die SPD- und Grünen-Mitarbeiter sehen hier zumindest teilweise Schwierigkeiten. Erneut bestehen in der Frage der Integrationsfähigkeit (signifikante) Unterschiede zwischen Bundes- und Landesmitarbeitern, und wieder sind die Bundesmitarbeiter hier eher mitgliederfreundlich eingestellt, das heißt, sie sehen eher keine Probleme in der Einbindung selbiger in die Kampagnenarbeit der Parteizentralen (Mittelwert Bund 3,27, Land 2,91; N=150; Varianzanalyse, nicht dargestellt). Die im Mittel höchste Zustimmung erhält jedoch die These, dass insbesondere die Parlamentarier und (soweit gegeben) Regierungsakteure für den Parteierfolg (und vermutlich auch Misserfolg) von entscheidender Bedeutung sind (Tabelle 41: IV). Die höchste Zustimmung erfährt diese Annahme bei der FDP, was mit Blick auf deren Organisationswirklichkeit und die zuvor untersuchten Einschätzungen nicht überrascht, sondern vielmehr das Bild einer stärker an Kampagnen ausgerichteten Parlamentspartei bekräftigt. Während zuvor noch zu Teilen eine mitgliederfokussierte Orientierung zum Ausdruck gebracht wurde, verstärkt sich nun mit Blick auf die Parteierfolgsvermutung der Eindruck, dass Mitglieder eher als legitimatorisch-symbolisch, nicht jedoch als funktional-operativ bedeutsam gewertet werden. Diese Einschätzung entspricht durchaus einem professionalisierungsorientierten Organisationsparadigma, bei dem die Mitgliederpartei eher mythologisiert wird. Ergänzend ist an dieser Stelle anzumerken, dass sich bei den Punkten Mitgliederintegrationsfähigkeit und Parteierfolg signifikante, bei der Mitarbeiterbedeutung hoch signifikante Effekte in Zusammenhang mit der individuellen Links-Rechts-Einstufung ergeben.

7.3.2.2 Medien und neue Kommunikationstechnologien

Zuvor wurde anhand der Interviews deutlich, dass auch den (neuen) Medien im Kontext der Professionalisierung seitens der Organisationsspitzen eine hohe Bedeutung zugemessen wird – einerseits als Kommunikationskanal, andererseits als treibende Kraft der parteilichen Professionalisierung selbst. Doch was bedeutet dies aus Sicht der Mitarbeiterschaft gerade für die alltägliche Arbeit der Parteiorganisation? Darüber gibt Tabelle 42 Auskunft.

Tabelle 42: Einschätzungen Wandel durch Medien und Professionalität (Mittelwerte)

		N	Gesamt	FDP	Grüne	Linke	SPD
(V)	Professionalisierung: alltägliche Parteiarbeit massiv verändert	141	2,43	2,00	2,44	2,57	2,38
(VI)	Neue Kommunikationstechnologien: alltägliche Parteiarbeit massiv verändert	146	1,90*	1,18	1,98	2,04	1,87
(VII)	Vermittlung politischer Inhalte: Medien wichtiger als Parteimitglieder	151	2,63	2,08	2,50	2,78	2,76

Skala: 1 = „stimme voll und ganz zu" bis 5 = „stimme überhaupt nicht zu"; Varianzanalyse, Signifikanzniveaus: *p < .05, **p < .01, ***p < .001; eigene Berechnung; Quelle: Mitarbeiterbefragung.

Generell betrachtet wird eine Veränderung der alltäglichen Parteiarbeit durch Professionalisierungseffekte klar gesehen (Tabelle 42: Item V). Zwar sind im Mittel Unterschiede zwischen den Parteien zu beobachten, jedoch sind diese nicht signifikant. Deutlicher werden die zwischenparteilichen Unterschiede, aber auch die generelle Zustimmung, in der Bewertung der Bedeutung neuer Kommunikationstechnologien. Was zuvor in den Interviews vielfach beschrieben wurde zeigt sich nun ebenfalls sehr klar in den quantitativen Daten: Die neuen Kommunikationstechnologien schicken sich an, die parteiliche Alltagsarbeit zu revolutionieren, grundlegende Veränderungen sind bereits klar zu spüren (Tabelle 42: VI). Besonders deutlich wird dies wieder in der kampagnenorientierten FDP, die sich signifikant von der Linken unterscheidet (Scheffé-Test). Gleichwohl findet sich in allen Parteien im Mittel eine sehr deutliche Zustimmung. Die bereits in den Interviews erkennbare, vielfach betonte Bedeutungszunahme der Medien insgesamt als Kommunikationsinstrument bestätigt sich also in den quantitativen Daten und damit in der Wahrnehmung seitens der breiten Mitarbeiterschaft: Diese stimmt im Mittel klar der Annahme zu, dass die Medien im Vergleich zu den Mitgliedern der bedeutsamere Kommunikationskanal für die breitenwirksame Übermittlung politischer Inhalte und Anliegen sind (Tabelle 42: VII). Die Mittlerfunktion von Parteimitgliedern wird damit nur noch sehr eingeschränkt gesehen. Im Ergebnis finden sich hier die anhand der qualitativen Daten bereits gewonnenen Erkenntnisse in den drei abgefragten Dimensionen vollumfänglich wieder.

Ein besonderes Augenmerk ist nun zum Abschluss der Analyse professionalisierungsbezogener Aspekte auf die Bedeutung, aber auch die Nutzungsintention neuer Kommunikationstechnologien zu richten. Tatsächlich zeigt sich, dass insbesondere dem Internet eine grundlegende Katalysatorfunktion für den kommunikativ-organisatorischen Wandel der Parteien eingeräumt wird. Es bestätigt sich damit deutlich der Eindruck, der sich anhand der Bewertung von Item VI (Tabelle 42) bereits ergeben hat.

Tabelle 43: Neue Medien und Mitgliedereinbindung (Mittelwerte)

		N	Gesamt	FDP	Grüne	Linke	SPD
(VIII)	Internet und neue Kommunikationsstrukturen: Parteien müssen sich anpassen	151	1,64	1,17	1,64	1,65	1,74
(IX)	Verlagerung der Parteiarbeit ins Internet: schließt großen Teil der Mitglieder aus	135	2,85***	3,20	3,38	2,62	2,52

Skala: 1 = „stimme voll und ganz zu" bis 5 = „stimme überhaupt nicht zu"; Varianzanalyse, Signifikanzniveaus: *p < .05, **p < .01, ***p < .001; eigene Berechnung; Quelle: Mitarbeiterbefragung.

In allen Parteien findet diese Einschätzung eine hohe oder sehr hohe (FDP) mittlere Zustimmung (Tabelle 43: VIII). Signifikante Unterschiede zwischen den Parteien bestehen nicht. Die Internetnutzung dürfte dabei vor allem auch das innerparteiliche Arbeiten grundlegend verändert haben bzw. noch verändern: Die mittlere Zustimmung zur Anpassungsnotwendigkeit qua neuer Technologien ist bei denjenigen Mitarbeitern mit einer überberuflichen Parteierfahrung signifikant höher als bei denjenigen ohne Parteierfahrung (Mittelwert 1,57 zu 1,83; N=140; nicht dargestellt). Dass das Internet jedoch nicht die traditionellen Parteistrukturen ersetzen, sondern vielmehr ergänzen soll, wurde bereits diskutiert. Eine Einschätzung, die auch die befragten Mitarbeiter erkennen lassen. Nach wie vor bestehen Bedenken dahingehend, inwieweit eine Kompatibilität der traditionellen Mitgliederpartei und der neuen internetbasierten Parteikommunikationskultur gegeben ist. In dieser Frage zeigen sich hoch signifikante parteispezifische Unterschiede, insbesondere resultierend aus einem hoch signifikanten Unterschied zwischen Mitarbeitern der Grünen und der SPD (Scheffé-Test). Die Mitarbeiter der SPD und der Linken sehen dabei im Gegensatz zu denen der FDP und Grünen im Mittel besonders deutlich die Gefahr, dass eine zu starke Fixierung auf eine internetgestützte Parteiarbeit einen großen Teil der (mutmaßlich älteren) Mitgliedschaft ausschließen könnte.[192] Hier liegt die Vermutung nahe, dass gerade bei den stärker Internet-orientierten Grünen und der FDP die Verlagerung auf eine onlinegeprägte Parteiarbeit vorrangig auf eine jüngere, internetaffinere Klientel bzw. Mitgliedschaft fokussiert. Dafür spricht auch, dass trotz leichter Veränderungen eine tiefe Kluft bei der Internetnutzung besteht. Erst langsam entdecken auch Geringverdiener und Senioren das Internet für sich; nach wie vor sind Frauen, Ältere und Geringverdiener deutlich geringer im Netz präsent (dazu Heuzeroth 2009). Davon unbehelligt spricht für die stärkere Nutzung onlinegestützter Parteiarbeit und -kommunikation der Kostenvorteil[193] und die Tat-

---

[192] Ein Argument, das weiterhin aktuell ist: Im jüngsten Reformprozess der SPD wurde gerade die Frage der Online-Beteiligung intensiv diskutiert, und im Ergebnis statt einer vorrangigen Online-Partizipationserweiterung zunächst auf die Möglichkeit einer postalischen direktdemokratischen Mitgliederbeteiligung gesetzt.
[193] In diesem Kontext ist auch die Einstellung des CDU-Mitgliedermagazins „Union" zu sehen, das bislang viermal jährlich an alle CDU-Haushalte geschickt wurde (CDU 2009) und Ende 2009 aus Kostengründen eingestellt wurde (Neumann/Wiegelmann 2009).

sache, dass online eine direkte Echtzeit-Kommunikation der Parteizentrale mit der lokalen Basis möglich wird. Gerade diese direkte Top-down-Kommunikation – und nicht die ebenfalls möglichen partizipativen Aspekte – sind es auch, die vorrangig für die Parteiarbeit genutzt werden sollen, wie Tabelle 44 aufzeigt.

Tabelle 44: Nutzungsaspekte neuer Kommunikationsmedien/-techniken (Anteile in Prozent)

			Gesamt	FDP	Grüne	Linke	SPD
(X)	Informationsweitergabe an Mitglieder N=139	Zustimmung	89,2	100,0	90,2	90,9	84,1
		Moderate Zustimmung	7,9	0,0	9,8	6,8	9,1
		Ablehnung	2,9	0,0	0,0	2,3	6,8
(XI)	Parteiinterne Debatten N=139	Zustimmung	58,3	60,0	73,2	54,5	47,7
		Moderate Zustimmung	25,2	30,0	17,1	27,3	29,5
		Ablehnung	16,5	10,0	9,8	18,2	22,7
(XII)	Öffentliche Debatten N=137	Zustimmung	50,4	70,0	57,5	53,5	36,4
		Moderate Zustimmung	28,5	10,0	27,5	20,9	40,9
		Ablehnung	21,2	20,0	15,0	25,6	22,7
(XIII)	Mitgliederbefragungen N=139	Zustimmung	63,3	80,0	56,1	75,0	54,5
		Moderate Zustimmung	23,7	10,0	34,1	13,6	27,3
		Ablehnung	12,9	10,0	9,8	11,4	18,2
(XIV)	Mitgliederentscheide N=138	Zustimmung	52,2	60,0	36,6	72,1	45,5
		Moderate Zustimmung	19,6	10,0	31,7	9,3	20,5
		Ablehnung	28,3	30,0	31,7	18,6	34,1
(XV)	Online-Parteitage N=139	Zustimmung	8,6	10,0	12,2	6,8	6,8
		Moderate Zustimmung	13,7	40,0	22,0	6,8	6,8
		Ablehnung	77,7	50,0	65,9	86,4	86,4
(XVI)	Online-Mitgliedschaft (Internet-Parteigliederung statt lokaler Mitgliedschaft) N=138	Zustimmung	13,0	77,8	9,8	9,1	6,8
		Moderate Zustimmung	23,2	0,0	22,0	25,0	27,3
		Ablehnung	63,8	22,2	68,3	65,9	65,9

Gruppenbildung (recodiert): Zustimmung = sinnvoll & notwendig; Moderate Zustimmung = sinnvoll, aber nicht notwendig; Ablehnung = nicht geboten; Spaltenprozente je Variable; eigene Berechnung; Quelle: Mitarbeiterbefragung.

Hier zeigt sich, dass die Weitergabe von Informationen an Mitglieder das zentrale innerparteiliche Einsatzfeld neuer Kommunikationstechnologien darstellt (Tabelle 44: X). Während diesbezüglich große Einigkeit besteht, so ergeben sich in den anderen abgefragten Bereichen zahlreiche Unterschiede im Detail, wobei generell oftmals gesehen wird, dass diese Nutzungsbereiche sinnvoll, nicht jedoch notwendig für die Parteiarbeit sind. So überzeugen die neuen technologischen Möglichkeiten als Debatteninstrument nicht alle Mitarbeiter gleichermaßen (Tabelle 44: XI und XII), wobei in allen Fällen zumindest die grundsätzliche Zustimmung zu diesen Formen der Netznutzung mehrheitlich besteht. Während die Grünen-Mitarbeiter hier vor allem parteiinterne Debatte für geboten halten, so sehen die FDP-Mitarbeiter eher ein geeignetes und notwendiges öffentliches Forum der Diskussion. Eher durchwachsen ist dagegen die Zustimmung für die partizipative Nutzung neuer Technologien im Rahmen innerparteilicher Entscheidungsprozesse (etwa Befragungen, Entscheide; Tabelle 44: XIII und XIV). Während Befragungen noch mehrheitlich stark unterstützt werden, sind Online-Entscheide gerade bei den sonst internetaffinen Grünen eher weniger geschätzt. Auffällig ist dabei die Diskrepanz bei der Linken: Während einerseits die Befürchtung einer Mitglieder-Exklusion klar geteilt wird (Tabelle 43), werden andererseits derartige neue Instrumente klar gefordert. Hier scheint sich ein gewisser Pragmatismus durchzusetzen, zumal die Erfahrung mit dem hohen Aufwand von Mitgliederbefragungen und -entscheiden in allen Parteien präsent sein dürfte. Es dürfte also eher eine Frage der Zeit sein, bis derartige Instrumente auch Online stärker zum Einsatz kommen: Kosteneffizienz, Schnelligkeit und der direkte, funktionärsumgehende Zugriff der Parteiapparate auf die Mitgliedschaft vor Ort dürften hierbei entscheidende Argumente sein. Sehr klar ist in allen Parteien jedoch die Ablehnung grundsätzlicher neuer Organisationsmuster, wie sie Online-Parteitage oder eine alternative Mitgliedschaft in virtuellen Parteiorganisationen darstellen (Tabelle 44: XV und XVI). Hier spiegelt sich die bis dato gemachte Erfahrung wieder, dass diese Angebote kaum als Alternative zum bisherigen Organisationsmodell anerkannt und dem entsprechend wenig genutzt werden. Nur in dem Aspekt „Mitgliedschaft in einer virtuellen Parteigliederung" (Tabelle 44: XVI) sticht die FDP als Ausnahme heraus, die Befragten würden die Möglichkeit einer internetbasierten Mitgliedschaft als Alternative zur ortsbezogenen Mitgliedschaft mehrheitlich begrüßen. Dies deckt sich zwar einerseits mit den Befunden der Interviews, stellt jedoch andererseits auch eine Ausnahme dar, zumal die parteiweltliche Realität des LV Net der FDP zeigt, dass auch in der FDP diese Variante letztlich nicht zum Tragen kommt (siehe auch Abschnitt 5.2.2.3).

7.3.2.3 Professionalisierung als organisational wirksame Kommunikationsorientierung

Damit lässt sich festhalten, dass die anhand der Interviews herausgearbeitete Fokussierung auf eine kommunikativ-organisatorische Professionalisierung der Parteitätigkeit seitens der Mitarbeiter vielfach geteilt und mitgetragen wird, wobei bei einzelnen Aspekten und Instrumenten massive Vorbehalte bestehen. Es steht insgesamt außer Zweifel, dass die fortschreitende Professionalisierung die Parteiapparate und die Parteiarbeit verändert, wie es hier exemplarisch formuliert wird:

> „Die gesamten Möglichkeiten, die das Internet bietet, das schafft neue Möglichkeiten, aber auch neue Probleme. Und natürlich müssen sich Strukturen insoweit verändern (…) diese Parteibindung aus Familie, mit 18 in die Partei und mit 80 in den Sarg und durchgängig in einer Partei, Milieus, das hat sich verändert." (Linke 3)

Mit Blick auf die neuen Medien ist festzustellen, dass bei den konkreten Angeboten und Instrumenten eine Spaltung zwischen Offline- und Online-Parteiarbeit kaum gesehen wird. Bedenken sind hier nur in einzelnen Fällen vorzufinden, vor allem dann, wenn es um verbindliche innerparteiliche Entscheidungsprozesse und das Prinzip der lokal verankerten Mitgliedschaft geht. Dies zeigt, dass die professionalisierungsbedingte Virtualisierung der Parteiarbeit nicht mit einer Abkehr tradierter Parteimuster einhergehen soll. Am normativen Leitbild der lokalen Mitgliederpartei wird zunächst einmal nicht gerüttelt. Neue, im Einzelfall erprobte Maßnahmen und Mitgliedschaftsformen sind ganz offensichtlich nicht mehrheitsfähig. Gleichwohl bedeuten die aufgezeigten Veränderungen eine massive Veränderung der innerparteilichen Kommunikation. Die direkte Kommunikation zwischen Party Central Office und Party on the Ground, insbesondere zwischen Bundesebene und dem Mitglied (bzw. Aktivisten) selbst wird schneller, einfacher und kostengünstiger möglich. Hierbei zeigt sich in einzelnen

Aspekten einmal mehr, dass die Bundesebene ganz offensichtlich eine stärke Bindung zur Mitgliedschaft vor Ort aufbaut – was dem theoretischen Überlegungen zur mitglieder- und mitgliedschaftsbezogenen Leitorganisation durchweg entspricht und überdies eine personenbezogene, nicht mehr zwingend untergliederungsbezogene Kommunikation mit sich bringt. Ebenfalls erwartungskonform zeigt sich dabei, dass diese direkte Kommunikation als zentraler Einsatzbereich neuer Kommunikationstechnologien verstanden wird, wohingegen der verstärkte Einsatz im Bereich partizipativer Elemente weitaus seltener als notwendig erachtet wird. Eine tief greifende organisationsparadigmatische Veränderung, wie sie im oben zitierten Interview als Perspektive formuliert wird, zeichnet sich indes in der Mitarbeiterschaft nicht ab. Es kann also nicht davon gesprochen werden, dass die Professionalisierung organisationsparadigmatisch übermäßig wirksam wird – in der Organisation der Parteiorganisation, also im organisationalen Handeln, sind gleichwohl drastische Veränderungen zu konstatieren. Dabei sind zwischenparteiliche Unterschiede nur in wenigen Aspekten signifikant, tatsächlich bedingt die arbeitgebende Partei faktisch keine Unterschiede in den abgefragten Einstellungen, Einschätzungen und Wahrnehmungen. Aus diesem Grund ist nun in Ergänzung der bislang vorrangig parteienvergleichenden Analyse auf einzelne Mitarbeitergruppen einzugehen.

7.4 Innerparteiliche Organisationsleitbilder

Ausgangspunkt der abschließenden Analyse ist die Verdichtung spezifischer organisationsparadigmatischer Einstellungen zu organisationsparadigmatisch homogenen Mitarbeitergruppen. Dieser Perspektivenwechsel ist schon deshalb sinnvoll, weil sich zuvor häufiger inner- als zwischenparteilicher Unterschiede zeigten, weshalb nun zwischenparteiliche Aspekte – parteispezifische Differenzen oder Kongruenzen – in den Hintergrund treten und die Mitarbeiter selbst in den Vordergrund gestellt und nach paradigmatischen Positionen gruppiert werden. Diese Analysen erweitern die bisher verfolgte Perspektive und gehen über das eigentliche Erkenntnisinteresse und die Anlage der Studie hinaus. Da diese ergänzende Betrachtung jedoch nicht nur die bisherigen Befunde um eine weitere Facette bereichert und die oben gewonnenen Eindrücke verifiziert, sondern auch Ansätze für nachfolgende Forschungsarbeiten bietet, gilt es, einen ersten Blick zu wagen, der dabei keine umfassende Aufarbeitung dieser Thematik darstellen kann. Die nachfolgende Gruppenbildung zielt explizit auf eine Komplexitätsreduktion und eine starke Fokussierung auf „Extrempositionen" ab. Dazu werden anhand der Befragungsdaten auf Grundlage der obigen theoretischen Überlegungen und Befunde Mitarbeitergruppen gebildet, die in prägnanter Weise die unterschiedlichen Leitorientierungen vertreten. Nicht mehr die Parteizugehörigkeit ist von Interesse, sondern gemeinsame Einschätzungen, die für eine partizipations- oder repräsentations- sowie eine mitgliedschafts- oder professionalitätsorientierte Orientierung sprechen. Dazu wurden die in Tabelle 45 aufgeführten prägnanten Einstellungsabfragen recodiert, zusammengeführt und im Ergebnis dichotomisiert.

Tabelle 45: Gruppenbildung Mitarbeiter: Vertretene Organisationsleitbilder
(Anteile in Prozent)

Leitbild	Typbestimmende Items	Einstellung	Anteil
Partizipationsorientierung N=128	Mitgliederbeteiligung Vorstandswahlen (Land/Bund)	Zustimmung	18,0
	Mitgliederbeteiligung Spitzenkandidatenwahl	Zustimmung	
	Mitgliederentscheid (Bund)	Zustimmung	
	Gremien sollen entscheiden	Ablehnung	
Repräsentationsorientierung N=128	Mitgliederbeteiligung Vorstandswahlen (Land/Bund)	Ablehnung	18,8
	Mitgliederbeteiligung Spitzenkandidatenwahl	Ablehnung	
	Mitgliederentscheid Bund	Ablehnung	
	Gremien sollen entscheiden	Zustimmung	
Mitgliedschaftsorientierung N=137	Offene Vorwahlen Spitzenkandidatenaufstellung	Ablehnung	27,7
	Ansehensgewinn durch Mitglieder	Zustimmung	
	Mitglieder: bringen Partei organisatorisch voran	Zustimmung	
	Mitglieder: zentraler Personalpool	Zustimmung	
Professionalitätsorientierung N=150	Mitglieder: lassen sich schwer einbinden	Zustimmung	16,7
	Inhaltsvermittlung: Medien wichtiger als Mitglieder	Zustimmung	
	Organisationsalltag: Mitarbeiter wichtiger als Mitglieder	Zustimmung	
	Wahlerfolg: Kampagne wichtiger als Mitglieder	Zustimmung	

Prozentualer Anteil, jeweils an der gesamten berücksichtigen Mitarbeiterschaft; neutrale Position eingeschränkt zulässig (vgl. Text); eigene Berechnung; Quelle: Mitarbeiterbefragung.

Das konkrete Vorgehen unterscheidet sich zwischen den beiden Bereichen Partizipations-/ Repräsentationsorientierung und Mitgliedschafts-/Professionalitätsorientierung. Die Bildung der Gruppen „partizipations- und repräsentationsorientiert" orientiert sich dabei an zwei Aspekten: Einerseits einer klaren Zustimmung bzw. Ablehnung direktdemokratischer Elemente (wobei in einem Item eine neutrale Position als zulässig erachtet wird), andererseits eine zur paradigmatischen Ausrichtung nicht gegenläufige Bewertung der Gremienrelevanz (Ablehnung bzw. Zustimmung; indifferente Position möglich). Mit der so vorgenommenen Gruppenbildung wurde einerseits die Polarisierung in direktdemokratischen Fragen erhalten und andererseits der funktionalen Unvermeidlichkeit von Gremien und Organen in Parteien Rechnung getragen. Dabei stehen die Gruppen im Ergebnis klar gegeneinander, und tatsächlich zeigen sich in dieser Weise zwei gegenläufige Gruppen in der Mitarbeiterschaft. So sind 18 Prozent der Mitarbeiter starke Partizipationsbefürworter und 18,8 Prozent Befürworter eines klaren Repräsentationsmodells. Zwischen diesen beiden Gruppen befindet sich die übrige Mitarbeiterschaft, die sich paradigmatisch nicht dem einen oder anderen Pol zuordnen (63,3 Prozent).

Theoretisch nicht zwingend gegenläufig ist die Zustimmung zu einem eher mitgliedschafts- oder eher professionalitätsorientiertem Organisationsparadigma. Hier wurden jeweils zentrale Aspekte herausgearbeitet und für die Gruppenbildung zusammengeführt, die nicht per se gegeneinander stehen, sondern das jeweilige Leitbild zum Ausdruck bringen. Auch hier wurde mit Blick auf die parteiliche Realität eine neutrale Position in einem der abgefragten Aspekte toleriert. Auch hier ist es jedoch in keinem Fall zulässig, in einem Aspekt eine gegenläufige Position zu vertreten. Berücksichtigt wurde auch hier nur, wer in allen notwendigen Abfragen seine Position geäußert hat. Da die Gruppen nicht per se gegeneinander stehen, ist es für die innerparteiliche Bedeutung geboten, diese kontrastierend darzustellen. Dabei zeigt sich gleichwohl eine polarisierende Zuordnung: 14,7 Prozent der Mitarbeiter ordnen sich nur der professionalitätsorientierten Gruppe zu, 25,7 Prozent ausschließlich der mitgliedschaftsorientierten Gruppe. Weder der einen noch der anderen zugehörig sind 58,1 Prozent. Dass Mitarbeiter beide Leitbilder klar vertreten ist denkbar, empirisch aber nicht relevant (1,5 Prozent).

Es finden sich in der Mitarbeiterschaft sehr deutlich gegenläufige organisationsparadigmatische Orientierungen, die über die Bewertung von Einzelaspekten hinausgehen. Mit den obigen Befunden deckt sich die Feststellung, dass die Gruppe der mitgliedschaftsorientierten Mitarbeiter die vergleichsweise größte Untergruppe darstellt. Es bestätigt sich also, dass ein relevanter Anteil der Mitarbeiter sehr deutlich am Modell der mitgliedschaftsorientierten Partei festhält. Es ist überdies festzustellen, dass die größte Gruppe jeweils die „indifferente" Mitarbeiterschaft stellt, also der Teil der Befragten, der zwar in einzelnen Aspekten möglicherweise eine eher partizipations-, repräsentations-, mitgliedschafts- oder professionalitätsorientierte Position einnimmt, in der jeweiligen Gesamtheit jedoch nicht einheitlich positioniert ist. Das bedeutet, dass der in den obigen Analysen herausgearbeitete Weg des Muddling-Through hier in gewisser Weise seine organisationsparadigmatische Entsprechung hat, sich also in einer indifferenten Mitarbeiterschaft widerspiegelt. Es ist damit erkennbar, dass auch die einzelnen Mitarbeiter mehrheitlich einen in paradigmatischer Hinsicht kompromissorientierten Weg bevorzugen. Damit ist abschließend diese Gruppenbildung mit der parteienvergleichenden Perspektive zu verbinden, indem die innerparteiliche Gruppenverteilung aufgezeigt wird. Dabei bestätigt sich der obige Befund nur geringer zwischenparteilicher Unterschiede. Tabelle 46 zeigt kontrastierend die innerparteiliche Verteilung der beiden Gruppen Partizipations- und Repräsentationsorientierung je Partei. Es wird deutlich, dass mit Ausnahme der Grünen die Gruppe der nicht klar positionierten Mitarbeiter stets die Mehrheit stellt, so dass sich im Umkehrschluss bei den Grünen die stärkste Polarisierung in der Mitarbeiterschaft in der Frage Partizipations- oder Professionalitätsorientierung abzeichnet. Doch auch Linke und SPD zeigen polarisierende Mitarbeitergruppen, wohingegen bei der FDP der Anteil der indifferenten Mitarbeiter besonders hoch ausfällt (für die FDP ist hier allerdings fallzahlbedingt nur eine eingeschränkt belastbare Aussage zulässig).

Tabelle 46: Gruppenzugehörigkeit: Partizipations- und Repräsentationsorientierung (Parteiinterne Anteile, kontrastiert)

	Gesamt	FDP	Grüne	Linke	SPD
Partizipationsorientiert	18,0	25,0[+]	24,3[+]	15,4[+]	13,6[+]
Repräsentationsorientiert	18,8	0,0	27,0	12,8[+]	20,5[+]
Indifferente Position	63,3	75,0[+]	48,6	71,8	65,9

N=128; [+]n < 10; eigene Berechnung; Quelle: Mitarbeiterbefragung.

Auch bei der jeweils singulären Betrachtung der beiden zwar paradigmatisch gegenläufigen, nicht jedoch zwangsläufig polarisierenden Gruppen Mitgliedschafts- und Professionalitätsorientierung zeigt der zwischenparteiliche Blick eine zumeist ähnliche Verteilung in den Parteien (Tabelle 47). Lediglich die Gruppe der eindeutig professionalitätsorientierten Mitarbeiter in der Linken fällt vergleichsweise klein aus – ohne dass dabei die Gruppe der Mitgliedschaftsorientierten übermäßig groß ausfällt.

Tabelle 47: Gruppenzugehörigkeit (Parteiinterne Anteile in Prozent)

		Gesamt	FDP[+]	Grüne	Linke	SPD
Mitgliedschaftsorientierung N=137	Gruppenzugehörigkeit	27,7	33,3	22,5	29,5	29,5
	keine Gruppenzugehörigkeit	72,3	66,7	77,5	70,5	70,5
Professionalitätsorientierung N=150	Gruppenzugehörigkeit	16,7	16,7	25,0	6,7	17,8
	keine Gruppenzugehörigkeit	83,3	83,3	75,0	93,3	82,2

[+]n < 10; eigene Berechnung; Quelle: Mitarbeiterbefragung.

Festzuhalten ist, dass sich nicht nur wie oben diskutiert in einzelnen Aspekten innerparteilich gegenläufige Mitarbeiter nachweisen lassen, sondern dass auch eine Gruppenbildung möglich ist. Anhand mehrerer ausgewählter Items lassen sich somit paradigmatisch kongruente Gruppen modellieren, was nichts anderes bedeutet, als dass in allen Parteien durchaus unterschiedliche Organisationsmodelle pointiert vertreten werden, bei einer zeitgleich großen Gruppe der organisationsparadigmatisch indifferenten Mitarbeiter. Die sich daraus ergebenden organisationalen Fragen (beispielsweise hinsichtlich des möglicherweise notwendigen Konfliktmanagements oder den Auswirkungen dieser Polarisierung auf die Organisations-, Handlungs- und Reformfähigkeit der Parteiapparate und -organisationen) könnten Gegenstand nachfolgender Studien sein. Gleiches gilt für die Frage nach individuellen Einflussfaktoren auf paradigmatische Positionierungen, die an dieser Stelle aus mehreren Gründen nicht untersucht werden sollen bzw. können: So ist das theoretische Modell der vorliegenden Studie auf die Meso-, nicht jedoch die Mikroebene fokussiert, so dass ein Wechsel auf die individualanalytische Ebene nicht nur einen Perspektivenwechsel und ein grundlegend differentes Erkenntnisinteresse darstellt, sondern auch ein konzeptionell eigenständiges theoretisches Modell erfordert. Zudem sind dazu Daten erforderlich, die in stärkerem Umfang individuelle Faktoren erfassen. Die Notwendigkeit eines Modells auf Mikroebene sowie weiterer Individualdaten zeigen auch erste explorative Analysen dieser Mitarbeitergruppen, wobei diese ebenfalls auf einen umfassenderen, eigenständig theoretisch fundierten Forschungsbedarf hinweisen.[194]

7.5 Bilanz III: Parteien als mitgliedschaftsbasierte und kommunikativ professionalisierte (Leit-)Organisation

Im Fokus dieses Kapitels stand die Frage nach parteilichen Zielvorstellungen und Leitbildern, wie sie in den Party Central Offices vertreten werden. Damit verbunden galt es vorrangig zu prüfen, ob in diesen Aspekten zwischenparteiliche Unterschiede im Sinne einer individuellen Parteikultur bzw. -tradition auftreten, oder ob nicht vielmehr eine zwischenparteiliche Kongruenz die parteikulturelle Wirklichkeit prägt. Wie theoretisch angenommen sind zwischenparteiliche Unterschiede in organisationsparadigmatischen Vorstellungen eher die Ausnahme. Es herrscht vielmehr eine interne Differenzierung bei einer zugleich ausgeprägten zwischenparteilichen Kongruenz. Dies steht nicht zuletzt in Zusammenhang mit einer intensiven Beobach-

---

[194] Dazu wurden logistische Regressionsmodelle gerechnet, die zumindest darauf hinweisen, dass etwa die Parteierfahrung, das Alter und die individuelle Links-Rechts-Selbsteinstufung eine Rolle spielen. Eine verlässliche Interpretation setzt jedoch ein eigenständiges, auf die Mikroebene bezogenes theoretisches Modell voraus und erfolgt daher im Rahmen dieser Untersuchung nicht.

tung der jeweiligen Mitbewerber. Dabei fließen nicht nur organisationale Ideen und Innovationen der direkten Mitbewerber in die eigenen Reformansätze ein, auch technologische Neuerungen und andere nationale wie auch internationale Einflüsse spielen eine Rolle. In der Frage der konkreten Umsetzung sowie der Fehlervermeidung und des organisationalen Lernens spielen jedoch die Mitbewerber die größere Rolle, gerade dann, wenn in Folge institutioneller Erwartungen Veränderungen vorgenommen werden, die eigentlich eher skeptisch gesehen werden (Abschnitt 7.2.2). Es ist nicht zuletzt in diesen Fällen ein hoher institutioneller Druck zu erkennen, der, wie bereits in den zuvor untersuchten organisationsstrukturellen Anpassungsleistungen und Reformmoden festgestellt wurde, klar in einer isomorphiebedingten Kongruenz mündet. Gleichwohl sind auch zwischenparteiliche Unterschiede zu beobachten, was darauf hindeutet, dass Parteien tatsächlich umweltbeeinflusst, nicht jedoch umweltdeterminiert sind, und dass sie wie im organisationsstrukturellen Bereich auch im organisationskulturellen Bereich den ein oder anderen Sonderweg pflegen. Schließlich sind diese verbleibenden parteikulturellen Unterschiede für die organisationseigene Identitätsbildung hilfreich, wenn nicht gar notwendig: Organisationsbesonderheiten, und seien sie lediglich als Mythos bzw. als parteikulturelle Erzählung erhalten, dienen der Abgrenzung von den anderen Parteien und damit als Kristallisationspunkt der eigenen Identität. Schon deshalb verweisen die befragten Parteiorganisationsspitzen regelmäßig darauf, in welchen Punkten die eigene Partei von den anderen Parteien abweicht oder den Mitbewerbern voraus sei – wobei von den jeweils anderen Parteien oft ähnliche „Besonderheiten" herausgestellt werden.

Das Vorhandensein bzw. die Ausprägungen innerparteilicher Organisationsvorstellungen wurde dem Erkenntnisinteresse der vorliegenden Studie folgend in parteienvergleichender Perspektive untersucht. Dazu wurden generalisierte Parteiziele sowie spezifische Einstellungsmuster und Organisationsaspekte analysiert. Bei den generalisierten Zielen stehen für die Parteimitarbeiter vor allem normativ erwartete und auf die Mitgliederorganisation bezogene Aspekte im Vordergrund, wohingegen elektorale Ziele im Mittel eine nachrangige Stellung einnehmen (Abschnitt 7.1). Hieran wird deutlich, dass sich institutionelle Erwartungen an die vereinsartig gedachte Mitgliederpartei durchaus auf die generalisierten Parteiziele auswirken, gerade in den Parteizentralen. Denn zugleich bestätigt sich hier die mitgliederparteinahe Stellung der Party Central Offices: Ihre Ausrichtung als professionalisierte, steuernde Dienstleister und (auf Bundesebene) Leitagenturen bringt eine Fokussierung auf ebenjene Aspekte der vereinsartigen Mitgliederorganisation mit sich.

In der Zusammenführung der weiteren Befunde ist mit Blick auf die innerparteilichen Leitbilder erstens klar zu erkennen, dass alle Parteien proklamatorisch und normativ-paradigmatisch am Modell der Mitgliederpartei festhalten. Dieses Modell kann und soll nicht aufgegeben werden, man sieht hierzu „keine Alternative" (SPD 1). Dabei unterscheiden die Mitarbeiter zwischen der funktionalen und legitimatorischen Bedeutung von Mitgliedern auf der einen Seite sowie der partizipatorischen Integration selbiger auf der anderen Seite. Das Organisationsmodell Mitgliederpartei wird in den Parteiapparaten gerade nicht als direktpartizipatorisches Modell verstanden, auch wenn die vielfach stattfindenden Parteiorganisationsreformdebatten genau darauf abzielen. Es wird vielmehr in den Details überwiegend ein an den tradierten Mustern orientiertes repräsentatives Demokratiemodell vertreten, ohne dass eine zu starke Polarisierung zwischen diesen beiden Ausrichtungen offen zu Tage treten würde. Insofern überrascht es nicht, dass die regelmäßig diskutierten und teilweise zur Wiederbelebung der alternden Mitgliederparteien eingeführten neueren Partizipationsinstrumente im Wesentlichen als große Maßnahmen mit kleiner Wirkung wahrgenommen werden, was jedoch, so ist in den Interviews zu erkennen, bereits bei deren Implementierung absehbar war, weshalb von symbolischen Reformen gesprochen werden kann. Bemerkenswert ist, dass die Mitarbeiter durchaus wahrnehmen, dass die erhoffte Wirkung ausbleibt: Weder wird eine Attraktivitätssteigerung der Parteiorganisationen noch eine Ausweitung direktdemokratischer Elemente gesehen. Im Kern wird dabei das Modell einer repräsentativdemokratisch-mitgliedschaftsbasierten Partei vertreten, wobei die legitimatorische und repräsentativdemokratische Bedeutung der Mitglieder im Vordergrund steht. Aus diesem Grund wird, gerade wenn es um die innerparteiliche Entscheidungsfindung geht, das Prinzip der formalen Mitgliedschaft stark betont, (formale) Mitglieder sollen ein stärkeres Mitspracherecht im repräsentativdemokratisch strukturierten innerparteilichen Willensbildungsprozess haben als beispielsweise freiwillige Aktivisten ohne Parteimitgliedschaft. Doch auch wenn alle Parteien am Modell der Mitgliederpartei festhalten und dieses zumeist auch im digitalen Kommunikationsraum betonen: Zweifel an der Attraktivität der real existierenden Mitgliederpartei treten in allen Parteien deutlich zu Tage. So kommt es zu der widersprüchlichen Situation, dass für die Aktivität vor Ort die Frage der formalen Mitgliedschaft an Bedeutung verliert, die Parteien jedoch zugleich weiterhin normativ an der formalen Mitgliedschaft festhalten. Die Differenz zwischen Talk und Action nimmt zu, die potenziellen Friktionen in Folge der fragilen und stets aufs Neue auszutarierenden Spannung zwischen organisationaler Schließung und Offenheit werden riskanter. Es dominiert dabei, auch organisationsparadigmatisch, eine Muddling-Through-Strategie. Diese ist das Ergebnis der Tatsache, dass Mitglieder normativ in Deutschland kaum ersetzbar und für den institutionell tief verankerten vereinsartigen Charakter der deutschen Parteien weiterhin unentbehrlich sind, für die Arbeit vor Ort eine Fokussierung allein auf die Mitgliedschaft jedoch zu Teilen (wenngleich nicht mehrheitlich) als nicht mehr ausreichend erachtet wird. Daher kann etwas überspitzt eine „Mythologisierung" der Mitgliederpartei konstatiert werden, und zwar in der Hinsicht, dass die Mitgliedschaft normativ und als formales Merkmal der Inklusion realweltlich wie digital erhalten bleibt, sich die alltägliche Arbeit aber gerade im Bereich der Kampagnen- und Kommunikationsarbeit davon löst.

Die Analyse der innerparteilichen Organisationsleitbilder hat zweitens ergeben, dass eine polarisierende Gruppenbildung erkennbar ist und zudem ein relevanter Teil der Mitarbeiter den Mitgliedern keine prioritäre Rolle einräumt. Hier steht vielmehr die Idee einer professionalisierten, wahl- und wählerorientierten Partei im Vordergrund, für deren Erfolg – dies wird mehrheitlich in den Parteien vertreten – vor allem die berufspolitischen Akteure von Bedeutung sind. Die ablaufenden Professionalisierungsprozesse zielen daher einerseits auf eine effizientere Parteiorganisation und bessere kommunikative Vernetzung ab, andererseits soll der Anspruch einer sanften aber bestimmten, angebotsbasierten Führung durch das Party Central Office (dazu Abschnitt 6.3) realisiert werden. Damit stehen sich im Ergebnis widersprüchliche Organisationslogiken gegenüber. In diesem Kontext wirft die abschließend aufgezeigte kontrastierende Betrachtung unterschiedlicher Mitarbeitergruppen, die zu organisationsrelevanten Anteilen klar widersprüchliche Organisationsparadigmen vertreten, Fragen für nachfolgende Untersuchungen auf: Wie wirken diese sehr unterschiedlichen Leitbilder auf die Möglichkeiten organisationaler Entwicklungsmaßnahmen in den Parteiorganisationen, welche Konsequenzen ergeben sich aus den intraorganisationalen Differenzen und welche individuellen Einflussfaktoren prägen bzw. beeinflussen die Parteimitarbeiter und deren paradigmatische Orientierung? Diese Fragen können und sollen an dieser Stelle nicht beantwortet werden, erfordern sie doch für eine theoretisch und empirisch fundierte Analyse ergänzende Modelle und Daten, die insbesondere die hier nicht im Fokus stehende mikrosoziologische Perspektive stärker betonen (siehe Abschnitt 7.4). Es ist festzuhalten, dass der klar herausgearbeitete Steuerungsanspruch durch die Parteizentralen (wobei durchaus Grenzen der Professionalisierung/ Zentralisierung gesehen werden) mit der Autonomie der lokalen Gliederungen konfligiert, wenngleich dieser organisationale und paradigmatische Widerspruch bis dato ganz im Sinne der organisationalen Indifferenz in Kauf genommen wird – eine Indifferenz, die jedoch aus Sicht der Mitarbeiter durchaus auf Kosten der Attraktivität der Mitgliederparteien geht. Gleichwohl wird diese Indifferenz dadurch dauerhaft organisational tragbar, dass die Mitarbeiter mehrheitlich das Modell einer repräsentativdemokratischen Mitgliederpartei vertreten, in der eben die formale Mitgliedschaft und nicht die alltägliche Teilhabe der Mitglieder im Vordergrund steht. Die im Kern widersprüchlichen Organisationsparadigmen lösen sich damit zwar keineswegs auf, es wird jedoch dadurch möglich, den Organisationsalltag operabel zu gestalten und die unterschiedlichen, im Parteiapparat wie auch in der Gesamtpartei anzutreffenden Organisationsleitbilder zusammenzuhalten.

8   Zusammenführung und Ausblick

Die Studie verfolgte zwei Ziele: Erstens sollte im Sinne einer sozialwissenschaftlichen Parteienforschung ein theoretischer Rahmen entwickelt werden, der organisationssoziologische sowie politikwissenschaftliche Überlegungen zusammenführt und diese Synthese für die Parteiorganisationsforschung fruchtbar macht. Zweitens sollten Parteien in vergleichender Perspektive unter Berücksichtigung ihrer institutionellen Umwelten und sich daraus ergebender organisationaler Erwartungen in ihrer Organisationsqualität gewürdigt, einzelne Entwicklungen genauer analysiert und ihre innere Verfasstheit adäquat rekonstruiert werden. Letzteres zielte auf eine Verifizierung der theoretisch entwickelten Annahmen und auf eine organisationstheoretisch gehaltvolle empirische Bestandsaufnahme der strukturellen und kulturellen Wirklichkeit der etablierten deutschen Parteien unter besonderer Berücksichtigung der Party Central Offices. Damit wird nicht zuletzt die jüngst oft kommunikationswissenschaftlich geprägte Parteiorganisationsforschung um eine organisationssoziologische Perspektive ergänzt. Um dieses Ziel zu erreichen, wurde ein Mixed-Methods-Design gewählt, das der Komplexität des Forschungsobjekts Rechnung trägt und sehr unterschiedliche Perspektiven der parteiorganisationalen Wirklichkeit adäquat erfasst. Hierbei wurden unterschiedliche Datenarten generiert und analysiert, wobei qualitative und quantitative Verfahren parallel-gleichrangig genutzt wurden. Die Befunde der vorliegenden Studie bestätigen dieses Vorgehen. Es ist gelungen, unterschiedliche Perspektiven der gegenwärtigen parteilichen Organisationsstruktur und -kultur in vergleichender Perspektive zu rekonstruieren, so dass nun die unterschiedlichen Facetten zusammengeführt werden können und einen multidimensionalen Eindruck vom komplexen Ganzen ergeben.

Im Ergebnis zeigt sich, dass die entwickelte sozialwissenschaftliche Perspektive einen klaren Erkenntnisgewinn bringt und eine theoretisch gehaltvolle Parteiorganisationserforschung ermöglicht. So bringt die soziologische Ausrichtung neben der originär organisationstheoretischen Perspektive die institutionellen Rahmenbedingungen und das bedeutsame Verhältnis von Organisationen und ihren Umwelten sowie daraus resultierende Wirkungen in die Analyse ein. Der politikwissenschaftliche Ansatz bereichert den Analyserahmen insbesondere um die Berücksichtigung der spezifischen Funktionen von Parteien und betont deren Stellung im politischen und gesellschaftlichen Kontext. Die Verbindung beider Forschungstraditionen ermöglicht eine umfassendere, mehrdimensionale Analyse. Aus diesen Überlegungen heraus standen im theoretischen Teil die Entwicklung und Reform von Parteien bzw. deren organisationales Handeln, das Verhältnis von Organisation und Umwelt(en) sowie die kontextual-systemische Verortung von Parteien im Vordergrund. Gerade diese Aspekte sind für eine sozialwissenschaftliche Analyse von Parteiorganisationen entscheidend. Im empirischen Teil wurden daraufhin organisationsstrukturelle und -kulturelle Aspekte untersucht, wobei die beiden Dimensionen als zusammenhängend, aber durchaus voneinander abweichend verstanden wurden. Abschließend ist nun auf die zentralen Annahmen sowie empirischen Befunde einzugehen und eine Gesamtbilanz zu ziehen.

8.1 Parteiorganisationen im institutionellen Kontext

Der hier entwickelte theoretische Rahmen betont die hohe Bedeutung von Institutionen, verstanden als strukturell oder kulturell wirksame Phänomene und Ausdruck kulturell-normativer, letztlich gesellschaftlicher Erwartungen (siehe Abschnitt 3.3). Es wird argumentiert, dass diese eine entscheidende Rolle für die Organisation der (Partei-)Organisation haben, wobei sie nicht nur unmittelbar, etwa über funktionale oder rechtliche Zwänge, sondern vielmehr mittelbar dadurch wirken, dass die Erfüllung institutioneller Vorgaben für die Legitimation und damit den Erhalt (und gegebenenfalls den Erfolg) der Organisation von zentraler Bedeutung ist. Parteienwandel bzw. eine strukturelle oder kulturelle Angleichung erfolgt also nicht nur deshalb, weil es formalrechtlich oder gar funktional notwendig ist (etwa in der Erfüllung der „Medienlogik"), sondern weil ein normativer Druck zur zumindest symbolischen, also nicht zwingend organisationswirksamen Implementierung besonderer Organisationsmerkmale und -elemente besteht. Aus diesem Grund, so die zentrale Annahme dieser Studie, dürften sich über das funktional notwendige Maß hinaus zwischenparteiliche Übereinstimmungen finden. Auch lassen sich in der Fortführung des theoretischen Arguments Organisations(reform)moden erklären: Organisationen im gleichen Handlungsfeld tendieren zur Angleichung, ursächlich dafür sind Zwang, Nachahmung oder normativer Druck (Isomorphie, vgl. Tabelle 1). Alle drei Aspekte wurden auf das Untersuchungsobjekt – die politischen Parteien – übertragen:

(1) Zwang, etwa in Folge von (umzusetzenden) Rechtsvorschriften: Sowohl dem kodifizierten als auch dem qua richterlicher Rechtsfortbildung entwickelten Parteienrecht wird hierbei ein zentraler Stellenwert eingeräumt. Es galt daher, die direkte Wirkung parteienrechtlicher Regelungen sowie des sich daraus ergebenden rechtlichen Zwangs auf die formalstrukturelle Organisation der (Partei-)Organisation zu prüfen. Es wurde dabei angenommen, dass das Parteienrecht in seiner formalrechtlichen Bindungswirkung über-, in seiner normativ-institutionellen Wirkung jedoch unterschätzt wird (hier besteht eine Verbindung zum Aspekt „normativer Druck", da Recht zugleich institutionell-gesellschaftliche Erwartungen kodifiziert).

(2) Nachahmung: Institutionelle Erwartungen und deren organisationale Umsetzung in einem mehr oder minder geschlossenen Aktions- und Wettbewerbsfeld können zu einer gewissen Selbstreferenz von Organisationen innerhalb eines solchermaßen strukturierten Handlungsfeldes führen. Dies ist zugleich ein wirksames Mittel zur Reduktion der umweltabhängigkeitsbedingten Bestandsunsicherheit. Zudem werden organisationsstrukturelle Innovationen von den Mitbewerbern geprüft und, nicht nur aber bevorzugt im Erfolgsfall, organisationsangepasst adaptiert, so die Kernthese. Als zentraler Handlungsrahmen und damit als primärer Bezugsrahmen organisationaler Handlungen ist hierbei das bundesdeutsche Parteiensystem („Parteienkartell"[195]) zu sehen. Dieses ist als zentrales Wettbewerbsumfeld der etablierten Parteien zu deuten.

(3) Normativer Druck: Gesellschaftliche Erwartungen üben einen hohen normativen Druck auf die Organisationen hinsichtlich der Frage aus, wie sie sich zu organisieren haben. In diesem Punkt zieht die vorliegende Studie eine Verbindung zum Parteienrecht: Jedwedes Recht institutionalisiert nicht zuletzt normative Vorgaben und Erwartungen, weshalb die zentralen

---

[195] Was nicht bedeutet, dass in Deutschland von Kartellparteien zu sprechen ist (etwa Detterbeck 2008). Entscheidend sind vielmehr bestehende institutionelle Hürden, die parlamentarisch erfolgreiche Neugründungen erschweren, bspw. Sperrklauseln und eine nachlaufende, wahlerfolgsabhängige staatliche Parteienfinanzierung.

normativen Organisationserwartungen besonders deutlich im deutschen Parteienrecht erkennbar sein sollten. Als Reaktion auf normative Erwartungen bieten sich dabei, so die Grundannahme, unterschiedliche Handlungsmuster an, etwa organisationale Indifferenz, organisational wirksame Anpassungsleistungen oder symbolische Reformen bis hin zur Mythologisierung spezifischer Elemente (mit der Folge einer Entkopplung von formaler Struktur und Organisationskultur/-leben).

Entscheidend ist dabei die These, dass Institutionen gerade nicht deterministisch wirken, sondern stets ein Handlungskorridor offen bleibt, der organisationsindividuell genutzt werden kann, womit eine rational-strategische organisationale Handlungsmöglichkeit bestehen bleibt. Das heißt übertragen auf Parteien, dass sie zwar als reaktive Organisationen verstanden werden können (Wiesendahl 1998: 67), sie aber zugleich über größere organisationale Freiheiten verfügen als meist postuliert wird. Diese organisationale Freiheit ist aus mehreren Gründen erforderlich: So müssen institutionelle Erwartungen nicht nur erkannt und „übersetzt", sondern zudem auch organisationsadäquat umgesetzt werden, was nur gelingt, wenn tatsächlich Deutungs-, Handlungs- und Implementierungsspielräume bestehen. Damit können die Umsetzung und die Entscheidung über die Form bzw. Wirksamkeit der Umsetzung institutioneller Erwartungen auch bewusst (im Sinne einer strategischen Organisationsentscheidung) erfolgen. Zudem sind Organisationen unterschiedlichen, oftmals widersprüchlichen institutionellen Erwartungen ausgesetzt. Im Fall der politischen Parteien lässt sich dieser institutionelle Widerspruch auf den Dualismus Partizipations-/Mitgliederorientierung versus Professionalitäts-/Wählerorientierung verdichten. Um den widersprüchlichen und nicht immer einfach umzusetzenden Erwartungen gerecht zu werden, werden aus institutionellen Erwartungen abgeleitete Organisationserfordernisse nicht selten nur formal und somit nicht organisationswirksam implementiert. Im Fall der politischen Parteien wird in der vorliegenden Studie argumentiert, dass vor allem mitgliedschafts- und partizipationsorientierte Elemente und Reformen nur symbolisch (bzw. als Krisenreaktionsinstrument) implementiert werden. Von den Organisationen wird dabei angenommen, dass den Erwartungen bei einer symbolischen Übernahme entsprochen, der institutionelle Druck reduziert und der erwartete Legitimationsgewinn erreicht wird.[196] Wahl- und zentralisierungsrelevante Aspekte werden dagegen nicht zuletzt mit dem Ziel der Unsicherheitsreduktion wirksam umgesetzt, wobei institutionelle Erwartungen und faktische Umsetzung durchaus differieren, wie die Einführung von Grassroots-Elementen in Wahlkämpfen zeigt: Diese als partizipative Innovationen geforderten bzw. gedachten Instrumente werden gerade aus Sicht der Parteiorganisationsspitzen vor allem als Top-down-Instrumente verstanden und genutzt.

---

[196] Dies gelingt nicht unbedingt, wie das regelmäßige Aufflammen der Parteienkrisenrhetorik (jüngst u.a. von Arnim 2009; Leif 2009) oder der Erfolg neuer Parteien wie jüngst der Piratenpartei zeigt (wobei neue Parteien nur selten dauerhaft erfolgreich sind).

8.2 Institutionelle Erwartungen und organisationsstrukturelle Wirklichkeit

Diese Aspekte wurden zunächst in organisationsstruktureller Hinsicht untersucht. Formalen Strukturen ist ein hoher Stellenwert einzuräumen, weil diese nicht bloß funktionalen Notwendigkeiten folgen und Handlungs- und Entscheidungsprozesse festlegen, sondern darüber hinaus für die Legitimation der Organisation von zentraler Bedeutung sind und organisationsparadigmatische Grundmuster öffentlich zum Ausdruck bringen. Alle drei Aspekte institutioneller Wirkung konnten dabei in der organisationsstrukturellen Analyse bestätigt werden.

Im Detail zeigt die vergleichende Rechts-, Satzungs- und Strukturanalyse, dass die Bindungswirkung des Parteienrechts hinsichtlich der parteilichen Organisationsstrukturen in der Literatur überschätzt wird. Gleiches gilt zu Teilen in den Parteien, wobei hier eine strukturelle Freiheitsbeschränkung durch das Parteienrecht beklagt wird, was eine grundlegende Reform der repräsentativdemokratischen Mitgliederpartei verhindere. Es zeigt sich zudem, dass parteienrechtliche Vorgaben zur Rechtfertigung organisationsstruktureller Entscheidungen herangezogen werden und etwa Zentralisierungsprozesse legitimieren sollen. Die Studie legt dar, dass das Recht hinsichtlich der organisationsstrukturellen Ausgestaltung jedoch lediglich einen Rahmen darstellt, der zwar gewisse Vorgaben mit sich bringt, darüber hinaus jedoch breite Handlungskorridore und Gestaltungsspielräume offen lässt. Trotz partieller Einschränkungen zeigen zudem einzelne Fälle und satzungsrechtliche Regelungen, dass Parteien durchaus ideenreich darin sind, Vorgaben des Parteienrechts situativ auszulegen oder sogar zu umgehen[197] – was auch deshalb gut möglich ist, weil gerade im organisationsstrukturellen Regelungsbereich Sanktionen weitgehend fehlen. Auch zeigen die partielle realweltliche Abkehr der Parteien vom Mitgliederprinzip und der – bislang nur wenig erfolgreiche und paradigmatisch kaum unterstützte – Versuch der parteilichen Öffnung (etwa zu Netzwerkparteien[198]), dass das Parteienrecht organisationsparadigmatisch durchaus offen für eine Mitwirkung auch ohne formale Mitgliedschaft und damit jenseits der tradierten Vereinsstruktur ist. Verbindlicher ist dagegen der rechtlich detailliert geregelte Bereich der Parteienfinanzierung, insbesondere die Vorschriften zur innerparteilichen Rechenschaftslegung. Dieser Aspekt ist hier jedoch vor allem dann von Interesse, wenn die Vorschriften zur Parteienfinanzierung – ähnlich den organisationsstrukturellen Vorgaben des Parteienrechts – neben der technisch-operativen Dimension eine ganz klare normativ-paradigmatische Vorgabe enthalten und eine entsprechende Wirkung entfalten. Schließlich wurden mit der durch das Bundesverfassungsgerichtsurteil von 1992 neu ausgerichteten, allgemeinen staatlichen Parteienfinanzierung zwei zentrale Organisationsparadigmen manifestiert und deren Befolgung seitdem in barer Münze belohnt: Zum einen ist das Organisationsziel „Wählerpartei" zu nennen, da jede Wählerstimme eine direkte Geldzuweisung mit sich bringt; zum anderen das Organisationsziel „vereinsartige Mitgliederpartei", da Mitgliedsbeiträge und Spenden natürlicher Personen ebenfalls mit staatlichen Zuschüssen honoriert werden. Damit werden zwei Leitbilder manifestiert,[199] ohne dass das Recht vorgibt,

---

[197] Zum Beispiel die Nutzung formal konsultativer, faktisch jedoch bindender Mitgliederbefragungen zur (Vor-) Wahl des Parteivorsitzenden oder die Beteiligung von nicht stimmberechtigten Parteimitgliedern bei der Kandidatenaufstellung für öffentliche Wahlen durch Vorwahlen mit faktischer Bindungswirkung (vgl. zudem Fußnote 122).
[198] Der Begriff weist stark auf die SPD hin, wenngleich alle Parteien insb. in Wahlkampfzeiten zunehmend auf die Unterstützung von Freiwilligen, Botschaftern, Volunteers, Teams etc. setzen.
[199] Zur indirekten Wirkung des institutionellen Kontextes auf die Entscheidungen über die staatliche Parteienfinanzierung durch die Antizipation dieser institutionellen Aspekte durch die Parteien siehe Koß (2008: 191).

welches der beiden seitens der Parteiorganisationen im Vordergrund stehen soll.[200] Die Bindungswirkung für den Aufbau der Parteien und die häufig postulierte reformverhindernde Wirkung durch parteienrechtliche Maßgaben sind daher im Ergebnis hinsichtlich ihrer unmittelbaren Wirkung zu relativieren.

Zwei Effekte zeigen sich in der Satzungs- und Strukturanalyse sehr deutlich: Zum einen ist eine formalstrukturelle, multidirektionale Angleichung der Parteien offensichtlich. Das heißt, jede Partei übernimmt in der mittelfristigen Entwicklung Strukturelemente und Organisationsideen der anderen Parteien in jeweils organisationsadäquatem Umfang. Zum anderen folgen die Parteien trotz dieser Angleichung nach wie vor in parteitypisch leicht unterschiedlicher Weise den beiden rechtlich skizzierten Leitbildern (vgl. Abschnitte 5.2 und 5.3). Darüber hinaus werden die grundsätzliche Logik der vor allem verfassungsgerichtlich weiterentwickelten Parteienfinanzierung und die darin zum Ausdruck gebrachten Organisationsparadigmen von den Parteien offensichtlich antizipert. Institutionelle Erwartungen, gegenseitige Anpassung und rechtliche Vorgaben prägen damit die organisationsstrukturelle Ausrichtung der Parteien, ohne sie im Detail zu determinieren. Während also die formalrechtliche Regelungsdichte häufig überschätzt wird, stehen dagegen die paradigmatisch-organisationskulturelle Dimension und die daraus resultierenden Organisationserwartungen des Parteienrechts zu selten im Blickfeld der Parteiorganisationsforschung. Dieses Defizit überrascht, dürfen doch gerade diese Aspekte in ihrer organisationalen Bedeutung keinesfalls unterschätzt werden. Zudem erlaubt das Parteienrecht gerade in dieser Frage zwei gegenläufige Organisationsparadigmen, die in der vorliegenden Studie auch organisationstheoretisch entwickelt bzw. begründet wurden: die wahl- und professionalitätsorientierte sowie die vereinsähnliche, mitgliedschaftliche Organisationsstrukturierung. Statuarisch kann von einer häufig postulierten Abkehr vom Mitgliederprinzip und einer Hinwendung zu rein wahl- und professionalitätsorientierten Organisationen keine Rede sein – zu bedeutsam sind in Deutschland dauerhafte Mitglieder für die Legitimation und als Symbol der gesellschaftlichen Verankerung von Parteien (dies zeigt auch die jüngste Reorganisation der SPD 2011). Eine rein elektoral ausgerichtete Partei der Berufspolitiker ist schon aus institutionellen Gründen statuarisch nicht vorstellbar: Dies würde etwa der Erwartung einer innerparteilich-demokratischen Willensbildung durch Parteimitglieder widersprechen. Doch auch das Gegenmodell ist in reiner Form nicht vorstellbar: Parteien sind, schon qua Legaldefinition, an Wahlen teilnehmende Organisationen. Tatsächlich zeigt sich, dass Parteien entweder die eine oder die andere Ausrichtung betonen können. So wird beispielsweise innerparteiliche (Delegierten-)Macht entweder nur an die Mitgliederstärke oder auch an Wahlerfolge gekoppelt.

Den Umgang mit widersprüchlichen Organisationserwartungen bei zugleich hohem Druck zur Befolgung des Organisationsleitbildes „Mitgliederpartei" zeigen exemplarisch die untersuchten Reformen und Regelungen im mitgliedschaftsrechtlichen Bereich, die einerseits dem Wunsch nach einer Öffnung der als verkrustet wahrgenommenen Parteistrukturen und zugleich aber immer der Gewinnung neuer Mitglieder dienen sollen. Dazu wurden zu Teilen sogar bereits bestehende Inklusionsangebote umbenannt, um so den Aspekt der Mitgliedschaft (auf Probe) stärker zu betonen. Dies verdeutlicht, wie wirkmächtig die institutionelle Organisationserwartung an die Parteien, vereinsartig organisiert zu sein, ist. Denn funktional, etwa für

---

[200] Für die grundsätzliche Berechtigung zur Inanspruchnahme staatlicher Mittel ist ein (aus Sicht der etablierten Parteien vergleichsweise) geringer Wahlerfolg notwendig.

die innerparteiliche Arbeitserbringung, zur Elitenrekrutierung und selbst für die Finanzierung der Parteiorganisation wären (zumindest ergänzend) durchaus andere Organisationsformen denkbar. Zu Teilen werden diese auch bereits realisiert, sei es bei der Finanzierung (Ausweitung der Mandatsträgersonderabgaben) oder in der funktionalen Dimension („Freiwillige Teams" ohne formaler Parteimitgliedschaftserfordernis; Auslagerung von Parteitätigkeiten in globalfinanzierte Nebenorganisationen (bspw. parteinahe Stiftungen)). Für die Legitimation der Parteiorganisation sind Vereins-, also Parteimitglieder allerdings weiterhin unverzichtbar, dies zeigt sich bereits in der statuarisch verankerten Organisationsstruktur aller Parteien. Diese Beispiele, wie auch die Versuche der Einführung virtueller Parteimitgliedschaften, zeigen zudem die hohe Selbstreferenz parteilicher Organisationsentwicklungen – womit sich die theoretischen Annahmen der vorliegenden Studie im organisationsstrukturellen Bereich bestätigen.

8.3 Die Party Central Offices als Kern der Organisation

Damit stellt sich die Frage, wie die beiden theoretisch skizzierten, institutionell wirksamen und parteienrechtlich wie auch statuarisch erkennbaren Organisationsparadigmen in den Parteiorganisationen selbst ihren kulturellen Niederschlag finden. Im zweiten Teil der Untersuchung veränderte sich somit die Perspektive. Um ein vollständiges Bild der organisationalen Wirklichkeit der Parteiorganisationen herauszuarbeiten, wurde zunächst nach dem Selbstverständnis des Kerns der Organisation Partei gefragt. Darunter ist der organisationstheoretischen Argumentation folgend der hauptamtliche Parteiapparat als Kern der Parteiorganisation zu verstehen, nicht aber die nur lose, unregelmäßig mitwirkende Mitgliedschaft oder die vor allem im staatlich-parlamentarischen Bereich tätige und damit (vorrangig) in anderen Handlungslogiken agierende Gruppe der mandatierten Berufspolitiker.

Dieser Kernbereich der Parteiorganisation im engeren Sinne wird in der vorherrschenden Literatur in der Regel vernachlässigt, weshalb vor der detaillierten Analyse innerparteilicher Leitbilder eine Bestandsaufnahme der zentralen Parteigeschäftsstellen unerlässlich ist. Hierbei spielt die Entwicklung der Parteizentralen ebenso eine Rolle wie die innerparteilich-überberufliche Einbindung der Mitarbeiter insgesamt. Der Blick in die obersten Parteigeschäftsstellen zeigt, dass sich diese in allen untersuchten Parteien zwar im Detail unterscheiden, sie jedoch funktional-strukturell weitgehend kongruent ausgerichtet sind. Lediglich die FDP weicht hier deutlich von den Mitbewerbern ab und verfolgt organisatorisch ein etwas anderes Modell; man könnte hier von einer „unternehmerischen Partei" sprechen, die zahlreiche administrative Kernaufgaben aus der obersten Geschäftsstelle ausgelagert und an parteieigene Unternehmen übertragen hat, weshalb sich die FDP-Bundesgeschäftsstelle vorrangig auf kommunikationsorientierte Organisationsaspekte konzentriert. Ein wesentliches Element in der untersuchten Entwicklung der Parteizentralen sind dabei technische Neuerungen, insbesondere die Einführung umfassender zentral nutzbarer Datenbanken. Eine Form ist dabei der Versuch, Customer-Relationship-Management-Systeme einzuführen, die, der Wirtschaft entlehnt, nun von den Parteien als Citizen-Relationship-Management umgedeutet und dementsprechend in ersten Ansätzen genutzt werden (bzw. werden weitere Formen der verbesserten Bürgerkommunikation unternommen). Doch auch in kleinerem Umfang sammeln und organisieren die Parteizentralen in direkter Weise Kunden-, also Bürgerkontakte und intensivieren die direkte, zielgruppenspezifische Kommunikation mit den Mitgliedern und Bürgern vor Ort. Diese (top-down-)kommunikations- und responsivitätsorientierte Nutzung verfügbarer technologischer Neuerungen bestätigt die Annahmen zur Zentralisierung der Parteiorganisationen und ist gleichermaßen als Grundlage und Outcome eines klar erkennbaren Steuerungsanspruchs der Party Central Offices zu sehen (Abschnitt 6.2). Es wird zugleich deutlich, dass die Parteiapparate im inner- wie außerparteilichen Kontext tatsächlich den Kern der Parteiorganisation bilden, der in gewisser Weise eine Mittlerfunktion zwischen gewählter Parteiführung und der Vereins-, also Parteimitgliedschaft ausübt. Das organisationale Alltagsgeschäft nicht nur exekutiert, sondern auch – mit Einschränkungen – gestaltet (siehe auch Abschnitt 6.3.3.3) und darüber hinaus durchaus Einfluss auf die Organisationsentwicklung ausüben kann.

Dieser in allen Parteien erkennbare Steuerungsanspruch manifestiert sich in einem Selbstverständnis der Parteimitarbeiter und damit der Parteizentralen, das sich am ehesten als „Dienstleister mit Führungs- und Steuerungsanspruch" zusammenfassen lässt. Eine Allokation von Informationen, Organisationswissen, Expertise sowie Handlungs- und Kommunikationsmöglichkeiten insbesondere auf der obersten Ebene steht außer Frage, wie die Analyse der leitfadengestützten Interviews bestätigt. Damit geht einher, dass auch die Mitarbeiterschaft die Bundesparteiorganisation als zunehmend wichtig und als Gewinner innerparteilicher Reformen und Veränderungen wahrnimmt (dazu Abschnitt 6.3) – die Zentralisierung der Organisation wird als organisational wirksam wahrgenommen. Der klar herausgearbeitete Führungsanspruch ist dabei nicht mit einer einfachen, rational-bürokratischen Top-down-Steuerung gleichzusetzen: Die Parteiapparate zielen primär darauf ab, mit umfangreichen Angeboten und einer partiellen Zentralisierung eine sanfte und doch wirksame Steuerung auszuüben (nicht zuletzt auch eine Reaktion schrumpfender und überalternder Organisationen), wobei durchaus Grenzen der Professionalisierung und Zentralisierung gesehen werden und nicht alle die fortschreitende Professionalisierung unkritisch gutheißen. Gleichwohl sehen sich die Mitarbeiter selbst ganz deutlich als berufsprofessioneller Kern der Parteiorganisationen (dazu insb. Abschnitt 6.4). Sie sind vielfach überberuflich parteilich engagiert und streben auch in ihrer Tätigkeit als Parteimitarbeiter nach politischer Einflussnahme, so dass die Mitarbeiter nicht nur als Kern der Organisation, sondern darüber hinaus zu Teilen auch als Berufspolitiker ohne Mandat verstanden werden können. Für die Bundesparteigeschäftsstellen und die Parteimitarbeiter insgesamt ist somit eine hohe Kongruenz im Selbstverständnis feststellbar. In allen Parteien findet sich das Selbstverständnis des professionellen und steuernden Dienstleister, wobei sich hinsichtlich der individuellen Einstellungen innerparteilich unterschiedliche Mitarbeitergruppen zeigen.

8.4 Organisationsparadigmen, -erwartungen und innerparteiliche Konfliktlinien

Auf der Grundlage dieser Befunde erfolgte im letzten empirischen Abschnitt eine Rekonstruktion der organisationsparadigmatischen Wirklichkeit der Parteiorganisationen im Spannungsfeld zwischen Mitglieder- und Professionalitätsorientierung,[201] wobei sich hier wie zuvor kaum

---

[201] Bedingt durch die Weigerung der Unionsparteien an der vorliegenden Studie teilzunehmen bezieht sich dieser Analyseschritt nicht auf CDU und CSU, wobei die analysierten Daten nur wenige zwischenparteiliche Unterschiede bei den vier untersuchten Parteien aufzeigen, so dass im Ergebnis begründet anzunehmen ist, dass die Unionsparteien den anderen Parteien organisationsparadigmatisch sehr ähnlich sind.

spezifische zwischenparteiliche, wohl aber sehr ausgeprägte innerparteiliche Unterschiede finden (Abschnitte 7.1 bis 7.3), was im Ergebnis zu einer organisationsparadigmatisch polarisierenden innerparteilichen Gruppenbildung verdichtet werden kann (Abschnitt 7.4). Schon die Abfrage generalisierter Parteiziele lässt hierbei auf eine starke Bedeutung institutioneller Erwartungen schließen, haben doch vermeintlich altruistische, oftmals institutionell geforderte Parteiziele (etwa dem Allgemeinwohl zu dienen und Ort der Debatte zu sein) einen hohen Stellenwert, gerade im Vergleich zu elektoralen Zielsetzungen. Dabei wird bei aller Kongruenz ein zugleich bestehender Spielraum in der Bedeutungszumessung einzelner Ziele deutlich, was die theoretischen Überlegungen der parteiorganisationalen Umweltoffenheit, nicht jedoch Umweltdeterminiertheit bestätigt.

Als Bilanz der Analyse des Leitbildes Mitgliederpartei ist festzuhalten, dass in allen Parteien bei Unterschieden im Detail im Grundsatz klar am Modell der Mitgliederpartei festgehalten und damit Mitgliedern eine eher hohe Bedeutung eingeräumt wird (siehe etwa Abschnitt 7.2). Das Modell der vereinsartigen, mitgliedschaftsbasierten Organisation wird dabei zwar als problembehaftet, aber eben doch alternativlos angesehen. Entscheidend ist jedoch, dass die Mitgliederpartei dabei zumeist nicht als basispartizipatorische Organisation, sondern als repräsentativdemokratisches Organisationsmodell verstanden wird. Eine umfassende Mitgliederbeteiligung wird von den Mitarbeitern in den Party Central Offices als sinnvoll, aber selten als wirklich notwendig angesehen oder zu Teilen sogar abgelehnt. Das im Grundgesetz manifestierte Modell der repräsentativen Demokratie findet sich somit – ohne formale Notwendigkeit – weitgehend deckungsgleich in den politischen Parteien wieder – auch hier ein klares Indiz für die Wirkmächtigkeit institutioneller Erwartungen. In diesem Zusammenhang sind auch die unterschiedlichen Organisationsreformen zu sehen, die nicht nur – wie neoinstitutionalistisch argumentierend angenommen – stark von einer wechselseitigen Beobachtung geprägt sind (Abschnitt 7.2.2.1, deutlich auch am Beispiel der Probemitgliedschaften), sondern auch stets die Attraktivität der vereinsartigen Mitgliederpartei stärken und der Gewinnung neuer Mitglieder dienen sollen. Dazu werden einerseits (wenig erfolgreich) Beitrittshemmnisse durch die Einführung niederschwelliger Angebote reduziert und andererseits partizipationserweiternde, basisbeteiligende Elemente proklamiert. Elemente freilich, die von Seiten des Parteiapparates weder als sonderlich notwendig erachtet noch organisational wirksam umgesetzt werden. Diese Reformen bzw. die erfolgte formale Einführung dieser Möglichkeiten sollte also vorrangig in vielfacher Weise institutionellen Erwartungen gerecht werden, wirklich getragen werden sie jedoch nur von einer Minderheit der Mitarbeiterschaft. Auch eine Ausweitung der innerparteilichen Entscheidungsfindung auf organisationsexterne Personen, also eine erweiterte Inklusion von interessierten Nichtmitgliedern, wird organisationsparadigmatisch ganz überwiegend abgelehnt. Insofern verwundert es nicht, dass eine Wirksamkeit der auf direktpartizipatorische Maßnahmen gerichteten Parteireformen – wie sie zuletzt in SPD und CSU diskutiert wurden und gegenwärtig durch die Erfolge der Piratenpartei einmal mehr auf der Agenda stehen – nicht gesehen wird. Die durchgeführten Reformen verbleiben auf der symbolischen Ebene oder verkümmern zum Notfallinstrument (bei Führungs- oder Organisationskrisen), selbst wenn sie formalstatuarisch verankert werden – ein Konflikt mit den parteilichen Organisationsvorstellungen entsteht dadurch nicht.

Zugleich ist eine Mythologisierung der Mitgliederpartei zu konstatieren: Während auf der einen Seite die Bedeutung der formalen Mitgliedschaft hochgehalten wird und dieses zentrale

Merkmal der Inklusion selbst im digitalen Raum (im Web 1.0: Virtuelle Parteigliederungen; im Web 2.0: Mitgliedernetze) organisationswirksam aufrecht erhalten wird, findet auf der anderen Seite eine faktische Abkehr von eben diesem als wichtig erachteten Organisationsmerkmal statt: Die Parteien, insbesondere die zentralen Parteigeschäftsstellen, sprechen zunehmend parteiliche wie parteinahe Aktivisten ohne Mitgliedschaft gleichermaßen an und versuchen diese in die Kampagnen- und teilweise auch in die Parteiarbeit einzubeziehen. Es geht in der parteialltäglichen Arbeit letztlich nicht mehr um die Abgrenzung Mitglied – Nichtmitglied, sondern vorrangig um die Differenzierung Aktivist – Nichtaktivist bzw. Kommunikationspartner – Nichtkommunikationspartner. Das bedeutet nichts anderes, als dass die Parteien realweltlich das Mitgliederparteiprinzip durchbrechen, ohne formal und organisationskulturell davon Abschied zu nehmen (Abschnitt 7.2.1).

Diese Entwicklung ist in direktem Zusammenhang mit der beschriebenen Professionalisierung der Parteien zu sehen, die als klar notwendig und organisational spürbar erachtet wird. Dabei zielt das Professionalitätsverständnis der Parteiapparate vor allem auf eine Professionalisierung der inner- wie außerparteilichen Kommunikation, der Adaption neuer Kommunikationstechnologien und auf die Entwicklung hin zur lernenden Organisation (dazu Abschnitt 7.3.1). Dass dabei insbesondere neue Kommunikations- und Interaktionstechniken bislang gerade nicht zur Ausweitung der innerparteilichen Demokratie, sondern allenfalls zum Ausbau der Responsivitätsstrukturen für die oberen Parteiebenen genutzt werden, ist durchaus als Folge der organisationsparadigmatischen Parteiwirklichkeit zu verstehen. Eine Professionalisierung der Parteien und die weiterhin hohe Bedeutung der Mitgliederpartei widersprechen sich nicht zwangsläufig. Gleichwohl geht mit der Beibehaltung des Mitgliederparteimodells eine erhöhte innerparteiliche Kommunikationsnotwendigkeit des sich professionalisierenden Parteiapparates einher, sieht dieser doch die Gefahr einer Abkopplung seiner selbst von der Basis. Zugleich jedoch führt die Zentralisierung im Informations- und Datenmanagement, die Bündelung parteilicher Kommunikations- und Handlungskompetenzen sowie der mit der Professionalisierung verbundene Wunsch nach effizienteren Strukturen letztlich doch zu organisationalen Konflikten, die entweder mit einer klaren Richtungsentscheidung oder aber mit organisationaler Indifferenz zu lösen sind. Da sich, wie in Abschnitt 7.4 gezeigt, klar unterschiedliche Organisationsleitbilder in den Parteiorganisationen finden lassen, werden, so ist anzunehmen, auch weiterhin Indifferenz und bisweilen symbolische Reformen die Parteiwirklichkeit prägen.

8.5 Schlussbilanz und offene Forschungsfragen

Als Ergebnis der vorliegenden Studie lässt sich festhalten, dass der entwickelte theoretische Ansatz sehr gut dazu geeignet ist, parteiliches Handeln zu erklären und die Indifferenz der parteiorganisationalen Wirklichkeit zu erfassen. Es konnte gezeigt werden, dass sich die deutschen Parteien wie theoretisch angenommen strukturell und organisationsparadigmatisch zu mitgliedschaftsbasierten Leitorganisationen entwickeln. So versuchen sie, den unterschiedlichen institutionellen Erwartungen gerecht zu werden, womit zugleich deutlich wird, dass nicht nur funktionale Notwendigkeiten die Organisation der Organisation prägen. Es konnte überdies sehr deutlich gezeigt werden, dass die unterschiedlichen und zu Teilen widersprüchlichen institutionellen Erwartungen in ebenso widersprüchlicher Weise in den Parteiorganisationen selbst zu Tage treten. Dabei verbleibt den Parteiorganisationen ganz offensichtlich strukturell wie kulturell ein breiter Handlungskorridor, den die Parteien in unterschiedlicher Weise für sich nutzen.

Zugleich zeigt sich eine überwiegende Kongruenz parteilicher Strukturen und der in den Parteien vertretenen Organisationsmuster. Dies hat zwei Ursachen: Zum einen werden klare, möglicherweise auf organisationale Alleinstellungsmerkmale abzielende Reformentscheidungen kaum getroffen, da die unsicherheitsreduzierende Orientierung an den Mitbewerbern das organisationale Handeln stark prägt und bestehende Unterschiede eher reduziert als beibehalten werden (oder ggf. zum parteiidentitätsstiftenden Mythos werden). Grundlegende Veränderungen der organisationalen Wirklichkeit der bundesrepublikanischen Parteien sind so vorerst nicht zu erwarten. Zum anderen zeigen sich innerparteiliche Differenzen in der Frage der organisationsparadigmatischen Ausrichtung. Die institutionell widersprüchlichen Erwartungen wirken offensichtlich bis tief in den Kern der Organisation hinein, was eine klare Entscheidung für das eine oder das andere Organisationsmodell verhindert. Im Ergebnis bestimmt ein indifferentes Muddling-Through das Bild. Damit stellt sich aus Sicht der Parteienforschung die Frage, wie Parteiorganisationen mit dieser organisationsparadigmatischen Widersprüchlichkeit umgehen und welche Konsequenzen dies für die Reform- und Entwicklungsfähigkeit der deutschen Parteien hat. Ein auf diese Frage fokussiertes Durchdringen der „Black Box Parteiorganisation" wird Aufgabe künftiger Studien sein, ein mit Blick auf den Zugang zum Forschungsobjekt nicht ganz einfaches Unterfangen. Darüber hinaus wäre es lohnend zu klären, welche Faktoren die individuelle Entscheidung für oder gegen spezifische Organisationsleitbilder beeinflussen. Dazu wird eine mikrosoziologische Ergänzung der theoretischen Überlegungen ebenso notwendig sein wie eine weitergehende Datenerhebung. Mit Blick auf die Parteiapparate selbst wird zu klären sein, inwieweit sich die Mitarbeiterschaft in Folge der parteilichen Professionalisierung verändert und welche (neuen) Rekrutierungsmuster entstehen. Letztlich werfen die Befunde der vorliegenden Studie die Frage auf, wie sich die selbstverstandenen Mitgliederparteien unter den Bedingungen einer zunehmend alternden und sich reduzierenden Mitgliedschaft vor Ort aktionsfähig halten und eine umfassende zivilgesellschaftliche Einbindung gewährleisten können. Denn gegenwärtig, dies zeigen die organisationskulturellen Befunde, halten die deutschen Parteien klar am Modell einer mitgliedschaftsbasierten Partei fest, ohne dass sie in ernsthafter Weise auf die eingangs erwähnten gesellschaftlichen Veränderungen reagieren würden. Dieses Festhalten am tradierten Modell der vereinsartigen Mitgliederpartei steht dabei letztendlich im organisationalen Widerspruch zur faktischen Hinwendung zur zentralisierten und professionalisierten Leitorganisation. Ein Widerspruch, den aufzulösen die Parteien vor grundlegende Herausforderungen stellen dürfte.

9 Literatur- und Quellenverzeichnis

Abell, Peter (1995): The New Institutionalism and Rational Choice Theory, in: *Scott, W. Richard/Christensen, Søren* (Hg.): The Institutional Construction of Organizations. Thousand Oaks, California: 3-14.

Adams, Karl-Heinz (2005): Parteienfinanzierung in Deutschland. Entwicklung der Einnahmestrukturen politischer Parteien oder eine Sittengeschichte über Parteien, Geld und Macht. Marburg.

Alemann, Ulrich von/Erbentraut, Philipp/Walther, Jens (2010): Das Parteiensystem der Bundesrepublik Deutschland. Wiesbaden.

Alemann, Ulrich von/Godewerth, Thelse (2005): Die Parteiorganisation der SPD. Erfolgreiches Scheitern?, in: *Schmid, Josef/Zolleis, Udo* (Hg.): Zwischen Anarchie und Strategie. Der Erfolg von Parteiorganisationen. Wiesbaden: 158-171.

Alemann, Ulrich von/Strünck, Christoph/Wehrhöfer, Ulrich (2001): Die alten Parteien in der neuen Gesellschaft, in: Berliner Republik 3, 6: 72-75.

Allern, Elin H./Pedersen, Karina (2007): The Impact of Party Organisational Changes on Democracy, in: West European Politics 30, 1: 68-92.

Althaus, Marco (Hg.)(2003): Kampagne! 3. Neue Strategien im Grassroots Lobbying für Unternehmen und Verbände. Münster.

Althaus, Marco/Cecere, Vito (Hg.)(2001): Kampagne! Neue Strategien für Wahlkampf, PR und Lobbying. Münster.

Althaus, Marco/Cecere, Vito (2003): Kampagne! 2. Neue Strategien für Wahlkampf, PR und Lobbying. Münster.

Altheide, David L./Johnson, John M. (1980): Bureaucratic Propaganda. Boston.

Anger, Heike (2009): Bundesregierung fürchtet sich vorm "Mitmach-Netz". Handelsblatt, 26.06.2009. Düsseldorf.

Anschütz, Gerhard/Thoma, Richard (1930): Handbuch des deutschen Staatsrechts, Band 1. Tübingen.

AP/Spiegel Online (2009): Vorstandsentscheidung. Gabriel mit 78 Prozent als SPD-Chef nominiert. Spiegel Online, 05.10.2009. Hamburg.

Arndt, Claus (1993): Ungültigerklärung der Wahl zur Hamburgischen Bürgerschaft, in: Neue Zeitschrift für Verwaltungsrecht, 11: 1066-1067.

Arnim, Hans Herbert von (1997): Werden Freie Wählergemeinschaften im politischen Wettbewerb diskriminiert? (Festrede anläßlich des 25jährigen Jubiläums des FWG-Landesverbandes Rheinland-Pfalz am 02.11.97 im Hambacher Schloß), in: http://www.fw-th.de/interess/seiten/vonarnim.htm##3 (17.07.2009).

Arnim, Hans Herbert von (2001): Politik, Macht, Geld. Das Schwarzgeld der Politiker - weißgewaschen. München.

Arnim, Hans Herbert von (2002): Die neue Parteienfinanzierung, in: Deutsches Verwaltungsblatt, 1065-1078.

Arnim, Hans Herbert von (2003): Parteienfinanzierung. Zwischen Notwendigkeit und Missbrauch, in: Neue Zeitschrift für Verwaltungsrecht, 1076-1080.

Arnim, Hans Herbert von (2009): Volksparteien ohne Volk. Das Versagen der Politik. München.

Arzheimer, Kai (2002): Politikverdrossenheit. Bedeutung, Verwendung und empirische Relevanz eines politikwissenschaftlichen Begriffs. Wiesbaden.

Auer, Katja (2010): CSU beschließt Frauenquote. Schwer umkämpft bis ins Ziel, in: http://www.sueddeutsche.de/bayern/csu-beschliesst-frauenquote-schwer-umkaempft-bis-ins-ziel-1.1017943 (29.10.2010).

Augsberg, Steffen (2009a): § 6 Satzung und Programm, in: *Kersten, Jens/Rixen, Stephan* (Hg.): Parteiengesetz (PartG) und europäisches Parteienrecht. Stuttgart: 178-191.

Augsberg, Steffen (2009b): § 7 Gliederung, in: *Kersten, Jens/Rixen, Stephan* (Hg.): Parteiengesetz (PartG) und europäisches Parteienrecht. Stuttgart: 192-224.

Azzola, Axel/Bäumlin, Richard/Berkemann, Jörg (1989): Kommentar zum Grundgesetz für die Bundesrepublik Deutschland in 2 Bänden, Band 1 (Art. 1-37). Neuwied.

Bäcker, Alexandra (2011): Dritte im Bunde: Zur Beteiligung von Nichtmitgliedern in politischen Parteien, in: Recht und Politik, 3: 151-192.

Bäcker, Alexandra/Merten, Heike/Kühr, Hana (2012): Parteienrecht im Spiegel der Rechtsprechung, in: Mitteilungen des Instituts für Deutsches und Europäisches Parteienrecht und Parteienforschung 18, 132-160.

Badura, Peter (1986): Staatsrecht. Systematische Erläuterung des Grundgesetzes für die Bundesrepublik Deutschland. München.

Baecker, Dirk (1999): Organisation als System. Frankfurt/Main.

Baecker, Dirk (2003): Organisation und Management. Frankfurt/Main.

Bannas, Günter (2008): Steinmeier Kanzlerkandidat. Beck gibt nach „Intrigenspiel" auf. Frankfurter Allgemeine Zeitung online, 07.08.2008. Frankfurt/Main.

Barthelmes, Tanja (2007): An der Schnittstelle zwischen Wissenschaft und Politik? Die wissenschaftlichen Mitarbeiter der Abgeordneten des Deutschen Bundestages. Hamburg.

Barton, Allen H./Lazarsfeld, Paul F. (1984): Einige Funktionen von qualitativer Analyse in der Sozialforschung, in: *Hopf, Christel/Weingarten, Elmar* (Hg.): Qualitative Sozialforschung. Stuttgart: 41-89.

Bartsch, Dietmar (2001): Immer in Bewegung bleiben - Die Reformen der PDS, in: Forschungsjournal Neue Soziale Bewegungen 14, 3: 99-104.

Bartsch, Kolja/Wissenschaftliche Dienste des Deutschen Bundestages (2007): Die Vereinigung von Linkspartei. PDS und WASG zur Partei „DIE LINKE". Berlin.

Bauer, Katja (2012): Berliner Piratenpartei. Frust, Lügen und Heimlichkeiten, in: http://www.stuttgarter-zeitung.de/inhalt.berliner-piratenpartei-frust-luegen-und-heimlichkeiten.a625f4e3-c216-43e6-a209-6b25b095dc1f.html (03.07.2012).

Beck, Ulrich (1986): Risikogesellschaft. Auf dem Weg in eine andere Moderne. Frankfurt/Main.

Beck, Ulrich (1993): Die Erfindung des Politischen. Zu einer Theorie reflexiver Modernisierung. Frankfurt/Main.

Becker, Winfried (2002): Lexikon der Christlichen Demokratie in Deutschland. Paderborn.

Beerfeltz, Hans-Jürgen (2007): Management in der Politik, in: *Becker, Lutz/Ehrhardt, Johannes/Gora, Walter* (Hg.): Führungspraxis und Führungskultur. Düsseldorf.

Beitzer, Hannah/Denkler, Thorsten (2012): Fette Beute. Süddeutsche Zeitung, 13.07.2012. München: 5.

Benz, Arthur (2001): Postparlamentarische Demokratie und kooperativer Staat, in: *Leggewie, Claus/Münch, Richard* (Hg.): Politik im 21. Jahrhundert. Frankfurt/Main: 263-280.

Bergmann, Knut (2002): Der Bundestagswahlkampf 1998. Vorgeschichte, Strategien, Ergebnis. Wiesbaden.

Bergsträsser, Ludwig (1960): Geschichte der politischen Parteien in Deutschland. München.

Best, Heinrich/Jahr, Stefan (2006): Politik als prekäres Beschäftigungsverhältnis: Mythos und Realität der Sozialfigur des Berufspolitikers im wiedervereinigten Deutschland, in: Zeitschrift für Parlamentsfragen 37, 1: 63-79.

Beyme, Klaus von (1983): Theoretische Probleme der Parteienforschung, in: Politische Vierteljahresschrift 24, 3: 241-252.

Beyme, Klaus von (1988): Theoretische Probleme der Parteienforschung, in: *Beyme, Klaus von* (Hg.): Der Vergleich in der Politikwissenschaft. München/Zürich: 199-213.

Beyme, Klaus von (1993): Die politische Klasse im Parteienstaat. Frankfurt/Main.

Beyme, Klaus von (2001): Funktionswandel der Parteien in der Entwicklung von der Massenmitgliederpartei zur Partei der Berufspolitiker, in: *Gabriel, Oscar W./Niedermayer, Oskar/Stöss, Richard* (Hg.): Parteiendemokratie in Deutschland. Bonn: 315-339.

Beyme, Klaus von (2002): Parteien im Wandel. Von den Volksparteien zu den professionalisierten Wählerparteien. Wiesbaden.

Beyme, Klaus von (2004): Das politische System der Bundesrepublik Deutschland. Eine Einführung. Wiesbaden.

Bieber, Christoph (2012): Die Piratenpartei als neue Akteurin im Parteiensystem, in: Aus Politik und Zeitgeschichte 62, 07: 27-33.

Biehl, Heiko (2004): Parteimitglieder neuen Typs? Sozialprofil und Bindungsmotive im Wandel, in: Zeitschrift für Parlamentsfragen 2004, 4: 681-699.

Biehl, Heiko (2005): Parteimitglieder im Wandel. Partizipation und Repräsentation. Wiesbaden.

Biehl, Heiko (2006): Kleinere Parteien - exklusivere Mitgliedschaften? Über den Zusammenhang von Parteigröße und Mitgliederstruktur, in: *Jun, Uwe/Kreikenbom, Henry/Neu, Viola* (Hg.): Kleine Parteien im Aufwind. Zur Veränderung der deutschen Parteienlandschaft. Frankfurt/Main: 75-96.

Blumenthal, Julia von (2001): Amtsträger in der Parteiendemokratie. Wiesbaden.

Bogdan, Robert/Ksander, Margaret (1980): Policy Data as a Social Process: A Qualitative Approach to Quantitative Data, in: Human Organization 39, 302-309.

Bogumil, Jörg/Schmid, Josef (2001): Politik in Organisationen. Organisationstheoretische Ansätze und praxisbezogene Anwendungsbeispiele. Opladen.

Borchert, Jens (1999): Politik als Beruf: Die politische Klasse in westlichen Demokratien, in: *Borchert, Jens/Zeiß, Jürgen* (Hg.): Politik als Beruf. Die politische Klasse in westlichen Demokratien. Opladen: 7-39.

Borchert, Jens (2003): Die Professionalisierung der Politik. Zur Notwendigkeit eines Ärgernisses. Frankfurt/Main.

Borchert, Jens/Golsch, Lutz (1995): Die politische Klasse in westlichen Demokratien: Rekrutierung, Karriereinteressen und institutioneller Wandel, in: Politische Vierteljahresschrift 36, 4: 609-629.

Borchert, Jens/Stolz, Klaus (2003): Die Bekämpfung der Unsicherheit: Politikerkarrieren und Karrierepolitik in der Bundesrepublik Deutschland, in: Politische Vierteljahresschrift 44, 2: 148-171.

Bortz, Jürgen /Schuster, Christof (2010): Statistik für Human- und Sozialwissenschaftler. Berlin.

Börzel, Tanja A. (2005): Mind the Gap! European Integration between Level and Scope., in: Journal of European Public Policy 12, 2: 217-236.

Börzel, Tanja A. (2006): Europäisierung der deutschen Politik?, in: *Schmidt, Manfred G./Zohlnhöfer, Reimut* (Hg.): Regieren in der Bundesrepublik Deutschland. Wiesbaden: 491-509.

Bösch, Frank (2001): Die Adenauer-CDU. Gründung, Aufstieg und Krise einer Erfolgspartei 1945-1969. Stuttgart.

Bösch, Frank (2002): Macht und Machtverlust. Die Geschichte der CDU. Stuttgart/München.

Bösch, Frank (2007): Christlich Demokratische Union Deutschlands (CDU), in: *Decker, Frank/Neu, Viola* (Hg.): Handbuch der deutschen Parteien. Wiesbaden: 201-219.

Boyer, Josef (2005a): Die Grünen. Mitgliedschaft und Sozialstruktur, in: *Boyer, Josef/Kössler, Till* (Hg.): SPD, KPD und kleinere Parteien des linken Spektrums sowie DIE GRÜNEN. Mitgliedschaft und Sozialstruktur 1945-1990. Handbuch zur Statistik der Parlamente und Parteien in den westlichen Besatzungszonen und in der Bundesrepublik Deutschland (Teilband 4). Düsseldorf: 943-1032.

Boyer, Josef (2005b): SPD. Sozialdemokratische Partei Deutschlands. Mitgliedschaft und Sozialstruktur, in: *Boyer, Josef/Kössler, Till* (Hg.): SPD, KPD und kleinere Parteien des linken Spektrums sowie DIE GRÜNEN. Mitgliedschaft und Sozialstruktur 1945-1990. Handbuch zur Statistik der Parlamente und Parteien in den westlichen Besatzungszonen und in der Bundesrepublik Deutschland (Teilband 4). Düsseldorf: 31-734.

Brake, Anna/Weber, Susanne Maria (2009): Internetbasierte Befragung, in: *Kühl, Stefan/Strodtholz, Petra/Taffertshofer, Andreas* (Hg.): Handbuch Methoden der Organisationsforschung. Quantitative und qualitative Methoden. Wiesbaden: 413-434.

Bröchler, Stephan/Elbers, Helmut (2001): Hochschulabsolventen als Mitarbeiter des Parlaments: Politikberater oder Bürohilfskräfte? Hagen.

Bröckling, Ulrich (2007): Das unternehmerische Selbst. Soziologie einer Subjektivierungsform. Frankfurt/Main.

Brössler, Daniel (2008): Kampfkandidatur geplatzt. Süddeutsche Zeitung, 03.09.2008. München.

Brunsson, Nils (1994): The Organization of Hypocrisy. Talk, Decisions and Actions in Organizations. Chichester.

Buchhaas, Dorothee (1981): Die Volkspartei. Programmatische Entwicklung der CDU 1950 - 1973. Düsseldorf.

Buchholz, Kai (2008): Professionalisierung der wissenschaftlichen Politikberatung? Interaktions- und professionssoziologische Perspektiven. Bielefeld.

Budge, Ian/Keman, Hans (1990): Parties and Democracies: Coalition Formation and Government Functioning in Twenty States. Oxford.

Bukow, Sebastian (2008): Green Politics in Germany, in: *Callicott, J. Baird/Frodeman, Robert* (Hg.): Encyclopedia of Environmental Ethics and Philosophy. Detroit: 471-473.

Bukow, Sebastian (2009a): Parteien auf dem Weg zur mitgliederbasierten Leitorganisation: Organisationsreformen zwischen Wettbewerbsdruck und widersprüchlichen institutionellen Erwartungen, in: *Wetzel, Ralf/Aderhold, Jens/Rückert-John, Jana* (Hg.): Die Organisation in unruhigen Zeiten. Über die Folgen von Strukturwandel, Veränderungsdruck und Funktionsverschiebung. Heidelberg: 105-124.

Bukow, Sebastian (2009b): Parteiorganisationsreformen zwischen funktioneller Notwendigkeit und institutionellen Erwartungen, in: *Jun, Uwe/Niedermayer, Oskar/Wiesendahl, Elmar* (Hg.): Die Zukunft der Mitgliederpartei. Leverkusen 211-228.

Bukow, Sebastian (2010): Politik als Beruf - auch ohne Mandat, in: *Edinger, Michael/Patzelt, Werner J.* (Hg.): Politik als Beruf. PVS Sonderheft 44. 213-231.

Bukow, Sebastian (2011): Mitgliederparteien in Bewegung. Chancen und Grenzen partizipationsorientierter Organisationsreformen moderner Mitgliederparteien – Das Beispiel SPD. Vortrag. Jahrestagung DVPW Arbeitskreis Parteienforschung 2011, 20.-21.10. 2011. Trier.

Bukow, Sebastian (2012): Party Primaries in Germany: The Social Democrats' Organizational Reform 2009-2011. Working Paper, presented at the ECPR Joint Session. Antwerpen.

Bukow, Sebastian/Rammelt, Stephan (2003): Parteimanagement vor neuen Herausforderungen. Die Notwendigkeit strategischer Steuerung sowie Anforderungen an parteiinterne Organisation und externe Kommunikation für moderne (Regierungs-) Parteien am Beispiel der Grünen. Münster.

Bukow, Sebastian/Remlinger, Stefanie/Wenke, Ronald (2009): Basis: jetzt noch mehr, in: Stachlige Argumente Nr. 174 31, 2/20009: 22-23.

Bukow, Sebastian/Seemann, Wenke (Hg.)(2010): Die große Koalition. Eine Bilanz. Wiesbaden.

Bukow, Sebastian/Switek, Niko (2012): Die grüne Parteienfamilie, in: *Jun, Uwe/Höhne, Benjamin* (Hg.): Parteienfamilien: Identitätsbestimmend oder nur noch Etikett? Opladen: 185-219.

Bukow, Wolf-Dietrich (1996): Alltägliche Verfilzungen in fortgeschrittenen Industriegesellschaften am Beispiel einer kleinen Gemeinde: Die Ämterhäufung, in: *Kokot, Waltraud/Dracklé, Dorle* (Hg.): Ethnologie Europas. Grenzen. Konflikte. Identitäten. Berlin: 129-153.

Bukow, Wolf-Dietrich (1999): Bemerkungen zur Zukunft der Zivilgesellschaft, in: *Bukow, Wolf-Dietrich/Ottersbach, Markus* (Hg.): Die Zivilgesellschaft in der Zerreißprobe. Wie reagieren Gesellschaft und Wissenschaft auf die postmoderne Herausforderung? Opladen: 27-40.

Bundesgeschäftsstelle Bündnis 90/Die Grünen (2006): Die Grüne Bundesgeschäftsstelle. Ort für grüne Politik, Kommunikation und Dienstleistung, in: http://www.gruene-partei.de/cms/files/dokbin/159/159841.leitbild_der_bundesgeschaeftsstelle_von.pdf (02.05.2009).

Bundesgeschäftsstelle Bündnis 90/Die Grünen (2008): EINES FÜR ALLE! Projekt Grünes Mitgliedernetz. (Präsentation für den Workshop GRÜNES Mitgliedernetz am 27.05.2008). Berlin (nicht veröffentlicht).
Bundespräsidialamt (2001): Bericht der Kommission unabhängiger Sachverständiger zu Fragen der Parteienfinanzierung. Empfehlungen für Änderungen im Recht der Parteienfinanzierung. Berlin.
Bundesschiedskommission der PDS (2003): Nachwahlen zum SprecherInnenrat des 17. Landesverbandes i.G. nicht statutengerecht, in: http://sozialisten.de/partei/strukturen/bundesschiedskommission/beschluesse/view_html? zid=1613&bs=1&n=9 (11.06.2007).
Bündnis 90/Die Grünen (2001): Orga-Handbuch des Bundesverbands Bündnis 90/Die Grünen. Berlin (nicht veröffentlicht).
Bündnis 90/Die Grünen (2004): Perspektiven für die Bundesgeschäftsstelle - Im Spannungsfeld von Verwaltung und Gestaltung - Abschlusspräsentation. Berlin (nicht veröffentlicht).
Bündnis 90/Die Grünen (o.J.): Logo/Neues CI. Exemplarische Anwendungen. Berlin (nicht veröffentlicht).
Bündnis 90/Die Grünen Bundesgeschäftsstelle (2009): Ohne Titel (Systematische Darstellung der Arbeitsbereiche der Bundesgeschäftsstelle). Berlin (nicht veröffentlicht).
Bündnis 90/Die Grünen Kreisverband Pankow (2008): Nominierungsverfahren von Bündnis 90/Die Grünen Pankow zur Direktkandidatur im WK 77, in: http://www.gruene-pankow.de/osts/gruenes-cms.de/httpdocs/userspace/BE/kv_pankow/Bilder/Verantaltungen/Direktwahl_09/Nominierungsverfahren_End_01.pdf (21.03.2009).
Bürklin, Wilhelm (1995): Die deutsche Parteienkritik im Wandel: Die 1970er bis 1990er Jahre, in: *Birke, Adolf/Brechtken, Magnus* (Hg.): Politikverdrossenheit. Der Parteienstaat in der historischen und gegenwärtigen Diskussion. Ein deutsch-britischer Vergleich. München: 101-111.
Burmeister, Kerstin (1993): Die Professionalisierung der Politik am Beispiel des Berufspolitikers im parlamentarischen System der Bundesrepublik Deutschland. Berlin.
Bytzek, Evelyn/Roßteutscher, Sigrid (Hg.)(2011): Der unbekannte Wähler? Mythen und Fakten über das Wahlverhalten der Deutschen. Frankfurt/Main.
Carstens, Peter (2010): Einnahmen sind gut, Kontrolle ist besser. Frankfurter Allgemeine Zeitung, 22.01.2010. Frankfurt/Main: 4.
Carty, R. Kenneth (2004): Parties as Franchise Systems. The Stratarchical Organizational Imperative, in: Party Politics 10, 1: 5-24.
Castells, Manuel (2002): Die Macht der Identität. Das Informationszeitalter. Teil 2. Opladen.
Castells, Manuel (2003a): Der Aufstieg der Netzwerkgesellschaft. Das Informationszeitalter. Teil 1. Opladen.
Castells, Manuel (2003b): Jahrtausendwende. Das Informationszeitalter. Teil 3. Opladen.
CDU (2003): Beschluss des 17. Parteitages der CDU Deutschlands 2003 Bürgerpartei CDU. Reformprojekt für eine lebendige Volkspartei, in: www.cdu.de/doc/pdf/03_12_02_Beschluss_PT_Buergerpartei.pdf (22.05.2008).
CDU (2005): Kauder: "Wir wollen zuverlässige Bergführer sein", in: http://www.cdu.de/archiv/2370_9035.htm (15.04.2009).
CDU (2008): Bericht der Bundesgeschäftsstelle. Anlage zum Bericht des Generalsekretärs. 22. Parteitag der CDU Deutschlands. 30. 11. - 2. 12. 2008, Stuttgart. Berlin.
CDU (2009): UNION - das Mitgliedermagazin der CDU Deutschlands, in: http://www.cdu.de/service/35_19256.htm (30.12.2009).
CDU Bundesgeschäftsstelle (2007): Praxishandbuch Recht. Veranstaltungen, Versicherungen, Rahmenverträge. Informationen und Tipps für die CDU-Arbeit vor Ort. (CD-ROM). Berlin.
CDU Bundesgeschäftsstelle (o.J.-a): Farbe bekennen. Mitglied werden. Mitgliederwerbung. Kampagne 2006/2007. Anregungen, Tipps und Hinweise. Ein Leitfaden für die Arbeit vor Ort. Berlin.
CDU Bundesgeschäftsstelle (o.J.-b): "Initiative - Mitmachen." Modellprojekt zur Mitgliederwerbung für die CDU. Berlin.

CDU Bundesgeschäftsstelle (o.J.-c): Tue Gutes und rede darüber. Tipps und Hinweise für eine erfolgreiche Medienarbeit. Berlin.

Chandler, William M. (1993): The Christian Democrats and the Challenge of Unity, in: *Padgett, Stephen* (Hg.): Parties and party systems in the new Germany. Aldershot: 129-146.

Coleman, James Samuel (1979): Macht und Gesellschaftsstruktur. Tübingen.

Cordes, Doris (2000): Die Abhängigkeit der Parteizentralen von Spenden. Ein Vergleich der Parteienfinanzierung in Österreich, den Niederlanden und der Bundesrepublik Deutschland, in: Zeitschrift für Parlamentsfragen 31, 2: 353-368.

Cordes, Doris (2002): Die Finanzierung der politischen Parteien Deutschlands, Österreichs und der Niederlande. Oldenburg.

CSU (2009a): Landesleitung, in: http://www.csu.de/partei/csu_im_dialog/landesleitung/index.htm (01.04.2009).

CSU (2009b): Leitbild 2010plus. Beschluss des Parteitags der Christlich-Sozialen Union am 17./18. Juli 2009, in: http://www.csu.de (20.07.2009).

CSU (2010): Leitbild 2010plus. Beschluss des Parteitags der Christlich-Sozialen Union am 29./30. Oktober 2010 in München. München.

CSU (2012): Landesleitung, in: http://www.csu.de/partei/dialog/landesleitung/index.htm (01.07.2012).

CSU/Bayernkurier (2011): Miteinander online diskutieren, in: http://www.csu.de/partei/starke_mannschaft/baer/154411124.htm (12.02.2011).

CSUnet (2011): CSUnet @work. Beschluss der CSUnet-Convention 2011, in: http://www.csu.de/csunet/antraege/index.htm (04.02.2012).

Dagger, Steffen (2009): Mitarbeiter im Deutschen Bundestag. Politikmanager, Öffentlichkeitsarbeiter und Berater. Stuttgart.

Dagger, Steffen/Greiner, Christoph/Leinert, Kirsten/Meliß, Nadine (2004): Politikberatung in Deutschland. Praxis und Perspektiven. Wiesbaden.

Dahl, Robert A. (1994): A Democratic Dilemma: System Effectivness versus Citizen Participation, in: Political Science Quarterly, 109: 23-34.

de Petris, Andrea (2000): Die Verwirklichung innerparteilicher Demokratie und die Transparenz innerparteilicher Entscheidungsprozesse für die Öffentlichkeit, in: http://www.jura.uni-duesseldorf.de/dozenten/morlok/institut/Dokumente/MIP%202000/Aufs%E4tze/de%20petris.doc (07.07.2005).

Decker, Frank (1999): Parteien und Parteiensysteme im Wandel, in: Zeitschrift für Parlamentsfragen 30, 2: 345-361.

Deeg, Jürgen/Weibler, Jürgen (2005): Politische Steuerungsfähigkeit von Parteien, in: *Schmid, Josef/Zolleis, Udo* (Hg.): Zwischen Anarchie und Strategie. Wiesbaden: 22-42.

Demuth, Christian (2004): Neue Rekrutierungs- und Professionalisierungsstrategien der Parteien: Fort- und Weiterbildung der Mitglieder, in: Zeitschrift für Parlamentsfragen 35, 4: 700-716.

Der Spiegel (1989): CDU-Flop "Dico-Soft", 34: 14.

Der Spiegel (1995): "Schützende Hand". Kohls Pleite mit der Firma Dico-Soft, 24: 57.

Der Spiegel (2007): Müntefering rechnet ab, in: http://www.spiegel.de/politik/deutschland/0,1518,517935,00.html (17.11.2007).

Der Tagesspiegel (2008): Grüne setzen im Wahlkampf auf Parteilose. Der Tagesspiegel, 08.09.2009. Berlin.

Deschouwer, Kris (1992): The Survival of the Fittest. Measuring and Explaining Adaptation and Change of Political Parties (ECPR Joint Sessions, Workshop: Democracies and the Organization of Political Parties, Limerick/Ireland).

Detterbeck, Klaus (2002): Der Wandel politischer Parteien in Westeuropa. Eine vergleichende Untersuchung von Organisationsstrukturen, politischer Rolle und Wettbewerbsverhalten von Großparteien in Dänemark, Deutschland, Großbritannien und der Schweiz, 1960 - 1999. Opladen.

Detterbeck, Klaus (2005a): Cartel Parties in Western Europe?, in: Party Politics 11, 2: 173-191.

Detterbeck, Klaus (2005b): Die strategische Bedeutung von Mitgliedern für moderne Parteien, in: *Schmid, Josef/Zolleis, Udo* (Hg.): Zwischen Anarchie und Strategie. Der Erfolg von Parteiorganisationen. Wiesbaden: 63-76.
Detterbeck, Klaus (2008): Party Cartel and Cartel Parties in Germany, in: German Politics 17, 1: 27-40.
Deutscher Bundestag (Referat PM 3) (2011): Die staatliche Parteienfinanzierung (Stand: 23. August 2011). Berlin.
Die Linke (2010): Der Vorschlag für die Besetzung der Spitzenfunktionen der Partei DIE LINKE durch den Rostocker Parteitag am 15. und 16. Mai 2010 (Beschluss des Parteivorstandes vom 26.01.2010), in: http://die-linke.de/die_linke/nachrichten/detail/zurueck/nachrichten/artikel/der-vorschlag/ (26.01.2010).
DIE LINKE/DIG/TRIALON (2007): Zum Umgang mit der Marke DIE LINKE, in: http://die-linke.de/fileadmin/download/erscheinungsbild/umgang_mit_der_marke.pdf (22.06.2007).
Die Linke Bundesgeschäftsstelle (2010): Linksaktiv.de: Für Weltverbesserer, in: http://linksaktiv.de/linksaktiv/ (01.01.2010).
die tageszeitung (2009): Parteien entdecken Twitter und Facebook. Die Tageszeitung, 07.01.2009. Berlin.
Die Welt (2009): Das Leid der Grünen mit ihren Spitzenkandidaten. Wie Künast und Trittin die Basis verärgern. Die Welt, 22.03.2009. Berlin.
Dieckmann, Johann (2006): Schlüsselbegriffe der Systemtheorie. München.
DiMaggio, Paul J./Powell, Walter W. (1983): The Iron Cage Revisited: Institutional Isomorphism and Collective Rationality in Organizational Fields, in: American Sociological Review 48, 147-160.
DiMaggio, Paul J./Powell, Walter W. (1991): Introduction, in: *Powell, Walter W./DiMaggio, Paul J.* (Hg.): The New Institutionalism in Organizational Analyses. Chicago: 1-38.
Dittberner, Jürgen (1987): FDP - Partei der zweiten Wahl. Ein Beitrag zur Geschichte der liberalen Partei und ihrer Funktionen im Parteiensystem der Bundesrepublik. Opladen.
Dittberner, Jürgen (2000): Die F.D.P. an der Schwelle zum neuen Jahrhundert, in: Aus Politik und Zeitgeschichte, 5: 30-38.
Dittberner, Jürgen (2005): Die FDP. Geschichte, Personen, Organisation, Perspektiven. Eine Einführung. Wiesbaden.
Dittberner, Jürgen (2010): Die FDP. Wiesbaden.
Donges, Patrick (2008): Medialisierung politischer Organisationen. Parteien in der Mediengesellschaft. Wiesbaden.
Downs, Anthony (1968): Ökonomische Theorie der Demokratie. Erstausgabe 1957. Tübingen.
dpa/DDP Bayern/Süddeutsche Zeitung (2007): Gauweiler: CSU-Mitglieder sollen über Vorsitz entscheiden. Süddeutsche Zeitung, 27.06.2007, 15:05. München.
dpa/Reuters/Süddeutsche Zeitung (2007): Mitglieder stützen Vereinigung. Fusion von Linkspartei und WASG ist besiegelt. Süddeutsche Zeitung, 19.05.2007. München.
Drepper, Thomas (2003): Organisationen der Gesellschaft. Gesellschaft und Organisation in der Systemtheorie Niklas Luhmanns. Wiesbaden.
Durkheim, Émile (1992): Über soziale Arbeitsteilung. Studie über die Organisation höherer Gesellschaften. Erstausgabe 1893. Frankfurt/Main.
Dürr, Tobias (1997): Havin' a Party. Die Tageszeitung, 12.12.1997. Berlin: 12.
Duverger, Maurice (1951): Les partis politiques. Paris.
Duverger, Maurice (1959): Die politischen Parteien. Erstausgabe 1951. Tübingen.
Ebbighausen, Rolf (1996): Die Kosten der Parteiendemokratie. Studien und Materialien zu einer Bilanz staatlicher Parteienfinanzierung in der Bundesrepublik Deutschland. Opladen.
Edinger, Michael/Patzelt, Werner J. (2010): Politik als Beruf. PVS Sonderheft 44. Wiesbaden.
Egle, Christoph (2006): In der Regierung erstarrt? Die Entwicklung von Bündnis 90/Die Grünen von 2002 bis 2005, in: *Egle, Christoph/Zohlnhöfer, Reimut* (Hg.): Ende des rot-grünen Projektes. Eine Bilanz der Regierung Schröder 2002-2005. Wiesbaden: 98-123.
Ehrenstein, Claudia (2007): Aus Wut löste sich ein CDU-Ortsverein auf. Die Welt online, 20.12.2007. Berlin.

Emmer, Martin/Vowe, Gerhard/Wolling, Jens (2011): Bürger online. Die Entwicklung der politischen Online-Kommunikation in Deutschland. Konstanz.

Endruweit, Günter (2004): Organisationssoziologie. Erstausgabe 1981. Stuttgart.

Esser, Frank/Reinemann, Carsten/Fan, David (2000): Spin Doctoring in British and German Election Campaigns: How the Press is Being Confronted with a New Quality of Political PR, in: European Journal of Communication 15, 2: 209-230.

Falk, Svenja (2006): Handbuch Politikberatung. Wiesbaden.

Farrell, David M. (2006): Political Parties in a Changing Campaigning Environment, in: *Katz, Richard S./Crotty, William* (Hg.): Handbook of Party Politics. London: 122-133.

Farrell, David M./Webb, Paul (2000): Political Parties as Campaign Organizations, in: *Dalton, Russell J./Wattenberg, Martin P.* (Hg.): Parties without Partisans. Political Change in Advanced Industrial Industries. Oxford: 102-128.

FDP (2007a): Entwurf für den Abschlussbericht der AG Großstadtoffensive. Berlin/Hannover.

FDP (2007b): Verbände, in: http://www.fdp-bundesverband.de/webcom/show_article.php/_c-686/_nr-1/_lkm-315/i.html (08.06.2007).

FDP (2009): Der Freiheitsladen. Das Thomas-Dehler-Haus als Dienstleistungs- und Kampagnenzentrum, in: http://www.fdp-bundespartei.de/webcom/show_page.php?wc_c=381&wc_id=4&wc_p=1 (03.04.2009).

FDP (2010): my.fdp (Startseite), in: https://my.fdp.de/webcom/show_websiteprog.php/_c-882/i.html (01.01.2010).

FDP LV Net (2007): Liberale Politik machen. Auch nachts um 3., in: http://www.fdp-lv-net.de/ (08.06.2007).

Feldkamp, Michael F. (2011): Datenhandbuch zur Geschichte des Deutschen Bundestages 1990 bis 2010. Baden-Baden.

Fengler, Susanne/Jun, Uwe (2001): Kopie der Kampa 98 im neuen Kontext, in: *Althaus, Marco* (Hg.): Kampagne! Neue Strategien für Wahlkampf, PR und Lobbying. Münster: 168-198.

Fenske, Hans (1994): Deutsche Parteiengeschichte. Von den Anfängen bis zur Gegenwart. Paderborn.

Fischer, Sebastian (2010): Modernisierung der CSU. Seehofer plant die Mitmachpartei, in: http://www.spiegel.de/politik/deutschland/0,1518,673505,00.html (23.01.2010).

Flick, Uwe (1995): Qualitative Forschung. Theorie, Methoden, Anwendung in Psychologie und Sozialwissenschaften. Reinbek bei Hamburg.

Flick, Uwe (2000): Triangulation in der qualitativen Forschung, in: *Flick, Uwe/Kardorff, Ernst von/Steinke, Ines* (Hg.): Qualitative Forschung. Reinbek bei Hamburg: 309-318.

Flick, Uwe (2008): Triangulation. Eine Einführung. Wiesbaden.

Focke, Sandra (2007): "Politik-Marketing". Die Marketing-Strategien der beiden großen Volksparteien (CDU, SPD) im Bundestagswahlkampf 2002 mit Schwerpunkt auf Materialien der CDU. Frankfurt/Main.

Forsthoff, Ernst (1950): Zur verfassungsrechtlichen Stellung und inneren Ordnung der Parteien, in: *Forsthoff, Ernst/Loewenstein, Karl/Matz, Werner* (Hg.): Die politischen Parteien im Verfassungsrecht. Tübingen: 5-24.

Franz, Corinna (2005): CDU. Christlich Demokratische Union. Mitgliedschaft und Sozialstruktur, in: *Franz, Corinna/Gnad, Oliver* (Hg.): CDU und CSU. Mitgliedschaft und Sozialstruktur 1945 - 1990. Handbuch zur Statistik der Parlamente und Parteien in den westlichen Besatzungszonen und in der Bundesrepublik Deutschland (Teilband 2). Düsseldorf: 35-513.

Fried, Nico (2009): Mitgliedsbeiträge der Parteien brechen ein. Süddeutsche Zeitung, 18.04.2009. München.

Gabriel, Oscar W. (2004): Politische Partizipation, in: *van Deth, Jan W.* (Hg.): Deutschland in Europa. Ergebnisse des European Social Survey 2002-2003. Wiesbaden: 317-338.

Gehne, David/Spier, Tim (Hg.)(2010): Krise oder Wandel der Parteiendemokratie? Festschrift für Ulrich von Alemann. Krise oder Wandel der Parteiendemokratie? Festschrift für Ulrich von Alemann. Wiesbaden.

Geisler, Alexander/Sarcinelli, Ulrich (2002): Modernisierung von Wahlkämpfen und Modernisierung von Demokratie?, in: *Dörner, Andreas/Vogt, Ludgera* (Hg.): Wahl-Kämpfe. Betrachtungen über ein demokratisches Ritual. Frankfurt/Main: 43-68.

Geißel, Brigitte (2006): (Un-) Geliebte Profis? Politikerverdrossenheit und Politikerprofessionalität. Daten von der lokalen Ebene, in: Zeitschrift für Parlamentsfragen 37, 1: 80-96.

Gellner, Winand/Glatzmeier, Armin (2004): Macht und Gegenmacht. Einführung in die Regierungslehre. Baden-Baden.

Giegel, Hans-Joachim (1999): Strukturveränderungen und Problementwicklungen in der Demokratie, in: *Berg-Schlosser, Dirk/Giegel, Hans-Joachim* (Hg.): Perspektiven der Demokratie. Probleme und Chancen im Zeitalter der Globalisierung. Frankfurt/Main: 100-133.

Glaeßner, Gert-Joachim (1991): Der schwierige Weg zur Demokratie. Vom Ende der DDR zur deutschen Einheit. Opladen.

Glaeßner, Gert-Joachim (1999): Demokratie und Politik in Deutschland. Opladen.

Gläser, Jochen/Laudel, Grit (2004): Experteninterviews und qualitative Inhaltsanalyse als Instrumente rekonstruierender Untersuchungen. Wiesbaden.

Gnad, Oliver (2005): CSU. Christlich-Soziale Union. Mitgliedschaft und Sozialstruktur, in: *Franz, Corinna/Gnad, Oliver* (Hg.): CDU und CSU. Mitgliedschaft und Sozialstruktur 1945 - 1990. Handbuch zur Statistik der Parlamente und Parteien in den westlichen Besatzungszonen und in der Bundesrepublik Deutschland (Teilband 2). Düsseldorf: 515-858.

Gniss, Daniela (2005): FDP. Freie Demokratische Partei. Mitgliedschaft und Sozialstruktur, in: *Gnad, Oliver/Gniss, Daniela/Hausmann, Marion/Reibel, Carl-Wilhelm* (Hg.): FDP sowie kleinere bürgerliche und rechte Parteien. Mitgliedschaft und Sozialstruktur 1945 - 1990. Handbuch zur Statistik der Parlamente und Parteien in den westlichen Besatzungszonen und in der Bundesrepublik Deutschland (Teilband 3). Düsseldorf: 35-174.

Goffman, Erving (1972): Asyle. Über die soziale Situation psychiatrischer Patienten und anderer Insassen. Frankfurt/Main.

Golsch, Lutz (1998): Die politische Klasse im Parlament. Politische Professionalisierung von Hinterbänklern im Deutschen Bundestag. Baden-Baden.

Gorholt, Martin (2007): Parteireform und Mitgliederentwicklung (Vortrag). Zukunft der Mitgliederpartei. Berlin.

Grabow, Karsten (2000): Abschied von der Massenpartei. Die Entwicklung der Organisationsmuster von SPD und CDU seit der deutschen Vereinigung. Wiesbaden.

Greenwood, Royston/Oliver, Christine/Suddaby, Roy /Sahlin-Andersson, Kerstin (Hg.)(2008): The SAGE Handbook of Organizational Institutionalism. Thousand Oaks, California.

Greven, Michael Th. (1987): Parteimitglieder. Ein empirischer Essay über das politische Alltagsbewußtsein in Parteien. Opladen.

Greven, Michael Th. (1993): Parteien in der politischen Gesellschaft sowie eine Einleitung zur Diskussion über eine "allgemeine Parteientheorie", in: *Niedermayer, Oskar/Stöss, Richard* (Hg.): Stand und Perspektiven der Parteienforschung in Deutschland. Opladen: 276-292.

Grunden, Timo (2011): Informelles Regieren. Untersuchungsgegenstände, Analysezugänge und Forschungsperspektiven, in: Zeitschrift für Politikwissenschaft 21, 1: 153-185.

Haas, Melanie/Jun, Uwe/Niedermayer, Oskar (2008): Die Parteien und Parteiensysteme der Bundesländer - Eine Einführung, in: *Jun, Uwe/Haas, Melanie/Niedermayer, Oskar* (Hg.): Parteien und Parteiensysteme in den deutschen Ländern. Wiesbaden: 9-38.

Handelsblatt (2002): SPD sieht Merkel als Opfer einer Intrige. Stoiber tritt gegen Schröder an, in: http://www.handelsblatt.com/impressum/ (22.08.2009).

Handelsblatt (2009): Brüder zum Netze, zu Facebook. Handelsblatt, 19.03.2009. Düsseldorf.

Harmel, Robert (2002): Party Organizational Change: Competing Explanations?, in: *Luther, Kurt Richard/Müller-Rommel, Ferdinand* (Hg.): Political parties in the New Europe. Political and Analytical Challenges. Oxford: 119-142.

Harmel, Robert/Heo, Uk/Tan, Alexander/Janda, Kenneth (1995): Performance, Leadership, Factions and Party Change: An Empirical Analysis, in: West European Politics 18, 1: 1-33.

Harmel, Robert/Janda, Kenneth (1994): An integrated Theory of Party Goals and Party Change, in: Journal of Theoretical Politics 6, 3: 259-287.

Harmel, Robert/Tan, Alexander C. (2003): Party actors and party change: Does factional dominance matter?, in: European Journal of Political Research 42, 409-424.

Hasse, Raimund/Krücken, Georg (1996): Was leistet der organisationssoziologische Neo-Institutionalismus? Eine theoretische Auseinandersetzung mit besonderer Berücksichtigung des wissenschaftlichen Wandels, in: Soziale Systeme 2, 2: 91-112.

Hasse, Raimund/Krücken, Georg (2005a): Der Stellenwert von Organisationen in Theorien der Weltgesellschaft. Eine kritische Weiterentwicklung systemtheoretischer und neo-institutionalistischer Forschungsperspektiven, in: *Heintz, Bettina* (Hg.): Weltgesellschaft : theoretische Zugänge und empirische Problemlagen. Stuttgart: 186-204.

Hasse, Raimund/Krücken, Georg (2005b): Neo-Institutionalismus. Erstausgabe 1999. Bielefeld.

Haungs, Peter (1982): Die christlich-demokratischen Parteien als Objekte der politikwissenschaftlichen Forschung in der Bundesrepublik Deutschland, in: *Bracher, Karl Dietrich* (Hg.): Entwicklungslinien der Politikwissenschaft in Deutschland. Melle.

Haungs, Peter (1989): Die CDU: Krise einer modernisierten Volkspartei?, in: Der Bürger im Staat 39, 4: 237-241.

Hawley, Amos H. (1972): Human Ecology, in: *Sills, David* (Hg.): International Encyclopedia of the Social Sciences. New York: 328-337.

Hefty, Georg Paul (2007): Die CSU an der Wegscheide. München.

Heidar, Knut/Saglie, Jo (2003): A Decline of Linkage? Intra-party Participation in Norway, in: European Journal of Political Research 42, 6: 761-786.

Heimann, Siegfried (1983): Die Sozialdemokratische Partei Deutschlands, in: *Stöss, Richard* (Hg.): Parteien-Handbuch : die Parteien der Bundesrepublik Deutschland 1945 - 1980. Opladen: 2025-2216.

Heinrich, Gudrun/Raschke, Joachim (1993): Parteiapparat, in: *Raschke, Joachim* (Hg.): Die Grünen wie sie wurden, was sie sind. Köln: 571-575.

Heinrich, Roberto/Lübker, Malte/Biehl, Heiko (2002): Parteimitglieder im Vergleich: Partizipation und Repräsentation. Kurzfassung des Abschlussberichts zum gleichnamigen DFG-Projekt, in: http://www.uni-potsdam.de/u/ls_regierungssystem_brd/index.htm (24.01.05).

Held, David (2002): Democracy and the Global Order. From the Modern State to Cosmopolitan Governance. Cambridge.

Held, David/McGrew, Anthony (Hg.)(2003): The Global Transformations Reader. An Introduction to the Globalization Debate. Cambridge.

Held, David/McGrew, Anthony (Hg.)(2007): Globalization theory. Approaches and controversies. Cambridge.

Helms, Ludger (1995): Parteiensysteme als Systemstruktur. Zur methodisch-analytischen Konzeption der funktional vergleichenden Parteiensystemanalyse, in: Zeitschrift für Parlamentsfragen 26, 4: 642-657.

Helms, Ludger (1999): Gibt es eine Krise des Parteienstaates in Deutschland?, in: *Merkel, Wolfgang/Busch, Andreas* (Hg.): Demokratie in Ost und West. Frankfurt/Main: 435-454.

Helms, Ludger (2001): Die "Kartellparteien" - These und ihre Kritiker, in: Politische Vierteljahresschrift 2001, 4: 698-708.

Hennis, Wilhelm (1998): Der "Parteienstaat" des Grundgesetzes, in: *Hennis, Wilhelm* (Hg.): Auf dem Weg in den Parteienstaat. Aufsätze aus vier Jahrzehnten. Stuttgart: 107-135.

Herzog, Dietrich (1975): Politische Karrieren. Selektion und Professionalisierung politischer Führungsgruppen. Opladen.

Herzog, Dietrich (1992): Zur Funktion der politischen Klasse in der sozialstaatlichen Demokratie, in: *Leif, Thomas/Legrand, Hans-Josef/Klein, Ansgar* (Hg.): Die politische Klasse in Deutschland. Bonn: 126-149.

Herzog, Dietrich (1997): Die Führungsgremien der Parteien: Funktionswandel und Strukturentwicklung, in: *Gabriel, Oscar W./Niedermayer, Oskar/Stöss, Richard* (Hg.): Parteiendemokratie in Deutschland. Opladen: 301-322.

Heuvels, Klaus (1986): Diäten für Ratsmitglieder? Zur Frage der Übertragbarkeit der Grundsätze des "Diäten-Urteils" des Bundesverfassungsgerichts auf den kommunalen Bereich. Köln.

Heuzeroth, Thomas (2009): Geringverdiener und Senioren entdecken das Netz. Die Welt, 01.07.2009. Berlin.

Hoecker, Beate (Hg.)(2006): Politische Partizipation zwischen Konvention und Protest. Opladen.

Hoffmann, Hanna (2011): Warum werden Bürger Mitglied in einer Partei?, in: *Spier, Tim/Klein, Markus/von Alemann, Ulrich/Hoffmann, Hanna/Laux, Annika/Nonnenmacher, Alexandra/Rohrbach, Katharina* (Hg.): Parteimitglieder in Deutschland. Wiesbaden: 79-95.

Hofmann, Bernd (2004): Annäherung an die Volkspartei. Eine typologische und parteiensoziologische Studie. Wiesbaden.

Höhne, Benjamin (2010): Europaliste mit Strahlkraft nach innen und außen. Kurzanalyse einer Befragung zu den Kandidatenaufstellungen bei BÜNDNIS 90/DIE GRÜNEN zur Europawahl 2009. Trier.

Höhne, Benjamin (2012): Rekrutierung von Europaabgeordneten. Opladen (i.E.).

Hopp, Gerhard (2010): Herzstück der CSU? Die Landesleitung zwischen Serviceagentur, Denkfabrik und Motor der Parteimodernisierung, in: *Hopp, Gerhard/Sebaldt, Martin/Zeitler, Benjamin* (Hg.): Die CSU. Strukturwandel, Modernisierung und Herausforderungen einer Volkspartei. Wiesbaden: 351-374.

Hopp, Gerhard/Sebaldt, Martin/Zeitler, Benjamin (Hg.)(2010): Die CSU. Strukturwandel, Modernisierung und Herausforderungen einer Volkspartei. Wiesbaden.

Horch, Heinz-Dieter (1985): Personalisierung und Ambivalenz. Strukturbesonderheiten freiwilliger Vereinigungen, in: Kölner Zeitschrift für Soziologie und Sozialpsychologie 37, 257-276.

Horch, Heinz-Dieter (1996): Selbstzerstörungsprozesse freiwilliger Vereinigungen. Ambivalenzen von Wachstum, Professionalisierung und Bürokratisierung, in: *Rauschenbach, Thomas/Sachße, Christoph/Olk, Thomas* (Hg.): Von der Wertgemeinschaft zum Dienstleistungsunternehmen. Jugend- und Wohlfahrtsverbände im Umbruch. Frankfurt/Main: 280-296.

Horn, Robert (1990): Die Rechtsprechung des Bundesverfassungsgerichts zur Parteienfinanzierung. Gießen.

Hough, Dan (2001): The Fall and Rise of the PDS in eastern Germany. Birmingham.

HRM Research Institute (o.J.): Customer Relationship Management, in: http://hrm.de (01.06.2009).

Hübner, Bernhard (2009): CSU wird wieder Betonpartei. Die Tageszeitung, 20.07.2009. Berlin: 6.

Hurrelmann, Achim (2001): Zwischen Regierungsverantwortung und Bewegungserbe. Parteireform bei Bündnis 90/Die Grünen, in: Forschungsjournal Neue Soziale Bewegungen 14, 3: 46-51.

Immerfall, Stefan (1994): Einführung in den europäischen Gesellschaftsvergleich. Ansätze - Problemstellungen - Befunde. Passau.

Inhetveen, Katharina (2002): Institutionelle Innovation in politischen Parteien. Geschlechterquoten in Deutschland und Norwegen. Wiesbaden.

Ipsen, Jörn (Hg.)(2008): Parteiengesetz. Kommentar. München.

Ipsen, Jörn (2009): Art. 21 [Parteien], in: *Sachs, Michael* (Hg.): Grundgesetz. Kommentar. München

Jäger, Alexander (2000): Was hat die deutschen Grünen zur erfolgreichsten grünen Partei weltweit gemacht? Vergleich von Erklärungsansätzen für die Entstehung, den Aufstieg und die Etablierung der bundesdeutschen Grünen. Konstanz (Eigendruck: Diplomarbeit).

Janssen, Jürgen/Laatz, Wilfried (2007): Statistische Datenanalyse mit SPSS für Windows. Eine anwendungsorientierte Einführung in das Basissystem und das Modul Exakte Tests. Berlin u.a.

Jarass, Hans Dieter/Pieroth, Bodo (1989): Grundgesetz für die Bundesrepublik Deutschland. Kommentar. München.

Jarass, Hans Dieter/Pieroth, Bodo (2006): Grundgesetz für die Bundesrepublik Deutschland. Kommentar. München.

Jarren, Otfried (2002): Politische Kommunikation in der demokratischen Gesellschaft. Ein Handbuch mit Lexikonteil. Opladen.

Jarren, Otfried/Donges, Patrick (2006): Politische Kommunikation in der Mediengesellschaft. Eine Einführung. Wiesbaden.

Jekewitz, Jürgen (1995): Das Personal der Parlamentsfraktionen: Funktion und Status zwischen Politik und Verwaltung, in: Zeitschrift für Parlamentsfragen, 3: 395-423.

Jepperson, Ronald L. (1991): Institutions, Institutional Effects, and Institutionalism, in: *Powell, Walter W./DiMaggio, Paul J.* (Hg.): The New Institutionalism in Organizational Analyses. Chicago: 143-163.

Jesse, Eckhard/Lang, Jürgen P. (2008): Die Linke - der smarte Extremismus einer deutschen Partei. München.

Jick, Thomas (1983): Mixing Qualitative and Quantitative Methods, in: *van Maanen, John* (Hg.): Qualitative Methodology. London: 135-148.

Jox, Markus/Schmid, Josef (2002): Die CDU in den neunziger Jahren. Zurück zum Kanzlerwahlverein?, in: *Süß, Werner* (Hg.): Deutschland in den neunziger Jahren. Politik und Gesellschaft zwischen Wiedervereinigung und Globalisierung. Opladen: 71-82.

Jucknat, Kim/Römmele, Andrea (2008): Professionalisierung des Wahlkampfes in Deutschland - wie sprachen und sprechen die Parteien ihre Wählerinnen und Wähler an?, in: *Grabow, Karsten/Köllner, Patrick* (Hg.): Parteien und ihre Wähler. Gesellschaftliche Konflitklinien und Wählermobilisierung im internationalen Vergleich. Berlin: 167-176.

Jun, Uwe (1996): Innerparteiliche Reformen im Vergleich. Der Versuch einer Modernisierung von SPD und Labour Party, in: *Borchert, Jens/Golsch, Lutz/Jun, Uwe/Lösche, Peter* (Hg.): Das sozialdemokratische Modell. Organisationsstrukturen und Politikinhalte im Wandel. Opladen: 213-237.

Jun, Uwe (2002a): Professionalisiert, medialisiert und etatisiert. Zur Lage der deutschen Großparteien am Beginn des 21. Jahrhunderts, in: Zeitschrift für Parlamentsfragen 33, 4: 770-789.

Jun, Uwe (2002b): Schlüssige empirische Relativierung der Kartellparteien-These, in: Zeitschrift für Parlamentsfragen 2002, 4: 818-820.

Jun, Uwe (2004): Der Wandel von Parteien in der Mediendemokratie. SPD und Labour Party im Vergleich. Frankfurt/Main.

Jun, Uwe (2007): Sozialdemokratische Partei Deutschlands (SPD), in: *Decker, Frank/Neu, Viola* (Hg.): Handbuch der deutschen Parteien. Wiesbaden: 381-400.

Jun, Uwe (2009a): Parteien, Politik und Medien. Der Wandel der Politikvermittlung unter den Bedingungen der Mediendemokratie, in: *Marcinkowski, Frank/Pfetsch, Barbara* (Hg.): Politik in der Mediendemokratie (PVS Sonderheft 42). Wiesbaden: 270-298.

Jun, Uwe (2009b): Politische Parteien als Gegenstand der Politischen Soziologie, in: *Kaina, Viktoria/Römmele, Andrea* (Hg.): Politische Soziologie. Wiesbaden: 235-265.

Jun, Uwe/Haas, Melanie/Niedermayer, Oskar (2008): Parteien und Parteiensysteme in den deutschen Ländern. Wiesbaden.

Jun, Uwe/Höhne, Benjamin (Hg.)(2010): Parteien als fragmentierte Organisationen. Erfolgsbedingungen und Veränderungsprozesse. Opladen & Farmington Hills.

Jun, Uwe/Höhne, Benjamin (Hg.)(2012): Parteienfamilien. Identitätsbestimmend oder nur noch Etikett? Opladen.

Jun, Uwe/Niedermayer, Oskar/Wiesendahl, Elmar (2009): Zukunft der Mitgliederpartei. Leverkusen.

Jung, Rainer (2000): Der kurze Frühling innerparteilicher Demokratie, in: Blätter für deutsche und internationale Politik 45, 4: 394-397.

Kaack, Heino (1979): Die F.D.P. Grundriß und Materialien zu Geschichte, Struktur und Programmatik. Meisenheim/Glan.

Kähler, Bettina (2000): Innerparteiliche Wahlen und repräsentative Demokratie. Hamburg.

Kalnes, Øyvind (2009a): Norwegian Parties and Web 2.0, in: Journal of Information Technology and Politics 6, 4/4: 251-266.

Kalnes, Øyvind (2009b): Political Parties on Web 2.0: The Norwegian Case. 5th ECPR General Conference. Potsdam.

Kamm, Walter (1927): Abgeordnetenberuf und Parlament. Die berufliche Gliederung der Abgeordneten in den deutschen Parlamenten im 20. Jahrhundert. Karlsruhe.

Kamps, Klaus (2002): Politische Parteien und Kampagnen-Managment, in: *Dörner, Andreas/Vogt, Ludgera* (Hg.): Wahl-Kämpfe. Betrachtungen über ein demokratisches Ritual. Frankfurt/Main: 69-91.

Kamps, Klaus (2007): Politisches Kommunikationsmanagement. Grundlagen und Professionalisierung moderner Politikvermittlung. Wiesbaden.

Karg, Michael Simon (2003): Mehr Sicherheit oder Einschränkung von Bürgerrechten. Die Innenpolitik westlicher Regierungen nach dem 11. September 2001, in: Hans Seidel Stiftung: Aktuelle Analysen, 31:

Katz, Richard S. (2002): The Internal Life of Parties, in: *Luther, Kurt Richard/Müller-Rommel, Ferdinand* (Hg.): Political Parties in the New Europe. Political and Analytical Challenges. Oxford: 87-118.

Katz, Richard S./Mair, Peter (1992): Party Organizations. A Data Handbook on Party Organizations in Western Democracies, 1960-90. London.

Katz, Richard S./Mair, Peter (1993): The Evolution of Party Organizations in Europe. Three Faces of Party Organization, in: American Review of Politics 14, 593-617.

Katz, Richard S./Mair, Peter (1995): Changing Models of Party Organization and Party Democracy: The Emergence of the Cartel Party, in: Party Politics 1, 1: 5-28.

Katz, Richard S./Mair, Peter (1996): Cadre, Catch-All or Cartel? A Rejoinder, in: Party Politics 2, 4: 525-534.

Katz, Richard S./Mair, Peter (2002): Ascendancy of the Party in Public Office: Party Organizational Change in Twentieth-Century Democracies, in: *Gunther, Richard/Montero, José R./Linz, Juan J.* (Hg.): Political Parties. Old Concepts and New Challenges. Oxford: 113-135.

Kelle, Udo (2007): Die Integration qualitativer und quantitativer Methoden in der empirischen Sozialforschung. Theoretische Grundlagen und methodologische Konzepte. Wiesbaden.

Kelle, Udo/Erzberger, Christian (2000): Qualitative und quantitative Methoden: kein Gegensatz, in: *Flick, Uwe/Kardorff, Ernst von/Steinke, Ines* (Hg.): Qualitative Forschung. Reinbek bei Hamburg: 299-309.

Kersten, Jens/Rixen, Stephan (Hg.)(2009): Parteiengesetz (PartG) und Europäisches Parteienrecht. Kommentar. Stuttgart.

Kewenig, Wilhelm (1964): Die Problematik der unmittelbaren staatlichen Parteifinanzierung, in: Die Öffentliche Verwaltung 24, 17: 829-840.

Key, Valdimer O. (1964): Politics, Parties, and Pressure Groups. New York.

Kieser, Alfred/Ebers, Mark (2006): Organisationstheorien. Stuttgart.

Kieser, Alfred/Walgenbach, Peter (2010): Organisation. Stuttgart.

Kießling, Andreas (2001): Regieren auf immer? Machterhalt- und Machterneuerungsstrategien der CSU, in: *Hirscher, Gerhard/Korte, Karl-Rudolf* (Hg.): Aufstieg und Fall von Regierungen. Machterwerb und Machterosionen in westlichen Demokratien. München: 216-248.

Kießling, Andreas (2004): Die CSU. Machterhalt und Machterneuerung. Wiesbaden.

Kießling, Andreas (2005): Erfolgsfaktoren der CSU. Kompetetive Kooperation von Machtzentren als Bedingung für Selbstregenationsfähigkeit und Geschlossenheit, in: Zeitschrift für Politikwissenschaft 15, 2: 373-393.

Kießling, Andreas (2007): Christlich-Soziale Union in Bayern e.v. (CSU), in: *Decker, Frank/Neu, Viola* (Hg.): Handbuch der deutschen Parteien. Wiesbaden: 223-235.

Kindler, Karl-Friedrich (1958): Der Antiparteieneffekt in Deutschland, in: Gesellschaft, Staat, Erziehung. Blätter für politische Bildung und Erziehung, 3: 107-121.

Kirchheimer, Otto (1965): Der Wandel des westeuropäischen Parteiensystems, in: Politische Vierteljahresschrift 6, 1: 20-41.

Kiss, Gábor (1990): Grundzüge und Entwicklung der Luhmannschen Systemtheorie. Stuttgart.

Kitschelt, Herbert (1994): The Transformation of European Social Democracy. Cambridge.

Klein, Markus (2006): Partizipation in politischen Parteien. Eine empirische Analyse des Mobilisierungspotenzials politischer Parteien sowie der Struktur innerparteilicher Partizipation in Deutschland., in: Politische Vierteljahresschrift 47, 1: 35-61.

Klein, Markus/Falter, Jürgen W. (2003): Der lange Weg der Grünen. Eine Partei zwischen Protest und Regierung. München.

Kleinz, Torsten (2008): "Danke für den Spam!". Die Zeit. Hamburg.

Klingemann, Hans-Dieter/Stöss, Richard/Weßels, Bernhard (1991): Politische Klasse und politische Institutionen, in: *Klingemann, Hans-Dieter/Stöss, Richard/Weßels, Bernhard* (Hg.): Politische Klasse und politische Institutionen. Probleme und Perspektiven der Elitenforschung. Opladen: 9-36.

Klotzsch, Lilian/Stöss, Richard (1983): Die Grünen, in: *Stöss, Richard* (Hg.): Parteien-Handbuch. Die Parteien der Bundesrepublik Deutschland 1945 - 1980. Opladen: 1509-1598.

Köhler, Jan (2005): Parteien im Wettbewerb. Zu den Wettbewerbschancen nicht-etablierter politischer Parteien im Rechtssystem der Bundesrepublik Deutschland. Ernsthafte Herausforderer oder zahnlose Tiger: Das Innovationspotential kleiner Parteien und Wählergemeinschaften im deutschen Parteiensystem. Weimar.

Köhler, Jan (2006): Parteien im Wettbewerb. Zu den Wettbewerbschancen nicht-etablierter politischer Parteien im Rechtssystem der Bundesrepublik Deutschland. Baden-Baden.

Köhler, Kristina (2010): Gerechtigkeit als Gleichheit? Eine empirische Analyse der objektiven und subjektiven Responsivität von Bundestagsabgeordneten. Wiesbaden.

Koole, Ruud (1996): Cadre, Catch-All or Cartel? A Comment on the Notion of the Cartel Party, in: Party Politics 2, 4: 507-523.

Koß, Michael (2007): Durch die Krise zum Erfolg? Die PDS und ihr langer Weg nach Westen, in: *Spier, Tim/Butzlaff, Felix/Micus, Matthias/Walter, Franz* (Hg.): Die Linkspartei. Zeitgemäße Idee oder Bündnis ohne Zukunft? Wiesbaden: 117-153.

Koß, Michael (2008): Staatliche Parteienfinanzierung und politischer Wettbewerb. Die Entwicklung der Finanzierungsregimes in Deutschland, Schweden, Großbritannien und Frankreich. Wiesbaden.

Kubat, Stefan (2007): Die (Neu-) Positionierung der FDP in der Opposition 1998 - 2005 : wie die Liberalen auf den Verlust ihrer Regierungsposition reagierten. Stuttgart.

Kübler, Arthur (1993): Die CDU diskutiert über Parteireform, in: Sonde. Neue Christlich Demokratische Politik 1/2, 70-81.

Küchler, Manfred (1982): Staats-, Parteien- oder Politikverdrossenheit?, in: *Raschke, Joachim* (Hg.): Bürger und Parteien. Ansichten und Analysen einer schwierigen Beziehung. Opladen: 39-54.

Kuckartz, Udo (2005): Einführung in die computergestützte Analyse qualitativer Daten. Wiesbaden.

Kuckartz, Udo/Ebert, Thomas/Rädiker, Stefan/Stefer, Claus (2009): Evaluation online. Internetgestützte Befragung in der Praxis. Wiesbaden.

Kuhne, Clemens (2008): Politikberatung für Parteien. Akteure, Formen, Bedarfsfaktoren. Wiesbaden.

Kühne, Konrad (2002): CDU-Bundesgeschäftsstelle, in: *Becker, Winfried* (Hg.): Lexikon der Christlichen Demokratie in Deutschland. Paderborn: 452-453.

Kusche, Isabel (2008): Politikberatung und die Herstellung von Entscheidungssicherheit im politischen System. Wiesbaden.

Lamla, Jörn (1998): Grüne Professionalisierungsansätze: Perspektiven für den reformpolitischen Kernbestand der neuen Regierungspartei, in: Forschungsjournal Neue Soziale Bewegungen 11, 4: 9-19.

Lange, Hans-Jürgen (1994): Responsivität und Organisation. Eine Studie über die Modernisierung der CDU von 1973-1989. Marburg.

Laux, Annika (2011): Was motiviert Parteimitglieder zum Beitritt?, in: *Spier, Tim/Klein, Markus/von Alemann, Ulrich/Hoffmann, Hanna/Laux, Annika/Nonnenmacher, Alexandra/Rohrbach, Katharina* (Hg.): Parteimitglieder in Deutschland. Wiesbaden: 61-78.

Laver, Michael/Schofield, Norman (1990): Multiparty Government: The Politics of Coalition in Europe. Oxford.

Leavitt, Harold J. (1965): Applied Organizational Change in Industry: Structural, Technological and Humanistic Approaches, in: *March, James G.* (Hg.): Handbook of Organizations. Chicago: 1144-1170.

Leggewie, Claus (2002): Netzwerkparteien? Parteien in der digitalen Öffentlichkeit, in: *von Alemann, Ulrich/Marschall, Stefan* (Hg.): Parteien in der Mediendemokratie. Wiesbaden: 173-188.

Leggewie, Claus/Bieber, Christoph (2001): Interaktive Demokratie, in: Aus Politik und Zeitgeschichte, 41-42: 37-45.

Lehmann, Sören (2012): Recht der steuerbegünstigten Zwecke: Satzungszweck, tatsächliche Geschäftsführung und Selbstlosigkeit parteinaher Stiftungen, in: Mitteilungen des Instituts für Deutsches und Internationales Parteienrecht und Parteienforschung 18, 16-23.

Lehmann, Sören (o.J.): Änderungen des Parteiengesetzes seit Inkrafttreten am 28.07.1967, in: *Morlok, Martin* (Hg.): Parteiengesetz. Kommentar (i.E.).

Leibholz, Gerhard (1950): Referat im Rahmen des 38. Deutschen Juristentages, in: *Ständige Deputation des Deutschen Juristentages* (Hg.): Verhandlungen des achtunddreißigsten Deutschen Juristentages. Tübingen: C2-C28.

Leibholz, Gerhard (1967): Strukturprobleme der modernen Demokratie. Karlsruhe.

Leif, Thomas (2006): Beraten und verkauft. McKinsey & Co. - der große Bluff der Unternehmensberater. München.

Leif, Thomas (2009): Angepasst und ausgebrannt. Die Parteien in der Nachwuchsfalle. Warum Deutschland der Stillstand droht. München.

Leif, Thomas/Legrand, Hans-Josef/Klein, Ansgar (Hg.)(1992): Die politische Klasse in Deutschland. Eliten auf dem Prüfstand. Bonn.

Lemke, Steffi (2008a): Brief der politischen Bundesgeschäftsführerin an die Landesvorstände und LandesgeschäftsführerInnen (16.07.2008). Berlin (nicht veröffentlicht).

Lemke, Steffi (2008b): Dialogorientierter Wahlkampf fängt bei den eigenen Mitgliedern an, in: Schrägstrich, 4/2008: 22-23.

Lenski, Sophie-Charlotte (2011): Parteiengesetz und Recht der Kandidatenaufstellung. Baden-Baden.

Lenz, Christofer (2002): Das neue Parteienfinanzierungsrecht, in: Neue Zeitschrift für Verwaltungsrecht (NVwZ) 21, 7: 769-778.

Leuschner, Udo (2005): Die Geschichte der FDP. Münster.

Linden, Ina (2009): Die drei ??? und der Fluch der Jugend. Financial Times Deutschland, 22.12.2009. Hamburg.

Lipset, Seymour Martin/Rokkan, Stein (1967): Cleavage Structures, Party Systems, and Voter Alignments: An Introduction, in: *Lipset, Seymour Martin/Rokkan, Stein* (Hg.): Party Systems and Voter Alignments: Cross-National Perspectives. New York: 1-64.

Lösche, Peter (1993): "Lose verkoppelte Anarchie". Zur aktuellen Situation von Volksparteien am Beispiel der SPD, in: Aus Politik und Zeitgeschichte 1993, B 43: 34-45.

Lösche, Peter (1994): Kleine Geschichte der deutschen Parteien. Stuttgart.

Lösche, Peter (2000): Parteienstaat in der Krise? Überlegungen nach 50 Jahren Bundesrepublik Deutschland, in: (28.09.2005).

Lösche, Peter/Walter, Franz (1992): Die SPD: Klassenpartei - Volkspartei - Quotenpartei. Zur Entwicklung der Sozialdemokratie von Weimar bis zur deutschen Vereinigung. Darmstadt.

Löwenstein, Stephan (2009): "Die Grundstimmung in der Bevölkerung verstärken". Pofalla und der Wahlkampf. Frankfurter Allgemeine Zeitung, 16.06.2009. Frankfurt/Main.

Lübker, Malte (2002): Mitgliederentscheide und Urwahlen aus Sicht der Parteimitglieder: empirische Befunde der Potsdamer Mitgliederstudie, in: Zeitschrift für Parlamentsfragen 33, 4: 716-739.

Luhmann, Niklas (1964): Funktionen und Folgen formaler Organisation. Berlin.

Luhmann, Niklas (1969): Legitimation durch Verfahren. Neuwied.

Luhmann, Niklas (1985): Soziale Systeme. Grundriß einer allgemeinen Theorie. Frankfurt/Main.

Luhmann, Niklas (1997): Die Gesellschaft der Gesellschaft. Frankfurt/Main.

Luhmann, Niklas (1999): Funktionen und Folgen formaler Organisation. Berlin.

Luhmann, Niklas (2000): Die Politik der Gesellschaft. Frankfurt/Main.

Machnig, Matthias (1999): Die Kampa als SPD-Wahlkampfzentrale der Bundestagswahl '98. Organisation, Kampagneformen und Erfolgsfaktoren, in: Forschungsjournal Neue Soziale Bewegungen 12, 3: 20-39.

Maier, Jürgen/Schmitt, Karl (2008): Kommunales Führungspersonal im Umbruch. Austausch, Rekrutierung und Orientierungen in Thüringen. Wiesbaden.

Mair, Peter (1994): Party Organization: From Civil Society to the State, in: Katz, Richard S./Mair, Peter (Hg.): How Parties Organize. Change and Adaptation in Party Organizations in Western Democracies. London: 1-22.

Mair, Peter (1997): Party system change. Approaches and interpretations. Oxford.

Mair, Peter/Müller, Wolfgang C./Plasser, Fritz (1999): Die Antworten der Parteien auf Veränderungen in den Wählermärkten in Westeuropa, in: Mair, Peter/Müller, Wolfgang C./Plasser, Fritz (Hg.): Parteien auf komplexen Wählermärkten: Reaktionsstrategien politischer Parteien in Westeuropa. Wien: 391-401.

Mair, Peter/van Biezen, Ingrid (2001): Party Membership in Twenty European Democracies, 1980-2000, in: Party Politics 7, 1: 5-21.

March, James G./Olsen, Johan P. (1984): The New Institutionalism: Organizational Factors in Political Life, in: American Political Science Review 78, 3: 734-749.

March, James G./Simon, Herbert Alexander (1976): Organisation und Individuum. Menschliches Verhalten in Organisationen. Wiesbaden.

Marcinkowski, Frank/Pfetsch, Barbara (Hg.)(2009): Politik in der Mediendemokratie (PVS Sonderheft 42). Wiesbaden.

Margetts, Helen (2006): Cyber Parties, in: Katz, Richard S./Crotty, William (Hg.): Handbook of Party Politics. London: 528-535.

Marschall, Stefan/Hanel, Katharina (2012): Kooperative Entscheidungsfindung oder Spielwiese? Die Öffnung von Parteien für online-basierte Partizipationsformen. Vortrag/Conference Paper, gemeinsame Jahrestagung der Fachgruppe "Kommunikation und Politik" der DGPuK, des Arbeitskreises „Politik und Kommunikation" der DVPW und der Fachgruppe „Politische Kommunikation" der SGKM (11.02.2012). Zürich.

Matys, Thomas (2006): Macht, Kontrolle und Entscheidungen in Organisationen. Eine Einführung in organisationale Mikro-, Meso- und Makropolitik. Wiesbaden.

Maunz, Theodor/Dürig, Günter (1958ff.): Grundgesetz: Kommentar (Lfd. aktualisierte Loseblattsammlung). München.

Mayntz, Renate (1963): Soziologie der Organisation. Reinbek bei Hamburg.

Mayntz, Renate/Scharpf, Fritz W. (1995): Der Ansatz der akteurzentrierten Institutionalismus, in: Mayntz, Renate/Scharpf, Fritz W. (Hg.): Gesellschaftliche Selbstregelung und politische Steuerung. Frankfurt/Main: 39-75.

MDR Sachsen-Anhalt (2009): Wahlen wegen Bewerbermangel abgesagt, in: http://www.mdr.de/sachsen-anhalt/6335388.html (05.05.2009).

Mense-Petermann, Ursula (2006): Das Verständnis von Organisationen im Neo-Institutionalismus, in: Senge, Konstanze/Hellmann, Kai-Uwe (Hg.): Einführung in den Neo-Institutionalismus. Wiesbaden: 62-74.

Merten, Heike/Bäcker, Alexandra (1998): Feindliche Übernahme der F.D.P. durch Studierende?, in: Mitteilungen des Instituts für Deutsches und Europäisches Parteienrecht, 7: 42-44.

Meuche-Mäker, Meinhard (2005): Die PDS im Westen 1990-2005 : Schlussfolgerungen für eine neue Linke. Berlin.

Meuser, Michael/Nagel, Ulrike (1991): Experteninterviews - vielfach erprobt, wenig bedacht, in: Garz, Detlef/Kraimer, Klaus (Hg.): Qualitativ-empirische Sozialforschung. Konzepte, Methoden, Analysen. Opladen: 441-471.

Meyer, Marshall W./Rowan, Brian (1977): Institutionalized Organizations: Formal Structures as Myth and Ceremony, in: American Journal of Sociology 83, 2: 340-363.

Meyer, Marshall W./Zucker, Lynne G. (1989): Permanently Failing Organizations. Newbury Park.

Meyer, Thomas (1994): Die Transformation des Politischen. Frankfurt/Main.

Michalski, René/Wolf, Christian (2005): Die Rolle von PR- und Werbeagenturen im Politikvermittlungsprozess von Parteien, in: *Hofer, Lutz/Schemann, Jasmin/Stollen, Torsten/Wolf, Christian* (Hg.): Düsseldorfer Forum Politische Kommunikation: Akteure, Prozesse, Strukturen (Schriftenreihe DFPK, Band 1). Berlin: 147-167.

Michel, Holger (2009): Politische Kommunikation und Campaigning in der Praxis (Vortrag an der Humboldt-Universität zu Berlin). Berlin.

Michel, Marco (2005): Die Bundestagswahlkämpfe der FDP 1949 - 2002. Wiesbaden.

Michels, Robert (1989): Zur Soziologie des Parteiwesens in der modernen Demokratie. Untersuchungen über die oligarchischen Tendenzen des Gruppenlebens. Erstausgabe 1911. Stuttgart.

Micus, Matthias (2005): Die Quadratur des Kreises. Parteiführung in der PDS, in: *Forkmann, Daniela/Schlieben, Michael* (Hg.): Die Parteivorsitzenden der Bundesrepublik Deutschland 1949-2004. Wiesbaden: 263-302.

Mintzel, Alf (1972): Die CSU in Bayern: Phasen ihrer organisationspolitischen Entwicklung, in: Politische Vierteljahresschrift 13, 205-243.

Mintzel, Alf (1977): Geschichte der CSU. Ein Überblick. Opladen.

Mintzel, Alf (1978): Die CSU. Anatomie einer konservativen Partei 1945-1972. Opladen.

Mintzel, Alf (1983): Christlich-Soziale Union, in: (Hg.): Parteien-Handbuch. Die Parteien der Bundesrepublik Deutschland 1945-1980. Opladen: 661-718.

Mittag, Jürgen/Steuwer, Janosch (2010): Politische Parteien in der EU. Stuttgart.

Moreau, Patrick (1998): Die PDS. Profil einer antidemokratischen Partei. Grünwald.

Moreau, Patrick/Lang, Jürgen P. (1996): Aufbruch zu neuen Ufern? Zustand und Perspektiven der PDS, in: Aus Politik und Zeitgeschichte, 6: 54-61.

Morlok, Martin (1991): Innere Struktur und innerparteiliche Demokratie, in: *Tsatsos, Dimitris Th.* (Hg.): Auf dem Weg zu einem gesamtdeutschen Parteienrecht. Baden-Baden: 89-103.

Morlok, Martin (1996): Der Anspruch auf Zugang zu den politischen Parteien, in: *Merten, Detlef/Schmidt, Reiner/Stettner, Rupert* (Hg.): Der Verwaltungsstaat im Wandel. München: 231-271.

Morlok, Martin (2003): Parteirecht als Wettbewerbsrecht, in: *Häberle, Peter* (Hg.): Festschrift für Dimitris Th. Tsatsos. Zum 70. Geburtstag am 5. Mai 2003. Baden-Baden: 408-447.

Morlok, Martin (2012): Gutachten zur Frage der rechtlichen Möglichkeiten eines Mitgliederentscheides über die Besetzung des Position des Parteivorsitzenden in der Partei "DIE LINKE". Düsseldorf (unveröffentlich).

Morlok, Martin/Merten, Heike (2011): Partei genannt Wählergemeinschaft - Probleme im Verhältnis von Parteien und Wählergemeinschaften, in: Die Öffentliche Verwaltung, 4: 125-134.

Morlok, Martin/Poguntke, Thomas/Walther, Jens (Hg.)(2011): Politik an den Parteien vorbei. Freie Wähler und Kommunale Wählergemeinschaften als Alternative. Baden-Baden.

Morlok, Martin/Streit, Thilo (1996): Mitgliederentscheid und Mitgliederbefragung, in: Zeitschrift für Rechtspolitik 29, 11: 447-455.

Müller-Jentsch, Walther (2008): Der Verein - ein blinder Fleck der Organisationssoziologie?, in: Berliner Journal für Soziologie 18, 3: 476-502.

Müller, Kay (2004): Schwierige Machtverhältnisse. Die CSU nach Strauß. Wiesbaden.

Müller, Wolfgang C. (1997): Inside the Black Box. A Confrontation of party Executive Behaviour and Theories of Party Organizational Change, in: Party Politics 3, 3: 293-313.

Musharbash, Yassin/Spiegel Online (2006): Parteitag in Köln. Grüne wollen radikaler werden, in: http://www.spiegel.de/politik/deutschland/0,1518,452069,00.html (09.11.2008).

Nachtwey, Oliver/Spier, Tim (2007): Günstige Gelegenheit? Die sozialen und politischen Entstehungshintergründe der Linkspartei, in: *Spier, Tim/Butzlaff, Felix/Micus, Matthias/Walter, Franz* (Hg.): Die Linkspartei. Zeitgemäße Idee oder Bündnis ohne Zukunft? Wiesbaden: 13-69.

Negrine, Ralph M. (2007): The professionalisation of Political Communication in Europe, in: *Negrine, Ralph M./Mancini, Paolo/Holtz-Bacha, Christina/Papathanassopoulos, Stylianos* (Hg.): The Professionalisation of Political Communication. Bristol: 27-45.

Neu, Viola (2000a): Die PDS im Westen: Zwischen Stagnation und Aufbruch?, in: *Hirscher, Gerhard/Segall, Peter Christian* (Hg.): Die PDS : Zustand und Entwicklungsperspektiven. München: 59-87.

Neu, Viola (2000b): Vorwärts nimmer, rückwärts immer: Die PDS, in: *Pickel, Gert/Walz, Dieter/Brunner, Wolfram* (Hg.): Deutschland nach den Wahlen. Befunde zur Bundestagswahl 1998 und zur Zukunft des deutschen Parteiensystems. Opladen: 295-312.

Neu, Viola (2004): Das Janusgesicht der PDS. Wähler und Partei zwischen Demokratie und Extremismus. Baden-Baden.

Neu, Viola (2007a): Die Mitglieder der CDU. Eine Umfrage der Konrad-Adenauer-Stiftung. Bonn.

Neu, Viola (2007b): Linkspartei.PDS (Die Linke), in: *Decker, Frank/Neu, Viola* (Hg.): Handbuch der deutschen Parteien. Wiesbaden: 315-328.

Neu, Viola (2009): Sozialstruktur und politische Orientierungen der CDU-Mitglieder 1993-2006, in: *Jun, Uwe/Niedermayer, Oskar/Wiesendahl, Elmar* (Hg.): Die Zukunft der Mitgliederpartei. Opladen u.a.: 159-184.

Neugebauer, Gero/Stöss, Richard (1996): Die PDS. Geschichte. Organisation. Wähler. Konkurrenten. Opladen.

Neumann, Arijana (2012): Die CDU auf Landesebene: Politische Strategien im Vergleich. Wiesbaden.

Neumann, Philipp/Wiegelmann, Lucas (2009): Die Finanzkrise der Volksparteien. Die Welt, 22.12.2009. Berlin.

Neumann, Sigmund (1965): Die Parteien der Weimarer Republik. Stuttgart.

Newthinking Communications/Beckedahl, Markus (2008): Zwischen Strategie und Experiment. Politik im Web 2.0 .Welche Parteien und Spitzenpolitiker nutzen das Web für sich? (Kurzstudie). Berlin.

Nickig, Erkhard (1999): Von der Mitglieder- zur Fraktionspartei: Abschied von einer Fiktion, in: Zeitschrift für Parlamentsfragen 30, 2: 383-389.

Niclauß, Karlheinz (2002): Das Parteisystem der Bundesrepublik Deutschland. Eine Einführung. Paderborn.

Niedermayer, Oskar (1993): Innerparteiliche Demokratie, in: *Niedermayer, Oskar/Stöss, Richard* (Hg.): Stand und Perspektiven der Parteienforschung in Deutschland. Opladen: 230-250.

Niedermayer, Oskar (2000): Modernisierung von Wahlkämpfen als Funktionsentleerung der Parteibasis, in: *Niedermayer, Oskar/Westle, Bettina/Kaase, Max* (Hg.): Demokratie und Partizipation. Wiesbaden: 192-210.

Niedermayer, Oskar (2006): Parteimitglieder seit 1990: Version 2006 (Arbeitshefte aus dem Otto-Stammer-Zentrum, Nr. 10). Berlin.

Niedermayer, Oskar (2007): Parteimitgliedschaften im Jahre 2006, in: Zeitschrift für Parlamentsfragen 38, 2: 368-375.

Niedermayer, Oskar (2008a): Das fluide Fünfparteiensystem nach der Bundestagswahl 2005, in: *Niedermayer, Oskar* (Hg.): Die Parteien nach der Bundestagswahl 2005. Wiesbaden: 9-36.

Niedermayer, Oskar (2008b): Die Parteien nach der Bundestagswahl 2005. Wiesbaden.

Niedermayer, Oskar (2009): Parteimitglieder in Deutschland: Version 1/2009, in: http://www.polsoz.fu-berlin.de/polwiss/forschung/systeme/empsoz/schriften/Arbeitshefte/ahosz15.pdf (21.05.2009).

Niedermayer, Oskar (2010): Parteien und Parteiensystem, in: *Bukow, Sebastian/Seemann, Wenke* (Hg.): Die große Koalition. Eine Bilanz. Wiesbaden: 247-261.

Niedermayer, Oskar (2011): Parteimitglieder in Deutschland: Version 2011. Arbeitshefte aus dem Otto-Stammer-Zentrum, Nr. 18. Berlin.

Norris, Pippa (1997): Introduction: The Rise of Postmodern Political Communications?, in: *Norris, Pippa* (Hg.): Politics and the press. The news media and their influences. Boulder, Colorado: 1-21.

Norris, Pippa/Lovenduski, Joni (2004): Why Parties Fail to Learn: Electoral Defeat, Selective Perception and British Party Politics, in: Party Politics 10, 1: 85-104.

Oberreuter, Heinrich (1992): Politische Parteien: Stellung und Funktion im Verfassungssystem der Bundesrepublik, in: *Mintzel, Alf/Oberreuter, Heinrich* (Hg.): Parteien in der Bundesrepublik Deutschland. Opladen: 15-40.

Olson, Mancur (1998): Die Logik des kollektiven Handelns. Kollektivgüter und die Theorien der Gruppen. Erstausgabe 1965. Tübingen.

Panebianco, Angelo (1988): Political Parties. Organization and Power. Cambridge.

Pannes, Tina (2011): Dimensionen informellen Regierens. Entstehungsbedingungen, Ausprägungen und Anforderungen, in: *Florack, Martin/Grunden, Timo* (Hg.): Regierungszentralen. Organisation, Steuerung und Politikformulierung zwischen Formalität und Informalität. Wiesbaden: 35-91.

Pareto, Vilfredo (1955): Allgemeine Soziologie. Tübingen.

Parsons, Talcott (1960a): A Sociological Approach to the Theory of Organizations [1956], in: *Parsons, Talcott* (Hg.): Structure and Process in Modern Society. New York: 16-58.

Parsons, Talcott (1960b): Some Ingredients of a General Theory of Formal Organizations [1958], in: *Parsons, Talcott* (Hg.): Structure and Process in Modern Society. New York: 16-58.

Perger, Werner A. (2009): Deutsche Volksparteien. Die Zeit der Helden und Alpha-Tiere ist vorbei. Die Zeit, 25.06.2009. Hamburg.

Pieroth, Bodo (2009): Art. 21 [Politische Parteien], in: *Jarass, Hans D./Pieroth, Bodo* (Hg.): Grundgesetz für die Bundesrepublik Deutschland. Kommentar. München: 534-552.

Pilz, Volker (2004): Moderne Leibeigenschaft? Berufsbild und soziale Absicherung der persönlichen Mitarbeiter der Bundestagsabgeordneten, in: Zeitschrift für Parlamentsfragen 2004, 4: 667-681.

Plasser, Fritz (1987): Parteien unter Stress. Zur Dynamik der Parteiensysteme in Österreich, der Bundesrepublik Deutschland und den Vereinigten Staaten. Wien.

Poguntke, Thomas (1994): Parties in a Legalistic Culture: The Case of Germany, in: *Katz, Richard S./Mair, Peter* (Hg.): How Parties Organize. Change and Adaptation in Party Organizations in Western Democracies. London: 185-215.

Poguntke, Thomas (1997): Parteiorganisationen in der Bundesrepublik Deutschland: Einheit in der Vielfalt?, in: *Gabriel, Oscar W./Niedermayer, Oskar/Stöss, Richard* (Hg.): Parteiendemokratie in Deutschland. Opladen: 255-276.

Poguntke, Thomas (1998): Alliance 90/ The Greens in East Germany. From Vanguard to Insignificance?, in: Party Politics 4, 1: 33-55.

Poguntke, Thomas (2000): Parteiorganisation im Wandel. Gesellschaftliche Verankerung und organisatorische Anpassung im europäischen Vergleich. Wiesbaden.

Poguntke, Thomas (2003): International vergleichende Parteienforschung. Keele European Parties Research Unit.

Poguntke, Thomas (2006): Political Parties and Other Organizations, in: *Katz, Richard S./Crotty, William* (Hg.): Handbook of Party Politics. London: 396-405.

Poguntke, Thomas/Pütz, Christine (2006): Parteien in der Europäischen Union. Zu den Entwicklungschancen der Europarteien, in: Zeitschrift für Parlamentsfragen 37, 2: 334-353.

Politik&Kommunikation (2006): FDP. Parteitag online. Politik&Kommunikation. Berlin.

Pollach, Günter/Wischermann, Jörg/Zeuner, Bodo (2000): Ein nachhaltiges anderes Parteiensystem. Profile und Beziehungen von Parteien in ostdeutschen Kommunen - Ergebnisse einer Befragung von Kommunalpolitikern. Opladen.

Powell, Walter W./DiMaggio, Paul J. (1991): The New Institutionalism in Organizational Analyses. Chicago.

Preisendörfer, Peter (2005): Organisationssoziologie. Grundlagen, Theorien und Problemstellungen. Wiesbaden.

Preuß, Roland/Osel, Johann (2009): Volkszählung 2011. Jagd auf Karteileichen. Süddeutsche Zeitung, 24.04.2009. München: online.

Preyer, Gerhard (2006): Soziologische Theorie der Gegenwartsgesellschaft. Wiesbaden.

Pridham, Geoffrey (1977): Christian Democracy in Western Germany. The CDU/CSU in Government and Opposition, 1945-1976. London.

Priess, Frank (2006): Spitzenakteure der Parteien, in: *Falk, Svenja/Rehfeld, Dieter/Römmele, Andrea/Thunert, Martin* (Hg.): Handbuch Politikberatung. Wiesbaden: 241-247.

Probst, Lothar (2007): Bündnis 90/Die Grünen (Grüne), in: *Decker, Frank/Neu, Viola* (Hg.): Handbuch der deutschen Parteien. Wiesbaden: 173-188.

Radunski, Peter (2009): Nach der Europawahl 2009. Trends & Implikationen für die Wahlkämpfe in Deutschland? (Fachgespräch Prodialog). Berlin.

Raschke, Joachim (1977): Organisierter Konflikt in westeuropäischen Parteien. Opladen.

Raschke, Joachim (1993): Die Grünen wie sie wurden, was sie sind. Köln.

Raschke, Joachim (2001a): Die Zukunft der Grünen. "So kann man nicht regieren". Frankfurt/Main.

Raschke, Joachim (2001b): Die Zukunft der Volksparteien erklärt sich aus ihrer Vergangenheit. Minimalismus und Konflikte mit der Zivilgesellschaft, in: *Machnig, Matthias/Bartels, Hans-Peter* (Hg.): Der rasende Tanker. Analysen und Konzepte zur Modernisierung der sozialdemokratischen Organisation. Göttingen: 14-25.

Raschke, Joachim (2002): Politische Strategie. Überlegungen zu einem politischen und politologischen Konzept, in: *Nullmeier, Frank/Saretzki, Thomas* (Hg.): Jenseits des Regierungsalltags. Strategiefähigkeit politischer Parteien. Frankfurt/Main: 207-241.

Raschke, Joachim (2003): Die Grünen als Partei der unverkürzten Modernisierung, in: Vorgänge 162, 2: 80-88.

Raschke, Joachim/Tils, Ralf (2007): Politische Strategie. Eine Grundlegung. Wiesbaden.

Rauschenbach, Thomas/Sachße, Christoph/Olk, Thomas (1996): Von der Wertgemeinschaft zum Dienstleistungsunternehmen. Jugend- und Wohlfahrtsverbände im Umbruch. Frankfurt/Main.

Rebenstorf, Hilke (1995): Die politische Klasse. Zur Entwicklung und Reproduktion einer Funktionselite. Frankfurt/Main.

Reichard, Daniel/Borucki, Isabelle (i.V.): Organisation, Region, Person. Zur Vernetzungsstruktur von politischen Parteien auf Social Network Sites - die SPD auf Twitter (Arbeitstitel), in: *Gamper, Markus/Reschke, Linda* (Hg.): Knoten und Kanten III. Bielefeld (i.V.: 2013)

Reichart-Dreyer, Ingrid (2000): Macht und Demokratie in der CDU. Dargestellt am Prozess und Ergebnis der Meinungsbildung zum Grundsatzprogramm 1994. Wiesbaden.

Reif, Karlheinz/Schmitt, Hermann (1980): Nine Second Order National elections. A Conceptual Framework for the Analyses of European Election Results, in: European Journal of Political Research 8, 1: 3-44.

Reinbold, Fabian (2012): Frust über Endlos-Diskussionen. Piraten sagen Querulanten den Kampf an, in: http://www.spiegel.de/politik/deutschland/offener-brief-von-piraten-gegen-stoerer-und-trolle-a-843405.html (10.07.2012).

Reinhardt, Max (2011): Aufstieg und Krise der SPD. Flügel und Repräsentanten einer pluralistischen Volkspartei. Baden-Baden.

Reiser, Marion (2006): Zwischen Ehrenamt und Berufspolitik. Professionalisierung der Kommunalpolitik in deutschen Großstädten. Wiesbaden.

Robbe, Patrizia/Wissenschaftliche Dienste Deutscher Bundestag (2011): Online-Parteitage (WD 3-3000-327/11). Berlin.

Rogers, Ben (2005): From Membership to Management? The Future of Political Parties as Democratic Organisations, in: Parliamentary Affairs 58, 3: 600-610.

Römmele, Andrea (1999): Direkte Kommunikation zwischen Parteien und Wählern: Direct-Mailing bei SPD und CDU, in: Zeitschrift für Parlamentsfragen 30, 2: 304-315.

Römmele, Andrea (2002): Direkte Kommunikation zwischen Parteien und Wählern. Wiesbaden.

Rosa, Hartmut (2005): Beschleunigung. Die Veränderung der Zeitstrukturen in der Moderne. Frankfurt/Main.

Rose, Richard (1974): The Problem of Party Government. London.

Rosenstiel, Lutz von (2000): Organisationsanalyse, in: *Flick, Uwe/von Kardorff, Ernst/Steinke, Ines* (Hg.): Qualitative Forschung. Ein Handbuch. Reinbek bei Hamburg: 224-238.

Rossmann, Robert (2012): SPD wieder größte Partei. Christdemokraten verlieren mehr Mitglieder als die Sozialdemokraten. Süddeutsche Zeitung, 10.07.2012. München: 5.

Roth, Dieter/Wüst, Andreas (2007): Emanzipiert und ungeliebt: Nicht-, Wechsel- und Protestwähler in Deutschland, in: *Patzelt, Werner J./Sebaldt, Martin/Kranenpohl, Uwe* (Hg.): Res publica semper reformanda. Wiesbaden: 390-412.

Roth, Isabelle/Reichard, Daniel (2012): Mehr Vernetzung wagen? Zur veränderten Ausrichtung innerparteilicher Kommunikationskanäle und -prozesse der SPD im Social Media-Zeitalter und deren Implikationen für die Party Change-Forschung. Tagung „Parteien und Demokratie - Innerparteiliche Demokratie im Wandel", Akademie für Politische Bildung, Tutzing 2012.

RP *Online* (2004): Februar: Von Siege und Niederlagen, in: http://www.rp-online.de/public/bildershowinline/ aktuelles/panorama/4839?skip=0&refback=/|home (21.05.2007).

Rüb, Friedbert W. (2005): Sind Parteien noch zu retten? Zum Stand der gegenwärtigen Parteien- und Parteiensystemforschung, in: Neue Politische Literatur 50, 397-421.

Rucht, Dieter (1993): Parteien, Verbände und Bewegungen als Systeme politischer Interessenvertretung, in: *Niedermayer, Oskar/Stöss, Richard* (Hg.): Stand und Perspektiven der Parteienforschung in Deutschland. Wiesbaden: 251-275.

Rudzio, Wolfgang (2006): Das politische System der Bundesrepublik Deutschland. Wiesbaden.

Sadowski, Antje/Bäcker, Alexandra/Merten, Heike/Hahn-Lorber, Marcus/Kühr, Hana (2011): Parteienrecht im Spiegel der Rechtsprechung, in: Mitteilungen des Instituts für Deutsches und Europäisches Parteienrecht und Parteienforschung 17, 163-188.

Sadowski, Antje/Bäcker, Alexandra/Merten, Heike/Roßner, Sebastian/Hientzsch, Christina (2010): Parteienrecht im Spiegel der Rechtsprechung, in: Mitteilungen des Instituts für Deutsches und Europäisches Parteienrecht und Parteienforschung 16, 116-138.

Sarcinelli, Ulrich (2011): Politische Kommunikation in Deutschland. Medien und Politikvermittlung im demokratischen System. Wiesbaden.

Sarcinelli, Ulrich (2012): Medien und Demokratie, in: *Mörschel, Tobias/Krell, Christian* (Hg.): Demokratie in Deutschland. Wiesbaden: 271-318.

Saretzki, Thomas (1999): Ratlose Politiker, hilflose Berater? Zum Stand der Politikberatung in Deutschland, in: Forschungsjournal Neue Soziale Bewegungen 12, 3: 2-7.

Sartori, Giovanni (1969): From the Sociology of Politics to Political Sociology, in: *Lipset, Seymour Martin* (Hg.): Politics and the Social Sciences. New York u.a.: 65-100.

Sartori, Giovanni (1976): Parties and Party Systems: A Framework for Analysis. Cambridge.

Scarrow, Susan E. (2000): Parties without Members? Party Organization in a Changing Electoral Environment., in: *Dalton, Russell J./Wattenberg, Martin P.* (Hg.): Parties without Partisans. Political Change in Advanced Industrial Democracies. Oxford: 79-101.

Scharpf, Fritz W. (2004): Der deutsche Föderalismus - reformbedürftig und reformierbar?, in: MPIfG Discussion Paper 04, 2: 1-10.

Scheer, Hermann (1977): Die nachgeholte Parteibildung und die politische Säkularisierung der CDU, in: *Narr, Wolf-Dieter* (Hg.): Auf dem Weg zum Einparteienstaat. Opladen: 149-172.

Scheffé, Henry (1959): The Analysis of Variance. New York.

Schelling, Thomas C. (1978): Micromotives and Macrobehavior. New York u.a.

Schieren, Stefan (1996): Parteiinterne Mitgliederbefragungen: Ausstieg aus der Professionalität? Die Beispiele der SPD auf Bundesebene und in Bremen sowie der Bundes-F.D.P., in: Zeitschrift für Parlamentsfragen 1996, 2: 214-229.

Schimank, Uwe (2007): Neoinstitutionalismus, in: *Benz, Arthur/Lütz, Susanne/Schimank, Uwe/Simonis, Georg* (Hg.): Handbuch Governance. Theoretische Grundlagen und empirische Anwendungsfelder. Wiesbaden: 161-175.

Schlangen, Walter (1979): Enzyklopädisches Stichwort: Politische Parteien - Geschichte und Theorie, in: *Schlangen, Walter* (Hg.): Die deutschen Parteien im Überblick. Königstein: 1-28.

Schlieben, Michael (2009): Krönungsmesse für Westerwelle, in: http://www.zeit.de/online/2009/21/fdp-westerwelle-wahlprogramm (15.05.2009).

Schmid, Josef (1990): Die CDU. Organisationsstrukturen, Politiken und Funktionsweisen einer Partei im Föderalismus. Opladen.

Schmid, Josef/Zolleis, Udo (Hg.)(2005): Zwischen Anarchie und Strategie. Der Erfolg von Parteiorganisationen. Wiesbaden.

Schmidt-Bleibtreu, Bruno/Klein, Franz (1999): Kommentar zum Grundgesetz. Neuwied u.a.

Schmidt-Bleibtreu, Bruno/Klein, Franz/Brockmeyer, Hans-Bernhard (2004): Kommentar zum Grundgesetz. Neuwied.

Schmidt, Christiane (2000): Analyse von Leitfadeninterviews, in: *Flick, Uwe/Kardorff, Ernst von/Steinke, Ines* (Hg.): Qualitative Forschung. Ein Handbuch. Reinbek bei Hamburg: 447-456.

Schneider, Wolfgang Ludwig (2005): Grundlagen der soziologischen Theorie. Band 1: Weber - Parsons - Mead - Schütz. Wiesbaden.

Schönbohm, Wulf (1985): Die CDU wird moderne Volkspartei. Selbstverständnis, Mitglieder, Organisation und Apparat 1950-1980. Stuttgart.

Schöne, Helmar (2005): Fraktionsmitarbeiter. Tätigkeitsprofil, Karrierewege und Rollenverständnis, in: Zeitschrift für Parlamentsfragen 36, 791-808.

Schöne, Helmar (2009): Fraktionsmitarbeiter – Die unsichtbare Macht im Parlamentsalltag?, in: *Schöne, Helmar/Blumenthal, Julia von* (Hg.): Parlamentarismusforschung in Deutschland. Baden-Baden: 155-174.

Schöne, Helmar (2011): Politik als Beruf: Die zweite Reihe. Zur Rolle von Mitarbeitern im US-Kongress und im Deutschen Bundestag, in: *Edinger, Michael/Patzelt, Werner J.* (Hg.): Politik als Beruf. PVS Sonderheft 44. 232-254.

Schröder, Wilhelm (2001): "Genosse Herr Minister": Sozialdemokraten in den Reichs- und Länderregierungen der Weimarer Republik 1918/19-1933, in: Historical Social Research 26, 4: 4-87.

Schroeder, Wolfgang/Neumann, Arijana (2007): Organisationsreformen auf Landesebene. DVPW-Arbeitskreis Parteien-forschung (Jahrestagung)

Schumpeter, Joseph Alois (1993): Kapitalismus, Sozialismus und Demokratie. Erstausgabe 1942. Tübingen.

Schüttemeyer, Suzanne S. (1998): Fraktionen im Deutschen Bundestag 1949-1997. Empirische Befunde und theoretische Folgerungen. Opladen.

Schütze, Fritz (1983): Biographieforschung und narratives Interview, in: Neue Praxis 13, 283-293.

Schuur, Hendrik van (1984): Structure in Political Beliefs. A New Model for Stochastic Unfolding with Application to European Party Activists. Amsterdam.

Schwarz, Patrik (2009): Idealismus, aber mit Vorsicht. Die Zeit, 25.06.2009. Hamburg.

Scott, W. Richard (2003): Organizations. Rational, Natural, and Open Systems. Erstausgabe 1981. Upper Saddle River.

Scott, William Richard (1986): Grundlagen der Organisationstheorie. Erstausgabe 1981. Frankfurt/Main.

Seemann, Wenke (2005): Der Einfluss von Landtagswahlen auf die Regierungspolitik im Bund. Eine empirische Untersuchung anhand der Bundesgesetzgebungstätigkeit 1976-2004 (Diplomarbeit, HU Berlin). Berlin.

Seemann, Wenke (2008): Do State Elections Affect Federal Gonvernments' Legislative Behaviour? Empirical Evidence from the German Case, 1976-2005, in: German Politics 17, 3: 252-269.

Segall, Peter Christian/Schorpp-Grabiak, Rita (2000): Programmdebatte und Organisationsdiskussion bei der PDS, in: *Hirscher, Gerhard/Segall, Peter Christian* (Hg.): Die PDS: Zustand und Entwicklungsperspektiven. München: 7-20.

Seifert, Karl-Heinz (1975): Die politischen Parteien im Recht der Bundesrepublik Deutschland. Köln.

Seitz, Norbert/Müntefering, Franz (2004): Es gibt auch Mut und Zuversicht. Gespräch mit Franz Müntefering. Neue Gesellschaft/Frankfurter Hefte.

Selznick, Philip (1949): TVA and the Grass Roots. A Study in the Sociology of Formal Organization. Berkeley and Los Angeles.

Selznick, Philip (1957): Leadership in Administration. A Sociological Interpretation. New York u.a.

Selznick, Philip (1994): The Moral Commonwealth. Social Theory and the Promise of Community. Berkeley u.a.

Senge, Konstanze/Hellmann, Kai-Uwe (2006): Einleitung, in: *Senge, Konstanze/Hellmann, Kai-Uwe* (Hg.): Einführung in den Neo-Institutionalismus. Wiesbaden: 7-31.

Sennett, Richard (2000): Der flexible Mensch. Die Kultur des neuen Kapitalismus. München.

Sennett, Richard (2005): Die Kultur des neuen Kapitalismus. Berlin.

Seyd, Paul/Whiteley, Paul (1992): Labour's Grass Roots. The Politics of Party Membership. London.

Siedschlag, Alexander/Rogg, Arne/Welzel, Carolin (2002): Digitale Demokratie. Willensbildung und Partizipation per Internet. Opladen.

Siri, Jasmin (2011): Kritik der Gewohnheit. Der Krisendiskurs der Parteien und seine Funktion für die moderne Demokratie, in: Mitteilungen des Instituts für Deutsches und Internationales Parteienrecht und Parteienforschung 17, 80-92.

Smith, Rodney/Gauja, Anika (2010): Understanding party constitutions as responses to specific challenges, in: Party Politics 16, 6: 755-775.

Sorauf, Frank J. (1967): Political Parties and Political Analysis, in: *Chambers, William Nisbet/Burnham, Walter Dean* (Hg.): The American Party Systems. Stages of Political Development. New York u.a.: 33-55.

Sorauf, Frank J./Beck, Paul A. (1988): Party politics in America. Glenview u.a.

SPD (2009): Der Wahlkampf-Leitfaden 2009. Tipps für die Wahlkämpfer vor Ort., in: SPD intern, 2/2009: 12.

SPD Baden-Württemberg (2009): Informationen zur konsultativen Mitgliederbefragung in: http://www.spd-bw.de/index.php?mod=content&menu=122&page_id=13591 (02.01.2010).

SPD Parteivorstand (2011): Die Parteizentrale der SPD. Einblick in das Willy-Brandt-Haus. Berlin.

Spier, Tim/Butzlaff, Felix/Micus, Matthias/Walter, Franz (2007): Die Linkspartei. Zeitgemäße Idee oder Bündnis ohne Zukunft? Wiesbaden.

Spier, Tim/Klein, Markus/von Alemann, Ulrich/Hoffmann, Hanna/Laux, Annika/Nonnenmacher, Alexandra/Rohrbach, Katharina (Hg.)(2011): Parteimitglieder in Deutschland. Wiesbaden.

Staiger, Dorothea (2006): Die grüne Mitgliederverwaltung, in: Schrägstrich, 3/2006: 5.

Stammer, Otto (1969): Politische Parteien, in: *Bernsdorf, Wilhelm* (Hg.): Wörterbuch der Soziologie. Stuttgart: 811-814.

Starck, Christian/Mangoldt, Hermann von/Klein, Friedrich (2005): Kommentar zum Grundgesetz. München.

Steffani, Winfried (1997): Gewaltenteilung und Parteien im Wandel. Opladen.

Steininger, Rudolf (1984): Soziologische Theorie der politischen Parteien. Frankfurt/Main.

Stern, Klaus (1984): Das Staatsrecht der Bundesrepublik Deutschland. Band 1: Grundbegriffe und Grundlagen des Staatsrechts, Strukturprinzipien der Verfassung. München.

Stöss, Richard (1983a): Einleitung: Struktur und Entwicklung des Parteiensystems der Bundesrepublik - Eine Theorie, in: *Stöss, Richard* (Hg.): Parteien-Handbuch. Die Parteien der Bundesrepublik Deutschland 1945 - 1980. Opladen: 17-309.

Stöss, Richard (1983b): Probleme und Konturen einer allgemeinen Parteientheorie, in: Politische Vierteljahresschrift 24, 4: 450-455.

Stradtmann, Philipp (1998): Schröders virtuelle Stoßtruppe, in: http://www.politik-digital.de/archiv/edemocracy/vov.shtml (11.06.2007).

Streeck, Wolfgang (1972): Das Dilemma der Organisation. Tarifverbände zwischen Interessenvertretung und Stabilitätspolitik, in: *Meißner, Werner/ Unterseher, Lutz* (Hg.): Verteilungskampf und Stabilitätspolitik. Stuttgart: 130-167.

Streeck, Wolfgang (1987): Vielfalt und Interdependenz. Überlegungen zur Rolle von intermediären Organisationen in sich ändernden Umwelten, in: Kölner Zeitschrift für Soziologie und Sozialpsychologie 39, 471-495.

Streit, Thilo (2006): Entscheidung in eigener Sache. Berlin.

Streit, Thilo/ Morlok, Martin (2006): Minderjährige als Parteimitglieder - Probleme der Parteimündigkeit, in: *von Alemann, Ulrich/ Morlok, Martin/ Godewerth, Thelse* (Hg.): Jugend und Politik. Möglichkeiten und Grenzen politischer Beteiligung. Baden-Baden: 75-95.

Strodtholz, Petra/ Kühl, Stefan (2002): Qualitative Methoden der Organisationsforschung - ein Überblick, in: *Kühl, Stefan/ Strodtholz, Petra* (Hg.): Methoden der Organisationsforschung. Ein Handbuch. Reinbek bei Hamburg: 11-29.

Stroh, Kassian (2009): Die CSU - nach allen Seiten offen. Süddeutsche Zeitung, 17.07.2009. München.

Strohmeier, Gerd (2001): Moderne Wahlkämpfe - Wie sie geplant, geführt und gewonnen werden. Baden-Baden.

Strohschneider, Tom (2009): Sie fürchten den Kontrollverlust. Der Freitag, 05.02.2009. Berlin: 7.

Strøm, Kaare (1990): A Behavioral Theory of Competitive Political Parties, in: American Journal of Political Science 34, 2: 565-598.

Strøm, Kaare/ Müller, Wolfgang C. (1999): Political Parties and Hard Choices, in: *Müller, Wolfgang C./ Strøm, Kaare* (Hg.): Policy, Office or Votes? How Political Parties in Western Europe Make Hard Decisions. Cambridge: 1-35.

Stubbe-da Luz, Helmut (1994): Parteiendiktatur. Die Lüge von der "innerparteilichen Demokratie". Frankfurt/Main.

Sturm, Roland (1999): Party Competition and the Federal System: The Lehmbruch Hypothesis Revisited, in: *Jeffery, Charlie* (Hg.): Recasting German Federalism. The Legacies of Unification. London/New York: 197-216.

Süddeutsche Zeitung (2006): Ypsilanti fordert Koch heraus. Süddeutsche Zeitung, 02.12.2006. München.

Süddeutsche Zeitung (2007): "Dilettanten darf man das Schicksal der Stadt nicht anvertrauen", 26.02.2007. München.

Tacke, Veronika (2006): Rationalität im Neo-Institutionalismus, in: *Senge, Konstanze/ Hellmann, Kai-Uwe* (Hg.): Einführung in den Neo-Institutionalismus. Wiesbaden: 89-101.

Taddicken, Monika (2009): Die Bedeutung von Methodeneffekten der Online-Befragung: Zusammenhänge zwischen computervermittelter Kommunikation und erreichbarer Datengüte, in: *Jackob, Nikolaus/ Schoen, Harald/ Zerback, Thomas* (Hg.): Sozialforschung im Internet. Methodologie und Praxis der Online-Befragung. Wiesbaden: 91-107.

Tashakkori, Abbas/ Teddlie, Charles (Hg.)(2003): Handbook of mixed methods in social & behavioral research. Thousand Oaks, California.

Taylor, Frederick Winslow (1913): Die Grundsätze wissenschaftlicher Betriebsführung (The principles of Scientific Management). München u.a.

Teevs, Christian (2009): Kür von Attac-Chefin. Linken-Basis demütigt Parteiführung, in: http://www.spiegel.de/politik/deutschland/0,1518,621138,00.html (28.04.2009).

Tenscher, Jens (2002): Partei- und Fraktionssprecher. Annäherung an Zentralakteure medienorientierter Parteienkommunikation, in: *von Alemann, Ulrich/ Marschall, Stefan* (Hg.): Parteien in der Mediendemokratie. Wiesbaden: 116-146.

Tenscher, Jens (2003): Professionalisierung der Politikvermittlung? Politikvermittlungsexperten im Spannungsfeld von Politik und Massenmedien. Wiesbaden.

Thimm, Caja (2003): Elektronische Demokratie und politische Partizipation. Strukturen und kommunikative Stile eines virtuellen Parteitages, in: *Donsbach, Wolfgang/ Jandura, Olaf/ Deutsche Gesellschaft für Publizistik- und Kommunikationswissenschaft/ Jahrestagung zum Thema Chancen und Gefahren der Mediendemokratie* (Hg.): Chancen und Gefahren der Mediendemokratie. Berichtsband der Jahrestagung der Deutschen Gesellschaft für Publizistik- und Kommunikationswissenschaft (DGPuK) vom 29. bis 31. Mai 2002 in Dresden zum Thema "Chancen und Gefahren der Mediendemokratie". Konstanz: 389-398.

Thomsen, Jan (2008): Grünen-Liste für Bundestag ist ungültig. Nominierung wird wegen Zählfehlers wiederholt. Berliner Zeitung, 21.11.2008. Berlin.

Thunert, Martin (2004): Politikberatung in der Bundesrepublik Deutschland: Entwicklungslinien, Leistungsfähigkeit und Legitimation, in: *Kaiser, André/Zittel, Thomas* (Hg.): Demokratietheorie und Demokratieentwicklung. Festschrift für Peter Graf Kielmansegg. Wiesbaden: 391-421.

Tiefenbach, Paul (1997): Die Grünen - von der Bewegungs- zur Normalpartei, in: Vorgänge 140, 4: 14-20.

Trautmann, Helmut (1975): Innerparteiliche Demokratie im Parteienstaat. Berlin.

Troche, Alexander/Wissenschaftliche Dienste des Deutschen Bundestages (2002): Der Aufbau der Parteien SPD und CDU. Entscheidungsfindung und informale Machtzentren. Ausarbeitung 8/02, WD 1 - 120/01. Berlin.

Tsatsos, Dimitris Th./Morlok, Martin (1982): Parteienrecht. Eine verfassungsrechtliche Einführung. Heidelberg.

Türk, Klaus (1978): Soziologie der Organisation. Eine Einführung. Stuttgart.

Vierhaus, Hans-Peter (1991): Die Identifizierung von Staat und Parteien - eine moderne Form der Parteidiktatur?, in: Zeitschrift für Rechtspolitik 24, 12: 468-476.

Voigt, Mario/Hahn, Andreas (2008): Mobilisierung und moderne Kampagnentechnik - Die US-amerikanischen Präsidentschaftswahlkämpfe, in: *Grabow, Karsten/Köllner, Patrick* (Hg.): Die Parteien und ihre Wähler. Gesellschaftliche Konfliktlinien und Wählermobilisierung im internationalen Vergleich. Berlin: 207-223.

Volkery, Carsten/Weiland, Severin (2007): Schneller Tod der Selbstbedienungs-Offensive, in: http://www.spiegel.de/politik/deutschland/0,1518,500842,00.html (20.08.2007).

Vorländer, Hans (2007): Freie Demokratische Partei (FDP), in: *Decker, Frank/Neu, Viola* (Hg.): Handbuch der deutschen Parteien. Wiesbaden: 277-288.

Voß, G. Günter (2001): Der Arbeitskraftunternehmer. Ein neuer Typus von Arbeitskraft und seine sozialen Folgen (Arbeitspapier Nr. 43). Bremen.

Voß, G. Günter/Pongratz, Hans J. (1998): Der Arbeitskraftunternehmer. Eine neue Grundform der Ware Arbeitskraft?, in: Kölner Zeitschrift für Soziologie und Sozialpsychologie 50, 131-158.

Wagner, Jochen W. (2005): Deutsche Wahlwerbekampagnen made in USA? Amerikanisierung oder Modernisierung bundesrepublikanischer Wahlkampagnen. Wiesbaden.

Walgenbach, Peter (1999): Institutionalistische Ansätze in der Organisationstheorie, in: *Kieser, Alfred* (Hg.): Organisationstheorien. Stuttgart u.a.: 319-353.

Walgenbach, Peter/Meyer, Renate (2008): Neoinstitutionalistische Organisationstheorie. Stuttgart.

Walter-Rogg, Melanie/Gabriel, Oscar W. (2004): Parteien, Parteieliten und Mitglieder in einer Großstadt. Wiesbaden.

Walter, Franz (2000): Vom Betriebsrat der Nation zum Kanzlerwahlverein? Die SPD, in: *Pickel, Gert/Walz, Dieter/Brunner, Wolfram* (Hg.): Deutschland nach den Wahlen. Befunde zur Bundestagswahl 1998 und zur Zukunft des deutschen Parteiensystems. Opladen: 227-252.

Walter, Franz (2001): Die deutschen Parteien: Entkernt, ermattet, ziellos, in: Aus Politik und Zeitgeschichte, 10: 3-6.

Walter, Franz (2002): Die SPD. Vom Proletariat zur Neuen Mitte. Berlin.

Walter, Franz (2011): Die SPD : Biographie einer Partei. Reinbek bei Hamburg.

Walter, Franz/Werwath, Christian/Antonio, Oliver d' (2011): Die CDU. Entstehung und Verfall christdemokratischer Geschlossenheit. Baden-Baden.

Walther, Jens (2012): Freie Wähler, in: *Andersen, Uwe/Woyke, Wichard* (Hg.): Handwörterbuch des politischen Systems der Bundesrepublik Deutschland.

Webb, Paul/Kolodny, Robin (2006): Professional Staff in Political Parties, in: *Katz, Richard S./Crotty, William* (Hg.): Handbook of Party Politics. London u.a.: 337-347.

Weber, Max (1904/1905): Die protestantische Ethik und der Geist des Kapitalismus. Tübingen.
Weber, Max (1980): Wirtschaft und Gesellschaft. Grundriss der verstehenden Soziologie. Erstausgabe 1922. Tübingen.
Weber, Max (1992): Politik als Beruf. Erstausgabe 1919. Stuttgart.
Weissenbach, Kristina (2010): Political Party Assistance in Transition: The German 'Stiftungen' in Sub-Saharan Africa, in: Democratization 16, 6: 1225-1249.
Weissenbach, Kristina (2012): Parteienförderung im Transitionsprozess. Wiesbaden (i.E.).
Weitbrecht, Hansjörg (1969): Effektivität und Legitimität der Tarifautonomie. Eine soziologische Untersuchung am Beispiel der deutschen Metallindustrie. Berlin.
Welker, Martin/Werner, Andreas/Scholz, Joachim (2005): Online-Research. Markt- und Sozialforschung mit dem Internet. Heidelberg.
Wellner, Walter (1973): Parteienfinanzierung. Einnahmen und Ausgaben sowie Grundriss einer rationalen Finanzordnung. München.
Weßels, Bernhard (1992): Zum Begriff der "Politischen Klasse", in: Gewerkschaftliche Monatshefte, 9: 541-549.
Westermayer, Till (2001a): Was passiert, wenn eine Partei im Netz tagt? Der 'Virtuelle Parteitag' von Bündnis 90/Die Grünen aus soziologischer Sicht., in: http://www.westermayer.de/till/uni/parteitag-im-netz.pdf (22.03.2009).
Westermayer, Till (2001b): Zur Funktionsweise virtueller Parteitage, in: *Friedrich-Ebert-Stiftung, Wirtschafts- und sozialpolitisches Forschungs- und Beratungszentrum der* (Hg.): ParteiPolitik 2.0. Der Einfluss des Internet auf parteiinterne Kommunikations- und Organisationsprozesse. Bonn: 48-71.
Whiteley, Paul/Seyd, Paul/Richardson, Jeremy (1994): True Blues: The Politics of Conservative Party Membership. Oxford.
Wiesendahl, Elmar (1980): Parteien und Demokratie. Eine soziologische Analyse paradigmatischer Ansätze der Parteienforschung. Opladen.
Wiesendahl, Elmar (1989): Parteientypologie, in: *Nohlen, Dieter/Schultze, Rainer* (Hg.): Pipers Wörterbuch zur Politik, Band 1: Politikwissenschaft. Theorien - Methoden - Begriffe. München: 675-677.
Wiesendahl, Elmar (1998): Parteien in Perspektive. Theoretische Ansichten der Organisationswirklichkeit politischer Parteien. Opladen u.a.
Wiesendahl, Elmar (2001a): Berufspolitiker zwischen Professionalismus und Karrierismus, in: *Arnim, Hans Herbert von* (Hg.): Politische Klasse und Verfassung. Beiträge auf der 4. Speyerer Demokratietagung vom 26. bis 27. Oktober 2000 an der Deutschen Hochschule für Verwaltungswissenschaften Speyer. Berlin: 145-166.
Wiesendahl, Elmar (2001b): Die Zukunft der Parteien, in: *Gabriel, Oscar W./Niedermayer, Oskar/Stöss, Richard* (Hg.): Parteiendemokratie in Deutschland. Bonn: 592-619.
Wiesendahl, Elmar (2002a): Die Strategie(un)fähigkeit politischer Parteien, in: *Nullmeier, Frank/Saretzki, Thomas* (Hg.): Jenseits des Regierungsalltags. Strategiefähigkeit politischer Parteien. Frankfurt/Main: 187-206.
Wiesendahl, Elmar (2002b): Parteienkommunikation parochial. Hindernisse beim Übergang in das Online-Parteienzeitalter, in: *von Alemann, Ulrich/Marschall, Stefan* (Hg.): Parteien in der Mediendemokratie. Wiesbaden: 364-389.
Wiesendahl, Elmar (2005): Das Ende der Mitgliederpartei. Die Parteiendemokratie auf dem Prüfstand, in: *Dettling, Daniel* (Hg.): Parteien in der Bürgergesellschaft. Zum Verhältnis von Macht und Beteiligung. Wiesbaden: 23-42.
Wiesendahl, Elmar (2006a): Mitgliederparteien am Ende? Eine Kritik der Niedergangsdiskussion. Wiesbaden.
Wiesendahl, Elmar (2006b): Parteien. Frankfurt/Main.
Wiesendahl, Elmar (2009): Die Mitgliederparteien zwischen Unmodernität und wiederentdecktem Nutzen, in: *Jun, Uwe/Niedermayer, Oskar/Wiesendahl, Elmar* (Hg.): Die Zukunft der Mitgliederpartei. Opladen u.a.: 31-51.
Wiesendahl, Elmar (2010): Zwei Dekaden Party Change-Forschung. Eine kritische Bilanz, in: *Gehne, David/Spier, Tim* (Hg.): Krise oder Wandel der Parteiendemokratie? Festschrift für Ulrich von Alemann. Wiesbaden: 92-118.
Wiesendahl, Elmar (2011): Volksparteien. Aufstieg, Krise, Zukunft. Opladen.

Wiesendahl, Elmar (2012): Partizipation und Engagementbereitschaft in Parteien, in: *Mörschel, Tobias/Krell, Christian* (Hg.): Demokratie in Deutschland. Wiesbaden: 121-157.

Wiesenthal, Helmut (1993): Akteurkompetenz im Organisationsdilemma. Grundprobleme strategisch ambitionierter Mitgliederverbände und zwei Techniken ihrer Überwindung, in: Berliner Journal für Soziologie 3, 3-18.

Wietschel, Wiebke (1996): Der Parteibegriff. Baden-Baden.

Wilhelm-Dröscher-Preis/SPD (2009): Wilhelm-Dröscher-Preis (Startseite), in: http://www.wilhelm-droescher preis.de/ (01.07.2009).

Willke, Helmut (1991): Systemtheorie. Eine Einführung in die Grundprobleme der Theorie sozialer Systeme. Stuttgart.

Wilson, Frank L. (1980): Sources of Party Transformation: The Case of France, in: *Merkl, Peter H.* (Hg.): Western European Party Systems. New York: 526-551.

Wilson, Frank L. (1994): The Sources of Party Change: Change in Social Democratic Parties in Britain, France, Germany and Spain, in: *Lawson, Kay* (Hg.): How Political Parties Work: Perspectives from Within. Westport: 263-283.

Wirtschafts- und sozialpolitisches Forschungs- und Beratungszentrum der Friedrich-Ebert-Stiftung (Hg.)(2001): ParteiPolitik 2.0. Der Einfluss des Internet auf parteiinterne Kommunikations- und Organisationsprozesse. Bonn.

Wißmann, Hinnerk (2009a): § 2 Begriff der Partei, in: *Kersten, Jens/Rixen, Stephan* (Hg.): Parteiengesetz (PartG) und europäisches Parteienrecht. Stuttgart: 97-107.

Wißmann, Hinnerk (2009b): § 10 Rechte der Mitglieder, in: *Kersten, Jens/Rixen, Stephan* (Hg.): Parteiengesetz (PartG) und europäisches Parteienrecht. Stuttgart: 225-238.

Witzel, Andreas (1982): Verfahren der qualitativen Sozialforschung. Überblick und Alternativen. Frankfurt/Main.

Witzel, Andreas (2000): Das problemzentrierte Interview, in: Forum Qualitative Sozialforschung (Online Journal), http://www.qualitative-research.net/index.php/fqs/article/view/1132/2519 (11.09.2007).

Wolff, Stephan (2000): Dokumenten- und Aktenanalyse, in: *Flick, Uwe/Kardorff, Ernst von/Steinke, Ines* (Hg.): Qualitative Forschung. Ein Handbuch. Reinbek bei Hamburg: 502-523.

Wolinetz, Steven B. (2002): Beyond the Catch-All Party: Approaches to the Study of Parties and Party Organization in Contemporary Democracies, in: *Gunther, Richard/Montero, José R./Linz, Juan J.* (Hg.): Political Parties. Old Concepts and New Challenges. Oxford: 136-165.

Wright, William E. (1971): Comparative Party Models: Rational-Efficient and Party Democracy, in: *Wright, William E.* (Hg.): A Comparative Study of Party Organization. Columbus, Ohio: 17-54.

Zeschmann, Philip (1997): Mitgliederbefragungen, Mitgliederbegehren und Mitgliederentscheide: Mittel gegen Politiker- und Parteienverdrossenheit? Zugleich ein Replik auf einen Beitrag von Stefan Schieren in der Zeitschrift für Parlamentsfragen, in: Zeitschrift für Parlamentsfragen 1997, 4: 698-711.

ZOE (Hg.)(2009): Change Management 2.0 Organisationsentwicklung mit Online-Instrumenten. OrganisationsEntwicklung. Zeitschrift für Organisationsentwicklung und Changemanagement. 04/2009.

Zolleis, Udo (2008): Die CDU. Das politische Leitbild im Wandel der Zeit. Wiesbaden.

Zucker, Lynne G. (1977): The Role of Institutionalization in Cultural Persistence, in: American Sociological Review 42, 5: 726-743.

Zürn, Michael (2005): Regieren jenseits des Nationalstaates: Globalisierung und Denationalisierung als Chance. Frankfurt/Main.

Neu im Programm Politikwissenschaft

Ulrich von Alemann
Das Parteiensystem der Bundesrepublik Deutschland
Unter Mitarbeit von Philipp Erbentraut | Jens Walther
4., vollst. überarb. u. akt. Aufl. 2011. 274 S. (Grundwissen Politik) Br. EUR 24,95
ISBN 978-3-531-17665-9

In der parlamentarischen Demokratie nehmen Parteien eine zentrale Vermittlerrolle zwischen Staat und Gesellschaft ein. Deshalb ist es wichtig, ihre historische Entwicklung, die rechtlichen Rahmenbedingungen sowie ihre soziologischen Besonderheiten näher zu beleuchten. Über diese Grundfragen hinaus widmen sich die Autoren des Lehrbuchs auch aktuellen Herausforderungen, wie etwa der Parteienverdrossenheit oder der Diskussion um eine gerechte Parteienfinanzierung. Damit bietet dieses Standardwerk eine fundierte, aber zugleich kompakte und verständliche Einführung in das Parteiensystem der Bundesrepublik Deutschland.

Oliver W. Lembcke | Claudia Ritzi | Gary S. Schaal
Zeitgenössische Demokratietheorie
Band 1: Normative Demokratietheorien
ca. EUR 49,95
ISBN 978-3-531-19292-5

Das Buch diskutiert die zentralen Demokratietheorien der letzten Jahrzehnte nach einem einheitlichen Analyseschema. Die Einzeldarstellungen sind eingebettet in die Erörterung der größeren Entwicklungslinien innerhalb der vier zentralen demokratietheoretischen Paradigmen.

Udo Kempf | Jürgen Hartmann
Staatsoberhäupter in der Demokratie
2012. 329 S. mit 21 Tab. Br. EUR 24,95
ISBN 978-3-531-18290-2

Das Staatsoberhaupt zeichnet sich in den etablierten Demokratien durch den größten Variantenreichtum aus. Das konstitutionelle und das politische Format des Amtes klaffen teilweise weit auseinander. Dieses Buch schildert die Rolle des Staatsoberhauptes in Deutschland, Finnland, Frankreich, Italien, Österreich, Polen, den USA und in den europäischen Monarchien. Die an die Typologie demokratischer Regierungssysteme angelehnten Fallstudien erörtern unter anderem die historische Prägung des Staatsoberhauptes und sein Verhältnis zu Parlament und Regierung.

Erhältlich im Buchhandel oder beim Verlag.
Änderungen vorbehalten. Stand: Januar 2012.

Einfach bestellen:
SpringerDE-service@springer.com
tel +49 (0)6221 / 345 – 4301
springer-vs.de

Printed in Germany
by Amazon Distribution
GmbH, Leipzig